W0062818

LEONARDO

KÜNSTLER · FORSCHER
MAGIER

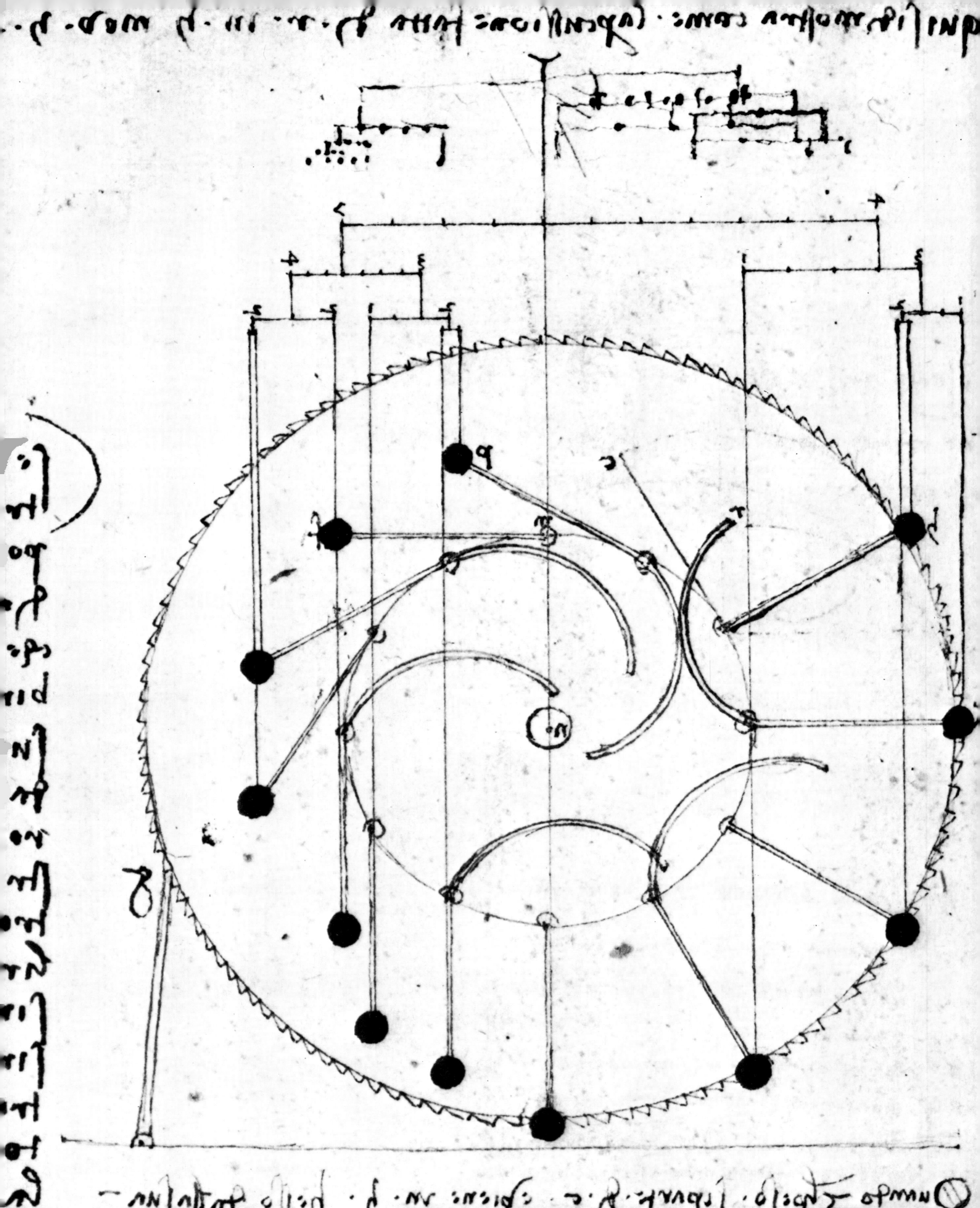

LEONARDO

KÜNSTLER · FORSCHER
MAGIER

ORBIS VERLAG

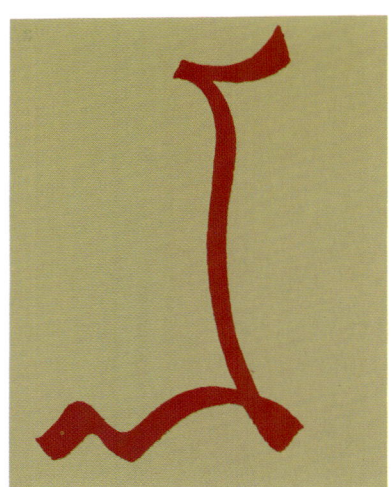

ISBN 3-572-01361-5

Eine Produktion von EMB-Service für Verleger, Luzern, Schweiz
© 1996 by EMB-Service für Verleger, Luzern, Schweiz
© für die deutschsprachige Ausgabe 2002 by Orbis Verlag, einem Unternehmen
der Verlagsgruppe Random House GmbH, 81673 München

www.orbis-verlag.de

Die Verwertung der Texte und Bilder, auch auszugsweise, ist ohne Zustimmung
des Verlags urheberrechtswidrig und strafbar. Dies gilt auch für
Vervielfältigungen, Übersetzungen, Mikroverfilmung und für die Verarbeitung
mit elektronischen Systemen.

Deutsche Übersetzung: Christina Callori-Gehlsen und Andreas Schulz
Gestaltung: Emil M. Bührer, Luzern
Umschlaggestaltung: Büro Norbert Pautner, München
Satz: CS Publishing, Freiburg i. Br.
Druck und Bindung: Lito Terrazzi, Florenz

Printed in Italy

AUTÓREN

SILVIO A. BEDINI

STELLVERTRETENDER DIREKTOR, NATIONAL MUSEUM OF HISTORY & TECHNOLOGY
WASHINGTON, D. C.

ANNA MARIA BRIZIO

PROFESSOR FÜR KUNSTGESCHICHTE, UNIVERSITÀ STATALE, MAILAND
MITGLIED DER »COMMISSIONE VINCIANA«
MITGLIED DER ACCADEMIA DEI LINCEI

MARIA VITTORIA BRUGNOLI

DIREKTORIN DER MUSEEN DER STADT MANTUA
PRIVATDOZENTIN FÜR KUNSTGESCHICHTE,
UNIVERSITÄT ROM

ANDRÉ CHASTEL

PROFESSOR AM COLLÈGE DE FRANCE
PARIS

BERN DIBNER

DIREKTOR DER BURNDY LIBRARY
NORWALK, CONNECTICUT

LUDWIG H. HEYDENREICH

HONORARPROFESSOR, UNIVERSITÄT MÜNCHEN
EHEMALIGER DIREKTOR DES ZENTRALINSTITUTS FÜR KUNSTGESCHICHTE

AUGUSTO MARINONI

PROFESSOR FÜR ROMANISCHE PHILOLOGIE, UNIVERSITÀ CATTOLICA, MAILAND
MITGLIED DER »COMMISSIONE VINCIANA«

LADISLAO RETI

PROFESSOR EMERITUS, UNIVERSITY OF CALIFORNIA
LOS ANGELES

EMANUEL WINTERNITZ

KURATOR DER MUSIKINSTRUMENTENSAMMLUNG, METROPOLITAN MUSEUM OF ART
GASTPROFESSOR, CITY UNIVERSITY, NEW YORK

CARLO ZAMMATTIO

DIPLOMINGENIEUR, TRIEST

INHALT

EINLEITUNG

»Er glich einem Menschen, der in der Finsternis zu früh erwacht war, während die anderen noch alle schliefen«, schreibt Sigmund Freud. Viele Notizbücher, Blätter, Aufzeichnungen und Zeichnungen Leonardos gingen im Dunkel der Zeit verloren. Dank ihrer Wiederentdeckung und neuen Zusammenstellung löst sich allmählich das Rätsel um sein Genie, und langsam erweitert sich unser Wissen über den unbekannten Leonardo.

Leonardos Schriften zeigen uns einen Menschen von anscheinend unerschöpflicher Neugier. Er befaßte sich mit den Maltechniken, mit der Hydraulik, mit der vergleichenden Anato-

Dieweil ich, erlauchter Herr, mittlerweile die Proben all jener, die sich für meisterliche Erbauer von Kriegsgerät halten, zur Genüge gesehen sowie befunden habe, daß Erfindung und Wirkung besagten Geräts sich in nichts von demjenigen des allgemeinen Gebrauchs unterscheiden: Also will ich mir, ohne irgend einen anderen herabzusetzen, Mühe geben, Eurer Exzellenz in verständlicher Weise meine Geheimnisse darzulegen und sie Euch dann zu freier Verfügung anzubieten, damit Ihr zu gegebener Zeit all die Dinge wirksam einsetzen könnt, die ich nachfolgend kurz aufzähle.

1 Ich kenne Möglichkeiten, außerordentlich leichte und starke und ohne jede Schwierigkeit transportierbare Brücken herzustellen, mit denen man den Feind verfolgen und auch zuweilen entfliehen kann, sowie andere, denen Feuer und Kampfgeschehen nichts anzuhaben vermögen, und die leicht aufzuschlagen und wieder wegzunehmen sind; und auch Methoden, die Brücken der Feinde zu verbrennen und zu zerstören.

2 Ich verstehe es, bei der Belagerung eines Platzes die Wassergräben trockenzulegen und unzählige Brücken zu errichten sowie Mauerbrecher und Leitern und anderes Gerät zu besagtem Unternehmen zu machen.

3 Desgleichen, wenn man wegen der Höhe des Walles oder der Widrigkeit von Ort und Lage einen befestigten Platz nicht mit Bombarden beschießen kann, habe ich ein Verfahren, jede Burg oder andere Festung zu zerstören, wenn diese nicht auf Felsen gegründet ist.

4 Ich habe außerdem noch Pläne für eine Art von Bombarden, die ganz bequem und leicht zu transportieren sind und mit denen man kleine Steine gleich einem Ungewitter schleudern kann; mit dem Rauch derselben wird der Feind in großen Schrecken gestürzt und bei ihm eitel Schaden und Verwirrung gestiftet.

9 Und sollte man sich zur See befinden, so kann ich viele Arten von äußerst wirksamem Gerät zum Angriff und zur Verteidigung herstellen; auch Schiffe, die dem Beschuß der größten Bombarde standhalten, sowie Pulver und Rauch.

5 Desgleichen kenne ich Möglichkeiten, durch Stollen und gewundene Geheimgänge, die ohne jeden Lärm zu machen sind, an einen bestimmten [Ort] zu gelangen, auch unter Gräben oder einem Fluß hindurch.

6 Desgleichen will ich verdeckte, sichere und unangreifbare Wagen machen: wenn sie in den Feind mit den Artillerien hineinfahren, wird jede noch so große Zahl von Bewaffneten zersprengt; und hinter ihnen kann die Infanterie unverletzt und ohne jede Behinderung folgen.

7 Desgleichen, so diese benötigt werden, will ich Bombarden, Mörser und Pasvolanten von schönsten und zweckmäßigen Formen machen, wie sie nicht im Gebrauch sind.

8 Wo Bombarden ihre Wirkung verfehlen würden, will ich Schleudermaschinen, Wurfgeschütze, Trabuken und anderes Gerät von wunderbarer Wirksamkeit machen, wie sie nicht im Gebrauch ist: ich will also je nach verschiedener Sachlage eine Menge verschiedenen Geräts für Angriff und [Verteidigung] erfinden.

10 In Friedenszeiten glaube ich, dem Vergleich mit jedem anderen in der Architektur und im Planen öffentlicher und privater Bauten aufs beste standhalten zu können, wie auch im Anlegen von Wasserleitungen von einem Ort zum anderen. Desgleichen will ich Skulpturen in Marmor, Bronze oder Ton machen; ebenso alles auf dem Gebiet der Malerei so gut wie jeder andere, wer es auch sein möge. Des weiteren kann das Bronzepferd angefertigt werden, zu unsterblichem Ruhm und ewiger Ehre Eures Herrn Vaters wie des vortrefflichen Hauses Sforza. Und sollte irgendeines der obengenannten Dinge irgend jemandem als unmöglich oder undurchführbar erscheinen, so bin ich durchaus bereit zur Vorführung einer Probe in Eurem Park oder an welchem Ort auch immer es Eurer Hoheit belieben möge, der ich mich in tiefster Demut empfehle.

Das berühmte Schreiben Leonardos an Lodovico il Moro ist mit Sicherheit authentisch, auch wenn es nicht von seiner Hand geschrieben ist. Die Zahlen am Rand müssen später hinzugefügt worden sein, um den Absätzen eine andere Reihenfolge zu geben. ATLANTICUS 391r

mie, mit Musikinstrumenten, dem Skulpturenguß und den unterschiedlichsten Maschinen. In vielen seiner Entwürfe und Pläne war er seiner Zeit weit voraus; zahlreiche Projekte, an denen er gearbeitet hatte, wurden erst ungefähr 200 Jahre nach seinem Tod in einem breiteren Kreis bekannt — und verstanden. Das vorliegende Buch verdankt seine Entstehung der Wiederentdeckung von zwei Manuskripten im Jahre 1965 in Madrid.

Schon seit Leonardos Tod, als die Verstreuung seiner Schriften einsetzte, waren die beiden Madrider Manuskripte Gegenstand von Speku-lationen in der gebildeten Welt. Zu Beginn des 18. Jahrhunderts bis ungefähr 1830 befanden sich die beiden heute als Codices Madrid I und II bekannten Schriften in der Schloßbibliothek des spanischen Königs Philipp V. Von dort gelangten sie in die heutige Biblioteca Nacional. Die Manuskripte trugen ursprünglich die Signaturen Aa 119 und Aa 120 und wurden nach der Überführung unter den Nummern Aa 19 und Aa 20 katalogisiert. 135 Jahre lang galten die beiden Notizhefte als verloren. Schließlich wurden auf Drängen von Leonardo-Experten erneut Nachforschungen unter-nommen, und Anfang 1965 wurden die beiden Manuskripte am Standort ihrer ursprünglichen Signatur gefunden.

Die Notizhefte wurden in Ausstellungen gezeigt, und das spanische Erziehungsministerium erteilte den Verlagen McGraw-Hill und Taurus Ediciones die Erlaubnis zur Herausgabe einer fünfbändigen Faksimile-Ausgabe der Codices mit Transkriptionen, Übersetzungen und Kommentaren des bekannten Leonardo-Forschers Ladislao Reti. Das vorliegende, ebenfalls von Ladislao Reti herausgegebene Buch macht den Leser mit neuen Zeugnissen bekannt, die aus den beiden Codices zusammengetragen wurden. Der Codex Madrid I, ein organisch aufgebautes Notizbuch über angewandte und theoretische Mechanik, zeigt uns Leonardo als ersten systematischen Techniker der Geschichte. Der Codex Madrid II entspricht eher dem Charakter der sonstigen Schriften Leonardos. In ihm findet sich eine faszinierende Mischung aus kurzen Anmerkungen und Skizzen zum Bau von Kanälen, zur Geometrie, zum Festungsbau, zur Malerei, zur Perspektive und Optik, zum Metallguß und zu anderen Themen. Er enthält Landkarten und topographische Zeichnungen und den Entwurf einer riesigen Bronze-Statue für Lodovico Sforza, seinen jahrelangen Dienstherrn.

Die Aufsätze in diesem Band wurden von zehn der weltweit bedeutendsten Leonardo-Forscher verfaßt. Sie erläutern den Inhalt dieser beiden »neuen« Codices unter Berücksichtigung der bereits bekannten Schriften Leonardos und stellen damit das gefundene Material in einen Gesamtzusammenhang.

Das erste Kapitel, von Anna Maria Brizio, befaßt sich mit Leonardos Gedanken über die Malerei, die er als »wahre Wissenschaft und legitime Tochter der Natur« betrachtete. Für Leonardo bestand zwischen Wissenschaft und Malerei ein unmittelbarer Zusammenhang, wie Anna Maria Brizio anhand des *Abendmahls* beweist. Seine physikalischen und mechanischen Studien und seine Beherrschung der Perspektive und Malerei haben sich hier verbunden, um ein Kunstwerk von überragender Größe entstehen zu lassen. Die Codices von Madrid enthalten auch technische Hinweise zu dem nicht erhaltenen Gemälde der *Schlacht bei Anghiari* und geben einen Hinweis zur Datierung dieses Werkes. Darüber hinaus sind die Codices mit ihren rasch hingeworfenen Skizzen, den detaillierten Entwürfen und technischen Zeichnungen selbst bereits Kunstwerke.

Das Kapitel von Augusto Marinoni über das literarische Erbe Leonardos handelt von dem wechselhaften Schicksal seiner Manuskripte, insbesondere der Codices von Madrid, die hier in Beziehung zu den anderen, bereits bekannten Schriften Leonardos gesetzt werden. Dieses Kapitel untersucht auch den Stil und den Inhalt der einzelnen Codices und macht dem Leser deutlich, wie schwierig es ist, den sich überschlagenden und oft ungeordneten Gedanken Leonardos zu folgen.

Dennoch sind einzelne Teile der Codices sehr klar, wie zum Beispiel die Blätter des Codex Madrid II, auf denen sich Leonardo mit dem Sforza-Denkmal befaßt. Hierüber schreibt Maria Vittoria Brugnoli in ihrem Kapitel. Mit diesem Denkmal — einer ungefähr 7 m hohen Reiterstatue aus Bronze —befaßte sich Leonardo während der gesamten zwanzig Jahre, die er sich in Mailand am Hof von Lodovico il Moro aufhielt. Politische Ereignisse vereitelten

schließlich die Ausführung der Statue. Leonardo entwickelte für dieses Denkmal ein gänzlich neues kompliziertes Gußverfahren, mit dem er die Probleme des uralten Verfahrens der verlorenen Form gelöst zu haben hoffte. Das neue Gußverfahren wurde ungefähr zwei Jahrhunderte nach Leonardo erstmalig angewendet, wobei die späteren Bildhauer offensichtlich seine Schriften gekannt haben müssen. Das von ihm erfundene Verfahren revolutionierte den Metallguß. Auch Brugnoli stellt die Verbindung von Kunst und Wissenschaft heraus.

Emanuel Winternitz untersucht in seinem Kapitel das ausgeprägte Interesse Leonardos an der Musik, in der er, nach der Malerei, die höchste der Künste sah. In den Codices von Madrid skizzierte Leonardo eine Glocke mit zwei Schlegeln und mehreren Dämpfern, ein ungewöhnliches Modell einer Dreiton-Sackpfeife und eine kleine tragbare Orgel. Wir sehen, wie Leonardo bei der Erfindung von neuen Musikinstrumenten bemüht war, die Erkenntnisse, die er an einem Instrument gewann, auch auf andere zu übertragen.

Das Kapitel von Ludwig Heydenreich über die Militärarchitektur beschäftigt sich mit den Aufzeichnungen im Codex Madrid II. Sie betreffen Leonardos Pläne zur Umleitung des Arno während des Krieges zwischen Florenz und Pisa und zur Befestigung der Stadt Piombino. Auch hier sind, wie Heydenreich hervorhebt, die wissenschaftlichen Aufzeichnungen zu den Befestigungsanlagen mit Betrachtungen über die natürliche Schönheit dieser Küstenstadt vermischt. Erneut treten uns in Leonardos Notizen die vielfältigen Aspekte seines Denkens entgegen.

Die Kapitel von Bern Dibner über Maschinen und Waffen und von Carlo Zammattio über Hydraulik und Baustrukturen behandeln einen mehr technischen Bereich. Bern Dibner erörtert sehr detailliert die Beschäftigung Leonardos mit der Ballistik und seine entsprechenden Skizzen, wie zum Beispiel eine durch den Luftwiderstand verformte parabolische Bahn eines Geschosses. Hieraus entwickelte sich später die mathematische Ballistik Newtons. Leonardo entwarf auch ein Luntengewehr, ein leichtes Geschütz mit mehreren Läufen und eine Dampfkanone, wie sie später im amerikanischen Bürgerkrieg zum Einsatz kam.

Im Kapitel von Carlo Zammattio werden hydraulische und bauliche Entdeckungen Leonardos beschrieben, deren physikalisch-mathematische Grundlagen erst im 18. Jahrhundert von Daniel Bernoulli erneut formuliert wurden. Bei seinen Untersuchungen der Wasserströmung, die im Zusammenhang mit dem im Codex Madrid II behandelten Plan eines Arnokanals stehen, entdeckte Leonardo den späteren Grundlehrsatz der Hydrodynamik. Im Codex Madrid I stellte er fest, daß die Energie eine Funktion von Ort und Bewegung

ist. Daher vermochte er zwischen potentieller und kinetischer Energie zu unterscheiden. Außerdem untersuchte er die Druckverteilung bei der Bogenkonstruktion. Auch in diesem Bereich, in dem Ästhetik und Technik so nahe beieinander liegen, kommen seine Fähigkeiten als Ingenieur und Künstler gleichermaßen zur Geltung.

Das Kapitel von André Chastel über den *Trattato della pittura* befaßt sich mit denjenigen Abschnitten des Codex Madrid II, die Leonardo später im Libro A noch einmal ausführlicher behandelte. Hier werden neben Leonardos Theorien über die Malerei auch seine Aufzeichnungen über die Anatomie, die visuelle Wahrnehmung, die Farben, die Perspektive und die Lichtreflexion erörtert. Chastels Kapitel gibt uns einen Eindruck von der Tiefgründigkeit der Gedanken Leonardos auf dem Gebiet der Malerei.

Weitere Entdeckungen im technischen Bereich werden im Kapitel von Silvio A. Bedini und Ladislao Reti über die Zeitmessung behandelt. Die Autoren erläutern Entwürfe Leonardos, die sich mit dem Pendel befassen. Auch wenn Leonardo keine Pendeluhr gezeichnet hat, geht aus dem Codex Madrid I eindeutig hervor, daß ihm die Beziehung zwischen der Länge des Pendels und dessen Schwingungsdauer bekannt war. Leonardo befaßte sich intensiv mit der Zeitmessung, und es verwundert nicht, daß er auch auf diesem Gebiet spätere Entdeckungen vorwegnahm.

Ladislao Reti beschäftigt sich in seinem abschließenden Kapitel über die »Maschinenelemente« ausführlich mit den Skizzen von mechanischen Vorrichtungen aus dem Codex Madrid I. Er beweist, daß Leonardo sich einer im modernen Sinne wissenschaftlichen Art des Denkens bediente: Aus Einzelbeispielen leitete er allgemeine Grundsätze ab. Diese Art des Denkens war völlig neu. Auch viele Maschinenteile, mit denen sich Leonardo beschäftigte, gab es noch nicht lange: Schrauben, Getriebe, Lager, Walzen, Achsen — kurz, er untersuchte die gesamte Spannweite und Vielfalt der Mechanik. In vielen seiner Skizzen entwarf er Mechanismen, die erst viele Jahre später gebaut wurden. So findet sich unter seinen Skizzen zum Beispiel der Entwurf eines Kugellagers, dessen genaue Entsprechung 1920 bei der Konstruktion von Blindflug-Instrumenten entwickelt wurde.

Die Zeichnungen und Texte jedes Kapitels führen uns die Komplexität von Leonardos Geist vor Augen, seine schrankenlose Neugier, die Verbindung von Kunst und Wissenschaft in seinem Denken — und auch den Menschen Leonardo, seine Hartnäckigkeit, seine Fülle an Phantasien und seine Detailbesessenheit. Doch man spürt auch die Einsamkeit eines Mannes, der zwar von seinen Mitmenschen geschätzt wurde, jedoch nur selten in der Zusammenarbeit mit einem seiner Zeitgenossen eine Herausforderung sehen konnte. Obwohl er mit bedeutenden Persönlichkeiten seiner Zeit, wie Verrocchio, Machiavelli, Luca Pacioli und Lodovico Sforza in Kontakt stand, war ihm doch niemand von ihnen wirklich ebenbürtig, zu übermächtig war sein Wissensdrang.

In gewisser Weise kann man Leonardo als den »erbarmungslos neugierigsten Menschen der Geschichte« bezeichnen, wie ihn Kenneth Clark beschrieben hat. Je mehr man über ihn erfährt, umso intensiver wird der Wunsch, noch mehr über ihn zu erfahren und das Geheimnis um ihn zu lüften.

Vielleicht bringt dies Leonardo selbst an einer Stelle im Codex Madrid am besten zum Ausdruck. In einer Erklärung an den Leser auf Folio 6r macht er deutlich, daß er sich seiner Ausnahmestellung bewußt ist. Doch er fordert alle auf, sich ihm anzuschließen und das Geheimnis des Daseins zu erforschen: »Lies mich, Leser, wenn ich dir Freude mache, denn sehr selten kehre ich zu dieser Welt zurück; denn die Geduld dieses Berufes findet sich bei wenigen, daß sie wieder von neuem ähnliche Dinge erfinden möchten. Und kommt, ihr Menschen, die Wunder zu sehen, die man bei solchen Studien der Natur entdeckt.«

Selbstbildnis Leonardos aus der Sammlung Windsor, Folio 12579 recto.

LEONARDO:
SEIN LEBEN
1452–1519
SEIN WERK
SEINE ZEIT

Die siebenundsechzig Lebensjahre Leonardo da Vincis fallen in eine der bewegtesten und kreativsten Epochen der Menschheitsgeschichte: Es ist die Zeit der Entwicklung der Buchdruckerkunst, der Entdeckung der Neuen Welt, der neuen Seewege in den Orient — und es ist eine Zeit großartiger künstlerischer Schöpfungen. Um sich ein Bild von seiner Epoche machen zu können, wird im folgenden kurz auf die Renaissance eingegangen, jene wunderbare Wiedergeburt des menschlichen Geistes, die ihren Höhepunkt in den Jahren um Leonardos Geburt erreichte. Auf den folgenden Seiten wird kurz auf seine Kindheit eingegangen, und eine Bilderchronik liefert einen Überblick über sein Leben, seine Werke und die politischen und kulturellen Ereignisse seiner Zeit.

DIE RENAISSANCE BEDEUTETE
DIE WIEDERGEBURT
DES MENSCHEN NACH DEN
FINSTEREN JAHREN
MITTELALTERLICHEN
ABERGLAUBENS UND SEINE
RÜCKKEHR ANS LICHT
DER MENSCHLICHEN VERNUNFT

Italien und insbesondere Florenz standen im Mittelpunkt des während der Renaissance neu erwachten geistigen Lebens: Hätte eine Zeit oder ein Ort verheißungsvoller sein können für die Geburt Leonardos? Als er 1452 auf die Welt kam, war Italien gerade im Begriff, das Mittelalter in raschen Schritten hinter sich zu lassen. Diese historische Entwicklung, die ihre Anfänge in den gelehrten Kreisen der humanistischen Schriftsteller hatte, stand in deutlichem Zusammenhang mit den Fortschritten der Wissenschaft, mit den Veränderungen im kirchlichen Bereich und mit dem Entstehen wirtschaftlicher Strukturen, die ausgeprägt kapitalistisch und nicht mehr feudalistisch waren.

Florenz, das etwas mehr als 30 km von Vinci, dem Geburtsort Leonardos, entfernt lag, war damals die reichste Stadt Europas. Bankleute und Wollhändler hatten eine feste wirtschaftliche Grundlage geschaffen, auf der sich eine blühende Klasse von Kaufleuten und Handwerkern entwickeln konnte. Außerdem war Florenz zur Zeit von Leonardos Geburt bereits einige Jahre Republik. Die Stadt wurde von humanistisch ausgerichteten Männern regiert, die an die Würde des Menschen und an die Intelligenz als Mittel zum Glück glaubten. Sie weckten erneut das Interesse an dem klassischen Zeitalter des antiken Rom und Griechenlands und übten damit einen Einfluß auf Dichter wie Dante, Petrarca und Boccaccio aus: Es kam zu jener Wiedergeburt der klassi-

schen Kultur in Literatur, Architektur und Kunst, die den Namen Humanismus erhielt und in deren Mittelpunkt der Mensch stand.

Auch die wissenschaftlichen Entdeckungen standen im Zusammenhang mit dieser Entwicklung. Zum Beispiel veränderte der weit verbreitete Einsatz von Kanonen und Schießpulver gänzlich das Bild des Ritters der Feudalzeit und die Form der Kriegsführung. Später machte die Erfindung des Kompasses die Reisen von Columbus und Vasco da Gama möglich, die im wahren Sinne des Wortes die Horizonte des mittelalterlichen Europas erweiterten. In gleicher Weise veränderte die kopernikanische Astronomie die Sicht des Menschen von sich selbst, von der Welt und dem Universum. Die Erfindung des Buchdrucks durch Gutenberg und die Möglichkeit der preiswerten Buchherstellung erteilten wahrscheinlich der feudalen Gesellschaftsordnung den Todesstoß, da sie der einfachen Bevölkerung den Zugang zu Literatur, Wissenschaft, Kunst, Philosophie und allen schriftlichen Quellen eröffneten.

Diese wissenschaftlichen und wirtschaftlichen Umwälzungen berührten besonders stark die Kirche, die im Mittelalter sowohl im weltlichen als auch im religiösen Bereich die Entscheidungsgewalt innehatte.

Der Kampf gegen die wissenschaftlichen Errungenschaften schwächte die Kirche erheblich, und schließlich wurde ihre Autorität auch noch durch die protestantische Reformation

erschüttert. Martin Luther, der nur 30 Jahre nach Leonardo auf die Welt kam, steht symbolisch für den Aufstand gegen die Kirchengewalt. Er gehört zu den »Giganten«, die den Zerfall der mittelalterlichen Welt herbeiführten: internationale Finanziers wie die Fugger, Schriftsteller wie Shakespeare, Montaigne, Rabelais und Cervantes, Philosophen wie Calvin und Erasmus, Wissenschaftler wie Kopernikus und Galilei, Politiker wie die Medici, die Borgia und Machiavelli. In ganz Europa wandelte sich die Enge der mittelalterlichen Welt in die offene, herausfordernde Weite der Renaissance. In Italien waren die bildenden Künste führend, und Leonardo, dessen Lehrmeister der große Verrocchio war, hatte als Zeitgenossen Künstler wie Bramante, Botticelli, Donatello, Michelangelo und Raffael.

Gegen Ende des 15. Jahrhunderts — der Hauptschaffenszeit Leonardos — stand die Renaissance zwischen den beiden Polen der humanistischen Bindungen zur Antike und den neuen sozialen, politischen, wirtschaftlichen und kirchlichen Entwicklungen. Die Welt war bereit, einen Künstler aufzunehmen, der über die Kunst hinausging, einen Wissenschaftler, dessen Neugier keine Grenzen kannte. Leonardo war nicht nur ein Produkt seiner Zeit (als Künstler, Wissenschaftler, Erfinder, Bildhauer, Ingenieur, Musiker, Schriftsteller und Techniker), sondern wirkte auch prägend auf seine und unsere Zeit.

In diesem Steinhaus im Dorf Anchiano bei Vinci
verbrachte Leonardo seine Kindheit.
Wahrscheinlich wurde er hier auch geboren.

»Am 15. April 1452, einem Samstag, 3 Uhr nachts,
wurde mein Enkel, der Sohn von Ser Piero,
meinem Sohn, geboren. Er erhielt den Namen
Lionardo. Getauft wurde er von
Pfarrer Piero di Bartolomeo aus Vinci.«

Mit diesen Worten vermerkte der Großvater Leonardos die Geburt von
Leonardo da Vinci. Wie es dem Brauch der Notare entsprach, wurden
alle wichtigen Ereignisse der Familie aufgezeichnet. In diesem Steinhaus, das noch heute in der kleinen Stadt Vinci circa 30 km östlich von
Florenz steht, verbrachte er seine Kindheit, und wahrscheinlich wurde
er hier auch geboren. Das Haus gehörte seinem Vater. Wie seine
Vorfahren seit vier Generationen, war auch sein Vater Notar. Seit dem
13. Jahrhundert lebte die Familie in der Nähe von Vinci. Sie gehörte
zur landbesitzenden Mittelschicht und zählte zu den vornehmsten
Familien der Gegend. Die Mutter Leonardos, Catarina, die aus niederer
Schicht stammte, war nicht mit Ser Piero verheiratet. Ein Steuerdoku-
ment aus jener Zeit erwähnt »Lionardo, unehelicher Sohn von Ser
Piero«. Die Tatsache der unehelichen Geburt war jedoch keine Schande
in einer Zeit, in der sogar der Papst Kinder zeugte und sie auch als die
seinen anerkannte. Wir wissen, daß Leonardo ab dem 5. Lebensjahr im
Hause des Vaters lebte. Seine neue Mutter war die erste Gattin von Ser
Piero. In dem umfangreichen Gesamtwerk Leonardos werden der Vater
und die Mutter kaum erwähnt. Ser Piero hatte zwölf Kinder und wurde
77 Jahre alt.

EINE BILDERCHRONIK ZU LEONARDOS LEBEN

Die Bilderchronik rechts gibt in Stichworten einen Überblick über
Leben und Werk Leonardos und über seine Zeit. Teil I enthält eine
Biographie. Der ockerfarbene Balken kennzeichnet die Stationen seines Lebens, von seinem Geburtsort Vinci bis zu seinem Alterssitz in
Cloux bei Amboise in Frankreich, wo er im Alter von 67 Jahren starb.
Teil II zeigt eine Auswahl seiner Gemälde, Zeichnungen und anderer,
aus verschiedenen Dokumenten bekannte Werke Leonardos. Teil III
beschreibt das kulturelle Leben in Italien und im übrigen Europa zu
der Zeit, als Leonardo begann, an den Grundfesten von Kunst und
Wissenschaft zu rütteln. In Teil IV wird der politische Hintergrund
dieser Epoche dargestellt, in der infolge ständig wechselnder Bündnisse
die Kriegskunst zur wichtigsten aller Künste wurde. Der kürzlich wie-
derentdeckte Codex Madrid entstand in den Jahren 1491-1505.

■ Abbildung
* Geburt
† Tod

1452

I SEIN LEBEN

Leonardo hat zahlreiche Manuskripte hinterlassen, doch in keinem
dieser Werke erzählt er etwas über seine Jugend. Zweifellos erhielt er
Unterricht im Schreiben, Lesen und in den Grundrechenarten.
Später beklagte er sich über seine mangelhafte Bildung und war sehr
darum bemüht, seine Latein- und Geometriekenntnisse zu vertiefen.
Gewiß prägte den Künstler die herrliche Landschaft mit ihren Wein-
bergen, Pinienwäldern und sprudelnden Bachläufen, die ihn als Kind
umgab und die noch heute zu den schönsten Landschaften Italiens
gehört. Kunstmaler zu sein, galt damals als ein wenig geachteter
Beruf, und eigentlich hätte der junge Leonardo wie seine Vorfahren
Notar werden sollen. Warum sein Vater ihn Maler werden ließ, erklärt
die folgende Anekdote.

Vinci

II SEIN WERK

Aus den ersten zwanzig Lebensjahren Leonardos ist kein Werk von
ihm bekannt. Es wird jedoch folgende Geschichte überliefert: Ein
Bauer bat Ser Piero, den Vater Leonardos, für ihn in Florenz einen
hölzernen Schild bemalen zu lassen. Ser Piero gab ihn hingegen
seinem Sohn. Leonardo bemalte den Schild — als Vorlage benutzte
er seine Sammlung von Eidechsen, Fledermäusen und anderen Tieren — mit einem so schrecklichen Ungeheuer, daß es seinem Vater
einen großen Schrecken einjagte. Daraufhin erwarb Ser Piero einen
anderen Schild für den Bauern und verkaufte den von Leonardo
bemalten mit einem erheblichen Gewinn. Das überzeugte ihn davon,
daß sich das Talent seines Sohnes verkaufen ließ, und er erlaubte ihm,
bei dem berühmten florentinischen Künstler Andrea del Verrocchio
in die Lehre zu gehen.

III KULTURELLE EREIGNISSE

Um die Zeit von Leonardos Geburt fand
in Deutschland ein Ereignis statt, das
für die Renaissance von höchster Bedeutung werden sollte: Gutenberg entwickelte die erste Druckerpresse und
druckte die Gutenberg-Bibel (rechts).
Die neue Drucktechnik fand schnell in
Italien Verbreitung. Damit wurde das
neu erwachte Interesse an Bildung verstärkt, und es begann ein Zeitalter um-
fassender Kommunikation. Es gehört
zur Ironie in Leonardos Leben, daß seine genialen Ideen und Erfindungen ungefähr 150 Jahre lang in seinen Notizbüchern begraben blieben, bevor sie in
der Welt Verbreitung fanden.

IV POLITISCHE EREIGNISSE

Nicht weit vom Geburtsort Leonardos entfernt und
ungefähr zur gleichen Zeit wie er wurde eine weitere
große Persönlichkeit der Renaissance geboren, deren Wirken gänzlich anderer Art war: der Dominika-
nermönch Girolamo Savonarola, der eine fanatische
religiöse Erneuerung herbeiführte und sich zur Gei-
ßel von Florenz entwickelte. Heftig griff er das welt-
liche Verhalten des Papstes und die Nachlässigkeit der
Florentiner an. Er rief dazu auf, alle »nichtigen«
Dinge zu verbrennen, unter anderem auch einige
bedeutende Kunstwerke. Drei Jahre lang beherrschte
er praktisch die Stadt. Sein Einfluß war so groß, daß
sogar Botticelli bereit war, einige seiner »weltlichen«
Bilder zu verbrennen. Savonarola wurde schließlich
exkommuniziert und als Häretiker zum Tod auf dem
Scheiterhaufen verurteilt.

1469	1470	1471	1472	1473	1474	1475	1476

Leonardos Vater wohnt im Palazzo del Podestrè in Florenz; Leonardo als Schüler in Verrocchios ■ Werkstatt mit Botticelli, Perugino, Lorenzo di Credi.

Unter Lorenzo de' Medici (il Magnifico) ■ wird Florenz zum Zentrum der Renaissance und des Humanismus in Italien.

Leonardos Name wird in die Liste der florentinischen Maler der *Lukasgilde* ■ eingetragen.

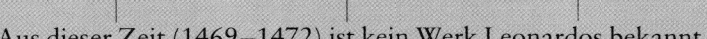

Leonardo wird gemeinsam mit allen Schülern Verrocchios anonym der Sodomie beschuldigt. Mangels Beweisen werden alle freigesprochen. Leonardo bleibt in Verrocchios Werkstatt.

Florenz

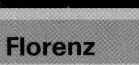

1473–1475: Mitarbeit Leonardos an der *Taufe Christi*, mit der Verrocchio beauftragt ist; er malt darin den knienden Engel ■ und die Landschaft im Hintergrund (Uffizien, Florenz).

Aus dieser Zeit (1469–1472) ist kein Werk Leonardos bekannt.

5. August 1473: Federzeichnung des Arnotals ■ (Uffizien, Florenz). Erstes bekanntes und datiertes Werk Leonardos.
1473–1475: *Verkündigung* (Uffizien, Florenz).
1473–1475: *Madonna mit der Vase* (Alte Pinakothek, München).

Piero della Francesca malt Bildnis des Herzogs von Urbino. ■ Erster Druck von Dantes *Göttlicher Komödie*.
* Fra Bartolommeo, ital. Maler (†1517).
* Lucas Cranach d. Ä., dt. Maler (†1553).

Caxton veröffentlicht erstes in England gedrucktes Buch, *The*

Verrocchios Skulptur des *David*. ■
Botticelli malt *Anbetung der Könige*.

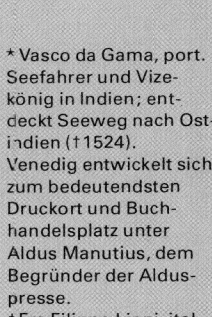

Pollaiuolos Kupferstich mit Kampfszenen nackter Männer. ■
* Pietro Bembo, trat für das Toskanische als italienische Schriftsprache ein (†1547).
Fassade S. Maria Novella (Entwurf von Alberti) vollendet.

* Vasco da Gama, port. Seefahrer und Vizekönig in Indien; entdeckt Seeweg nach Ostindien (†1524).
Venedig entwickelt sich zum bedeutendsten Druckort und Buchhandelsplatz unter Aldus Manutius, dem Begründer der Alduspresse.
†Fra Filippo Lippi, ital. Maler.

* Albrecht Dürer, Maler, Kupferstecher und Holzschneider in Nürnberg (†1528). Erstes europäisches Observatorium in Nürnberg gegründet. Ältester deutscher Landkartendruck.
Commines schreibt *Mémoires sur le règne de Louis XI*.

Druck der Notenschrift eingeführt. ■

* Kopernikus in Thorn; poln. Astronom. Begründer des heliozentrischen Weltbildes (†1543).
Aufkommen der Ölmalerei in Italien.

Game and Playe of the Chess. ■
Syrlin d. Ä. vollendet Chorgestühl im Ulmer Münster.

Papst Sixtus IV. macht Vatikanbibliothek für Öffentlichkeit zugänglich.
* Michelangelo Buonarroti, ital. Bildhauer, Maler, Baumeister und Dichter (†1564).
†Paolo Uccello. Gebrauch des Rosenkranzes verbreitet sich. Botticelli: *Mars und Venus* (Bildnisse von Giuliano de' Medici und Simonetta).

Aufschwung der Platonischen Akademie unter Lorenzos Schirmherrschaft.

* Niccolò Machiavelli, ■ ital. Staatsmann, Philosoph und Dichter (†1527).
†Piero de' Medici.

* Karl VIII., König von Frankreich von 1483 bis 1498 (†).
Türken vertreiben Venezianer aus Euböa. Heinrich VI. (Lancaster) verdrängt vorübergehend (bis 1471) Eduard IV. (York) vom engl. Thron (Rosenkriege).

†Papst Paul II. Francesco della Rovere wird als Papst Sixtus IV. gewählt (†1484); ■ unter ihm exzessive Vetternwirtschaft und Simonie. Ferrara wird Herzogtum unter dem Haus Este.

Konkordat mit Ludwig XI. Die Krim kommt unter türkische Oberhoheit.

Ludwig XI. ■ verbündet sich mit den Schweizern gegen Karl den Kühnen.
Isabella I. (die Katholische) Königin von Kastilien und Aragonien als Gattin von Ferdinand V. Vereinigung beider Länder zum Königreich Spanien.

Erneuertes Bündnis zwischen Venedig und Florenz wird auf der Piazza Santa Croce gefeiert.
* Cesare Borgia, Sohn des span. Kardinals Rodrigo Borja, des späteren Papstes Alexander VI.
* Condottiere Bartolommeo Colleoni.
Inkareich erreicht höchste Blüte unter Huaina Kapach.
* Francisco Pizarro, span. Eroberer des Inkareichs (†1541, ermordet).

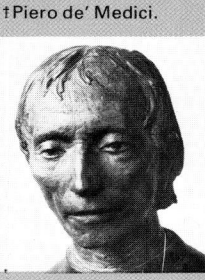

Die Medici lassen sich nicht verdrängen. Lorenzo de' Medici herrscht in Florenz (bis †1492).

Karl der Kühne ■ erobert Geldern und Zutphen.
Venedig will sein Protektorat in Zypern festigen.

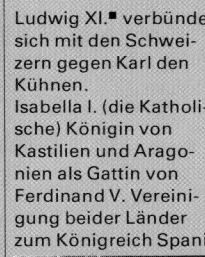

Ermordung des Galeazzo Maria Sforza, ■ Herzog von Mailand; sein Nachfolger ist Gian Galeazzo II. (†1494). Die Schweizer schlagen Karl den Kühnen.

| 1477 | 1478 | 1479 | 1480 | 1481 | 1482 | 1483 | 1484 |

Januar: Auftrag an Leonardo für das Altarbild der Kapelle im Palazzo della Signoria. Später von Filippino Lippi ausgeführt.
10. Januar: Auftrag für ein Altarbild im Palazzo Vecchio.
14. März: Leonardo erhält die erste Zahlung für das Altarbild im Palazzo Vecchio.

Ansicht von Florenz■ zur Zeit Leonardos.

Kloster S. Donato a Scopeto gibt Auftrag für *Anbetung der Könige*■ (Uffizien, Florenz).
28. September: letzte Zahlung der Mönche von S. Donato für die *Anbetung der Könige*.

Leonardo geht nach Mailand und läßt die *Anbetung* unvollendet. Er bleibt dort bis zum Sturz von Lodovico il Moro■ im Jahre 1499.

25. April: Die Confratelli della Concezione beauftragen Leonardo (und die Brüder De Predis), den Hochaltar in ihrer Kapelle in San Francesco il Grande zu bemalen. Es entsteht die *Madonna in der Felsengrotte*.

Florenz

Mailand

1476–1478: *Verkündigung*■ (Louvre, Paris). Ursprünglich Auftrag für Verrocchio.

1478–1518: Codex Atlanticus.
1478–1518: Sammlung Windsor.
Letztes Drittel des Jahres 1478: Federzeichnung von zwei Köpfen und mechanischen Vorrichtungen (Uffizien, Florenz). Das Blatt ist zerrissen; auf dem unteren Teil steht: »…1478 begann ich die beiden Madonnenbilder.«
Benois-Madonna (Eremitage, Leningrad).
1478–1480: *Bildnis der Ginevra Benci* (National Gallery of Art, Washington).

28. Dezember: Zeichnung von Bernardo Bandini Baroncelli,■ der Giuliano de' Medici ermordete (Musée Bonnat, Bayonne).

1481: *Anbetung der Könige*■ (Uffizien, Florenz).
1480–1518: Codex Arundel.
1480: Leonardo malt *Hl. Hieronymus* (Vatikan).

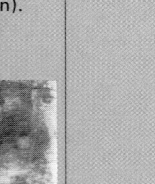

1483–1486: Leonardo arbeitet an der *Madonna in der Felsengrotte*■ (Louvre, Paris).

Diese Zeichnung■ ist zeitlich zu den ersten Studien für die Bronzestatue zu Ehren von Francesco Sforza, dem Vater von Lodovico il Moro, zu rechnen (Windsor 12358r).

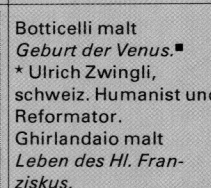

Botticelli malt *Primavera*.■
* Tizian, ital. Maler (†1576).
Gründung der Universitäten Upsala, Tübingen und Mainz.

Reuchlin,■ dt. Humanist, lehrt die griechische Sprache in Deutschland.
* Thomas Morus, engl. Staatsmann und Philosoph (†1535, enthauptet).

† Antonello da Messina, ital. Maler (* 1430).
Mariä-Himmelfahrt-Kathedrale in Moskau, erbaut von Fioravante, ital. Baumeister (1415–1486).
Universität Kopenhagen gegründet.
Verrocchios *Enthauptung Johannes des Täufers* (Relief).

* Albrecht Altdorfer, dt. Maler und Kupferstecher (†1538).
Schongauers *Tod der Maria* (Kupferstich).
Memlings Bildnis der Barbara Morel.
† Jean Fouquet, franz. Maler (* 1420).
Benedetto da Maianos Bildnisbüste des *Filippo Strozzi*.

Michael Pacher: Hochaltar in St. Wolfgang,■ Österreich.

† Luca della Robbia, florentin. Bildhauer.
Hans Memlings *Verkündigung*.
Sixtus IV. ruft Botticelli, Ghirlandaio, Perugino, Piero di Cosimo und Cosimo Roselli nach Rom zur Ausmalung der Sixtinischen Kapelle.

* Martin Luther■ (†1546).
* Raffael, ital. Maler und Baumeister (†1520).
* William Tindale, engl. Reformator und Bibelübersetzer (†1536, ermordet).

Botticelli malt *Geburt der Venus*.■
* Ulrich Zwingli, schweiz. Humanist und Reformator.
Ghirlandaio malt *Leben des Hl. Franziskus*.

† Karl der Kühne nach Niederlage in der Schlacht von Nancy.■ Maximilian I. heiratet Maria von Burgund und gewinnt die Niederlande für Habsburg.

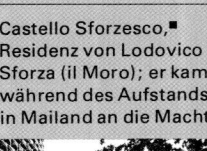

† Giuliano de' Medici,■ wird bei der Pazzi-Verschwörung gegen die Medici im Dom zu Florenz ermordet.

Castello Sforzesco,■ Residenz von Lodovico Sforza (il Moro); er kam während des Aufstands in Mailand an die Macht.

Iwan III. (der Große).■ Großvater Iwans IV. (des Schrecklichen), befreit Rußland von der Tartarenherrschaft. Beginn des »Zeitalters der streitenden Reiche« in Japan (bis 1600).

König Ludwig XI. von Frankreich vereinigt Anjou, Maine und Provence mit der Krone. Türken aus Otranto vertrieben. Erneuerung der Inquisition in Spanien.

† Ludwig XI., König von Frankreich seit 1461. Karl VIII.■ König bis 1498.
Richard III. ermordet Eduard V. und wird an seiner Stelle König von England (bis †1485).

† Papst Sixtus IV. Innozenz VIII.,■ Papst bis 1492, verschärfte die Hexenverfolgungen.

1485

23. April: Leonardo erhält den Auftrag, eine Geburt Christi für Matthias Corvinus, den König von Ungarn, zu malen.

1487

Juli 1487 bis Januar 1488: Zahlungen für ein Modell eines Teils der Kuppel des Mailänder Doms.

1491

26. Januar und folgende Tage: Festturnier anläßlich der Hochzeit von Lodovico Sforza mit Beatrice d'Este (Gemälde von Leonardo, Ambrosiana, Mailand).

1490

Untersuchungen von Francesco di Giorgio Martini und Bemerkung von Leonardo.■
22. Juli: Salai (Jacopo dei Caprotti) zieht zu Leonardo.

1485
1484–1488: Leonardo malt ein Bildnis der Mätresse von Lodovico il Moro, Cecilia Gallerani■ (Czartoryski-Galerie, Krakau).

1487
Um 1487: Groteske Köpfe■ (Windsor 12495r).
1487–1490: Codex Forster I₂ (Fol. 41–55).
1487–1488: Manuskript B.

1488
Studien für eine Kuppelkirche.■ Details aus einem der Codices Ashburnham (Manuskript 2037, Folio 5v).

1489
Anatomische Studien über Schädel,■ Windsor 19057r. »2. April«, notierte Leonardo auf Folio 42 des Anatomischen Manuskripts B (Windsor 19059r.)

1490
Leonardo malt das Bildnis eines Musikers■ (Ambrosiana, Mailand). Manuskript C, Folio 15v: »Am 23. April 1490 fing ich dieses Buch an und begann wieder mit dem Pferd.«

1491
17. Mai: Vorbereitungen für den Guß des Cavallo.■ Codex Madrid II, 157r.
1491–1493: Fol. 141–157 des Codex Madrid II.

1492
Manuskript A.
1492–1497: Codex Madrid I.

1485
Albertis Buch über Architektur erscheint. Mantegnas Madonna mit singenden Engeln.
* Adrian Willaert, niederl. Komponist, Haupt der venezian. Schule (†1562).
† Rudolf Agricola, führender deutscher Humanist an der Universität Heidelberg.
Giovanni Bellini malt Santa Conversazione.

1486
Savonarola beginnt zu predigen.■
Pico della Mirandola fordert »alle Gelehrten der Welt« auf, seine 900 Thesen zu diskutieren.
* Andrea del Sarto, florent. Maler (†1531).

1487
Filippino Lippi■ malt Vision des Hl. Bernhard. Memlings Bildnis des jungen Herrn van Nieuwenhoven. Hauptmoschee El Haram in Medina mit Grabmälern Mohammeds, Fatimas und der ersten Kalifen.

1488
† Verrocchio, ital. Bildhauer und Maler in Florenz und Venedig, bevor sein Denkmal Colleonis gegossen wird (* 1436).
Sakristei von San Satiro in Mailand vollendet; gehört zu Bramantes originellsten Entwürfen.
* Vittoria Colonna, ital. Dichterin; Gattin von Pescara und Freundin Michelangelos (†1547).

1489
Veit Stoß schnitzt den Krakauer Altar.■
* Antonio Allegri da Correggio, ital. Maler (†1534).
Baubeginn des Palazzo Strozzi in Florenz durch Benedetto da Maiano.
* Thomas Cranmer, engl. Reformator (†1556).
* Thomas Münzer, dt. Reformator (†1525).
Hexenhammer, Buch über Hexenverfolgung, bis 1669 29mal gedruckt.

1490
Vittore Carpaccio malt Szenen aus dem Leben der Hl. Ursula.■
Hieronymus Bosch malt Anbetung der Könige.

Symbolisches Ornament aus einer Nürnberger Inkunabel.■
Botticelli: 92 Federzeichnungen zu Dantes Göttlicher Komödie.

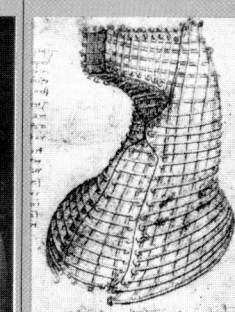

1492

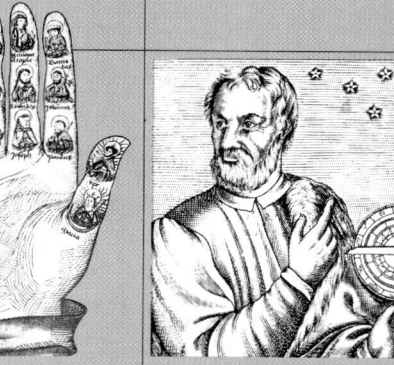

Columbus■ entdeckt Cuba und Haiti mit dem Flaggschiff Santa Maria; deckt ferner Mißweisung der Magnetnadel auf.

1485
Nach Sieg über König Richard III. wird Heinrich VII.■ König von England (bis †1509). König Matthias Corvinus von Ungarn erobert Wien.

1486
In der Renaissance ist der Einsatz von Söldnern verbreitet.■
Maximilian I. zum dt. König gewählt.

1487
Die Spanier erobern Malaga von den Arabern.

1488
Bürger von Brügge nehmen König Maximilian I. gefangen. Kreuzzug gegen die Waldenser in den Alpen. Gründung des Schwäbischen Bundes.

1489
Reichstag in Frankfurt.■ Venedig gewinnt Zypern.

1490
† Matthias Corvinus, seit 1458 König von Ungarn; pflegte an seinem Hof den Geist der ital. Renaissance.

1491

Bauernaufstand in den Niederlanden.■
* Heinrich VIII., König von England von 1509 bis 1547 (†).
Vermählung Karls VIII. mit Anna von Bretagne.

1492
† Papst Innozenz VIII.; Nachfolger ist Alexander VI., Vater von Cesare und Lucrezia Borgia.
† Lorenzo de' Medici; Nachfolger ist sein Sohn Pietro der Unglückliche.
Vertreibung der Juden aus Spanien.

1493	1494	1495	1496	1497	1498	1499	1500

16. Juli: »Caterina« (Leonardos Mutter?) lebt in Leonardos Haus.

Leonardo reist nach Florenz, um die neuerbaute »Sala del Gran Consiglio« zu besichtigen.

Freundschaft und Zusammenarbeit mit Luca Pacioli.■
31. Januar: Im Haus von Gian Francesco Sanseverino wird eine »Danae« aufgeführt.

Matteo Bandello schreibt in seinen *Novelle,* daß er Leonardo vom Sonnenaufgang bis zur Dämmerung malen sah.

9. Februar: der »ehrenvolle und wissenschaftliche Wettstreit« am Hof der Sforza, überwacht von Lodovico il Moro. Teilnehmer: Leonardo, Pacioli sowie Theologen, Professoren und Physiker.
2. Oktober: Leonardo erhält einen Weinberg von Lodovico il Moro. Pacioli schreibt, daß Leonardo gerade ein Buch über Malerei beendet habe und ein Traktat über »Kraft und Gewicht« fertigstelle.

26. April: Die Schenkung des Weinbergs wird registriert.
14. Dezember: Leonardo verläßt Mailand. Vorher hat er 600 Goldgulden auf sein Konto in Florenz überwiesen.

Februar: Mit Pacioli in Mantua.
März: In Venedig. Leonardo bereist den ganzen venezianischen Staat.
24. April: Rückkehr nach Florenz, zusammen mit Pacioli.

Mailand   Mantua Venedig   Florenz

Aufzeichnungen über das Gußverfahren■ in Codex Madrid II, 151v.

1493–1495: Codex Forster II₁, II₂, III.
1493–1499: Manuskript H.

Leonardo vergleicht die Tragfähigkeit verschiedener Bögen■ (Codex Forster II₂, 92r).

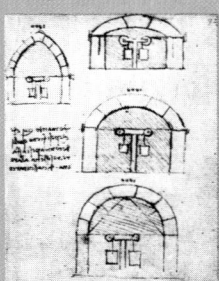

1495–1497: Dekoration der *Sala delle Asse* (Detail),■ Castello Sforzesco, Mailand.
Etwa 1495–1497: Manuskript M. 1495–1499: Manuskript I.

1495–1498: Leonardo malt das *Abendmahl,*■ (S. Maria delle Grazie,

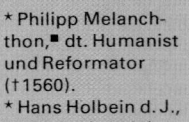

Mailand).
Leonardos Zeichnungen der »regelmäßigen Körper« für Paciolis *De divina proportione.*

Manuskript L (1502–1503).
Juni: Das *Abendmahl* ist fast fertiggestellt.

1498–1499: Zeichnet den Karton für die *Hl. Anna Selbdritt*■ (National Gallery, London).

In Mantua zeichnet er den Karton für das *Bildnis der Isabella d'Este*■ (Louvre, Paris).
Pläne für einen Staudamm im Isonzo-Tal, um den Landstrich zur Abwehr türkischer Invasionen zu überfluten.

Albrecht Dürers *Selbstbildnis.*■
* Paracelsus, dt. Arzt und Philosoph (†1541). Zweite Seereise des Columbus nach Westen.

Luca Pacioli schreibt erstes Lehrbuch der Arithmetik.
Brant: *Narrenschiff,* Sammlung von Predigten gegen menschliche Schwächen; mit 100 Holzschnitten, z. T. von Dürer.
* Hans Sachs, dt. Dichter, Meistersinger (†1567).
* François Rabelais, franz. Dichter (†1553).
† Hans Memling, niederl. religiöser Tafelmaler (* 1433).
† Pico della Mirandola, ital. Humanist (* 1463).

Hieronymus Bosch malt *Garten der Lüste.*■
Dürers erste Reise nach Italien.

Adam Krafft vollendet Sakramentshäuschen für die Lorenzkirche in Nürnberg; Selbstbildnis.■
Erster Aufenthalt Michelangelos in Rom (bis 1501).
Perugino vollendet die *Kreuzigung.*

* Philipp Melanchthon,■ dt. Humanist und Reformator (†1560).
* Hans Holbein d. J.,■ dt. Maler (†1543). Erste Nachricht von der »berauschenden« Tabakpflanze kommt nach Europa.

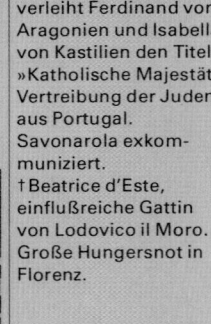

Vasco da Gama■ entdeckt Seeweg nach Indien; dritte Seereise von Columbus.
Dürers *Apokalypse,* 15 Holzschnitte.

Albrecht Dürer malt *Oswolt Krel* (Bildnis). Giorgione malt *Jungen Mann.*
Amerigo Vespucci entdeckt mit Alonso de Hojeda den Amazonenstrom.

Älteste Abbildung einer Druckerpresse in einem »Totentanz«.■

† Friedrich III.; Nachfolger Maximilian I.,■ dt. Kaiser bis 1519 (†). Papst Alexander VI. teilt die Neue Welt zwischen Spanien und Portugal auf.

Nach Vertreibung von Pietro de' Medici■ herrscht Savonarola in Florenz (bis 1498).
* Franz I., König von Frankreich (†1547). Franzosen ziehen in Florenz ein.

Karl VIII. erobert Neapel.■
Lodovico Sforza (il Moro) wird Herzog von Mailand.

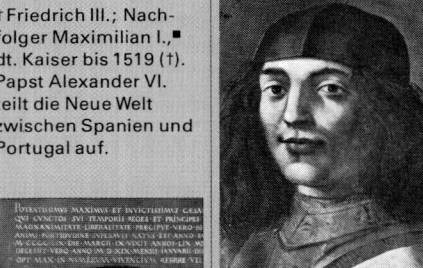

Heirat Philipps des Schönen, Sohn Maximilians I., mit Johanna von Kastilien bringt spanische Krone an das Haus Habsburg.

Papst Alexander VI. verleiht Ferdinand von Aragonien und Isabella von Kastilien den Titel »Katholische Majestät«. Vertreibung der Juden aus Portugal. Savonarola exkommuniert.
† Beatrice d'Este, einflußreiche Gattin von Lodovico il Moro. Große Hungersnot in Florenz.
Savonarola wird vom Papst zum Häretiker erklärt und in Florenz verbrannt.■
† Karl VIII. (* 1470); Nachfolger ist Ludwig XII., König von Frankreich bis 1515 (†).

Allianz Ludwigs XII.■ mit Venedig und Florenz gegen Mailand, das von den Franzosen eingenommen wird.
27. November: Cesare Borgia erobert Imola. Schweiz löst sich vom Deutschen Reich.

Il Moro von den Franzosen geschlagen; in Novara gefangengenommen.■
* Karl V.; röm.-dt. Kaiser, 1519–1556.

1501	1502	1503	1504	1505	1506	1507	1508

1501
3. April: Novellara schreibt in einem Brief an Isabella d'Este von dem Karton, den Leonardo für eine Darstellung der Hl. Anna gezeichnet hat.

1502
18. August: Brief Cesare Borgias, mit dem Leonardo als Architekt und Militäringenieur eingestellt wird. Er bereist mit Borgia und Machiavelli die Romagna.

1503
Rückkehr nach Florenz. Leonardo entnimmt Geld von seinem Konto.

1504
25. Januar: Leonardo soll mit über den geeignetsten Standort für Michelangelos *David* entscheiden. Er erhält monatliche Zahlungen für seine Arbeit an der *Schlacht bei Anghiari*.
9. Juli: †Ser Piero da Vinci, Leonardos Vater.
1. bis 30. November: In Piombino (Codex Madrid II, Fol. 15r u. a.).

1505
Leonardo erhält höhere Zahlungen für die *Schlacht bei Anghiari*.

1506
30. Mai: Leonardo verläßt Florenz und kehrt vorübergehend nach Mailand zurück.
18. August: Der Gouverneur von Mailand bittet die Signoria in Florenz um Verlängerung des Urlaubs für Leonardo um drei Monate.
28. August: Die Signoria bewilligt Leonardos Aufenthalt in Mailand bis Ende September.

1507
Leonardo lernt Melzi kennen.
12. Januar: Noch immer in Mailand. Ludwig XII. möchte Leonardo in seinen Dienst stellen.
5. März: Leonardo ist in Florenz.
26. Juli: Leonardo in Mailand im Dienste von König Ludwig XII. Wird als »Unser teurer und lieber Leonardo da Vinci, unser ständiger Maler und Ingenieur« bezeichnet.
18. September: zurück in Florenz.

1508
Juli: In Mailand.
Oktober: Leonardo erhält eine Geldsumme und leiht Salai einen Teil davon.

Romagna | **Florenz** | **Florenz** | **Mailand** | **Florenz** | **Florenz** | **Mailand**

Piombino | **Mailand**

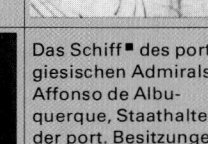

4. April: Nach einem Brief Novellaras arbeitet Leonardo an der *Madonna mit der Spindel*.

1503–1506: Karton und Wandgemälde der *Schlacht bei Anghiari* (Detail einer Skizze; ■ Windsor 12326r.)
1503–1505: Codex Madrid II, Fol. 1–140.

Plan von Imola ■ (Windsor 12248) und topographische Studien, ausgeführt im Dienst des Herzogs von Valentinois, Cesare Borgia. Manuskript L.

1504–1505: *Mona Lisa* ■ (Bildnis der Mona Lisa del Giocondo, Louvre, Paris).

Zeichnung aus dem Codex über den Vogelflug, Fol. 8 recto. ■
Codex Forster I₁.

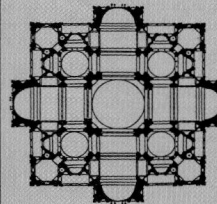

Studie für die *Leda*, ■ Windsor 12518.
Um 1506: Codex Leicester.
Arbeit am Denkmal für Trivulzio.

Studie für die Kanalisierung der Adda, ■ Windsor 12399.

Mehrere Hefte des Codex Arundel »im Haus des Piero di Bac- cio Mortelli am 2. März 1508 begonnen«.
Um 1508: Manuskript D.
Etwa 1508–1509: Manuskript F.

Die Signoria von Florenz gibt bei Michelangelo die Plastik *David* ■ in Auftrag.

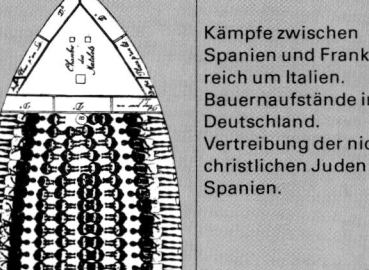

Giovanni Bellinis *Bildnis des Dogen Loredan*. ■
Taschenuhren von Henlein (darunter das sog. »Nürnberger Ei«).
Tizians *Zigeunermadonna*.

Das Schiff ■ des portugiesischen Admirals Affonso de Albuquerque, Staathalter der port. Besitzungen in Indien.
* Nostradamus, frz. Astrologe (†1566).

Raffael ist von Perugia nach Florenz übergesiedelt; malt in den folgenden Jahren etwa 15 Madonnenbilder; *Madonna della Sedia*. ■
† Filippino Lippi, ital. Maler (*1457).

Cranach malt Serie von Venusbildern ■ (Louvre).
Zweiter Aufenthalt Dürers in Venedig.
Papst Julius II. ruft Michelangelo nach Rom.

Beginn des Neubaues der Peterskirche in Rom ■ durch Bramante.
†Christoph Kolumbus, stirbt im Glauben, See- weg nach Indien ent- deckt zu haben.
†Andrea Mantegna, ital. Maler (* 1431).

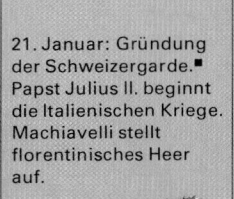

Priesterweihe Luthers. Raffael malt *Heilige Familie mit Palme*.
Altdorfer malt *Hl. Franziskus* und *Hl. Hieronymus*.
Ständige Postverbindung Wien–Brüssel (Postmonopol der Fürsten Thurn und Taxis).

Michelangelo beginnt mit der Ausmalung der Sixtinischen Kapelle. ■
Giorgione malt *Schlummernde Venus*, von Tizian beendet.

Beginn des Verkaufs von Sklaven nach Amerika. ■
Cesare Borgia wird Herzog der Romagna.
Dritte Heirat der Lucrezia Borgia (Alfonso d'Este).

Kämpfe zwischen Spanien und Frankreich um Italien.
Bauernaufstände in Deutschland.
Vertreibung der nichtchristlichen Juden aus Spanien.

Königreich Neapel und Sizilien unter span. Herrschaft (bis 1713). Inquisitionsprozeß ■ in Spanien.

18. August: †Papst Alexander VI.
22. September: Wahl Papst Pius III. ■
18. Oktober: †Papst Pius III.
31. Oktober: Wahl Papst Julius II. ■

†Iwan III., erster »Herr von ganz Rußland« (* 1440).
†Ercole I., Herzog von Ferrara; Nachfolger Alfonso I.

21. Januar: Gründung der Schweizergarde. ■
Papst Julius II. beginnt die Italienischen Kriege. Machiavelli stellt florentinisches Heer auf.

Erste Verwendung der Bezeichnung »Südamerika« (nach Amerigo Vespucci). ■
†Cesare Borgia, Vorbild für Machiavellis »Principe«.

Maximilian I. nimmt ohne päpstliche Krönung den Titel »Erwählter römischer Kaiser« an.
Jakob Fugger finanziert für Maximilian I. den Krieg gegen Venedig; der Kaiser macht ihn zum »Ritter des Heiligen Römischen Reiches«.
Liga von Cambrai gegen Venedig.
†Lodovico Sforza (il Moro) als Gefangener Ludwigs XII.

1516

Leonardo in Rom, im Winter Übersiedlung nach Frankreich mit Salai und Melzi,■ der später den größten Teil von Leonardos Nachlaß erbt.

1510

Zusammenarbeit mit Marcantonio della Torre,■ Professor für Anatomie.
21. Oktober: In Mailand, Arbeit am Chorgestühl des Doms.

1511

Februar: †Charles d'Amboise,■ Leonardos Dienstherr vor seiner Tätigkeit für Ludwig XII. ab 1507.
1510–1511: Gehalt von Ludwig XII.

1513

25. März: Die Domverwaltung in Mailand holt Leonardos Rat ein.
24. September: Leonardo verläßt Mailand mit Freunden und Schülern.
10. Oktober: Leonardo in Florenz.
1. Dezember: In Rom, Atelier im Belvedere des Vatikans.

1514

1514–1516: Leonardo lebt in Rom, unternimmt aber zahlreiche Reisen.
Frühjahr: Leonardo in Civitavecchia.
25. September: Parma.
14. Dezember: In Rom.

1515

17. März: †Giuliano de' Medici, der Leonardo begünstigt hatte. Leonardo in Florenz.
9. Dezember: Leonardo in Mailand. Brief an seinen Hausverwalter in Florenz. Reise nach Tivoli auf der Suche nach antiken Ruinen.

Mailand

Rom

▲ **Florenz**

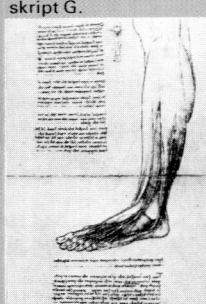

1509–1510: Leonardo malt die *Hl. Anna*■ (Louvre, Paris).
1509–1512: Manuskript K₃.

Anatomisches Manuskript A; auf Fol. A17■ (Windsor 19016) ist vermerkt: »In diesem Winter 1510 werde ich wohl die ganze Anatomie abschließen.«
1510–1516: Manuskript G.

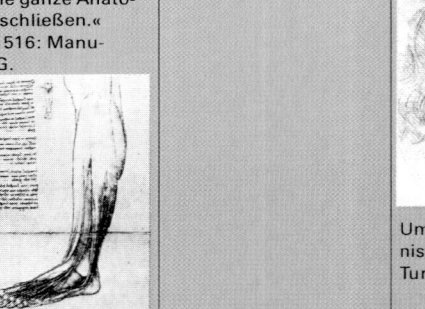

Um 1512: Selbstbildnis■ (Biblioteca Reale, Turin).

1513–1514: Manuskript E. Zwei verlorengegangene Zeichnungen für G. B. Branconi.
1513–1516: Leonardo malt *Johannes den Täufer* (Louvre, Paris).

Um 1514: *Die Sintflut*,■ Windsor 12380.

Leonardo schickt einen mechanischen Löwen nach Lyon zu den Krönungsfeierlichkeiten für Franz I. (12. Juli). Entwürfe für Stallungen für Giuliano de' Medici und Pläne für die Trockenlegung der Pontinischen Sümpfe.

Um 1516: Maskierter junger Mann auf einem Pferd,■ Windsor 12574. Notizen über die Maße der Kirche S. Paolo in Rom im Codex Atlanticus, 172v.

* Calvin, Theologe, Reformator (†1564).■ Erasmus von Rotterdam schreibt *Lob der Narrheit*, Thomas Morus gewidmet.

Riemenschneider schnitzt den Marienaltar in Creglingen, mit einem Selbstbildnis.■ Altdorfer: *Die Flucht nach Ägypten*.

Der Bankier Jakob Fugger (der Reiche)■ baut die Wohnkolonie in Augsburg.
* Giorgio Vasari, ital. Maler, Bildhauer, Schriftsteller (†1574).

Fünftes Laterankonzil erklärt Unsterblichkeit der Seele zu einem Dogma der Kirche.
Raffael: *Madonna in Foligno, Madonna mit Fisch, Julius II*.
Kopernikus: *Commentariolus* (die Erde dreht sich mit den anderen Planeten um die Sonne).
Andrea del Sarto malt *Verkündigung*.

Michelangelos *Moses*.■
Dürer: *Ritter, Tod und Teufel* (Kupferstich).

Symbolische Darstellung des Ablaßhandels.■

†Donato Bramante, ital. Architekt (* 1444).
Tizian: *Himmlische und irdische Liebe*.

Grünewald vollendet den Isenheimer Altar (1511 begonnen). Dogenpalast in Venedig fertiggestellt.

Ariosto■ (Bildnis von Tizian) schreibt *Orlando Furioso*, ital. Epos in Stanzen.
Erasmus von Rotterdam: Erste Ausgabe des griechischen Neuen Testaments.

---

†König Heinrich VII. Nachfolger Heinrich VIII.;■ Heirat mit Katharina von Aragonien.

Luther in Rom, wird von Kardinal Gaetani empfangen.■ Hamburg wird Freie Reichsstadt.

Papst Julius II. schließt mit Venedig und Ferdinand II. eine »Heilige Liga« gegen Frankreich (nachdem er 1508 mit Frankreich und dem Kaiser eine Liga gegen Venedig geschlossen hatte).

Giuliano de' Medici■ (Duc de Nemours)■ herrscht in Florenz. Niederlage der Franzosen in Italien (Pavia). Massimiliano Sforza, Sohn von Lodovico il Moro, herrscht in Mailand.

†Papst Julius II. Giovanni de' Medici wird als Papst Leo X.■ gewählt.
Lorenzo de' Medici, Sohn Pietros des Unglücklichen, herrscht in Florenz.

Ulrich Württemberg schlägt Erhebung des Bauernbundes »Armer Konrad« nieder.■

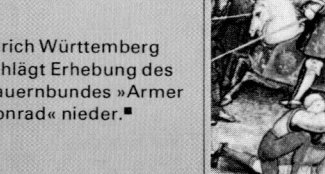

†Ludwig XII. Franz I. wird König von Frankreich (†1547); beginnt Rückeroberung Italiens. Besiegt Massimiliano Sforza bei Marignano■ und erobert Mailand wieder.

Konkordat zwischen dem Papst und Franz I.■ †Ferdinand II.; sein Nachfolger ist Karl I., der spätere Kaiser Karl V.

1517	1518	1519
17. Januar: Leonardo mit Franz I. in Romorantin; Pläne für ein Schloß für die Königinmutter. Himmelfahrtstag: Leonardo in Cloux bei Amboise.	19. Juni: Planung von Festspielen für die Hochzeit von Lorenzo di Pietro de' Medici und Madeleine de La Tour d'Auvergne.	Das Schloß Amboise.■ 23. April: Testament. 2. Mai: Tod. Beigesetzt in Amboise.

Amboise

Geometrische und architektonische Studien.

Um 1518: Eine von Leonardos letzten Zeichnungen,■ Windsor 12670v.

Ulrich von Hutten,■ dt. Dichter, von Maximilian I. zum »poeta laureatus« gemacht. Kardinal Ximenes: polyglotte Bibelausgabe.

Thomas Morus' *Utopia* erscheint; Holzschnitt von Ambrosius Holbein.■ * Tintoretto, ital. Maler (†1594).

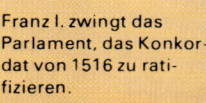

† Lucrezia Borgia.■ Dürer malt *Maximilian I.* Magellan startet zur ersten Weltumsegelung.

Beginn der Reformation in Deutschland: Luther schlägt seine 95 Thesen in Wittenberg an.■ Die Portugiesen erreichen Kanton auf dem Seeweg.

Franz I. zwingt das Parlament, das Konkordat von 1516 zu ratifizieren.

† Maximilian I. Karl V.■ wird zum dt. Kaiser gewählt (bis 1556). Luther in päpstlichem Bann.

Leonardo wurde in der Kirche St. Florentin, Amboise, beigesetzt.

Auszüge aus Leonardos Testament

Der Erblasser
will in der Kirche Saint Florentin zu Amboise begraben werden,
und sein Leichnam soll von den Kapellanen derselben dorthin verbracht werden.
Er wünscht, daß bei seinem Begräbnis
sechzig große Wachskerzen von sechzig armen Männern getragen werden,
denen dafür Geld zu geben ist …
Derselbe Erblasser
schenkt und vermacht für alle Zeit und Dauer
seinem Diener Battista de Vilanis
eine Hälfte seines Gartens, der vor den Stadtmauern von Mailand liegt,
und die andere Hälfte desselben Gartens
seinem Diener Salai …
Ferner schenkt der Erblasser
seiner Magd Maturina
einen Mantel aus gutem schwarzem Tuch und pelzgefüttert …
Genannter Erblasser
schenkt und vermacht dem Messer Francesco da Melzi,
Edelmann aus Mailand,
als Entgelt für die ihm in der Vergangenheit erwiesenen
Dienste und Gefälligkeiten
alle und jedes der Bücher, welche der Erblasser zur Zeit besitzt,
sowie die zu seiner Kunst und seinem Berufe als Maler gehörenden
Instrumente und Bildnisse.
Errichtet am 23. Tage des April 1519, vor Ostern.

»...wo die Natur aufhört, ihre Formen
hervorzubringen, beginnt der Mensch,
mit natürlichen Dingen und mit Hilfe eben
der Natur, eine unendliche Vielfalt an
Formen zu schaffen.«

DER MALER

ANNA MARIA BRIZIO

20/1

*Den knienden Engel, ein Detail der Taufe Christi
von Andrea del Verrocchio, malte der junge Leonardo, als er in dessen Werkstatt arbeitete. Dieser Kopf
und der Engel insgesamt sticht aufgrund seiner
gestalterischen Leichtigkeit und Intensität des psychologischen Ausdrucks deutlich unter den anderen
Figuren Verrocchios hervor.* UFFIZIEN, FLORENZ

21/1-6

*Auf der gegenüberliegenden Seite sind einige der
berühmtesten Gemälde Leonardos abgebildet. Die
nicht erhaltene Schlacht bei Anghiari ist durch die
Zeichnung 21/3 vertreten; nicht alle Forscher sehen
in ihr eine Arbeit Leonardos.*

21/1
Madonna in der Felsengrotte,
1483-1486.
LOUVRE, PARIS

Um das Jahr 1480 kam es in Florenz zu einer Auswanderungsbewegung der Künstler, die im Verlauf der folgenden zwei Jahrhunderte noch ständig zunahm. Der außerordentliche wirtschaftliche und kulturelle Aufschwung der Stadt Florenz während des 14. und 15. Jahrhunderts hatte dort ein gewaltiges künstlerisches Potential entstehen lassen. Es gab zahlreiche Künstlerwerkstätten, und die florentinischen Künstler genossen ein derart hohes Ansehen, daß ihre Arbeit bereits seit geraumer Zeit überall stark gefragt war. Doch mit Beginn der 80er Jahre des 14. Jahrhunderts kam es zu einer beeindruckenden Häufung von Auswanderungen: Es fand ein regelrechter Exodus über ganz Italien statt. Meiner Meinung nach wurde in jenen Jahren durch die Politik von Lorenzo il Magnifico ein »Export« von künstlerischen Arbeitskräften bewußt gefördert. Die Entsendung florentinischer Künstler an die verschiedenen italienischen Höfe bot eine Gelegenheit zum diplomatischen Austausch und wurde zu einem Prestigefaktor.

21/2
Abendmahl, *1495-1498*.
SANTA MARIA DELLE GRAZIE,
MAILAND

Im Jahre 1482 rief Sixtus IV. die Künstler Botticelli, Ghirlandaio, Perugino, Piero di Cosimo und Cosimo Roselli zur Ausgestaltung der Sixtinischen Kapelle nach Rom. Nach Beendigung ihrer Arbeit kehrten die Maler nach Florenz zurück. Unterdessen hatte auch Verrocchio aus Rom und Venedig Aufträge erhalten. Er überließ Lorenzo di Credi die Führung seiner Werkstatt in Florenz und übersiedelte nach Venedig, um dort das Reiterdenkmal für Bartolomeo Colleoni auszuführen. Er starb 1488 in Venedig. Die Werkstätten von Andrea del Verrocchio und von Antonio del Pollaiolo waren die bedeutendsten florentinischen Werkstätten der damaligen Zeit. Nach Verrocchio verließ 1489 auch Antonio del Pollaiolo gemeinsam mit seinem Bruder Piero Florenz. Er wurde von Innozenz VIII. nach Rom gerufen, wo er bis zu seinem Tod blieb. In der gleichen Zeit, ungefähr zwischen 1489 und 1493, befand sich auch Filippino Lippi in Rom und malte die Fresken in der Cappella Carafa in S. Maria sopra Minerva. Die Aufzählung ließe sich fortführen. In diesen historischen Zeitraum und dieses Klima fällt 1482 die Übersiedlung Leonardos nach Mailand. Die von dem Anonimo Gaddiano überlieferte und später von Vasari aufgegriffene Mitteilung, daß er von Lorenzo il Magnifico nach Mailand zum Herzog Lodovico il Moro gesandt wurde — wobei er eine silberne *Lira* in Form eines Pferdeschädels mit sich führte, auf der er wunderbar spielte —, hat vor diesem Hintergrund weniger den Charakter einer novellistischen Episode, als die sie meist gesehen wird, sondern ist vielmehr ein wichtiger Hinweis auf die zentrale Rolle, die Lorenzo il Magnifico bei der umfassenden Verbreitung von florentinischen Kunstwerken und Künstlern über ganz Italien spielte.

21/3
Skizze für die
Schlacht bei Anghiari,
1503-1506.
WINDSOR 12339r

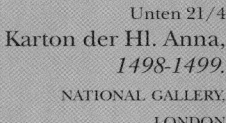

Unten 21/4
Karton der Hl. Anna,
1498-1499.
NATIONAL GALLERY,
LONDON

Die Folgen für die künstlerische Zukunft von Florenz waren gravierend und nicht mehr rückgängig zu machen. Nie wieder erlangte die Stadt ihre Bedeutung als künstlerische Hauptstadt zurück, die sie für zwei Jahrhunderte inne gehabt hatte. Doch der Einfluß auf die Entwicklung der italienischen Kunst war außerordentlich groß. Bis zu diesem Zeitpunkt wiesen die regionalen Kunstschulen starke Unterschiede auf, doch die mit den 80er Jahren einsetzende Entwicklung führte in weniger als einem halben Jahrhundert zur Herausbildung einer Kunst, die sich ohne Einschränkung als italienische Kunst bezeichnen läßt. Während die Politiker an der Schaffung einer italienischen Nation scheiterten, gelang dies den Künstlern. Es gelang ihnen so vollständig, daß die italienische Renaissance mehr als zwei Jahrhunderte lang die Kunst ganz Europas prägte.

Der erste Akt dieses großartigen Prozesses spielte sich meiner Meinung nach in Mailand ab: Fast zwanzig Jahre lang standen hier die »beiden Großen«, Bramante und Leonardo, am Hof von Lodovico il Moro in ständigem Kontakt miteinander. Beide stammten aus bedeutenden Kulturzentren Mittelitaliens und ähnelten sich in ihrer Herkunft und Haltung: Bramante kam aus Urbino in den Marken, war einige Jahre älter als Leonardo und einige Zeit vor ihm in die Lombardei übergesiedelt; Leonardo kam aus einer der bedeutendsten florentinischen Werkstätten jener Zeit, war etwa dreißig Jahre alt und auch schon außerhalb von Florenz bekannt, wie aus der Chronik in Versen von Giovanni Santi da Urbino, dem Vater Raffaellos, hervorgeht: »Zwei junge Männer von gleicher Begabung und gleichem Alter / Leonardo da Vinci und Pier della Pieve aus Perugia.« Diese Annäherung und Ähnlichkeit der beiden jungen Männer, die später durch eine so große Ferne getrennt sein sollten, klingt für uns sehr merkwürdig. In seinen *Vite* zählt der große Historiker Vasari, der Chronologie folgend, Perugino zu Recht zu den Malern der »zweiten Epoche«, das heißt zum 15. Jahrhundert. Doch

Oben rechts 21/5
Detail aus der
Sala delle Asse,
1495-1497.
CASTELLO SFORZESCO,
MAILAND

21/6
Mona Lisa
(»*La Gioconda*«),
1504-1505.
LOUVRE, PARIS

22/2

Im Fresko der Schlüsselübergabe an Petrus von Pietro Perugino in der Sixtinischen Kapelle des Vatikan wird die Perspektive nicht nur als programmatische Demonstration eingesetzt, sondern dient der natürlicheren und erzählerisch wirksameren Darstellung der Szene. Die Protagonisten befinden sich unmittelbar im Vordergrund, und hinter ihnen öffnet sich ein weitläufiger Raum. Im Hintergrund stehen symmetrisch angeordnete Architekturen. Der junge Perugino war, wie Leonardo, Schüler in der Werkstatt des Verrocchio in Florenz.

22/1

Die Zeichnung dieses Kelches besteht aus einzelnen geometrischen Formen. Er ist linearperspektivisch in den Raum gestellt. Diese Zeichnung ist beispielhaft für die beiden

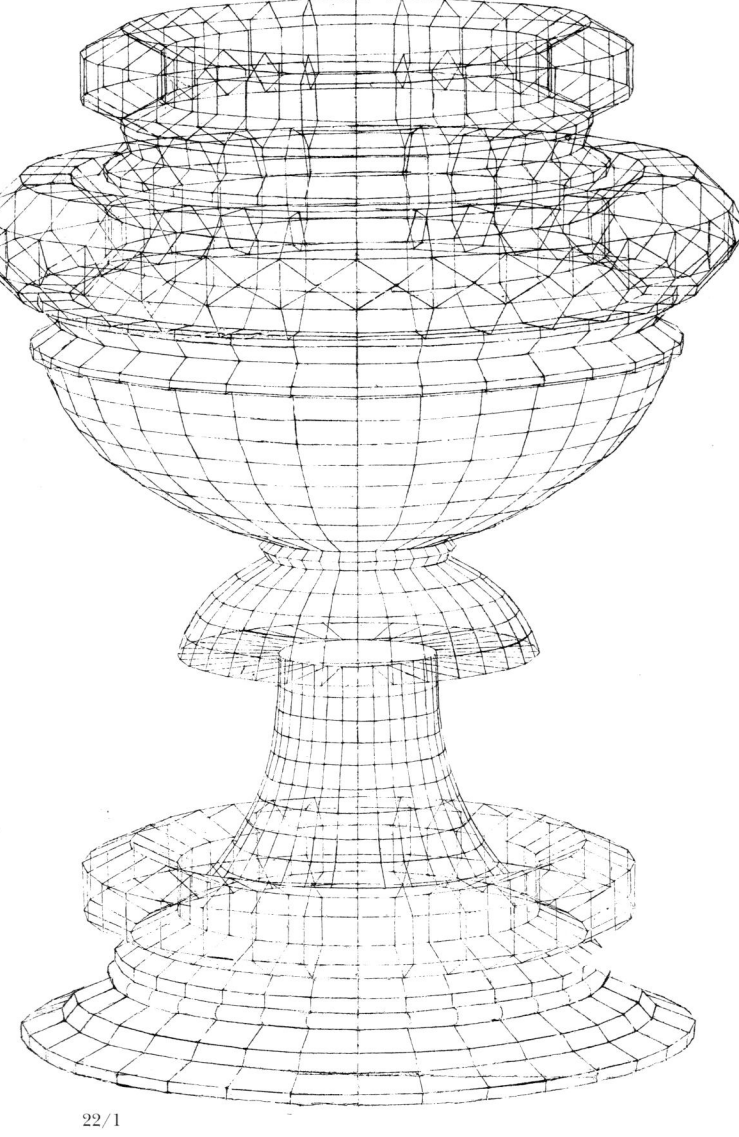

22/1

wichtigsten Themen der florentinischen Kunst des 15. Jahrhunderts: einerseits die Perspektive, die eine neue, rationale Definition des Raumes erlaubte, und andererseits die Konstruktion von Festkörpern aus regelmäßigen geometrischen Formen. Diese in den Uffizien aufbewahrte Zeichnung wird allgemein Paolo Uccello zugeschrieben. In jüngster Zeit erfolgte auch eine Zuschreibung an Piero della Francesca.

bei Leonardo räumt er dem Geist gegenüber der Chronologie den Vorrang ein und ordnet ihn dem Beginn der »dritten Epoche«, dem 16. Jahrhundert, zu, obwohl er 1452 geboren wurde und daher einen Großteil seines Lebens im 15. Jahrhundert verbrachte.

In Mailand fanden Leonardo und Bramante eine Welt vor, die sich in der Sprache, der Lebensweise, der sozialen und politischen Ordnung, in den Gepflogenheiten und der Mentalität stark von der ihrer Heimatstädte unterschied. Betrachtet man die Folgen, muß ihnen dieser Wechsel einen intensiven Stimulus geboten haben, aus dem sich für sie neue Fragestellungen, neue Lösungen und eine neue Richtung ihrer künstlerischen Arbeit ergab. Man kann sich nicht mit Leonardo als Maler beschäftigen und dabei die Beziehung zwischen Kunst und Wissenschaft in seinem Werk übergehen oder nur oberflächlich betrachten.

Die italienische Kunst der Renaissance erlangte ein Ansehen, das mit keiner anderen Kunstepoche vergleichbar ist. Dies verdankt sie der Tatsache, daß die italienischen Künstler jenes glücklichen Zeitabschnitts nicht nur hervorragende Künstler, sondern auch die Vorreiter der damaligen kulturellen Entwicklung waren. In einem Aufsatz von 1938, der unter den Kunsthistorikern leider nicht die verdiente Beachtung gefunden hat, stellte W. M. Ivins vorbehaltlos fest: »The most important thing that happened during the Renaissance was the emergence of the ideas that led to the rationalization of sight.«[1] Nicht der Fall Konstantinopels, auch nicht die Entdeckung Amerikas, weder die Reformation noch die Gegenreformation, sondern — wie Ivins behauptet — »the rationalization of sight« war das einschneidendste Ereignis der Renaissance.

Doch die Rationalisierung des Sehens geht, mit der Erfindung der Perspektive [22/1-2], zuerst auf das Werk der florentinischen Künstler zurück.

22/2

Eine lange akademische Tradition hat uns daran gewöhnt, die Perspektive als Mittel zur korrekten formalen Darstellung der Proportionen der Figuren und der Raummaße zu betrachten. Doch das gibt uns nur eine dürftige Ahnung davon, was die Perspektive ursprünglich bedeutete. Für die florentinischen Künstler, zuerst für Brunelleschi, bedeutete sie eine geniale Idee, die es ihnen erlaubte, mit einem Schlag die endlose Kasuistik der mittelalterlichen Optik über den Haufen zu werfen. Nur die grundlegenden Daten des Sehwinkels wurden noch herangezogen. Auf diesen Winkel der Sehstrahlen, deren Scheitelpunkt im Auge liegt, wandte man das euklidische Prinzip der ähnlichen Dreiecke an. Durchschnitt man den Sehwinkel an einem beliebigen Punkt mit einer Senkrechten, konnte man jedes in diesen Punkt fallende Bild bei jeder gegebenen Entfernung vom Scheitelpunkt mit einem konstanten Maßstab vermessen.

Dieses System wurde von den florentinischen Künstlern Brunelleschi und Alberti perfektioniert. Zuerst wurde es in der Malerei angewandt. Es ermöglichte eine

in konstanten Proportionen und Maßen berechenbare Komposition, die damit dem traditionellen Empirismus entzogen war: Hierin bestand die Rationalisierung des Sehens. Mit der Perspektive schufen die Künstler zudem ein Instrument, das auch auf dem Gebiet der Wissenschaft eine große Bedeutung erlangen sollte, da es eine exakte und konstante Messung der Größen und Entfernungen ermöglichte. Die Perspektive der Renaissance ist — wie Ivins hervorhebt — das erste Glied einer Kette, die über Kepler und Desargues bis hin zur beschreibenden Geometrie von Monge und Poncelet führt. Und zu dieser Entwicklung wies die Kunst den Weg.

Die andere große Idee, die gemeinsam mit der Perspektive die Kunst der Renaissance beherrscht, ist die Idee der Nachahmung der Natur. Auch sie darf nicht im verflachenden Verständnis des 19. Jahrhunderts als Wiedergabe der äußerlichen, oberflächlichen Erscheinung der Natur gesehen werden. Die Nachahmung der Natur bedeutete für die florentinischen Künstler des 15. Jahrhun-

Diese Rötelzeichnung zeigt deutlich das Neuartige an Leonardos Naturbetrachtung. Um 1505 hatte er sich von der florentinischen Schule gelöst und diese sehr viel lebendigere Darstellungsweise entwickelt. Sein Interesse erstreckte sich auf alle Aspekte der Natur. Leonardo ließ den abstrakten geometrischen Raum der florentinischen Tradition hinter sich und zog alle atmosphärischen und optischen Effekte des physischen Raumes mit in Betracht. Dieser Brombeerzweig wurde nicht aus seiner Umgebung herausgelöst. Gerade durch seine Einbettung in die Atmosphäre, durch die Verwendung von Licht und Schatten, gewinnt er eine intensive Vitalität.

WINDSOR 12419

24/1

Auch diese Zeichnung eines Baumes (ca. 1505) ist mit ihren Licht- und Schatteneffekten ein Beispiel für Leonardos organische Sicht der Natur. WINDSOR 12431v

derts eine »subtile Spekulation«: Sie sahen sich vor die Aufgabe gestellt, die Naturgesetze zu erforschen und nach diesen Gesetzen in Analogie zum natürlichen Makrokosmos einen Mikrokosmos zu schaffen, indem sie den kreativen Prozeß der Natur selbst nachvollziehen [24/1-2]. »Der Maler ringt und wetteifert mit der Natur«, schreibt Leonardo. Es ist verständlich, daß eine solche Einstellung den Wunsch mit sich brachte, mit neu erwachtem Interesse die Naturphänomene zu ergründen. Diese Haltung wurde zur einem der revolutionärsten Faktoren in der gesamten zeitgenössischen Kultur. Leonardo stand im Mittelpunkt dieses Prozesses und trieb ihn so weit voran, daß es in der Folge zur Trennung der beiden Bereiche Kunst und Wissenschaft kam.

In unserer so stark von wissenschaftlichen und technologischen Interessen dominierten Zeit zieht das geniale und weit vorausgreifende wissenschaftliche und technische Werk Leonardos immer mehr die Aufmerksamkeit der Wissenschaftler auf sich. Es gewinnt zunehmend an Bedeutung, wobei die Tendenz besteht, es fast höher als sein künstlerisches Werk zu bewerten. Die Wiederauffindung der Codices von Madrid, vor allem des großartigen Codex Madrid I mit seiner herrlichen Folge von höchst anschaulichen Maschinenzeichnungen, trug noch dazu bei, die Beurteilung der Arbeit Leonardos weiter in dieser Richtung zu beeinflussen. Daher scheint es mir angebracht, an dieser Stelle in aller Deutlichkeit festzustellen, daß für Leonardo die Malerei den Ausgangspunkt bildete.

Wir wollen hier auf eine akademische Interpretation der Malerei verzichten und

24/2

Von Anfang an zeigte Leonardo eine große Vorliebe für die Landschaft: Im Hintergrund dieses Ausschnitts aus der Verkündigung *(Uffizien) öffnet sich die Landschaft weit in die Ferne. Die dunkle Mauer von Bäumen rückt sie noch weiter weg, in die lichte Klarheit des äußersten Horizontes.* UFFIZIEN, FLORENZ

25/1

In den gleichen Jahren, in denen die Schlacht bei Anghiari *entstand, malte Leonardo auch die* Mona Lisa. *Die Öffnung hin zu einem neuen Denken, das von den klaren Gewißheiten des vorausgehenden florentinischen Humanismus abweicht, ist im geheimnisvollen und hintergründigen Lächeln der Mona Lisa zu erkennen. Die neue Denkrichtung Leonardos geht auch aus der Landschaft im Hintergrund hervor. Es handelt sich nicht um eine reale Landschaft, sondern um eine Art geologische Komposition, in der die Zusammenstellung aller Elemente der Natur — in den Felsaufwerfungen, dem Wasser und den luftigen Fernen — die zeitliche Schichtung der vergangenen Jahrhunderte widerspiegelt.* LOUVRE, PARIS

sie stattdessen auf ihr Wesen zurückführen: die Kraft des Bildes, die Möglichkeit, durch Bilder etwas zum Ausdruck zu bringen und ein angemessenes und sinnreiches Abbild dessen zu schaffen, was der Geist »im Inneren diktiert und an Bedeutung vorgibt«. Es besteht kein Zweifel, daß sich Leonardo hauptsächlich in Bildern und Figuren äußerte und die Zeichnung für ihn das grundlegende Mittel der Analyse und der Darstellung war; aber auch, daß seine Forschung vornehmlich visuell begründet war und von einer visuell erfaßten Gegebenheit ausging. »Wenn du die Malerei verachtest«, sagte er, »die die einzige Nachahmerin aller in der Natur sich zeigenden Werke ist, dann verachtest du gewiß eine subtile Erfindung, die mit philosophischer und subtiler Spekulation alle Eigenschaften der Formen in Betracht zieht ... *das ist wirklich Wissenschaft und die legitime Tochter der Natur.*« Leonardo verstand Malerei nicht als eine bloße Wiederholung der Naturformen, sondern betrachtete sich selbst, den Menschen, als eine Naturkraft, die das Werk der Schöpfung fortsetzt. »Dort, wo die Natur aufhört, ihre Formen hervorzubringen, beginnt der Mensch, mit natürlichen Dingen und mit Hilfe eben dieser Natur, eine unendliche Vielfalt an Formen zu schaffen.«

Für Leonardo war die Malerei — und die Zeichnung als die schnellste Weise der Malerei — in allen Bereichen das direkteste und wirksamste Mittel der »mentalen Rede«. Diese Auffassung trat für Leonardo im Laufe der Jahre immer deutlicher hervor, bildete sich stärker heraus und gewann zusehens an Gewicht. Schon wenige Jahre nach Beginn seiner Mailänder Zeit begann sie sich klar abzuzeichnen.

25/1

Als er nach Mailand zog, muß das so ganz andere Milieu in der Lombardei Leonardo tief beeindruckt haben. Hier herrschte noch das mittelalterliche System der Zünfte, und Maler, Bildhauer und Architekten galten noch immer als Handwerker. Damals muß ihm bewußt geworden sein, mit welchen neuen und außergewöhnlichen Mitteln ihn seine florentinische Ausbildung ausgestattet hatte und welche Anwendungsmöglichkeiten sie ihm auf allen Gebieten boten. Seit seiner Ankunft in Mailand entwickelten sich seine Interessen und Experimente in alle Richtungen. Doch die bewundernswerten technischen und wissenschaftlichen Fortschritte, die sich hieraus ergaben, ließen ihn die Malerei nicht vergessen. Die wissenschaftliche Haltung und die künstlerische Betrachtungsweise bildeten in Leonardo weder einen Gegensatz, noch schlossen sie einander aus. Im Gegenteil, sie bedingten einander, beeinflußten sich gegenseitig und führten zu neuen Entwicklungen und Bereicherungen.

Die Entstehungszeit der Codices von Madrid — von 1491 bis 1505, um sich an die äußersten darin erscheinenden Datierungen zu halten — entspricht der wichtigsten, fruchtbarsten und auf allen Gebieten reichsten Schaffenszeit Leonardos. In jenen Jahren entwickelte er seine Studien über die Kraft, die Bewegung und das Gewicht; ferner über die »mechanischen Elemente«, über die Bewegung von Wasser und Luft, über die Hydraulik, über den Vogelflug und über die Anatomie. Dabei gelangen ihm eine Reihe von höchst genialen und zukunftsweisenden Entdeckungen und Erfindungen.

In diesen Jahren schuf Leonardo zudem seine Hauptwerke der Malerei: das *Abendmahl*, den *Karton der Hl. Anna Selbdritt*, die *Mona Lisa* und die *Schlacht bei Anghiari*. Diese Werke haben »das Antlitz der Malerei verändert«, um mit den berühmten Worten des Vasari über die Fresken von Masaccio in der Chiesa del Carmine zu sprechen.

Den ersten wichtigen Auftrag in Mailand erhielt Leonardo von den Confratelli della Concezione (Brüder von der Empfängnis). Am 12. April 1483 erteilten sie

26/1

Der große Holzaltar, den die Confratelli della Concezione am 18. April 1480 bei Giacomo del Maino für ihre Kapelle in der Kirche San Francesco il Grande bestellten, ist verloren gegangen. Leonardo und die Brüder De Predis hatten den Auftrag, ihn zu bemalen. Doch der hier abgebildete Holzaltar, der sich noch heute in Morbegno (Valtellina) in der Marienkirche befindet, kann einen Eindruck von dem verloren gegangenen Altar vermitteln. Auch er ist eine große Holzkonstruktion. Der Skulpturenschmuck überwiegt, doch es kommen auch Gemälde vor. Am oberen Ende schließt der Altar mit einer Halbkuppel ab (in den Dokumenten Cuba genannt), auf der sich die Heilige Jungfrau erhebt. Auf dem Gesims darunter stehen die Apostel. Zwischen ihnen und der Heiligen Jungfrau befindet sich ein Halbkreis musizierender Cherubine. Im unteren Teil sind Szenen aus dem Leben der Jungfrau in das Holz geschnitzt. Gaudenzio Ferrari und Fermo Stella haben die unverzierten Holztafeln mit der thronenden Jungfrau mit dem Kind und anderen Figuren ausgemalt. In ähnlicher Weise gestalteten Leonardo und die Brü-

26/1

der De Predis auch den Altar in S. Francesco mit Malereien aus. Hier wie dort mußten die Maler auch alle Schnitzereien des Altars kolorieren.

26/2 und 3 und 27/1

Dies ist die erste, vollständig von Leonardo gemalte Version der Ma-donna in der Felsengrotte für den Altar der Confratelli della Concezione. Wir wissen nicht, ob diese erste Version je an dem Holzaltar angebracht wurde. Die zweite Version (heute in der National Gallery, London) stammt unmittelbar vom Altar in San Francesco. Eine Komposition wie diese war für die damalige Zeit vollkommen neuartig. Gegenüber der florentinischen Schule muß sie fast avantgardistisch gewirkt haben. Leonardo scheute sich nicht, dieses so schattenreiche Bild in jene Masse an Holzschnitzereien einzufügen, aus der der Altar von Giacomo del Maino bestand. Tatsächlich muß die Madonna wie tief in einer Grotte versunken erschienen sein. Rechts zwei Details aus der gleichen Tafel. LOUVRE, PARIS

27/1

26/2

26/3

ihm und den Brüdern De Predis den Auftrag, das Altarbild für ihre Kapelle in San Francesco il Grande zu malen. Dieses Bild liegt zeitlich vor den oben angegebenen Eckdaten 1491-1505. Die *Madonna in der Felsengrotte* (heute im Louvre) — der einzige erhaltene Rest von Leonardos Anteil an dem Altarbild, während die beiden musizierenden Engel (National Gallery, London) von Ambrogio de Predis stammen — kann somit als Anhaltspunkt für den Abstand dienen, der das *Abendmahl* von der gesamten vorhergehenden malerischen Produktion Leonardos trennt.

Während Leonardo im Refektorium von Santa Maria delle Grazie das Abendmahl *malte, errichtete Bramante den großen Chorbau der Kirche. Sie besteht aus zwei in Struktur und Stil deutlich unterschiedenen Teilen. Nur der vordere Längsteil der ursprünglichen, von Guiniforte Solari zwischen 1464 und 1482 erbauten Kirche ist noch erhalten. Sie wurde von ihm im damals vorherrschenden Stil der Lombardei erbaut, der trotz der Spitzbögen und Kreuzgewölbe noch deutlich*

28/1

durch die romanische Tradition geprägt war. Wenige Jahre später wurde auf Wunsch von Lodovico il Moro der Chor des Solari abgerissen. Stattdessen entwarf Bramante den großartigen Chorbau mit zentralem Grundriß und Kuppel. Seine Konzeption war völlig anders, doch sehr viel einheitlicher und auch monumentaler.

Am ersten Tage der ungesäuerten Brote traten die Jünger an Jesus heran und sagten: »Wo willst du, daß wir dir das Paschamahl bereiten?« Da sprach er: »Geht in die Stadt zu dem und dem und sagt zu ihm: Der Meister läßt sagen: Meine Zeit ist nahe. Bei dir will ich mit meinen Jüngern das Paschamahl halten.« Und die Jünger taten, wie Jesus ihnen aufgetragen hatte, und bereiteten das Paschamahl. Als es aber Abend geworden war, legte er sich mit den zwölf Jüngern zu Tisch. Und während sie aßen, sprach er: »Wahrlich, ich sage euch: Einer von euch wird mich überliefern.« Da wurden sie sehr traurig und begannen einer nach dem anderen zu ihm zu sagen: »Ich bin es doch nicht, Herr?«   MATTHÄUS 26, 17-22

Die *Madonna in der Felsengrotte* [27/1] ist noch so stark durch den florentinischen Stil geprägt, daß ein bedeutender Leonardo-Kenner wie Kenneth Clark die Vermutung äußerte, sie sei noch in Florenz entstanden und Leonardo habe sie bei seiner Übersiedlung nach Mailand mitgebracht und für den Altar der Empfängnis verwendet. Doch ist dies kaum glaubhaft, wenn man bedenkt, wie langsam Leonardo seine Arbeiten ausführte oder auch unvollendet ließ, selbst wenn er durch einen Vertrag gebunden war — geschweige denn, daß er eine Arbeit ohne Vertrag ausgeführt hätte! Vor allem aber weist die *Madonna in der Felsengrotte* trotz ihrer noch ausgeprägt florentinischen Stilmerkmale eine Anzahl

neuer Gedanken auf. Ihre Ikonographie steht in Zusammenhang mit dem Thema der Empfängnis, das in Mailand Gegenstand besonderer Verehrung war. Da wir gewohnt sind, das Bild an der Wand eines Museums isoliert für sich zu betrachten, wird außerdem zu oft vergessen, daß diese Tafel nur einen kleinen Teil eines Ganzen darstellt: Der Altar der Empfängnis war ein riesiger holzgeschnitzter Altar, wie sie damals in der Lombardei üblich waren. Der Auftrag verpflichtete Leonardo und die Brüder De Predis, zunächst die geschnitzten Partien zu kolorieren und zu vergolden und dann in den Feldern, die von der Schnitzerei freigelassen waren, eine große, der Jungfrau gewidmete Szene und an den Seiten jeweils vier singende und musizierende Engel darzustellen.

In unser Bild, das wir uns im Verlauf der Jahrhunderte von Leonardo gemacht haben, paßt kaum die Vorstellung, daß er wie ein einfacher Handwerker Rahmen, Säulen und Reliefs eines lombardischen *Lignamarius* vergoldet und koloriert habe. Und noch weniger können wir uns die *Madonna in der Felsengrotte* inmitten der überladenen und goldglitzernden Schnitzarbeiten vorstellen! Es

Das Abendmahl *von Leonardo und der Chorbau in Santa Maria delle Grazie von Bramante sind Kunstwerke, die, von Mailand ausgehend, der italienischen Kunst des 15. Jahrhunderts eine neue Richtung gaben. Etwas mehr als zehn Jahre nach der Entstehung der* Madonna in der Felsengrotte *hat sich im* Abendmahl *das Verhältnis zwischen Raum und Figuren grundlegend geändert. Die dargestellten Figuren beherrschen*

29/1

wirkt fast wie eine Provokation Leonardos — und zeigt seinen unabänderlichen Entschluß, nicht von der eigenen künstlerischen Auffassung abzuweichen —, für einen derartigen Altar eine so schattenreiche, so subtile und geheimnisvolle Tafel zu malen wie die *Madonna in der Felsengrotte*. Tatsächlich muß das Bild unter der Überfülle der goldglitzernden Rahmen, Säulen und Reliefs wie eine dunkle Grotte gewirkt haben.

den Vordergrund. Ihre Gesten und Haltungen sind nicht nur körperliche Bewegungen, sondern spiegeln auch ihren seelischen Zustand und ihre individuellen emotionalen Reaktionen auf die Worte Christi wider: »Einer von euch wird mich überliefern.«

Die Hände der Apostel und Christi; Ausschnitte aus dem Abendmahl von Leonardo. Die Gesten und Handbewegungen spiegeln deutlich den Charakter und die Gefühlsregungen der einzelnen Apostel wider. Sie dienen außerdem als wesentliches kompositorisches Element in der Verbindung der einzelnen Apostel zu Dreiergruppen und der Verbindung der Gruppen untereinander.

Die Komposition des Gemäldes führt perspektivisch in die Tiefe. Die Figuren sind vom Vordergrund weg ein wenig nach hinten gerückt. Die in Gestalt einer Pyramide ausgebreiteten Arme der Jungfrau und der auf den hl. Johannes weisende Finger des Engels scheinen den Raum in verschiedenen Richtungen zu durchdringen und zu teilen. Alles ist »umgeben von Schatten und Licht« — ein sehr sparsam eingesetztes Licht, das die Formen in nuancenreichen Abstufungen aus dem Schatten hervortreten läßt.

Über ein Jahrzehnt später hat sich im *Abendmahl* [29/1] das Verhältnis zwischen

30/2
Die Hände von Jakobus dem Jüngeren und Andreas; Petrus hält ein Messer in der Hand.

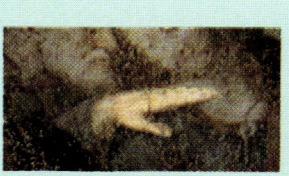

30/4 *Petrus*

30/6 *Jesus*

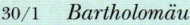

30/1 *Bartholomäus*

30/3 *Judas*

30/5 *Judas und Johannes*

»*Einer krümmt die Finger seiner Hand zusammen und wendet sich mit zusammengezogenen Brauen dem Gefährten zu. Ein anderer zeigt die Handflächen der offenen Hände, zieht die Schultern bis zu den Ohren empor und verzieht voller Staunen den Mund. Einer spricht ins Ohr des anderen, und der Angesprochene neigt ihm das Ohr zu, wobei er ein Messer in der Hand hält; ein anderer wendet sich um und wirft mit der Hand, die ein Messer hält, ein Glas auf dem Tisch um. Ein anderer legt die Hände auf den Tisch und schaut vor sich hin; ein anderer beugt sich nach vorn, um den Sprechenden zu sehen…*«

FORSTER II[1] 62v und 63r

Figuren und Raum vollständig gewandelt. Die Größenveränderung der Figuren ist beeindruckend. Der Tisch und die Apostel sind vorn angeordnet, an der vorderen Begrenzung des Raumes, in dem das Mahl stattfindet. Dahinter verengt sich der Raum sofort. Die Figuren wirken groß und scheinen in den *realen* Raum des Refektoriums zu blicken.

Durch eine geringfügige, jedoch fundamentale Verschiebung ist Leonardo eine tiefreichende Veränderung in der klaren Perspektive der Brunelleschi-Alberti-Tradition gelungen. Anstatt das Auge als eine abstrakte Größe zu betrachten, als die bloße Spitze der Sehpyramide, als einen zur Berechnung der Maße und der Proportionen von Raum und Figuren innerhalb des Bildaufbaues notwendigen Punkt — wobei das Bild als eine in sich geschlossene und selbständige Welt betrachtet wird —, hat er es mit dem realen Auge des Betrachters zusammentreffen lassen und dadurch die Illusion geschaffen, als gingen der gemalte und

30/7
Bartholomäus, Jakobus der Jüngere und Andreas.

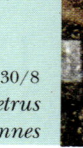

30/8
Judas, Petrus und Johannes

der reale Raum ineinander über und setzten sich einer im anderen fort. Der Betrachter befindet sich damit illusionistisch innerhalb der gemalten Fiktion. Es entsteht eine neuartige, weit dynamischere und dramatischere Beziehung zwischen ihm und den gemalten Personen. Sie erweckt den Anschein von Realität und bewirkt eine viel stärkere Anteilnahme: Die gemalte Fiktion suggeriert die Wirklichkeit selbst.

Am anderen Ende des langen Refektoriums wirkt das in der gleichen Zeit entstandene (datiert 1495) Fresko der *Kreuzigung* von Montorfano dagegen wie auf Papier gemalt, wie eine auf die Wand geklebte Tapete.

Die physikalischen und mechanischen Studien, denen sich Leonardo seit seiner Ankunft in der Lombardei in immer größerem Umfang widmete, wirkten sich auch auf seine malerische Vorstellungswelt aus und erschütterten die figürliche Kunst des florentinischen 15. Jahrhunderts. Seine Malerei möchte die feinen Suggestionen der Sprache bewahren (ähnlich wie sich seine Zeichnungen im Fortgang seiner wissenschaftlichen Analysen und Beweise zu einer »mentalen Rede« entwickeln). Damit bewirkte Leonardo eine bedeutende Wende in der Malerei. Im *Abendmahl* findet sie ihren ersten großartigen Ausdruck.

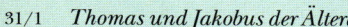
31/1   *Thomas und Jakobus der Ältere*

31/3   *Philippus und Matthäus*

31/4   *Matthäus*

31/5   *Simon und Thaddäus*

31/2   *Jesus*

Alle Elemente der malerischen Komposition sind in diese tiefe Umwälzung mit einbezogen. Haltungen und Gesten stellen nicht nur Körperbewegungen dar, sondern bringen auch die individuell charakterisierten Gefühle der Apostel zum Ausdruck, als Jesus die Worte spricht: »Einer von Euch wird mich verraten.« Man beachte zum Beispiel die so fein beobachteten und ausdrucksvollen Bewegungen der Hände. In den vorherigen florentinischen Versionen aus dem 15. Jahrhundert wurde dieser höchst dramatische Augenblick des *Abendmahls* noch traditionsgemäß dargestellt. Doch auf die traditionelle Geste Christi, der Judas das Brotstück reicht, auf diese denunzierende und anklagende Geste hat Leonardo verzichtet. Der Gehalt und Eindruck seiner Worte läßt sich einzig den Reaktionen der Apostel entnehmen, die sich entlang des Tisches reihen: Der eine fährt hoch, der andere neigt sich zu Christus und wieder ein anderer wendet sich ab. Die Apostel fügen sich zu bewegten Gruppen zusammen, die durch das Ausein-

30/7 und 8, 31/6 und 7
Wie die Hände, doch noch offenkundiger und direkter ist auch jeder Kopf der Apostel ein Meisterwerk der psychologischen und physiognomischen Beobachtung. Die hier wiedergegebenen Ausschnitte spiegeln in der traditionellen Dreiergruppierung besonders

31/6
Thomas, Jakobus der Ältere und Philippus

31/7
Matthäus, Simon und Thaddäus

ander- und Zusammenstreben der Figuren unregelmäßige Freiräume entstehen lassen.
Die traditionelle symmetrische Anordnung der rechts und links von Christus unbeweglich am Tisch sitzenden Apostel wird vollständig aufgebrochen und zudem dramatisch belebt. Es handelt sich um eine neue, komplexere Weise der Komposition. Grammatikalisch ausgedrückt würde man sie als hierarchisches Satzgefüge und nicht mehr als einfache lineare Konstruktion betrachten. Der einzige, der unberührt von der Welle der Emotionen verharrt, ist Christus. Er ist zur befreienden Tiefe der Meditation und inneren Hinnahme gelangt. In jüng-

deutlich den kompositorischen Grundgedanken des Abendmahls *wider. Die Gruppen scheinen wie selbstverständlich aus den Gesten und den heftigen Reaktionen der Apostel auf die Worte Christi: »Einer von euch mich überliefern« zu erwachsen. Diese bewegten und unterschiedlichen Gruppen bewirken nicht nur eine Intensivierung des Ausdrucks, sondern auch eine beeindruckende Plastizität.*

In dieser blassen Kopie eines unbekannten Künstlers des 16. Jahrhunderts sind die subtilen Verbindungen unter den Apostelgruppen und die einfache, doch großartige Relation zwischen den Figuren und dem umgebenden Raum, wie sie Leonardos *Abendmahl* prägen, nicht wiedergegeben. Auch das dreigeteilte Fenster im Hintergrund fehlt, das im Original der zentralen Gestalt Christi Licht verleiht und den geschlossenen Raum des Saales öffnet.

ster Zeit wurde daher in der Einsetzung der Eucharistie das zentrale Thema dieses *Abendmahls* gesehen. Es würde sich dabei um die erste Darstellung dieses Motivs handeln. Vor Christus befindet sich Brot und Wein; er senkt den Blick, breitet leicht die Arme aus und legt die Hände mit den Handflächen nach oben auf die Tischdecke. Seine Geste schafft Raum und Ruhe um ihn. Sie isoliert ihn und macht ihn zum Mittelpunkt der Szene. Die Helligkeit des dreiteiligen Fensters, das sich hinter ihm auf eine ferne Landschaft hin öffnet, betont noch seine zentrale Stellung und verbindet visuell und symbolisch seine Position mit dem Zeichen des Lichts.

32/1

32/2
Leonardo hat das Abendmahl in beachtlicher Höhe an eine Querwand des Refektoriums von Santa Maria delle Grazie gemalt, damit der fingierte Raum, in dem das Abendmahl dargestellt ist, wie eine Fortsetzung des realen Raumes wirkt. Auch das Licht, das die gemalte Szene beleuchtet, hat

Leonardo mit der wirklichen Lichtquelle des Refektoriums übereinstimmen lassen. Die Dekoration in den Lünetten entspricht zwar Leonardos Stil, doch ist ihr Erhaltungszustand zu schlecht, um nachzuweisen, daß er sie gemalt hat.

32/3
Eine frühe Version des Abendmahls. Judas sitzt hier noch mit dem Rücken zum Betrachter, Christus gegenüber. Die Skizze unten rechts zeigt Johannes und Christus, der Judas das Brot reicht.

WINDSOR 12542r

32/2

32/3

32

Doch das Licht, das die Szene ausleuchtet, kommt nicht aus dem rückwärtigen dreiteiligen Fenster, sondern schräg von links. Leonardo hat es bewußt mit dem wirklichen Licht des Raumes in Einklang gebracht, das durch eine Reihe von Fenstern an der linken Wand einfällt. Zusätzlich zu dem perspektivischen Kunstgriff erhöht diese Übereinstimmung noch die Einheit von Fiktion und Realität. Sobald das *Abendmahl* der Öffentlichkeit bekannt wurde, erschien es den Zeitgenossen als eine mächtige Offenbarung der Realität. Mit einem Schlag gehörte die traditionelle Malweise der Vergangenheit an. Von diesem Augenblick an begann die Malerei, einen neuen Weg einzuschlagen. Alle Quellen berichten

Auf diesem großen Gobelin, der sich heute in der Pinacoteca Vaticana befindet, ist das Abendmahl dargestellt. Der Gobelin war eine Gegengabe des Königs von Frankreich, Franz I., an Clemens VII. Anlaß war das Geschenk des Papstes zur Hochzeit des späteren Königs Heinrich II. mit Catarina de'Medici im Jahre 1533. Auch hier ist die kraftvolle Einfachheit des Abendmahls von

33/2 und 3
Studie für den Kopf des Apostels Philippus (Windsor 12551) und Ausschnitt aus dem Abendmahl mit dem gleichen Kopf (Refektorium von Santa Maria delle Grazie).   33/2

Leonardo einer sehr viel reicheren Ausgestaltung gewichen. Dies verfälscht den Sinn der Komposition Leonardos. Andererseits ist die prächtige Architektur, in die die Abendmahlsszene auf dem Gobelin eingebettet ist, ein interessantes Beispiel für den stark italienisierenden Stil am Hofe Franz I.   33/3

voller Bewunderung von dem Bild. Der König von Frankreich wollte es von der Wand ablösen lassen und nach Frankreich mitnehmen. Doch die Schwierigkeit dieses Unternehmens, schreibt Vasari, »hatte zur Folge, daß seine Majestät die Lust verlor und es [das Bild] den Mailändern blieb«. Während der folgenden zwanzig oder dreißig Jahre wurden in Italien und Flandern zahlreiche Kopien angefertigt. Als der Dauphin von Frankreich, der spätere Heinrich II., im Jahre 1533 Catarina de'Medici heiratete, sandte Clemens VII., ebenfalls ein Medici, als Hochzeitsgabe ein wunderbares, kostbar gearbeitetes Einhorn, ein Prunkstück der Goldschmiedekunst; König Franz I. sandte als Gegengeschenk einen großen Gobelin mit dem *Abendmahl* von Leonardo. Er wird noch heute im Vatikan

35/1

34/1 *Auf der gegenüberliegenden Seite zeigt ein Ausschnitt aus dem Abendmahl den Kopf Christi. Er hebt sich als zentrale Figur vom hellen Hintergrund des Fensters ab, das sich auf eine ferne Landschaft hin öffnet. Der Betrachter erkennt in ihm sofort die Hauptperson der gesamten Szene. Die axiale Ausrichtung seines Oberkörpers, im Gegensatz zu den betont versetzten Oberkörpern der Apostel; seine aufrechte Haltung, die durch die leichte Neigung des Kopfes und den gesenkten Blick jede Steifheit verliert; die ausladende Geste der Arme, während er die prophetischen Worte spricht, »Einer von euch wird mich überliefern« — all dies unterstreicht ohne Überzeichnung und in höchster Natürlichkeit die innere Sammlung Christi und seine erhabene Hinnahme und betont den Abstand zu den Gruppen der Apostel, die von einer Welle leidenschaftlicher menschlicher Gefühle ergriffen sind.*

35/2

35/3

35/4

35/1-5 *Die Detailfotos auf dieser Seite stammen aus dem Bereich um die Hand des Judas, die den Geldbeutel hält. Sie wurden während der Restaurierungsarbeiten nach dem Zweiten Weltkrieg gemacht. Während des Krieges waren über die gesamte Länge der Innen- und Außenseite der Wand, an die das Abendmahl gemalt ist, Sandsäcke aufgestapelt, um sie gegen Bombendetonationen zu schützen. Bei den Restaurierungsarbeiten wurde die abgeblätterte Farbe Stück für Stück wieder aufgeklebt. Auch die Übermalungen der früheren Restaurierungen wurden entfernt. Eine Stelle, an der zu Dokumentationszwecken die Wand im damaligen Zustand belassen wurde, ist in Abb. 35/5 zu sehen. In dem oben links abgebildeten blauen Bereich gelang es den Restauratoren, die Leuchtkraft der ursprünglichen Farbe Leonardos wieder zum Vorschein zu bringen.*

35/5

aufbewahrt und seit einiger Zeit in der dortigen Pinakothek ausgestellt. In die reiche Bordüre sind Monogramm und Insignien des Königs von Frankreich eingewebt. Die Veränderungen, die Leonardos Komposition auf dem Gobelin erfuhr, deuten auf die Schwierigkeit, den edlen, hohen Gehalt der Konzeption Leonardos zu erfassen. Der Gobelin ist viel reichhaltiger verziert und zeigt im Hintergrund eine »moderne«, sehr komplizierte Architektur im zeitgenössischen, italienisierenden Stil, wie er in Frankreich üblich war.

Während Leonardo mit dem *Abendmahl* beschäftigt war, arbeitete er für Lodovico il Moro am Castello Sforzesco. Von seinen Malereien in den »Camerini« und in der »Saletta negra« ist nichts erhalten. Einzig die berühmte Dekoration der *Sala*

Obwohl das Castello Sforzesco mehrfach von Grund auf umgebaut wurde, sind dennoch der antike Grundriß und große Teile der Wohnräume um den Cortile Ducale und den Cortile della Rocchetta, sowie einige Innenräume erhalten geblieben. Dazu gehört im

delle Asse [37/1-41/2] hat überlebt. Sie wurde während der Restaurierungsarbeiten 1901-1902 von Luca Beltrami erneuert und zu großen Teilen neu gemalt. Er stützte sich auf die wenigen erhaltenen Reste, um die Motive zu vervollständigen und auf das gesamte Deckengewölbe zu übertragen. Doch auch jetzt ist die Dekoration noch von beeindruckender Wirkung. Der Saal liegt im nordöstlichen Eckturm des Schlosses und wurde aufgrund seiner Lage wahrscheinlich hauptsächlich im Sommer genutzt. Dieser Umstand spielte für Leonardo vermutlich eine Rolle bei der Entscheidung für ein dekoratives Baummotiv. Zweifellos hat ihn auch die Tatsache beeinflußt, daß es in der Lombardei stark verbreitet war. Es handelt sich um ein ursprünglich gotisches Motiv, das auch noch im späten 15. Jahrhundert im nördlichen Raum weite Verwendung fand. Die gotische Kunst hatte stets eine Vorliebe für die üppige, verschlungene, phantasievolle Fülle an Pflanzen, Blättern, Blumen, Hecken und Spalieren als Hintergrund der großflächigen Gobelins und Wandmalereien oder auch der kleinen illuminierten Buchseiten. Zur Zeit Leonardos müssen Fresken wie die des Bembo und des Michelino da Besozzo und ihresgleichen, die noch heute im Mailänder Palazzo und der Rocca d'Angera der Borromäer erhalten sind, in den Häusern und Schlössern des Herzogtums Mailand üblich gewesen sein. Die Wahl des Motivs für die Sala delle Asse wurde damit so etwas wie ein Symbol, die Beteuerung gemeinsamer Ursprünge und Traditionen, die den Herzog mit dem Herzogtum verbanden. Gleichzeitig diente es auch seiner Verherrlichung. Tatsächlich zeigen große Tafeln, die an verschlungenen Kordeln von den Zweigen herabhängen, Wappen und Inschriften zu Ehren von Lodovico il Moro.

Die gotischen Freskenmaler hatten den Pflanzenhintergrund und das Grünspalier wie eine Tapete, wie einen Stoffbezug auf die Wände gemalt. Leonardo jedoch stellte sich eine Kuppel aus Bäumen vor, die scheinbar das echte Deckengewölbe ersetzt. Sie öffnet den Saal nach oben hin und erweckt den Eindruck,

36/1

nordwestlichen Teil die berühmte Sala delle Asse, deren Deckengewölbe Leonardo mit Baummotiven dekoriert hat.

36/2-5
Vermutlich mit Ausnahme der ersten stammen diese Zeichnungen aus der Zeit nach der Ausmalung der Sala delle Asse. *Alle Zeichnungen betonen stark den Aspekt des organischen Wachstums der Pflanzen und betten sie in ihre Umgebung ein.*

36/2
Die Echtheit dieser Zeichnung eines Lilienstengels (Lilium candidum) *wurde mehrfach angezweifelt. Doch trotz einer gewissen Schwere der Strichführung ist sie meiner Meinung nach dennoch Leonardo zuzuschreiben und entstand um 1498.*
WINDSOR 12418

36/2

36/3
Federzeichnung mit zwei blühenden Pflanzen. Sie sind sich sehr ähnlich, weisen aber doch einige Unterschiede auf. Diese und die beiden folgenden Zeichnungen gehören zur gleichen Serie, obwohl sie in unterschiedlichen Techniken ausgeführt sind. Sie sind wahrscheinlich um 1505-1506 entstanden.
WINDSOR 12423

36/4

Eine Staude von Milchsternen (Ornithogalum umbrellarum), *in Rötelstift gezeichnet. Besonders*

36/5

schön sind die geschwungenen Bewegungen der langen Blätter.
WINDSOR 12424

36/4
Eichenzweig mit Eicheln. Bemerkenswert ist die Meisterschaft, mit der die Schwere der dicht hängenden Eicheln wiedergegeben ist.
WINDSOR 12422

als befände sich über dem Gewirr der Äste der freie Himmel. Große, gewaltsam gebogene Äste sind ineinander verschlungen und lassen zahlreiche sich überschneidende Spitzbögen entstehen, die den Rippen und dem Maßwerk an der Spitze der großen gotischen Fenster gleichen. Leonardo war wohl von ihrer Komplexität und Eleganz fasziniert und muß sie mit großem Interesse betrachtet und studiert haben. In der Sala delle Asse finden sich zusätzlich zu dem komplizierten Gewirr der Äste die Windungen einer unendlichen Kordel, die sich in wiederkehrenden Knoten und mäanderförmigen Windungen ineinander ver-

Dieser Ausschnitt aus der Dekoration der Sala delle Asse *stammt aus dem Bereich des ersten Gewölbebogens in der nordöstlichen Ecke. Hier wurden bei den jüngsten Restaurierungsarbeiten am weitesten die dicken Übermalungen Beltramis Anfang des 20. Jahrhunderts wieder abgetragen. In diesem Ausschnitt sind deutlich die sich kreuzenden großen Äste erkennbar, die spitzbogige Rippenmuster wie an den gotischen Fenstern bilden. Eine Kordel durchzieht das ganze Gewölbe. Ohne Unterbrechung windet sie sich durch die Äste und läßt an der Decke ein labyrinthisches Muster entstehen, das dem komplexen Geist Leonardos besonders entgegenkommt.*

37/2 und 3

Oberer Teil des Stammes, der an eine mächtige Baumkonsole erinnert. Er befindet sich direkt unter dem zweiten Kragstein in der Nordostecke der Sala delle Asse. *Unter allen Kragsteinen rings um den Saal sind Baumstämme gemalt, von denen große, sich spitzbogenartig überschneidende Äste ausgehen. Mit ihren Verzweigungen und ihrem Laubwerk lassen sie den Eindruck einer gewaltigen Pergola unter freiem Himmel entstehen. Her-*

37/4

Die Windungen der endlosen Kordel, die sich über das gesamte Deckengewölbe der Sala delle Asse *erstreckt, gleichen den Schlingen eines Bandes, die Leonardo einige Jahre vor der Dekoration der* Sala delle Asse *auf ein Blatt von Windsor zeichnete.* WINDSOR 12351v

ausgelöst aus dem Ganzen zeigt dieser Ausschnitt des Baumstammes mit den kurzen belaubten Zweigen die Aufmerksamkeit und Sorgfalt, mit der jedes morphologische Detail des Baumes dargestellt ist und mit welcher wunderbaren organischen Lebendigkeit es der Maler erfüllt hat. In dem Ausschnitt rechts verdecken die dichten und kräftigen Blätter fast die Zweige.

37/5

Das große Wappen der Familie Sforza *mit Falken und Schlangen wurde in die Mitte des Deckengewölbes als eine Art Schlußstein der* Sala delle Asse *gemalt.*

38/1

Der große Ausschnitt auf der folgenden Doppelseite zeigt, mit welchem Können Leonardo das Motiv des Baumes mit den architektonischen Elementen des Gewölbes verbindet und deren Struktur hervortreten läßt. Die großen Äste folgen den Biegungen der Decke, überschneiden sich, bilden Spitzbögen und unterstreichen damit den gotischen Charakter des Gewölbes.

*Die gegenüberliegende Seite zeigt eine Ge-
samtansicht des Deckengewölbes der* Sala
delle Asse. *Es wurde genau in der Mitte
von unten nach oben fotografiert. Im Mittelpunkt befindet sich das große Wappen
der Familie Sforza. Rings um den Ansatz
des Gewölbes verlaufen Baumstämme,
von denen starke Äste auf das Wappen
zulaufen. Durch die Restaurierungen Beltramis, die er anhand der wenigen, verstreuten Dekorationsfragmente vornahm,
ist nicht mehr erkennbar, ob die Über-
schneidungen der Äste ursprünglich wirklich so dicht und regelmäßig verliefen. Mit
Sicherheit waren sie jedoch nicht so eintö-
nig und aufdringlich. In den weiten Bereichen, in denen die ursprüngliche
Malerei verloren gegangen war, malte er
das Blattwerk völlig neu. Es wirkt in der
gedrängten und eintönigen Übermalung
schwer und steif. Zweifellos war es sehr
viel luftiger und ließ viel mehr Freiraum
zwischen den Blättern, durch die der Himmel durchschien. Dies wird in den Bereichen erkennbar, in denen die Übermalung
völlig abgetragen werden konnte.*

41/1

41/2

*Während der Restaurierungsarbeiten im Jah-
re 1954 wurden an der Ostwand der* Sala
delle Asse *große monochrome Fragmente
von Wurzeln freigelegt. Sie erinnern in ihrer
Form fast an Tiere, die zwischen die Felsschichten kriechen und die Felsen zu zerspren-
gen scheinen — ein für Leonardo typisches
Motiv der Metamorphose. Aus den knotigen
Schwellungen, die aus der Erde hervortreten,
wächst der Baumstamm empor. Beltrami hatte die Fragmente bei seinen Restaurierungsarbeiten übermalt, da er sie für das Werk eines
späteren Künstlers hielt. Die Fragmente zeigen, daß Leonardo die Wände in die Dekoration mit einbeziehen wollte.*

Die heute im Louvre befindliche Hl. Anna malte Leonardo um 1510. Er beschäftigte sich jedoch bereits seit zehn Jahren mit dem Thema. Er wollte die vier Figuren zu einer kompakten und monumentalen Gruppe zusammenzufügen, in der die Stellungen, Gesten und sogar Blicke der Personen ineinander übergingen. Nach unten sollte sich die Figurengruppe zu einer Pyramide erweitern, deren Spitze der Kopf der hl. Anna bildete. Das Pyramidenschema wurde Vorbild für die gesamte italienische Malerei des 16. Jahrhunderts.

schlingt und wieder löst. Sie durchdringt das Blattwerk, taucht wieder daraus auf und dient zur Aufhängung der Ruhmestafeln. Die angeborene Vorliebe Leonardos für labyrinthische Verwicklungen findet in der Sala delle Asse ihren monumentalen Ausdruck. Und doch ist alles architektonisch strukturiert.

In den Freiräumen zwischen den Ästen erscheint das Blau des Himmels. Ursprünglich muß die Wirkung von Offenheit und Leuchtkraft noch viel stärker und täuschender gewesen sein. Im Bereich des Ostfensters findet sich ein wenn auch schadhaftes und verblaßtes Beispiel dafür, wie die Verzierung ursprünglich ausgesehen haben muß. Hier sind die Restaurationsarbeiten von 1954 mit der Säuberung am weitesten in die Tiefe gegangen. Die Restauratoren haben es nicht

Wegen der außerordentlichen Bedeutung, die die »Pyramidenkomposition« in der italienischen Kunst des 16. Jahrhunderts erlangte, beschränken sich die Kommentare zu den verschiedenen Versionen Leonardos der Hl. Anna häufig auf diesen Aspekt. Doch diese einseitige Interpretation wird dem Karton der Hl. Anna, heute in der National Gallery in London, nicht gerecht. Es handelt sich um eine der großartigsten Schöpfungen Leonardos aus der Schaffens- und Stilperiode um das Abendmahl. Der Karton bildet den Anfang einer Reihe von Versuchen mit der Pyramidenkomposition, an deren Ende das Gemälde im Louvre steht. Doch im Laufe des langwierigen Prozesses hatten sich viele Auffassungen Leonardos gewandelt, und neue Errungenschaften wurden nur durch Vernachlässigung anderer Elemente erreicht. Der Karton von London verfügt über die gleiche emotionale und psychologische Intensität, über die gleiche Kraft und »Natürlichkeit« wie das Abendmahl. Der aus dem Schatten kommende, wissende Blick der hl. Anna auf das viel jüngere, ahnungslose Gesicht der Jungfrau wäre unter Wahrung der perfekten Pyramidenkomposition des Gemäldes im Louvre nicht möglich gewesen.

Clark vergleicht diese Studie für den Kopf der hl. Anna (Windsor 12533) mit dem Gemälde [42/2]: »Dies zeigt, wie sehr Leonardo die Gesichtszüge in seinen Gemälden durchgestaltete … Doch verlieren sie hierbei etwas von ihrer Frische und Menschlichkeit.« Bei der Zeichnung [42/3] (Galleria dell'Accademia 230, Venedig) handelt es sich um eine frühe Variante. Der Kopf der Anna ist zweimal eingezeichnet, um herauszufinden, welche Stellung sich besser in die Gruppe einfügt.

gewagt, die Erneuerungen des Beltrami vollständig zu entfernen, sondern sich darauf beschränkt, seinen Übermalungen ihre Schwere zu nehmen. An der angegebenen Stelle ist man jedoch fast bis zum Original vorgedrungen. In diesem Bereich lassen die Öffnungen zwischen dem Blattwerk dem leuchtend klaren Himmel größeren Raum. Blätter und Zweige sind leichter und bewegter. Sie sind hier weit naturalistischer beobachtet und mit morphologischen Details wiedergegeben. Auch wenn das Pflanzenmotiv dekorativen Zwecken diente, ist es in neuartiger Weise von organischer Lebenskraft und einem naturalistischen Gehalt erfüllt.

Der Auftraggeber hatte ein sehr dekoratives Werk gewünscht. Leonardo brachte hier die Ergebnisse seiner Naturstudien ein, denen er in jenen Jahren unermüdlich nachgegangen war. Selbst die aus der Vergangenheit übernommenen traditionellen Motive wandelte er zu etwas Neuem und gab ihnen einen komplexeren Gehalt.

Bei den Restaurationsarbeiten von 1954 kam auch ein großes monochromes Fragment an der Ostwand zutage: Massige Wurzeln winden sich zwischen den Felsschichten und vereinen sich zu einem großen, ausladenden Wurzelstock voller Auswüchse, aus dem der Stamm hervorgeht. Dieses Fragment deutet darauf, daß Leonardo anfänglich die Absicht hatte, nicht nur das Deckengewölbe zu dekorieren, sondern einen einheitlichen Komplex vor Augen hatte, der sich vom Boden ausgehend über den gesamten Saal erstrecken sollte. Unten entlang

3/1

der Wände bis zum Ansatz des Deckengewölbes sollten Baumstämme aufragen, die in den geborstenen und aufgeworfenen Gesteinsschichten wurzelten und deren Äste sich nach oben strecken, wo sie eine Pergola bildeten. Auf diese Weise sollte die Umfassung des Mauerwerks durch den Eindruck einer Baumkonstruktion unter freiem Himmel ersetzt werden. Es war als ein weit großartigeres naturalistisches Werk angelegt, als es die erhaltenen Fragmente vermuten lassen. Beltrami hatte das große monochrome Fragment überdeckt, weil er es für eine

44/1

Dieses Blatt muß im Zusammenhang mit »einem Buch über Pferde, entworfen für den Karton« der Schlacht bei Anghiari stehen, das in der langen Liste von Büchern auf den Folios 2v und 3r des Codex Madrid II aufgeführt wird. Auf der rechten Seite des Blattes befindet sich ein großes, sich aufbäumendes Pferd. Ein weiteres, sehr viel kleineres Pferd links oben ist wie eine Feder gebogen, bereit für den Kampf. Über das Blatt verteilt sind vier weitere große Pferdeköpfe mit geblähten Nüstern. Der obere Pferdekopf bildet mit dem Kopf eines brüllenden Löwen und dem eines schreienden Mannes eine Reihe. Der Übergang vom einen zum nächsten Bild geschieht so rasch und folgerichtig, daß wir den Eindruck einer Metamorphose gewinnen. »Pazzia bestialissima« — bestialischen Wahnsinn — nennt Leonardo den Krieg; und dieser Gedanke ist hier mit visionärer Kraft festgehalten.

WINDSOR 12326r

»während der spanischen Herrschaft durchgeführte Arbeit« hielt. Baroni entdeckte es bei den Restaurationsarbeiten 1954 neu und identifizierte es als eine Arbeit von Leonardos Hand. Ich persönlich habe keine Zweifel, daß es von Leonardo stammt. Verwunderlich ist, daß ein so großartiges Werk bei den Wissenschaftlern so wenig Interesse gefunden hat. Nur Joseph Gantner äußerte sich nach der Bekanntgabe durch Baroni in seinem Buch *Leonardos Visionen*[2] bewundernd und scharfsinnig zu dem Fragment, wobei er vielleicht zu sehr auf seinem visionären Charakter beharrte. Die großen verschlungenen Wurzeln voller Auswüchse lassen an eigenartige Formen denken. Doch ist es mir nie gelungen, den menschlichen Schädel zu erkennen, den Gantner dort sieht. Verhält es sich nicht wie mit den berühmten von Leonardo erwähnten Flecken an der Wand, die die Phantasie dazu anregen, merkwürdige Bilder und unzählige Formen zu erkennen? Diese Wurzeln, die in die Spalten und Schichten des Gesteins eindringen und es bewegen, zerbersten lassen und nach oben drücken, entfesseln eine Dynamik, eine fast animalische Vitalität, wie sie typisch für Leonardo ist. Leonardo verfügt über die ausgeprägte Fähigkeit, die strukturelle und darstellerische Analyse der Natur bis ins Letzte zu steigern und dabei gleichzeitig in höchstem Maße eine Suggestion der darin eingeschlossenen Kräfte hervorzubringen, die sich befreien möchten und dabei jenes schwierige und prekäre Gleichgewicht der Kräftespannungen umzustürzen drohen.

Das Ergebnis ist eine außergewöhnliche metamorphische Phantasie, eine Vision der Welt — von Kräften und Formen — in immerwährender Aktion und Wandlung und eine wunderbare Fähigkeit, sie sichtbar zu machen: Vasari nennt es eine »so furchtbare Demonstration«. Hunderte von Zeichnungen verleihen seiner Sicht der Welt Gestalt. Es sind die Reste wer weiß welcher verlorenen Mengen, denn für Leonardo hatte die Zeichnung die gleiche direkte Unmittelbarkeit und Verwendungshäufigkeit wie für andere das Wort. Ich wähle hier eine

45/1
Eine weitere Skizze eines Pferdekopfes für die Schlacht bei Anghiari. *Sie wurde aus dem vorhergehenden Blatt ausgeschnitten.*

WINDSOR 12327r

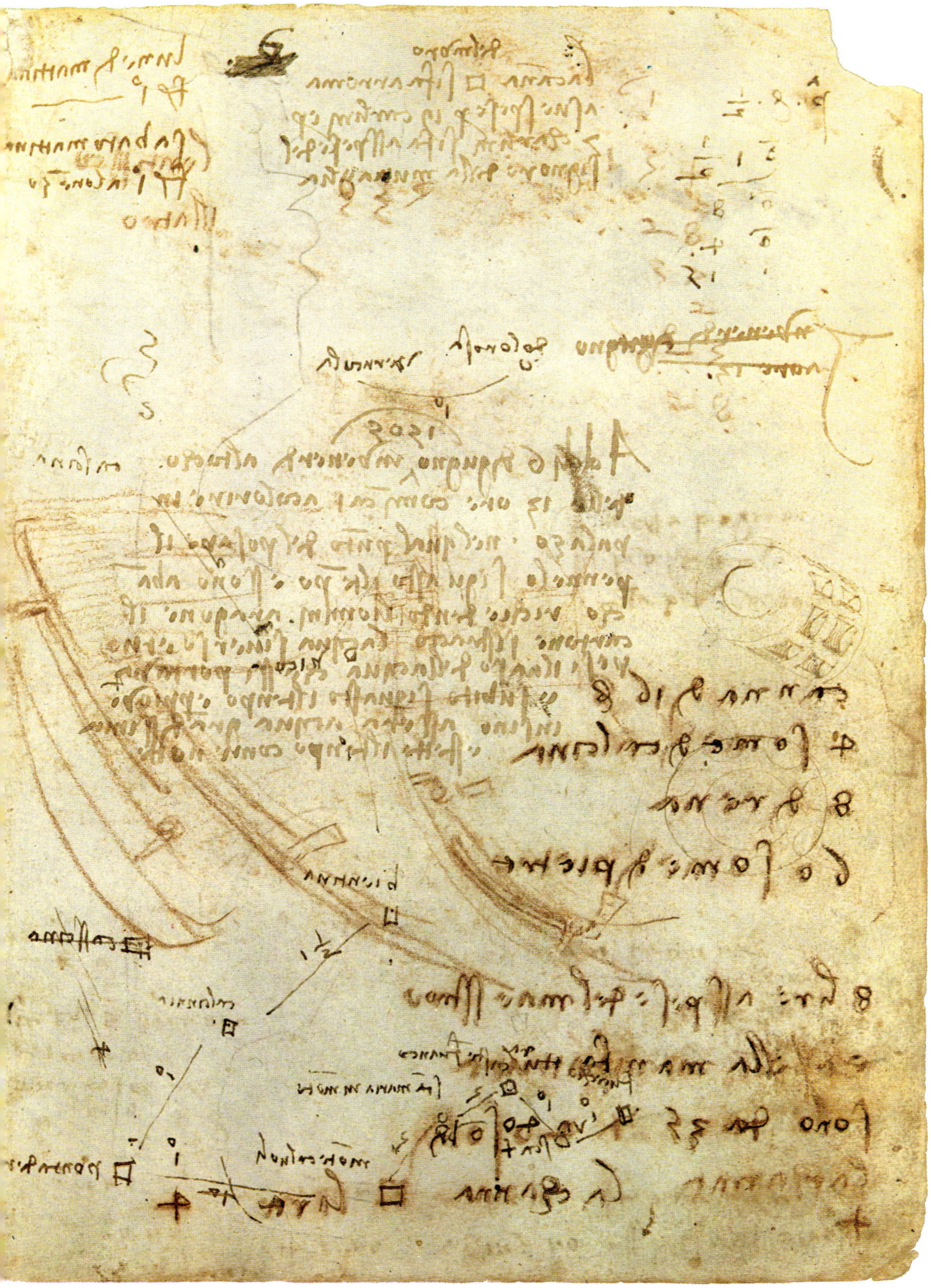

A di 6 di giugno 1505 in venerdi al tocco delle ore 13 cominciai a colorire in palazzo; nel qual punto di posare il pennello si guastò il tempo e sonò a banco, chiamando l'omini a ragione. Il cartone si straccio, l'acqua si versò e ruppesi il vaso dell'acqua che si portava; e subito si guastò il tempo e piovve insino a sera acqua grandissima e stette il tempo come notte.

45/2 Dieses Blatt befindet sich am Anfang des vor kurzem wiederentdeckten Codex Madrid II. Es wurde schnell berühmt wegen der ausdrücklichen Erwähnung der Schlacht bei Anghiari: »Am Freitag, dem 6. Juni 1505, beim 13-Uhr-Schlag, begann ich im Palast zu malen; und in dem Augenblick, als ich den Pinsel aufsetzte, kam ein schlimmes Wetter, und es ertönte die Glocke, um die Menschen zur öffentlichen Pflicht zusammenzurufen. Der Karton wurde zerrissen, das Wasser strömte nieder, und das Gefäß, in dem man das Wasser herbeitrug, wurde zerbrochen. Zugleich verschlechterte sich das Wetter immer mehr, und es regnete bis zum Abend in Strömen, und es war gleichsam Nacht.« Dieser Vermerk wird von einigen Forschern als feierliche Erinnerung an den ersten Tag gedeutet, an dem Leonardo mit der Arbeit im florentinischen Palazzo Vecchio begann. Ich bin jedoch der Meinung, daß es sich hier um die genaue Aufzeichnung eines spektakulären meteorologischen Phänomens handelt. Auch der so sachliche, ruhige Anfang und der sich dann steigernde Sprachrhythmus sind Beweis dafür, wie die Aufmerksamkeit immer mehr durch den eindrucksvollen Anblick des Unwetters gebannt wurde.

MADRID II 1r

Zeichnung aus, in der sich seine metamorphische Vision besonders deutlich konkretisiert. Es handelt sich um die präzise Verwandlung eines Pferdekopfes mit wild geblähten Nüstern zu einem brüllenden Löwenkopf und zu einem schreienden Menschen. Diese Verwandlungen finden in jähen und dennoch miteinander verbundenen Sprüngen statt, so daß in dem blitzartigen Wechsel gleichsam die ganze Folge der ausgelassenen »Photogramme« aufscheint. Es handelt sich um das Blatt Nr. 12326 recto von Windsor mit einer Reihe von Skizzen für die *Schlacht bei Anghiari* [44/1]. Das Blatt zeigt rechts ein großes, sich aufbäumendes Pferd. Oben links krümmt sich ein weiteres, kleines Pferd zusammen, um wie ein Blitz in das Getümmel zu schießen. Links über das Blatt verstreut sind eine Reihe herrlicher Pferdeköpfe von animalischer Wildheit. Und über die gesamte Höhe des Blattes in dessen Mitte erstreckt sich schließlich die Entfesselung der bereits erwähnten Dreierfolge von Köpfen: Pferd, Löwe und schreiender Mensch gehen von oben nach unten ineinander über. »Pazzia bestialissima«,

46/1 und 47/3
Die Kopie (Louvre, Paris) vom Kampf um die Standarte aus der Schlacht bei Anghiari von Rubens und die Kopie im Palazzo Rucellai aus der Sammlung des Grafen Rucellai in Florenz sind von allen erhaltenen Kopien am hilfreichsten für die Rekonstruktion der Komposition Leonardos und vermit-

46/1

teln am besten einen Eindruck von der Ausstrahlung des Werkes. Die Kopie von Rubens ist zwar freier und weist zahlreiche Abweichungen vom Original auf. Dennoch hat niemand so gut wie Rubens die außergewöhnliche Kraft und Gewalt des Treffens wiedergegeben. Die Kopie im Palazzo Rucellai ist dagegen bis in alle Einzelheiten detailgetreu. Der Kopist hat sogar jene Bereiche unvollendet gelassen, die auch Leonardo nicht vollendet hatte. Doch er hat nicht das Neuartige in der Komposition Leonardos erfaßt. Er übersetzt sie in seinen eigenen, einfacheren und altertümlichen Stil, wobei die Furchtbarkeit verlorengeht, die Rubens so großartig eingefangen hat.

bestialischen Wahnsinn nennt Leonardo den Krieg. Dieser Gedanke verwandelt sich blitzartig in eine Vision. Wie weit vermochte sich dieser unermüdliche »Nachahmer« der Natur von der platten Wirklichkeit des anscheinend Faktischen zu lösen! Er machte das Bild zur Metapher, zur mentalen Rede, zur Erfindung und zur phantastischen Suggestion. Die *Schlacht bei Anghiari* entstand circa sieben Jahre nach der Fertigstellung des *Abendmahls* und den Arbeiten an der Sala delle Asse.
Einer neuen Datierung zufolge soll der *Karton der Hl. Anna* [43/1] etwa zwei oder drei Jahre nach der *Schlacht bei Anghiari* entstanden sein. Diese Datierung ist meiner Meinung nach nicht vertretbar, da sie sich weder mit der inneren Entwicklung in der Kunst Leonardos und noch viel weniger mit den Entwicklungen der italienischen Kunst in jenem entscheidenden Jahrzehnt von 1500-1510 vereinbaren läßt. Der Stil der *Hl. Anna* steht dem des *Abendmahls* sehr nahe. Auch auf dem Karton sind die großen Figuren ganz in den Vordergrund gerückt, sie

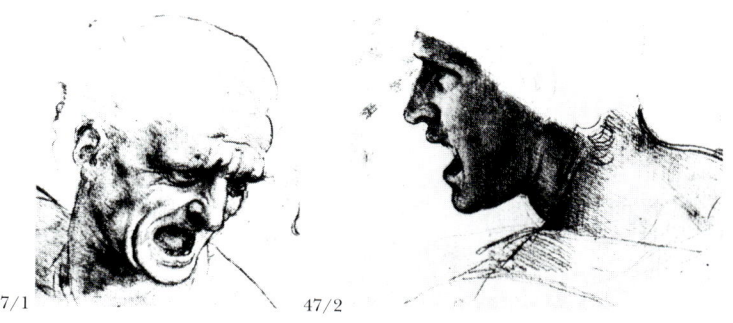

47/1 und 2

*Zwei Studien, für den Kopf des zweiten schrei-
enden Kriegers links und für den Kopf des
letzten Reiters ganz rechts in der Gruppe im*
Kampf um die Standarte. *Diese Reiter, die
in voller Bewegung im Augenblick des Schrei-
es und des gewaltsamen Zusammenstoßes*

47/1   47/2

47/3

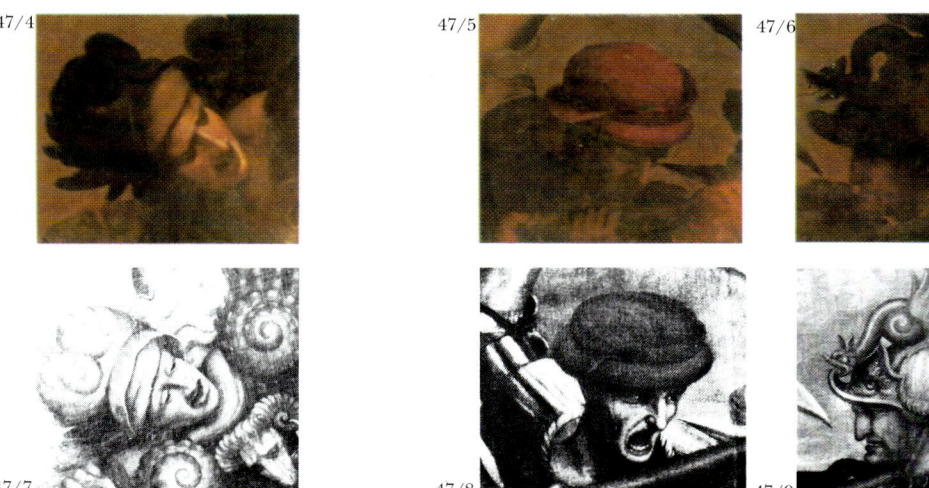

*festgehalten sind, sind mit plastisch durchge-
arbeiteten und psychologisch sehr individuell
gestalteten Köpfen versehen. Mit der gleichen
Intensität des Ausdrucks hat Leonardo die
Köpfe der Apostel im* Abendmahl *gemalt.*

KUNSTMUSEUM BUDAPEST, 343 und 344

47/4   47/5   47/6

47/4-9

*Ein Vergleich der Kriegerköpfe links mit der
Kopie oben und den herrlichen Original-
zeichnungen Leonardos aus Budapest zeigt,
welche Veränderungen das Werk durch die
Kopisten erfuhr. Die obere Reihe links stammt
aus der Kopie in den Uffizien (Florenz) und
die untere Reihe aus der Kopie in der Casa
Horne (Florenz).*

47/7   47/8   47/9

47

Alle Zeichnungen auf dieser Doppelseite stammen aus dem Umkreis der Schlacht bei Anghiari.

Auf der Zeichnung rechts ist in mitreißend schneller Strichführung ein Kampf zwischen Reiterei und Fußtruppen dargestellt. Es handelt sich wahrscheinlich um den Kampf um die Brücke, eine Episode aus der Schlacht bei Anghiari.
GALLERIA DELL'ACCADEMIA, VENEDIG, 215 A

48/2

48/1

An aufrechten, nackt gezeichneten Soldatenfiguren studierte Leonardo das Muskelspiel bei verschiedenen Bewegungen und beim Laufen, Angreifen, Zuschlagen, Heben der Arme und dem Verdrehen des Körpers beim Vorwärtsstürmen. Diese »Schlangenbewegung« wird, wie das Pyramidenschema der Hl. Anna, zu einem typischen und dominierenden Motiv der Malerei im 16. Jahrhundert.
GALLERIA DELL'ACCADEMIA, VENEDIG, 215

Die Zeichnung rechts stellt die zentrale Gruppe des Kampfes um die Standarte dar. Menschen und Pferde sind zu einem einzigen Knäuel verworren. Vasari schreibt hierzu: »Wut, Zorn und Rachsucht sind in den Menschen nicht minder zu erkennen als in den Pferden«.
GALLERIA DELL'ACCADEMIA, VENEDIG, 215

48/3

49/1

Unten eine weitere Skizze für die Schlacht bei Anghiari; *sie zeigt links eine Gruppe nackter Fußsoldaten im Kampf und rechts eine Gruppe Reiter.*

GALLERIA DELL'ACCADEMIA, VENEDIG, 215 A

49/2

Rötelstiftzeichnung eines galoppierenden Pferdes mit Reiter, ebenfalls für die Schlacht bei Anghiari. *Links einige flüchtig gezeichnete Figuren von Fußsoldaten.*

WINDSOR 12340

49/1

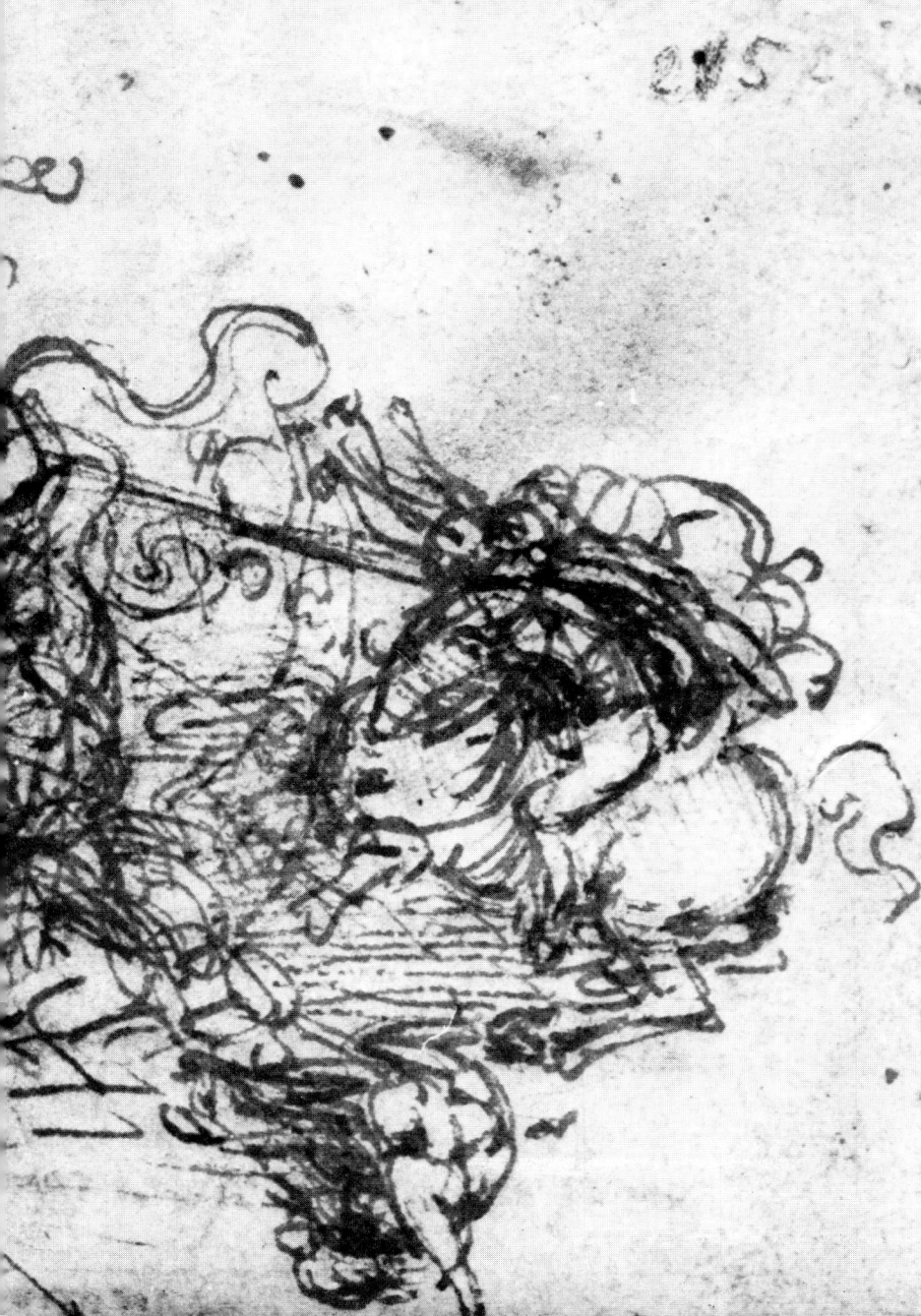

49/2

49/3

Von den drei Entwürfen für diese Kämpfergruppe auf dem vorliegenden Folio kommt die untere der Version auf dem Wandgemälde [46/1] am nächsten.

GALLERIA DELL'ACCADEMIA, VENEDIG, 214

49

50/1-3 und 51/1

Die vorhergehenden Zeichnungen Leonardos standen im Umkreis seiner Gemälde. Auf diesen letzten Seiten folgen nunmehr einige Beispiele von Zeichnungen, die seine Theorien und Prinzipien auf dem Gebiet der Optik, der Photometrie und Mechanik — Kraft, Bewegung, Gewicht und Stoß — illustrieren. Sie sind ein Beispiel für das, was

wenden sich dem realen Raum zu, aus dem der Betrachter sie anschaut. Das Gemälde weist die gleiche plastische Fülle auf und besitzt Parallelen in Gesten, Haltungen und Gruppierung. Das *Abendmahl* wie auch der *Karton der Hl. Anna* folgen dem gleichen Weg tiefer Meditation hin zu einer intensiven Bestätigung der Natürlichkeit, jedoch in monumentalem Maßstab und gestützt auf eine Reihe von Ideen mit universaler Bedeutung.

Die *Schlacht bei Anghiari* gehört zu einem völlig anderen Kreis von Erfahrungen und Gedanken. Mit gewaltiger Vehemenz bricht hier eine neue Dynamik auf. Auch hier ist der Mensch der Protagonist, doch kommt eine wilde Tierhaftigkeit

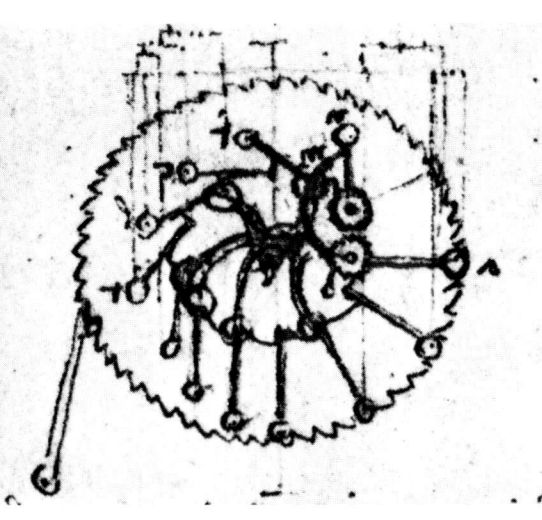 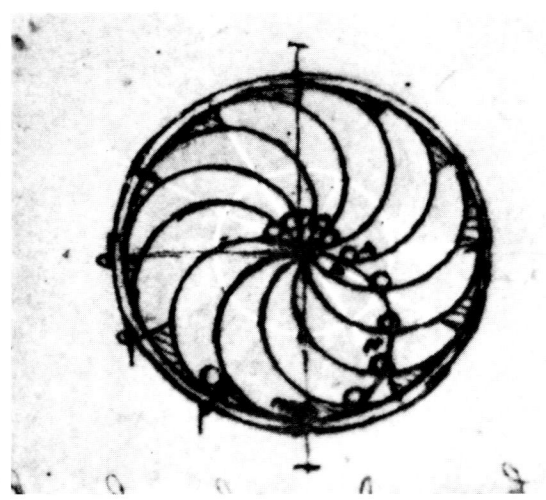 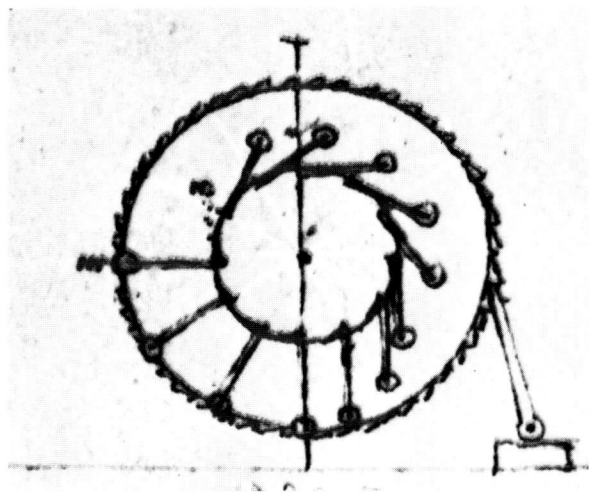

50/1   50/2   50/3   51/1

Leonardo mit dem schönen Begriff »mentale Rede« beschrieb. Für Leonardo stellte die Zeichnung eine Sprache in Bildern dar, die direkter und unmittelbarer war als das Wort. Ständig bediente er sich ihrer in seinen Handschriften als Demonstration für in Worten dargelegte »Fälle« und »Aussagen«. Oft war die Zeichnung sogar ein Diskussionsmittel, mit dem er graphisch bewies, welche Lösung richtig und welche falsch ist, indem er »Maschinenelemente« und ihre Bewegungen darstellte. Die vier Zeichnungen auf diesen beiden Seiten dienten als Beweis für die Unmöglichkeit der immerwährenden Bewegung. Die ersten drei stammen aus Codex Forster II, 91v und 90v und r. Die vierte, ganzseitige Zeichnung stammt aus Codex Madrid I, 145r. Aus Codex Forster II² (92v) kommt folgendes Zitat:

Bei jedem an das Rad gehängte Gewicht, dessen Gewicht Ursache für die Bewegung des Rades ist, wird ohne Zweifel der Mittelpunkt dieses Gewichtes unter dem Mittelpunkt seines Poles stillstehen;
und kein Instrument, das durch menschliche Erfindungsgabe gebaut werden kann, das sich mit seinem Pol dreht, kann diese Wirkung aufheben.
Oh, Ihr Erforscher der immerwährenden Bewegung, wieviel eitle Hirngespinste habt Ihr geschaffen! Gesellt Euch doch zu den Goldmachern!

hinzu. Die Figuren wirbeln in wilden Bewegungen herum, als hätten die Naturkräfte die Elemente entfesselt, um auch den Menschen in sich aufzunehmen. Leonardos Konzeption der Schlacht unterscheidet sich vollkommen zum Beispiel von der Paolo Uccellos, der kaum 50 Jahre vor ihm malte. Bei jenem ist jede Geste und Haltung zu einer Pose erstarrt, die einzelnen Teile sind surrealistisch zusammengestellt und in einem Netz von abstrakten und unumstößlichen Verhältnissen der Perspektive fixiert. Die *Schlacht bei Anghiari* ist eine gewaltsame Befreiung von der perspektivischen Syntax der florentinischen Kompositionen des 15. Jahrhunderts. Die Gruppe ist ineinander verschlungen und stürzt wie ein entfesselter Wirbelsturm voran.

Immer mehr entfernt sich Leonardos Denken vom Humanismus und gelangt zu immer weitreichenderen, kosmischen Überlegungen über die Kräfte, Bewegungen und Elemente »des Himmels und der Welt«.

Die bisherigen Betrachtungen über die Malerei Leonardos begleiteten die Codices von Madrid chronologisch, betrafen sie jedoch nur am Rande. Sie beschäftigten sich nicht mit den Codices selbst, sondern mit dem malerischen Werk Leonardos, das in den gleichen Jahren entstanden ist. Dieser Zeitraum reicht von 1491 (das älteste Datum, auf Folio 157 verso des Codex Madrid II, im Faszikel über den Guß des »großen Pferdes von Mailand«) bis 1505, dem Datum auf dem äußeren Vorsatzblatt des gleichen Codex, auf dem sich der Hinweis auf die *Schlacht bei Anghiari* befindet. Der einheitlichere und homogenere Codex Madrid I umfaßt die Zeitspanne von 1493 bis 1497.

An dieser Stelle soll näher auf die Codices von Madrid eingegangen werden. Der auf Seite 45 abgebildete Passus auf dem äußeren Vorsatzblatt, der sofort wegen des Hinweises auf ein so berühmtes Werk wie die *Schlacht bei Anghiari* berühmt geworden ist, wurde bereits mehrfach veröffentlicht. Über die genaue Bedeutung des Textes gibt es abweichende Auffassungen. Pedretti sieht in diesem Passus die feierliche, autobiographische — und abergläubische — Erinnerung an den Tag, an dem Leonardo mit der Arbeit an der *Schlacht bei Anghiari* begann und den ersten Pinselstrich an der Wand des Saales im florentinischen Palazzo Vecchio machte. In einem langen Kommentar weist er darauf hin, daß Leonardo besonders auf den 6. Juni 1505, einen Freitag, hinweist. Dieser Tag galt im volkstümlichen Aberglauben als unglücksbringend. Doch wenn Leonardo ebenfalls abergläubisch gewesen wäre, warum hätte er dann gerade an einem Freitag begonnen, »im Palast zu malen« und noch dazu beim Ausbruch eines schreck-

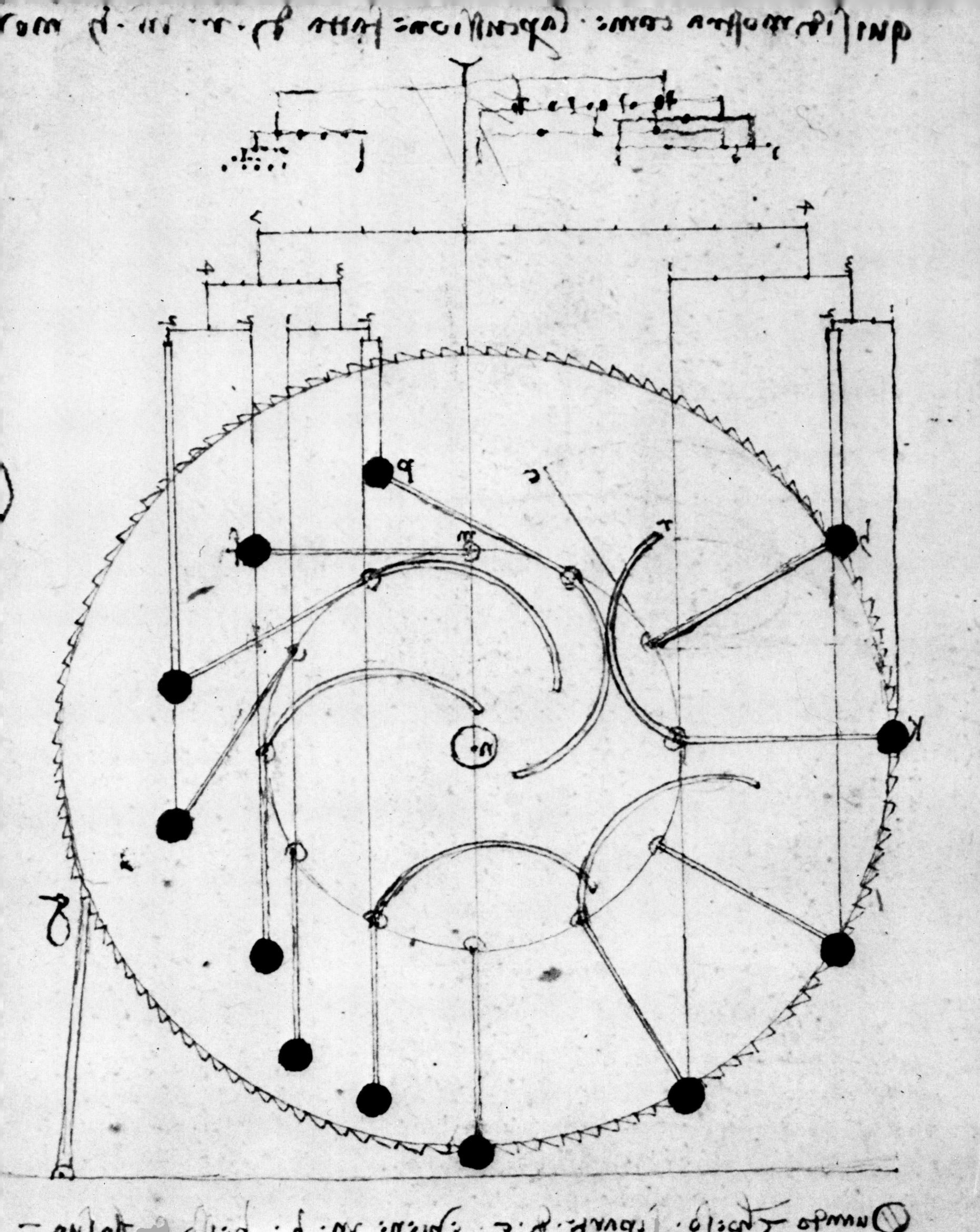

52/1-7

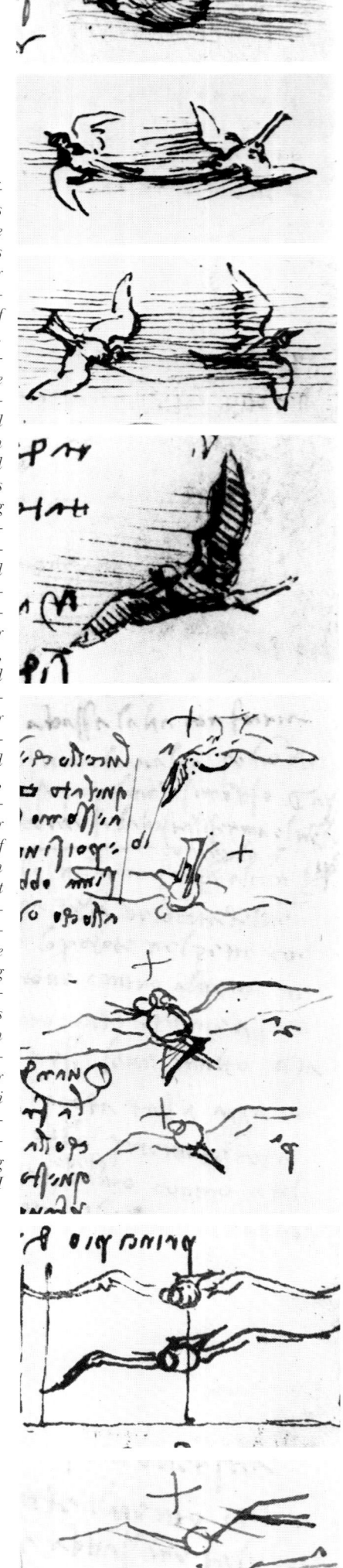

Leonardo war ein aufmerksamer Beobachter des Vogelfluges. Er studierte den Körperbau des Vogels nicht nur in anatomischer Hinsicht, sondern insbesondere in Hinsicht auf die Mechanik des Fluges. Mit seiner scharfen Beobachtungsgabe analysierte und zeichnete er die Stellungen von Körper, Flügel und Schwanz der Vögel in den aufsteigenden und absteigenden Phasen des Fluges, beim Flügelschlag und beim Gleiten mit unbeweglichen, offenen Flügeln, beim Sturzflug und bei Drehungen. Bei der Erforschung der Flugdynamik berücksichtigte er auch den Luftwiderstand, die Windströmungen und Wirbel und die Wechselbeziehung der Kräfte. Der anfangs naturalistisch gezeichnete Vogelkörper wird immer mehr vereinfacht, bis er schließlich in der letzten Zeichnung der hier wiedergegebenen Folge auf die beiden wesentlichen Flugelemente reduziert wird: auf den spindelförmigen Körper und die Stellung der Flügel. Die künstlerische Darstellung des Vogels geht in die Darstellung der Mechanik des Fluges über. Von oben nach unten: Codex Madrid II 102r; Codex über den Vogelflug 6r (zwei Zeichnungen) und 8r; Codex Madrid II 101v; Codex über den Vogelflug 14r; Codex Madrid II 101v.

lichen Gewitters, das ebenfalls als schlechtes Vorzeichen interpretiert wurde? (Leider scheint das Wandgemälde der *Schlacht bei Anghiari* die unglücklichen Vorzeichen zu bestätigen, da es nach einer Reihe von Schwierigkeiten und Zwischenfällen unvollendet blieb!) Die Interpretation Pedrettis scheint jedoch der Grundlage zu entbehren. Meiner Meinung nach hat der Passus eine andere Bedeutung. In seinem erregten Crescendo klingt er wie die Erinnerung an ein außergewöhnliches meteorologisches Ereignis (»Zugleich verschlechterte sich das Wetter immer mehr« — »es regnete bis zum Abend in Strömen, und es war gleichsam Nacht«). Der genaue Hinweis auf den Tag (»am Freitag, dem 6. Juni 1505«) und die Tageszeit (»zum 13-Uhr-Schlag«) und sogar auf die Tätigkeit (»in dem Augenblick, als ich den Pinsel aufsetzte«) bedeutet die genaue zeitliche Festlegung des außergewöhnlichen Ereignisses.

Es ist bekannt, wie sehr Leonardo von derartigen spektakulären meteorologischen Phänomenen fasziniert war und wie sehr sie jene apokalyptische Saite seiner Phantasie zum Klingen brachten, der auch seine mitreißenden und berühmten Visionen von »Glück, Katastrophen und Unwetter« entsprangen.

Da ist zum Beispiel der herrliche Passus aus dem Codex Leicester3, der voller Bewunderung das spektakuläre Spiel der Wolken, des Lichtes und des Windes beschreibt, »über Mailand, in Richtung Lago Maggiore«. Sein Rhythmus gleicht stark dem Passus im Codex Madrid II, und er ist ebenso gedrängt in der dramatischen Aufeinanderfolge der verschiedenen Phasen. Auch hier findet sich die gleiche genaue Aufzeichnung von Ort und Zeit:

»Und bereits über Mailand, in Richtung Lago Maggiore, sah ich eine Wolke in Form eines riesigen Berges voller glühender Rillen, weil das Feuerwerk der Sonne, die bereits am rötlichen Horizont stand, sie mit ihrer Farbe färbte. Und diese Wolke zog alle kleinen Wolken ringsherum an sich, und die große Wolke bewegte sich nicht vom Fleck; im Gegenteil, sie bewahrte in ihrer Spitze das Sonnenlicht bis eineinhalb Stunden in die Nacht, von so ungeheurer Größe war sie. Und nach zwei Stunden in der Nacht ließ sie einen starken Sturm entstehen, der erstaunlich und unerhört war.«

Auch wenn Leonardo nicht ein wirklich stattgefundenes, »erstaunliches und unerhörtes« Phänomen beschreibt, sondern es sich in seiner Phantasie apokalyptisch ausmalt, sind die Elemente seiner Visionen stets die gleichen: Stürme, vom Wind getriebene Wolken, Wirbel und das Einbrechen düsterer Finsternis. Auch die Stilbewegungen sind die gleichen. Ich entnehme dem Manuskript A4 einige Sätze, in denen er beschreibt, »wie man einen Sturm darstellen muß«:

»Und um diesen Sturm gut darzustellen, machst du als erstes die zerrissenen, zerfurchten Wolken, die sich durch den Lauf des Windes aufrichten ... Du machst von der Kraft des Windes auf die hohen Gipfel der Berge geworfene Wolken, ähnlich wie die Wellen an die Riffe schlagen ...«

Doch so interessant der Passus des Codex Madrid II wegen seines Hinweises auf ein so berühmtes Werk wie die *Schlacht bei Anghiari* auch sein mag, er betrifft das malerische Werk Leonardos nur äußerlich, als Notiz und zur Dokumentation.

Die herrliche Folge von Zeichnungen, mit denen die beiden Codices von Madrid auf fast allen Seiten illustriert sind, bildet jedoch selbst Gegenstand und Substanz eines Kunstwerks. Die Vielfalt und Vielschichtigkeit der Aspekte dieser gewaltigen Anzahl an Zeichnungen und der Reichtum ihrer Bedeutungen und Implikationen ist so groß, daß die Bezeichnung »Kunstwerk« fast wie eine Untertreibung wirkt. In den Jahrhunderten nach Leonardo kam es im Verlauf der kulturellen Entwicklung zu einer Spezifizierung des Begriffs und des Wortes »Kunst« — und damit auch der »Zeichnung«. Kunst wurde zunehmend stilistisch und ästhetisch verstanden, schließlich in abwertendem Sinn.

Zur Zeit Leonardos und in seinen Händen hatte die Zeichnung noch eine Polyvalenz, eine erfinderische und kreative Qualität, eine Flexibilität der Ausdrucksweise, einen Bedeutungsreichtum und eine kommunikative Kraft, daß sie einer Sprache der Bilder nahekommt. Diese Sprache ist direkter und unmittelbarer verständlich als die Sprache selbst. Denn »sie bedarf nicht der Übersetzer in andere Sprachen, wie die Schriftsprache«, wie Leonardo selbst im *Trattato della Pittura*, im 3. Kapitel des *Paragone*, über den Vergleich der Künste schreibt. In Kapitel 12 bemerkt er weiter: »Diese [die Malerei] lehrt mit ihrem Prinzip, das heißt mit der Zeichnung, den Architekten, sein Gebäude dem Auge angenehm zu machen; sie [lehrt] die Gestalter verschiedener Gefäße; die Goldschmiede, Weber und Sticker; sie hat die Zeichen gefunden, in denen sich die verschiede-

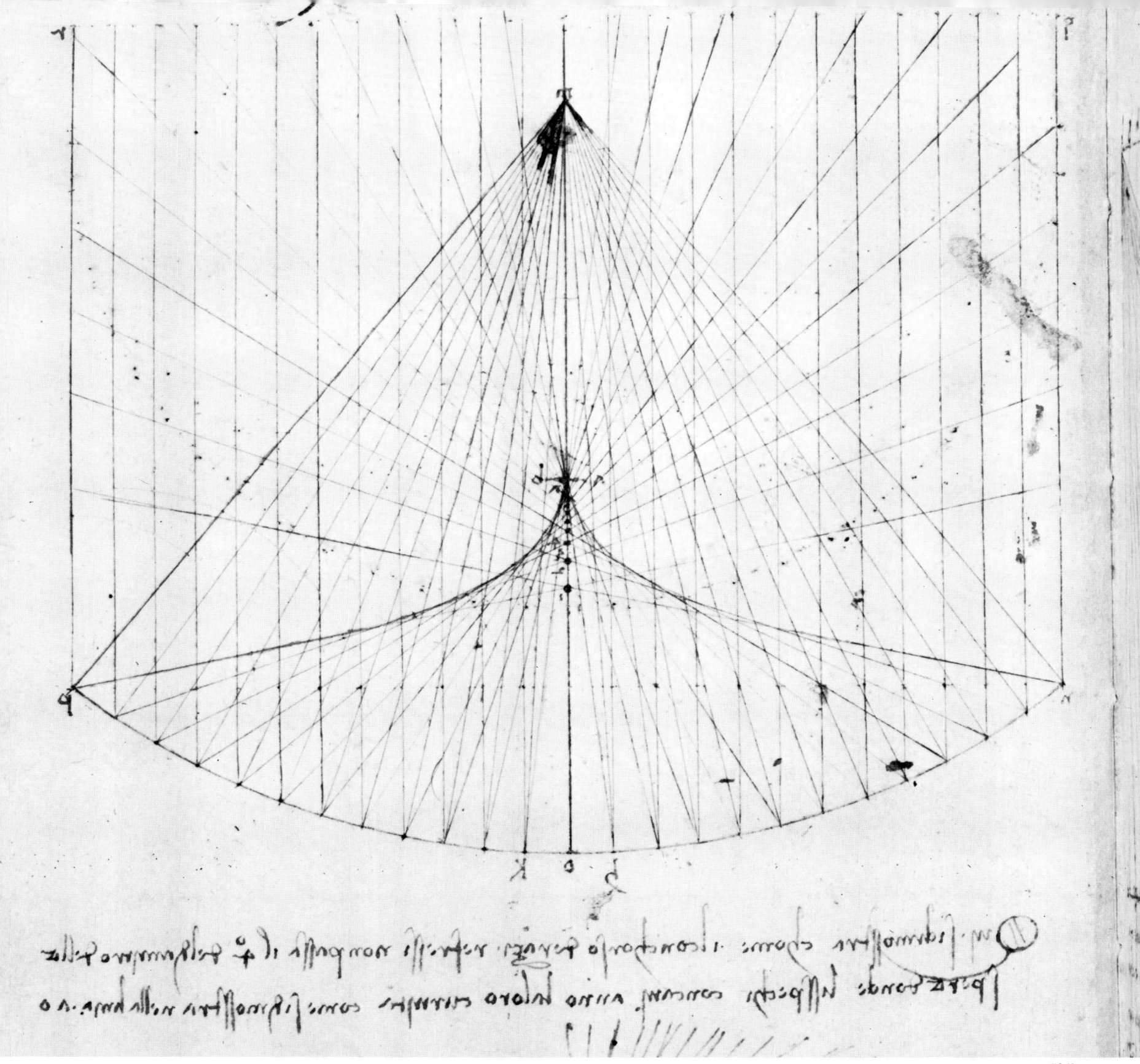

Hier untersucht Leonardo die Reflexion von Lichtstrahlen durch eine konkave Spiegelfläche. Er erfand eine geschickte Methode zur Isolierung der einzelnen Strahlen und zur Messung der Winkel: »Um die isolierten Strahlen zu sehen, muß der Spiegel die Form eines Halbkreises haben, der innen glatt ist. Dann macht man eine Mixtur aus Wasser und Ei und verstreicht sie einmal oder zweimal mit dem Pinsel. Und wenn sie getrocknet ist, nimmt man sie mit einem hölzernen Stilett ab, ohne am Spiegel zu kratzen, und auf diese Weise sehen wir die isolierten Strahlen auf dem Plan a b c, *wie ihre Quellen isoliert sind.«* CODEX ARUNDEL 87v

nen Sprachen Ausdruck verleihen; sie hat den Arithmetikern die Zahlen gegeben; sie hat uns die Darstellung geometrischer Figuren gelehrt; sie unterrichtet die Meister der Perspektive und der Astrologie, die Maschinenbauer und Ingenieure.«

Diese letzten Worte eignen sich hervorragend als Einleitung zu der herrlichen Folge von Zeichnungen von Maschinen, Apparaten und »Maschinenelementen« [55/1], die so reichhaltig im Codex Madrid I enthalten sind. Hier wird die Zeichnung dank ihrer klaren Anschaulichkeit zu einem Instrument der Forschung und der Analyse. In dem Augenblick, in dem die Darstellung erfolgt, wird das Zeichnen selbst zur ständigen Überprüfung des wiederzugebenden Apparates. Die Zeichnung erprobt nachfolgende Versionen und macht durch die Darstellung Vorschläge zu ihrer Verbesserung. Zeichnen wird so zur menta-

Die Untersuchung der Lichtstrahlen, ihrer Bahnen und Winkel sowie der unzähligen Figuren, die sie bilden, waren für Leonardo Gegenstand seiner Studien der Optik, der Perspektive, der Photometrie und überhaupt aller Phänomene des Stoßes und der Reflexion. Die Zeichnung unten rechts stammt aus Manuskript C Folio 14r und bezieht sich auf die Erforschung eines Problems der Photometrie. Der kugelförmige Körper rechts stellt eine Lichtquelle dar, von der Strahlen ausgehen. Die nach links immer größer werdenden kugelförmigen Körper in der Bahn der Strahlen stellen opake Körper dar — Leonardo nennt sie »ombrosi« —, die die Lichtstrahlen aufhalten. Es handelt sich um eine graphische Darstellung der abgefangenen Lichtstrahlen und folglich der stärkeren oder geringeren Dichte des Schattens, den die opaken Körper werfen.

Die zeichnerischen Einfälle Leonardos sind unerschöpflich und in ihrer demonstrativen

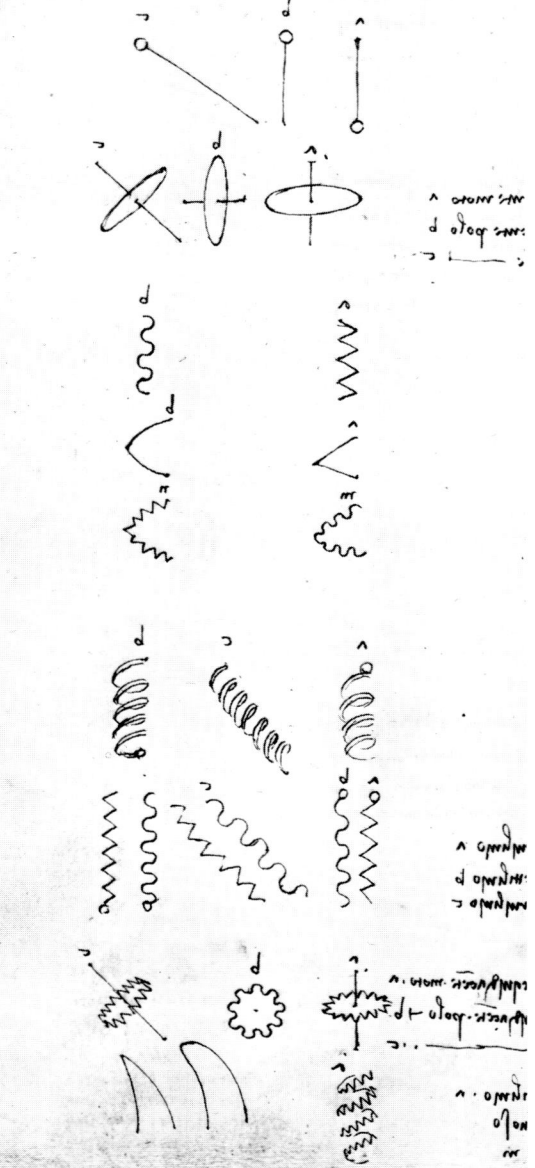

Klarheit sofort verständlich. Die Abbildung oben zeigt Bewegungen von Rädern um einen Zapfen, Federn und Spiralen. MADRID I 131v

len Rede, zu einem kreativen Prozeß, der in seinem Fortschreiten die Zeichnung als sein Instrument der Klärung und Kommunikation versteht. Leonardos Maschinenzeichnungen sind so klar und anschaulich, daß sie auch eine dynamische Suggestion vermitteln. Sie verdeutlichen nicht nur die Struktur, sondern auch die Funktionsweise.

In den Skizzen, in denen die Idee in rascher Form zu Papier gebracht wurde, entfesselt sich diese Suggestion vor allem im unfertigen und angedeuteten Charakter der Darstellung: In den fliegenden Strichen, in den Unterbrechungen, die als lichte Aufhellungen in der Modellierung der Form dienen, oder in dem starken Andruck der Federspitze. Unter den Codices von Madrid befinden sich die typischsten Beispiele für diesen skizzenhaften Typ der Zeichnung im Codex Madrid II, der weit weniger homogen ist als der Codex Madrid I und eher den Charakter eines Notizbuches hat. Auf Folio 76 recto des Codex Madrid II »über die musikalischen Instrumente« zum Beispiel scheint der in verschiedene Richtungen hingeworfene Strich, einmal kräftiger, in der Federspitze endend, dann wieder leicht und springend, nicht nur die Gestalt der Musikinstrumente, sondern auch das Hervorströmen des Klanges und der Noten zu suggerieren.

Ein weiteres Beispiel im gleichen Codex enthalten die Blätter[5], die dem Vogelflug gewidmet sind [52/1,5,7]. Sie sind am Rand des Textes von oben bis unten mit einer Reihe skizzenhafter Vogelgestalten versehen: Wenige Striche genügen für den spindelförmigen Körper und für die ausgebreiteten Flügel in den verschiedenen aufeinanderfolgenden Phasen des Fluges und der Bewegung. Die Unterbrechungen des schnellen und laufenden Striches wirken wie Aufhellungen in der Modellierung der Körper, machen sie leichter und lassen sie durch Lufteffekte mit der Atmosphäre verschmelzen. In zunehmender Vereinfachung der Formen zeigt die letzte Figur den sich verjüngenden Körper des Vogels von vorn als Kreis und die Flügel als zwei Gelenkarme, die ihn vorwärtsbewegen: Eine großartige bildhafte Synthese des geistigen Prozesses, durch den Leonardo den Vogelflug in Vorstellungen der elementaren Mechanik interpretierte.

Im Codex Madrid I, der aufgrund seiner Homogenität und zusammenhän-

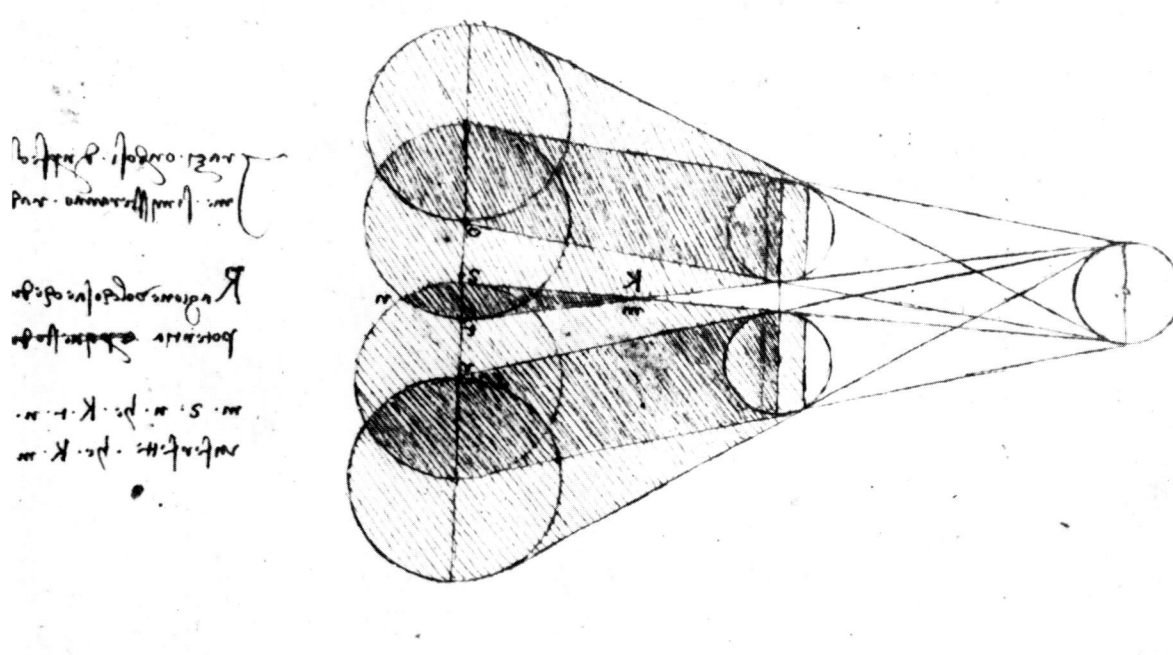

genden Themenfolge als »Buch der Maschinenelemente« bezeichnet werden könnte, hat auch die Zeichnung einen ausgeprägter analytischen und fertigen Charakter. Formen und Strukturen der verschiedenen Maschinen und »Maschinenelemente« sind präzise und auch in Details mit objektiver Klarheit beschrieben. Doch auch hier findet Leonardo eine Möglichkeit, mit anderen Mitteln eine deutliche Vorstellung von ihrer Bewegung und Funktionsweise zu vermitteln. Er paßt seine Zeichenweise vollständig den jeweiligen Prozessen seiner »mentalen Rede« an. Es genügt ihm, mit einem leichten Strich über den Schattierungen eines Zapfens, die der gemalten Maschine Stofflichkeit verleihen, einen Kreis zu ziehen, und schon suggeriert der durch seine Leichtigkeit umso unstofflicher wirkende Strich die Kreisbewegung um den Zapfen — um einen »Pol«, wie er ihn nennt.[6]

In anderen Fällen haben die Bewegungsdiagramme keinen direkten Bezug zu einem bestimmten Apparat und werden abstrakt in ihrem Ablauf unter verschiedenen Bedingungen von Kraft und Gewicht untersucht. Die Konzepte werden durch Lauflinien, sich schneidende Linien und Bezugspunkte visualisiert. Manchmal entstehen sehr komplexe, abstrakte Kompositionen von großer harmonischer Schönheit, wie auf Folio 148 recto. Manchmal entsteht eine sozusagen offene Abfolge einzelner Diagramme, die wie Zahlen einer Addition aneinandergereiht sind. Doch auch in diesem Fall ist die Strichführung so sehr der Vorstellung angepaßt, daß sie eine direkte und wirksame Erklärung vermittelt. In diesem Fall wird die Zeichnung tatsächlich gleichbedeutend mit dem Wort und vermag wie dieses Träger abstrakter mentaler Prozesse zu werden, die nichts mit den nachahmenden Verfahren der reproduktiven Darstellung gemeinsam haben. Auf der einen Seite von Folio 131 verso [54/3] nennt der Text eine ganze Abfolge »einfacher« Bewegungen, und auf der anderen Seite visualisiert eine Diagrammsequenz von Linien, Kreisen, Zick-Zack-Linien und Spiralen die schriftlichen, durch das Wort getroffenen Definitionen, veranschaulicht sie und verleiht ihnen Dynamik. Gerade an diesen beiden Blättern wird deutlich, was für ein großartiger Seitengestalter Leonardo sein konnte. Anstatt seine Notizen zu häufen, daß sie sich oft sogar überlagerten wie bei einem dicht beschriebenen Palimpsest — den Handschriften des Altertums —, genoß er es, die Seite zu gestalten, wie diese letzten beiden Blätter.

In den Maschinenzeichnungen des Codex Madrid I können wir auch verfolgen, wie eine Zeichenmethode entstand, die parallel zur architektonischen Zeichnung versucht, eine perfekte Darstellungsform für den Grundriß und Aufriß zu finden. Ein typisches Beispiel ist Folio 44 verso. Interessant ist, wie Leonardo beim Aufriß nach verschiedenen Ansichten sucht: Von vorne und von der Seite, als versuche er, aufeinanderfolgende orthogonale Projektionen ohne optische Deformationen darzustellen.[7] Der architektonische Entwurf und, wie man heute sagen würde, das »Industriedesign« suchten bereits in der Renaissance nach analogen Darstellungsweisen. An diesem Prozeß ist Leonardo in beiden Gebieten unmittelbar beteiligt. Erneut können wir ihn selbst zitieren, um zu zeigen, wie deutlich er sich der kreativen Qualität der Zeichnung bei diesem Prozeß bewußt war: »Die Zeichnung ist von solcher Vortrefflichkeit, daß sie nicht nur die Werke der Natur erforscht, sondern unendlich viel mehr, als die Natur hervorbringt.«[8]

Gerade der besondere Charakter der meisten Zeichnungen der Codices von Madrid machte es erforderlich, ausführlich auf diesen besonderen Aspekt der Zeichnungen Leonardos einzugehen. Doch wäre es einseitig, die allgemeiner bekannten, im eigentlichen Sinne künstlerischen Aspekte zu vernachlässigen: Die Zeichnung von Figuren und Landschaften, die Leonardo, wie stets bei ihm, im Vergleich zur Tradition der florentinischen Schule auf originellste Weise interpretierte und wiedergab und damit seiner Zeit weit vorauseilte. Es gibt in den Codices von Madrid keine Zeichnungen menschlicher Figuren, sondern nur, auf den Folios 7 verso, 4 recto und 17 recto des Codex Madrid II, herrliche Beispiele für Landschaftszeichnungen [146/1, 2, 4]: Leicht und luftig hingeworfene Gebirgsketten, die dennoch so genau in ihren Senkungen und Profilen wiedergegeben sind, daß man sie sofort als das Massiv des Monte Pisano erkennt, auch wenn sie nicht durch kleine Namen beschriftet wären. Um sie zu zeichnen, hat Leonardo den weichen Rötelstift verwendet, mit dem er jede Härte der Profilierung vermeidet und der sich weich auf dem Papier zerreiben läßt, um die leuchtende Fülle der Atmosphäre in den Bergen darzustellen. Hier »erforscht« er »die Werke der Natur«. Und man kann nicht umhin, neben der luftigen Schönheit der Zeichnung auch die Intelligenz und Offenheit seiner Worte zu bewundern: Er schreibt nicht »nachahmen«, sondern »erforschen«. Dieser Ausdruck verbindet die Landschaftszeichnungen, obwohl sie ganz andere Interessen und Gefühle zum Ausdruck bringen, nicht nur mit dem Geist des Forschens, der Kontemplation und des Suchens, sondern auch mit der außergewöhnlichen Aufgeschlossenheit und organischen Verbundenheit, wie sie für das Schaffen Leonardos charakteristisch ist.

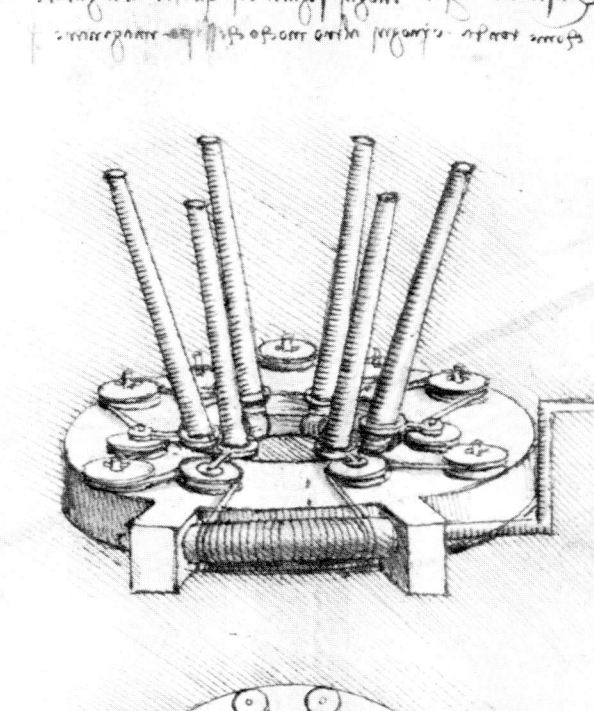

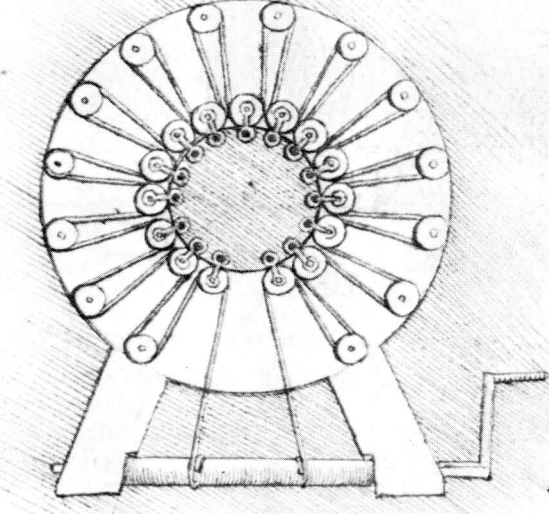

Diese Darstellung einer Webvorrichtung im Grundriß und im Aufriß zeigt, wie Leonardo in seinen Maschinenzeichnungen ähnliche Methoden wählte, wie er sie für seine Architekturzeichnungen entwickelt hat.

MADRID I 44v

Leonardo hat im Laufe seines Lebens eine Vielzahl von Schriften verfaßt. Doch nur ein kleiner Teil ist bis heute erhalten geblieben. Einen Großteil dieser Schriften hat J. P. Richter in dem Werk *The literary works of Leonardo da Vinci* zusammengetragen. Die uns heute vorliegenden Handschriften Leonardos bestehen hauptsächlich aus zahlreichen mehr oder weniger

LEONARDOS SCHRIFTEN

AUGUSTO MARINONI

flüchtigen Notizen, die meist unzusammenhängend sind, sich oft wiederholen und mit Abschriften aus Büchern anderer Autoren, persönlichen Anmerkungen, arithmetischen Berechnungen etc. durchsetzt sind. Es läßt sich daher kein einziges, organisch abgeschlossenes Kapitel, geschweige denn ein Buch erkennen. Aus diesem Grund nannte Edward MacCurdy seine Sammlung von Schriften Leonardos *The Notebooks of Leonardo da Vinci*. Doch auch seine Ausgabe gibt nicht genau den besonderen Charakter der Schriften Leonardos wieder, denn sie ignoriert die Zeichnungen, denen jedoch in den Schriften eine hervorragende Bedeutung zukommt. Leonardo war überzeugt, durch Zeichnungen mehr als durch Worte ausdrücken zu können, und oft diente der geschriebene Text nur als Erläuterung zu einer Zeichnung oder umgekehrt.

»… ein Glanz,
der nur kurz in einem Wort, in einem Satz
oder in wenigen Zeilen aufleuchtet
und doch beim Leser
einen tiefen Eindruck hinterläßt.«

Die wichtigsten Schriften Leonardos werden heute in Italien, Frankreich, England und Spanien aufbewahrt. Einzelne Blätter befinden sich in Deutschland, Österreich, der Schweiz, Holland, Ungarn und in den Vereinigten Staaten.
In der mailändischen Biblioteca Ambrosiana befindet sich eine umfangreiche Sammlung von 1200 Blättern verschiedener Größe. Pompeo Leoni klebte sie im 16. Jahrhundert auf circa 400 großformatige Folios des sogenannten Codex Atlanticus. In den letzten Jahren wurden Leonardos Blätter vom Codex des Leoni abgelöst, restauriert, in zwölf herrlichen Bänden neu zusammengestellt und in getreuer Reproduktion gedruckt. Ebenfalls in Mailand wird in der Biblioteca Trivulziana der Codex Trivulzianus aufbewahrt. In der Biblioteca Reale von Turin befindet sich der kleine Codex über den *Vogelflug* und in der Galleria dell'Accademia von Venedig eine Gruppe von Zeichnungen. In England befinden sich

57/1

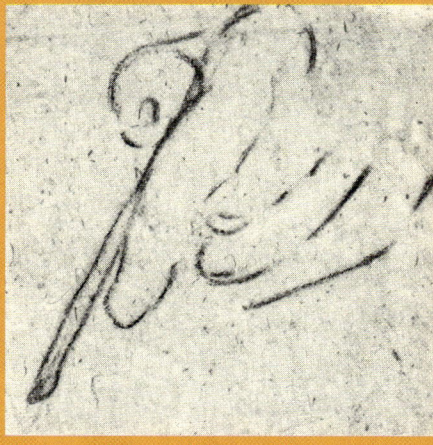

57/3

57/2

außer der sehr umfangreichen Sammlung von Zeichnungen in Windsor Castle auch der Codex Leicester und der Codex Arundel (British Museum) und die drei Codices Forster (Victoria and Albert Museum, London). In Paris werden zwölf der dreizehn Manuskripte aufbewahrt, die Napoleon aus der Biblioteca Ambrosiana fortgeführt hatte. Sie sind mit den Buchstaben A, B, C, D, E, F, G, H, I, K, L und M gekennzeichnet. Die beiden Ashburnham Codices 2038 und 2037 sind Teile der Manuskripte A und B, aus denen sie im vergangenen Jahrhundert herausgetrennt wurden. Erst seit einigen Jahren wissen wir, daß sich in der Nationalbibliothek von Madrid die beiden bedeutenden Manuskripte 8936 und 8937, Codex Madrid I und Codex Madrid II, befinden.
Leider sind im Laufe der Jahrhunderte viele andere Handschriften verloren gegangen. Wieviele es sind, können wir nur vermuten. Leonardo selbst erwähnt mehrmals Bücher und Abhandlungen, die sich jedoch unter den erhaltenen Manuskripten nicht nachweisen lassen. Wo mag zum Beispiel das *libro de pictura e movimenti umani* geblieben sein, das Leonardo laut Luca Pacioli im Jahre 1498 schon abgeschlossen hatte, während er sein Werk *inextimabile del moto locale* gerade vollendete? Zweifellos gelangten einige Schriften Leonardos noch zu seinen Lebzeiten in die Hände anderer Besitzer.

57/1-3
Leonardo schrieb, zeichnete und malte mit der linken Hand. Fast alle seine Aufzeichnungen in seinen Notizbüchern — auch seine Unterschrift, »Io, Lionardo« — verläuft in der geheimnisvoll anmutenden Spiegelschrift von rechts nach links. Die Unterschrift (oben rechts) unter einem öffentlichen Dokument ist in herkömmlicher Weise geschrieben. Im Codex Atlanticus (Folio 283 v-b) hat er wahrscheinlich seine eigene Hand beim Schreiben gezeichnet. Auf der gleichen Seite befinden sich noch eine architektonische Zeichnung, ein Akt und ein lockiger Bart.

Durch die Wiederentdeckung der Codices von Madrid haben wir Kenntnis vom Umfang der persönlichen Bibliothek Leonardos und der Zahl seiner Manuskripte. Auf diesen beiden Seiten des Codex Madrid II, 2v und 3r, führt er die Titel von 116 Büchern an, die er 1504 bei seiner Abreise nach Piombino in Florenz zurückließ. Er verfügte über viele Grammatiken, Wörterbücher und lateinische Rhetorikwerke und beschäftigte sich auch mit Mathematik und Medizin. In einigen Fällen

Doch vielleicht gibt uns der Codex Madrid II Aufschluß über die Zahl der autographischen Hefte, die sich im Jahre 1504 in Leonardos Besitz befanden. In der wichtigen und berühmten Liste [58/1] der 116 Bücher, die Leonardo in Florenz oder »im Kloster«[1] zurückließ, werden mindestens zwei von ihm selbst stammende Schriften angeführt: das »Buch mit meinen Wörtern« und das »Buch der Pferdeskizzen für den Karton«. Nach dieser Liste[2] inventarisierte Leonardo eine Vielzahl von Büchern, von denen er weder Titel noch Inhalt nennt, sondern nur ihre Anzahl und ungefähre Größe. Es handelt sich um 25 »kleine« Bücher, 2 »größere«, 16 »noch größere«, 6 mit »Pergamenteinband« und 1 mit »grünem

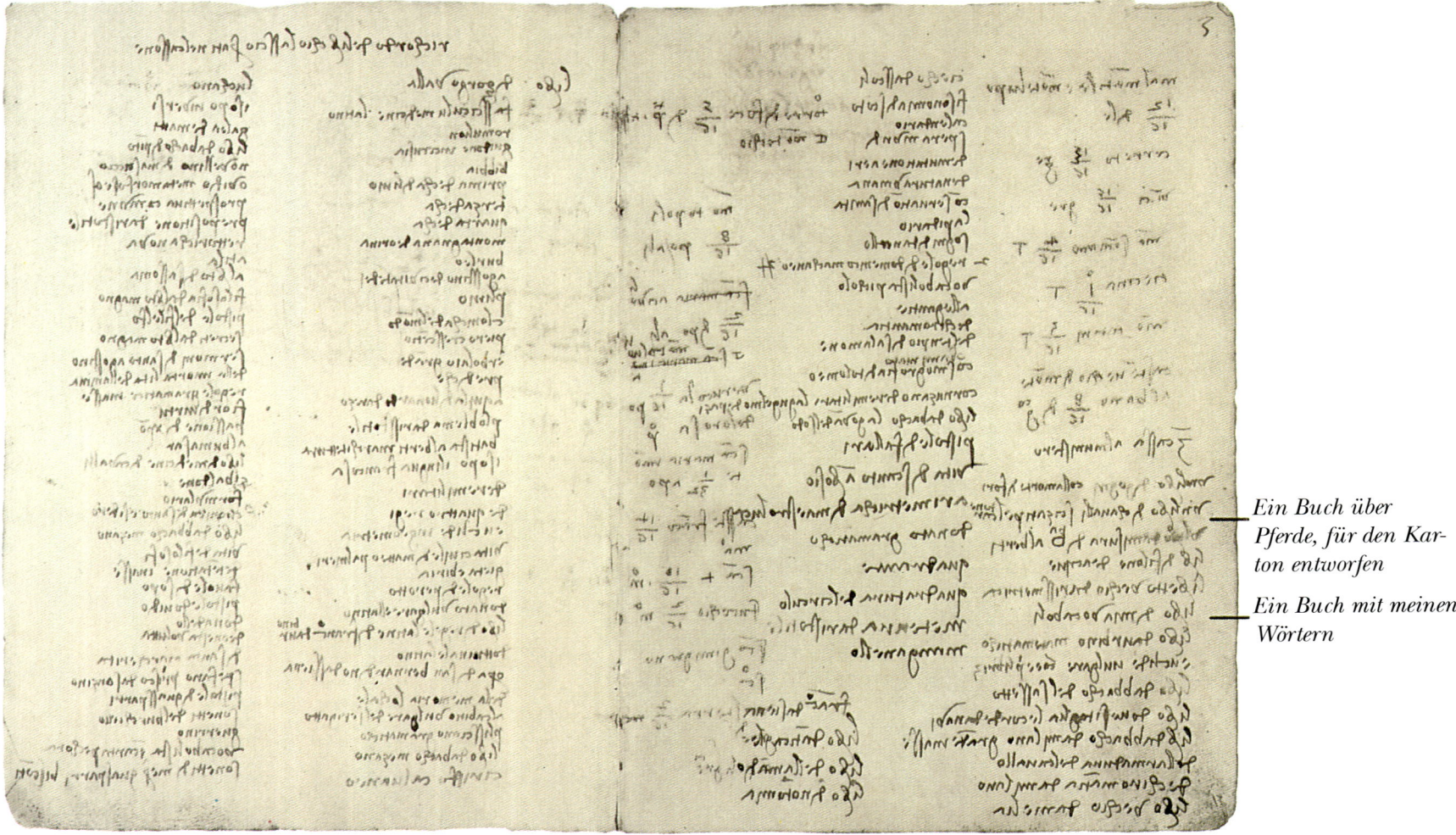

Ein Buch über Pferde, für den Karton entworfen

Ein Buch mit meinen Wörtern

führte er den Namen der Person an, der er das Buch geliehen hatte. Das »Buch meiner Wörter« und das »Buch von Pferden, für den Karton skizziert« stammen mit Sicherheit von seiner Hand. Auf der folgenden Seite finden wir eine Liste mit Büchern ohne Titelangaben, die nach ihrem Format geordnet sind. Es handelt sich wahrscheinlich um das Inventar der Notizbücher Leonardos. Insgesamt sind es 50. Aufgrund eines Versehens beim Zusammenzählen kommt Leonardo nur auf 48.

25	kleine Bücher
2	mittelgroße Bücher
16	größere Bücher
6	Bücher in Pergament
1	Buch mit grünem Gamsledereinband

Gamsledereinband« [58/2]. Auch später war es bei den Sammlern der Manuskripte Leonardos üblich, sie nach ihrem Format zu ordnen. Ebenso verfahren auch Melzi, Leoni und Arconati. Da die von Leonardo inventarisierten 50 großen und kleinen Bücher nicht unter die 116 Bücher fallen, deren Titel auf den beiden vorhergehenden Seiten angeführt werden, können wir wohl zu Recht annehmen, daß es sich um Leonardos eigene Schriften handelt.[3]

Die Handschriften Leonardos, die sich bei seinem Tod noch in seinem Besitz befanden, erbte sein treuer Schüler Francesco Melzi [59/1] und brachte sie nach Italien. Er bewahrte sie in seiner Villa in Vaprio sorgsam auf, ordnete sie, markierte sie mit Buchstaben oder mit eigenwilligen Zeichen und fügte einige Angaben über die Zahl der vorhandenen oder fehlenden Seiten hinzu. Außerdem machte er sich an eine Arbeit, die Leonardo zwar beabsichtigt hatte, zu der er jedoch nie gekommen war. Er las aufmerksam alle Manuskripte durch und kennzeichnete mit einem *o* alle Stellen, die etwas mit Malerei zu tun hatten. Dann übertrug er oder ein Kopist sie in den Codex Urbinas (heute Vaticana 1270). Auf diese Weise entstand der *Trattato della Pittura* von Leonardo. Auf Folio 231 recto und verso befindet sich die Liste der Manuskripte Leonardos, aus denen der *Trattato* zusammengestellt ist. Es handelt sich insgesamt um achtzehn Hefte, von denen drei als »Büchlein« bezeichnet werden, das heißt, sie lagen in Sedez vor. Von diesen achtzehn Manuskripten sind heute nur noch sieben erhalten (einschließlich des Codex Madrid II, der bis vor kurzem noch unbekannt war).

Anhand von Vergleichen zwischen den Manuskripten Leonardos und dem *Trattato* konnte festgestellt werden, daß der Kopist die Texte getreu übertragen hat. Doch zeigte sich auch, daß ungefähr drei Viertel der Texte des *Trattato* nicht unter den bekannten Manuskripten Leonardos auffindbar sind. Damit können wir uns eine Vorstellung von der Menge der Schriften Leonardos machen, die verloren gegangen sind, selbst wenn man berücksichtigt, daß Leonardos Schriften zur Malerei unter den Künstlern des 16. Jahrhunderts besonders begehrt waren und daher eher vom Verlust bedroht waren, als die Schriften zu anderen Themen.

Als Francesco Melzi 1570 starb, waren sich seine Erben, insbesondere sein Sohn Orazio, nicht über den Wert von Leonardos Schriften im Klaren und ließen sie auf den Speicher bringen. Der Hauslehrer Don Lelio beobachtete dieses Desinteresse und dachte sich daher nichts Schlimmes, als er (vergeblich) versuchte, dreizehn dieser Manuskripte an den Herzog von Florenz zu verkaufen. Sein Studiengefährte in Pisa, Ambrogio Mazenta, redete ihm jedoch wegen der unkorrekten Tat ins Gewissen und übernahm selbst die Aufgabe, die unrechtmäßig angeeigneten Handschriften nach Mailand zu bringen und Orazio Melzi zurückzuerstatten. Doch Orazio hatte weiterhin kein Interesse an den Aufzeichnungen und überließ sie Mazenta. So kam es, daß die dreizehn Manuskripte zwischen den beiden Brüdern des Mazenta aufgeteilt wurden: Guido erhielt sechs, und Alessandro bekam den Rest.

An diesem Punkt trat Pompeo Leoni auf den Plan. Er war der Hofbildhauer des Königs von Spanien, Philipp II., und ein bedeutender Kunstsammler. Leoni versprach Orazio Melzi die Gunst des Königs und einen Sitz im Senat. Als Gegenleistung erhielt er die sieben Manuskripte von Alessandro Mazenta. Doch erst 15 Jahre später gelang es ihm, drei der sechs Manuskripte zu bekommen, die sich im Besitz Guidos befanden. Die anderen drei waren inzwischen an Kardinal Federico Borromeo (das heutige Manuskript C), an den Herzog von Savoyen und an A. Figgini verschenkt worden. Wie schon Melzi, unternahm auch Leoni eine sorgfältige Katalogisierung des umfangreichen Materials und versah es mit einer fortlaufenden Nummer, die er an den Anfang oder ans Ende eines jeden Bandes setzte. Außerdem kennzeichnete er selbst oder ein Kopist sie mit einem Buchstaben. Von den Handschriften, die Leoni mit einer Nummer versah, sind nur 19 erhalten. Die höchste Nummer unter ihnen ist die 46. Auch dies gibt uns einen Eindruck davon, wieviele Manuskripte verloren gegangen sind.[4]

Leoni beschränkte sich jedoch nicht darauf, jedes Manuskript mit einer Zahl und einem Buchstaben zu kennzeichnen. Das, was Melzi nur sporadisch getan hatte, nämlich die Anzahl der Blätter eines Manuskripts zu vermerken, führte Leoni systematisch durch. Neben den Buchstaben setzte er eine Zahl, die der Anzahl der Folios des Bandes entsprach: zum Beispiel A 190, C 140, BB 14, LL 48. Diese Angaben sind für uns sehr wertvoll, da wir mit ihrer Hilfe feststellen können, wieviele Blätter sich im Besitz Leonis befanden, wieviele später herausgetrennt wurden und wieviele schon damals fehlten.[5]

Im Falle der beiden Madrider Manuskripte hat Leoni das Zeichen A 190 auf Folio 190 verso des Codex Madrid I geschrieben und das letzte Blatt, Folio 191, ausgelassen. Das Manuskript setzt sich aus zwei Bänden mit jeweils 96 Blättern zusammen. Sie wurden recto von Leonardo selbst gegenläufig von 1 bis 95 durchnumeriert, bis auf das erste Blatt. Es wurde ursprünglich frei gelassen und sollte als Vorsatzblatt oder provisorischer Einband dienen oder auch beim Binden auf die Innenseite des Deckels geklebt werden. Die Tatsache, daß die beiden Zahlenreihen von 1 bis 95 in entgegengesetzter Richtung verlaufen, einmal am Anfang und einmal am Ende des Bandes beginnen und sich in der Mitte treffen, läßt darauf schließen, daß Leonardo zwar die beiden Bände getrennt hatte, sie jedoch als zwei Teile des gleichen Werkes betrachtete. Tatsache ist jedoch, daß sie zu dem Zeitpunkt, als Leoni sie erhielt, bereits einen einzigen Band bildeten und Leoni selbst, einer seiner Mitarbeiter oder ein Vorbesitzer (Melzi?) die Numerierung von Folio 95 an bis zum Ende fortlaufend weiterführte. Möglicherweise gingen die heute fehlenden Blätter, die die Seitennummern von 37 bis 42 und von 55 bis 56 trugen, erst nach der von Leoni durchgeführten Arbeit verloren.[6]

Außer den gebundenen Manuskripten sammelte Leoni auch zahlreiche Einzelblätter verschiedener Größe, auf die Leonardo geschrieben oder gezeichnet hatte. Aus Sparsamkeit benutzte Leonardo jedes Stück Papier, das ihm in die Hände geriet und eine leere Seite hatte: Registerseiten, Briefe und Schriftstücke

59/1 und 2
Leonardo hinterließ seine Manuskripte seinem Schüler Francesco Melzi (links), der bis zum Tod des Meisters 1519 bei ihm in Amboise geblieben war. Melzi brachte die Bücher nach Mailand, wo er sie sorgfältig aufbewahrte und katalogisierte. Nach Melzis Tod

59/1
Francesco Melzi

59/2
Federico Borromeo

um das Jahr 1570 zerstreuten sich die Handschriften und gingen durch die Hände zahlreicher Sammler. Einer von ihnen, Arconati, schenkte elf dieser Manuskripte (und das Werk De Divina Proportione *von Pacioli) der Biblioteca Ambrosiana, die von Kardinal Federico Borromeo (rechts) gegründet worden war. Die Bibliothek erhielt auf anderen Wegen noch zwei weitere Manuskripte. Diese dreizehn Manuskripte ließ Napoleon 1796 nach Paris bringen. Nach den Napoleonischen Kriegen, im Jahre 1815, wurde nur der Codex Atlanticus der Biblioteca Ambrosiana zurückerstattet. Die anderen Manuskripte blieben in Paris.*

von anderen Personen. Die Qualität des Papiers war oft so schlecht, daß Leonardo nur eine Seite benutzen konnte, da die Tinte das gesamte Blatt durchtränkte. Auch diese Einzelblätter wurden zu einem großen Teil mit einer fortlaufenden Nummer versehen, die meistens in der Seitenmitte plaziert war. Da jedoch viele Blätter die gleiche Nummer tragen, stammen sie vermutlich aus verschiedenen Sammlungen und wurden später nicht systematisch neu geordnet. Um diese Blätter zusammenzuhalten und ihnen wenigstens äußerlich eine Einheit zu geben, klebte Leoni sie auf die Folios zweier großformatiger Alben. Eines davon ist die Sammlung Windsor mit dem Originaltitel *Disegni di Leonardo da Vinci*

Auch in seinen persönlichen Notizen ist Leonardos Schrift sehr kunstvoll und macht einen harmonischen Eindruck. Hier sind die Großbuchstaben seines Alphabets in Vergrößerung wiedergegeben. Sie wurden aus verschiedenen Seiten des Codex Madrid I zusammengestellt. Einige — wie das O und das Q — sind mit ornamentalen Strichen verziert. Nicht überall ist seine Schrift so

sorgfältig. Oft beschrieb er die Ränder und freien Stellen einer Seite mit rasch hingekritzelten Anmerkungen, wobei er einzelne Wörter und Sätze unvollendet ließ. Die äußerst sorgfältige Schrift des Codex Madrid I läßt vermuten, daß er ihn anderen vorlegen oder vielleicht veröffentlichen wollte. Doch auch hier hat er nicht auf die Spiegelschrift verzichtet. Dies spricht gegen die Vermutung, daß er diese eigenartige Angewohnheit aus Angst vor der herrschenden Macht annahm oder um seine Gedanken vor anderen zu verbergen. Der Lauf seiner Schrift von rechts nach links ist eine Folge seiner ausgeprägten Linkshändigkeit und seiner natürlichen Neigung, die Schrift von der Mitte zum Rand hin verlaufen zu lassen. Wenn Leonardo wie andere Menschen von links nach rechts schreibt, wirkt seine Schrift unbeholfen und unnatürlich.

restaurati da P. Leoni (»Zeichnungen von Leonardo da Vinci, wiederhergestellt von P. Leoni«) und das andere der Codex Atlanticus mit dem Titel *Disegni di macchine e delle arti secreti et altre cose di Leonardo da Vinci raccolte da P. Leoni* (»Zeichnungen von Maschinen und geheimen Künsten und anderen Dingen von Leonardo da Vinci, gesammelt von P. Leoni«). War das Papier auf beiden Seiten beschrieben, schnitt Leoni ein Loch in das Albumblatt und klebte das Papier von Leonardo an den Rändern fest, so daß es auf beiden Seiten sichtbar war. Am Schluß des Buches, auf Seite 288, wird noch von einer sensationellen Entdeckung während der Restauration der aufgeklebten Blätter des Codex Atlanticus die Rede sein.

Lange Zeit bestand die Meinung, Leoni habe unglücklicherweise für die Zusammenstellung des Codex Atlanticus einige Hefte Leonardos auseinandergenommen und zerschnitten. Dies erkläre auch den Verlust der vielen Manuskripte. Man tröstete sich mit der Annahme, daß die Schriften, zwar verstümmelt und durcheinandergebracht, aber dennoch im Codex Atlanticus und in den Blättern von Windsor erhalten seien. Doch dies war ein Irrtum. André Corbeau bemerkte zu Recht, daß viele Blätter des Codex Atlanticus noch die Löcher der Heftstiche und den Mittelfalz aufweisen müßten, wenn Leoni tatsächlich echte Manuskripte auseinandergerissen hätte. Doch Einstiche sind nicht vorzufinden und ein Mittelfalz nur sehr selten.

Bei der Restaurierung des Codex Atlanticus wurden die einzelnen Blätter, die Leoni aus Platzmangel übereinandergelegt und gefaltet hatte, freigelegt und einer sorgfältigen Prüfung unterzogen. Dabei kam man zu neuen Schlußfolgerungen. Leoni hatte gewiß viele Willkürlichkeiten begangen, etwa die Verteilung von zwei Arten von Zeichnungen und Themen in zwei verschiedene Alben. Zu diesem Zweck hat er aus einigen Seiten des Codex Atlanticus Figuren herausgeschnitten, sie in die Sammlung Windsor eingeordnet und die entstandenen Löcher verklebt. Einige Folios, die ursprünglich wahrscheinlich kleine Faszikel gebildet hatten und inhaltlich zusammenhingen, verteilte er auf verschiedene

Seiten. Insgesamt läßt sich jedoch sagen, daß Leoni keine eigentlichen Bücher Leonardos auseinandergerissen hat. Wir müssen ihm vielmehr dafür dankbar sein, daß er viele lose Blätter vor dem drohenden Verlust gerettet hat.

Nach Melzi hatte er die größte Anzahl an Leonardo-Manuskripten in seinen Besitz gebracht. Er behauptete, sie für den König von Spanien gekauft zu haben. Tatsächlich brachte er seinen Schatz später nach Madrid. Einige Aufschriften und Titel in spanischer Sprache auf den Manuskripten Leonardos zeugen noch von dieser Wanderschaft. Es gibt jedoch keine Anhaltspunkte dafür, daß Leoni die Manuskripte dem Hof in Madrid angeboten oder versprochen hat. Ein Teil wurde

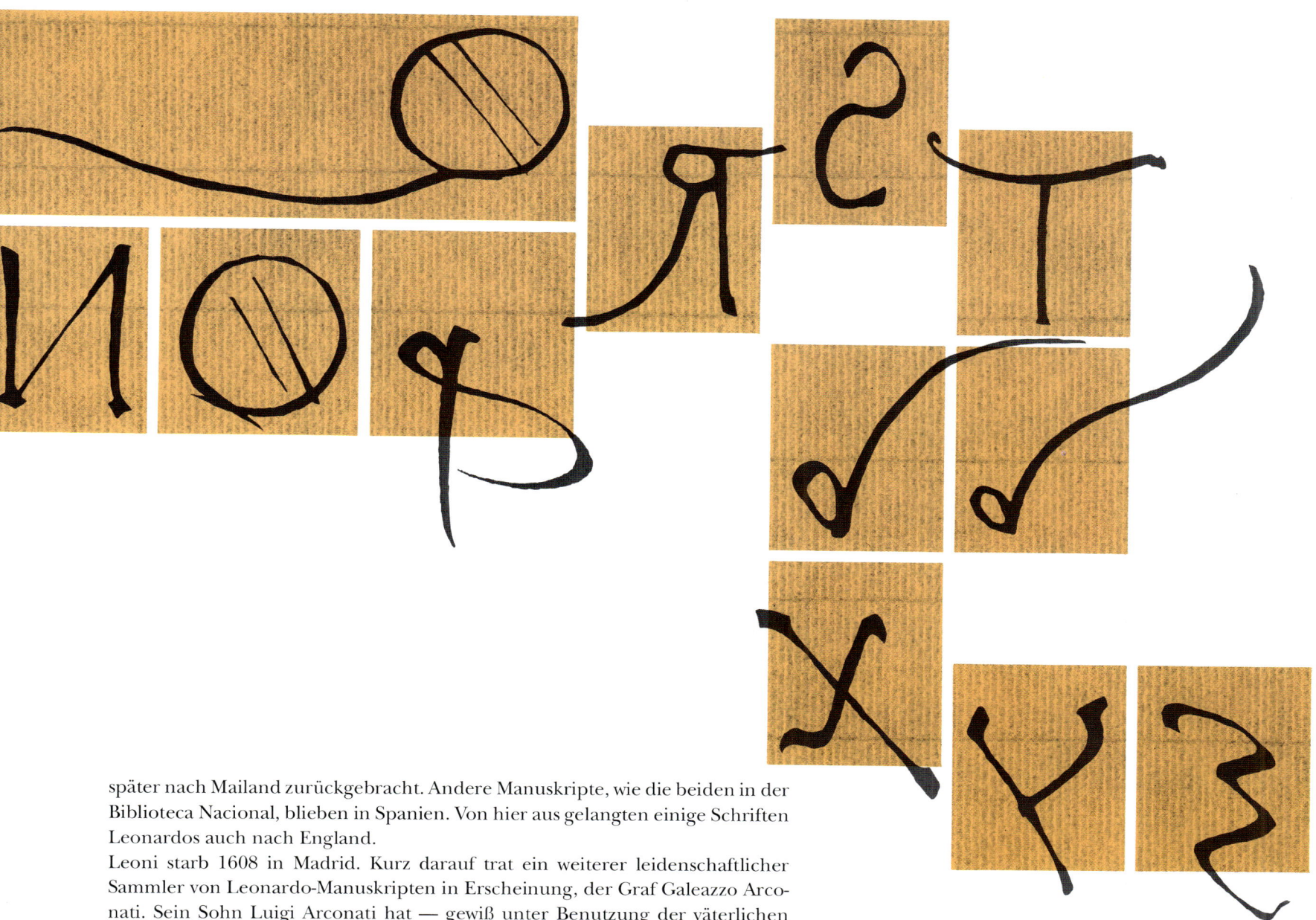

später nach Mailand zurückgebracht. Andere Manuskripte, wie die beiden in der Biblioteca Nacional, blieben in Spanien. Von hier aus gelangten einige Schriften Leonardos auch nach England.

Leoni starb 1608 in Madrid. Kurz darauf trat ein weiterer leidenschaftlicher Sammler von Leonardo-Manuskripten in Erscheinung, der Graf Galeazzo Arconati. Sein Sohn Luigi Arconati hat — gewiß unter Benutzung der väterlichen Bibliothek — aus den Manuskripten Leonardos ein Buch mit dem Titel *Traktat über Bewegung und Maß des Wassers* (1634) zusammengestellt. 1637 schenkte Graf Galeazzo Arconati der Biblioteca Ambrosiana elf Manuskripte. Sie sind in der Schenkungsurkunde so weit beschrieben, daß wir sie als den Codex Atlanticus, den Codex Trivulzianus, den kleinen Codex über den *Vogelflug* sowie die heutigen Manuskripte A, B, E, F, G, H, I, L und M erkennen können. Von jedem Manuskript ist die Zahl der Folios angegeben. Daher wissen wir zum Beispiel, daß der Codex Trivulzianus ursprünglich 92 Folios umfaßte, zur Zeit Pompeo Leonis auf 55 geschrumpft war, zur Zeit Arconatis 54 zählte und heute nur noch 51 Folios enthält.

Arconati übergab die Manuskripte jedoch nicht sofort der Ambrosiana. Er hatte sich das Recht vorbehalten, sie bis an sein Lebensende bei sich aufzubewahren. Als sie dann der Bibliothek übergeben wurden, hatte das Manuskript D den Codex Trivulzianus ersetzt, denn der war 1770 von Gaetano Caccia an den Fürsten Trivulzio verkauft worden. Das Manuskript C wurde 1609 von Kardinal

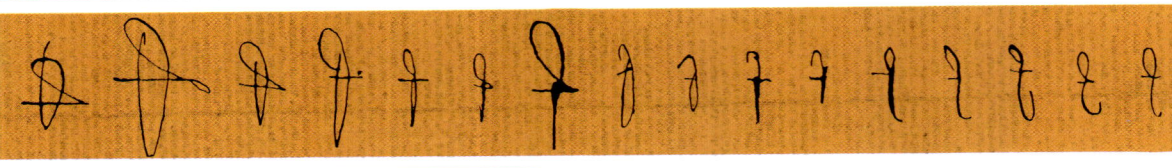

Federico Borromeo [59/2] und das Manuskript K 1674 von Graf Orazio Archinti der Ambrosiana geschenkt.

Weniger klar sind die wechselhaften Umstände, unter denen die Folios der wertvollen Sammlung Windsor nach England gelangten. In Dunkel gehüllt ist auch die frühe Geschichte der Codices Forster. Sie befanden sich in Wien, als Lord Lytton sie erwarb. Dieser gab sie John Forster [81/1], der sie 1876 dem Victoria and Albert Museum schenkte. Wir wissen, daß Lord Arundel [81/3] lange den Schriften Leonardos nachjagte. Die im British Museum befindlichen Folios wurden ohne große Sorgfalt zu dem Codex zusammengefaßt, der seinen Namen trägt. Schließlich ist uns bekannt, daß der Codex, der nach Lord Leicester

[81/2] benannt wurde, im 18. Jahrhundert in Rom erworben wurde. Die napoleonischen Kriege führten zu einer weiteren Verstreuung der Manuskripte. Unter den Kunstwerken und wertvollen Büchern, die der französische Kaiser fortführen ließ, waren alle Schriften Leonardos der Biblioteca Ambrosiana. Nach dem Sturz Napoleons kehrte nur der Codex Atlanticus nach Mailand zurück, die anderen blieben in Paris. Die letzten Faszikel der Codices A und B wurden außerdem von Graf Libri im 19. Jahrhundert heimlich herausgetrennt und in England verkauft. Sie wurden zu zwei selbständigen kleinen Codices, die nach dem Namen ihres Besitzers Lord Ashburnham [81/4] benannt wurden. Als dieser von ihrer unrechtmäßigen Herkunft erfuhr, gab er sie nach Paris zurück. Die frühen Sammler der Manuskripte Leonardos, Melzi, Leoni und Arconati, katalogisierten und ordneten die Manuskripte nach ihrem Format, von den größeren bis zu den kleinen. Das war ein sehr äußerliches Kriterium, jedoch bei einem bibliophilen Sammler nicht verwunderlich. In wissenschaftlicher Hinsicht wäre eine chronologische Klassifizierung besser gewesen. Doch dabei bestand das Problem, daß viele Datumsangaben ungesichert waren und Leonardo in ein und demselben Manuskript, oft auch auf der gleichen Seite, zu verschiedenen Zeitpunkten Eintragungen vornahm.[7]

Ein wichtiger, oft vernachlässigter Unterschied erlaubt die Aufteilung der Manuskripte Leonardos in zwei Gruppen. Auf der einen Seite stehen die sorgfältig verfaßten, gut geschriebenen und gezeichneten Hefte mit einer einheitlichen Thematik. Sie waren wahrscheinlich für einen Leser bestimmt oder wurden zumindest bis kurz vor der Endfassung ausgearbeitet.[8] Leonardo scheint hier ursprünglich eine einheitliche Abhandlung im Auge gehabt zu haben, doch im Laufe der Zeit fügte er oft andere Themen, Datumsangaben oder Zeichnungen ohne jeden Zusammenhang mit dem Rest des Buches hinzu. Von den 36 Seiten des Codex über den *Vogelflug* zum Beispiel betreffen nur 28 das eigentliche Thema.

Zur zweiten Gruppe gehören die »Miszellen«. Es handelt sich um kleine Hefte mit rasch hingeworfenen Notizen, deren Seiten zu verschiedenen Zeitpunkten in Tinte oder Bleistift mit Aufzeichnungen gefüllt wurden, und zwar dort, wo gerade noch Platz frei war. In diesen Manuskripten, die wir als »Schmierhefte« bezeichnen können, befinden sich auch die Seiten, die Leonardo wörtlich oder als Zusammenfassung aus Büchern anderer Autoren abgeschrieben hat, um zu lernen und sich zu bilden. Auch die Seiten des Codex Atlanticus lassen sich diesen zwei Gruppen zuordnen. Einige Blätter sind in ordentlichem, einheitlichem und elegantem Stil verfaßt, andere rasch und ohne System vollgekritzelt. Viele Blätter enthalten nur Auslagenrechnungen und Berechnungen, die vom Autor vielleicht zum Wegwerfen bestimmt waren, von Melzi und Leoni aber ehrfürchtig aufbewahrt wurden.

Die Codices von Madrid illustrieren deutlich die beiden Arten von Manuskripten. Der Codex Madrid I mit seiner eleganten Schrift, den herrlichen Zeichnungen, der harmonischen Seitengestaltung und der komplexen thematischen Einheitlichkeit gehört zur ersten Kategorie. Die Blätter 1 bis 140 des Codex Madrid II hingegen zählen zur Kategorie der »Schmierhefte«. Hier lohnt sich eine Untersuchung schon deshalb, um dem komplizierten Gewebe von Interessen und

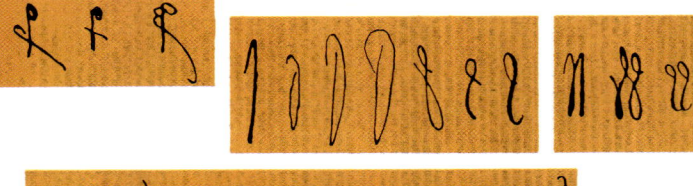

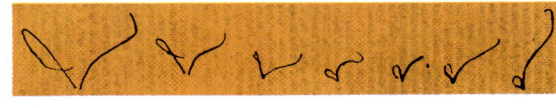

62/1

Auf dieser Seite wurden mehrere Beispiele für die von Leonardo verwendeten Kleinbuchstaben zusammengestellt. Sie lassen die Entwicklung seiner Schrift erkennen. Die Veränderungen sind so eindeutig, daß sich eine von ihm verfaßte Seite häufig aufgrund der Buchstabenform zeitlich einordnen läßt. In seiner frühen Jugend wurde seine Schrift durch das väterliche Milieu der Notare und Kaufleute beeinflußt und war daher ornamental, ruhig und mit ausschweifenden Schnörkeln versehen. Ungefähr vom 38. bis zum 63. Lebensjahr wird seine Schrift immer schlichter und schneller. In den letzten Lebensjahren wirkt seine Hand schwer und müde.

Problemen nachzugehen, mit denen sich Leonardo auf diesen Seiten beschäftigte.[9] Wie wir wissen, wurden die Anmerkungen und Zeichnungen nicht geordnet nacheinander, Seite für Seite, eingetragen. Leonardo schrieb oder zeichnete zu verschiedenen Themen und Anlässen an verschiedenen Stellen des Manuskriptes. Dabei ließ er oft dazwischenliegende Seiten leer, bis das Heft schließlich voll war.[10]

Am 22. Juli 1504, dem »Tag der Magdalena«, begann er mit kartographischen Vermessungen des Arno-Tals von Florenz bis zum Meer. Auf die ersten drei Seiten des Codex Madrid II[11] zeichnete er eine Skizze des Arno-Verlaufs mit Angaben

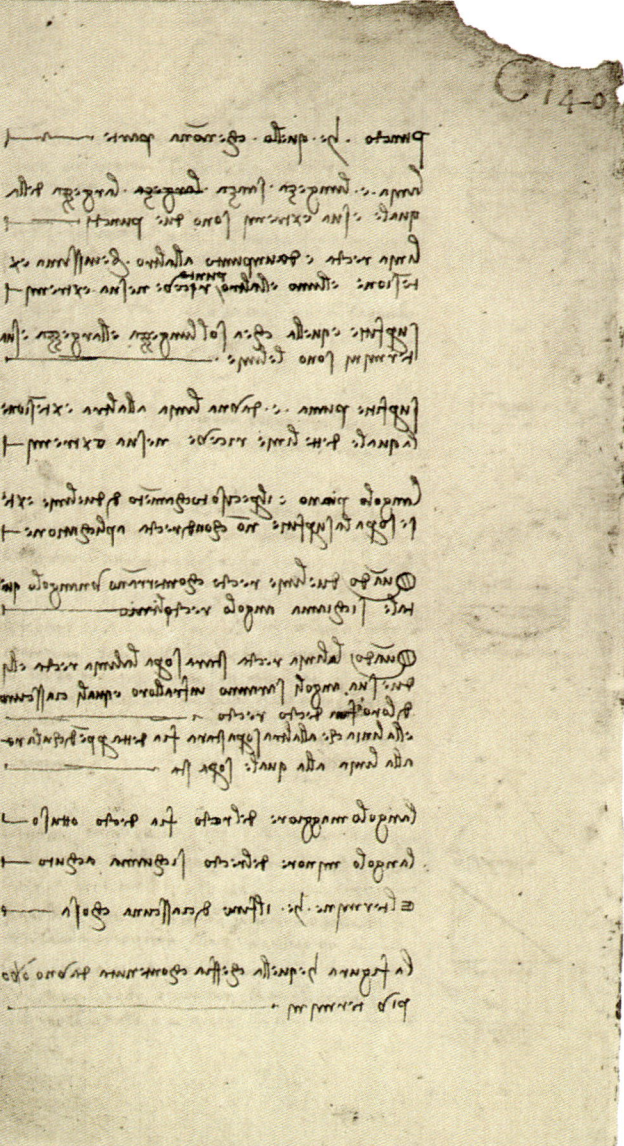
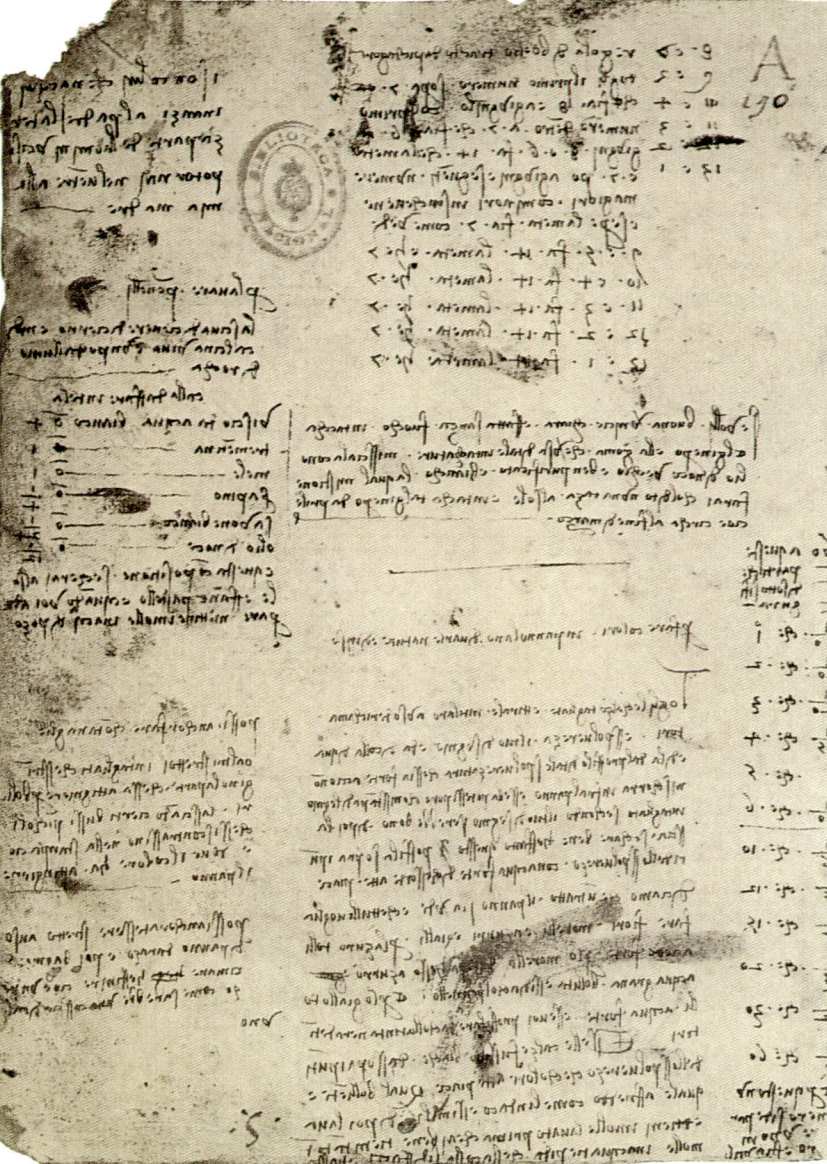

63/2 63/3

63/1

Die Notizbücher Leonardos wanderten aus den Händen der Erben in die Hände von Sammlern, wurden auseinandergerissen und neu zusammengefaßt. Sein Schüler und Erbe Francesco Melzi stellte den Trattato della Pittura zusammen. Zu diesem Zweck ließ er in den Codex Urbinas alle Abschnitte über Malerei übertragen. An den Schluß des Codex setzte er eine Liste der 18 Originalmanuskripte, aus denen der Trattato zusammengestellt war. Jede dieser Handschriften versah er mit einer Markierung. Nur sieben dieser Handschriften haben bis heute überlebt.

63/2 und 3

Später ordnete und klassifizierte Pompeo Leoni 50 Manuskripte und kennzeichnete sie mit einem Buchstaben. Neben dem Buchstaben am Schluß des Bandes vermerkte er auch die Anzahl der Seiten. So ist auf Codex Madrid I, Fol. 191v (oben), der Vermerk A 190 und auf Fol. 140v (oben links), mit dem damals der Codex Madrid II abschloß, der Vermerk C 140 zu lesen. Später wurden weitere 17 Blätter ergänzt.

64/1 und 65/1

Die Blätter der folgenden Doppelseite zeigen, welche Sorgfalt Leonardo auf die harmonische Wirkung seiner Seiten verwendete. Auf S. 64 entsteht aus einer geometrischen Form ein schönes Rosettenmuster (Atlanticus 168r-a). Auf S. 65 bilden Text, Kreise und Zahnräder ein geschlossenes Bild (Madrid I, 5r).

von Ortsnamen und den Entfernungen zwischen ihnen. Auf anderen Seiten[12] befinden sich Bleistiftzeichnungen von Landschaften mit Ansichten der Hügel um den Monte Pisano. Zwei schöne Landkarten[13] sind eines der großartigsten Ergebnisse seiner Arbeit in dieser Zeit. Auf diesen Seiten und den Seiten dazwischen hat Leonardo Anmerkungen, Zeichnungen und Berechnungen eingefügt, die er während der letzten Monate des Jahres 1504 in Piombino für die Befestigungsanlage der Stadt vorgenommen hatte.

Im Zusammenhang mit den Seiten, die Leonardo mit Aufzeichnungen zur Befestigungsanlage von Piombino [156/1-159/6] füllte, stehen jene Seiten, die aus der Beobachtung des Meeres entstanden sind, das während seines dortigen Aufenthaltes seine Neugier weckte. Auf zahlreichen Seiten finden sich Beobachtungen über die Wellenbewegung[14] [66/2] und Zeichnungen und Anmerkungen über die Windrichtungen und die Segelschiffahrt [66/1].

Obwohl die Aufzeichnungen den Eindruck machen, als seien sie ohne jede gedankliche Ordnung hier und da verstreut niedergelegt worden, scheint Leonardo doch im ersten Teil des Manuskripts in Richtung der heutigen Numerie-

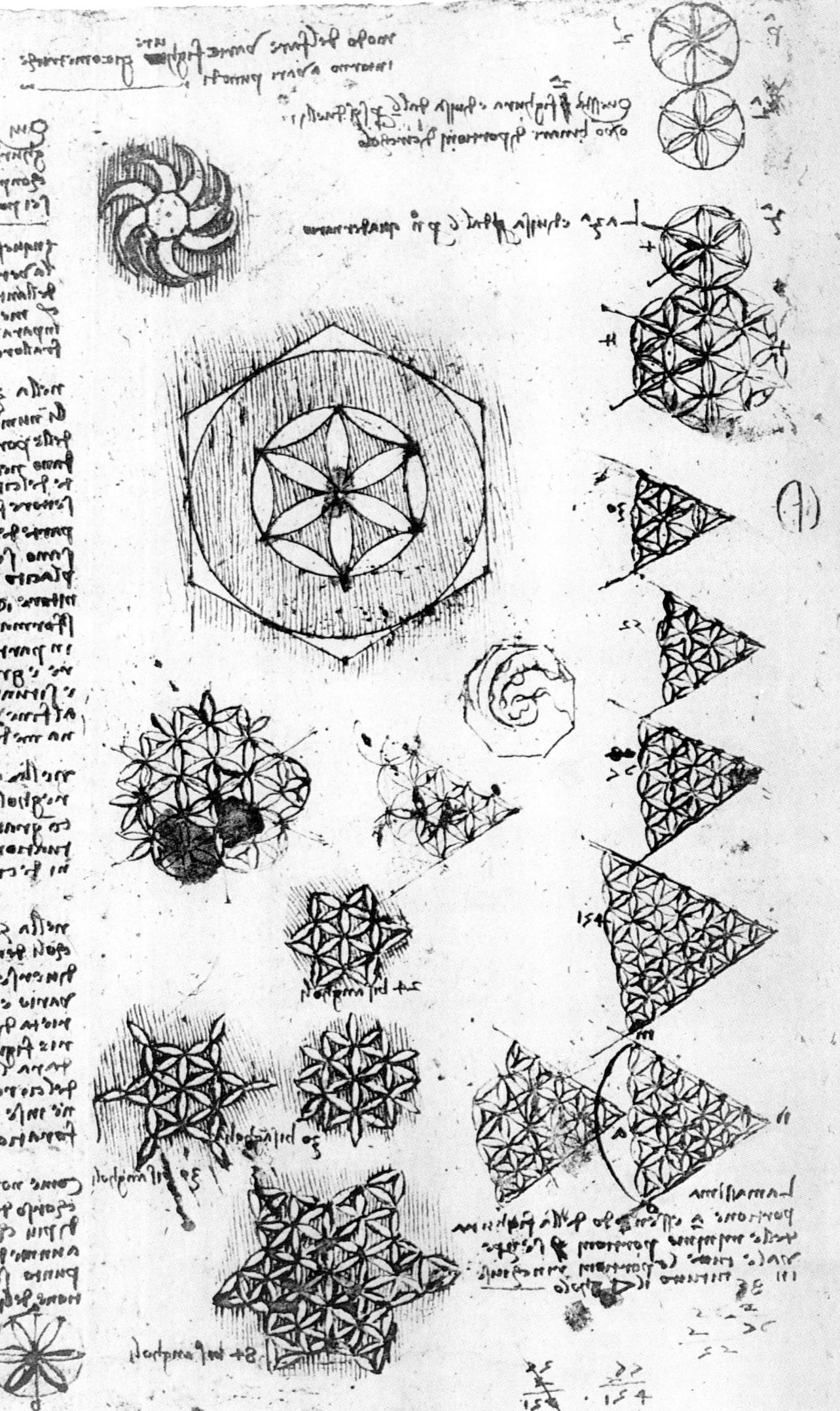

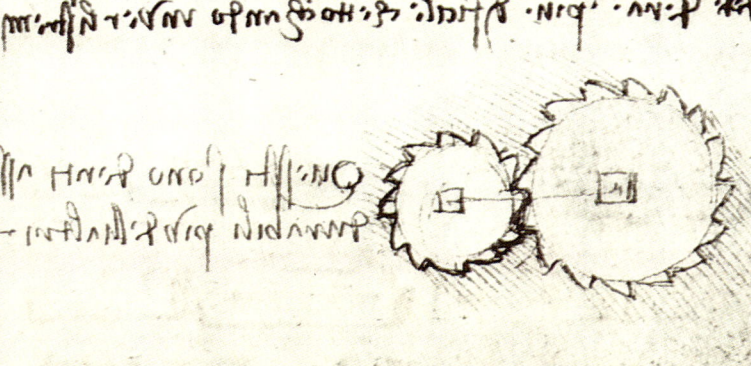

Am anderen Ende des Manuskripts[15] begann Leonardo in Schönschrift mit einer sorgfältigen Übertragung der *Elemente* des Euklid[16] in die Landessprache. Dann wird die Übertragung des euklidischen Textes abgebrochen, doch fast alle

66/1 und 2

Kein anderes Naturelement übte auf Leonardo eine so starke Anziehungskraft aus wie das Wasser. In seinen Manuskripten wimmelt es an Zeichnungen von Wellen, die sich aufwerfen, ausrollen und in Strudeln überschlagen. Ganz ähnlich zeichnete er Haare und Blumen und gelangte über Analogien zu einer modern anmutenden Theorie der Licht- und Klangwellen. Leonardo hatte nur selten Gelegenheit, das Meer direkt zu beobachten. Im Codex Madrid II befinden sich einige Zeichnungen und Anmerkungen zur Segelschifffahrt (Fol. 35r, unten) und über die Wellenbewegungen am Strand (Fol. 24r, rechts). Oft verglich er die Erde mit dem menschlichen Körper und das Wasser mit dem Blut: »So wie der Mensch in sich den See des Blutes hat, in dem sich die Lunge beim Atmen ausdehnt und zusammenzieht, so hat der Körper der Erde seinen Ozean, der sich ebenfalls alle sechs Stunden beim Atmen der Welt ausdehnt und zusammenzieht.«

ATLANTICUS 55v

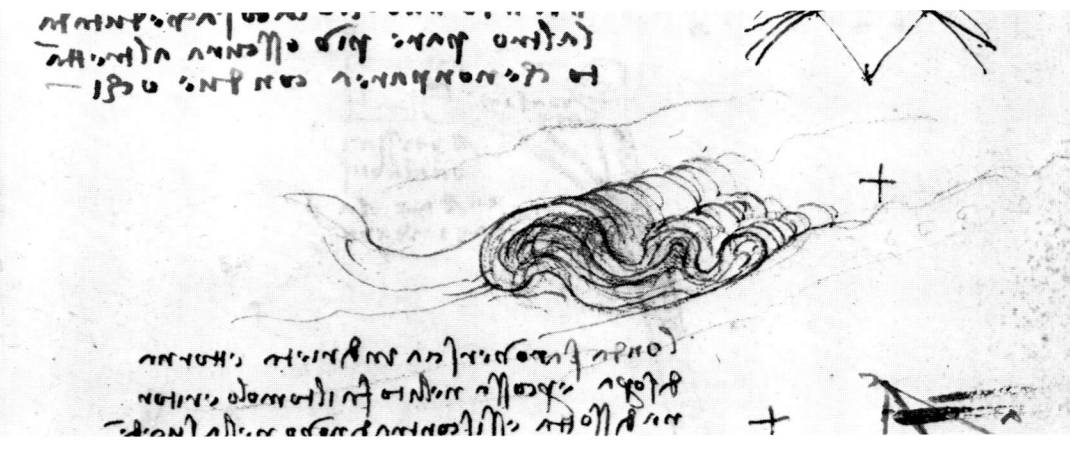

66/2

weitere Seiten des neunten Faszikels sind der Geometrie gewidmet. Hier liegt ein gewaltiger qualitativer Sprung vor, denn von einer einfachen, ordentlichen Abschrift des berühmten Textes geht Leonardo zu einer ungeordneten persönlichen Erforschung einzelner Fragestellungen über, die sich jedoch alle deutlich erkennbar unter dem Titel[17] »Scientia de equiparantia« zusammenfassen lassen. Leonardo hatte auf dem Gebiet der geometrischen Studien selbst etwas zu sagen. Im darauffolgenden Jahr 1505 verfaßte er den Codex Forster I, eine kleine Abhandlung über die Umwandlung ebener Figuren und geometrischer Körper in ihre Äquivalente. Offensichtlich sammelte er für diese Abhandlung Material, und daher nimmt die Geometrie im Codex Madrid II[18] eine Vorrangstellung ein. In der »Scientia de equiparantia« geht es hauptsächlich um das Problem der Äquivalenz zwischen kurvenlinigen und geradlinigen Figuren, unter anderem um die Quadratur des Kreises. Der Codex Madrid II enthüllt uns einen erregenden Augenblick in Leonardos Leben: den Augenblick, in dem er glaubte, die Lösung des berühmten Problems gefunden zu haben.

1505 schrieb er den Codex über den *Vogelflug*, und auch dieses Thema ist im Codex Madrid II anzutreffen, ebenso wie das Thema des *Traktates über die Malerei*. Bei dem Manuskript handelt es sich also um ein Schmierheft, in dem die unterschiedlichsten Notizen (einschließlich zweier »Witze«) mit Seiten abwechseln, die aus anderen Büchern kopiert wurden: von Pacioli, Euklid und von Francesco di Giorgio Martini aus dessen Traktat über den Festungsbau. Diese letzteren Aufzeichnungen stehen zweifellos in Zusammenhang mit den in Piombino geplanten Arbeiten.

Vielleicht hat Leonardo noch vor seiner Abreise nach Piombino die bedeutsame Liste derjenigen Bücher und Kleidungsstücke erstellt, die er in Florenz zurückließ.[19] Die letzte Aufzeichnung könnte die auf der ersten Seite des Manuskripts sein, die an das schreckliche Unwetter vom 6. Juni 1505 während der Arbeiten an dem großen Gemälde der *Schlacht bei Anghiari* erinnert.

Wir haben einen Blick auf das literarische Erbe Leonardos geworfen. Wir müssen hinzufügen, daß das Lesen der Schriften Leonardos mit großen Schwierigkeiten verbunden ist und Enttäuschungen in sich birgt. Bezeichnend für die Schriften Leonardos ist die große Unordnung. Er hatte viele Abhandlungen geplant, doch schrieb er fast immer nur kurze Notizen, oft wenige Zeilen lang, fast nie umfangreicher als eine Seite. Die gleiche Notiz wird immer wieder in den verschiedenen Manuskripten mit leichten Veränderungen wiederholt. Viele Aufzeichnungen sind nicht für einen Leser bestimmt, sondern bloße Gedächtnisstützen, die Leonardo für sich selbst niederschrieb. Außerdem wechseln eigene Gedanken mit Abschriften aus Büchern anderer Autoren ab. Das alles macht einem Nicht-Fachmann das Lesen der Texte, ihr Verständnis und die Einsicht in ihre Beziehung zu Texten in anderen Manuskripten außerordentlich schwer. Außerdem ist in den heute zur Verfügung stehenden Transkriptionen eine gewisse Zahl an

66/1

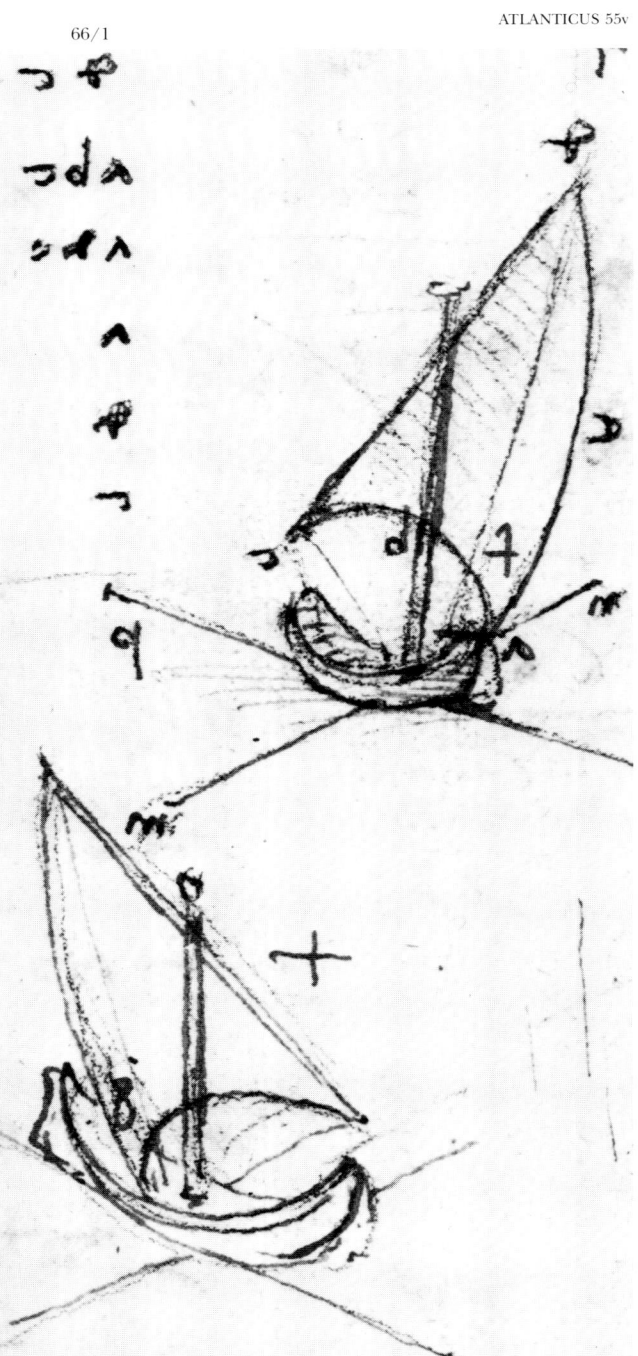

Fehlern enthalten, die sich natürlich auch in den Übersetzungen niederschlagen.[20] Unter diesen Umständen ist es nicht verwunderlich, daß nur wenige Personen alle Schriften Leonardos gelesen haben.[21] Und es ist auch verständlich, daß auf der Grundlage einer fragmentarischen Lektüre seiner Schriften die große Legende überleben und sich ausbreiten konnte, die Leonardo zu einem Übermenschen gemacht hat, zu einem Genie, das alles Wissen seiner Zeit

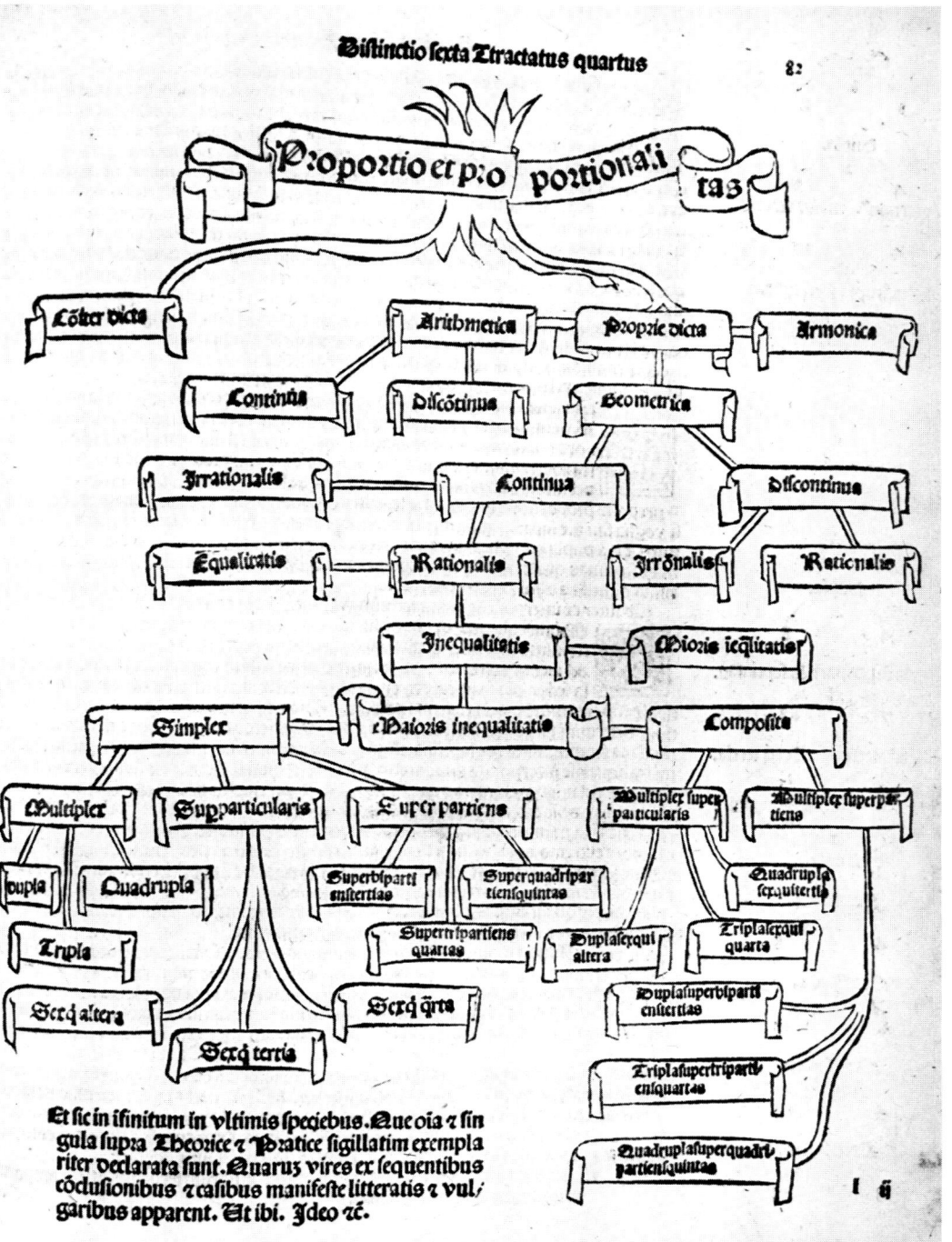

67/2

67/1

Die Manuskripte Leonardos sind voll von Bildern vom Fliegen. Die Anmerkung (Codex Madrid II, 83v) lautet, »Der Vogel hält sich auf seinen Flügeln und bewegt sich mit der Kraft seiner Hand und das tut er, indem er sich durch den Wind im Gleichgewicht hält, der unter ihm durchzieht«.

67/3

67/2 und 3

Mit etwa Vierzig wurde Leonardo von einer neuen Leidenschaft ergriffen: der Geometrie. Von da an war ein beachtlicher Teil seiner Aufzeichnungen diesem Thema gewidmet. Die Begegnung in Mailand mit dem Mönch Luca Pacioli, der sein Freund und Lehrer wurde, wurde von ausschlaggebender Bedeutung. Er erhielt von ihm den Auftrag, für das Buch De Divina Proportione die regelmäßigen Vielecke zu zeichnen. Leonardo studierte auch die Summa Arithmetica von Pacioli und schrieb daraus einige Teile ab, unter anderem die Abhandlung über die Proportionen mit der Zeichnung des Stammbaums der Proportionen. Pacioli verteilt 40 Arten und Unterarten der Proportionen an einem stark verzweigten Stammbaum. Doch nur 20 der 40 Bezeichnungen überträgt Leonardo in sein Schema (Fol. 78r).

umfaßte und das zukünftige Wissen vorwegnahm. Doch diese Legende entspricht nur zum Teil der Wahrheit.

Da die ältesten Manuskripte Leonardos gegen Ende der 80er Jahre des 15. Jahrhunderts[22] verfaßt wurden, hat Leonardo vermutlich erst nach seinem 35. Lebensjahr beschlossen, Bücher zu verfassen oder seine Gedanken niederzuschreiben. Das Manuskript B soll keine Abhandlung sein, sondern ist ein Schmierheft ohne stilistisch-literarische Ansprüche. Es enthält ohne jegliche Ordnung Anmerkungen über gelesene Bücher,[23] viele Lehrsätze, Aufzeichnungen und Beobachtungen. Der Codex Trivulzianus hingegen dokumentiert ein zentrales Problem Leonardos bei seinem Entschluß, sich schriftstellerisch zu betätigen. Von ihm selbst stammt die Feststellung, daß er »ohne Bildung« war, das heißt keine Lateinkenntnisse besaß und »die Autoren« nicht lesen und zitieren konnte. Ihm wurde bewußt, daß seine Muttersprache, der florentinische

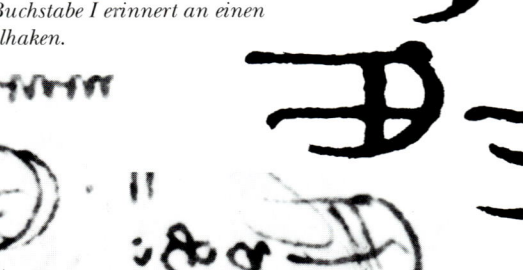

Dialekt, und die technische Sprache der Kunstwerkstätten ihm eine Terminologie boten, mit der er zwar die sichtbaren und greifbaren Gegenstände der Welt beschreiben konnte, der es jedoch an abstrakten Substantiven, Adjektiven, Adverbien und Verben fehlte, an Ausdrücken also, die nur den Gebildeten bekannt waren oder die sie von den entsprechenden Ausdrücken der lateinischen Sprache ableiteten. Um diesem Mangel abzuhelfen, trug er derartige Worte aus

68/1
Der Buchstabe I erinnert an einen Angelhaken.

68/2
Ornamentale Variationen des Buchstabens E.

68/3
Oben: Wie Fahnen im Wind schweben die Enden des Buchstabens l über dem Satz.

68/4
Unten: Ein einfaches I und die Schleife eines l bilden den Artikel »il«.

68/5
Links und oben: Der Buchstabe Q mit langem Querstrich.

68/6
Links: Sein Kürzel für die Silbe »per«.

68/7
Rechts: Eine Studie über das Gleichgewicht an den Armen einer Waage.

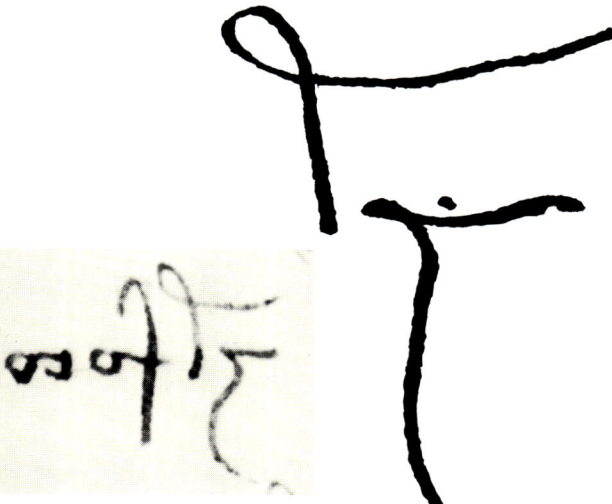

68/8
Unten: Ein Beweis in der Geometrie.

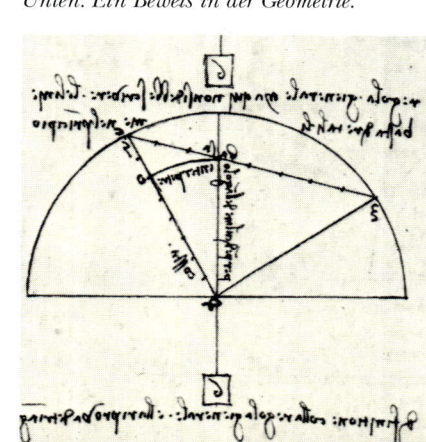

68/9
Oben: Dekorative Schlaufen an den Unterlängen von Kleinbuchstaben.

68/10
Links: Drei Varianten des Kürzels für die Silbe »di«.

68/11
Links: Eine Darstellung von Zahlenverhältnissen.

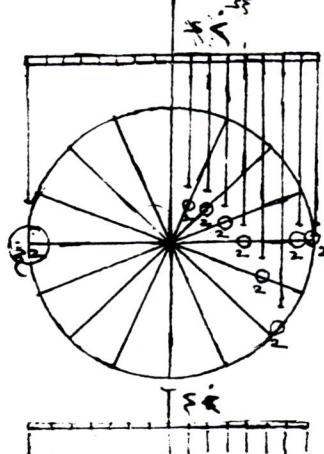

Grammatiken und Wörterbüchern[24] oder aus gelesenen Büchern zusammen. Zu diesem Zeitpunkt war er bereits 40 Jahre alt. Später beschloß er, selbst die lateinische Sprache zu erlernen.[25] Er verfügte über alle dafür erforderlichen Bücher, doch gibt es keine Beweise dafür, daß er sie voll zu nutzen verstand. Die Notizen über sein Studium der »Regeln des Perotto«, die in den Manuskripten H und I enthalten sind, verraten Unsicherheit und nur elementare Kenntnisse.

69/1 und 2

Auf vielen von Leonardo beschriebenen Blättern befinden sich Abschriften oder Zusammenfassungen von Büchern, die er gelesen hat. Sie dienten ihm dazu, den Inhalt zu erlernen oder die aufgezeichneten Gedanken später weiterzuentwickeln. Auf Fol. 48v des

69/1

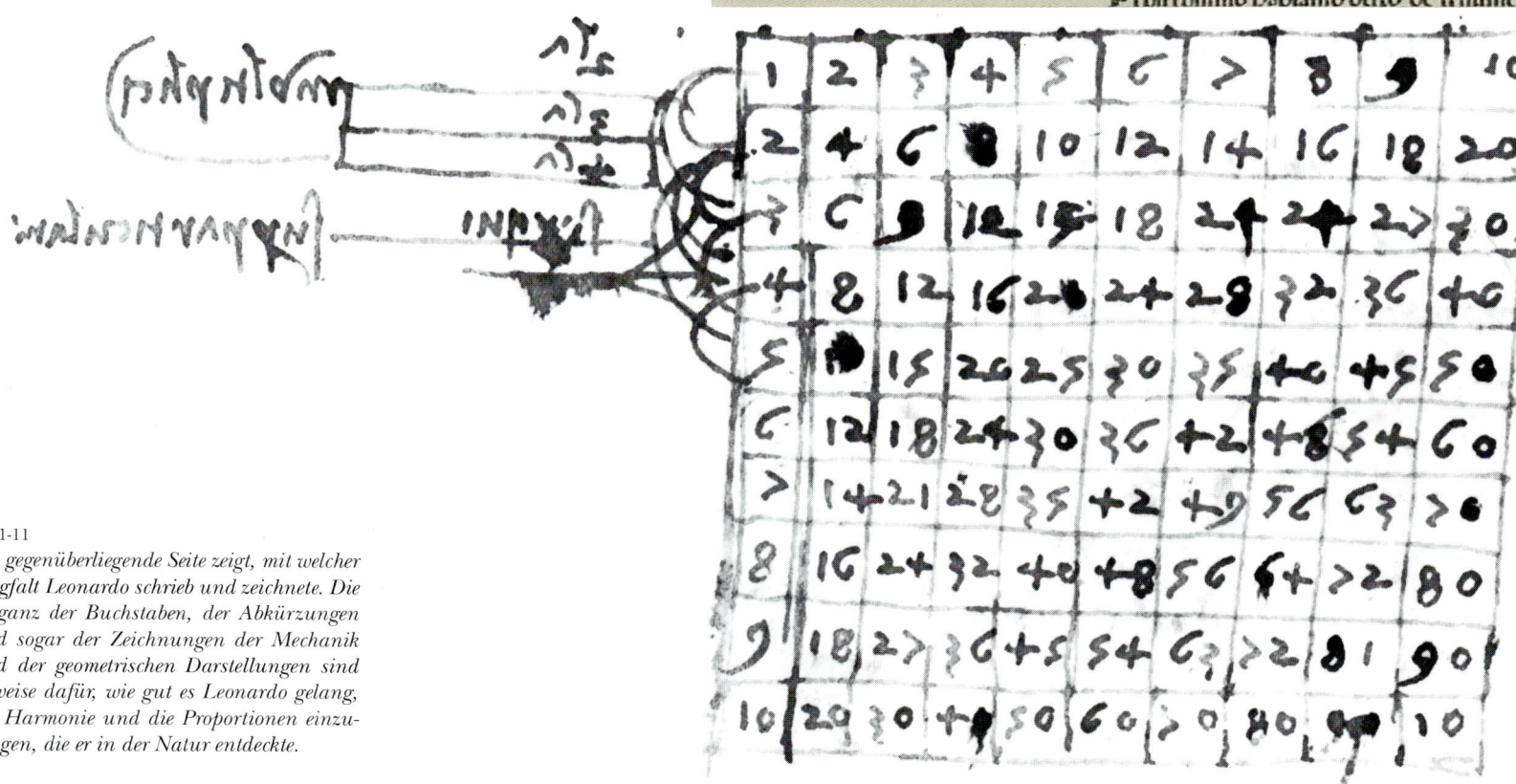

69/2

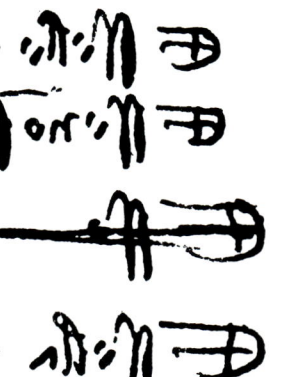

68/1-11
Die gegenüberliegende Seite zeigt, mit welcher Sorgfalt Leonardo schrieb und zeichnete. Die Eleganz der Buchstaben, der Abkürzungen und sogar der Zeichnungen der Mechanik und der geometrischen Darstellungen sind Beweise dafür, wie gut es Leonardo gelang, die Harmonie und die Proportionen einzufangen, die er in der Natur entdeckte.

Codex Madrid II kopierte er aus der Summa Arithmetica *von Pacioli die Multiplikationstabelle (bei der letzten Zahl fehlt eine Null). Als Fortführung und Zusammenfassung der Gedanken Paciolis verbindet er mit einigen Strichen die verschiedenen Zahlen in den Kästchen und gibt den einzelnen Gruppen eine Bezeichnung (die oberste lautet »Multiples«).*

Nichts berechtigt zu der Annahme, daß er in den folgenden Jahren ein höheres Niveau erreicht hat. Auch im Bereich der Mathematik war seine Ausbildung in der Jugend eher lückenhaft gewesen. Er war nie ein guter Rechner und hatte selbst hinsichtlich der mathematischen Grundbegriffe große Lücken. Eine Zeit lang teilte er die Zweifel vieler Laien an der Richtigkeit bestimmter Grundregeln.[26]
Pacioli [70/1] schreibt, er habe von 1496 bis 1499 gemeinsam mit Leonardo im Dienst von Lodovico il Moro gestanden und sei auch in den folgenden Jahren sein Gefährte gewesen. Er berichtet weiter, Leonardo habe 1498 einige Bücher geschrieben oder wäre gerade dabei, sie zu schreiben, und habe die »wunderbaren Zeichnungen zu den fünf regelmäßigen Körpern« entworfen. Für diese Arbeit mußte Leonardo die mit der Konstruktion der regelmäßigen Vielecke und allgemein die mit der Theorie der Proportionen zusammenhängenden Probleme kennen. Bezeichnenderweise wird in seinen Manuskripten ab 1496 der Geometrie mehr Platz geschenkt. In den Manuskripten M und I, die zwischen 1496 und 1499 entstanden, betreffen etwa 100 Seiten das Studium der ersten Bücher und einiger Teile des Buches X der *Elemente* von Euklid. Ursache hierfür waren mit Sicherheit der Kontakt mit Pacioli und Leonardos Arbeit an der Illustration von *De Divina Proportione* [70/2-71/5]. Die Aufzeichnungen in den

Leonardos Interesse an der Geometrie und der Wissenschaft der Proportionen wurde durch den Franziskanermönch und Mathematiker Luca Pacioli (oben links) geweckt oder zumindest verstärkt. Pacioli ist auch der erste Gelehrte, der Leonardo als Verfasser eines Buches vorstellte. In der Einführung zu seinem Buch De Divina Proportione, für das

70/1

Leonardo die fünf »regelmäßigen Körper« zeichnete, lobt Pacioli den Autor dieser Zeichnungen und des »achtbaren Buches über die Malerei und die menschlichen Bewegungen« — ein Buch, das leider verloren ging.

Pacioli schreibt, daß die dreidimensionalen Zeichnungen in De Divina Proportione von der »erhabenen linken Hand« des großen Leonardo stammen. Unter den Zeichnungen der regelmäßigen Vielecke waren die fünf sogenannten »Platonischen Körper«. Es handelt sich um fünf Polyeder, die laut Platon die Form der fünf Elemente definieren: das Tetraeder — Feuer, der Würfel — Erde, der Oktaeder — Luft, der Ikosaeder — Wasser und der Dodekaeder — Äther. Leonardo zeichnete sie in allen ihren perspektivischen Varianten. Die abstrakte Perfektion dieser Formen übte eine große Anziehungskraft auf ihn aus. Im Jahre 1501 stand er dermaßen im Bann der Geometrie, daß er »sehr ungehalten gegenüber dem Pinsel« war, wie Pietro da Novellara schreibt. Die Geometrie war jedoch nicht sein einziges Interesse, sondern er beschäftigte sich gleichzeitig mit der Erforschung verschiedener wissenschaftlicher Probleme.

70/2

SEPTVAGINTA DVARVM BASIVM VACVVM

LXXXXIIII

TETRACEDRON ELEVA
TVS VACVVS.

DVODECEDRON ELEVA
TVS VACVVS.

LXXXXVI

EXACEDRON ABSCISVS
VACVVS.

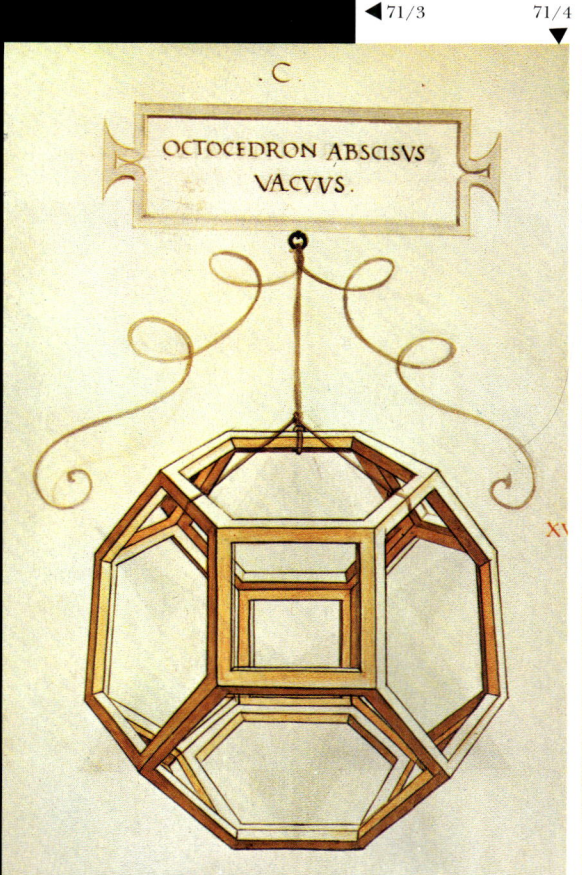

. C .

OCTOCEDRON ABSCISVS
VACVVS.

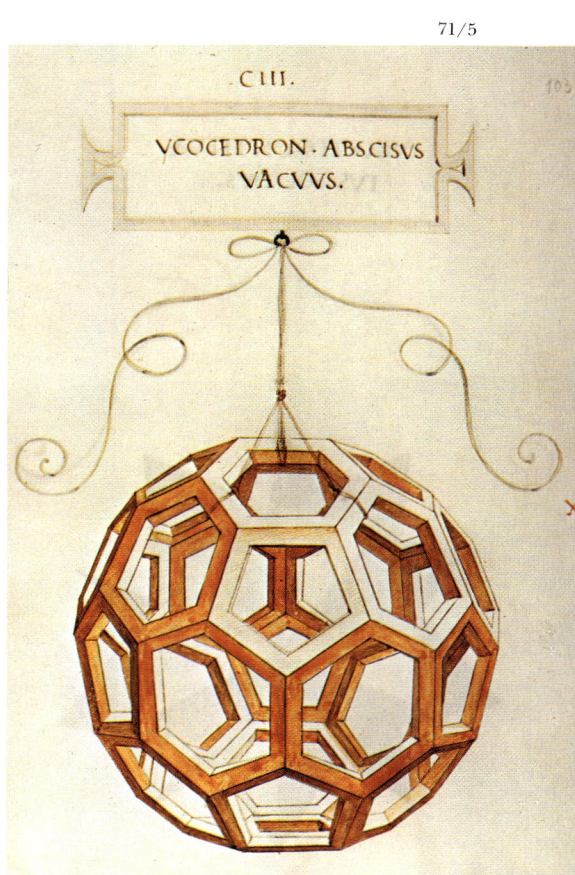

. CIII .

VCOCEDRON · ABSCISVS
VACVVS.

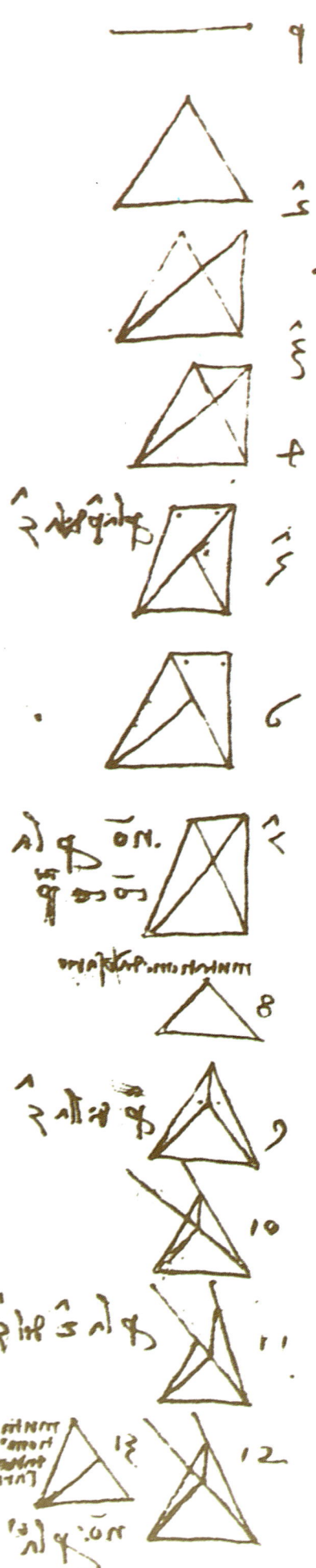

72/1

Die Elemente *von Euklid spielten bei Leonardos Beschäftigung mit der Geometrie ebenfalls eine wichtige Rolle. Seine Manuskripte zeigen, daß er sich ungefähr acht Jahre lang mit dem Studium dieses grundlegenden Textes befaßt hat. Wie seine Abschriften aus dem Werk Euklids erkennen lassen, übersetzte er nicht wörtlich aus dem Latein, sondern setzte jeden Lehrsatz in eine Reihe von Zeichnungen um.*

Die Skizzen links (Atlanticus 177v-d) illustrieren in 13 von Leonardo numerierten Figuren Schritt für Schritt den Lehrsatz I-7. Die Zahlen sind zum Teil spiegelverkehrt, zum Teil in üblicher Weise geschrieben. Die Demonstration Euklids diente zur Widerlegung zweier Hypothesen. Leonardo kennzeichnete den Übergang von der ersten zur zweiten Hypothese bei Figur 8 mit der Bemerkung »Wechsel des Gegners«.

Manuskripten M und I haben eine merkwürdige Form, denn Leonardo transkribiert nirgends den lateinischen Text seiner Vorlage, sondern zeichnet nur einige geometrische Figuren und schreibt häufig an den oberen Rand oder neben die Zeichnung die Zahl des entsprechenden euklidischen Satzes, oder faßt in wenigen Worten seine Gedanken fragmentarisch zusammen. Dies deutet darauf hin, daß er die Aufzeichnungen nur für sich selbst gemacht hat. Da sich im gleichen Manuskript auch Notizen Leonardos über sein Grundstudium der lateinischen Sprache befinden, müssen wir uns fragen, wie er überhaupt in der Lage sein konnte, das schwierige Latein des Campano, des Übersetzers und Kommentators Euklids, zu lesen und zu verstehen. Daß Leonardo die lateinische Ausgabe Campanos benutzt hat, ist durch die genaue Entsprechung der Zeichnungen gesichert und wird auch durch einige vielsagende lateinische Worte, wie *conclusio* oder *proportio*[27], belegt. Zweifellos hat er zur Überwindung der sprachlichen Barrieren einen Experten hinzugezogen. Vermutlich hat es sich um seinen Freund, Inspiratoren und Lehrer Luca Pacioli gehandelt. Pacioli wird Leonardo eine Zusammenfassung der euklidischen Sätze gegeben haben, die dieser in wenigen Zeichnungen wiedergegeben hat. Auch in den ersten beiden Teilen des Manuskripts K von 1504 sind viele Seiten dem Studium anderer Bücher der *Elemente* gewidmet, und in einer Gruppe von Folios des Codex Atlanticus [72/1-73/1] scheint er sie in einer mehr organischen und vollständigen Form zusammengetragen zu haben.[28]

Daraus ergibt sich die wichtige Schlußfolgerung, daß Leonardo erst zwischen 1496 und 1504 das Werk Euklids kennenlernte und studierte. Mit anderen Worten, im Alter von circa 50 Jahren lernte er noch Latein und Mathematik. Während es keinen Hinweis auf die Fortführung seiner Lateinstudien gibt, wurde die Geometrie für den Rest seines Lebens zu einer wahren Leidenschaft. Er beschäftigte sich intensiv mit der Verdoppelung des Kubus, wobei er verschiedene, offenkundig absurde Lösungen durchprobierte. Im Codex Madrid II[29] erscheint ohne weitere Erläuterung eine Zeichnung mit der von Giorgio Valla überlieferten Lösung der antiken Wissenschaftler.[30] Leonardo kritisierte wiederholt die antike Lösung, bis es ihm gelang, sie durch eine kleine Entdeckung[31] zu perfektionieren. Er war sehr stolz auf diese Entdeckung, die jedoch bis heute unbeachtet blieb.

Nicht gleichermaßen berechtigt war sein Stolz darauf, Archimedes in der Lösung des Problems der Quadratur des Kreises übertroffen zu haben. Die Lösung, die ihm in der St. Andreas-Nacht des Jahres 1504 durch den Kopf schoß, geht von zwei Kreisen aus, deren Oberflächen in einem Verhältnis von 1 : 1 000 000 stehen. Der kleinere Kreis entspricht dann einem Abschnitt des größeren Kreises und ist der millionste Teil desselben. Dieser Abschnitt hat praktisch die Form eines Dreiecks, weil der ihn abschließende Bogen sehr klein und — wie Leonardo sagt — »fast gerade« ist. Mit anderen Worten, während Archimedes den Kreisumfang in 96 Teile teilte, unterteilte ihn Leonardo in eine Million Teile, so als würde er ein Polygon mit einer Million Seiten konstruieren. Während Archimedes jedoch aus seiner Beweisführung zu einem Verhältnis von 22 : 7 gelangte, das für die Berechnung des Kreisumfangs tatsächlich sehr brauchbar ist, beschränkte sich Leonardo auf die Behauptung, ein Kreis sei mit einem Abschnitt eines anderen Kreises äquivalent, ohne irgend eine Messung vorzunehmen. Von Leonardo stammen die Worte, die Quadratur des Archimedes sei »gut gesagt und schlecht bewiesen«. Doch seine eigene war nur gesagt und gar nicht bewiesen.

Nachdem sich Leonardo ungefähr acht Jahre lang intensiv mit Euklid und Archimedes befaßt hatte, ging er seine eigenen Wege. 1505 verfaßte er den Codex Forster I, in dem er sich mit der Umwandlung einer Fläche in eine andere und mit der Umwandlung eines Körpers in einen äquivalenten anderen Körper beschäftigte. Einen Teil des Codex Madrid II und Hunderte von Folios des Codex Atlanticus [74/1-75/1, 78/1] füllte er mit Studien über die Umwandlung von kurvenlinigen in geradlinige Flächen. Bei den kurvenlinigen Flächen handelt es sich um Dreiecke mit drei gekrümmten Seiten, um »Sicheln« mit einer oder zwei gekrümmten Seiten und um Kreissegmente oder »Portionen«, die durch die Seiten eines in einen Kreis eingeschriebenen Polygons und den Kreisumfang definiert werden. Wiederholt erklärte Leonardo seine Absicht, die Schlußfolgerungen aus seinen Studien in einer oder mehreren Abhandlungen zusammenzufassen, deren Titel folgendermaßen lauten sollten: »*Scientia de equiparantia*«, »*Libro de equatione*« oder »*De ludo geometrico*«. In wissenschaftlicher Hinsicht sind seine Ergebnisse unbedeutend, doch man darf nicht meinen, Leonardo habe die letzten 15 Jahre seines Lebens mit einer banalen Arbeit verbracht. Die Figuren, auf die er zuletzt am häufigsten zurückkehrte, sind in einen Kreis eingezeichnete kurvenlinige Sterne, die oft komplexe und harmonische Muster bilden. Die Konstruktion dieser Figuren geschah nach einer konstanten mathematischen Regel, die dazu diente, eine oder mehrere Flächen »ins Unendliche zu variieren«, wobei die Quantität unverändert blieb.[32]

Das Prinzip der Proportionen hat stets das Denken Leonardos beherrscht. Auch beim Studium von Pacioli und Euklid hat die Theorie der Proportionen stets eine wichtige Rolle gespielt. Jetzt findet er an der Aufstellung infiniter geometrischer »Gleichungen« den gleichen Gefallen wie ein Mathematiker an der Entwicklung algebraischer Gleichungen. Denken wir uns ein Quadrat, das in einen Kreis eingezeichnet wird. Die Segmente oder »Portionen«, die außerhalb des Quadrates liegen, werden paarweise an den geraden Seiten zusammengefügt. Es entstehen zwei »Bisangoli«, das heißt zweiwinkelige Figuren von der Form eines Blattes. Legt man diese in den Kreis, so kann man ihn in Flächen aufteilen; einmal in die Fläche zwischen dem Kreisumfang und dem Umriß der »Bisangoli«, die nun kein Quadrat mehr ist, aber noch den gleichen Flächeninhalt hat, und zum anderen in die zwei »Blätter«, die den vier Kreissegmenten entsprechen. Wenn wir statt des Quadrats ein Sechseck einzeichnen, entstehen sechs Segmente, die wir zu drei »Bisangoli« zusammenfügen können. Diese Unterteilung läßt sich bis zu Hunderten von »Bisangoli« fortführen, die alle die gleiche Form haben. Leonardo zählte bis zu 580 von ihnen. Jede kleine zweiwinkelige Figur ähnelt dem Blatt einer »Rosette« oder dem »Zacken« eines kurvenlinigen Sterns. Die Gesamtheit dieser Sterne oder »Rosetten« in dem Kreis bilden ein feines regelmäßiges Gefüge von ausgefüllten und leeren Flächen, in dem die ausgefüllten Flächen immer den sechs Kreissegmenten und die leeren Flächen dem Inneren des eingezeichneten Sechsecks entsprechen. Diese Zeichnungen haben einen großen ästhetischen Reiz. Sie bilden den Endpunkt von Leonardos geometrischen Forschungen und bedeuten eine Rückkehr zu seiner künstlerischen Konzeption: Er sah im Aufbau der natürlichen Welt mathematische »Notwendigkeit, Schranke und ewige Regel« walten, die alles dem Gesetz der Proportionen unterwirft. Was macht die Natur anderes, als ihre Formen innerhalb einer beschränkten und unveränderlichen Menge an Materie zu variieren? Im Spiel mit den mathematischen Gesetzen der Proportion und der Proportionalität variiert Leonardo die Formen einer quantitativ unveränderlichen Fläche ins Unendliche. Das bedeutet der Titel *Libro de equatione*. Auch die unerschöpflichen Formen der Natur sind nichts anderes als unendliche Variationen einer Grundgleichung. Die Form wird hier als Funktion betrachtet. Diese Sichtweise ist eine der wissenschaftlichen Errungenschaften der Renaissance. An ihrer Umsetzung arbeiteten gemeinsam die Künstler und die Naturphilosophen, die Erfinder der Perspektive und die Experimentator-Ingenieure, Luca Pacioli und Leonardo. Sie ist das Ergebnis von geometrischen Forschungen, die mit der gemeinschaftlichen Arbeit der beiden an der Abhandlung *De Divina Proportione* begann und über lange Jahre nur von dem Künstler mit dürftigen Mitteln weitergeführt wurde. An ihrem Ende stand nicht die Definition eines wissenschaftlichen Gesetzes, sondern eine Reihe von Zeichnungen, die das Ergebnis in die Praxis umsetzen.

Diese neue Auslegung der Bemühungen Leonardos um das Erlernen von Latein und Mathematik erleichtert die Beantwortung einiger Fragen, die in der Vergangenheit nur Ratlosigkeit hervorgerufen haben. War Leonardo mehr Künstler oder mehr Wissenschaftler? Ist er der Erfinder der experimentellen Methode? Hat er wirklich die italienische wissenschaftliche Prosa geschaffen? Zweifellos war er ein großer Künstler, und die Renaissance-Künstler haben einen großen Beitrag zur Wissenschaft geleistet. Durch die Entdeckung der Perspektive, durch die Konzeption eines durch die geometrische Projektion von Lichtstrahlen aufgeteilten und zusammengehaltenen Raumes, durch die Verwendung der Zeichnung als perfektes Instrument wissenschaftlicher Beweisführung, durch das Begreifen von Kunst und Schönheit als mathematische Proportion oder harmonische Einheit der Teile, erfuhr das wissenschaftliche Denken eine entscheidende Wende und wurde in eine neue Richtung gelenkt. Die Künstler waren von der Welt gültiger Wissenschaft nicht isoliert. Zwischen den Meistern der freien Künste — der artes liberales — und denen der mechanischen Künste, zwischen dem abstrakten Denken und den praktischen Anwendungen im Bereich der

Leonardo beschäftigte sich mit einer Reihe von geometrischen Problemen, die seit der Antike die Mathematiker nicht losgelassen hatten. Hier, auf Codex Atlanticus 58 r-a, versucht er, die Lösung für das Problem der Verdoppelung des Würfels zu finden. Die Kantenlänge seines Würfels beträgt 4 Ellen, der Rauminhalt also 64 Kubikellen. Wie lang ist dann die Kante eines doppelt so großen Würfels, oder was ist die Kubikwurzel

73/1

aus 128? Leonardos Antwort ist eher die eines Ingenieurs als die eines Mathematikers: »5 und ein gewisser unsagbarer Bruchteil, der leicht auszuführen, jedoch schwer auszudrücken ist.«

manuellen Arbeit fehlte es nicht an Kontakten. Toscanelli und Manetti haben Brunelleschi beeinflußt. L. B. Alberti verfügte über Erfahrungen in der literarischen und in der handwerklichen Arbeit. Leonardo und Luca Pacioli arbeiteten mehrere Jahre zusammen; wie wir gesehen haben, war für ihn der Einfluß von Pacioli entscheidend. Dennoch bestand zwischen den beiden Gruppen ein sozialer und hierarchischer Konflikt, auch wenn niemand das Primat der freien Künste als Verwahrer der wahren Wissenschaft je in Zweifel gestellt hat. Wer sich entschieden gegen den Ausschluß der mechanischen Künste aus dem Gebiet der Wissenschaften, oder wie es damals hieß, der »Philosophie« wehrte, war Leonardo. Die Idee, einen Traktat über die Malerei zu schreiben, ist vielleicht aus einer

74/1 und 2 und 75/1

Eines der Probleme, das Leonardo am meisten faszinierte, war die sogenannte »Quadratur des Kreises«. 1504 glaubte er, eine Lösung gefunden zu haben. Von 1504 bis zu seinem Tod füllte er hunderte von Seiten mit Zeichnungen, um das Problem der Entsprechung von kurvenlinigen und geradlinigen Figu-

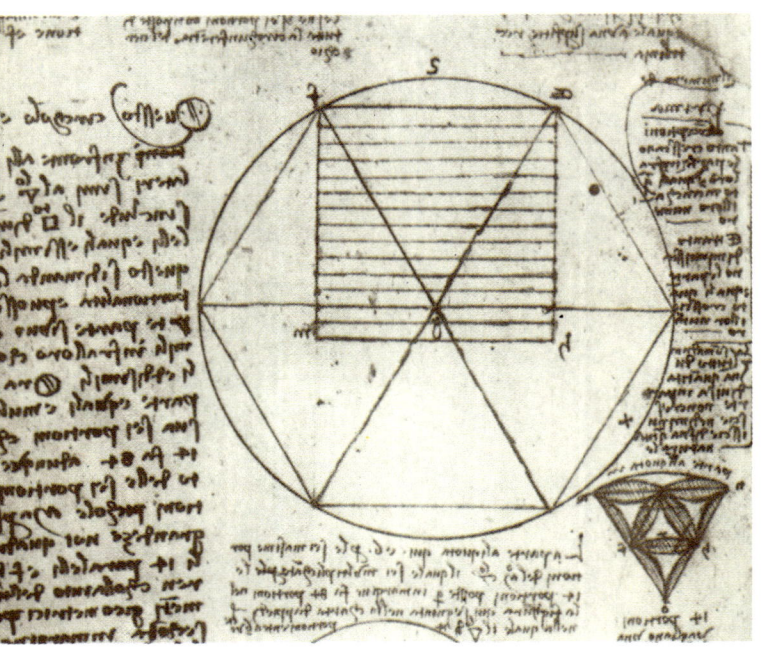

74/1

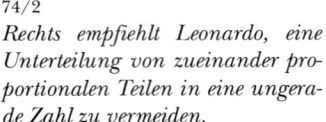

74/1

In der Zeichnung links zeigt Leonardo, wie ein Kreis in 14 gleiche Teile geteilt werden kann. Über eine Seite eines Sechsecks in einem Kreis konstruiert er ein Quadrat und unterteilt es in 14 Rechtecke. Eines dieser Rechtecke wird in ein Quadrat umgerechnet, in das seinerseits ein Kreis mit einem Sechseck eingezeichnet wird. Dieser neue Kreis, das Sechseck und die »Portionen« stehen im Verhältnis von 1 : 14 zum ursprünglichen Kreis, seinem Sechseck und den entsprechenden »Portionen«.

74/2

Rechts empfiehlt Leonardo, eine Unterteilung von zueinander proportionalen Teilen in eine ungerade Zahl zu vermeiden.

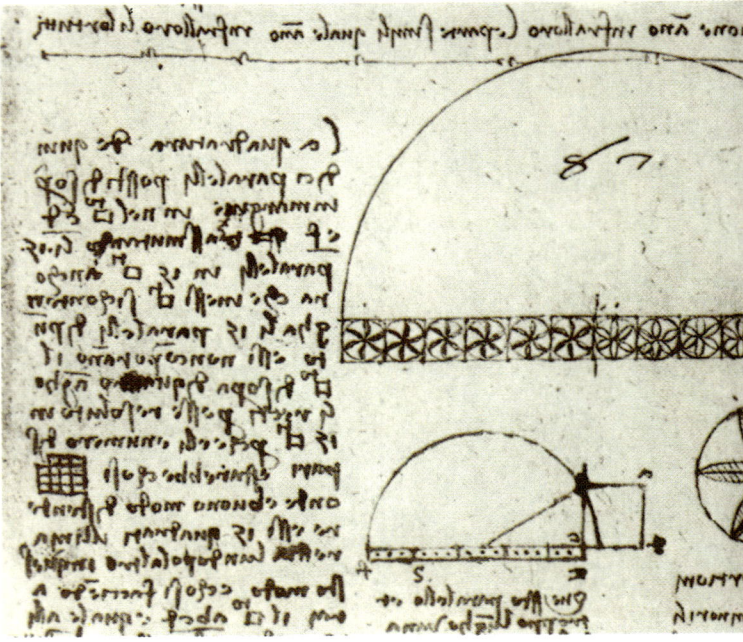

74/2

ren zu lösen. Während seiner letzten Lebensjahre widmete er sich einer Art intellektuellem Spiel, das sich mit diesen Problemen beschäftigte. Er brachte damit der Wissenschaft der Geometrie keinen eigentlichen Gewinn, doch er schuf — wie diese Zeichnungen des Codex Atlanticus zeigen — eine Reihe komplexer und schöner Zeichnungen. Er begann damit, ein Sechseck in einen Kreis einzuzeichnen, wobei zwischen Kreisumfang und Sechseck sechs Kreissegmente entstehen, die er »Portionen« nennt. Jeweils zwei dieser Portionen vereint er, und es entstehen blattähnliche, zweiwinkelige »Bisangoli«. Aus der immer größer werdenden Zahl von Bisangoli läßt er komplizierte »Rosetten«-Muster entstehen. Bei all den unendlich vielen Variationen bleibt das relative Verhältnis von hellen zu dunklen Flächen stets unverändert. Für Leonardo war diese Übung mehr als nur ein Spiel oder ein geometrisches Problem. Wahrscheinlich erkannte er hierin ein mathematisches Gesetz, dem die gesamte Natur unterliegt, indem sie ihre wunderbaren Formen bei gleichbleibender Menge der Materie ins Unendliche variiert.

ATLANTICUS 111v-a, 106r-b, 110v-a

Diskussion mit Gelehrten und Philosophen über das Primat der freien Künste hervorgegangen. Francesco Melzi, der die polemische Diskussion Leonardos über das Primat der Malerei an den Anfang des *Traktates* stellt, beweist damit, daß er hier einen neuen Ansatz und eine revolutionäre Wende gesehen hat. Als erstes richtet sich Leonardos Polemik gegen die Poesie, das heißt, er stellt die Literatur unter Anklage. Durch die Anklage entschuldigt er sich, denn er gesteht sich seine Mängel zu. Der Maler ist ein »Unbelesener«, der nicht vollständig über die zeitgenössischen sprachlichen Mittel verfügt, er weiß, daß er »sich nicht gut ausdrücken kann« und somit nicht in der Lage ist, die großen Bücher der Menschheit zu lesen und zu zitieren. Doch der Maler liest und studiert täglich das göttliche Buch der Natur, er interpretiert und reproduziert unmittelbar das Wort des höchsten Meisters und Schöpfers, ohne auf andere Interpreten zurückzugreifen. Kein Dichter kann den Maler in der Darstellung der »Werke der Natur« und »der Schönheit der ganzen Welt« übertreffen, auch wenn er ihn in der Fähigkeit zur Wiedergabe der menschlichen Rede übertrifft. Doch »wieviel schwerer ist es, die Werke der Natur zu verstehen, als das Buch eines Dichters!«[33] Als zweites wendet er sich der Musik zu. Sie wird als geistige Wissenschaft betrachtet und daher zu den nicht-mechanischen oder freien Künsten gezählt, weil sie auf den Zahlen der harmonischen Proportionen aufbaut. Aber auch die Malerei ist eine geistige Wissenschaft, denn wie »die Musik und die Geometrie die Proportionen der kontinuierlichen und die Arithmetik die der diskontinuierlichen Quantitäten betrachtet«, so betrachtet die Malerei »alle kontinuierlichen Qualitäten und die Qualitäten der Proportionen von Licht und Schatten und Entfernungen in ihrer Perspektive«.[34] Die Rehabilitation der Malerei und ihre Umwandlung in eine geistige Wissenschaft ist aufgrund der Perspektive möglich, denn durch sie wurde die Zahl in die Maltechnik des Künstler eingeführt.

Doch das alles genügt nicht, um die hervorragende Stellung der Malerei zu beschreiben. Das Dasein der Menschen und der Dinge ist nicht in der synchronen Einheit des unbeweglichen Raumes fixiert. Es fließt im Strom der Zeit, und

75/1

Leonardo zeichnet zunächst ein Sechseck in einen Kreis ein. Um die sechs »Portionen« oder Kreissegmente außerhalb des Sechsecks in eine Vielzahl kleinerer Portionen zu teilen, empfiehlt Leonardo, daß diese Zahl immer ein Vielfaches von 6 sein soll. Daher erstellt er eine Tafel der ersten 50 Vielfachen von 6, die er in drei horizontalen Doppelreihen anord-

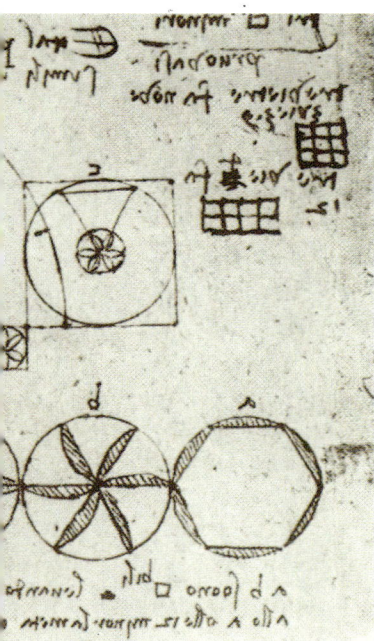

net: Die Zahlen 1 bis 50 stellen die freien Variablen oder das x dar; unter jeder dieser Zahlen erscheint das entsprechende Vielfache von sechs, also die abhängige Variable oder das y der Funktion. Die Tafel weist einen erstaunlichen Fehler auf. Nach der Zahl 198 (33 × 6) schreibt Leonardo statt 204 (34 × 6) versehentlich 104 und fährt mit 1 statt 2 fort. Die letzte Zahl (50 × 6) lautet daher 200! Unter der Zeichnung schreibt Leonardo, er habe den großen Kreis in sieben kleinere Kreise unterteilt. Jeder enthält 84 Portionen, insgesamt ergeben sich also 588 Portionen. »Sag mir die Zahl der Portionen, und ich sage dir ihre Größe.«

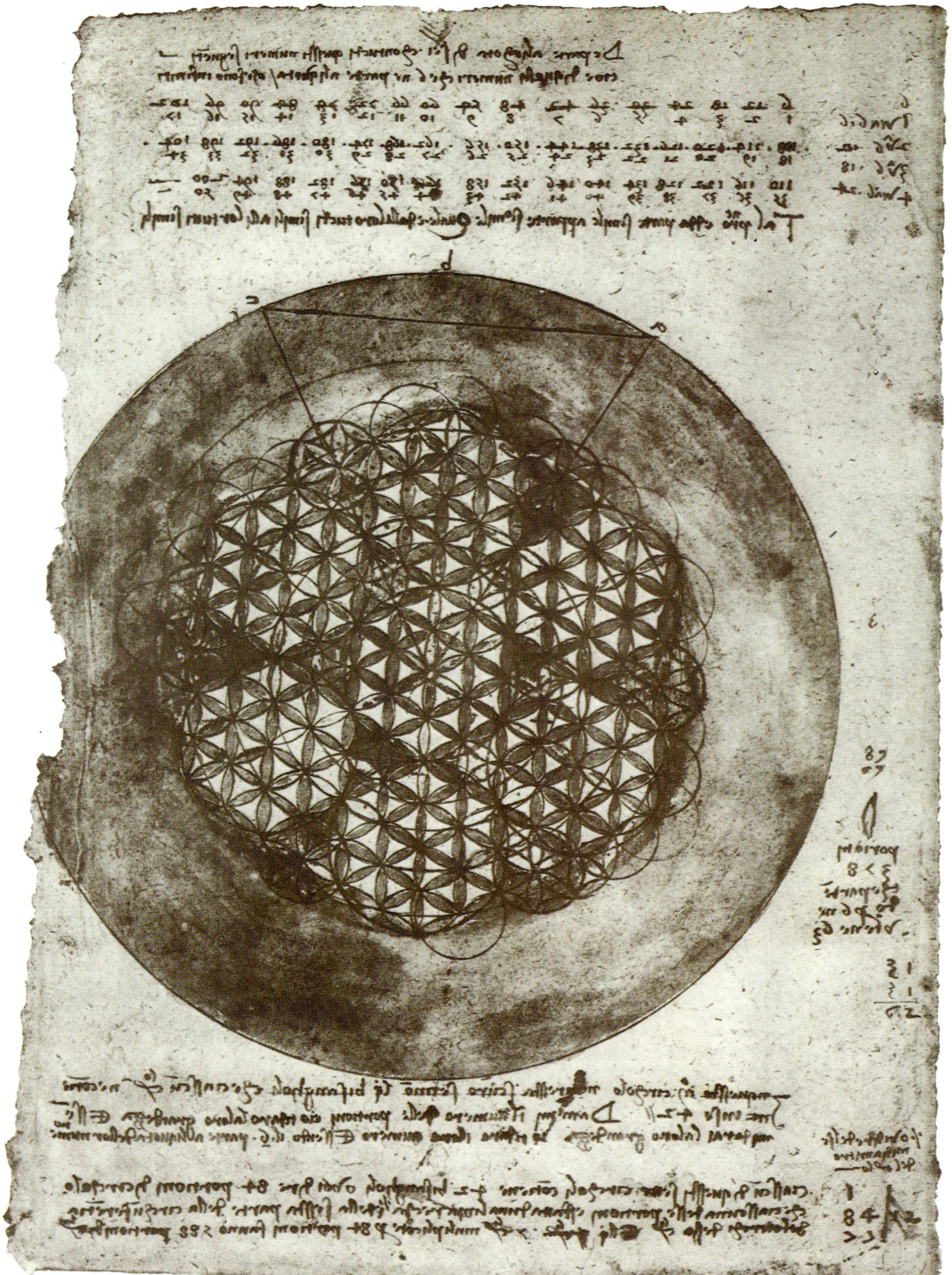

75/1

ständig ändern sich die Linien, Oberflächen und die Form der Gegenstände. Hierin könnte ein Schwachpunkt der Malerei gesehen werden, da sie »sich auf die Oberflächen, Farben und Figuren erstreckt«, während die »Philosophie in die Körper eindringt und sich mit deren Eigenschaften befaßt«.[35] Entsprechendes leistet die Perspektive des Malers, sie »erstreckt sich auf die Zunahme und

76/1 und 2 und 77/1

Im Codex Madrid I werden gewöhnliche Schriftblöcke zu Formen von komplexer Schönheit zusammengestellt. Hierin zeigt sich Leonardos Vorliebe für harmonische Proportionen. Um ihre außerordentliche graphische Qualität zu verdeutlichen, ist Folio 1v zweimal wiedergegeben — positiv und negativ. Links unten befindet sich ein Schema der

76/1

Seitenaufteilung. Leonardos Zusammenstellung der fragmentarischen Aufzeichnungen weist eine abstrakte subtile Harmonie auf, die an Bilder von Mondrian erinnert. Der Inhalt der Seite ist ohne Zusammenhang. In der obersten Zeile steht das Datum, »der erste Januar 1493«. Darunter befinden sich drei Schriftblöcke. Der erste beschäftigt sich mit dem Problem, wie man einen perfekten Kreis ohne Zirkel zeichnen kann. Die anderen beiden sind mit Titeln versehen und handeln von Zahnrädern. In dem langen Absatz unten links wird beschrieben, wie »poliertes Eisen hergestellt wird, das aussieht, als sei es mit blauen Flecken bemalt«. Derartige praktische Anleitungen kommen sehr häufig in den Manuskripten vor. Interessant für die italienischen Linguisten ist die Vokabelliste oben links (auch auf der gegenüberliegenden Seite wiedergegeben).

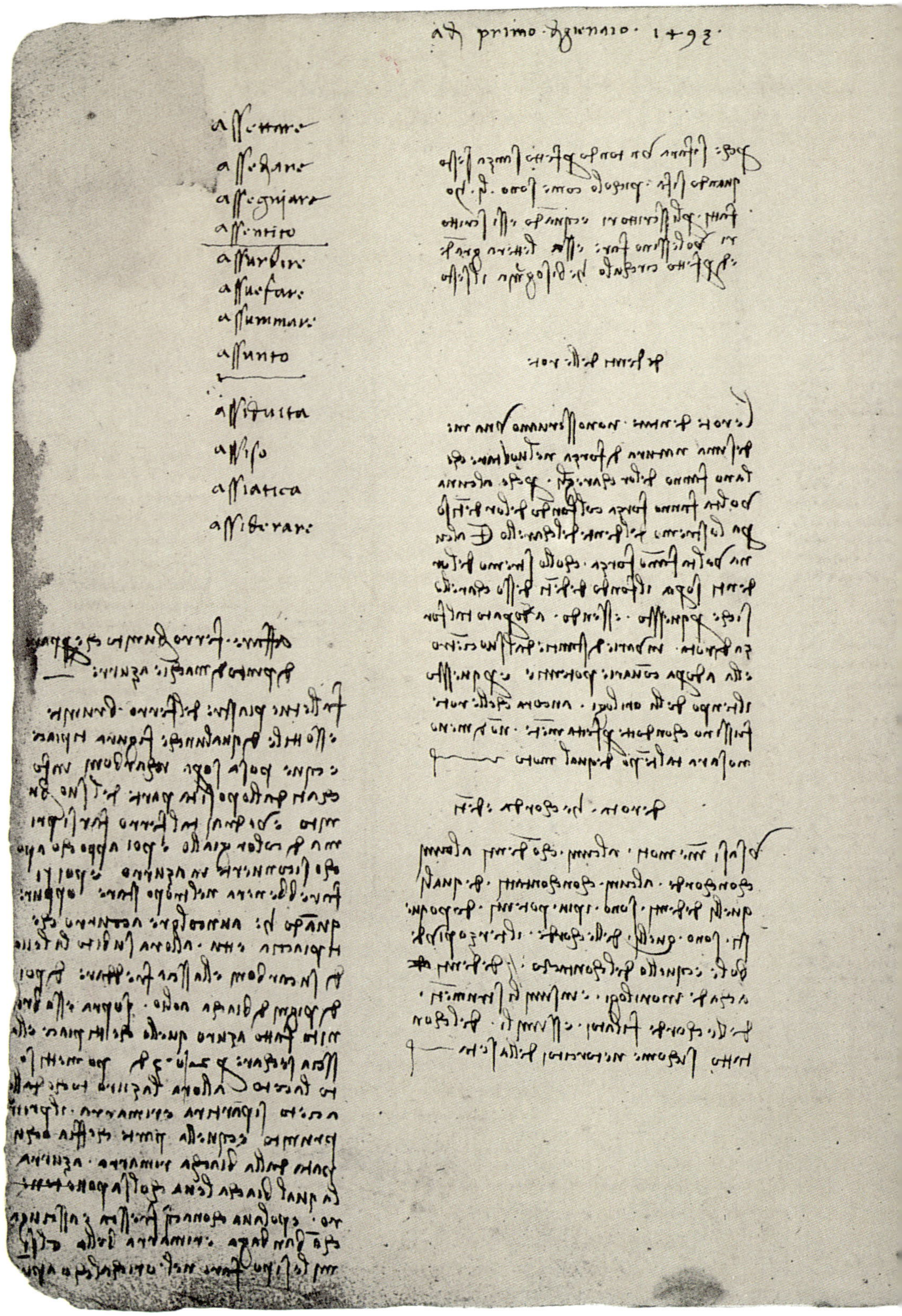

76/2

Abnahme der Körper und ihrer Farben. Also ist die Malerei Philosophie«. Doch Leonardo spürt, daß die Pyramiden der Lichtstrahlen, in die der Maler die Gegenstände stellt, indem er ihre Abmessungen nach der Entfernung abstuft, den Charakter von starrer Unbeweglichkeit haben. Sie umgeben die Körper von außen, während die Wissenschaft in sie eindringt, um ihre inneren »Eigenschaften« zu entdecken. Das Leben flutet in ihnen wie eine Welle, und aus ihrem Inneren strahlt die Wärme der inneren Energien. Marsilio Ficino, dessen Lehre Leonardo in seiner Jugend und während seiner Ausbildung in Florenz zumindest als Echo zu Ohren gekommen war, hatte die Definition der Schönheit als Harmonie oder »proportio« der Teile verworfen und sie stattdessen als *actus vivacitas et gratia quaedam in fluxu ipso refulgens* (»die Lebendigkeit und eine gewisse Anmut der Akte, die in ihrem Fließen selbst aufscheint«) definiert. Das hatte Leonardo im Sinn, wenn er mit Ficinos Worten überlegte, »die Malerei ist Philosophie, weil sie sich mit der Bewegung der Körper in der *Lebendigkeit ihrer Akte* befaßt«.[36]

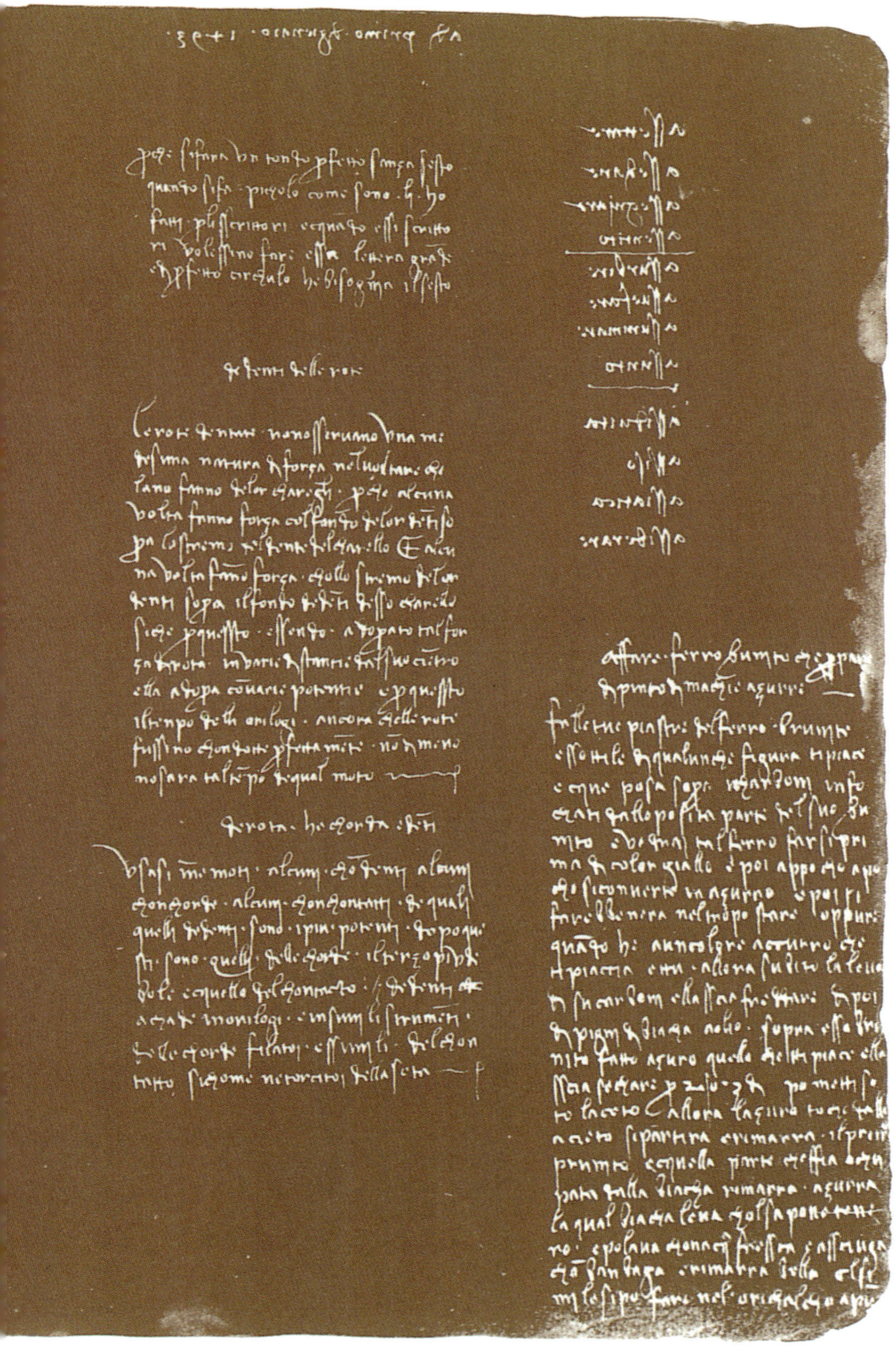

77/1

Leonardo verbindet das Erbe der Entdecker der Perspektive, die das Licht als den Ursprung des Sehens und damit des Wissens erkannten, mit den Einsichten der Erforscher der »spirituellen Eigenschaften« (das heißt der physischen Energien der Welt, Wärme, Kraft und Schwerkraft) als Prinzipien der Bewegung und des Lebens. Für ihn ist der Raum nicht ein einfacher Behälter, sondern ein von sichtbaren und unsichtbaren Kräften durchlaufenes Feld. Die Oberflächen beschränken sich nicht darauf, das Licht zu reflektieren, sondern lassen die inneren Spannungen der fühlenden und gefühllosen Wesen durchscheinen. Bevor er sich Euklid zuwandte, hatte sich Leonardo mit *De ponderibus* beschäftigt, wo es heißt, daß das Schwere »*appetit esse sub levi et leve supra grave quietare*« (»das Schwere strebt danach, unter dem Leichten zu sein, und das Leichte möchte über dem Schweren ruhen«). Von hier stammen von Leonardo häufig benutzte Wendungen, wie »jeder Gegenstand *strebt danach*, zu fallen«, »die Kraft *strebt stets danach*, schwächer zu werden und zu erlöschen« und »wenn das Gewicht zum Liegen kommt, *ruht* es dort«.

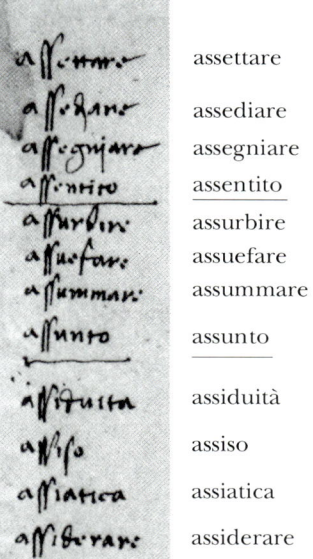

	assettare
	assediare
	assegniare
	assentito
	assurbire
	assuefare
	assummare
	assunto
	assiduità
	assiso
	assiatica
	assiderare

77/2

Diese Liste italienischer Wörter ist ein Beispiel für die autodidaktischen Bemühungen Leonardos. Ähnliche Listen von abstrakten Wörtern aus der Gelehrtensprache füllen 54 Seiten des Codex Trivulzianus. Er sammelte sie aus Grammatiken, Wörterbüchern und anderen Büchern und nannte sie »vocabuli Latini«, weil es zum Großteil Worte lateinischen Ursprungs waren. Später beschloß er, Latein zu lernen, um der Kritik zu begegnen: »Man wird sagen, daß ich aus mangelnder Bildung nicht zum Ausdruck bringen kann, was ich abhandeln will.«

Unten: Leonardos zwölf Kreise drücken eine mathematische Proportion aus — die Fläche der sechs weißen Sicheln entspricht der Hälfte des großen Kreises. ATLANTICUS 221 v-b 77/3

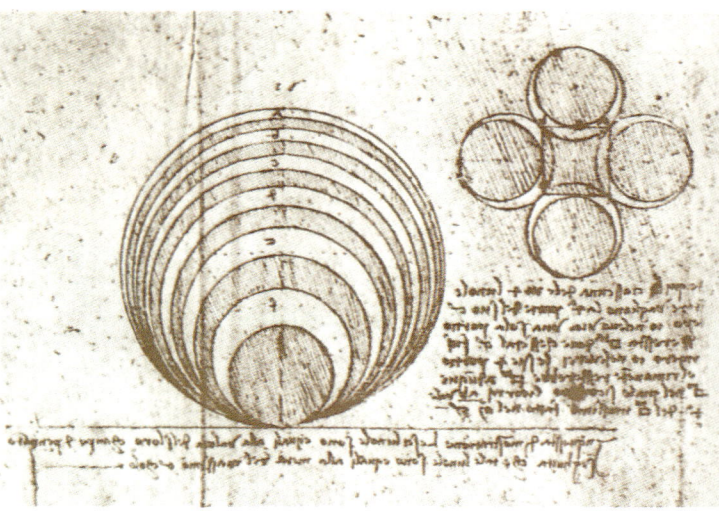

78/1

Folgende Doppelseite: Das abstrakte Spiel der Quadratur des Kreises läßt ganze Serien von Sicheln, »Bisangoli« und Rosetten entstehen, die wie eine Stickerei wirken.

ATLANTICUS 167 r-ab

An den Anfang des Trattato della pittura *stellte Francesco Melzi das Streitgespräch Leonardos über den Vorrang der Malerei gegenüber allen Künsten. Er richtet sich in erster Linie gegen die Dichtkunst und erzählt unter anderem folgende Geschichte:*

Am Geburtstag des Königs Matthias brachte ein Dichter ihm ein Werk, in dem er den Tag pries, an dem der König zum Wohle der Menschheit geboren war, und ein Maler schenkte ihm ein Bild seiner Liebsten. Der König schloß sofort das Buch des Dichters, wandte sich der Malerei zu und heftete auf diese voller Bewunderung den Blick. Da sagte der Dichter laut und empört: »Oh König, lies, und du wirst Dinge von größerer Bedeutung erfahren als von einer stummen Malerei.« Der König ärgerte sich über den Vorwurf, stumme Dinge zu bewundern, und sagte: »Oh Dichter, schweig, denn du weißt nicht was du sagst. Dieses Bild dient einem besseren Zweck, als dein Werk, das für Blinde gut ist. Gib mir etwas, das ich sehen und fühlen und das ich nicht nur hören kann und tadle nicht meine Wahl, daß ich dein Werk weglege und das des Malers mit beiden Händen vor meinen Augen halte, denn auch die Hände wollen einem edleren Sinn dienen als dem Gehör.«

Möglicherweise hat Leonardos Erzählung einen realen Kern. Der ungarische König Matthias war tatsächlich ein großer Förderer der Künste. Er war mit Lodovico Sforza befreundet, und dieser bat Leonardo, eine Madonna für König Matthias zu malen.

Leonardo beschränkte sich jedoch nicht darauf, die Malerei als Geisteswissenschaft den freien Künsten zuzuordnen. Er ging in seiner Polemik so weit, der traditionellen Wissenschaft ihre Gültigkeit abzusprechen und eine neue Art der Wissenschaft vorzuschlagen. Die Gegenüberstellung der Poesie und der Malerei führt zu einer Aufteilung der Wissenschaft in zwei Bereiche: »Die Poesie erweitert sich zur Moralphilosophie«, die Malerei »zur Naturphilosophie«[37]; »die Literatur stellt mit größerer Wahrheit die Worte dar«, und »die Malerei stellt mit größerer Wahrheit und Gewißheit dem Sinnesempfinden die Werke der Natur dar«.[38] Der Gegensatz besteht folglich zwischen Moralphilosophie und Naturphilosophie, die sich durch ihre Methodologie unterscheiden. Der Maler, der der Schule der mechanischen Künste entstammt, verfügt über die Methode der praktischen Erfahrung, die die Gültigkeit der übermittelten Normen überprüft. Die Moralphilosophie hingegen »beginnt und endet im Geist«, doch »in ihren mentalen Reden fehlt die Erfahrung, ohne die es keine Gewißheit gibt«.[39] Andererseits ist die Praxis allein unzureichend. »Es gibt keine Gewißheit dort, wo man nicht eine der mathematischen Wissenschaften anwenden kann«.[40] Nur die mathematischen Wissenschaften mit ihren geometrischen Beweisen und der Zahlenberechnung erlauben eine Einbindung der Erfahrung in eine mentale Rede, aus der die wahre Wissenschaft hervorgeht, oder besser die neue Wissenschaft, wie Leonardo sie konzipiert. Er überläßt den Gelehrten das Studium der metaphysischen Probleme und des Wesens der Dinge, höchst edle Gegenstände, die jedoch unerreichbar für die Erfahrung und daher Gegenstand unendlicher Dispute sind. »Wo geschrien wird, gibt es keine wahre Wissenschaft, denn die Wahrheit hat nur einen Ausdruck, nach dessen Bekanntgabe der Streit für alle Zeiten erlischt.«[41] Da die traditionellen Philosophen auf die Quelle der Gewißheit verzichten müssen, wie sie die experimentelle Überprüfung darstellt, flüchten sie sich zur Autorität der antiken Denker und beschränken sich oft darauf, deren Worte zu wiederholen, ohne Eigenes hinzuzufügen, sie sind »Trompeter und Aufsager der Werke anderer«.[42]

Leonardo lehnt das Prinzip der Autorität ab, verzichtet auf metaphysische Fragestellungen und verkündet die Geburt einer neuen Wissenschaft, die aus der Verbindung der Mathematik mit dem Experiment entsteht. Auch wenn es ihm nicht gelingt, die korrekten Regeln der experimentellen Methode präzise zu formulieren und anzuwenden, hat er doch deutlich erkannt, daß die Wissenschaft keine Fortschritte machen kann, ohne sich die Methode der verachteten mechanischen Künste anzueignen. Die manuelle Arbeit, die einstmals den Sklaven vorbehalten war, der direkte Kontakt mit der Materie, der als Hindernis bei der Reinheit der idealen Kontemplation galt, wird jetzt als Voraussetzung zur Erlangung der wissenschaftlichen Wahrheit vollkommen rehabilitiert.

Aus dem bisher Gesagten geht eindeutig hervor, daß Leonardo nicht mit dem traditionellen Wissenschaftler und Schriftsteller zu vergleichen ist. Die Frage ist sinnlos, ob er mehr Künstler oder mehr Wissenschaftler war oder ob er die italienische wissenschaftliche Prosa begründet hat. Auch die weit verbreitete Vorstellung von der »Universalität« Leonardos muß innerhalb genau zu bestimmender Grenzen neu definiert werden. Die Künstler des 15. Jahrhunderts waren in gewisser Hinsicht auch Wissenschaftler. Doch niemand war sich mehr als Leonardo bewußt, welchen revolutionären Charakter der Beitrag hatte, den die Schüler der Künstlerwerkstätten zum Fortschritt der Wissenschaften leisteten. Ghiberti hatte seine bescheidenen *Commentari* geschrieben, Francesco di Giorgio Martini, Piero della Francesca und vor allem Leon Battista Alberti hatten Abhandlungen über die Perspektive, die Malerei, die Architektur und andere Themen verfaßt. Doch nur Leonardo, der über eine geringere literarische und wissenschaftliche Bildung verfügte als Piero und Leon Battista, behandelte neben der Malerei so vielfältige Themenkreise wie die Mechanik, das Ingenieurwesen, die Anatomie und die Hydraulik und befaßte sich mit Problemen der Geologie, Kosmologie, Astronomie (die Größe der Sonne und die Entfernung der Sterne), der Botanik etc. Es spielt keine Rolle, ob er zur Lösung dieser Probleme stets die geeigneten Mittel verwendete und ob die Ergebnisse stets gelungen waren. Wichtig ist hingegen die Tatsache, daß er für das praktische Tun der Ingenieure eine rationale Theorie entwickeln wollte und mit so großer Sicherheit eine neue Vision des wissenschaftlichen Fortschritts dargelegt hat, die sich von den Autoritäten der Vergangenheit löst und die nur logische Kohärenz und experimentelle Beweise als Kriterien der Wahrheit und Gewißheit anerkennt.

Die Handschrift Leonardos spiegelt seinen Bildungsweg wider. Zu Beginn ähnelt seine Schrift der, die unter Notaren und Kaufleuten üblich war. Sie ist voller Schnörkel und Kurven. Die Feder verweilt bei der Verzierung der Worte und verwandelt manchmal ein Abkürzungszeichen (ein einfacher horizontaler Strich) in eine Reihe komplizierter Schnörkel, wie es unter den Kopisten eleganter Dokumente üblich war. Ich glaube, hier spielt die Erinnerung an die Notartätigkeit des Vaters eine Rolle. Auch in den reiferen Jahren wird seine Schrift nie schnell und flüssig. Die Buchstaben sind nicht untereinander verbunden, es sei denn durch horizontale Striche oder in gewissen Buchstabengruppen. Jeder Buchstabe scheint in das Papier eingeprägt zu sein, und wenn die Schrift besonders sorgfältig ist, wirkt sie wie in Stein gehauen.

Als Beispiel für diese »in Stein gehauene« Schrift möchte ich auf Folio 89v des Codex Madrid I verweisen. Die Schrift ist im Gegensatz zu der aus früherer Zeit sehr viel schlichter, doch der Hang zur Verzierung ist in den großen Initialbuchstaben (*Q, T*) deutlich erkennbar, in der starken Verlängerung der oberen Striche auf den ersten Zeilen der ersten beiden Abschnitte. Der Strich des Buchstabens *l* wurde zu einer horizontalen Linie verlängert, die sich über das gesamte darunterstehende Wort erstreckt. Der intensive Andruck der Feder verstärkt den Tintenfluß und damit auch den Kontrast von Schwarz auf Weiß oder auch das »Relief« der Schrift. Auf diesen »in Stein gehauenen« Seiten sind einige interessante Besonderheiten zu bemerken. Die Doppelkonsonanten *tt* werden vorzugsweise als *ct* geschrieben, nicht nur in »fructo«, sondern auch in »tucte« (= alles). Dies läßt darauf schließen, daß dieser Schreibweise nicht eine Anlehnung an die lateinische Wortform zugrundeliegt, sondern eine ästhetische Vorliebe für die Kombination *ct*. Besonders ausgiebig verwendet er außerdem den Punkt, mit dem er fast jedes Wort abgrenzt.

Zur perfekten graphischen Gestaltung gesellt sich auf diesen Seiten eine gewisse stilistische Spannung. Sie zeigt sich in einigen latinisierenden Stilelementen, wie der Umkehrung der üblichen Wortfolge und der Stellung des Verbs am Satzende. Diese Form der Schrift tritt hauptsächlich im Codex Madrid I auf. Nur sehr selten kommt sie im Codex Madrid II vor. Letzterer ist, wie bereits erwähnt, ein Schmierheft, in dem sich nebeneinander die sorgfältige Abschrift des in die Landessprache übertragenen Textes von Euklid[43], rasch hingeworfene Anmerkungen und mit Bleistift geschriebene und nur halb mit Tinte nachgezogene Rechenoperationen befinden.

Auch in literarischer und stilistischer Hinsicht unterscheiden sich die Schriften Leonardos in der Sorgfalt ihrer Anfertigung, je nachdem, zu welchem Zeitpunkt sie entstanden sind. Doch eines haben sie alle gemeinsam. Obwohl Leonardo zahlreiche Bücher plante und ihre Titel auf die oberste Zeile verschiedener Seiten gesetzt hat, läßt sich keine auch nur auszugsweise Niederschrift irgendeines Buches finden, die sich über eine größere Anzahl von Seiten organisch fortsetzt. Der Stil der Schriften Leonardos war sicherlich durch das handwerkliche Milieu beeinflußt, in dem er seine erste Ausbildung erhielt. Dort äußerte man sich zu einzelnen Fragen nicht in systematischen und zusammenhängenden Abhandlungen, sondern durch eine Reihe von Anweisungen, durch mehr oder weniger fragmentarische Regeln oder auch unmittelbar durch die manuelle Tätigkeit, die auf das Wort verzichten kann und sofort ein klares Resultat liefert. Selten erstreckt sich der Diskurs Leonardos über mehr als eine Seite, und sehr oft enthält eine einzige Seite zahlreiche Lehrsätze und Abschnitte zu unterschiedlichen oder verwandten Themen, die jedoch eindeutig voneinander getrennt sind. Leonardo verfügte nicht über die Fähigkeit, eine Frage in dem engen Rahmen von logischen Deduktionen und Induktionen abzuhandeln. Auch gelang es ihm nicht, schrittweise von einem Gedanken zu einem anderen überzugehen, um einen umfangreichen Gedankenkomplex zusammenzufassen und gleichzeitig den Leser angenehm zu unterhalten. Sein Stil ist apodiktisch, bestimmend und manchmal aggressiv.

Wenn er sich in der Erzählung von »Fabeln« versucht, strebt er deutlich literarischen Vorbildern nach. Er möchte das Satzgefüge erweitern und den Fluß der Sätze zu einer ruhigen und vergnüglichen Plauderei glätten. Doch nur wenige Fabeln sind länger als einige Dutzend Zeilen. Viele beschränken sich auf die Ankündigung des Themas, das dann nicht entwickelt wird. »Als der Adler die Eule verhöhnen wollte, blieb er mit den Flügeln auf Leimruten kleben, wurde von Menschen ergriffen und getötet.« — »Die Spinne, die Ruhe im Schlüsselloch

81/1-4
Viele Manuskripte und Zeichnungen Leonardos gelangten auf verschlungenen Wegen nach England. Im 19. Jahrhundert wurden die drei Codices Forster in Wien von Lord Lytton erworben. Er übergab sie John Forster, der sie 1876 dem Victoria and Albert Museum in London schenkte. Zwischen 1713 und 1717 erwarb Lord Leicester in Rom den später nach ihm benannten Codex. Im 19.

81/1
John Forster

81/2
Lord Leicester

81/3
Lord Arundel

81/4
Lord Ashburnham

Jahrhundert lieh Lord Ashburnham seinen Namen zwei Codices. Es handelte sich um einige Faszikel, die aus den Manuskripten A und B des Institut de France gestohlen worden waren. Der Verkäufer war Graf Guglielmo Libri. Lord Ashburnham gab die Manuskripte nach Paris zurück. Der erfolgreichste Sammler war Lord Arundel, der sich im 17. Jahrhundert intensiv der Suche nach den Manuskripten Leonardos widmete. Er versuchte vergebens, von dem Spanier Don Juan de Espina die beiden Madrider Codices zu erwerben. Wahrscheinlich auf seine Anregung hin das Königshaus die heutigen Blätter der Sammlung Windsor gekauft. Der heute im British Museum aufbewahrte Codex Arundel befand sich in seinem Besitz.

*Lord Ashburnham brachte auch eine Ab-
handlung von Francesco di Giorgio Martini
nach England, die mit Randbemerkungen
von Leonardos Hand versehen ist. Auf der
unten abgebildeten Seite hat Leonardo eine
hohe Welle skizziert und dazu bemerkt:*

**Die Welle des Meeres bricht auf und stürzt
vor ihrer Basis zusammen; und der Teil des
Wellenkamms wird zuunterst sein,
der vorher ganz oben war.**

*Die Abhandlung Martinis gehört zu den
bedeutendsten Werken der frühen Renaissance über die Zivil- und Militärarchitektur.
Leonardo zitiert häufig in seinen Notizbüchern aus diesem Werk. Möglicherweise
wurde er durch ihn angeregt, seinen Aufzeichnungen eine mehr systematische Form zu
geben, wie dies im Codex Madrid I geschieht.*

zu finden glaubte, fand den Tod«, etc. Wenn er dann versucht, das Satzgefüge
durch umfangreiche Einbindung von Nebensätzen zu erweitern, erstarren die
Sätze in der Wiederholung weniger monotoner und elementarer Schemata. Es
gelingt Leonardo nicht, dem Satzgefüge die gewünschte Glätte zu verleihen, und
seine Sätze bestätigen nur den eindeutig linearen Verlauf seines Diskurses.

Neben den Titeln und nicht ausgeführten Buchprojekten, neben Leonardos
Bemühungen, noch in fortgeschrittenem Alter Latein zu erlernen, den eigenen
Sprachschatz durch Latinismen zu erweitern und latinisierende Stilelemente zu
übernehmen, gibt es noch weitere Belege für Leonardos Bestreben, sich die
Darlegungsformen der Gelehrten anzueignen. Damals gehörten hierzu auf dem
Gebiet der wissenschaftlichen Untersuchung der Traktat, der Diskurs, der Dialog
und der Brief. Wir wissen, daß Leonardo lange Zeit an verschiedenen Traktaten
(über die Malerei, die Perspektive, die Anatomie, die Mechanik etc.) arbeitete.
Doch er versuchte sich auch am Diskurs, am Dialog, in der Disputation des »Pro«
und »Contra« eines Naturgesetzes.[44] Und während Forscher und Weltenbummler
wie sein florentinischer Freund Benedetto Dei die Erde durchstreiften und ihren
Freunden und Bekannten in Briefen von den gesehenen Neuigkeiten berichte-
ten, besuchte auch Leonardo in der Phantasie neue Länder und beschrieb sie in
phantasievollen Briefen an »Diodario di Soria«[45] und an seinen »lieben Benedetto Dei«.[46] Bei einer aufmerksamen Durchsicht dieser Versuche bemerkt man
schnell, daß es sich um unbedeutende und völlig zusammenhanglose Fragmente
handelt.

Die Schriften Leonardos zeichnen sich insgesamt durch ihren fragmentarischen
Charakter aus. Er ist eine Folge seiner Angewohnheit, eine plötzliche Idee, eine
Notiz rasch auf dem Papier festzuhalten, um sie später zu entwickeln. Nur kurze
Zeit bemüht er sich um den richtigen Ausdruck. Bei einigen Notizen macht er
sich noch nicht einmal die Mühe, dem Satz eine grammatikalisch richtige Form
zu verleihen. Ein deutliches Beispiel für Leonardos Schreibweise, die sich zuerst
mit einigen Einzelheiten befaßt und nicht die Gesamtkomposition im Auge
behält, ist ein Brief an Benedetto Dei, in dem er einen ungeheuerlichen und
phantastischen Giganten beschreibt. Die Erzählung folgt keinem fortlaufenden
Faden, und auf dem Blatt finden sich flüchtige Hinweise auf einige Einzelheiten,
die untereinander in keinem Zusammenhang stehen.

Das Nebeneinander von gewählter und improvisierter Sprache, von Latinismen
und Dialekt, das Fehlen von Kontinuität und Aufbau haben ihre Ursache auch
in der polemischen Haltung, die Leonardo gegenüber den Gelehrten einnimmt.
Unter den Künstler-Ingenieuren herrschte die Gewohnheit, sich mit Hilfe der
Zeichnung und der praktischen Tätigkeit statt mit weitläufigen Reden auszudrük-
ken. Für Leonardo ist die Zeichnung ein wissenschaftliches und veranschauli-
chendes Instrument, das dem Wort überlegen ist. »O Schriftsteller, welche
Buchstaben wirst du verwenden, um die Gesamtgestalt mit solcher Perfektion
wiederzugeben, wie dies die Zeichnung tut?«[47] Offensichtlich trifft dies nicht in
allen Wissenschaften zu, doch prägt dieser methodologische Ansatz das gesamte
Werk Leonardos und führt zu dem abwechselnden Einsatz des bildlichen und
des wörtlichen Diskurses. Die abschätzige Beurteilung und auch Unterbewertung
des wörtlichen Diskurses ist eine der Hauptursachen für die Zersplitterung seiner
Gedanken in Tausende unzusammenhängender Anmerkungen.

All das kann jedoch den Worten Leonardos nicht ihren Reiz nehmen. Doch nicht
allen Anmerkungen, die unter den unterschiedlichsten Umständen in die Manuskripte eingetragen wurden, ist diese Schönheit gleichermaßen zu eigen. Es
ist ein Glanz, der nur kurz in einem Wort, in einem Satz oder in wenigen Zeilen
aufleuchtet und trotzdem einen tiefen Eindruck bei dem Leser hinterläßt. »Das
Meer, tiefste Ebene der Welt und einziger Ruhepunkt für das wandernde Wasser
der Flüsse«.[48] Berühmt ist die Beschreibung der Sintflut in Windsor 12665. Auf
diesem Folio sind ohne Ordnung die dramatischen Ereignisse zusammengestellt,
die der Maler in der grandiosen Darstellung der universalen Katastrophe wiedergeben wollte.

Es besteht ein offensichtlicher Gegensatz zwischen der Einheitlichkeit und Tiefe
seines Gefühls (das nur in der malerischen Darstellung voll zum Ausdruck
kommt) und der Zusammenhanglosigkeit seiner Erzählweise. Es erstaunt daher
nicht, daß die von Leonardo unter dem Titel »Divisioni« verfaßte Kurzbeschrei-
bung sich in stilistischer Hinsicht auf eine bloße Wortliste reduziert. Sie ist befreit
von rhetorischen Hemmnissen, von störenden grammatikalischen Bindungen

und von allen Bemühungen um einen architektonischen Aufbau. Er vertraut ausschließlich auf die Wirkung einer inneren Rhythmik: »Finsternis, Wind, Seesturm, Blitze vom Himmel, Erdbeben und Einsturz der Berge, Einebnung von Städten«. In diesem veränderlichen musikalischen Rhythmus, der die Ausdrucksweise Leonardos in ihren schöneren Formen prägt, können wir die lyrische Komponente seines Charakters erkennen.

Obwohl er gewohnt war, sich in einer linearen, kurzen Wortfolge auszudrücken, deren Schema abstrakt als eine Folge fast gleichwertiger, geradliniger Segmente dargestellt werden kann, gibt es dennoch Augenblicke, in denen sich diese Segmente überlagern, als seien sie durch den Nachhall von Rhythmus und Klang zu Gedichtzeilen verbunden. »Se la cos amata è vile, l'amante si fa vile ... Quando l'amante è giunto all'amato, lí si riposa. — Quando il peso è posato, lí si riposa.« (»Wenn die geliebte Sache niedrig ist, wird auch der Liebende niedrig ... Wenn der Liebende das Geliebte erreicht hat, ruht er dort aus. — Wenn das Gewicht sich niedergelegt hat, ruht es dort.«) Hier ist die grammatikalische Struktur nur scheinbar zersplittert, da die Kürze der Sätze die Konzentration einer Energie darstellt, die alle Worte in einem Rhythmus verbindet. Er ist ein Mittel, durch das die Wahrheit eindringlich und feierlich verkündet wird. Die Vielfalt der Rhythmen ist sehr groß und reicht von der Lieblichkeit eines bangen und leichten Fließens, wie im folgenden Passus: »Beachte auf den Straßen, — wenn es Abend wird, — die Gesichter der Männer und Frauen, — bei schlechtem Wetter. — Wieviel Anmut und Lieblichkeit man auf ihnen sieht!«; bis zu den heftig hingeworfenen Definitionen der Kraft: »Trägheit macht sie groß und Schnelligkeit schwach — Sie lebt aus Gewalt und stirbt aus Freiheit — Sie verändert jeden Körper und zwingt ihn zur Änderung seiner Lage und Form. — Große Macht verleiht den Wunsch nach dem Tod — Sie verjagt voller Raserei alles, was sich ihrem Untergang widersetzt.« An diesen Stellen ist der eigentliche wissenschaftliche Gedanke nicht klar formuliert. Er wird durch die Schilderung von Bildern und Vorgängen ersetzt, die die konkrete Wirkung eines noch nicht deutlich erkannten wissenschaftlichen Prinzips darstellen. In diesen Augenblicken gewinnt der Dichter, der Künstler und der staunende Betrachter der wunderbaren Naturphänomene die Oberhand über den Mann der Wissenschaft.

Im Codex Madrid II verwandte Leonardo keine besondere Sorgfalt auf die äußere Form. In diesem Manuskript finden sich kaum Blätter mit schriftstellerisch reizvollen Äußerungen.

Auch der Codex Madrid I zeichnet sich in literarischer Hinsicht nicht durch besondere stilistische Vorzüge aus. Die Schrift ist sorgfältiger als sonst, es herrscht nicht die Hast wie in anderen Manuskripten, doch die Themen sind ausgesprochen technisch: Beschreibungen von Apparaten und Maschinenteilen. Nur in wenigen Anmerkungen geht es um andere Themen. Das Vorsatzblatt enthält einige Polemiken, zum Beispiel gegen diejenigen, die nach dem Perpetuum mobile suchen, und einige vertrauliche Bemerkungen, wie die Zweifel, die Leonardo anscheinend hinsichtlich der Verwirklichung der großen Reiterstatue des Sforza quälten: Die Aufstellung eines großen Bronzepferdes vermag im Kriegsfall die Habgier der Feinde zu wecken, die es in ihre Stadt mitnehmen könnten. Tatsächlich war Rom voll von großen Denkmälern, die aus den besiegten Städten verschleppt wurden. Und wenn man es aus Marmor von einer derartigen Größe und einem Gewicht herstellen würde, daß es nicht zu transportieren wäre, dann würde es möglicherweise zerstört, um »Mauerwerk und Kalk« daraus zu machen. Doch das Schicksal ist unausweichlich. »Mache wie du meinst, doch alles hat seinen Tod.« In diesen Worten liegt gleichsam eine Vorahnung der Vernichtung seines Meisterwerkes, das von feindlichen Soldaten weder aus Habgier noch zur Wiederverwendung des Materials zerstört wurde, sondern aus Spielerei. Damit erübrigt sich auch die letzte Frage, mit der der Abschnitt endet: Ist es richtig, daß das Kunstwerk dem Künstler höhere Ehre bringt als dem Auftraggeber? Dies ist natürlich, antwortet Leonardo. Doch sein Bronzepferd brachte ihm weder bei seinen Zeitgenossen, noch in der Nachwelt den verdienten Ruhm.

Ein interessanter Abschnitt ist die Erklärung, die Leonardo an den Leser richtet: »Lies mich, Leser, wenn ich dir Freude mache, denn sehr selten kehre ich in die Welt zurück. Denn die Geduld dieses Berufes findet sich bei wenigen, daß sie wieder von neuem ähnliche Dinge erfinden möchten. Und kommt, ihr Menschen, die Wunder zu sehen, die man bei solchen Studien in der Natur ent-

83/1 und 2
Die Leidenschaft Leonardos für die Geometrie ging so weit, daß er die Lösung einiger Fragestellungen mit der Angabe des Datums und sogar des genauen Augenblicks in seine Notizbücher eintrug. Auf Folio 112 r des Codex Madrid II erinnert er an den 30. November 1504:

In der Nacht des hl. Andreas fand ich das Ende der Quadratur des Kreises, als mein Licht, die Nacht und das Papier, auf das ich schrieb, zur Neige gingen. Am Ende der Stunde war es abgeschlossen.

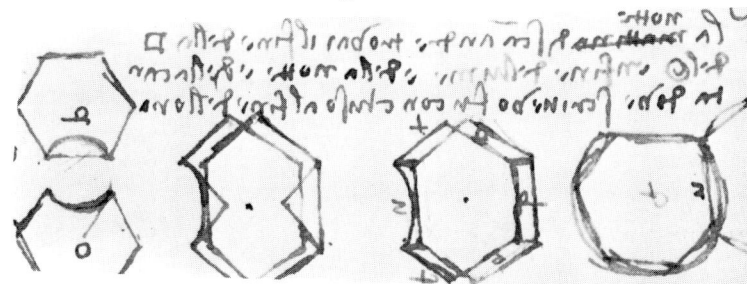

83/1

Er war im Glauben, Archimedes übertroffen zu haben, der siebzehn Jahrhunderte vor ihm das Verhältnis zwischen Kreisumfang und Durchmesser mit dem Verhältnis 22 : 7 festgelegt hatte und somit die Fläche des Kreises berechnen konnte. Während Archimedes für die Berechnung dieses Verhältnisses den Kreisumfang in 96 Teile geteilt hatte, ging Leonardo von einer Million Teile aus. Jedes

83/2

dieser Teile war ein Kreissektor, den Leonardo wegen der geringen Krümmung wie ein Dreieck behandelte und dessen Fläche einem um den Faktor 1 Million kleineren Kreis entsprach. Doch Leonardo fand keine Formel, die die des Archimedes ersetzen konnte, und somit war der Überschwang jenes Augenblicks wohl nicht gerechtfertigt.

84-85

Die Schriften Leonardos zeigen uns manch-
mal auch einen Menschen, der es liebte, seine
Freunde zu unterhalten. Er sammelte Scherz-
geschichten, Erzählungen von phantasti-
schen Wesen und verfaßte selbst Rätsel, die er
»Prophetien« nannte. Sie beschrieben ganz
alltägliche Dinge, waren jedoch in so feierli-
che Worte gekleidet, daß sie wie apokalypti-
sche Visionen wirkten. Hier ein Beispiel:
»Das Wasser des Meeres wird sich über die

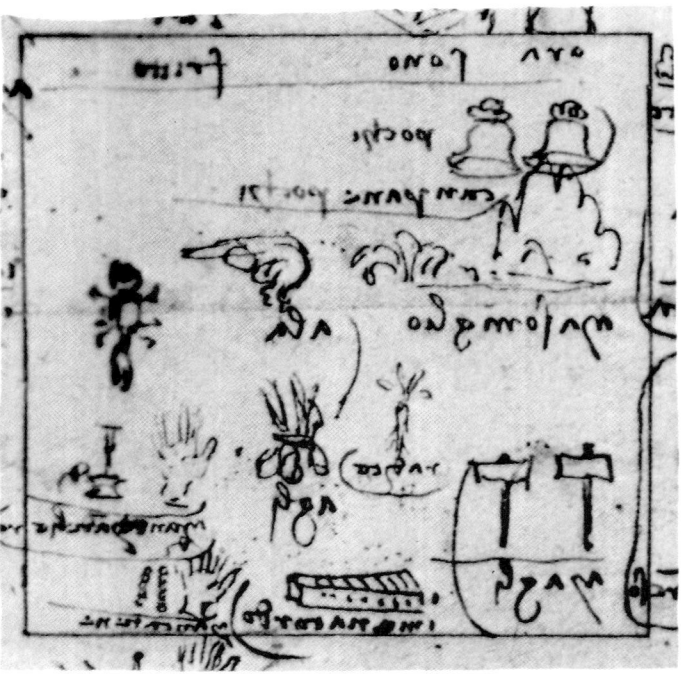

84/1

hohen Gipfel der Berge hin zum Himmel
erheben und auf die Wohnungen der Men-
schen herabfallen.« Gemeint ist nur der Re-
gen. Den ersten Biographen zufolge glänzte
Leonardo am Hofe der Sforzas durch Gesang
und die Improvisation von Gedichten. Er
zeichnete auch Bilderrätsel, wie hier auf Folio
12692 r und v der Sammlung Windsor. In
der Mitte des Ausschnitts oben schreibt er »Ich
sehe aus wie«, und fährt mit der Zeichnung
einer Ameise fort. Wahrscheinlich handelt es
sich nicht um vollständige Bilderrätsel, son-
dern um eine Art Verzeichnis, aus dem er
Bilderrätsel zusammenstellen konnte, um sei-
ne Freunde und Auftraggeber zu vergnügen.

Auf dem Blatt der gegenüberliegenden Seite
ist auch der Grundriß eines Hauses in Mai-
land zu erkennen — wahrscheinlich die
»Corte Vecchia«, in der Leonardo arbeitete
und wohnte. WINDSOR 12692v

Tolto già, netto fatto
Schon weggenommen, ist alles getan

84/2

deckt.«[49] Diese Worte beziehen sich zweifellos nicht direkt auf die darunter befindliche astronomische Zeichnung, sondern insgesamt auf die Naturforschungen, die Leonardo seit vielen Jahren auf so zahlreichen Gebieten betrieben hat. Vergleicht man diese Seite mit dem sehr bekannten Passus[50], in dem sich Leonardo bescheiden mit jemandem vergleicht, »der aus Armut als letzter auf dem Markt erscheint« und nur eine »verachtete und abgelehnte Ware« ohne »große Nützlichkeit und Freude« mitbringt, so fällt die Umkehrung der Situation ins Auge. Der von Leonardo ausgeübte Beruf ist nur wenige Male auf der Welt vorgekommen, denn er verlangt eine Geduld, wie sie nur wenige Menschen aufbringen, doch ist er die Ursache großer Freude, denn er offenbart ihnen die Wunder der Natur.

Die Natur steht im Mittelpunkt der Interessen Leonardos. Sie ist das Schauspiel, das er mit unermüdlichem Staunen betrachtet. In einer radikalen Umkehr stellt er sich gegen diejenigen, die das Studium der Naturphänomene verachten und stattdessen die Beschreibung von »Wundern und jenen Dingen, die der menschliche Verstand nicht beweisen kann und die sich durch keine menschliche Erfahrung beweisen lassen«[51], vorziehen. Ihnen setzt Leonardo eine andere Art von Wunder entgegen, das Wunder nämlich, für das die »mathematischen Wissenschaften« eine rationale Erklärung haben. Dieses Wunder setzt uns in Erstaunen durch die Entdeckung der den Dingen innewohnenden Gründe, durch die Lüftung ihres Geheimnisses. Dieser Punkt ist entscheidend. Die Rationalität, die die innere Struktur des Universums ausmacht, ist ein Gesetz, das Leonardo als »Notwendigkeit« bezeichnet, als Zügel oder Führung, die Gott der freien Entfaltung der kosmischen Energien auferlegt hat. Über das Wesen dieser Energien, die die Welt beleben, kann nichts mehr gesagt werden. Wissenschaft, die die metaphysische Rede ablehnt, beschäftigt sich nur mit den Auswirkungen dieser Energien, das heißt mit den Rhythmen und den Modalitäten ihres Wirkens. Das wahre Wunder, das als Offenbarung einer unendlichen Weisheit erkannt und bewundert werden kann, ist das Gesetz oder die Notwendigkeit, der die Elemente der Materie und die sie bewegenden Kräfte unterliegen. Hierin liegt der letzte Rest an Metaphysik, den Leonardo nicht mehr erforschen möchte. Er begnügt sich mit dem Schauspiel, das sich seinen Augen darbietet und mit den harmonischen Bewegungen, deren Rhythmen und mathematische Verhältnisse er im Geiste mißt. Doch offensichtlich läßt dieser metaphysische Rest, der sich der intellektuellen Erforschung entzieht, Leonardo nicht unberührt. Man denke nur an seine bereits zitierten großartigen Definitionen der Kraft, in denen das veränderliche Verhalten einer Energie als unsichtbare, furchtbare und individualisierte Wirkursache empfunden und dargestellt wird. Das einzige Wissen, der einzige Diskurs, der dem Menschen über diese ewige und unveränderliche Substanz möglich ist, ist die Beschreibung ihrer Auswirkungen und die Definition ihrer Funktionen. Auch hier — wie bereits oben in Bezug auf die Geometrie gesagt wurde — stehen wir vor einer Verschiebung des Hauptinteresses im wissenschaftlichen Diskurs: von der Substanz zur Funktion.

Auch Leonardos Auffassung von der Schönheit ist durch diese beiden Pole seines Denkens geprägt: Schönheit ist Rationalität, Harmonie mathematischer Proportionen, aber auch — wie es bei Ficino heißt — »Lebendigkeit der Akte«, Manifestation eines lebendigen Impulses und damit Offenbarung einer Substanz oder eines unsichtbaren Wesens. Der Übergang von den Auffassungen des Mittelalters zu denen der Renaissance geschieht allmählich, ohne starke Brüche. Die Rationalität und die Schönheit des Universum sind die Spur, die Gottes Geist in der Welt hinterlassen hat. Gott wird noch als Schöpfer gedacht, jedoch als Autor und Meister, wobei dem Wort die Bedeutung zukommt, die es in den Werkstätten der Handwerker hatte: Gott ist der Künstler, der sich eine Form vorstellt und diese in der Materie verwirklicht. Die Welt ist das Meisterwerk des höchsten Künstlers. Die Erforschung der Natur führt zur Offenbarung des göttlichen Verstandes. In der Nachahmung der Natur gewinnt der Geist des Künstlers den schöpferischen Charakter des göttlichen Geistes.

Hierin liegt der gemeinsame Nenner aller Aktivitäten Leonardos als Künstler, Ingenieur und Wissenschaftler. Er erforscht die Natur wie ein Schüler, der die Geheimnisse des Meisters zu entdecken versucht. Er möchte mit ihm gleichsam wetteifern in der Erfindung und im Malen von Bildern, die mit dem Pulsschlag des Lebens erfüllt sind, und in der Herstellung von Maschinen und Apparaten, in denen die leblose Materie scheinbar zu Leben erwacht.

Però se la Fortuna mi fa felice, tal viso asponerò
Wenn aber das Schicksal mich froh macht, will ich solch ein Gesicht zeigen.

85/1

85/3

85/4

Felice sarei, se dell'amore ch'i'ti porto restaorata fossi
Ich wäre glücklich, wenn meine Liebe zu dir erwidert würde.

85/2

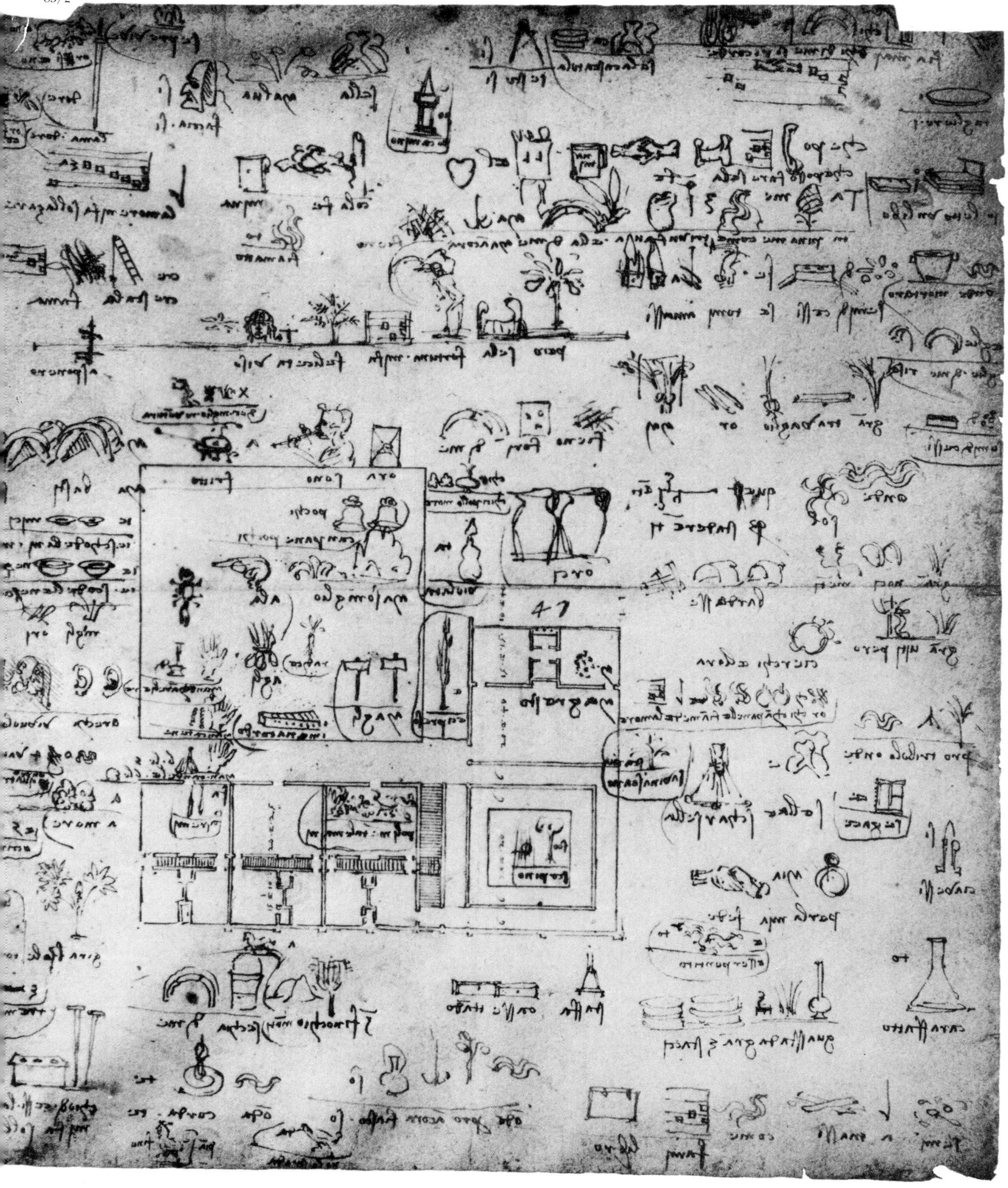

85/5

Però tribolo, onde…
Aber ich leide, darum…

85/6

Po[n] l'occhio
Sieh dich vor

85/7

Lionardeschi
Leonardesk

85/8

Cogli acierbi
Mit den bitteren

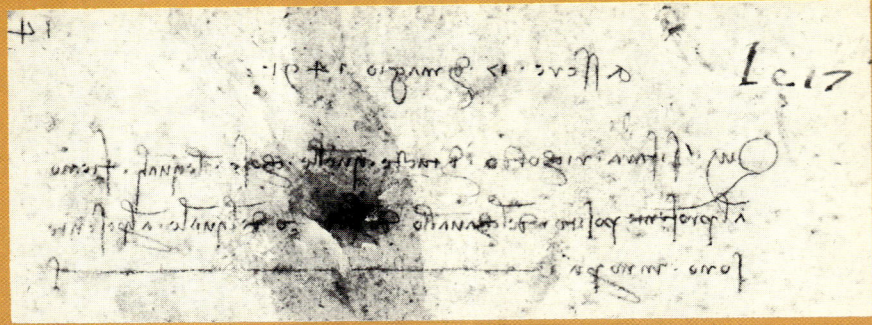

Diese Notiz Leonardos aus Codex Madrid II 157v bringt Licht in die 17 Blätter mit Skizzen und Aufzeichnungen zu seinem ehrgeizigsten Projekt — dem großen Bronzepferd, Il Cavallo, das er für den Herzog von Mailand anzufertigen beabsichtigte.

»Am Abend des 17. Mai 1491 Hier wird all das in Erinnerung gerufen, was das bronzene Pferd betrifft, mit dem ich zur Zeit befaßt bin.«

Il Cavallo

MARIA VITTORIA BRUGNOLI

86/2

Das Pferd — Il Cavallo — war eine kolossale Reiterstatue, die Lodovico Sforza, der Herzog von Mailand, zu Ehren seines Vaters Francesco (links) in Auftrag gegeben hatte. Es sollte das größte Denkmal aller Zeiten werden. Nach Leonardos Entwürfen war allein das Pferd über sieben Meter hoch. Hierzu mußte er ein völlig neues Gußverfahren entwickeln. Als Reiter war Francesco Sforza vorgesehen. Er hatte sich als ehemaliger Söldnerführer des Thrones der Visconti bemächtigt und sich selbst zum Herzog von Mailand ernannt.

A m Abend des 17. Mai 1491. Hier wird alles in Erinnerung gerufen, was das bronzene Pferd betrifft, mit dem ich zur Zeit befaßt bin.« Diese Worte leiten in Codex Madrid II 157v Leonardos Aufzeichnungen zu einem Projekt ein, das gleichermaßen für die damalige Zeit mit den sich überstürzenden Umwälzungen der italienischen Renaissance wie für Leonardo als Künstler, Wissenschaftler und Erfinder bezeichnend ist.

Mit dem »Pferd« — Il Cavallo — sollte Francesco Sforza, dem Vater von Leonardos langjährigen Mailänder Förderer Lodovico il Moro, ein Denkmal errichtet werden. Es handelte sich in Wirklichkeit um die Statue eines Pferdes mit Reiter. Galeazzo Maria Sforza, der ältere Sohn Francescos, hatte eine lebensgroße Reiterstatue in Auftrag gegeben. Doch als Lodovico die Nachfolge von Galeazzo Maria antrat und sein Hof sich zu einem der glänzendsten Höfe Italiens entwickelte, wuchsen die Pläne von Il Cavallo zu einer Kolossalstatue von über sieben Meter Höhe und einem Gewicht von ungefähr 158 000 Pfund. Lodovico besaß leider nicht das erforderliche politische Geschick, um eine dauerhafte Herrschaft zu errichten. In der wechselhaften Geschichte des Reiterdenkmals während der 16 Jahre, die Leonardo daran arbeitete, spiegeln sich die politischen Schwierigkeiten Lodovicos wider. Der Sturz des Hauses Sforza bedeutete schließlich auch das Ende für Il Cavallo, das nie in Bronze ausgeführt wurde. Die Folios 141 bis 157 des Codex Madrid II mit Leonardos Aufzeichnungen zu seiner Arbeit an dem gewaltigen Bronzedenkmal sind somit ein außergewöhnliches Dokument. Es gibt Aufschluß über das Schicksal eines grandiosen Vorhabens während der politisch unruhigen Zeiten der Renaissance.

Diese Folge von Folios ist jedoch nicht nur aus politischen und historischen Gründen interessant, sondern auch für die Leonardo-Forschung von großer Bedeutung. Die Skizzen auf diesen Seiten sind von derselben Schönheit wie die des Codex Madrid I und der anderen Notizbücher. Sie zeigen seine perfektionistischen Bemühungen um die genaue Kenntnis der Muskulatur und des Knochenbaus der Lebewesen, seine Beschäftigung mit den kleinsten Details eines mechanischen Apparates. Die Aufzeichnungen bestätigen uns das Bild von Leonardo als Wissenschaftler: Er experimentierte mit Gußformen aus verschiedenen Materialien, riet seinen Gehilfen, alle möglichen Materialien nacheinander durchzuprobieren, um herauszufinden, welches für den jeweiligen Zweck und unter den jeweiligen Bedingungen am besten geeignet ist. Dabei ließ er nichts außer acht, was für das Problem von Bedeutung war. Detailliert und wissenschaftlich präzise erklärte er seine Gründe für jeden Schritt und seine Vorgehensweise.

Die größte Bedeutung der Blätter des Codex Madrid II über Il Cavallo liegt wahrscheinlich darin, daß sie uns Leonardo als Erfinder vor Augen führen. Die Aufgabe, ein Bronzepferd von vierfacher Lebensgröße zu gießen, die Il Moro Leonardo gestellt hatte, ließ sich für einen Perfektionisten wie Leonardo mit den damaligen Techniken des Bronzegußes nicht befriedigend lösen. Im Codex Madrid II entwickelt er in Ansätzen ein neues Verfahren des Bronzegußes in einem Stück. Erneut erweist sich, daß der Erfinder Leonardo seinen Zeitgenossen um Jahre voraus war. Tatsächlich findet sich der erste Bezug auf seine neue Gußmethode erst in dem zwischen 1530 und 1535 geschriebenen Traktat über »Pyrotechnik« von Vannoccio Biringucci, einem erfahrenen Kanonengießer. Giorgio Vasari und Benvenuto Cellini geben etwa Mitte des 16. Jahrhunderts eine detaillierte Beschreibung des Verfahrens, empfehlen jedoch, es nur für lebensgroße oder ein wenig überlebensgroße Figuren anzuwenden. Erst zwei Jahrhunderte, nachdem Leonardo seine neue Methode entwickelt hatte, kam sie bei einem seinem Bronzepferd vergleichbaren Denkmal, der Reiterstatue von Ludwig XIV., dem Sonnenkönig von Frankreich, zur Anwendung.[1]

Die Aufzeichnungen im Codex Madrid II zu Il Cavallo sind nicht nur in Hinsicht auf Leonardo sehr aufschlußreich. Sie bieten auch einen faszinierenden Einblick in die politische Geschichte der italienischen Renaissance, da es in den Notizen auch immer mit um das Schicksal der Familie Sforza geht. Die Sforzas, typische Vertreter ihrer Zeit, kamen in Mailand auf eine Weise an die Macht, die vielleicht bezeichnend für die politische Stimmung im Italien des 15. Jahrhunderts ist. Francesco Sforza [86/2] war ein Condottiere, ein Söldnergeneral, der im Dienst Mailands Krieg gegen Venedig geführt hatte. Francesco behauptete, seine Frau sei eine uneheliche Tochter des ehemaligen Herzogs von Mailand, und ergriff unter diesem Vorwand in Mailand die Macht. Frances-

Leonardos Auftraggeber Lodovico Sforza trug den Beinamen Il Moro — der Schwarze — vermutlich wegen seiner dunklen Gesichtsfarbe. Auf diesem Ausschnitt des Sforza-Altars ist er vor der Jungfrau mit dem Kind dargestellt. Die fromme Gebetshaltung

87/1

steht in völligem Gegensatz zu seiner Lebensweise: Er war gerissen, wachsam und eitel. An seinem Hof versammelte er ein buntes Gemisch an schönen Frauen, Unterhaltungskünstlern und hervorragenden Persönlichkeiten wie Leonardo, den er 1482 in seinen Dienst nahm. Lodovico ließ Leonardo zwar häufig für seine Unterhaltung sorgen und zeigte kaum Interesse für dessen Erfindungen, teilte jedoch mit dem Künstler den Traum eines Reiterdenkmals für seinen Vater, Francesco Sforza. Sein Untergang bedeutete auch das Ende von Leonardos Arbeit an dem Pferd.

Das Herzogtum Lodovico Sforzas umfaßte einen Großteil der Lombardei. Die Stadt Mailand mit ihren 100 000 Einwohnern und ihren reichen Textil- und Waffenfabriken war kultureller Mittelpunkt und Verwaltungshauptstadt. Doch auch die bedeutenden Städte Pavia und Parma im Süden gehörten zum Herzogtum.

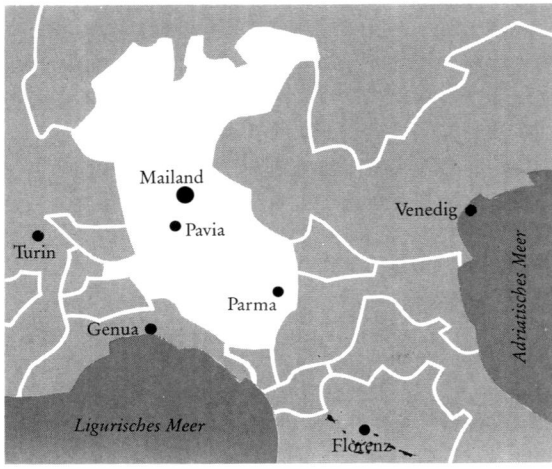

89/1

Der Untergang Lodovico Sforzas — und damit des Pferdes — war nicht mehr zu vermeiden, als die Franzosen Ende 1499 Mailand besetzten. Il Moro leistete noch einige Monate Widerstand, wurde jedoch in einer Schlacht bei Novara geschlagen und von den Franzosen eingekerkert. Diese Illustration aus der alten Schweizer Diebold Schilling-Chronik in Luzern zeigt Sforza in der Verkleidung eines Schweizers, wie er von einem seiner Schweizer Söldner verraten und festgenommen wird. Links ist Lodovicos Fahne mit Schlangen und Drachen zu sehen und rechts stehen die Schweizer Fahnen und die Bourbonenlilie der Franzosen.

Die französischen Truppen, die Mailand eroberten und Lodovico Sforza vertrieben, un-

88/2   88/3

terstanden König Ludwig XIV. [88/3]. Sein Befehlshaber in Mailand, Marschall Gian Giacomo Trivulzio [88/2], stammte aus Mailand und war ein bekannter Söldnerführer. Später erteilte er Leonardo den Auftrag, eine Reiterstatue für sein Grabmal zu errichten.

cos Sohn Galeazzo Maria [90/2], der nach dessen Tod die Herrschaft übernahm, beabsichtigte zum Andenken an seinen Vater ein Denkmal errichten zu lassen. Es sollte lebensgroß sein und »im Freien in unserer Mailänder Festung aufgestellt« werden. Im November 1473 gab er dem Architekten Bartolomeo Gadio den Auftrag, einen Meister für die Errichtung des Denkmals ausfindig zu machen. Gadio hatte die Erlaubnis, auch außerhalb Mailands zu suchen, »wo immer ein so hervorragender Meister gefunden werden kann, der zur Ausführung dieses Werkes imstande ist«.[2]

Drei Jahre später, im Jahre 1476, wurde Galeazzo Maria ermordet, und das Herzogtum ging auf dessen Sohn Gian Galeazzo über. Doch Lodovico [87/1], der Bruder Galeazzo Marias, raubte seinem Neffen den Thron mit der Begründung, er habe als der jüngere Sohn Francescos einen größeren Anspruch auf die Herrschaft. Lodovico griff die Idee eines Denkmals wieder auf und ließ erneut nach einem Meister suchen.

Leonardo, der damals in Florenz lebte, muß die Vorgänge in Mailand mit einigem Interesse verfolgt haben. 1482 schrieb er an Lodovico und stellte sich dem Hause Sforza vor. Der Brief läßt vermuten, daß er sich den Sieger im Kampf um Mailand auf alle Fälle gewogen machen wollte. Er bot die Planung von Belagerungsbrücken, Entwürfe für Mörser und Kanonen, geschützte Streitwagen und Katapulte, und für Friedenszeiten Architekturentwürfe für öffentliche und private Gebäude an. Zum Schluß des Briefes erwähnt er das »Bronzepferd«, »zu unsterblichem Ruhm und ewiger Ehre Eures Herrn Vaters wie des vortrefflichen Hauses Sforza«.[3]

Lodovico il Moro führte einen der prunkvollsten Höfe Europas. Er lebte in großem Stil und holte Dichter, schöne Frauen, Musiker, Zwerge und Astrologen an seinen Hof — und auch Persönlichkeiten wie Leonardo.

Als Leonardo nach Mailand kam, sollte er mit der Arbeit am Bronzepferd beginnen. Aus dieser Zeit sind einige Zeichnungen eines sich aufbäumenden Pferdes erhalten [91/1].[4] Schon damals stellte er sich die Frage, wie ein derartiges Pferd in Bronze gegossen werden sollte.[5] Obwohl Lodovico in der Öffentlichkeit großes Interesse an dem Pferd geweckt hatte, ging die Arbeit nur langsam voran, da Leonardo mit dem Malen des *Abendmahls* und mehrerer Portraits beschäftigt war. Außerdem war er an zahlreichen zivilen und militärischen Projekten beteiligt: Er schuf einen neuen Stadtplan und ein sicheres Abwassersystem, da die Pest in den 80er Jahren des 15. Jahrhunderts Tausende von Menschen dahingerafft hatte. Außerdem entwarf er zahlreiche neue Waffen und verbesserte die Verteidigungsanlagen der Festung. Doch Lodovico zeigte hierfür nur geringes Interesse. Er ließ Leonardo lieber prunkvolle Hochzeiten inszenieren oder für die Hofdamen Gedichte und Rätsel verfassen. Il Moro mißbrauchte nicht nur Leonardos Talente für solche Banalitäten, sondern war ihm gegenüber auch manchmal geizig. So beschwerte sich der Künstler in einem Brief an Il Moro: »Es quält mich sehr, daß ich, um meinen Lebensunterhalt zu verdienen, meine Arbeit unterbrechen und mich mit Kleinigkeiten beschäftigen muß, anstatt der Tätigkeit nachzugehen, die Euer Ehren mir anvertraut hat … wenn Euer Ehren meinen, ich habe Geld, so täuschen sich Euer Ehren.«

Während der 16 Jahre, die Leonardo am Hofe Sforzas verbrachte, stellte *Il Cavallo* die Verbindung zwischen ihm und Lodovico dar; doch selbst bei diesem Projekt wurde ihm kein beständiges Interesse zuteil. Als Leonardo noch in den Vorbereitungsarbeiten steckte, entschloß sich Lodovico zu einem weit größeren und spektakuläreren Denkmal — wahrscheinlich als Symbol seiner wachsenden politischen Macht. Leonardos frühe Studien befassen sich mit einem steigenden Pferd, dessen lebensgroße Ausführung in Bronze zwar problematisch, aber immerhin machbar war. Eine Skizze im Codex Atlanticus, 148r-a, zeigt einen hohen, verzierten Sockel [98/2]. Dies bestätigt die Annahme, daß es sich um eine lebensgroße Statue handelte, die vermutlich vor dem Hauptportal des Palastes aufgestellt werden sollte.[6] Doch nun wünschte Lodovico ein Reiterdenkmal in vierfacher Lebensgröße. Das stellte Leonardo vor ungeheure technische Probleme. Vielleicht zweifelte er auch an der Durchführbarkeit eines so gewaltigen Plans. Offensichtlich stellte Il Moro Leonardos Fähigkeiten in Frage. Am 20. Juli 1489 sandte er an Lorenzo de'Medici einen Brief nach Florenz (Dieser Brief ist das erste Dokument, in dem das gewaltige Sforza-Monument beschrieben wird).[7] Il Moro bat Lorenzo, ihm einen oder zwei Meister zu nennen, die fähig seien, »ein würdiges Grabdenkmal für meinen Vater auszuführen, ein sehr

In der Renaissance galt das Pferd dem Menschen an Adel als fast ebenbürtig. Noch bevor Leonardo nach Mailand ging, malte er in seinem großen unvollendeten Gemälde der Anbetung der Könige *ein steigendes Pferd (unten ein Ausschnitt), das seine kraftvolle Vision der Natur widerspiegelt. In seinen*

90/1

frühen Studien zum Sforza-Denkmal und später für die Schlacht von Anghiari *griff er auf dieses Pferd zurück.*

UFFIZIEN, FLORENZ

Die Idee der Reiterstatue stammte von Galeazzo Maria, Lodovicos Bruder und früherer Herzog von Mailand. Er beabsichtigte, sei-

90/2

nem Vater ein lebensgroßes Denkmal zu errichten und ließ in ganz Italien nach einem »Meister, der es ausführen kann«, suchen.

großes Bronzepferd, das Herzog Francesco in der Rüstung trägt«. Dieser Brief zeigt deutlich Lodovicos mangelndes Vertrauen in Leonardo, der unterdessen schon den Auftrag für die Gußform des Denkmals vergeben hatte. Für Lorenzo war es schwer, einen Meister zu finden, der Leonardo ebenbürtig war, zumal dessen Lehrer Verrocchio inzwischen gestorben war. Am 23. April 1490 konnte Leonardo notieren: »Ich begann wieder mit dem Pferd«.[8] In den Zeichnungen um 1490, ebenfalls im Codex Madrid II, geht er von einem steigenden zu einem schreitenden Pferd über — ein Zeichen, daß Leonardo jetzt ernsthaft an dem gewaltigen Denkmal arbeitete. Ungefähr ein Jahr später beginnt er mit seinem Bericht in Codex Madrid II, der dem heutigen Leser Einsicht nicht nur in die völlig neuartigen Gußtechniken gibt, die Leonardo für das Sforza-Pferd entwickelte, sondern auch in die Entwurfsphase und die endgültige Erstellung des Modells für das Denkmal.

Ein steigendes Pferd von dieser Größe zu gießen, warf erhebliche Probleme auf. Zweifellos war Leonardo die Möglichkeit bekannt, ein schreitendes Pferd in Bronze zu gießen, das jeweils ein Vorder- und Hinterbein gleichzeitig nach vorn setzt. In dieser Weise sind Verrocchios Colleoni-Denkmal in Venedig [95/2], die Pferde von San Marco in Venedig [95/3] und Donatellos Gattamelata-Denkmal in Padua [95/1] gestaltet. Die Pferde dieser Denkmäler lassen sich zwar leichter gießen und stehen fester als ein steigendes Pferd, doch für einen scharfen Beobachter wie Leonardo wirkten sie unnatürlich und zu unfrei in ihrer Haltung.

Leonardo sah sich vor das Problem gestellt, eine realistischere Darstellung des schreitenden Pferdes zu finden. Unter seinen Zeichnungen in der Sammlung Windsor befindet sich eine Skizze des Regisole-Denkmals in Pavia [94/2], und in Codex Atlanticus finden wir eine Beschreibung, die seine Anerkennung der erfolgreichen Lösung dieses Problems in jener Statue zum Ausdruck bringt: »Was man vor allem an dem Pferd bewundern muß, ist die Bewegung. Der Trab ist genauso wie der Trab eines lebendigen Pferdes.«[9] Interessanterweise erinnert Petrarchas Beschreibung des Regisole-Denkmals — »die Statue eines Pferdes, das auf einen Hügel hinaufsprengen möchte«[10] — sehr an Paolo Giovios Beschreibung des Modells des Sforza-Pferdes, das »ungestüm zu schnauben scheint«.[11] Höchstwahrscheinlich wurde Leonardos Entwurf und Modell für das Sforza-Denkmal am meisten durch das Regisole-Denkmal beeinflußt.

Vermutlich hat sich Leonardo insbesondere in diesen Anfangsstadien mehr mit dem Studium von Pferden als mit dem von Denkmälern beschäftigt. In der Sammlung Windsor sind Skizzen und Aufzeichnungen enthalten, die Leonardo in den herzoglichen Stallungen angefertigt hat. Hier zeichnete er mehrere Pferde, maß ihre Proportionen, untersuchte ihren Knochenbau und ihre Muskeln und beobachtete die Bewegung ihrer Glieder [96/1 und 2].[12] Der Codex Madrid II enthält zwar hauptsächlich Diagramme und Skizzen, die die technischen Anmerkungen erläutern, doch finden sich hier auch wunderbare Zeichnungen, wie auf den Folios 147r [97/3] und 151v [97/4] vom 20. Dezember 1493. Diese Zeichnungen zeigen das Modell bereits in einem fortgeschrittenen Stadium. Das Pferd ist in einer lebhaften Gangart wiedergegeben. Die linke Hinterhand ist vom Boden erhoben, und die rechte Vorderhand ist in einem Winkel von fast 90 Grad gebeugt.[13] Die natürliche Gangart ist nur leicht übertrieben. Sie kommt dem Paradeschritt der klassischen Reiterstatue des Marcus Aurelius sehr nahe [94/3].

Es läßt sich jedoch kaum sagen, für welchen der beiden oben erwähnten Entwürfe sich Leonardo entschieden hat. Die rasch hingeworfene Bleistiftzeichnung auf Folio 147r erscheint geistvoller, und auf sie paßt vielleicht besser Paolo Giovios Beschreibung des endgültigen Modells. Die Rötelstiftzeichnung auf Folio 151v ist jedoch konzentrierter und vielleicht eleganter. Sie ist der »Käfig«-Zeichnung [105/2] (Codex Atlanticus, Folio 216v-a) sehr ähnlich, in der als Stütze für das abgewinkelte Vorderbein das Motiv eines umgestürzten Kruges verwendet wird.[14] In den Zeichnungen von Codex Madrid II findet sich kein weiterer Hinweis auf dieses Motiv. Wahrscheinlich hat es Leonardo verworfen, da die Gangart des Pferdes hier weniger natürlich wirkt. Leider läßt sich aus den Zeichnungen nicht die genaue Haltung und Bewegung des Pferdes in der endgültigen Fassung ableiten. Der Codex Madrid II hat uns zwar bezüglich des Sforza-Denkmals viele neue Kenntnisse vermittelt, gibt jedoch auf diese Frage keine Antwort.

Auch über die Form des Sockels für die Statue herrscht keine Einigkeit. Frühere Denkmäler, etwa das Gattamelata- oder Colleoni-Denkmal, hatten Sockel aus Marmor, auf denen die Statue mit den Zapfen der Fußplatte verankert war. Auf den Folios 147r und 146v beschäftigt sich Leonardo mit der Möglichkeit, den Sockel in Bronze zu gießen. Im Codex Madrid II findet sich keine Antwort auf die Frage, warum er sich mit diesem zusätzlichen Problem befaßte. Möglicherweise wollte er unsaubere Übergänge zwischen Bronzeplatten und Marmor vermeiden. Das wäre sinnvoll gewesen, wenn er einen relativ niedrigen Sockel

91/1 und 2

In seinen frühen Studien für das Sforza-Denkmal griff Leonardo das Motiv des steigenden Pferdes wieder auf, das er in der Anbetung so gelungen eingefangen hatte. Niemand kam ihm in der naturgetreuen Wiedergabe dieses Motivs gleich. Der Entwurf ließ sich jedoch bildhauerisch kaum ausführen. In der Zeichnung links, Sammlung Windsor 12358, trägt das Pferd einen nackten Reiter mit einem Stab in der rechten Hand. Die linke Vorderhand des Pferdes ruht

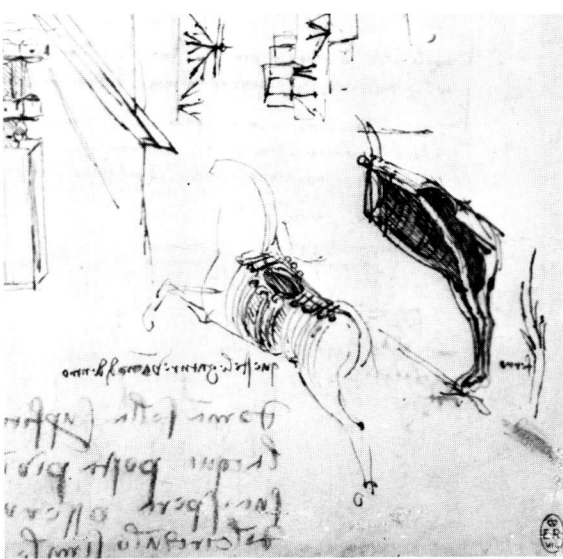

für die Reiterstatue vorgesehen hätte. Dann hätte sich die Fläche, auf der das Pferd stehen sollte, in Augenhöhe befunden und die unvermeidlichen Bearbeitungsspuren an den Übergängen wären damit sichtbar gewesen. Diese Hypothese ist nicht so weit hergeholt, wenn man bedenkt, daß ein hoch aufragender Sockel, wie der des Gattamelata- und des Colleoni-Denkmals, in den entsprechenden Proportionen für das Sforza-Monument so gewaltige Ausmaße angenommen hätte, daß er unter den damaligen städtebaulichen Gegebenheiten nirgends einen Platz gefunden hätte.

Der Codex Madrid II gibt auch keine klare Antwort auf die Frage, wo das Denkmal aufgestellt werden sollte. Galeazzo Maria wünschte ursprünglich vor dem Palast im Freien ein Denkmal zu errichten. In alten Mailänder Chroniken ist von der Möglichkeit die Rede, das Denkmal neben Francescos Grabhügel aufzustellen.[15] Eine Handschrift aus dem Jahr 1491 von Bartolomeo Gambagnola, die eine sehr an die Skizzen zu *Il Cavallo* erinnernde Miniatur mit einer Reiterstatue enthält, schlägt die Aufstellung in der Vorhalle eines Tempels vor.[16] Leonardo hat sich wahrscheinlich mit keiner dieser Möglichkeiten anfreunden

auf einem niedergeworfenen Feind, der als Stütze für das Gewicht des Pferdes dient. Leonardo sah offensichtlich hierin eine Lösung für das Problem des Gleichgewichts des Pferdes. In dieser Zeit, nach 1480, war offensichtlich noch immer ein lebensgroßes Denkmal geplant, wie es Galeazzo Maria Sforza, dem Bruder Lodovicos, ursprünglich vorgeschwebt hatte. In der Zeichnung rechts, Windsor 12349, beschäftigt sich Leonardo noch immer mit einem steigenden Pferd, für das er, wie es scheint, bereits den Guß vorbereitete. Die Skizze rechts auf dem Blatt zeigt die Einsetzung eines Metallgerüsts ins Innere der Gußform, die die Bronzeschicht nach dem Guß stützen sollte.

92/1

Nach 1489 hatte sich Sforza offensichtlich für ein erheblich größeres Denkmal entschieden: Leonardo mußte seinen Entwurf umarbeiten. Die Skizze oben zeigt ein Pferd in konventioneller Gangart mit abgewinkelter Vorderhand. WINDSOR 12346

Der Größenvergleich des Sforza-Pferdes mit anderen Denkmälern macht deutlich, welche Herausforderung der Auftrag Lodovicos für Leonardo bedeutete.

92/2

können, sondern bevorzugte einen großen offenen Hof. Im Codex äußert er sich jedoch nicht weiter zu dieser Frage.

Im Abschnitt des Codex Madrid II zu *Il Cavallo* geht es fast ausschließlich um die Probleme, die die Herstellung der Gußform und der Guß selbst einer derartig gewaltigen Bronzestatue aufwarfen. Leonardo macht genaue Angaben zum Bau des Modells, zur Vorbereitung der Gußformen, zum Gießen des Gegenmodells, zur Vorbereitung der Schmelzgruben und Brennöfen und schließlich zum eigentlichen Guß der Statue. Im Vergleich zu den bis dahin üblichen Techniken, war Leonardos Methode revolutionär. Bei genauer Betrachtung der Aufzeichnungen und Skizzen im Codex Madrid II werden die Vorteile seiner Methode deutlich. Auch in diesem Bereich zeichnet sich Leonardo durch eine geradezu brillante Vorstellungskraft und äußerste Detailgenauigkeit aus.

Im April 1490 hatte Leonardo die Arbeit an dem Denkmal wieder aufgenommen. Im Mai 1491 muß er bereits ein Tonmodell für das große Pferd fertiggestellt haben, denn im Codex Madrid II[17] macht er Notizen über das Verhältnis zwischen der Gußform und dem ursprünglichen Modell des »irdenen Pferdes«.

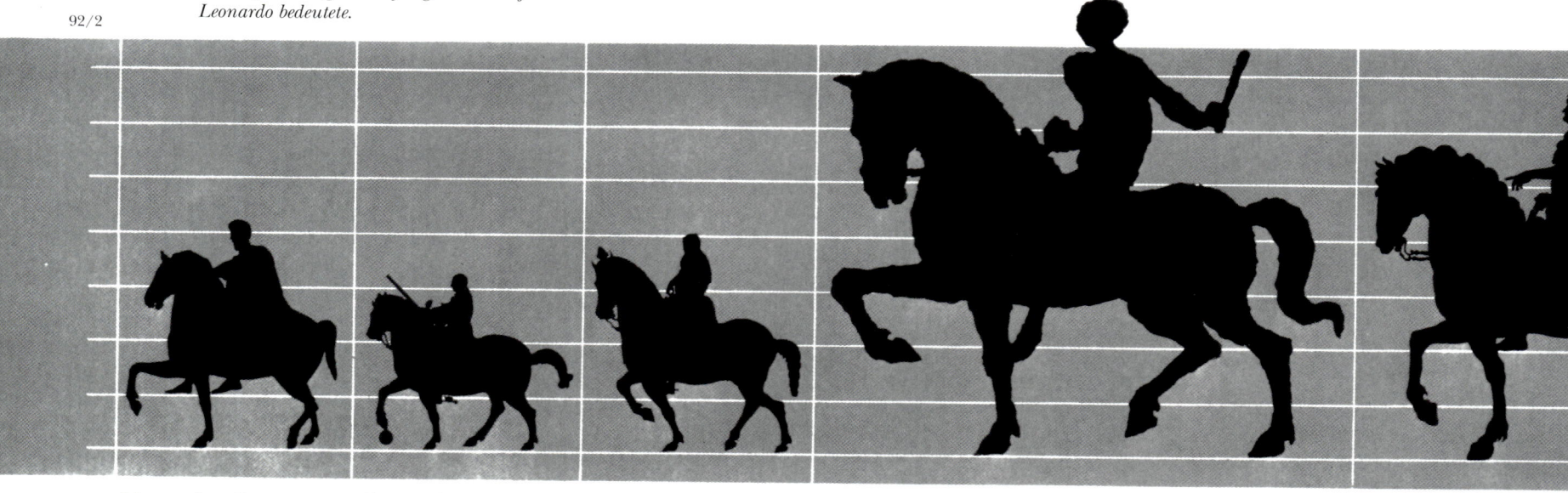

Marcus Aurelius
Römischer Kaiser und Philosoph; Rom; Antike; Pferd und Reiter 4,24 Meter hoch.

Gattamelata
Berühmter Söldnerführer; Padua; 1453; Pferd und Reiter 3,20 Meter hoch.

Colleoni
Berühmter Söldnerführer; Venedig; 1488; Pferd und Reiter 4 Meter hoch.

Sforza
Herzog von Mailand; Mailand; nie gegossen; Pferd (allein) 7,20 Meter hoch.

Ludwig XIV.
König von Frankreich; Paris; 1699 (zerstört in der Französischen Revolution); Pferd und Reiter 6,82 Meter hoch.

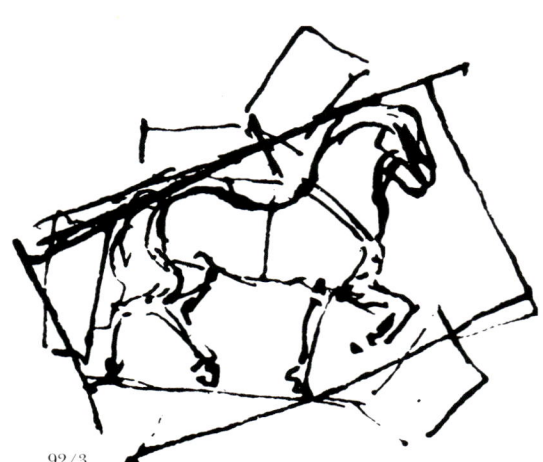

92/3

1492 entwickelte Leonardo die Pläne für den Guß des neuen, größeren Pferdes. Diese Skizze zeigt die Gußform eines schreitenden Pferdes in drei Stützverstrebungen. WINDSOR 12350r

Mit dieser Erwähnung im Codex bestätigt Leonardo das erste Mal die Berichte seiner Zeitgenossen. Luca Pacioli bemerkt die gewaltige Größe des Pferdes: Es war 12 Ellen oder über sieben Meter groß.[18] Andere Quellen nennen das Herstellungsmaterial des Pferdes. Paolo Cortese spricht von einem »tönernen Pferd«, Paolo Giovio von einem Koloß »aus Lehm« und Matteo Bandello von einem »irdenen Pferd«.[19] Der Madrider Codex führt nicht weiter aus, woraus das Modell gefertigt war. Im Codex Atlanticus[20] ist in einem Eintrag von circa 1490 von »Modelliergips« die Rede. Vielleicht handelte es sich um das gleiche Material, das für das Modell des Pferdes verwendet wurde. Das Tonmodell wurde im November 1493 als Höhepunkt der Verlobungsfeier von Bianca Maria Sforza mit Maximilian, dem Kaiser des Heiligen Römischen Reiches deutscher Nation, im alten Hof der herzoglichen Residenz enthüllt. Die Wirkung dieser bedeutenden Hochzeit und des gewaltigen Denkmals läßt sich leicht vorstellen.

Bereits die Erwähnung eines Tonmodells gibt Aufschluß über Leonardos Vorstellungen in Bezug auf die Gußmethode. Die Anfertigung eines Ton- oder Gipsmodells bedeutet, daß er das Gußverfahren mit verlorener Form verworfen hatte. Nach dieser Methode wurden während der Renaissance üblicherweise die Skulpturen gegossen. Es handelt sich um ein uraltes, bereits in der Antike verwendetes Verfahren, das in der *Schedula* des Mönches Theophilus klar be-

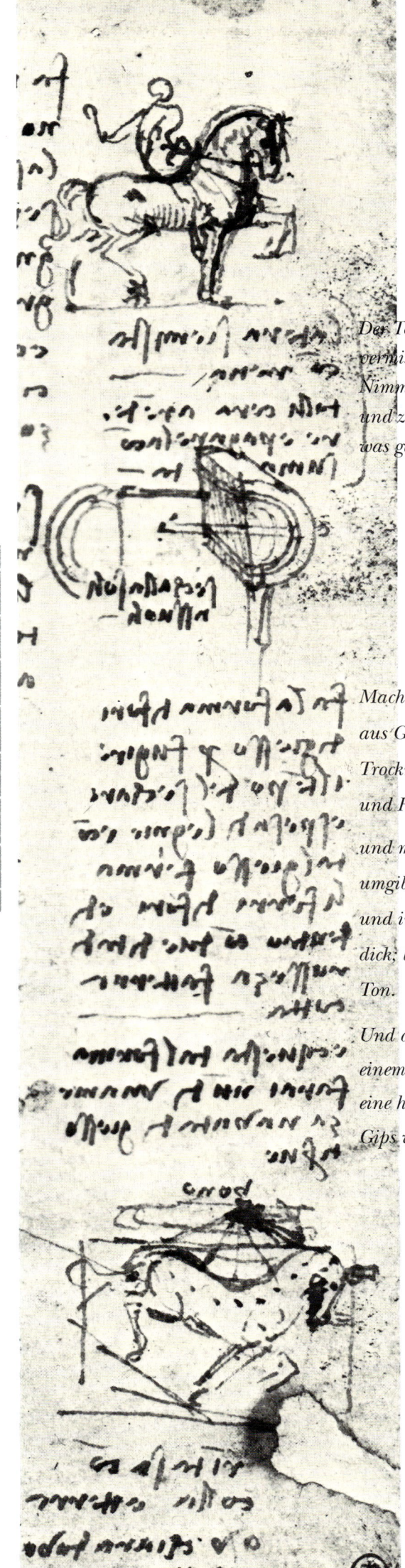

93/1

93/2

93/3

Die Notizen links beziehen sich auf den Guß des Pferdes. Die oberste Skizze zeigt Pferd mit Reiter. Darunter skizzierte Leonardo einen Teil der äußeren Gußform und der Eisenverstrebungen, die die positive und negative Form zusammenhalten sollten. Die Skizze unten gibt die vorgesehene Stellung in der Schmelzgrube an.

Der Ton soll mit Sand
vermischt sein.
Nimm Wachs, um zu ersetzen
und zu bezahlen
was gebraucht wird

Trockne in
Schichten

Mache die äußere Form
aus Gips, um beim
Trocknen Zeit zu gewinnen
und Holz einzusparen;
und mit diesem Gips
umgib die Eisen außen
und innen zwei Finger
dick; brenne den
Ton.

Und diese Form kann an
einem Tag gemacht werden;
eine halbe Schiffsladung
Gips wird dir genügen.
Gut.

In seinen Notizen beweist Leonardo den praktischen Sinn eines Ingenieurs, der Geld und Zeit sparen möchte: Er schlägt vor, für die äußere Gußform Gips statt feuerfesten Tons zu verwenden. Die Notizen auf diesem Blatt beziehen sich vermutlich auf das Sforza-Pferd. Einige Wissenschaftler ordnen sie jedoch dem späteren Trivulzio-Denkmal zu. WINDSOR 12347

Mache eine neue
Eindämmung mit Leim
und Ton oder Eiweiß
und Backsteinen
und Schutt.

93/2 und 3
Die Genauigkeit, mit der Leonardo Pferde und das Spiel ihrer Muskeln wiedergegeben hat, läßt vermuten, daß er sie seziert hat. Zeitgenossen berichten von einem heute verlorenen Buch Leonardos über die Anatomie der Pferde. Die hier wiedergegebenen Zeichnungen aus der Sammlung Windsor beziehen sich beide auf seine Arbeit für das Reiterdenkmal, das Marschall Gian Giacomo Trivulzio um 1508 in Mailand bei ihm in Auftrag gab. Trivulzio, der 1499 als Führer der französischen Truppen Mailand eroberte, hatte auf den Statthalterposten in der Stadt gehofft. Intrigen machten ihm jedoch einen Strich durch die Rechnung. Die Skizze oben, Windsor 12344r, zeigt ein Pferd mit abgewinkelter Vorderhand ohne Sattel oder Reiter. In der unteren Skizze, Windsor 12343, trägt der Reiter eine Rüstung und hält einen Stab in der Rechten. Diese Darstellung ist stark durch Donatellos Statue von Gattamelata beeinflußt, die aus der Zeit Mitte des 15. Jahrhunderts stammt.

*In seinen beiden Versuchen, ein Reiterdenk-
mal zu schaffen, suchte Leonardo nach einer
für den Guß günstigen Haltung, die jedoch
den Eindruck von freier und spontaner Be-*

94/1

*wegung des Pferdes nicht beeinträchtigen soll-
te. Die obige Skizze, Windsor 12359, ist eine
seiner zahlreichen Studien für das Trivulzio-
Denkmal. Das Pferd unten, Windsor
12345r, erinnert sehr an die antike, später
zerstörte Statue des Regisole in Pavia. Vielleicht hat Leonardo sie 1490 kopiert, als er
und Francesco di Giorgio Martini in Pavia
als Berater für den Bau des Doms tätig waren. In Codex Atlanticus 147r bemerkt Leonardo, »Was man vor allem an dem Pferd in
Pavia bewundern muß, ist die Bewegung.
Der Trab ist genau so wie der Trab eines
lebendigen Pferdes.«*

94/2

*Die Statue des Marcus Aurelius in Rom
(rechts) hatte große Ähnlichkeit mit dem Regisole-Denkmal, das Leonardo in Pavia kennenlernte.*

schrieben wird.[21] Beim Guß einer Statue nach dem Verfahren mit verlorener
Form wird über einem Kern aus feuerfestem Ton die Statue in Wachs modelliert.
Dann wird das Wachs mit einer äußeren Tonschicht belegt und das Ganze in
einer Schmelzgrube gebrannt, wobei das Wachs hinausläuft (daher verlorene
Form). In die freigewordenen Aushöhlungen wird geschmolzene Bronze gegossen und die äußere Form dann abgeschlagen. Bei diesem Verfahren muß
eine Bronzearbeit selbst von mittlerer Größe in mehreren Stücken angefertigt
werden. Nach dem Guß werden die Teile zusammengelötet und die Nähte
bearbeitet.

Zu Beginn des 16. Jahrhunderts, kurz nach Leonardos Arbeit an dem Sforza-
Pferd, erörterte Pomponio Gaurico (oder latinisiert Pomponius Gauricus) das

94/3

Verfahren mit verlorener Form und wies auf seine Nachteile hin. Die Methode, die Leonardo für den Guß des Sforza-Denkmals entwickelt hatte und die diese Nachteile behebt, scheint er nicht gekannt zu haben.[22]

Die bei dem Verfahren mit verlorener Form auftretenden Lötnähte waren sehr häßlich. Schlimmer war jedoch der Verlust des Modells, das folglich bei der Endbearbeitung der gegossenen Statue nicht mehr zu Rate gezogen werden konnte.

Das Verfahren mit verlorener Form hatte sowohl praktische als auch ästhetische Nachteile. Es war nicht möglich, eine völlig gleichmäßig starke Wachsschicht aufzutragen, was zur Folge hatte, daß auch die Bronzeschicht nicht überall gleichmäßig stark war. Wenn aber die Stärke der Bronze nicht bekannt ist, läßt

95/1

Einige Skizzen Leonardos sind vermutlich durch Donatellos Denkmal in Pavia für den Condottiere Gattamelata (oben) beeinflußt, obwohl er es nie persönlich gesehen hatte.

95/2

Das Denkmal für den Condottiere Bartolommeo Colleoni in Venedig (oben) war ein Werk von Leonardos Lehrer Andrea del Verrocchio. Den Auftrag erhielt Verrocchios Werkstatt, als Leonardo noch in Florenz war. Verrocchio arbeitete ungefähr 10 Jahre, bis zu seinem Tod im Jahre 1488 in Venedig, an dem Denkmal. Der Bildhauer Alessandro Leopardi vollendete den Guß.

95/3

Die vergoldeten Bronzepferde von San Marco in Venedig (links) sind das Werk eines hellenistischen oder römischen Künstlers. Leonardo sah sie im Jahre 1500 und vielleicht schon früher.

Leonardo ließ sich zwar durch andere Reiterdenkmäler anregen, das eigentliche Vorbild war für ihn jedoch stets die Natur. In den herzöglichen Stallungen in Mailand beobachtete er die Pferde, skizzierte ihre Bewegungen und Formen und vermaß ihre Körperteile, um ihre Proportionen genau zu bestimmen. In der Zeichnung Windsor 12319 [96/1] unterteilt er das Pferd in einzelne Abschnitte und notiert die Maße. In Windsor 12294 [96/2] vermißt er die

sich die benötigte Menge an Bronze nicht genau berechnen. Hier lag ein gewaltiges technisches Problem, insbesondere wenn eine große Skulptur in einem einzigen Guß hergestellt werden sollte, was Leonardo beabsichtigte.[23] Bei dem Sforza-Projekt war es unbedingt erforderlich, das Gewicht der Riesen-Statue so niedrig wie möglich zu halten. Hierzu mußte die Stärke der Bronze verringert werden. Außerdem mußte die benötigte Metallmenge genau berechnet werden. Es wäre eine Katastrophe gewesen, wenn man beim Gießen festgestellt hätte, daß die geschmolzene Bronze für den Guß der gesamten Statue nicht reicht. Leonardo blieb daher keine andere Wahl, als auf das Verfahren

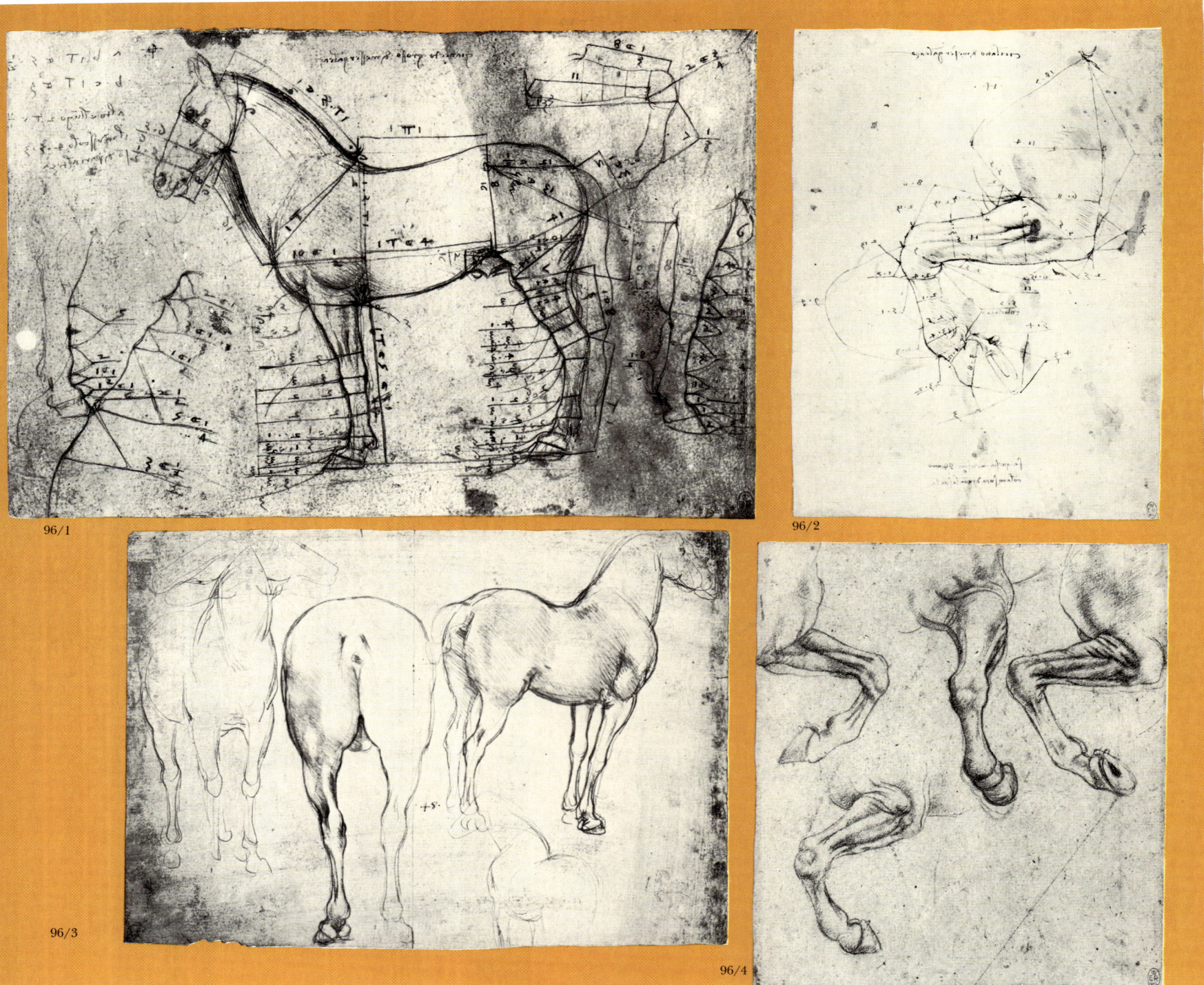

96/1

96/2

96/3

96/4

Vorderhand des sizilianischen Pferdes, das Lodovicos Schwiegersohn Galeazzo di Sanseverino gehörte. In Windsor 12317 [96/3] skizziert er die Hinterhand und zwei weitere Ansichten. In Windsor 12299 [96/4] sind abgewinkelte Vorderbeine wiedergegeben — ursprünglich von Leonardo gezeichnet, hier in einer Kopie, vermutlich von seinem Schüler Francesco Melzi.

mit verlorener Form zu verzichten. Man muß sich jedoch vor Augen führen, welcher Mut dazu gehörte, ein so riesiges Denkmal in einem einzigen Guß nach einem völlig neuen und unerprobten Verfahren herstellen zu wollen.

Der Codex Madrid II gibt uns die Möglichkeit, Leonardos Pläne und Experimente zu verfolgen, die er für seine radikale Abkehr vom traditionellen Gußverfahren entwickelte. Da Leonardo seine Aufzeichnungen nicht in geordneter Folge machte, sondern seine Gedanken auf irgend ein Stück Papier so niederschrieb, wie sie ihm in den Sinn kamen, ist die Interpretation seiner Notizen

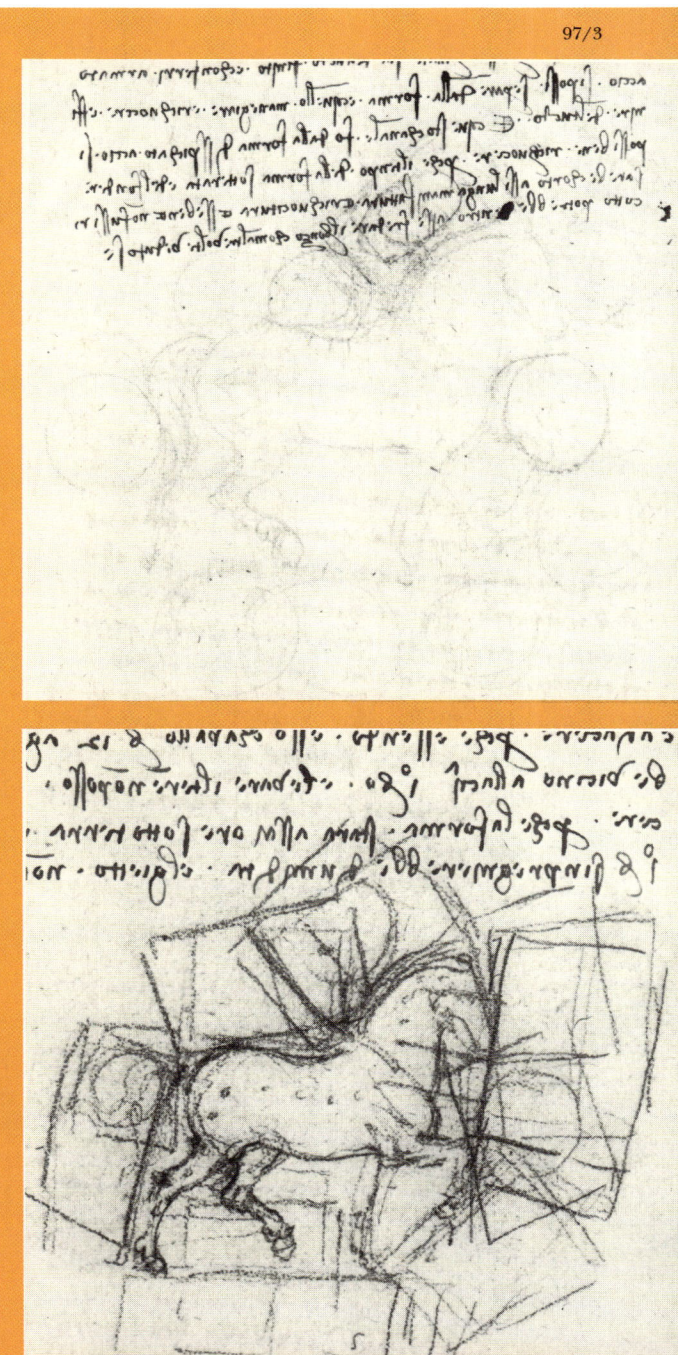

Leonardos Studien links, Windsor 12333, scheinen ungefähr 15 Jahre nach ihrer Anfertigung verblaßt zu sein. Wissenschaftler erkennen in ihren Umrißlinien die Hand von Francesco Melzi, der sie offensichtlich abkopiert hat. Unten links, Windsor 12328v, kehrt Leonardo in einer Studie aus der Zeit der Schlacht von Anghiari zum Motiv des springenden Pferdes zurück.

97/3

97/1

97/2

97/4

Die beiden Zeichnungen oben aus Codex Madrid II zeigen, welche Gangart Leonardo wahrscheinlich für das Sforza-Pferd vorgesehen hatte — einen lebhaften Schritt mit fast rechtwinklig angehobener rechter Vorderhand. Auf Folio 151v (unten) vermerkte Leonardo das Datum, den 20. Dezember 1493, und notierte, »Ich habe mich entschlossen, das Pferd ohne Schwanz und in Seitenlage zu gießen.«

zum Gußverfahren leider nicht eindeutig. Zum besseren Verständnis des Guß-verfahrens ist es hilfreich, die Aufzeichnungen im Codex Atlanticus und in der Sammlung Windsor hinzuzuziehen, darunter auch die Notizen zum geplanten Denkmal für Gian Giacomo Trivulzio.[24]

Leonardos neuer Plan für den Guß des gewaltigen Bronzepferdes begann mit der Errichtung des Tonmodells in voller Größe im alten Hof der Festung. Von diesem Tonmodell machte er einen Abdruck in mehreren Stücken. Daraus sollte der negative Teil der Gußform entstehen. Die Zeichnung auf Folio 157r von Codex Madrid II [101/1] von Kopf und Hals des Pferdes zeigt, wie mehrere Stücke auf das Modell gesetzt und durch Eisenverstrebungen gehalten werden. Die Anzahl der einzelnen Stücke dieser Gußform richtete sich danach, ob sie auf einen flachen oder runden Teil des Modells aufgesetzt wurden. Auf Folio 148r, Abschnitt 2, heißt es, »Wenn du für jede Rundung irgendeines Gliedes eine Form aus drei Stücken machst, dann löst du sie viel leichter vom irdenen Pferd, als wenn du sie aus zwei Stücken gemacht hättest.« Die Berührungsstellen der Kanten der Stücke wurden auf dem gründlich eingefetteten Modell mar-kiert. Dann wurden die einzelnen Stücke durch Trocknen ausgehärtet, abge-nommen und neu zusammengesetzt. Auf diese Weise erhielt Leonardo eine negative Gußform in zwei Hälften, die er als »Halbformen« bezeichnete.[25]

Das Innere dieser halben Gußformen wurde gleichmäßig mit einer geschmei-digen Masse beschichtet. Diese Schicht bezeichnet Leonardo im Codex Madrid II als »Dicke«. Die »Dicke« (Cellini bezeichnete sie später als *lasagna*) sollte aus einem tonartigen Material oder aus Wachs bestehen. Auf Folio 144r, Abschnitt 6, nennt er Wachs oder Töpferton. Die »Dicke« war Leonardos Lösung für das Problem einer exakten Berechnung der benötigten Bronzemenge, denn das Verhältnis zwischen dem Gewicht des für die »Dicke« verwendeten Materials und der Bronze machte eine genaue Umrechnung möglich. Auf diese Schicht

Das Trivulzio-Grabdenkmal war in seiner Gestaltung viel reicher als das Sforza-Denk-mal geplant. Nur in einer Skizze aus den Jahren der ersten Entwürfe für das Sforza-Denkmal (Codex Atlanticus 148r-a) befaßt sich Leonardo mit einem Sockel für die lebens-große Statue des Sforza. Es handelt sich um einen hohen Piedestal mit Bögen [98/2]. Die Abbildung unten aus einer Handschrift von 1491 über Francesco Sforza zeigt ein schrei-tendes Pferd, das dem von Leonardo ähnelt. Der reich verzierte Rahmen ist wahrschein-lich eine Erfindung des Miniaturisten. Für Trivulzio plante Leonardo ein lebensgroßes Pferd mit Reiter auf einem großen verzierten Marmorpiedestal. In der Skizze ganz rechts, Windsor 12355, stellt der Sockel eine Art Triumphbogen dar. In der Zeichnung Mitte rechts, Windsor 12353, ist der Sockel rund

98/1

98/2   98/3   98/4

und mit vielen Säulen versehen. In der Skizze unten ruht der Piedestal auf dorischen Säu-len in den Ecken; an den Seiten sitzen nackte Athletenfiguren.

98/5

in der Höhlung wurde die Positivform gelegt. Sie bestand aus feuerfestem Ton, wie er in Gießereien verwendet wurde, der beim Brennen und beim direkten Kontakt mit dem geschmolzenen Metall nicht sprang. Diese Positivform wurde in Entsprechung zu den eisernen Bolzen konstruiert, die sie in der Negativform festhielten.

Im Inneren der Gußform befanden sich zwei Arten von Bolzen: Die einen blieben nach dem Guß an Ort und Stelle, um dem fertigen Bronzedenkmal größere Stabilität zu verleihen. Die anderen dienten dazu, den Kern zu stützen und die äußere Schicht der Gußform festzuhalten; sie wurden nach dem Gießen entfernt. Diese Bolzen skizzierte und beschrieb Leonardo im Codex Atlanticus (datierbar auf 1494)[26] und in Windsor 12349. Diese Skizze einer Gußform für ein steigendes Pferd zeigt, daß Leonardo bereits während der ersten Mailänder Jahre, als sich *Il Cavallo* noch im Anfangsstadium befand, sein neues Gußver-fahren entwickelte.

Die Positivform durfte auf keinen Fall Feuchtigkeit enthalten. Um dies sicher-zustellen, beabsichtigte Leonardo, sie von der Negativform abzunehmen und erneut zu brennen. Hierfür wählte er ein Verfahren, wie es ähnlich beim Gießen von Kanonen zur Anwendung kommt. Leonardo konnte dabei auf seine frühe-ren Erfahrungen als Geschützmeister in Florenz zurückgreifen. Aus jener Zeit

Auf mehreren Studien für das Trivulzio-Denkmal greift Leonardo zu einem alten Bildhauertrick: Er läßt die Vorderbeine eines steigenden Pferdes auf einer Stütze aufliegen. Bei Donatellos Gattamelata handelte es sich um einen Ball. Die Überlieferung besagt, daß auch das Pferd des Marcus Aurelius ursprünglich durch einen niederge-

99/2

worfenen feindlichen Krieger gestützt wurde, der schon vor langer Zeit entfernt wurde. In diesen Entwürfen wählt Leonardo einen gestürzten Feind. Mit der Rechten versucht dieser, die Pferdehufe von sich abzuhalten. Das Gesims ist mit den Trophäen des Marschalls verziert; es wird an den Ecken von toskanischen Säulen getragen. Zwischen den Säulen ruht der einfache rechteckige Sarkophag von Trivulzio. Auf der Zeichnung links hat der Sarkophag eine schön geschwungene Form; er erinnert an eine Arbeit Verrocchios. Rechts von dem Piedestal sind Säulen mit Statuen angeketteter Gefangener zu erkennen. WINDSOR 12355

Dies sind die Stücke der Form von Kopf und Hals des Pferdes mit ihrer Verspannung und den Eisen.

wußte er, welche gravierenden Probleme entstanden, wenn in der Positivform noch Feuchtigkeit enthalten war. Um die Feuchtigkeit zu eliminieren, schlug er eine weitere Veränderung des Gußverfahrens vor.[27] Er plante, nach der Negativform eine 20 Zentimeter starke Schicht aus feuerfestem Ton anzufertigen. Sie stellte die äußerste Schicht der Positivform dar und bildete eine »Umhüllung«, die nach dem zweiten Brennen mit einer Mischung von Ziegelstaub, Asche, Gips oder Kalkmörtel gefüllt werden sollte.[28] Ein »Abzug« in der Innenseite sollte das Entweichen jeglicher Restfeuchtigkeit ermöglichen, die zum Zeitpunkt des Gießens möglicherweise noch vorhanden war. Leonardo sah

Das Stück der Stirn, das heißt das ihres Mantels, das innen die Dicke des Wachses hat, ist das letzte, was verschlossen wird, damit man durch dieses Fenster den Kern, der in den Kopf, die Ohren und den Hals hineingeht und den das hölzerne und eiserne Gerüst umgeben, ganz ausfüllen kann. Und dann färbst du das Stirnstück innen, und wieviel es beim Anziehen vom Kern färbt, soviel nimm nach und nach davon weg, indem du es immer wieder färbst, derart, daß du den Kern überall mit dem eingefügten Stirnstück berührst.

dieses Verfahren für den Pferdekörper vor. Die Gußform von Kopf und Hals sollte sofort vollständig mit dem feuerfesten Ton der Positivform gefüllt werden. In diesem Stadium könnten bereits die Schichten der Negativform, deren äußere Einzelteile an den Kanten verbunden sind, um die Positivform gelegt werden. Dann würde es sich im wesentlichen um eine komplexere Form des alten Gußverfahrens handeln, doch viele von dessen Nachteilen würden bestehen bleiben. Die Güte des Abdrucks vom irdenen Modell ließe sich nicht überprüfen, und zweifellos würden sich aus dem Entfernen der »Dicke«, aus dem wiederholten Abnehmen der Hohlteile und den vielen Nähten zwischen den Stücken zahlreiche Mängel ergeben. Der größte Vorteil von Leonardos neuer Methode der Herstellung einer zusammensetzbaren Gußform bestand darin, daß eine hohle Gipsform vorhanden war, die mit Wachs ausgefüllt werden konnte, um ein Duplikat des Originals anzufertigen. Der Künstler konnte dieses Duplikat auf Mängel hin prüfen, die sich möglicherweise in den ersten Abdruck

Am Maul ist ein Stück, das man auf beiden Seiten mit 2 Stücken der Wangenformen verbindet, und oben und unten bindet man es mit der Form der Stirn und mit der Form der Kehle unten; und der Hals wird von 3 Stücken der Form eingefaßt, 2 an den Seiten und eines vorn, wie oben in der Zeichnung gezeigt wird.

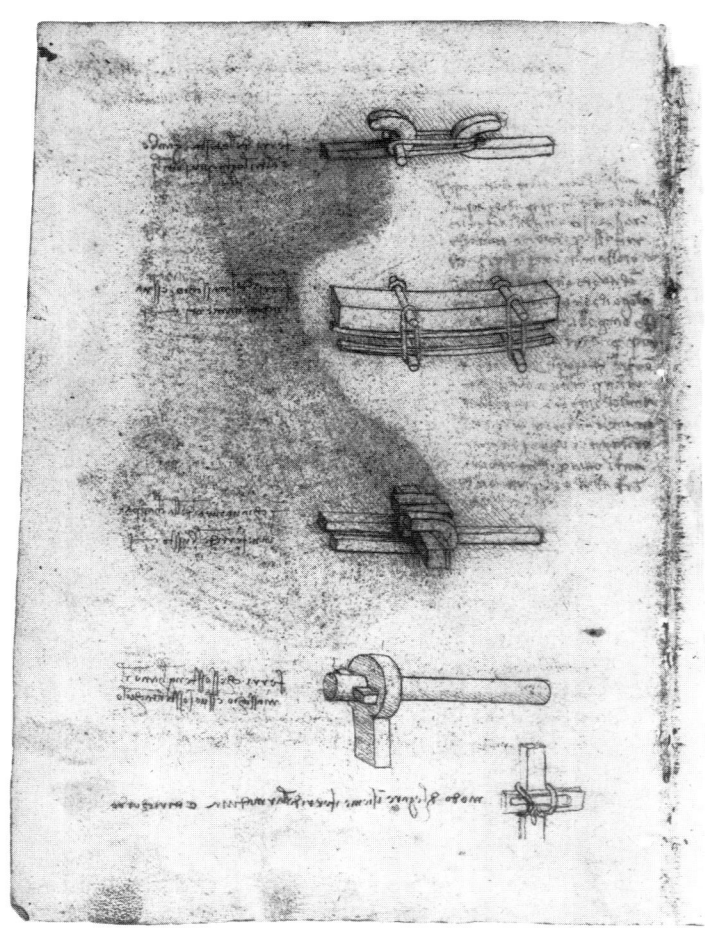

100/1

Auf diesen Seiten sind zwei der 17 Seiten im Codex Madrid II mit Skizzen zum Sforza-Pferd wiedergegeben. Auf Folio 156v, Seite 100, notiert Leonardo (von oben): »Eisen für die Seiten und die Beine und andere dünne Stellen. Eisen des Kernstücks und dessen Verkettung. Verschlüsselung des Mantels in die Eisen der Brust. Eisen, die das Kernstück und dessen Stütze festhalten.« Wegen der gewaltigen Größe des Sforza-Pferdes mußte die negative äußere Form in mehreren Stücken angefertigt werden. Folio 157r, Seite 101, zeigt die Kopf- und Halspartie der Negativform. Das Netz aus Eisenverstrebungen diente als Verstärkung von Gips oder Ton der Gußform.

eingeschlichen hatten, sie korrigieren und auf diese Weise fortfahren, bis das Duplikat dem entsprach, was in Bronze gegossen werden sollte. Die Herstellung der Gußform war damit nicht mehr nur eine hochqualifizierte handwerkliche Arbeit, sondern eine schöpferische Tätigkeit, an der der Künstler mit beteiligt war.

Im Codex Madrid II ist nicht ausdrücklich von einem Wachsduplikat die Rede. Es wird jedoch, insbesondere im Codex Atlanticus, darauf angespielt: »gieße den Rest [vom Wachs] und dann forme das Wachs, wie du es brauchst«.[29] Das Wachsmodell ist hier eindeutig für eine kleinere Figur bestimmt. Leonardo wird allerdings mit großer Wahrscheinlichkeit bei einem Projekt, das so große Sorg-

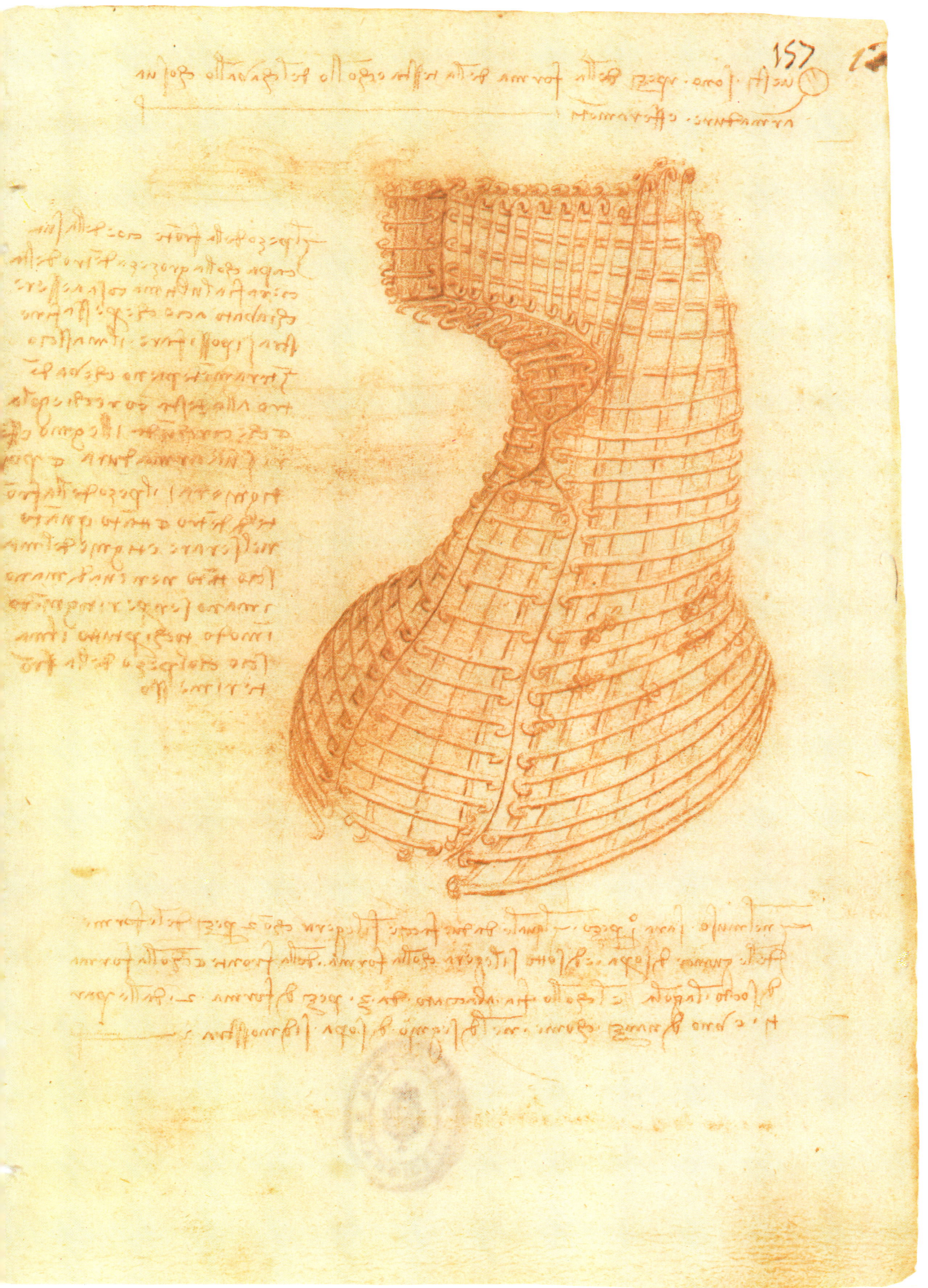

102/1

Leonardos neues Gußverfahren konnte erst 200 Jahre später in die Tat umgesetzt werden. Diese Statue von Ludwig XIV. wurde als erste überdimensionale Bronzestatue in einem Stück gegossen. Sie wurde 1699 in Paris aufgestellt. Bei der Vorbereitung der Gußform und dem Gußvorgang richteten sich die Gießer nach dem von Leonardo entwickelten Verfahren. Sogar die Figur des Pferdes — nach einem Modell von François Girardon — hatte große Ähnlichkeit mit den letzten Zeichnungen für das Sforza-Pferd. Die Franzosen müssen aus mündlichen Überlieferungen oder aus Abschriften seiner Aufzeichnungen von Leonardos Ideen gewußt haben. Angeblich hat Cellini in Frankreich ein Buch Leonardos »über die drei

FIGURE EQUESTRE DE LOUIS XIV
que la Ville de Paris a elevée dans la Place de Louis le Grand en 1699
Avec Privilege du Roy

102/1

großen Künste Bildhauerkunst, Malerei und Architektur« erworben. Die Statue Ludwigs XIV. hatte weniger als 100 Jahre Bestand: Sie gehörte zu den Kunstwerken, die der französischen Revolution zum Opfer fielen.

102/2

Die Abbildung rechts zeigt die äußere Gipsform, die die Negativform des Originalgipsmodells darstellt.

falt erforderte wie das Sforza-Pferd, versucht haben, ein Wachsmodell anzufertigen, zumal wir wissen, daß er in seiner Kostenberechnung für das Denkmal für Trivulzio ein Wachsmodell berücksichtigt hat.[30]

Auch Stellen im Codex Madrid II scheinen auf dieses Wachsmodell anzuspielen. Auf den Folios 142v, 148v und 150r wird auf die Notwendigkeit hingewiesen, das Pferd mit Asche zu bestreichen, bevor es mit dem Gußmantel bedeckt wird. Würde es sich um ein irdenes Modell handeln, so müßte es mit einer fetthaltigen Substanz bedeckt werden, um zu vermeiden, daß der Mantelboden haften bleibt. Wird der Gußmantel jedoch auf einem Wachsmodell hergestellt, muß stattdessen Asche verwendet werden. Leonardo empfiehlt, »Wenn du — mit dem Mantel beginnend — zwei Hände voll Asche aufgetragen hast, dann reibe mit der Hand die trockene Asche so leicht, daß sie sich glättet, damit der Mantel von den Pinselstrichen der Asche keine Spuren behält.«[31]

Wie diese Quellen zeigen, nimmt Leonardo eine hervorragende Stellung in der Geschichte der Gußtechnik ein. Dieses Verfahren der Anfertigung mehrerer

102/2

Gußteile und eines Wachsduplikats setzte sich seit dem 16. Jahrhundert durch und findet bis in die heutige Zeit Anwendung.

Der Gußmantel selbst wurde mit großen eisernen Querverstrebungen verankert, so daß die Positivform fest innerhalb des Mantels ruhte. Das ist aus der Zeichnung Codex Madrid II, Folio 157v, ersichtlich: Die Stützbolzen sind hier an diesen Eisenstreben befestigt [104/1]. Auf Folio 154r in Codex Madrid II befindet sich die Zeichnung eines Rahmens zum Transportieren der Gußform. Daraus läßt sich folgern, daß es sich um eine »offene« Gußform handelte. Sie bestand aus mehreren Teilen, die von der Positivform abgenommen werden konnten, nachdem das Wachs des Duplikats weggeschmolzen war. Diese offene Gußform war nicht allgemein üblich. Leonardo entschied sich für ihre Verwendung, da er für die Ausführung des Denkmals bereits eine weitere Maßnahme im Sinn hatte. Beim Gießen eines so gewaltigen Denkmals stellte selbst die Schmelzgrube ein Problem dar. Die Grube mußte hinreichend tief sein. In der

Mailänder Gegend liegen jedoch nahe an der Oberfläche wasserführende Schichten. Diese Feuchtigkeit mußte den Gußvorgang gefährden. Auf Folio 151v vom 20. Dezember 1493 schreibt Leonardo, wenn das Pferd mit dem Kopf nach unten gegossen werde, sei »das Wasser eine Elle nahe«. Daher mußte der Gußmantel vollkommen trocken und wasserdicht sein. Der Codex beschreibt Leonardos Versuche, dem Mantel die Feuchtigkeit zu entziehen.[32]

Es mußte sich natürlich um einen offenen Mantel handeln, denn er wurde zum Brennen und Aushärten von der Positivform abgenommen. Auch diese Lösung ist dem Gießen von Kanonen entlehnt. Erneut erwiesen sich Leonardos Kenntnisse über die Herstellung von Geschützen als äußerst nützlich.[33] Der Mantel bestand wahrscheinlich aus weniger Stücken als die anderen Teile der Gußform,

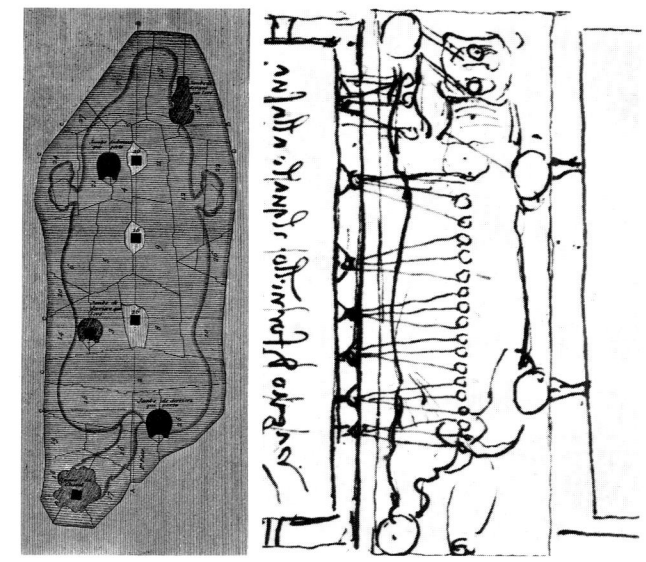

103/2

Das von Leonardo neu entwickelte Gußverfahren und das 200 Jahre später bei der Herstellung des Denkmals von Ludwig XIV. angewandte Verfahren weisen starke Übereinstimmungen auf, die sich auch durch einen Manuskriptvergleich belegen lassen. Die Abbildung links aus einem Bericht des 18. Jahrhunderts über den Guß des Denkmals für Ludwig XIV. zeigt das Wachsduplikat von Pferd und Reiter. Die netzförmig angeordneten Röhren hatten zwei Aufgaben: Erstens floß durch sie das erhitzte Wachs im Hohlraum zwischen der inneren und äußeren Gußform ab. Zweitens wurde durch sie die flüssige Bronze in den Hohlraum gegossen. Die Diagramme oben und unten zeigen die Ähnlichkeiten des Gußverfahrens bei Sforza und bei Ludwig XIV. Oben ist der Blick von oben auf die Schmelzgrube skizziert. Leonardos Diagramm (oben rechts), ein Ausschnitt aus Codex Madrid II 149r, zeigt Gußröhren, die in einen rechteckigen Brennofen münden. Unten werden die Rückansichten gegenübergestellt. In Leonardos Skizze (unten rechts), Windsor 12351v, kennzeichnet der gestrichelte Bereich den Hohlraum, der erst mit Wachs und dann mit Bronze gefüllt wird. Der Schwanz fehlt, da er ihn separat gießen wollte. In der Zeichnung für die französische Statue diente das Metallgitter in der Gußform zur Verstärkung des fertigen Pferdes. Das Material der inneren Gußform wurde durch ein Loch entfernt.

103/1   103/4   103/5

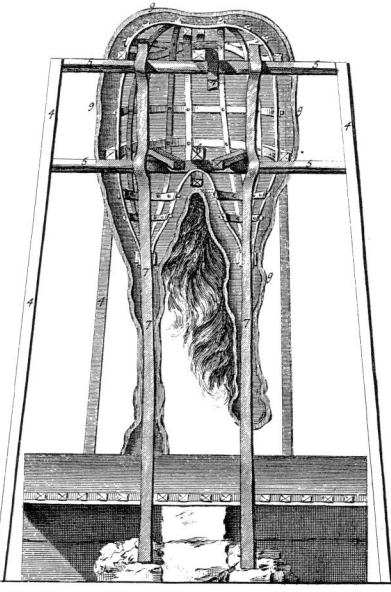

da er sich leichter abnehmen ließ: Die Teile hafteten nicht am Modell, sondern waren nach dem Ausfließen des Wachses durch eine Luftschicht von der Positivform getrennt. Dieser Raum war später für die Bronze bestimmt.

Der Codex erläutert das »gleichmäßige Abnehmen«[34] des Gußmantels durch einheitlichen Zug in horizontaler Richtung. Auch mit dem Gewicht des Mantels befaßte sich Leonardo[35], da er nach Herstellung des Duplikats abgenommen und zur Schmelzgrube und den Brennöfen transportiert werden mußte. Da der Mantel schwer, unförmig und zerbrechlich war,[36] mußten die Öfen und die Schmelzgrube an einem Platz dicht beieinander liegen. Das war natürlich nicht in der Nähe des Palastes möglich. Aus diesem Grund entwickelte Leonardo die

Oben auf diesem Blatt (Codex Madrid II 157v) schreibt Leonardo: »Am Abend des 17. Mai 1491. Hier wird all das in Erinnerung gerufen, was das bronzene Pferd betrifft, mit dem ich zur Zeit befaßt bin.« Sie ist zwar die letzte Seite des Manuskripts, jedoch das erste von 17 Blättern, die Leonardo zum Sforza-Pferd verfaßt hat. Er nahm seine Eintragungen völlig planlos vor, schrieb und zeichnete dort, wo Platz war oder begann mit seinen Aufzeichnungen am Ende einiger freier Seiten und arbeitete rückwärts. Unter der Zeichnung auf diesem Blatt notiert er, »Das ist das Gerüst des Kernstücks und des Gegenstücks für den Guß des Pferdes.« Innerhalb des hölzernen Rahmens befinden sich die halbkreisförmigen Gußformen, zwischen die die Bronze gegossen werden sollte. Die Positivformen sind in den Negativformen mit Eisenbolzen (von den Gießern Knebel genannt) verankert, die die Formen beim Guß in der vorgesehenen Stellung halten sollen.

Für das Sforza-Pferd mußte Leonardo ein neues Gußverfahren entwickeln. Als Perfektionist wollte er das gewaltige Pferd in einem einzigen Guß herstellen, um so die häßlichen Nahtstellen zu vermeiden. Er wollte außerdem das ursprüngliche Modell erhalten — als Kunstgegenstand, als Modell zum Vergleich für den fertigen Guß, und um den Guß im Falle eines Mißlingens wiederholen zu können. Das in der Renaissance übliche Gußverfahren — der Guß mit verlorener Form — bot ihm keine dieser Möglichkeiten. Nach herkömmlicher Weise wurde über einem Kern von gebranntem Ton ein Wachsmodell angefertigt, dann das Wachs mit einer äußeren Gußform überzogen, die Figur erhitzt, damit das geschmolzene Wachs herausfließt, und dann der entstandene Hohlraum mit flüssiger Bronze ausgegossen. Leonardos Methode, wie sie später in Gebrauch kam, war weit komplizierter. Zunächst wurde ein Tonmodell geschaffen. Nach diesem Modell wurde eine aus mehreren Teilen bestehende Negativform aus Gips hergestellt, die innen mit Wachs oder Töpferton beschichtet wurde. In der beschichteten Negativform wurde aus feuerfestem Ton eine Positivform gefertigt. Die Positivform wurde herausgenommen, gebrannt und wieder in die Negativform eingesetzt, nachdem die Wachs- oder Tonschicht entfernt worden war. Jetzt wurde in den entstandenen Freiraum Wachs gegossen, um ein Duplikat des Originals zu erhalten. Nach Abnehmen der Negativform wurden alle am Duplikat auftretenden Mängel behoben. Dann wurde über das Wachs eine neue Negativform aus feuerfestem Ton gezogen. Sie wurde gebrannt, damit das Wachs herauslief. Die Negativform wurde abgenommen, zur Austrocknung nochmals erhitzt und gegen Wasser abgedichtet, dann erneut auf die Positivform gesetzt. Schließlich wurde in die vom Wachs hinterlassene Aushöhlung die flüssige Bronze gegossen.

Gerüste, die auf Codex Madrid II 154r und Codex Atlanticus 216v-a zu erkennen sind.

Die Öfen sollten an den Seiten der Schmelzgrube ausgeschachtet werden. Zuerst wurden hier die beiden Hälften des Mantels erneut gebrannt und gegen Wasser abgedichtet. Dann wurde die Positivform mit Hilfe von speziell von

Leonardo konstruierten Winden[37] in das Innere hinabgelassen [106/1], das mit den Röhren oder »Mündern« zum Einlassen der flüssigen Bronze versehen war[38]. Dann wurde der Mantel um die Positivform geschlossen und die gesamte Gußform auf den Boden der Schmelzgrube gelegt.[39] Das war der letzte Schritt im kompliziertesten Gußverfahren, das je entwickelt wurde. Es stellte einen völligen Bruch mit den traditionellen Methoden dar und bewies seine Überlegenheit durch seine spätere allgemeine Verwendung.

Leider konnte Leonardo sein kompliziertes Verfahren nie vollständig ausprobieren. Aus einem Brief von Ercole I d'Este, dem Schwiegersohn Lodovico Sforzas und Herzog von Ferrara, an seinen Gesandten in Mailand,[40] wissen wir, daß die Gußform für das Pferd fertiggestellt wurde. In dem Brief bittet Ercole um die Gußform. Er wollte es für ein Reiterdenkmal seiner Person verwenden. Die politischen Kräfteverhältnisse hatten sich in Italien erneut geändert und hinderten Leonardo an einer Fortführung der Arbeit an *Il Cavallo*.

Wenn man Leonardos Notizbücher betrachtet, kann man sich gut vorstellen, daß er zu sehr in seine Experimente und Pläne vertieft war, um sich für Hofintrigen zu interessieren. Doch gerade diese Intrigen drohten schließlich, sein großartiges Projekt zu Fall zu bringen. Il Moro hatte seine Stellung als Herzog von Mailand nie ausreichend festigen können. Sein Neffe Gian Galeazzo, dessen Frau in Neapel mächtige Verwandte hatte, bedrohte ihn ständig.

Dieses Gerät dient dazu, den Mantel zu tragen und zu senken. Und wenn du ihn so senken willst, daß er umgekehrt steht, dann nimm das Kreuzstück weg, das dem Gerät zum Mantel hin als Riegel und Gerüst dient, und ziehe an den Füßen der geraden Hölzer, die den halben Mantel in a b festhalten. Aber das Beste ist es, wenn man den halben Mantel ablöst. Ziehe ihn und befestige ihn am ganzen Gerät, und ziehe ihn bis zu der Stelle, wo er gesenkt werden soll. Und so befestigst du ihn senkrecht auf den Füßen. Dann trage das Gerät von der entgegengesetzten Seite heran, mache den Mantel mit dem Verbindungsstück gegen das Gerät hin fest und senke ihn rückwärts mit den Seilen. Wenn du ihn vorwärts gesenkt hast, bringst du das Gerät dann ohne weitere Veränderung an den Mantel.   MADRID II 154r

Unter der Zeichnung dieses Gerätes, das zum Transport und zur Absenkung der Form dienen sollte, befindet sich Leonardos Beschreibung; siehe die Transkription Mitte links.

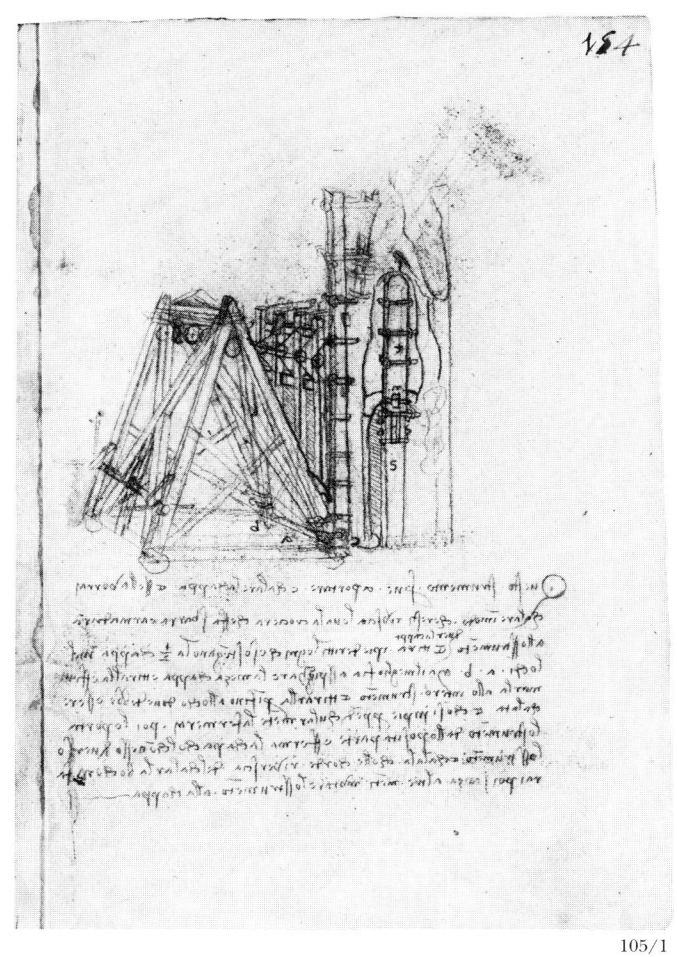

105/1

In diesem hölzernen »Käfig« sollte die gewaltige Gußform zur Schmelzgrube transportiert werden. Seine Anmerkung »alle Bolzenspitzen« bezieht sich auf die Löcher an der Seite des Pferdes, in denen die Bolzen zur Fixierung der inneren und äußeren Gußform verankert werden sollten.   ATLANTICUS 216v-a

105/2

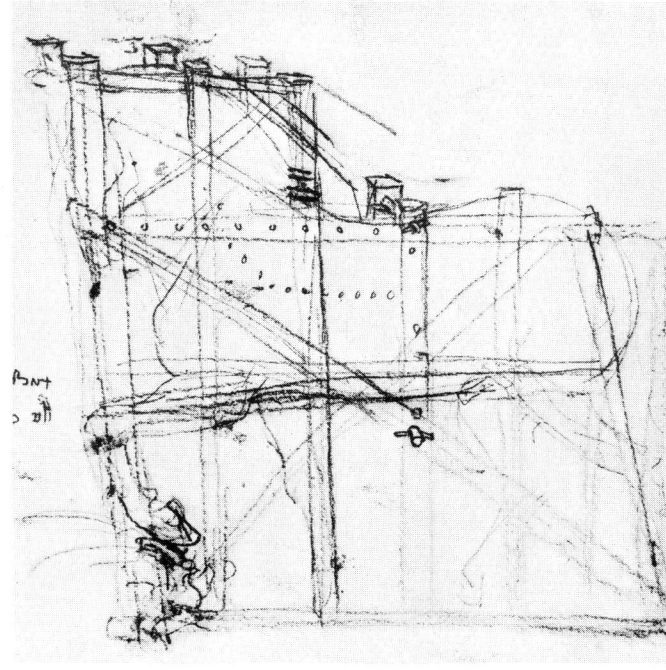

Auch Florenz schloß sich insgeheim dem Vorgehen Neapels gegen Mailand an. 1494 starb Gian Galeazzo. Möglicherweise wurde er auf Veranlassung Il Moros ermordet. Im gleichen Jahr — Leonardo bereitete gerade die endgültige Gußform vor — überredete Lodovico den französischen König Karl VIII., einen alten französischen Anspruch auf Neapel geltend zu machen. Zunächst hatte es den Anschein, als sei dies ein meisterhafter taktischer Zug. Die Folgen waren für Il Moro jedoch verheerend. Möglicherweise hatte er ursprünglich sogar vor, die Franzosen als ständige Bedrohung für die anderen italienischen Mächte im Land zu dulden. Doch bald stellte sich heraus, daß Frankreich ganz Italien, auch Mailand, erobern wollte. Unmittelbar bedroht war Lodovicos Schwiegersohn in Ferrara. Im November 1494 war Il Moro gezwungen, die 158 000 Pfund Bronze, die für *Il Cavallo* bestimmt waren, zum Guß von Kanonen zu verwenden.[41]

Doch Leonardo gab die Hoffnung noch nicht auf. Er malte am *Abendmahl*, als er an Il Moro schrieb: »Von dem Pferd will ich nicht reden, denn ich weiß, wie die Zeiten sind.«[42] Die letzten Pläne Leonardos für den Guß sehen vor, den Schwanz gesondert vom restlichen Pferd zu gießen, da es Schwierigkeiten bereitete, die Bronze in die einzelnen Schweifbüschel eindringen zu lassen.[43] Zu einem früheren Zeitpunkt hatte er zwar beschlossen, das Pferd auf der Seite liegend zu gießen, um das Entstehen von Feuchtigkeit am Boden der Schmelzgrube zu vermeiden. Zum Schluß kehrte er jedoch zu seinem ursprünglichen Plan zurück, das Pferd mit dem Kopf nach unten zu gießen.[44] Er arbeitete weiter an dem Entwurf für die Öfen, von denen er auf Folio 149r in Codex Madrid II insgesamt vier zeichnete — zwei runde und zwei rechteckige [107/1]. Auf den Folios 142 und 148 beschäftigt er sich mit der Möglichkeit, fünf oder sechs Ofenladungen Bronze gleichzeitig zu verwenden, wobei für jeden Teil des

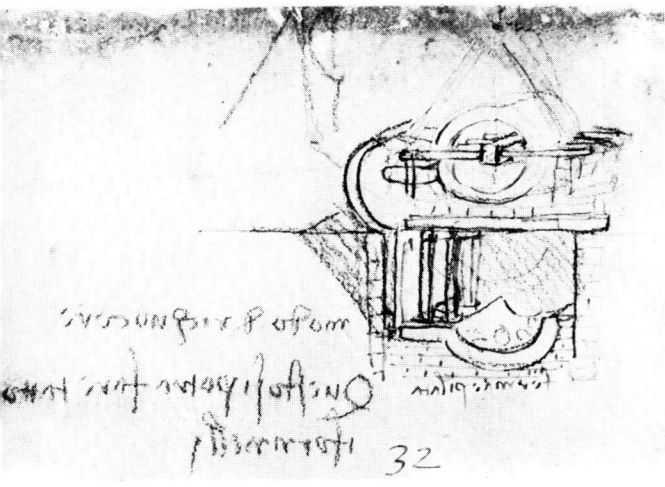

106/1

Die genaue Lage, in der das Sforza-Pferd gegossen werden sollte, stellte für Leonardo ein großes Problem dar. Er wollte es kopfüber gießen, damit sich die flüssige Bronze gut verteilen konnte. Zu diesem Zweck hätte die Schmelzgrube so tief gegraben werden müssen, daß sie in die wasserführenden Erdschichten vorgestoßen und daher die Feuchtigkeit in den Gußformen zu hoch geworden wäre. An einer Stelle im Codex Madrid II beschließt er, es »auf der Seite liegend« zu gießen. Doch offensichtlich hat er das Feuchtigkeitsproblem gelöst, indem er die äußere Gußform in einem Ofen wie dem oben skizzierten (Windsor 12348) erneut brennen und wasserdicht machen ließ. Seine einzige Zeichnung der gesamten Gußanlage (gegenüberliegende Seite) zeigt das Pferd mit dem Kopf nach unten. In einem Ausschnitt hieraus (unten) ist das Netz aus Röhren zu erkennen, in denen die flüssige Bronze in den Freiraum zwischen innerer und äußerer Gußform fließen sollte, den zuvor das Wachs ausgefüllt hatte.

106/2

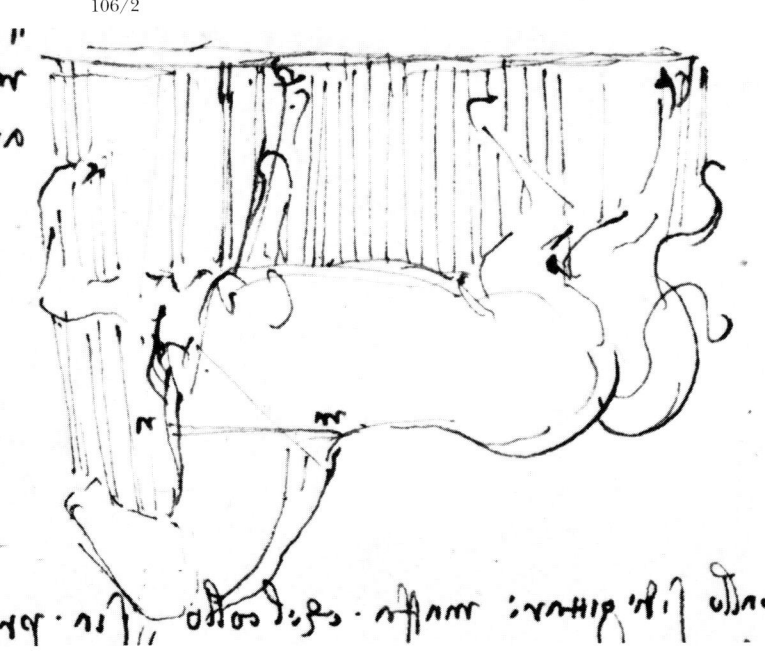

Pferdes ein Ofen vorgesehen war. Doch 1499 mußte er seine Arbeit abbrechen, da die Truppen von Ludwig XII. Mailand belagerten. Leonardo verließ zusammen mit dem befreundeten Mathematiker Luca Pacioli die Stadt und ging zuerst nach Venedig und später nach Florenz. Lodovico wurde gefangen gesetzt und in einem französischen Gefängnis eingekerkert. Das gewaltige Tonmodell von *Il Cavallo* im Palasthof wurde von Gascogner Bogenschützen zu Zielübungen verwendet. Die Bitte von Ercole d'Este um die Gußformen für sein eigenes Denkmal wurde später von dem französischen König zurückgewiesen. Im Laufe der Zeit ging jegliche Spur von ihnen verloren.

Leonardo wandte sich in Florenz und später im Auftrag Cesare Borgias schnell anderen Projekten zu. Fast zehn Jahre, nachdem er Mailand verlassen hatte, erhielt er von Gian Giacomo Trivulzio [88/2], dem in Italien geborenen Befehlshaber der französischen Truppen und Eroberer Mailands, den Auftrag für eine neue Reiterstatue. Leonardo arbeitete für ihn am Entwurf einer lebensgroßen Bronzestatue, deren Guß keine so großen praktischen Probleme aufwarf und doch ein lebhaftes Pferd in natürlicher Haltung zeigte. Leonardo fertigte eine Reihe herrlicher Skizzen [93/2; 98/3-5; 99/1-2] für das Trivulzio-Denkmal an (insbesondere in der Sammlung Windsor), doch leider wurde auch dieses Pferd nicht in Bronze gegossen. Die Pläne und Entwürfe Leonardos wurden nie verwirklicht.

Höchstwahrscheinlich gab es eine handgeschriebene Kopie von Leonardos Aufzeichnungen über den Bronzeguß. Benvenuto Cellini soll in Frankreich eine »mit der Feder« geschriebene Übersetzung eines Leonardo-Buches gekauft haben, das »von drei großen Künsten handelte: Bildhauerkunst, Malerei und Architektur«.[45] Sei es durch dieses Buch oder durch eine andere Quelle — ungefähr 200 Jahre später kam Leonardos Gußverfahren zur Anwendung. Germain Boffrand[46] und andere beschreiben das Verfahren, nach dem der Schweizer Jean Baltazar Keller das gewaltige Reiterdenkmal von Ludwig XIV. nach einem Modell von François Girardon anfertigte und goß. Es wurde 1699 in Paris aufgestellt. Leonardos Verfahren und das bei Herstellung der französischen Statue angewandte Verfahren weisen verblüffende Übereinstimmungen auf. Dieses Denkmal ist das erste historisch belegte Beispiel für eine überdimensionale Statue, die in einem Stück gegossen wurde, wie es Leonardo für das Sforza-Pferd vorgesehen hatte. Außerdem bediente sich Boffrand einiger von Leonardo entwickelter Hilfsmittel, die weder von Vasari noch von Cellini erwähnt werden. Er verwendete zum Beispiel die »s«-förmigen Eisen, die zur Abstützung des Tons der Positivform innerhalb der Negativform dienen [91/2], oder klopfte die Positivform mit einem Holzstück ab, um sicherzustellen, daß sie keine schadhaften Stellen aufwies. Zudem hat Boffrands Skizze des kopfüber in der Gipsform eingeschlossenen Pferdes große Ähnlichkeiten mit Leonardos Zeichnung des Sforza-Pferdes in der Schmelzgrube — selbst die Gestaltung des Pferdes weist Ähnlichkeiten mit dem Sforza-Denkmal auf [103/1-5].

Diese Statue wurde zwar in Bronze ausgeführt, hatte jedoch ebenfalls keine lange Lebensdauer: Gemeinsam mit anderen herrlichen, aber royalistisch geprägten Kunstwerken wurde sie während der französischen Revolution zerstört. Leonardos Arbeit und seine Entwürfe für das Sforza-Pferd waren unauffindbar, bis 1967 der Codex Madrid II in der Biblioteca Nacional in Madrid entdeckt wurde. Die Aufzeichnungen im Codex zu *Il Cavallo* sind von großer Bedeutung, da sie deutlich machen, welchen außergewöhnlichen Beitrag Leonardo zur Entwicklung des Skulpturengusses geleistet hat. Sie sind außerdem ein Zeugnis von Leonardos Arbeit als Künstler, Wissenschaftler und Erfinder, der mit den politischen Wechselfällen der italienischen Renaissance zu kämpfen hatte. Dennoch schuf er Kunstwerke, die länger Bestand hatten als die Reiche der Herrscher, für die er arbeitete, und Entwürfe, die verwirklicht wurden, als die mächtigen Fürsten seiner Zeit schon lange vergessen waren.

Trotzdem weckt dieses Projekt eine gewisse Trauer. Es ist symbolisch für einen Mann, dem seine Zeit weder volle Entfaltung ermöglichte noch die gebührende Anerkennung zuteil werden ließ. Dieses Gefühl von Enttäuschung, von Vereinsamung, spricht vielleicht am besten aus Leonardos eigenen Worten in Codex Madrid II 141r:

> »Grabinschrift
> Wenn ich nicht habe machen können
> Wenn ich …«

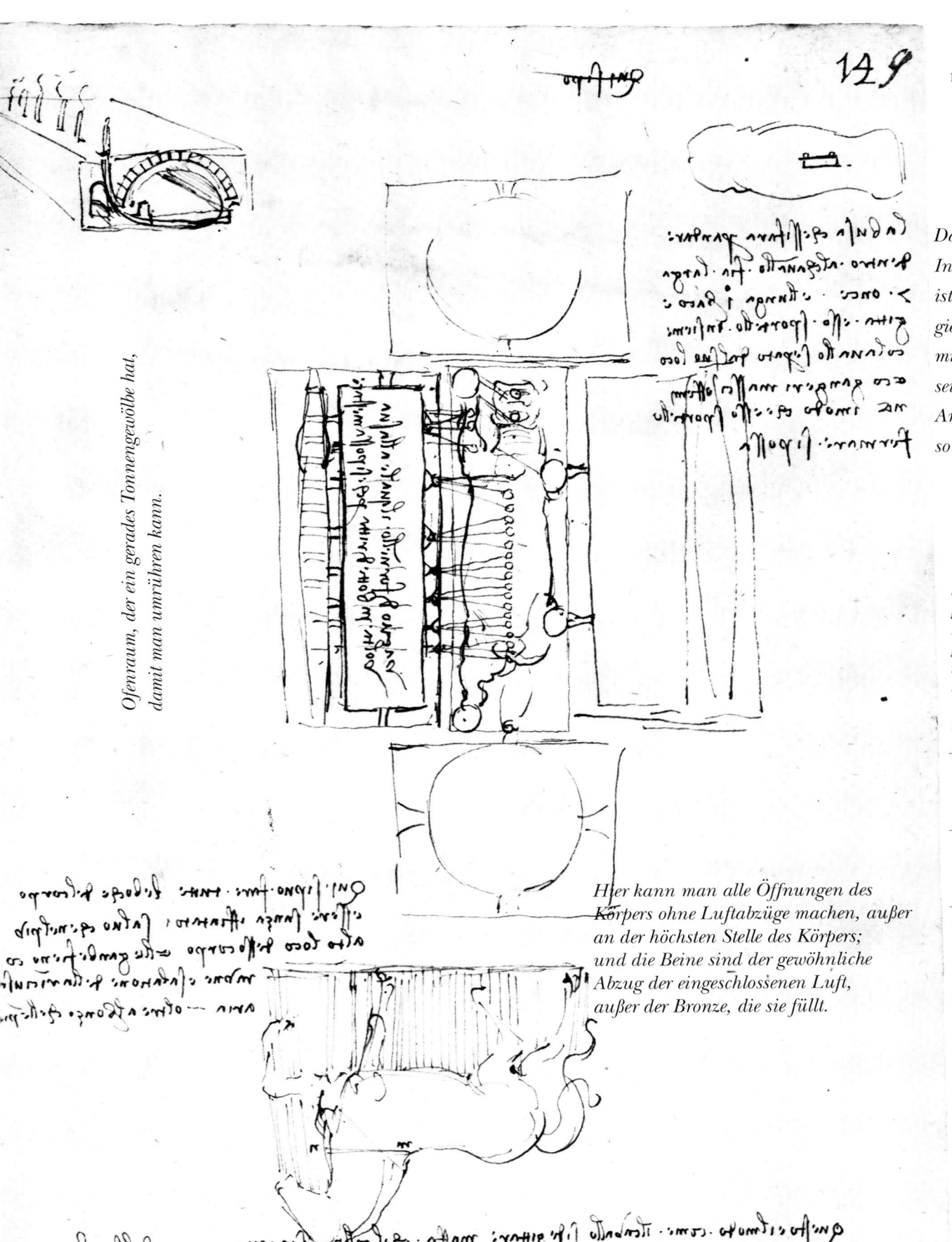

Das Loch, das man macht, um ins Innere des Pferdes zu gelangen, ist 7 Unzen breit und eine Elle lang; gieße diese Klappe zusammen mit dem Pferd, aber getrennt von seinem Platz. Und gieße sie mit Angeln, Zapfen und Aufnahmestücken, so daß sie schließen kann.

Ofenraum, der ein gerades Tonnengewölbe hat, damit man umrühren kann.

So stellte sich Leonardo die Schmelzgrube für das Sforza-Pferd vor. In der Mitte, als Aufsicht, ist die zusammengesetzte äußere Gußform des Pferdes zu sehen. An den vier Seiten befinden sich zwei rechteckige und zwei runde Öfen, wie er sie für den Kanonenguß entworfen hatte. Von hier fließt die flüssige Bronze in die Gußform. Da er wußte, wieviel Wachs oder Töpferton die »Dicke« — der Raum zwischen äußerer und innerer Gußform — ausfüllte, konnte er die benötigte Bronzemenge genau berechnen. Die flüssige Bronze wurde in Röhren von den Brennöfen zu Löchern in der Gußform geleitet. In einer nebenstehenden Anmerkung schreibt er, daß einige der Röhren — »Öffnungen« — belüftet werden müssen. Die Skizze unten zeigt, »wie das Pferd gegossen werden muß«, nämlich mit dem Kopf nach unten. Die Skizze und die Anmerkung oben rechts beschreiben ein Loch von ungefähr 36 mal 57 Zentimeter als Zugang ins Innere des fertigen Pferdes. Durch dieses Loch konnten die Tonschichten entfernt werden, die beim Guß die innere Form gebildet hatten.   MADRID II 149r

Hier kann man alle Öffnungen des Körpers ohne Luftabzüge machen, außer an der höchsten Stelle des Körpers; und die Beine sind der gewöhnliche Abzug der eingeschlossenen Luft, außer der Bronze, die sie füllt.

Dies ist die Art, wie man das Pferd gießen muß. Aber sieh zu, daß zunächst der Hals durch viele Öffnungen mit Bronze bis zur Linie m n gefüllt ist, und dann mache alle anderen Öffnungen zugleich auf.

Des weiteren kann das Bronzepferd angefertigt werden, zu unsterblichem Ruhm und ewiger Ehre Eures Herrn Vaters wie des vortrefflichen Hauses Sforza.

Hier ist das unglückliche Schicksal von Leonardos Arbeit an Il Cavallo mit seinen eigenen Worten wiedergegeben. Im Jahre 1482 schreibt er an Lodovico Sforza und bietet seine Dienste an.

Von dem Pferd will ich nicht reden, denn ich weiß, wie die Zeiten sind …

In einem Brief an Lodovico erwähnt er die »Zeiten« — der Herzog befand sich in großen Schwierigkeiten und die 158 000 Pfund Bronze für den Guß des Pferdes wurden nach Ferrara geschickt, um daraus Kanonenrohre zu gießen.

Der Herzog hat sein Land, seine Besitztümer und seine Freiheit verloren, und er hat keines seiner Werke vollendet gesehen.

Leonardo schreibt in sein Notizbuch eine Art Epitaph.

Grabinschrift
Wenn ich nicht habe machen können …
Wenn ich …

Mit diesem »Epitaph« enden Leonardos Aufzeichnungen zu dem Pferd in Codex Madrid II. Das Pferd »konnte er nicht machen« wegen des Krieges — und wegen seines eigenen rastlosen Strebens nach der Entwicklung von immer neuen, besseren und auch schwierigeren Verfahren.

Heute sind nur noch Leonardos Aufzeichnungen und Skizzen für das Pferd erhalten. Die Gußformen wurden noch hergestellt, gingen jedoch verloren. Selbst das großartige tönerne Modell in voller Größe wurde durch die Pfeile der französischen Invasoren zerstört. In der Abbildung rechts lebt Leonardos Pferd — wenn auch nur als Symbol. Seine Zeichnung in Windsor 12347 wurde vergrößert und auf einen angedeuteten Sockel gesetzt, dessen Größe und Aufstellung jedoch auf reiner Spekulation beruhen. Diese Montage wurde in den Hof des Sforza-Schlosses projiziert, wobei die korrekten Proportionen beibehalten wurden. So erhebt sich Il Cavallo majestätisch über dem herzoglichen Hof. Vielleicht hat auch Leonardo das Pferd hier in seiner Vorstellung gesehen.

108/1

HÖHE DES PFERDES: 7,20 METER

HÖHE DES GEBÄUDES: CA. 19 METER

ZUM GEBÄUDE: 43 METER

ZUM BETRACHTER: 25 METER

»Er wies der Musik den höchsten Rang
unter den Künsten nach der Malerei zu…
und nannte sie *figurazione delle cose invisibili*
(Gestaltwerdung des Unsichtbaren).«

LEONARDO UND DIE MUSIK

EMANUEL WINTERNITZ

»Er war ein eleganter Redner und ein
hervorragender Spieler auf der *lira*, und
war der Lehrer von Atalante Migliorotti,
den er auf diesem Instrument unterwies.«
ANONIMO GADDIANO

Die lira da braccio, *ein Vorläufer der Violine, ist neben der Laute eines der beliebtesten Improvisationsinstrumente der italienischen Renaissance. Sänger begleiteten sich selbst auf der* lira da braccio *und gaben dem Vortrag damit einen polyphonen Charakter. Die* lira da braccio *war ein Streichinstrument mit fünf Melodiesaiten, die wie die Saiten der Violine mit den Fingern auf ein Griffbrett gedrückt wurden, und zusätzlich zwei außerhalb des Griffbretts verlaufenden Saiten, die jeweils nur einen Ton erzeugten. Wegen dieser freien Saiten, die an die antike griechische Lyra erinnern, wurde dieses Instrument als* lira da braccio, *oder kurz als* lira *bezeichnet.*

L eonardo galt seit jeher als »Universalgenie«, doch seine Überlegungen zur Musik und seine Tätigkeit auf diesem Gebiet fanden kaum ernsthaftes Interesse und wurden nie systematisch untersucht. Es ist bezeichnend, daß in den Standardwerken über Leonardo, selbst in unserem Jahrhundert, der Begriff Musik überhaupt nicht erwähnt wird[1] oder man sich damit begnügt, Vasari zu zitieren, den Verfasser der berühmten *Lebensbeschreibungen der Maler.*

Doch Leonardo beschäftigte sich sehr intensiv mit Musik. Er spielte selbst Instrumente, erteilte Musikunterricht, befaßte sich eingehend mit der Akustik und führte auf diesem Gebiet zahlreiche Experimente durch, die einen unmittelbaren Bezug zur Musik hatten. Er ging dem Begriff der musikalischen Zeit nach und erfand zahlreiche einfallsreich konstruierte Musikinstrumente oder verbesserte die bereits existierenden. Seine Gedanken über die Philosophie der Musik sind sehr originell und eng mit seiner Philosophie der Malerei verbunden. Nicht zufällig räumt er im *Paragone,* der Einleitung zu seinem *Trattato della Pittura,* der Musik nach der Malerei den höchsten Rang unter den Künsten ein.[2] Selbst wenn wir nichts über seine Klassifizierung der Musik wüßten als seinen Ausspruch, sie sei *figurazione delle cose invisibili* (»Gestaltwerdung des Unsichtbaren«), hätten wir doch einen deutlichen Eindruck von der Tiefe und Ursprünglichkeit seines musikalischen Denkens.

Aus verschiedenen Gründen wurden die musikalischen Verdienste Leonardos nie hinreichend untersucht und gewürdigt. Kunsthistoriker haben sich kaum mit der Musik zur Zeit Leonardos beschäftigt. Weder die Eigenschaften und Feinheiten der damals gängigen Instrumente, noch ihr Entwicklungsstand haben ihr Interesse geweckt. Musikhistoriker hingegen beschäftigen sich nur ungern mit einem Mann, von dem keine geschriebenen Kompositionen erhalten sind. Sie sind vollauf mit dem Sammeln und Interpretieren des reichen Schatzes an polyphonen Renaissancekompositionen ausgefüllt und daher bisher kaum gewillt, sich mit musikalischen Improvisationen zu beschäftigen. In den Musikabhandlungen der Renaissance wird die Improvisationskunst zwar nicht ausführlich behandelt, sie gehörte aber dennoch zu den beliebtesten Formen musikalischer Aufführungen.

Das wird durch zahlreiche Gemälde und andere Kunstwerke belegt, die von Engeln, von König David und den großen Gestalten der Mythologie wie Apollo, Orpheus, Amphion und den Musen mit ihren Improvisationsinstrumenten berichten.[3]

In der frühesten biographischen Quelle über Leonardo, dem Anonimo Gaddiano[4] aus der

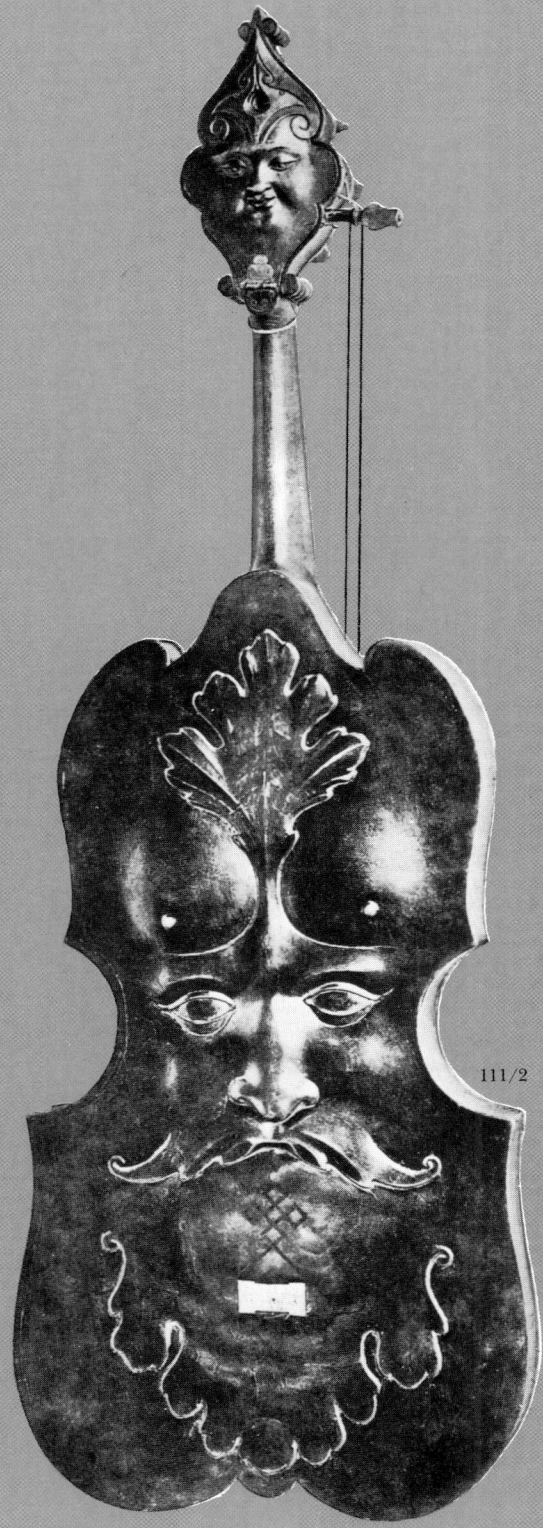

Die oben und links abgebildete lira da braccio *wurde von Giovanni d'Andrea 1511 in Verona gebaut. Es handelt sich um eines der schönsten erhaltenen Exemplare einer* lira. *Der Korpus ist wie ein männlicher Torso geformt, und die Vorderseite des Wirbelkastens schmückt ein groteskes männliches Gesicht. Der stark reliefierte Boden hat die Gestalt eines weiblichen Torso. Die Rückseite des Wirbelkastens zeigt ein weibliches Gesicht. Im mittleren Bereich des Resonanzkörpers befindet sich über den Formen des weiblichen Torso ein großer schnurrbärtiger* mascheróne. *Auf einer kleinen Elfenbeinplakette in der Rückseite steht das griechische Sprichwort »Musik und Gesang heilen alle Schmerzen«.*

KUNSTHISTORISCHES MUSEUM, WIEN

Apollo, der Herr der Musen, ist in diesem
Ausschnitt aus Raffaellos Parnassus beim
Spiel einer lira da braccio dargestellt.
STANZA DELLA SEGNATURA, VATIKAN

112/1

113/1
Dieses Portrait eines Musikers ist eines der am
besten erhaltenen Gemälde Leonardos. Es ist
allerdings unvollendet, nur das Gesicht und
die Hände sind vollständig ausgeführt. Der
portraitierte junge Mann hält eine nicht zu
entziffernde Partitur in der Hand. Man hat
mehrfach versucht, die Identität dieses Musikers festzustellen. Allgemein wird das Bild als
ein Portrait des mit Leonardo befreundeten
Komponisten und Musiktheoretikers Franchino Gaffurio betrachtet. Er wurde 1451 in
Lodi geboren und war von 1484 bis zu seinem Tod 1522 Kapellmeister am Mailänder
Dom. Gaffurio war fast gleichaltrig mit Leonardo. Andere Interpreten sehen in dem Dargestellten Leonardos Schüler Atalante Migliorotti, der unter anderem das Spiel der lira
da braccio von Leonardo erlernte und mit
ihm 1492 von Florenz nach Mailand ging.
AMBROSIANA, MAILAND

ersten Hälfte des 16. Jahrhunderts, finden sich an zwei Stellen Hinweise auf Leonardos musikalische Tätigkeiten: »Er war ein eleganter Redner und ein hervorragender Spieler auf der *lira* und war der Lehrer von Atalante Migliorotti, den er auf diesem Instrument unterwies.« — »Lorenzo il Magnifico schickte ihn zum Herzog von Mailand, um diesem zusammen mit Atalante Migliorotti eine *lira* zu überreichen, da sein Spiel auf diesem Instrument einzigartig war.«

Atalante Migliorotti war 1466 in Florenz geboren und daher noch ein 16jähriger Jüngling, als er Leonardo 1482 oder 1483 an den Hof der Sforzas begleitete. Auch er muß die *lira* meisterhaft gespielt haben, da er 1490 vom Marchese Francesco Gonzaga an den Hof von Mantua gerufen wurde, um dort in Polizianos berühmter Oper *Orfeo* die Titelrolle zu singen und zu spielen.

Um 1530 beschreibt Paolo Giovio in seiner kurzen Biographie Leonardo als ein großes Genie von angenehmem Äußeren, Erfinder vieler interessanter Theatereffekte und ausgezeichneter Spieler der *lira*. Der große Mathematiker Luca Pacioli, mit dem Leonardo in Mailand Freundschaft schloß und für dessen Traktat *De divina proportione* er geometrische Figuren entwarf, bezeichnet ihn nicht nur als herausragenden Maler, als Meister der Perspektive und Architektur, sondern auch als Musiker.

Vasari berichtet, Leonardo habe »auch auf die Musik viel Mühe verwandt; insbesondere war er bestrebt, das Spiel der *lira* zu erlernen, da er von der Natur mit einem erhabenen Geist voller Anmut ausgestattet war; er sang wunderbar und begleitete sich selbst improvisierend auf der *lira*.« Vasari berichtet auch, daß »Leonardo, nachdem Lodovico Sforza Herzog von Mailand geworden war, vor den Herzog gebracht wurde, um ihm vorzuspielen, da der Herzog die *lira* sehr liebte. Leonardo brachte ein von ihm selbst gebautes Instrument mit. Es bestand weitgehend aus Silber und hatte die Form eines Pferdekopfes; durch diese neue ungewöhnliche Gestalt wollte er dem Klang (*l'armonia*) mehr Intensität verleihen. Mit diesem Instrument stellte er alle dort zum Spiel versammelten Musiker in den Schatten. Außerdem war er der beste Stegreifdichter seiner Zeit.« Eine Reihe späterer Historiker rühmten ebenfalls Leonardos musikalische Begabung, insbesondere der Mailänder Maler Giovanni Paolo Lomazzo, der in seinem *Trattato dell'arte della pittura* von 1584 und in *L'idea del tempio della pittura* von 1590 den »Maler Leonardo Vinci« als einen herausragenden Meister der *lira* bezeichnete.

Bei der in diesen Quellentexten erwähnten *lira* handelt es sich um die *lira da braccio*, das edelste und erlesenste polyphone Streichinstrument zur Zeit Leonardos — eine Fiedel mit sieben Saiten. Fünf befanden sich als Melodiesaiten auf dem Griffbrett, während zwei neben dem Griffbrett verliefen und beim Zupfen oder Streichen mit dem Bogen eine Bordun-Wirkung erzeugten. Mit Ausnahme vielleicht der Laute war sie das wichtigste Improvisationsinstrument der damaligen Zeit. Die Sänger konnten damit selbst ihren Gesang begleiten.[5] Eines der wenigen erhaltenen Instrumente und zweifellos eines der schönsten wurde von Giovanni d'Andrea 1511 in Verona gebaut. Es gehört heute zu den unbezahlbaren Schätzen des Kunsthistorischen Museums in Wien [111/1 und 2].

Leonardo muß in seiner Jugend in Florenz eine gute musikalische Ausbildung erhalten haben. Laut Vasari war Verrocchio, in dessen Werkstatt Leonardo arbeitete, nicht nur Bildhauer und Maler, sondern auch Musiker.[6] Es ist sicher nicht notwendig, an dieser Stelle das reiche Musikleben am Hofe der Medici und in den florentinischen Kirchen zu beschreiben. In Mailand fand Leonardo ebenfalls ein sehr lebendiges Musikleben vor. Es war in zwei Lager gespalten — das der italienischen Traditionalisten und das der flämisch-deutschen Neuankömmlinge (Josquin, Compère, Jacotin und Agricola). Der Hüter der italienischen Tradition, Franchino Gaffurio, ein gleichaltriger Freund Leonardos, war von 1484 bis 1522 Kapellmeister des Mailänder Domchors. Seine Schriften zeichnen sich durch Befreiung von der alten philosophischen Tradition und die empirische Analyse musikalischer Phänomene als Erfahrungsdaten aus — eine Haltung, die der Leonardos sehr ähnlich ist.

Obwohl er als Musiker berühmt war, kam Leonardo wahrscheinlich nicht um der Musik willen nach Mailand. In seiner Bitte um eine Anstellung am Mailänder Hof (Seite 7) erwähnt er die Musik überhaupt nicht, sondern betont seine Fertigkeiten in der Konstruktion von Brücken, Kanälen, Festungsanlagen, Kanonen, Tunneln und gepanzerten Wagen. Erst am Schluß erwähnt er, daß er auch Skulpturen und Gemälde ausführen könne. Doch aus vielen Quellen, auch aus

113/1

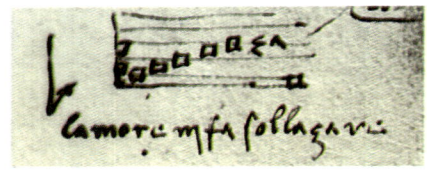

Liebe bringt mir Freude

*Leonardo bediente sich in einigen seiner un-
terhaltsamen Bilderrätseln der Notenschrift.
Es handelt sich um die einzigen Beispiele für
Notenschrift in den Notizbüchern Leonardos.
Da es nicht üblich war, Improvisationen niederzuschreiben, sind keine Aufzeichnungen
der Improvisationen Leonardos überliefert.*

WINDSOR 12692v

Leonardos eigenen Aufzeichnungen und Skizzen in seinen Notizbüchern, wissen
wir, daß er auch an der Gestaltung prunkvoller Festveranstaltungen wie Hochzeiten, Empfängen und Prozessionen am Mailänder Hof beteiligt war. Leonardo
entwarf Szenarien für große öffentliche Feste, Kostüme [129/1], Masken und
Theatermaschinen. Es ist kaum anzunehmen, daß er sich als hervorragender
Musiker nicht an den vielfältigen musikalischen Aktivitäten am Mailänder Hof
beteiligt hat.

Wir besitzen zwar keine Kompositionen von Leonardo, doch das heißt nicht, daß
er nicht über die technischen Kenntnisse der musikalischen Notation verfügte.
Wie damals üblich, schrieb er seine Improvisationen nicht nieder, auch wenn sie
noch so ausgefeilt waren. Es besteht jedoch kein Zweifel, daß er die Notenschrift

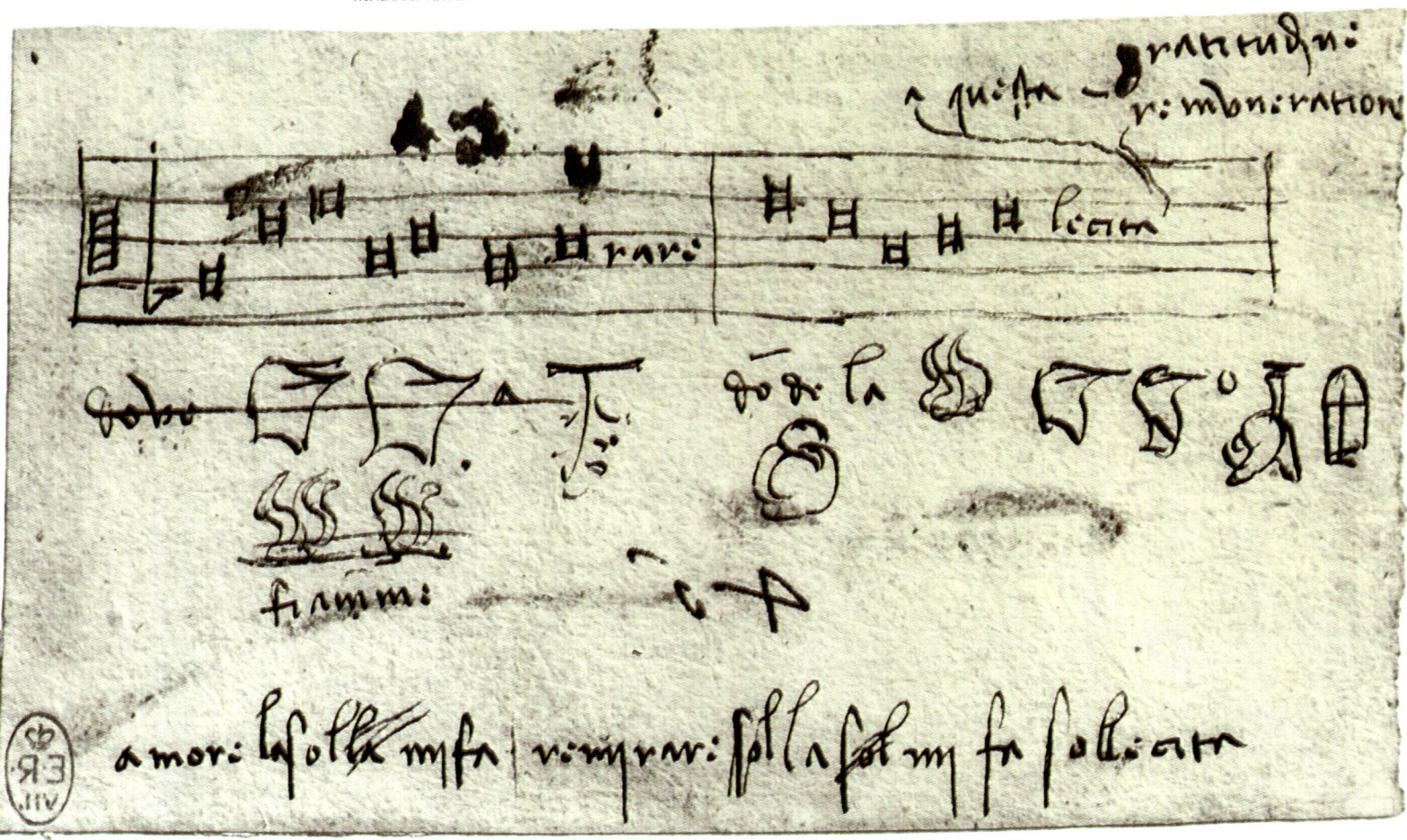

Nur Liebe läßt mich erinnern, nur sie spornt mich an

*Von Leonardo sind 160 Bilderrätsel erhal-
ten. In 18 von ihnen verwendet er Notenschrift — ein Beweis, daß er sie beherrschte.
In dem oben abgebildeten Bilderrätsel beginnt
er mit einem Angelhaken, italienisch amo.
Dann kommen die Noten re, sol, la, mi, fa,
re, mi, auf die das Wort rare folgt. Hinter
der zweiten Notengruppe la, sol, mi, fa, sol
folgt das Wort lecita. Der ganze Satz lautet
demnach Amore sol la mi fa remirare, la
sol mi fa sollecita (»Nur Liebe läßt mich
erinnern, nur sie spornt mich an.«) Für die
sieben Töne der Tonleiter verwendete Leonardo die Guidonischen Tonsilben, die nach
Guido d'Arezzo benannt sind, der dieses System um 1 000 n. Chr. erfand.*

WINDSOR 12697

beherrschte. In 18 der über 160 Bilderrätseln in den Blättern der Royal Collec-
tion in Windsor Castle kommen musikalische Notationen vor. Ein besonders
kompliziertes Beispiel ist ein Bilderrätsel, das von einem Aphorismus über den
Charakter der Liebe handelt [114/2]. Es ist weitgehend in musikalischer Notation abgefaßt.[7] Zuerst, nach dem Schlüssel, erscheint ein Angelhaken — auf
italienisch *amo* —, dann folgen die Noten *re, sol, la, mi, fa, re, mi*; in normaler
Handschrift folgt *rare*. Eine zweite Gruppe von Noten besteht aus *la, sol, mi, fa,
sol*; dahinter steht in normalen Buchstaben *lecita*. Der gesamte Satz lautet demnach, *Amore sol la mi fa remirare, la sol mi fa sollecita* (»Nur Liebe läßt mich
erinnern, nur sie spornt mich an.«)[8]

Leonardos Gedanken über Musik sind scheinbar willkürlich über zahlreiche
Notizbücher verstreut, einige als Aperçus oder Randbemerkungen, andere lassen
sich aus dem Kontext erklären, wenn der Leser mit den Naturwissenschaften und
der Technik zur Zeit Leonardos vertraut ist. Ein systematisches Studium dieses
bedeutenden Quellenmaterials offenbart, mit welcher Intensität sich Leonardo
musikalischen Phänomenen zugewandt hat. Leonardo war weder Humanist noch
Philosoph im strengen Sinne des Wortes, wie ihn seine Zeitgenossen auffaßten.
In seinen Schriften ist das Gedankengut keines alten Musiktheoretikers außer

Pythagoras[9] und Boethius[10] nachweisbar. Wenn Leonardo sich entschlossen — oder die Zeit gefunden — hätte, seine Beobachtungen in einer systematischen Abhandlung zusammenzufassen, so wäre gewiß ein bedeutendes Kompendium entstanden. Im folgenden können wir nur auf einige interessante Aspekte hinweisen.

Leonardo stellte Untersuchungen über den Ursprung des Klanges an (»Was ist Klang, der durch einen Schlag hervorgerufen wird?«) und erforschte den Klang, der beim Zusammenprall zweier Körper entsteht; hierbei erweiterte er uralte pythagoreische Vorstellungen.[11] Er untersuchte das Phänomen der Schwingung und des Mitschwingens und ging der Frage nach, wie die Erschütterung eines Körpers diesen in Schwingung versetzt und wie er seine Schwingung auf die

Diese Diagramme sind Beispiele für Leonardos Forschungen im Bereich der Akustik. Links vergleicht er das Verklingen eines lauten Tones mit dem Verklingen zweier Töne, die beide an der Quelle nur halb so laut sind wie der erste Ton. In der Skizze unten verklingen sieben Töne vollständig, bevor sie das Ohr erreichen. Die Zeichnung von sieben Blumen soll wahrscheinlich zeichnerisch an eine mögliche Parallele zwischen dem Schwinden von Tönen und dem von Gerüchen erinnern.
MS. L. 79v und 80r

Wie eine Stimme sich in der Ferne verliert.

In der Entfernung a b nehmen die zwei Stimmen m und n um die Hälfte ab; obwohl es zwei halbe Stimmen sind, sind sie dann nicht so stark wie eine ganze, sondern nur wie eine halbe Stimme. Und wenn unendlich viele halbe Stimmen sich in dieser Entfernung befänden, dann würden sie auch nur eine halbe Stimme ausmachen.

Und in der gleichen Entfernung verliert die Stimme f, die doppelt so stark ist wie n und m, den vierten Teil ihrer Lautstärke; es bleiben eine und eine halbe Stimme übrig, daher ist sie dreimal so stark. Also wird f in der dreifachen Entfernung, nämlich in g, ebenso stark sein wie m und n in der Entfernung a b sind.

115/1

115/2

Umgebung überträgt, sei es Luft, Flüssigkeit oder ein fester Stoff. Er beschäftigte sich mit der unterschiedlichen Ausbreitung von Schall- und Lichtwellen, der Reflexion und Refraktion von Schallwellen, dem Echo, der Schallgeschwindigkeit und den Faktoren, die die Lautstärke bestimmen. Die Gesetze, die das Schwinden des Tons bestimmen, untersuchte er durch Veränderung des Abstandes zwischen Geräuschquelle und Ohr.

Besonders bezeichnend für seinen Ansatz ist in diesem Zusammenhang seine Aufstellung einer »lautlichen Perspektive« parallel zu den Gesetzen der optischen und bildlichen Perspektive, die für ihn als Maler von so großer Wichtigkeit war [115/1-2]. Als Musiker befaßte er sich natürlich auch mit den Faktoren, die die Tonhöhe bestimmen, und experimentierte mit Gefäßen mit unterschiedlichen Formen und Öffnungen.

Eine andere Beobachtung Leonardos war für die Musik von besonderer Bedeutung, obwohl Leonardo noch nicht deren Tragweite erfaßte: Wenn er mit einem Hammer auf einen Tisch schlug, formten sich auf der Oberfläche kleine Staubhaufen. Drei Jahrhunderte nach ihm entdeckte E. F. F. Chladni, daß sich geometrische Sandfiguren bilden, wenn die Kante einer Platte durch einen Bogen in Schwingung versetzt wird. Leonardos Entdeckung muß für ihn eine besondere

Bedeutung gehabt haben, da hier eine Entsprechung zwischen der sichtbaren und der hörbaren Welt zu Tage trat.

Leonardo versuchte, die akustischen Probleme in Analogie zu anderen Bereichen der physikalischen Forschung zu setzen. Dies wird an einer sauber gezeichneten Gegenüberstellung von neun Diagrammen deutlich. Er zeigt hier zusammenfassend die verschiedenen Bahnen auf, in denen sich Licht, die Kraft eines Schlages, Klang, Magnetismus und Geruch ausbreiten [116/1].

Leonardo verwandte mit großem Interesse viel Zeit auf den Bau von Musikinstrumenten.[12] Seine Ideen auf diesem Gebiet wurden nie systematisch untersucht. Hierzu bedarf es nicht nur einer gründlichen Kenntnis der zeitgenössischen Instrumente und Vertrautheit mit dem technologischen Stand der Zeit Leonar-

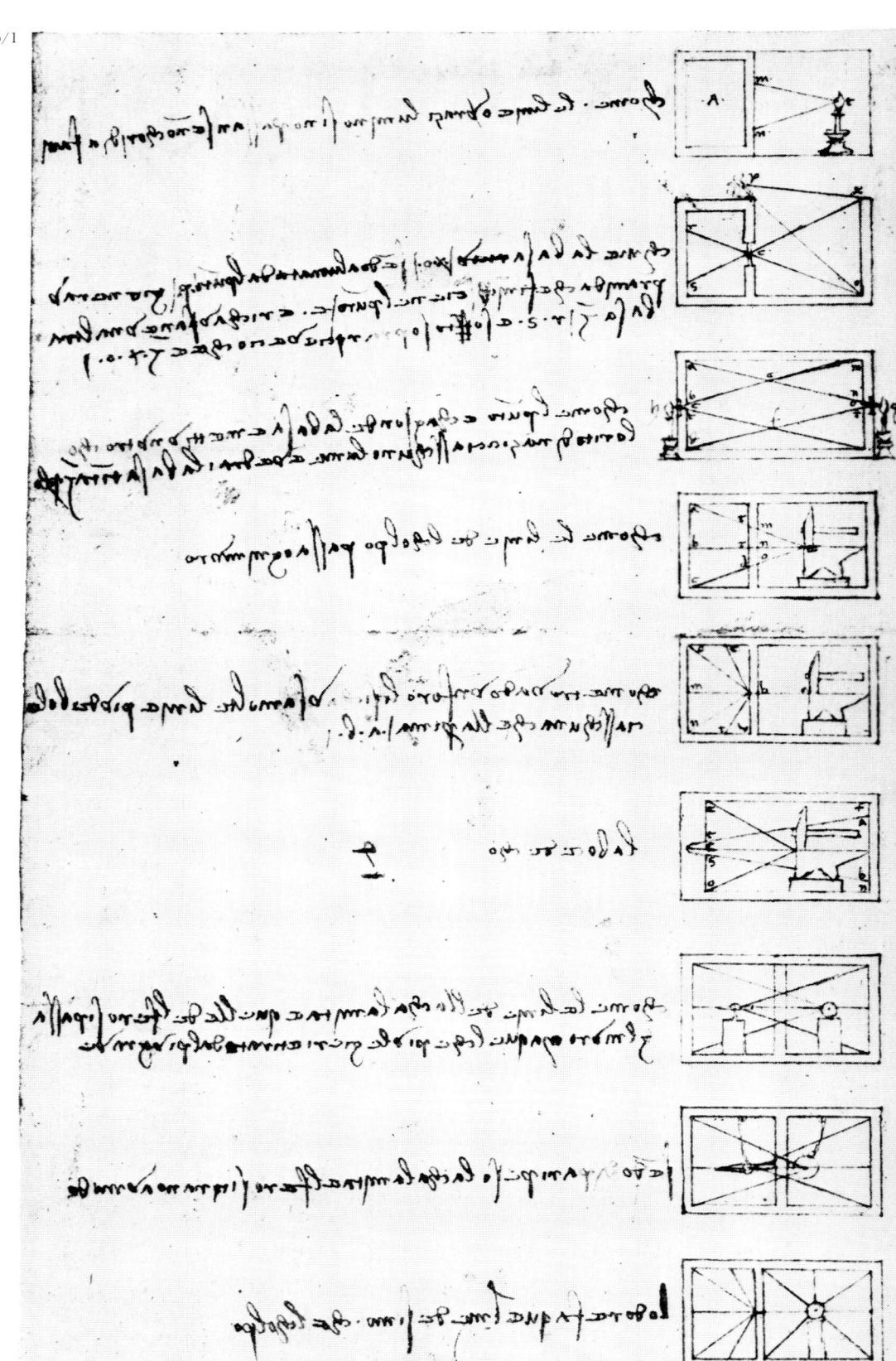

116/1

Dieser vergrößerte Ausschnitt aus einem Blatt des Codex Atlanticus stellt das Verhalten von Lichtstrahlen, der Kraft eines Schlages, Tönen, Magnetismus und Gerüchen vergleichend gegenüber. ATLANTICUS 126r-a

Wie die Linien, oder besser die Strahlen des Lichts nur durchsichtige Körper durchdringen.

Wie die Basis x o, *wenn sie von Punkt* p *beleuchtet wird, eine Pyramide mit Endpunkt in* c *bildet und dabei eine neue Basis* r s *entsteht, die* x o *umgekehrt empfängt.*

Wie der Punkt die Basis bildet; halte ein gefärbtes Glas vor jedes Licht, und du wirst die Basis in dieser Farbe sehen.

Wie die Linien eines Schlages jede Wand durchdringen.

Wie der Schlag, wenn er eine Öffnung findet, viele Linien schafft, jede schwächer als die erste Linie a b.

Die Stimme des Echos.

Wie die Linien eines Magneten und die Linien von Eisen die Wand durchdringen, aber der leichtere von beiden Teilen wird vom schwereren angezogen.

Wenn der Magnet und das Eisenstück das gleiche Gewicht haben, ziehen sie sich gegenseitig gleichermaßen an.

Gerüche verhalten sich wie Schläge.

dos (Uhrenwerke, die Verwendung von Spiralfedern etc.), sondern auch seiner eigenen technologischen Errungenschaften.

In vielen kurzen Notizen und zahlreichen, sorgfältigen oder rasch hingeworfenen Zeichnungen, beschäftigt sich Leonardo mit Musikinstrumenten. In einigen seltenen Fällen sind Erklärungen in Worten hinzugefügt. Doch selbst wenn Erklärungen vorliegen, handelt es sich in der Regel um schwer verständliche Gedächtnisstützen. Leonardos Notizen und Entwürfe zu Musikinstrumenten sind auf zahlreichen Blättern des Codex Atlanticus, des Manuskripts H, des Manuskripts B, des Codex Arundel und der Madrider Codices verstreut. Isoliert betrachtet, muten diese Anmerkungen und Zeichnungen unverständlich an. Doch bei einer methodischen Untersuchung stellt sich heraus, daß es sich nicht

Diese Skizze zeigt eine mechanische Militärtrommel, die beim Fahren des Wagens selbständig komplizierte Rhythmen spielt. Die Achse des Wagenrades treibt ein zentrales Zahnrad an, das seinerseits andere Zahnräder in Bewegung setzt, die fünf Trommelschlegel auf beiden Seiten der zylindrischen Trommel bedienen. ATLANTICUS 306v-a

117/1

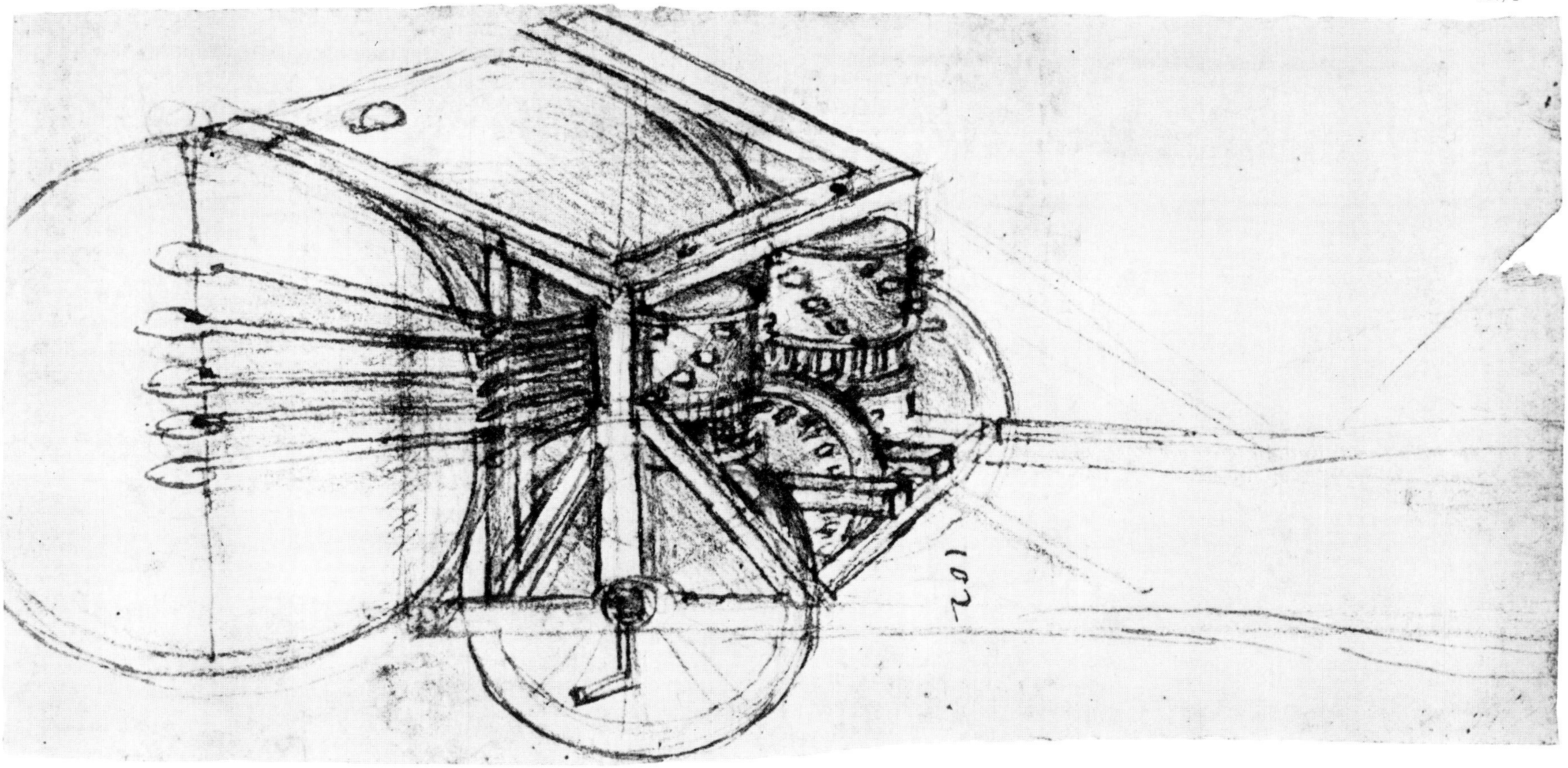

nur um Vorbereitungen für die Aufführung von Zaubertricks handelt, sondern daß Leonardo hier von bestimmten grundlegenden Ideen geleitet wurde, um deren Verwirklichung er sich systematisch bemühte.

Er verfolgte dabei hauptsächlich folgende Ziele: die Automation bestimmter Instrumente und die Erleichterung der Spieltechnik durch neue Tastaturen; die Erhöhung der Spielgeschwindigkeit; die Erweiterung des Tonumfangs, zum Beispiel um das Melodiespiel auf Trommeln zu ermöglichen; das Vermeiden des schnellen Verklingens der Töne von gezupften Saiten durch die Ausstattung der Instrumente mit einem »endlosen« Bogen; die Erweiterung einfacher Instrumente, so daß sich auf ihnen mehrstimmig oder eine breite Skala aufeinanderfolgender Töne spielen ließ; und schließlich, das Erzeugen polyphoner Saitenklänge mit Hilfe einer Tastatur.

An der Konstruktion von Trommeln und Pauken war Leonardo besonders interessiert. Er versuchte nicht nur, das Spiel dieser Instrumente zu erleichtern, sondern erweiterte zum Beispiel auch ihren Tonumfang weit über die Grenzen der damals gebräuchlichen Trommeln hinaus. Er machte sich auch über die Mechanisierung von Militärtrommeln Gedanken. Das ist nicht verwunderlich, da er sich allgemein für die Entwicklung von Kriegsgeräten interessierte, angefangen bei kleinen Degen bis hin zu gigantischen Kriegsmaschinen und Festungsanlagen. Der Codex Atlanticus enthält acht Skizzen von Militärtrommeln, einige in Zylinderform, andere als Kesselpauken. Sie weisen verschiedene Formen der Automation auf: In einigen Entwürfen treibt die Achse der Wagenräder ein

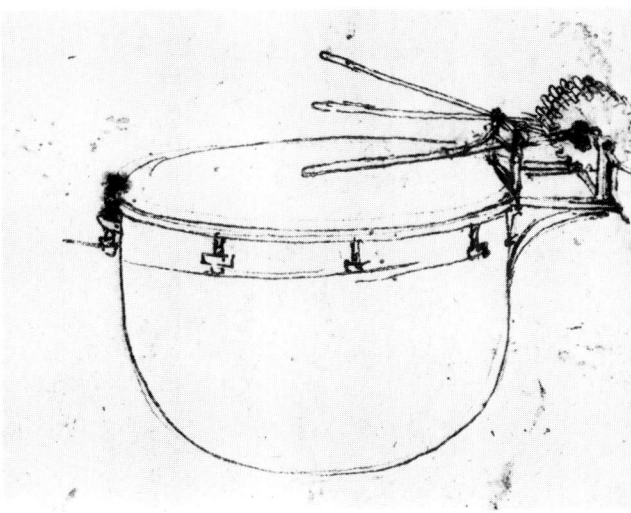

117/2

Hier werden drei Trommelschlegel durch ein Zahnrad angetrieben, das durch eine Kurbel in Bewegung gesetzt wird. ATLANTICUS 355r-c

zentrales Zahnrad an, und dieses aktiviert seinerseits über andere Zahnräder und Getriebe die Trommelschlegel. Bis zu fünf Schlegel sieht Leonardo auf jeder Seite einer zylinderförmigen Trommel vor, die während der Fahrt des Wagens automatisch komplizierte Rhythmen schlagen sollten. [117/1]. Andere Trommeln haben acht Schlegel, offenkundig vier für jedes der beiden Trommelfelle. Auch hier werden die verschiedensten Zahnräder und Getriebeformen eingesetzt, um die Wagenräder mit den Trommelschlegeln zu verbinden.[13]

Im Codex Atlanticus ist eine Kesselpauke wiedergegeben, deren drei Schlegel durch ein Zahnrad bewegt werden, das über eine Kurbel angetrieben wird [117/2]. Sie soll dem Trommler seine Tätigkeit erleichtern. Andere Zeichnun-

---

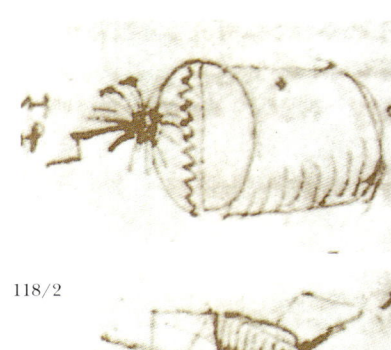

118/2

Auf dieser Seite des Codex Arundel illustriert Leonardo seine Ideen für den Bau neuer Trommeltypen. Ganz oben und oben rechts befinden sich einige Beobachtungen über theoretische Mechanik und eine Skizze zur Gravitation und dem Verhalten von Gewichten. Unten auf der Seite sind Entwürfe zu Klappenmechanismen von Blasinstrumenten zu sehen. Auf dem Rest der Seite befaßt er sich mit Trommeln. Sie werden rechts detailliert besprochen. ARUNDEL 175r

118/2

Hier handelt es sich offensichtlich um eine zylindrische Trommel mit Schnarrsaiten. Schwierig zu deuten ist die Linie, die senkrecht über das Fell verläuft, und die konzentrischen dunklen Linien links, aus deren Mitte eine Kurbel hervorragt. Leonardos Erklärung lautete tamburo di tacche fregate da rote di molle *(»Trommel mit Scharten, die von einem Rad mit Federn gerieben werden.«) Mit dem Wort* tacche *(Scharten) meint Leonardo wahrscheinlich ein kleines Brett mit vielen sägezahnartigen Einkerbungen. Bei* rote di molle *handelt es sich vermutlich nicht um ein Rad im strengen Wortsinn, sondern um biegsame Metallstäbe, die wie die Speichen eines Rades um einen Mittelpunkt angeordnet sind. Doch könnte es auch* roti *anstelle von* rote *heißen, was mit »Fragmente« (oder kleine Stücke) von Federn zu übersetzen wäre. Nicht mißzudeuten ist die hervorstehende Kurbel. Doch wie die Federn an der Trommel angebracht sind, ist aus der Zeichnung nicht ersichtlich. Worin liegt die Bedeutung des Ganzen? Leonardos Erklärung nennt die technischen Bestandteile des Gerätes, nicht jedoch seinen Zweck. Anscheinend brachten die biegsamen Metallstäbe einen anhaltenden Trommelwirbel hervor, wenn sie durch die Kurbel entlang der eingekerbten Kante in Bewegung gesetzt wurden. Vielleicht hatte die Trommel eine besondere Klangfarbe.*

118/3

Diese Skizze ist von weit größerer Bedeutung und Neuartigkeit als 118/2. Leonardo sagt, es handle sich um eine »viereckige Pauke, deren Fell durch den Hebel a b gestrafft und gelockert wird«. Natürlich ist nur der obere Rand der Pauke rechteckig, nicht der gesamte Körper. Die Funktionsweise des Spannmechanismus wird klar, wenn man den Umriß der Pauke von den Hebeln, die die Form eines X haben, getrennt betrachtet. Wenn der Spieler die Enden rechts in der Skizze auseinanderdrückt, vielleicht indem er seine Faust dazwischenschiebt, so öffnen sich wie bei einer Schere die gegenüberliegenden Enden. Dadurch wird das Fell gespannt, während es mit der anderen

Hand geschlagen wird. Es handelt sich also um eine Trommel, deren Tonhöhe während des Spielens verändert werden kann. Ein solches Instrument war in der westlichen Welt bis zur Erfindung der Pedalpauke gegen Ende des 19. Jahrhunderts unbekannt.[16]

118/4

Der Form nach handelt es sich um eine Kesselpauke. Diese Paukenform war Leonardo gut bekannt. Kleine Kesselpauken, die immer paarweise verwendet wurden (naqqârâ, nacchere, nacaires, nakers) gelangten während der Kreuzzüge oder auch früher aus dem Mittleren Osten nach Europa. Große Kesselpauken (tympana) waren in Osteuropa, insbesondere in Ungarn und Polen, schon im 15. Jahrhundert bekannt. Leonardos Skizze weist ein besonderes Merkmal auf: Die Schnüre, die am runden Paukenrahmen ansetzen, sind nicht am unteren runden Rand befestigt, sondern reichen deutlich bis zu einer Art Scheibe oder Ring, an dem sie vermutlich befestigt sind. Aus dieser Vorrichtung ragt eine Schraube mit Kurbel hervor. Diese ungewöhnliche Einrichtung sollte mit großer Wahrscheinlichkeit dazu dienen, mit Hilfe der Kurbel gleichzeitig die Spannung aller Schnüre zu verändern und dadurch in kürzester Zeit die Tonhöhe zu ändern. Eine andere Erklärung läßt sich kaum finden. Auf einer solchen Pauke ließe sich durch entsprechende Drehung der Kurbel eine beliebige Melodie spielen. Offensichtlich ruht die Pauke auf einem Ständer. Der Spieler kann das Instrument nicht halten, da er beide Hände frei haben muß, eine zum Drehen der Kurbel und die andere zum Schlagen der Pauke. Somit stützt der eingezeichnete Ständer die Annahme, daß die Kurbel zum Spannen der Schnüre dient und nicht einen Trommelmechanismus in Gang setzt.

118/5

Für das Problem, mit der Trommel beim Schlagen eine Serie unterschiedlicher Töne hervorzubringen, wurde hier die originellste Lösung gefunden. Eine Schnarrtrommel mit einem langen, fast zylindrischen Körper ist an der Seite mit mehreren Löchern ver-

118/2

118/3

118/4

118/5

118/6

118/7

---

gen im Codex Atlanticus und im Codex Arundel zeigen ganze Folgen von kleinen Kesselpauken, nach Größe abgestuft und in einer Reihe angeordnet.[14] Bezeichnend für Leonardo ist der Versuch, mit Trommeln eine Tonleiter oder einen Akkord zu erzeugen.

Das meiste über Leonardos geniale Ideen in Bezug auf die Konstruktion neuer Trommeltypen geht aus einer großen Seite im Codex Arundel [118/1] hervor. Sie zeigt drei Gruppen von Skizzen und Beobachtungen. Eine Gruppe über theoretische Mechanik — Gravitation und das Verhalten von Gewichten[15] — befindet sich ganz oben und oben rechts auf der Seite. Im unteren Bereich der Seite sind Skizzen zur Konstruktion von Tastaturen für Blasinstrumente zu sehen; auf diese Instrumente wird später noch eingegangen.

Auf der restlichen Seite — der linken oberen Hälfte und dem mittleren Teil — geht es um Trommeln. Zu dieser Gruppe gehört auch die große Akkordpauke im rechten unteren Teil. Die elf Trommelskizzen weisen eine erstaunliche Vielfalt auf, was den Zweck und den Typ der Konstruktionen betrifft. Dabei ist die Reihenfolge von oben nach unten nicht willkürlich gewählt. Die Zeichnungen sind keine isolierten Erzeugnisse der Phantasie, sondern scheinen in einem

sehen. Da ich nicht ganz sicher war, ob die kleinen Kreise Löcher andeuten, habe ich ein kleines hölzernes Rohr mit mehreren Seitenlöchern und einem Fell über einer Öffnung gebaut. Das Schließen der verschiedenen Löcher beim Schlagen auf das Fell führt zu deutlichen Tonhöhenveränderungen.

118/6

Diese Skizze zeigt einen viereckigen Kasten mit einem Sperrad, das durch eine Kurbel bedient wird. Bei den verschiedenen leicht gekrümmten Linien über der Oberseite des Kastens scheint es sich um federnde Zungen zu handeln, deren eines Ende an der Kastenoberfläche befestigt ist, während die freien Enden von den Zähnchen des Rades emporgehoben werden und wieder zurück auf die Oberfläche federn. Wie das Rad an dem Kasten angebracht ist, ist nicht gezeigt — es sei denn, eine der erwähnten gekrümmten Linien bedeutet eine solche Verbindung. Ungewöhnlich an diesem Instrument ist das flache, längliche Brett an der rechten Seite. Das Brett ist leicht schattiert, während das Rechteck darüber stärker schattiert ist. Meiner Meinung nach ist das Brett ein Schieber und das Rechteck darüber ist ein Loch, das durch den Schieber geschlossen oder geöffnet werden kann. Auch hier wird offensichtlich eine Änderung der Tonhöhe während des Spiels angestrebt. Ich habe dieses Modell ebenfalls nachgebaut, und meine Hypothese hat sich als richtig erwiesen. Die kleinen Rundungen am unteren Ende des Schiebers sind höchstwahrscheinlich Schlaufen oder Griffe zum Betätigen des Schiebers. Es ist fraglich, ob dieses Instrument über eine Membran verfügt. Mehr spricht für die Annahme, daß seine obere Fläche aus Holz besteht, da dieses Material für die federnden Zungen des Zahnradmechanismus eine geeignete Grundlage wäre.

118/7

Diese Trommel basiert offensichtlich auf demselben Prinzip wie 118/6 — auf einem Schieber. Der Körper der Trommel hat die konventionelle zylindrische Form mit Schnüren zum Spannen. Die seitliche Öffnung und der Schieber liegen oben, und

auch hier ist der Schieber am rechten Ende mit einer Art Handgriff zum Verschieben versehen. Die Trommel wird von Hand geschlagen.

119/1

Die nächste Skizze leitet eine Gruppe von Trommeln ein, bei denen auf andere Weise die Funktionsbreite dieser Instrumente erweitert werden soll: durch das Erzeugen von mehreren Tönen gleichzeitig oder von Akkorden. Hier sind mehrere Trommeln in einem Instrument kombiniert. Abbildung 119/1 zeigt eine Pauke mit Schnarrsaite und mehreren Trichtern, die in die Unterseite eingebaut sind. Rechts von den Trichtern notierte Leonardo p^a, 3^a, 5^a. Damit werden die Töne eines Dreiklangs bezeichnet. Zweifellos handelt es sich hier um eine Pauke, auf der sich ein Akkord spielen lassen sollte. Doch leider läßt sich aus der Zeichnung nicht erkennen, wie die Verbindung zwischen Pauke und Trichtern aussieht, ob die Trichter an ihren Enden offen oder geschlossen sind und wie tief sie in den Paukenkörper hineinragen.

119/2

Das ist ein weiteres »Konsonanzinstrument«. Leonardos Text lautet, »Eine Pauke für einen Akkord (consonanza), also drei Pauken zusammen.« Der Körper besteht aus drei flachen Kästen, an denen links ein Sperrmechanismus angebracht ist. Über eine Kurbel wird eine Spindel gedreht, auf der an drei Stellen Speichenräder angebracht sind, die gleichzeitig elastische Zungen anheben und auf die Oberseite der drei Kästen federn lassen. Auf diese Weise sollte das Instrument einen dreitönigen Akkord hervorbringen. Aus der Zeichnung läßt sich nicht erkennen, ob das Instrument über Membranen verfügt.

119/3

Die Skizze dieser Trommel ist noch einfacher aufgebaut. Auf den ersten Blick scheinen hier sechs »Fächer« auf der rechten Seite fünf »Fächern« auf der linken Seite gegenüberzustehen. Doch in Wirklichkeit handelt es sich links um fünf Fellstreifen, die um die Kante des Kastens verlaufen und mit

Bändern festgebunden sind. Der Text sagt, »Wenn ein und dieselbe Pauke je nach der Spannung des Felles hohe oder tiefe Töne hervorbringen kann, so ergeben diese Felle, die verschieden stark über einen einzigen Paukenkörper gespannt sind, verschiedene Töne.« Mit dieser Pauke läßt sich eindeutig eine Tonleiter oder ein Akkord spielen.

119/4 und 5

Die letzten beiden Zeichnungen von Pauken lassen sich schwerer interpretieren als alle anderen. Bei beiden handelt es sich eindeutig um Tonpauken mit abnehmbaren Köpfen. Im Inneren der Pauken befindet sich ein Schlagmechanismus. Ein separater Schlegel ist nicht zu erkennen. Am oberen (oder linken) Rand der oberen Pauke ist eine Art abgelöster Deckel zu erkennen. Ob die linke Öffnung des Körpers von Fell abgedeckt werden oder offen bleiben sollte, läßt sich nur schwer entscheiden. Da Leonardo offene Löcher schattierte (Skizze 118/6 und 118/7), möchte ich die runde Form an diesem Paukenende als fest aufgesetzten Paukenkopf interpretieren, der hier zusätzlich zu dem abgenommenen Kopf Verwendung fand.

Schwer zu erklären sind auch die Kurvenlinien rechts von der oberen Pauke. Vermutlich deuten sie eine Auflage oder einen Griff zum Halten der Pauke an. Es kann sich aber auch um eine Vorrichtung zum Aktivieren der inneren Mechanik handeln. Da außen kein Schlegel gezeichnet ist, müssen wir annehmen, daß die Pauke durch eine innen eingebaute Vorrichtung geschlagen werden sollte. Die letzte Pauke [119/5] hat eine andere, länglichere Form. Auch sie verfügt über einen abnehmbaren Deckel und eine innere Mechanik. Diese wird mit einer Kurbel über ein Speichenrad angetrieben. Die Enden der Radspeichen schlagen gegen zwei fast parallele Stäbe oder Drähte, die aus dem Paukenkörper hervorragen. Möglicherweise handelt es sich um eine Vorrichtung, mit der ein Gegenstand im Inneren des Kessels — vielleicht ein Reibrad — zum Drehen gebracht wurde. Schwer zu interpretieren ist auch die außerhalb der Pauke um die untere Seite verlaufende Kurvenlinie.[17]

119/1

119/2

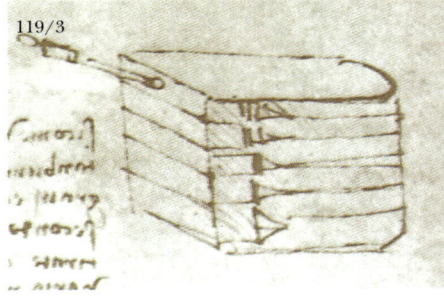

119/3

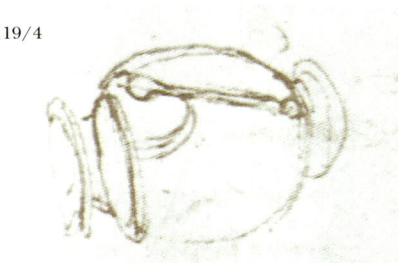

119/4

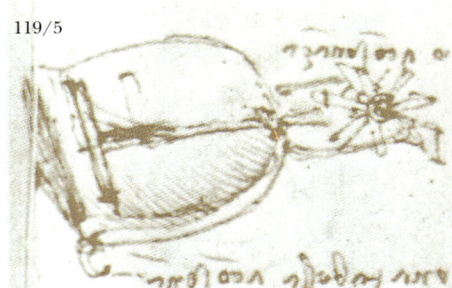

119/5

methodischen Zusammenhang zu stehen, wobei es in jeder Gruppe um ein anderes Problem geht.

Diese Art Skizzen sind nicht nur wegen der Originalität der Erfindungen Leonardos und der überragenden Klarheit seiner Zeichentechnik interessant, sondern sie lassen auch etwas von seiner Art zu denken erahnen. Er beginnt seine Folge von Trommeln vermutlich angeregt durch einen spontanen Einfall: eine ungewöhnliche Klangfarbe — oder besser Geräuschfarbe — für eine Trommel

120/1

Das komplizierteste Musikinstrument, das Leonardo erfunden hat, ist die sogenannte viola organista. *Im Codex Atlanticus 218rc befinden sich mehrere Skizzen von Einrichtungen, mit deren Hilfe gleichzeitig über eine Tastatur oder Druckknöpfe eine große Anzahl von Saiten bedient werden sollte. In der Skizze oben bewegt sich ein Bogen über die Saiten hin und her. In den drei anderen Skizzen wird ein Reibrad eingesetzt. In der Abbildung rechts (Manuskript H 45v) ist eine technisch ausgefeiltere und mehr praktische Version dargestellt. Hier streicht als endloser Bogen*

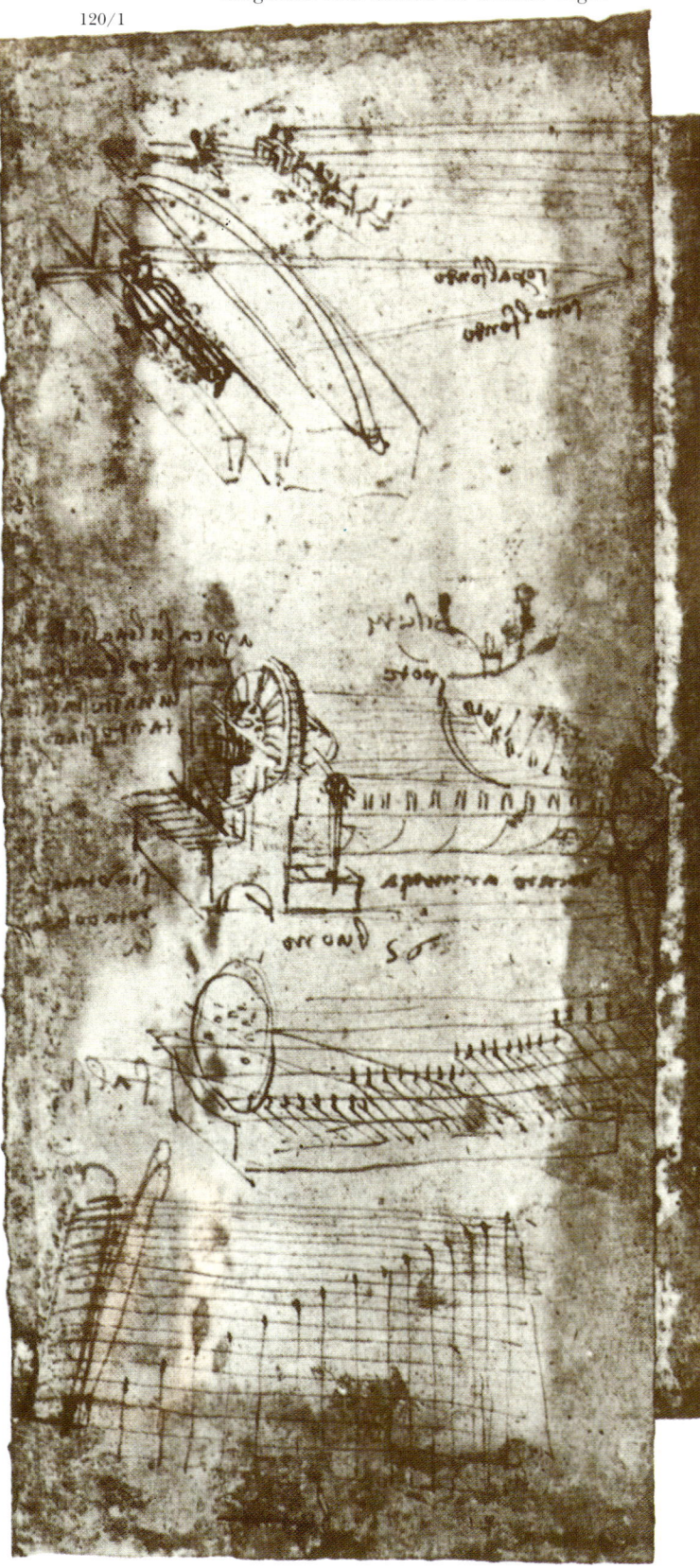

oder archetto *ein Roßhaarriemen über die Saiten.*   MS. H 45v

und ein origineller mechanischer Spielapparat. Danach wird eine Flut neuer Ideen freigesetzt, die alle bestehenden Vorrichtungen übertreffen. Leonardo möchte die traditionelle Funktion von Trommeln und Pauken erweitern, so daß sich auf ihnen auch Akkorde und Tonleitern spielen lassen. Hierzu entwickelt er zwei unterschiedliche Methoden. Die eine besteht in der Kombination verschiedener Trommeln oder Trommelfelle von unterschiedlicher Tonhöhe in einem einzigen Instrument. Die andere sieht Vorrichtungen zur Erzeugung einer schnellen Folge von Tönen verschiedener Höhe auf einem Trommelfell vor. Es gibt für Leonardo mehrere Möglichkeiten, dieses Ziel zu erreichen: durch den Einbau von Seitenlöchern, durch die Verwendung von Scherenhebeln oder Schraubmechanismen zum Ändern der Fellspannung während des Schlagens, durch die Anbringung von Schiebern, mit denen sich ein großes Loch im Resonanzkörper öffnen oder abdecken läßt, oder auch durch einen Mechanismus, durch den das Fell vom Körper einer tönernen Trommel abgehoben werden kann.

In dieser raschen und doch methodischen Folge von Skizzen fehlt kaum eine physikalische Lösungsmöglichkeit. Er hielt sie auf einer Seite fest, die mit einem ganz anderen Thema — aus der theoretischen Mechanik — beginnt und mit neuen Ideen für Blasinstrumente endet.

Angesichts dieser beeindruckenden Fülle an geistreichen Skizzen stellt sich die Frage, ob Leonardo sie für den Bau von Instrumenten oder zumindest von Arbeitsmodellen verwendet hat. Wir wissen es nicht. Er stand immer unter Zeitdruck und mag sich mit einer kurzen Aufzeichnung seiner Ideen begnügt haben. Ich habe die meisten Instrumente nachgebaut, und sie funktionieren wirklich gut.

Unter den vielen Musikinstrumenten, die Leonardo entwickelt hat, ist die *viola organista* bei weitem das komplizierteste. Skizzen hierzu finden sich auf sechs Blättern seiner Notizbücher.[18] Keine ist präzise gezeichnet und für einen Instrumentenbauer vorgesehen, und einige Skizzen sind nicht einmal zu Ende gedacht, da sich einige Details vermutlich beim Bau als undurchführbar erwiesen hätten.

120/2

In allen Zeichnungen geht es um die Idee eines Streichinstruments mit Tastatur, in dem die Saiten durch eine mechanische Vorrichtung in Schwingung versetzt werden — durch ein Rad, einen sich vor und zurück bewegenden Bogen oder einen Haarriemen, der sich als »endloser Bogen« über den Saiten bewegt. Ein solches Instrument würde eine große Lücke in der Instrumentenvielfalt schließen, nicht nur zu Leonardos Zeiten, sondern auch heute noch. Es würde die polyphonen Möglichkeiten eines Tasteninstruments mit der Tonfarbe der Streichinstrumente kombinieren und wäre so etwas wie eine Orgel mit Streicher- statt Bläser-Timbre. Außerdem ließen sich durch Fingerdruck Crescendos und Decrescendos erzeugen.

Es ist nicht bekannt, in welcher Reihenfolge Leonardo seine Skizzen anfertigte. Die Zeichnungen lassen sich jedoch in einer logischen Folge ordnen, wenn wir von der Annahme ausgehen, daß Leonardo von der schwierigeren zur leichter durchführbaren Lösung gelangt ist. Er geht von einem Instrument aus, das mit einem sich vor und zurück über die Saiten bewegenden Bogen ausgestattet ist, gelangt dann über eine Konstruktion mit Reibrad schließlich zu mehreren Versionen eines sich drehenden Haarriemens, der die vielen Saiten in Schwin-

121/1

gung versetzt.[19] Auf einem Blatt des Codex Atlanticus befindet sich oben ein Entwurf mit einem Bogen und darunter drei verschiedene Skizzen, in denen die Möglichkeiten eines Reibrades untersucht werden [120/1].

Die praktikabelste und anscheinend letzte Lösung befindet sich in Manuskript H. Dort zeigt ein Entwurf ein durchdachtes, funktionstüchtiges Tasteninstrument mit einem endlosen Bogen (*archetto*), einem Haarriemen, der von einem seitlich am Resonanzkörper angebrachten Mechanismus angetrieben und mit Hilfe von zwei kleinen Rollen über die Saiten geführt wird [120/2]. Leonardo entwarf auch einen Mechanismus, der es dem Spieler durch Drücken der kleinen vorstehenden Knöpfe gestattete, die gewünschten Saiten auszuwählen und gegen den *archetto* zu führen.

Wir wissen nicht, wie weit Leonardo tatsächlich mit dem Bau der *viola organista* gelangte oder ob er jemals Arbeitsmodelle anfertigte. Heute würde der Bau durch die Verwendung eines Elektromotors anstelle eines mit Gewichten oder Federn arbeitenden Mechanismus sehr erleichtert.

Zwei weitere Instrumente sind von besonderem Interesse. Ihre Erfindung scheint unmittelbar durch Leonardos anatomische Studien angeregt worden zu sein. Bei

Mit Leonardos Erfindung der viola organista *erfüllte sich der uralte Traum, eine große Anzahl von Saiten mit zehn Fingern zum Klingen zu bringen. Die anderen Tasteninstrumente wurden diesem Ideal nicht gerecht: Die vielen Saiten des Clavizimbel wurden zwar über eine Tastatur gespielt, doch die Töne verklangen sehr schnell. Die Orgel erzeugte zwar einen anhaltenden Klang, doch ließen sich auf ihr keine Crescendos und Decrescendos spielen. Unabhängig von Leonardo konstruierte Fray Raymundo Truchado 1625 ein Tasteninstrument mit vier Reibrädern (oben). Es handelte sich um einen freien Nachbau des* Nürnbergisch Geigenwerk, *das Hans Hayden ein halbes Jahrhundert zuvor in Nürnberg erfunden hatte und das in dem* Syntagma Musicum *von Michael Praetorius 1618 detailliert beschrieben wird.*

diesen Instrumenten kommen Mechanismen zur Anwendung, die Leonardo im menschlichen Körper beobachten konnte.

Das erste Instrument dieser Art befindet sich im Codex Atlanticus. Hier sind, zwischen zahllosen kleinen Skizzen für die verschiedensten Maschinen, Zeichnungen von zwei Röhren zu sehen. Offensichtlich handelt es sich um eine jener unzähligen flüchtigen Ideen, die Leonardo aufzeichnete, damit sie nicht in dem unaufhörlichen Strom von Bildern, Einfällen und neuen Ideen verloren gingen [122/1].

Jeder Musikexperte erkennt sofort an den charakteristischen Köpfen und Mundstücken zwei Blockflöten. Ihre Grundform hat sich seit Leonardos Zeiten nicht wesentlich geändert. Am oberen Ende, das an den Lippen des Spielers angesetzt wird, befindet sich ein Loch mit einer scharfen Kante, auf die der Atemstrom trifft. Gewöhnliche Blockflöten haben an den Seiten sechs Löcher, die von den Fingerspitzen des Spielers geöffnet oder geschlossen werden. Auf diese Weise werden die einzelnen Töne der Tonleiter hervorgebracht. Leonardos Blockflöten hingegen sehen sehr ungewöhnlich aus. Die Flöte links ist an der Längsseite der Röhre mit zwei breiten Schlitzen versehen, und die andere hat einen langen, schmalen Schlitz. In sehr schöner linksläufiger Kalligraphie erläutert Leonardo seine Zeichnungen. »Diese zwei Flöten ändern ihren Ton nicht durch Sprünge wie die meisten Blasinstrumente, sondern nach Art der menschlichen Stimme; dabei bewegt man die Hand auf und ab, genau wie bei der gewundenen Trompete und noch mehr, so im Falle der Pfeife a; und man kann ein Achtel oder Sechzehntel des Tones erhalten, und genau so viel, wie man will.« Ein Achtel oder ein Sechzehntel zu erhalten, bedeutet offensichtlich in der Sprache der Akustik, in die oberen Oktaven zu gelangen. Und »die Hand auf und ab bewegen« heißt

Diese zwei Flöten ändern ihren Ton nicht durch Sprünge wie die meisten Blasinstrumente, sondern nach Art der menschlichen Stimme; dabei bewegt man die Hand auf und ab, genau wie bei der gewundenen Trompete und noch mehr, so im Falle der Pfeife a; und man kann ein Achtel oder Sechzehntel des Tones erhalten, und genau so viel, wie man will.

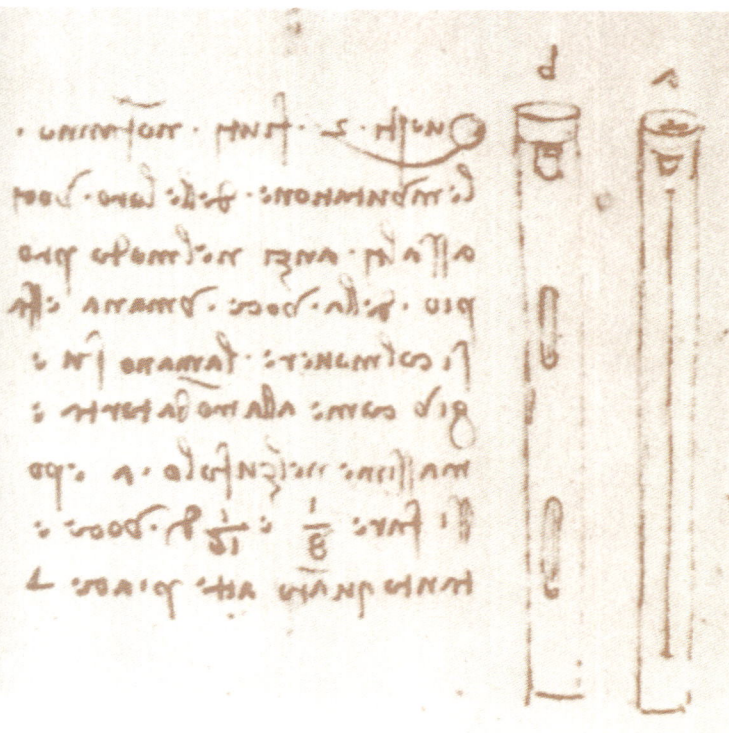

122/1

Zu diesen beiden Pfeifen, die an Blockflöten erinnern, wurde Leonardo durch seine tiefreichenden anatomischen Kenntnisse inspiriert. Wenn man mit der Hand an den Schlitzen in den Instrumenten entlangfährt, so verändert sich die Tonhöhe stufenlos, und es entstehen die heute als Glissandos bekannten Gleittöne. ATLANTICUS 397r-b

zweifellos, nicht vorgegebene Grifflöcher zu schließen, sondern die Tonhöhe durch Verschieben der Hand auf den Schlitzen stufenlos zu verändern oder, wie wir heute sagen, Glissandos oder Gleittöne zu erzeugen.

Ein solches Glissando-Instrument paßte nicht in die Orchester seiner Zeit. Wir müssen uns heute fragen, wie Leonardo in seiner unglaublichen Phantasie die späteren Glissando-Instrumente voraussehen konnte. Erst 1924 erfand der russische Wissenschaftler Lev Theremin ein Instrument dieser Art, das zunächst seinen Namen trug und später als Aetherophon bekannt wurde. Wollte Leonardo vielleicht Vogelrufe nachahmen? Oder handelt es sich um eine weitere Erfindung aus seiner Trickkiste, mit der er die Kavalliere und Damen am Hofe Lodovico Sforzas in Erstaunen versetzte und unterhielt. Immerhin verwandte er einen Großteil seiner Zeit auf diese Beschäftigung.

Woher nahm er die Idee oder das Vorbild für seine Glissando-Flöten? Der Schlüssel liegt in den Worten »menschliche Stimme«. Ich muß zugeben, daß ich nur durch Zufall auf die Lösung stieß und sie erst dann in Leonardos Worten bestätigt fand.

Das Vorbild für die Glissando-Flöten ist im Kehlkopf zu suchen. Es ist bezeichnend, daß Leonardo den Kehlkopf die »menschliche Stimme« nennt und damit den Apparat meint, der die Laute hervorbringt. Leonardo fertigte Zeichnungen des Kehlkopfes und der Luftröhre an, die sich heute in Schloß Windsor befinden. Man erkennt deutlich die Ähnlichkeit zwischen der oberen Kehlkopföffnung und der Flötenöffnung [123/1 und 2]. Außerdem wird in den Begleittexten der Anatomiemanuskripte die Luftröhre als *fistola* bezeichnet, was auch der Name für eine senkrecht gehaltene Flöte wie die Blockflöte ist.

Doch unsere Analogie hat einen Fehler: Leonardo schrieb den Tonhöhenwechsel in der menschlichen Stimme den sich verengenden oder weitenden Knorpelringen der Luftröhre zu. Es entging ihm die Funktion der Stimmbänder im Kehlkopf. Dieses Versehen unterlief ihm wahrscheinlich wegen der technischen Schwierigkeiten beim Sezieren des kleinen und empfindlichen Kehlkopfes (vermutlich basieren Leonardos Zeichnungen auf der Anatomie eines Ochsen).

Dennoch handelt es sich bei Leonardos Glissando-Blockflöte um ein Instrument, das neue musikalische Horizonte öffnete oder zumindest hätte öffnen können. Es funktioniert hervorragend (einige meiner Rekonstruktionen ließen sich aus-

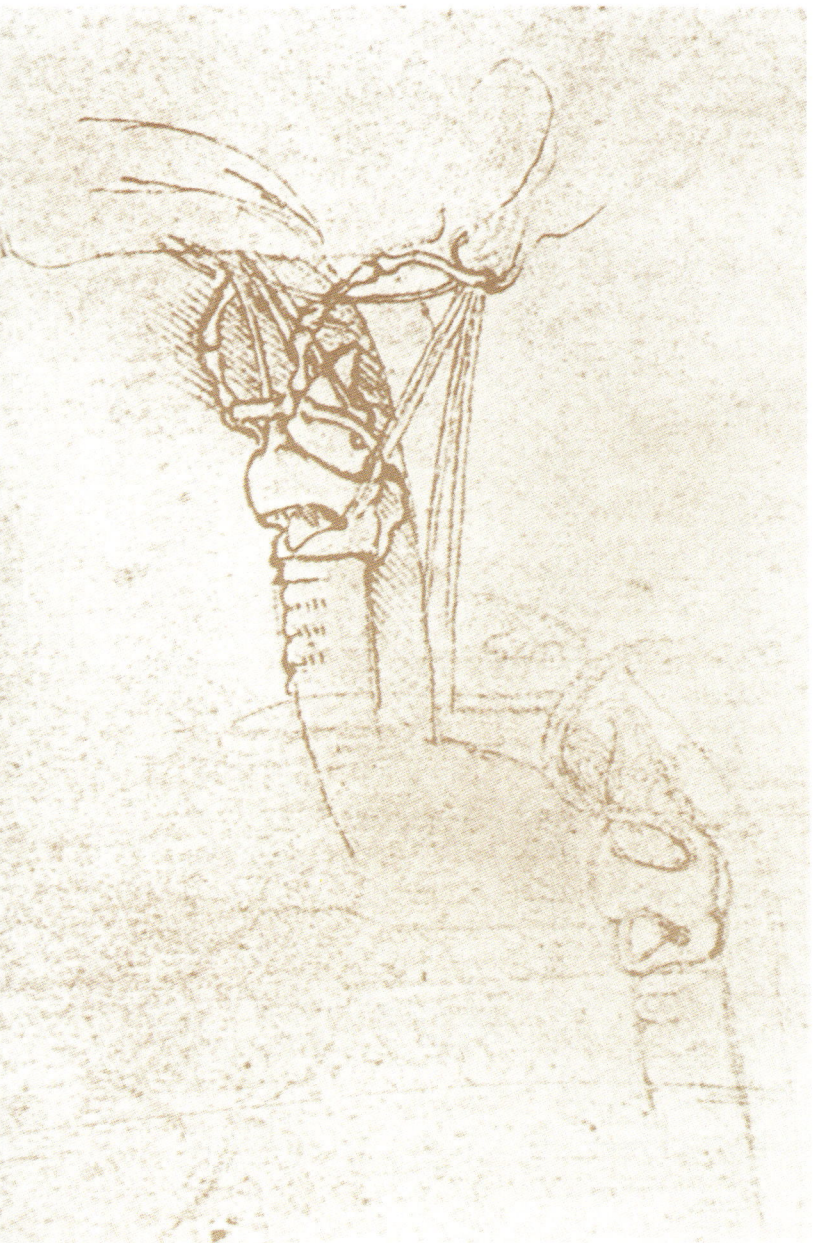

123/1

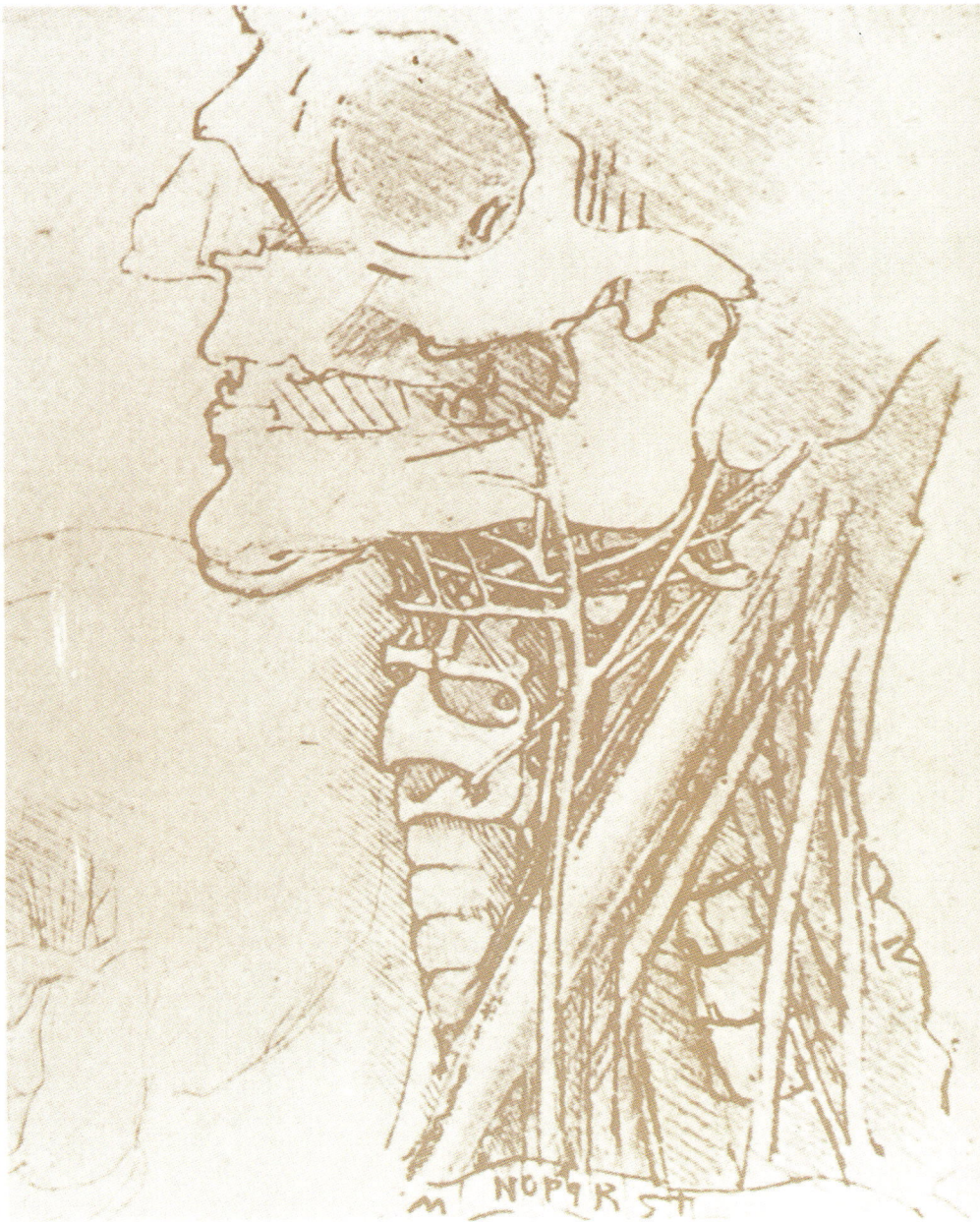

123/2

gezeichnet spielen) und wurde in Analogie zur anatomischen Struktur des Kehlkopfes gebaut, auch wenn Leonardo dessen tatsächliche Funktion mißverstand. Aus falschen Prämissen ergab sich somit ein positives Ergebnis.

Auf dem oben erwähnten großen Blatt des Codex Arundel mit den elf Trommelskizzen begegnen wir einer gänzlich anderen Form der Analogie — und vielleicht mehr als einer Analogie —, in der Erfindung von Klappenmechanismen für Blasinstrumente. Der Klappenmechanismus ist eine Imitation der Muskeln und Sehnen der menschlichen Hand, insbesondere der Finger [124/1]. Links sehen

Die Erfindung der blockflötenartigen Instrumente auf der gegenüberliegenden Seite geht möglicherweise auf Leonardos anatomische Studien zurück. In den beiden Zeichnungen oben ist der Kehlkopf und die Luftröhre dargestellt. Das obere Ende des Kehlkopfes hat eine verblüffende Ähnlichkeit mit dem einer Blockflöte. WINDSOR 12608r und 12609r

123

wir zwei Instrumente als gerade Röhren, von denen die untere mit dem Mundstück einer Trompete versehen ist. Beide Instrumente sind mit einer zweiten Röhre ausgestattet. Wir müssen uns vor Augen halten, daß die Blasinstrumente zur Zeit Leonardos nicht mit so vielen Klappen ausgestattet waren, wie unsere modernen Orchesterinstrumente. Die Fingerspitzen des Spielers dienten zum Schließen und Öffnen der sechs oder sieben Grifflöcher, die nach akustischen Gesetzen entlang des Rohres angebracht waren. Als *tiefere* und damit auch *längere* Instrumente benötigt wurden, entstanden neue Probleme. Die unumstößlichen Gesetze der Akustik verlangten Grifflöcher in bestimmten mathematisch vorgegebenen Intervallen. Doch diese Löcher lagen zu weit auseinander, um noch von den zehn Fingern des Spielers bedient werden zu können. Leonardo fand gleich mehrere Lösungen. Auf eine soll hier eingegangen werden.

Leonardo zeichnet in das Hauptrohr des unteren Instruments sieben Löcher ein. Sieben kleine Doppellinien, offensichtlich Hebel zum Schließen von Klappen, verlaufen vom Hauptrohr zum Nebenrohr, das außerdem mit einer kompakten Mechanik von sieben Tasten versehen ist, die leicht bedienbar nebeneinander liegen. Doch wo ist die Verbindung zwischen dieser Haupttastatur und den entfernten Klappen, die bewegt werden sollen? Meiner Meinung nach dachte Leonardo hier an Drähte. Rechts von dem offenen Ende des Nebenrohrs deutete er sie an. Leonardo wußte, daß der Mechanismus der menschlichen Hand und der Finger auf einer Lösung dieser Art basierte. Im Manuskript A zeichnet er die

In diesem Ausschnitt des auf Seite 118 abgebildeten Skizzenblattes entwickelt Leonardo Pläne für Blasinstrumente mit Klappenmechanismen. Auch hier kommt die Anregung aus dem Bereich der Anatomie. Diesmal ist der Bau und die Funktionsweise der menschlichen Hand (gegenüberliegende Seite) das Vorbild. In den beiden oberen Zeichnungen

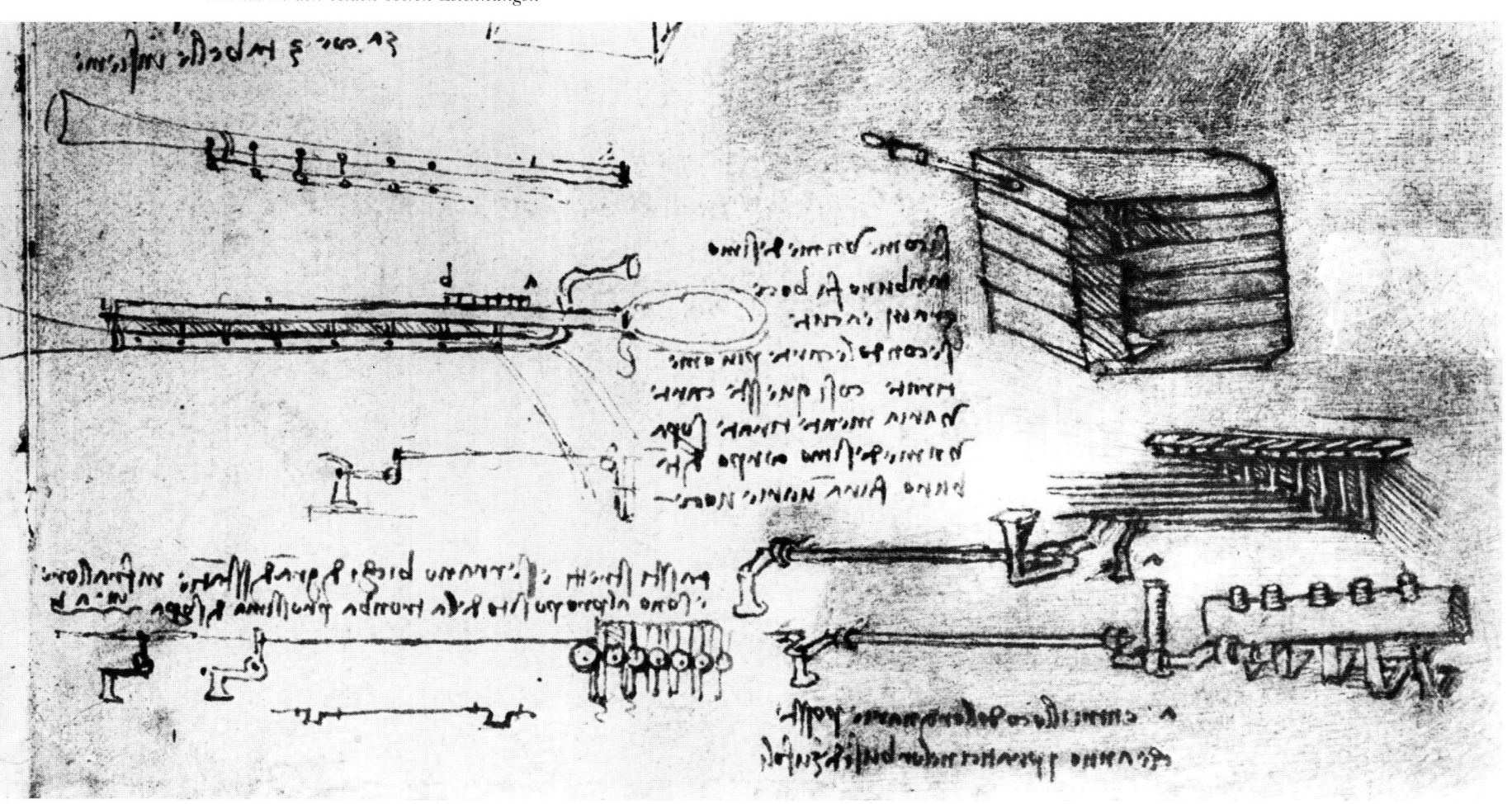

124/1

links sind in dem Hauptrohr des Instruments die Löcher nach akustischen Gesetzen angeordnet. In der unteren dieser Skizzen ist das Hauptrohr über sieben Doppellinien, die wahrscheinlich Drähte oder Hebel andeuten, mit einem Hilfsrohr verbunden, an dem sich eine leicht zu bedienende Tastatur befindet.
ARUNDEL 175r

Sehnen der Hand, wie sie eine Bewegung von einem mittleren Punkt aus dorthin übertragen, wo die Bewegung gebraucht wird, nämlich an den Fingerspitzen [125/1 und 2]. Er illustriert dort auch, wie die Finger selbst auf ähnliche Weise funktionieren. Leonardos Idee blieb in seinen Notizbüchern begraben. Wir wissen nicht einmal, ob er jemals ein Instrument baute, an dem er seine Erfindung umzusetzen versuchte. Dennoch bleibt die Bedeutung und Fortschrittlichkeit seiner Erfindung unbestritten. 350 Jahre später erfand Theobald Böhm in München das Blasinstrument mit einer vollständigen Tastatur [125/3]. Böhm war Flötist, Experte auf dem Gebiet der theoretischen Akustik und Silberschmied. Leonardos Überlegungen zur Musik sind, zumindest von außen betrachtet,

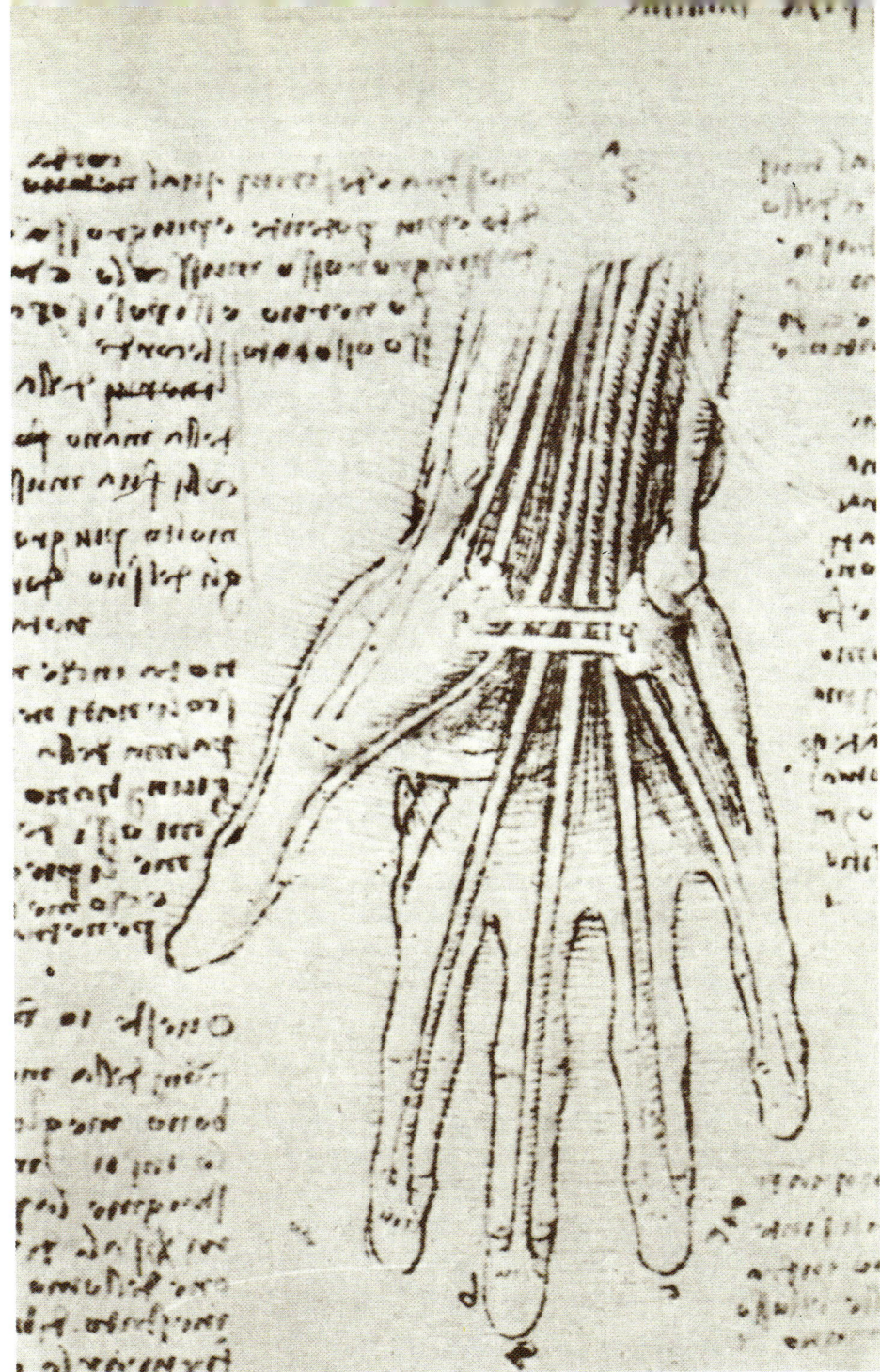

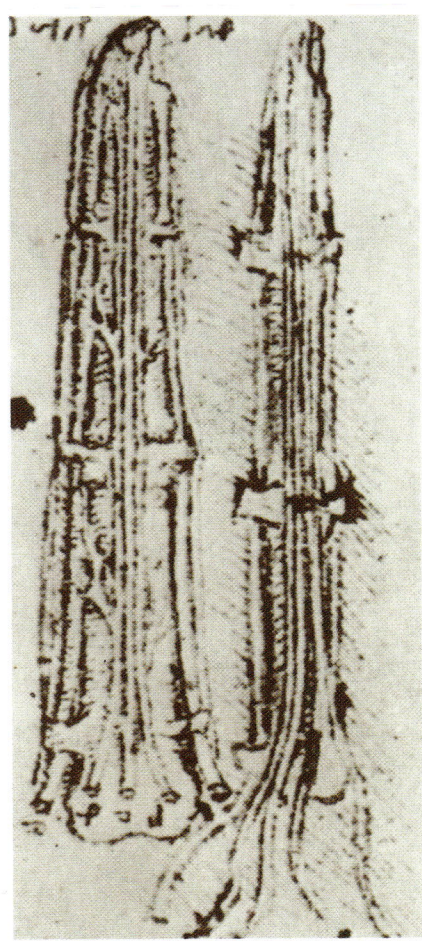

125/1 *Diese Zeichnung zeigt die Sehnen der mensch-lichen Hand vom Handgelenk bis zu den Fingerspitzen.* ANAT. MS. A 10r

Im Querschnitt unten die Sehnen zum Strek-ken und Beugen des Fingers. ANAT. MS. A 10v

125/2

Diese Zeichnungen aus Leonardos Anato-miemanuskript lassen erkennen, wie er bei der Entwicklung eines Systems zum Öffnen und Schließen der Grifflöcher bei Blasinstru-menten durch die menschliche Hand inspi-riert wurde. In Analogie zu den Sehnen er-fand er ein Drahtsystem, mit dem er die Tastatur und Klappen verbinden konnte.

125/3

350 Jahre nach Leonardo entwickelte Theo-bald Böhm die komplette Tastatur der oben abgebildeten Flöte.

METROPOLITAN MUSEUM OF ART, NEW YORK

weder in sich geschlossen noch systematisch. Seine Gedanken sind über viele Notizbücher und Blätter verstreut. Meistens sind sie in kleinen Gruppen von Sätzen neben den unterschiedlichsten Themen festgehalten. Doch auch in diesem Fall ist ihre Zusammenstellung lohnend. Sie enthüllt zwar nicht eine systematische Musikphilosophie Leonardos, aber doch sein immerwährendes und unermüdliches Ringen um musikalische Probleme. Seine Überlegungen sind in einem völlig neuen Licht und in erstaunlicher Unabhängigkeit von der traditionellen Musikphilosophie seiner Zeit konzipiert.

Diese bemerkenswerte Tatsache geriet angesichts der vielen Interpretationen des *Paragone* etwas in Vergessenheit. Die Einleitung zum *Trattato della Pittura* ist eine

Kompilation von Ausschnitten aus Leonardos Manuskripten, die nach seinem Tod unter Leitung seines Schülers Francesco Melzi vorgenommen wurde. Sie wird in der vatikanischen Bibliothek als der Codex Urbinas aufbewahrt. Die Auswahl des Materials aus den Manuskripten Leonardos ist unvollständig, und die Ordnung der Ausschnitte stammt nicht von ihm. Der *Paragone*, in dem ein Vergleich der Werte von Malerei, Bildhauerei, Dichtung und Musik vorgenommen wird, ist in seiner gegenwärtigen Form ein Gemisch von traditionellen, manchmal fast klischeehaften Ideen und bedeutenden, höchst originellen Gedanken Leonardos.

Bei flüchtigem Lesen der Dialoge zwischen dem Maler, dem Dichter und dem Musiker scheint die Musik einige bedauerliche Mängel aufzuweisen: Anders als die Malerei vergeht sie schnell (»sie stirbt, sobald sie geboren ist … sie ist mit dem Übel der Sterblichkeit behaftet«). Außerdem verlangt sie nach Wiederholung und kann daher langweilig werden. Doch diesen etwas banalen Aussagen muß mit Vorsicht begegnet werden, da Leonardo ein großes Interesse daran hatte, die Malerei zu verherrlichen und sie zumindest offiziell höher als die Musik zu bewerten. Der Musiker — das heißt der gebildete Musiker — stand seit Boethius, dem großen Philosophen, Staatsmann und Musiker aus der Zeit 500 n. Chr., in hohem sozialem Ansehen. Die Musik galt als philosophische Disziplin und zählte mit der Mathematik, der Geometrie und der Astronomie zum Quadrivium, während der Maler noch immer *artigiano* war, Handwerker, der von den *artes liberales* ausgeschlossen war. Erst die neue Kunst der *prospettiva*, die auf mathematischen Verhältnissen aufbauende Linearperspektive, bewirkte zur Zeit Leonardos einen radikalen Wandel in Bezug auf den sozialen Stand der Maler. Daher dürfen Leonardos Argumente für die Vorrangstellung der Malerei vor der Musik nicht zu ernst genommen werden. Eigentlich ging es ihm um die Aufwertung des sozialen Standes des Malers.

Wenn wir die Beschreibungen der einzelnen Künste näher betrachten und sie in systematischer Ordnung gruppieren, scheint die Musik einen höheren Rang als Dichtung und Malerei einzunehmen. Sie gilt als edler als die Dichtung, weil sie »innerhalb ihres harmonischen Flusses kraft ihrer verschiedenen Stimmen süße Melodien erzeugt, während der Dichter ihrer spezifischen, harmonischen Handlung beraubt ist; und obwohl die Dichtung mittels des Gehörs wirkt, kann sie nicht musikalische Harmonie schaffen, da sie nicht die Fähigkeit besitzt, verschiedene Sachen gleichzeitig auszusprechen, wie man sie in der Malerei durch die harmonische Verhältnismäßigkeit zwischen den verschiedenen Teilen des Ganzen erreichen kann.« Und was den Vergleich von Musik und Malerei betrifft, so verfügte die Musik seit jeher über ihre festen mathematischen Grundlagen in ihrer Theorie der Harmonien, während die Malerei erst damals diese theoreti-

126/1

Dieser rechts transkribierte Vermerk in Codex Madrid I über ein musikalisches Wunderkind zeigt, wie sehr sich Leonardo für Musik interessierte.

Tadeo, der Sohn des Nicolaio del Turco, vollendete sein 9. Jahr am Vorabend von Sankt Michael, am 28. September 1497. Und an diesem Tage war der Junge in Mailand und spielte zur Laute; und man hielt ihn allgemein für einen der guten Spieler Italiens.

sche Basis für ihre neue Theorie und Technik der Linearperspektive erlangte. Daher ist nach Leonardos Einschätzung die Musik keiner anderen Kunst unterlegen.[20]

In den Madrider Codices werden nur auf wenigen Blättern musikalische Themen behandelt. Dennoch zeigen sie deutlich Leonardos Interesse an Musik und Musikinstrumenten. Sie helfen uns, Leonardos unermüdlichen Geist zu verstehen, der ständig von neuen Ideen, Assoziationen und technologischen Phantasien überschwemmt wurde. Er konnte dieser Flut nur Herr werden, indem er flüchtige Ideen sofort festhielt. Häufig geschah dies nur in Andeutungen, so daß wichtige Details, die er offenbar für selbstverständlich hielt, weder dargestellt noch in seinen Kommentaren erklärt wurden.

Unter den Zeichnungen von Musikinstrumenten in den Madrider Codices befindet sich die einer Glocke mit einem breiten Rand [128/1]. Statt eines Klöppels

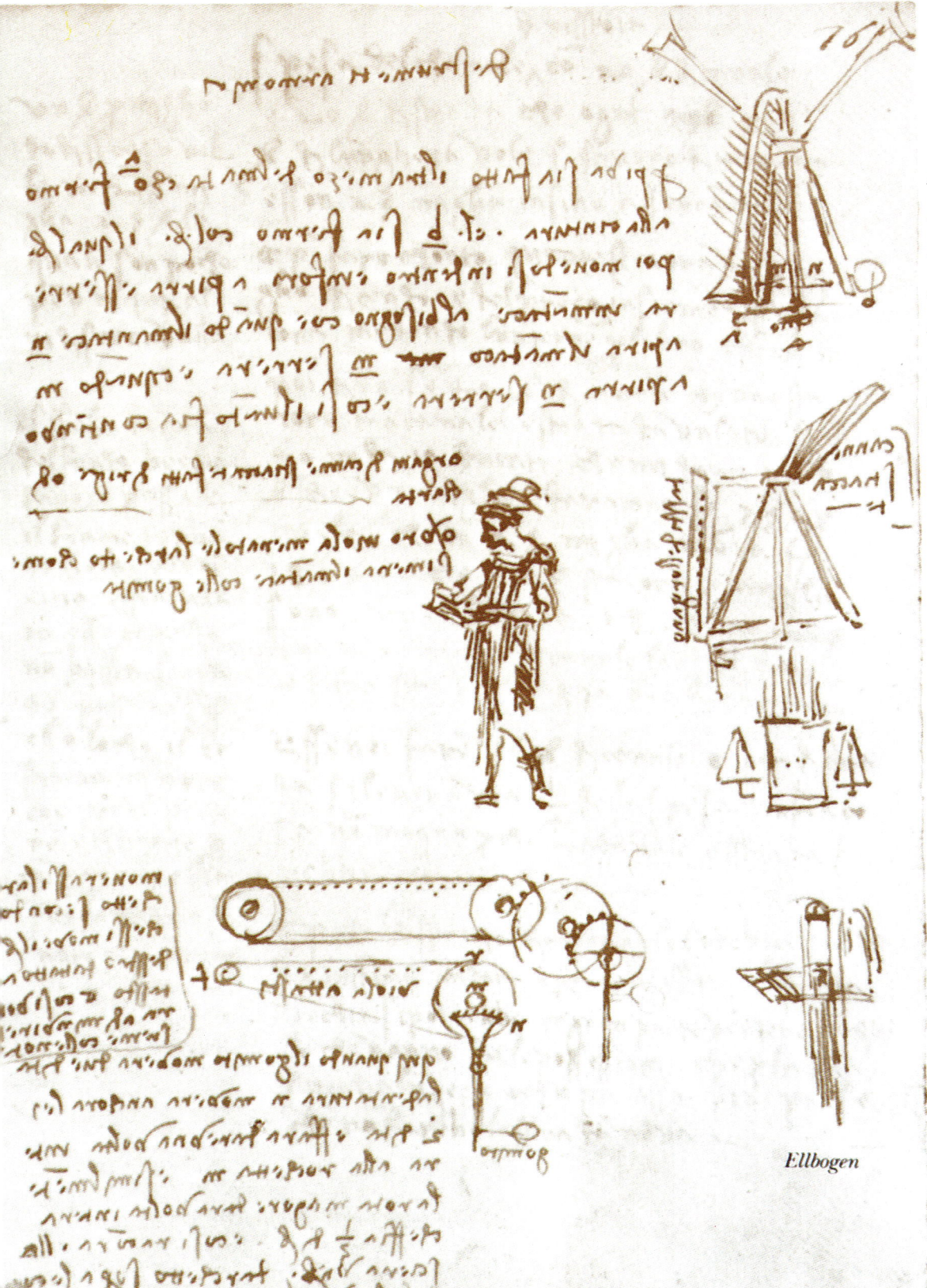

Ellbogen

Für den Dudelsack befestige man das Zwischenstück des Balges a am Gürtel; b sei am Arm befestigt; dieser bewegt sich dann nach innen und außen, öffnet so nach Bedarf den Balg und drückt ihn wieder zusammen. Das heißt, wenn er den Balg n öffnet, drückt er den Balg m zusammen, und wenn er m öffnet, drückt er n zusammen; so wird der Luftstrom nicht unterbrochen.

Orgeln mit zusammengedrückten Pfeifen, die aus Leisten oder Papier hergestellt werden.

Oder eine Viola, bei der man den Bogen so führt, wie den Balg mit dem Ellbogen.

Viola mit Saiten

Der Bogen bewegt sich so, wie sich der rechte Arm bewegt, von Saite zu Saite. Und so wird er zusammen mit den Noten spielen.

Wenn sich hier der Ellbogen um 2 Zoll bewegt, bewegt sich auch die Zahnung n um 2 Zoll und läßt den Drehling m eine ganze Umdrehung machen; ebenso macht das größere Rad eine ganze Umdrehung, was 1/3 Elle ist. Und so zieht es den Bogen eine Elle auf den Saiten der Viola entlang und läßt ihn wieder los.

127/1 *Auf Folio 76r von Codex Madrid II befindet sich neben einigen Kommentaren eine ganze Reihe neuartiger Mechanismen für Musikinstrumente mit Blasebälgen und für die viola organista. Ganz oben ist ein Blasebalg zu sehen, aus dem drei trompetenähnliche Rohre entspringen. In der Skizze darunter kombiniert Leonardo den Blasebalg mit einem kleinen Portativ und dann mit einer Kammerorgel. Die beiden Skizzen ganz unten sind Studien zur viola organista. In der Seitenmitte ist ein jugendlicher Musikant in einem Phantasiegewand dargestellt. Möglicherweise handelt es sich um einen Entwurf für eine der farbenprächtigen Maskeraden, deren künstlerische Vorbereitung zu den Pflichten des Höflings Leonardo gehörte.*

im Inneren der Glocke schlagen zwei Hämmer von außen auf den Rand. Links von der Glocke befindet sich eine Vorrichtung mit vier Tasten. Sie wirken auf ein Gestänge, das wiederum vier mit ovalen Köpfen versehene Hebel kontrolliert. Meiner Meinung nach handelt es sich bei den Köpfen um Dämpfer. Der Begleittext lautet, »Dieselbe Glocke erscheint wie vier Glocken. Orgeltasten mit feststehender Glocke. Sie wird von zwei Hämmern geschlagen und kann die Stimmen wechseln so wie die Orgel.«

Interessant an dieser Erklärung ist unter akustischem Gesichtspunkt die Folgerung, daß die Glocke unbeweglich sein muß und weder schwingt noch mit einem Klöppel versehen ist, wie ihn die Kirchenglocken haben. Die Aussage, sie könne »die Stimmen wechseln«, bezieht sich aller Wahrscheinlichkeit nach auf die Tonhöhe und nicht auf das Timbre.[21] Leonardo muß der Meinung gewesen sein, im oberen Teil der Glocke gebe es ringförmige Zonen, die Töne verschiedener

Tonhöhe hervorbringen, wenn sie etwas gedämpft werden, während der Hammer den Rand in Schwingung versetzt.[22] Wie auch in vielen anderen seiner musikalischen Erfindungen versuchte Leonardo hier, durch ein Instrument einen Klangreichtum zu erzielen, der bis dahin nur durch mehrere Instrumente oder durch Instrumentengruppen hervorgebracht werden konnte.

Die oberste Skizze in Abbildung 127/1 stellt ein Blasinstrument dar. Zwei Röhren sind nach oben gerichtet und eine dritte zeigt nach unten. Sie entspringen gemeinsam einem Apparat, bei dem es sich zweifellos um einen Blasebalg handelt. Die drei Röhren geben dem Instrument eine oberflächliche Ähnlichkeit mit einem Dudelsack, da sie an dessen Melodie- und Summpfeifen erinnern. Tatsächlich sagt Leonardo zu Beginn seiner Erläuterungen, daß der neue Blasebalg hier *per piva* gedacht sei. Das Wort *piva* bedeutet unter anderem auch »Dudelsack«. Natürlich kannte Leonardo den beliebten Dudelsack. In einer seiner Zeichnungen zeigt er einen Dudelsack in einem Schraubstock [128/3].

Der Blasebalg in Abbildung 128/2 ist tatsächlich genial konstruiert.[23] Er besteht aus zwei Teilen, die sich links und rechts von einer unbeweglichen Trennwand befinden. Drückt man den rechten Teil gegen die Trennwand, wird die eingeschlossene Luft komprimiert und in die Röhren gedrückt. Gleichzeitig dehnt sich automatisch der linke Teil aus und nimmt dabei Luft auf. Diese automatisch synchronisierte, alternierende Abgabe der Luft bedeutet eine Verbesserung oder wenigstens Vereinfachung gegenüber den herkömmlichen zwei getrennten Blasebälgen, wie sie gewöhnlich zu Leonardos Zeiten und noch lange Zeit danach für Orgeln und für viele nichtmusikalische Zwecke verwendet wurden, etwa in der Schmiede und für die Schmelzöfen. Sie mußten von zwei Personen oder zwei Motoren gepumpt werden. Leonardos begleitende Erklärung liest sich, als sei der Apparat seine Erfindung. Tatsächlich ist mir kein früheres Beispiel für diesen Typ Blasebalg aus Texten oder Illustrationen bekannt. Vielleicht funktionierte er bei kleinen Bälgen hervorragend, doch für Industriezwecke haben sich zwei getrennte, große Blasebälge als praktischer erwiesen.

Zum Abschluß seiner Beschreibung erklärt Leonardo, sein neuer Blasebalg produziere einen kontinuierlichen Luftstrom. Dieser Behauptung muß natürlich mit einer gewissen Vorsicht begegnet werden. Erstens gibt es weiterhin den unvermeidlichen toten Punkt, an dem der eine Balgteil sein maximales Volumen und der andere seine kleinste Ausdehnung erreicht hat und sich die Pumprichtung umkehrt. Damit tritt in den Röhren ein Moment der Stille ein. Wie kurz

Dieselbe Glocke erscheint wie vier Glocken.

128/1
Zu dieser Glocke vermerkt Leonardo, »Dieselbe Glocke erscheint wie vier Glocken. Orgeltasten mit feststehender Glocke. Sie wird von zwei Hämmern geschlagen und kann die Stimmen wechseln so wie die Orgel.«
MADRID II 75v

128/3
Diese offensichtlich allegorisch gemeinte Skizze zeigt einen Dudelsack in einem Schraubstock.
MS. M 4v

128/2
Dieses Instrument mit seinen drei Pfeifen, ein Ausschnitt aus der Abbildung auf Seite 127, sieht wie ein Dudelsack aus.

128/3

auch immer, so ist er doch ebenso wahrnehmbar wie die Pause zwischen dem Auf- und Abstrich des Bogens einer Geige oder wie der Übergang von der Zug- zur Druckbewegung bei der Ziehharmonika oder umgekehrt.[24]

Abgesehen von diesem toten Punkt dürfen wir nicht vergessen, daß der Luftstrom sofort aussetzt, wenn die Bewegung der Blasebälge endet. Beim Dudelsack ist das anders. Die Pfeifen eines Dudelsacks werden über einen Sack aus Tierhaut mit Luft versorgt. Dieses flexible Luftreservoir wird entweder über eine Blaspfeife vom Spieler aufgeblasen oder, in späteren Modellen wie der Musette des 18. Jahrhunderts, durch ein Paar von Blasebälgen.[25] Bei einem Sack dieses Typs steht auch noch Luft zur Verfügung, wenn der Spieler nicht mehr in die Blaspfeife bläst oder die Blasebälge bedient. Daher wird hier ein wirklich kontinuierlicher Ton erzeugt.[26] Ein solcher Sack jedoch ist in Leonardos Instrument nicht vorgesehen. Außerdem fehlt ein weiterer wesentlicher Bestandteil des Dudelsacks, nämlich die Melodiepfeife. Es handelt sich um eine Rohrpfeife mit Grifflöchern. Sie werden von den Fingern des Spielers geschlossen, um eine Melodie zu erzeugen, während die größeren Summpfeifen den kontinuierlichen Bordunbaß hervorbringen. In der Regel hat die Melodiepfeife eine andere Form als die Summpfeifen.

In Leonardos Skizze befindet sich die nach unten zeigende Pfeife links ungefähr dort, wo beim Dudelsack die Melodiepfeife sitzt, doch hat sie die gleiche Form wie die anderen beiden Pfeifen und, was noch wichtiger ist, sie weist keinerlei Grifflöcher auf. Daher kann es sich bei Leonardos Instrument nicht um einen

Eine der in Schloß Windsor befindlichen Zeichnungen stellt eine phantastische Figur dar, die einem reitenden Dudelsack ähnelt. Diese Zeichnung wurde häufig mißverstan-

129/1

Dudelsack handeln. Wenn er es als *piva* bezeichnet, so verwendet er dieses Wort nicht als gleichbedeutend mit *cornamusa* oder *zampogna* — beides gebräuchliche Bezeichnungen für den Dudelsack —, sondern in seiner ursprünglichen Bedeutung als *pipa*, was »Pfeife« oder »Pfeifeninstrument« bedeutet.

Worum handelt es sich also bei diesem Instrument? Da es nur über drei Pfeifen verfügt, läßt sich mit ihm weder eine Melodie, noch eine Tonleiter spielen. Außerdem ist keine Vorrichtung zur Auswahl oder Veränderung einzelner Töne eingezeichnet. Wir können daher nur vermuten, daß es drei Töne von verschiedener Höhe gleichzeitig hervorbrachte, also einen Akkord und aller Wahrscheinlichkeit nach einen Dreiklang. Bei den Röhren würde es sich dann um Pfeifen mit einem trompetenartigen Klang handeln, und das ganze Instrument wäre

den. Es handelt sich um einen Reiter, der als Dudelsack verkleidet ist. Sein Bauch, oder vielmehr sein gesamter Oberkörper, stellt den Sack dar, während die Fortsetzung seiner Nase die Melodiepfeife ist. Über seinem Kopf erscheint eine riesige Summpfeife. Wahrscheinlich zeichnete Leonardo diese amüsante Verkleidung für einen Festumzug oder einen ähnlichen Anlaß. WINDSOR 12585r

nicht zum Spielen von Musik gedacht, sondern sollte möglicherweise ein dreitöniges Signal in der Art einer Fanfare erzeugen. Man denke an Leonardos umfangreiche Tätigkeit in der Organisation von Festen, Prozessionen und Bühnenaufführungen. Vielleicht diente die Musikapparatur als verborgene Maschine, mit der sich beim Auftreten allegorischer Figuren wie der Fama oder Gloria bequem Fanfarentöne erzeugen ließen. Gerade diese Figuren sind in der Ikonographie traditionell mit Trompeten oder Trompetengruppen dargestellt. Ein Beispiel ist die herrliche Quadrupeltrompete in den Händen der Fama, auf einem Wandteppich des frühen 16. Jahrhunderts, heute im Metropolitan Museum of Art in New York. Er stellt den Sieg des Ruhmes über den Tod dar und ist eine der zahlreichen Illustrationen der *Trionfi* von Petrarcha aus der Zeit Leonardos [131/1].

Offensichtlich war Leonardo mehr von der Idee seines neuen Blasebalgs beeindruckt als von der ganzen Dreifachtrompeten-Maschine, denn in zwei anderen Zeichnungen verwendete er ihn für eine kleines Portativ und sogar für eine große Kammerorgel.

Die Skizze von dem Portativ trägt zwei Inschriften. Links steht *tasti dell organo* (»Orgeltasten«) und oben rechts *canne schiacciate* (»plattgedrückte Pfeifen«) [132/2]. Leonardo gibt an, daß die Pfeifen entweder aus Holz oder aus Karton bestehen. Es sind sechs Pfeifen zu erkennen — eine eigenartige Zahl, da es für einen Akkord zu viele und für eine Tonleiter zu wenige sind. Möglicherweise handelt es sich nur um eine andeutende Skizze. Ein unverzichtbarer Bestandteil der Orgel, nämlich die Mechanik, durch die die einzelnen Tasten den Luftstrom zu den Pfeifen öffnen oder schließen, fehlt ganz. Wie so oft beim raschen Festhalten seiner Ideen, mag sich Leonardo auch hier nicht die Mühe gegeben haben, für ihn selbstverständliche Details einzuzeichnen.

Die Kombination von Orgelpfeifen und Blasebälgen erinnert an die Konstruktion eines *organetto*, eines zu Leonardos Zeiten schon seit Jahrhunderten äußerst beliebten, praktischen Instruments. Daher soll hier kurz auf verschiedene Typen von *organetti* eingegangen werden, unter besonderer Berücksichtigung der Blasebälge. Die größeren Instrumente wurden auf dem Tisch mit beiden Händen auf der Tastatur gespielt. Sie machten daher eine zweite Person erforderlich, die die alternierenden Blasebälge an der Rückseite bediente. Unter den kleineren *organetti* gibt es folgende Typen. Beim ersten Typ wurde ein kleiner Blasebalg unterhalb der Windlade vom Spieler mit der linken Hand bedient [132/1]. Bei einem weiteren Typ wurde ein einziger großer Blasebalg an der Rückseite der Windlade vom Spieler mit der Linken bedient, während seine Rechte die Tasten drückte; die Handhaltung war dabei sehr unbequem [133/1]. Bei einem dritten Typ bediente der Spieler mit der Linken zwei kleine alternierende Bälge an der Rückseite der Windlade [134/3].

Bei all diesen kleinen Instrumenten, bei denen mit der einen Hand ein einfacher oder doppelter Blasebalg bedient werden mußte, trat im Moment des Bewegungswechsels der Bälge in der Luftzufuhr und damit in der Musik eine unvermeidbare Unterbrechung auf. Doch da die Finger auf den Tasten nur Melodielinien ohne größere Akkorde spielen konnten, fiel die durch den Balgmechanismus verursachte Pause nicht mehr auf als die Atempause eines geübten Sängers in der Mitte einer Phrase. Dabei hat die bei jedem *organetto* unverzichtbare Windlade gewiß dazu beigetragen, diese Pausen zu überbrücken, auch wenn sie nicht ein so flexibles Luftreservoir wie der Sack beim Dudelsack war.

In Leonardos Skizze des Portativs fehlt die Windlade. Die Luftzufuhr wurde also einzig durch die Betätigung seines Spezialbalgs gesichert, bei dem, wie schon gesagt, der Luftstrom sofort abreißt, wenn die Pumpbewegung aufhört. Doch gibt es eine weitere Möglichkeit, die den neuen Blasebalg rechtfertigen würde. Auf der Skizze ist an der unteren linken Kante des Blasebalgs eine kleine Rundung eingezeichnet. Wenn es sich hierbei um die Andeutung eines Hebels handelt, wurde er vielleicht mit dem Ellbogen bedient (*con gomito*). Damit wären beide Hände für die Tastatur frei, was tatsächlich eine beträchtliche Verbesserung bedeutet, insbesondere wenn wir annehmen, daß dieses Instrument mit weit mehr Pfeifen als die eingezeichneten sechs ausgestattet werden sollte.

Noch problematischer ist die kleine Skizze einer Kammerorgel [134/1]. An ihren Seiten befinden sich zwei Blasebälge, die offensichtlich ebenso konstruiert sind, wie die in den Abbildungen 128/2 und 132/2. Der große Kasten, aus dem die Pfeifen aufsteigen, enthält natürlich die unvermeidliche Windlade, die bei allen

131/1
Der nordfranzösische Gobelin aus der Zeit Anfang des 16. Jahrhunderts (gegenüberliegende Seite) stellt den »Triumph der Fama über den Tod« dar. Die allegorische Figur der Fama läßt eine Phantasietrompete mit vier Trichtern erklingen. Möglicherweise besteht ein Zusammenhang zwischen phantastischen Instrumenten wie diesem und dem funktionsfähigen drei-rohrigen Instrument in Abbildung 128/2
METROPOLITAN MUSEUM OF ART, NEW YORK

Pfeifenorgeln einen gleichmäßigen Luftstrom und Ton gewährleistet, also dieselbe Funktion hat wie der Sack beim Dudelsack. Daher ergibt die Verwendung
von Leonardos Spezialbälgen bei dieser Orgel keinen Sinn. Ein einfacher herkömmlicher Blasebalg würde ebenso seinen Zweck erfüllen.

133/1

Dieser Ausschnitt aus der Orgelverkleidung von Nájera (Hans Memling, um 1465) zeigt einen Engel, der ein organetto *spielt. An der Rückseite des Instruments befindet sich ein großer Blasebalg.*

MUSÉE DES BEAUX-ARTS, ANTWERPEN

Das Bild zeigt ein florentinisches organetto *aus dem 14. Jahrhundert; der Engel setzt mit der Linken den kleinen Blasebalg unter der Windlade in Bewegung.*

MUSEO DELL'OPERA DEL DUOMO, FLORENZ

132/1

Die Bedienung *con gomito* mag Leonardo so sehr fasziniert haben, daß er diese Spieltechnik auch auf Streichinstrumente ausdehnte. In zwei Skizzen in Abbildung 127/1 entwirft er schematisch Streichinstrumente, von denen wenigstens das eine unter Einsatz des Ellbogens gespielt wird, wahrscheinlich auch hier, um beide Hände für die Tastatur freizuhalten [134/2]. So rätselhaft diese Instrumente auf den ersten Blick erscheinen mögen, so fällt ihre Interpretation dennoch

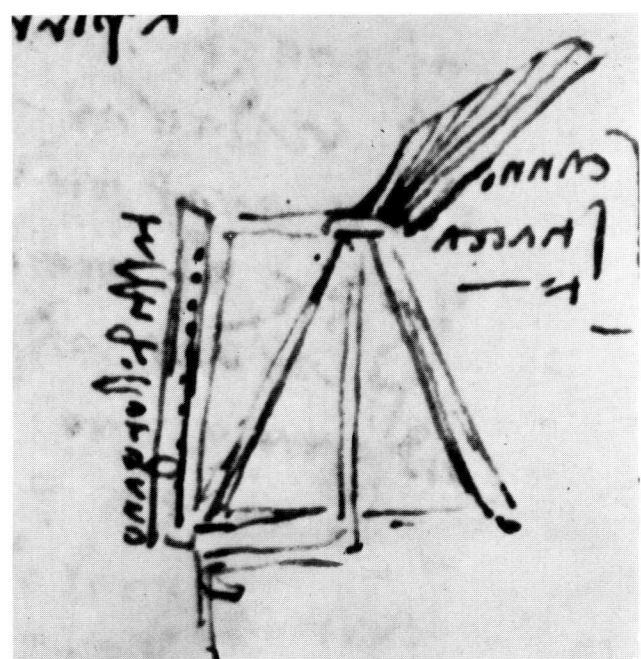

plattgedrückte Pfeifen

Orgeltasten

Dieses Detail aus Leonardos Skizzen auf Seite 127 zeigt ein Instrument mit sechs Orgelpfeifen, die aus einem Blasebalg aufsteigen, wie er in Abbildung 128/2 dargestellt ist. Links von dem Blasebalg deuten kleine Punkte die »Orgeltasten« an, wie die senkrechte Inschrift besagt.

132/2 133/1

nicht schwer, wenn man sich Leonardos ausgeprägtes Interesse an der oben beschriebenen *viola organista* [120/2] vor Augen hält. Beim Betrachten der Abbildung 120/2 fallen sofort die Verbindungen zu den Skizzen im Codex Madrid [134/2] auf. Die in einer horizontalen Linie eingezeichneten 16 Punkte in der oberen Skizze von Abbildung 134/2 sind dabei nichts anderes als Querschnitte der Saiten, die in den vorhergehenden Abbildungen gezeigt wurden. Über diese Saiten bewegt sich der endlose Bogen, der links und rechts von zwei rotierenden Rädern angetrieben wird. Mit anderen Worten, die obere Skizze von Abbildung 134/2 ist eine schematische Vorderansicht des Instruments, das in Abbildung 120/2 in Seitenansicht gezeigt wird. In Abbildung 120/2 ist auch deutlich eine Tastatur zu erkennen. Sie besteht aus einer Reihe von Druckknöpfen, durch die über eine Mechanik kleine runde Schlaufen bewegt werden, die ihrerseits in die Saiten greifen, um sie gegen den sich bewegenden *archetto* zu führen, der sie in Schwingung versetzt. Unten in Abbildung 134/2 ist eine Mechanik gezeigt, die den *archetto* antreiben soll.

In der oberen Skizze von Abbildung 134/2 sind zwei ineinandergreifende Zahnräder zu erkennen, die das rechte der beiden Räder antreiben, die für die Bewegung des *archetto* verantwortlich sind. Die Zahnräder müssen durch einen Motor, den Spieler oder einen Helfer in Drehung versetzt werden. Die untere Skizze auf Abbildung 134/2 weicht in mehrfacher Hinsicht von der oberen ab. Hier sind nur elf Punkte für Saiten eingezeichnet; unter den Punkten stehen die Worte *viola a tasti* (»Viola mit Tasten«). Das linke Rad ist viel kleiner, und außerdem ist die Antriebsvorrichtung des rechten Rades anders: Anstelle der zwei Zahnräder ist hier nur ein Segment des einen sichtbar. Es wird durch einen Hebel mit einer Kurbel bedient, der mit *gomito* beschriftet ist. Die Verwendung dieses Radsegments ermöglicht nicht eine kontinuierliche Bewegung des *archetto* in eine Richtung, sondern erlaubt nur eine Vorwärts- und Rückwärtsbewegung, wie sie der eines üblichen Bogens einer Violine oder anderer Streichinstrumente entspricht.

All diese Merkmale deuten auf eine kleinere und einfachere Version der *viola organista*, die möglicherweise tragbar sein sollte. Wenn *gomito* hier nicht einen beweglichen Teil des Mechanismus bezeichnet, sondern tatsächlich den menschlichen Ellbogen,[27] dann wären beide Hände zum Bedienen der Tastatur und Drücken der Knöpfe frei. Dies würde eine deutliche Verbesserung gegenüber

dem Leierkasten bedeuten, bei dem die wenigen Tasten mit einer Hand bedient werden, während die andere die Kurbel bedient, um das Reibrad anzutreiben. In der Mitte von Abbildung 127/1 ist in wenigen raschen Strichen eine bezaubernde kleine Figur festgehalten. Leider ist nicht zu erkennen, welches Instrument der Jüngling spielt. Auf jeden Fall handelt es sich um einen Musiker in einem Phantasiegewand. Sein Dreispitz[28], die kurze faltige Tunika mit eckigem Halsausschnitt und die Schnürschuhe, wie sie die Schäfer trugen, kennzeichnen

134/3

Rechts ein Relief (Mitte 15. Jahrhundert) von Agostini di Duccio aus der Kathedrale von Rimini. Der Engel spielt auf einem organetto *mit zwei Bälgen.*

134/1

In dieser schnell hingeworfenen Skizze (Ausschnitt aus Seite 127) stattet Leonardo eine Kammerorgel mit seinen Spezialbälgen aus. Sie befinden sich an den Seiten der Windlade, aus der die Pfeifen herausragen.

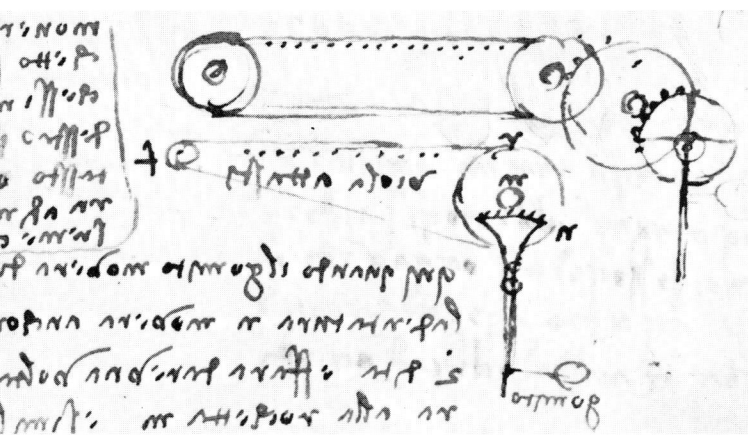

134/2

In diesen Skizzen, Details von Seite 127, werden zwei Verfahren zum Führen des »endlosen Bogens« über die Saiten einer tragbaren viola organista *entworfen. Das Rad, das den* archetto *(endlosen Bogen) dreht, wird von einem Zahnrad — oder einem Zahnradsegment — angetrieben, das seinerseits durch den Ellbogen bedient wird.*

135/1

Vergrößertes Detail des kostümierten jungen Mannes von Seite 127.

ihn als Teilnehmer an einer Maskerade oder einer Bühnenaufführung. Sein exotisches Erscheinungsbild bietet vielleicht den Schlüssel zur Erklärung all der Instrumente auf Abbildung 127/1, außer der Kammerorgel mit seitlichen Blasebälgen.

Offensichtlich sind diese Instrumente nicht für ernsthafte Musikaufführungen, sondern für Feste,[29] Bühnenspiele oder jene farbenfrohen Maskeraden gedacht, deren Organisation und künstlerische Betreuung zu den Pflichten des Höflings Leonardo gehörten. In den anderen Notizbüchern Leonardos finden sich zahl-

135/1

reiche weitere Skizzen von Instrumenten, die wahrscheinlich ähnlichen Zwecken gedient haben.

Das Ergebnis unserer Interpretation lautet somit, daß die musikalische Bedeutung dieser Instrumente vergleichsweise gering ist. Sie sind jedoch in anderer Hinsicht von Interesse, denn sie offenbaren Leonardos rastlose, schnelle Phantasie, die in rascher Assoziation von einer Idee zur nächsten überspringt. Die Tripel-Trompete zeugt von der Idee einer neuen vereinfachten Form des Blasebalgs mit automatischer Synchronisation. Diese Bälge sieht er für kleine Portative mit wenigen Pfeifen, aber auch für ein massives Positiv vor. Dann geht seine Phantasie einen anderen Weg. Ebenso wie der Blasebalg bei Blasinstrumenten vom Ellbogen bedient werden kann, besteht eine ähnlich einfache Spielmöglichkeit *con gomito* auch bei Streichinstrumenten. Damit ist die Idee zu einer kleineren, tragbaren Version der *viola organista* geboren. Die Anzahl und Vielfalt von Leonardos Instrumentenerfindungen erlaubt eine klare Rekonstruktion seiner Leitgedanken, die eine bewundernswerte innere Ordnung aufweisen.

Wohl war es aus zahlreichen Zeichnungen und Texten Leonardos, die über seine Manuskripte verstreut sind, bekannt, daß er

DER FESTUNGS-BAUMEISTER

LUDWIG H. HEYDENREICH

sein intensives Studium der Architektur in Theorie und Praxis auch auf den weiten Bereich der Festungsbaukunst und des Militäringenieurwesens ausdehnte; eine Reihe von zeitgenössischen Urkunden lassen weiterhin erkennen, daß er gerade auf diesem Spezialgebiet ein großes Ansehen besaß: Sein Rat und seine Erfahrungen wurden — wie wir im einzelnen noch darzulegen haben werden — wiederholt in bedeutenden Anliegen von höchsten Instanzen in Anspruch genommen.

Aber erst Codex Madrid II bietet uns die Möglichkeit, Leonardos Wirksamkeit als Militäringenieur anhand von zwei in diesem Merkbuch behandelten Aufgaben größten Ausmaßes konkret zu fassen und aus dieser bis in die Einzelheiten verfolgbaren und damit auch nachprüfbaren Tätigkeit die Eigenart und den Wert seiner Leistung auf diesem Gebiet klar zu beurteilen.

136/1

Die unausgesetzten Kriege und Feldzüge, die um die Wende vom 15. zum 16. Jahrhundert im Zuge der politischen Konflikte zwischen den Großmächten Frankreich, Neapel, Mailand, Venedig und dem Kirchenstaat auf italienischem Boden, vorwiegend in Ober- und Mittelitalien, geführt wurden, brachten es mit sich, daß gerade in dieser Zeitphase die technischen Mittel der Kriegsführung, nämlich Wehrbau- und Militäringenieurwesen (wir würden heute sagen »Pionierwesen«) eine ungemein verstärkte Bedeutung gewannen. Denn alle betroffenen Parteien, auch die in Mitleidenschaft gezogenen kleineren Mächte, ob Stadtrepubliken oder Fürstenherrschaften, waren in gleichem Maße darauf angewiesen, ihre Verteidigungssysteme, aber auch ihre Angriffsmittel auf höchstem Stand zu halten, zumal die neuen Feuerwaffen — Sprengminen und Geschütze — sich rasch entwickelten und durchgreifende Veränderungen im Fortifikations-

136/1

Die Karte (gegenüberliegende Seite) gibt einen Eindruck von der Machtkonzentration in Italien zu Beginn des 16. Jahrhunderts. Der Kirchenstaat, die (französische) Lombardei, Venedig, Florenz und Neapel waren die mächtigsten politischen Gebilde. Leonardo war für viele Herren tätig. Kriegskunst und die Wechselfälle des Krieges waren Anlaß vieler seiner Reisen, von Florenz nach Mailand und zurück, nach Venedig, Piombino, Imola und Pisa, erneut nach Florenz und Mailand, nach Rom und schließlich als geehrter Mann auf den Alterssitz in Frankreich.

137/1

wesen wie in der technischen Kriegsführung überhaupt erforderlich machten. So fielen dem Militärarchitekten und -ingenieur der Zeit neue Aufgaben von großer Tragweite zu, die vor allem auch ein sehr erweitertes spezialisiertes Fachwissen voraussetzten. Wohl waren schon Brunelleschi und Laurana in der ersten Jahrhunderthälfte versierte Festungsbauer gewesen, doch erfährt der Berufsstand des »architetto militare« gegen Ende des Quattrocento eine spezifische Prägung und gesteigerte Wertschätzung. Der bedeutendste Vertreter ist Francesco di Giorgio Martini (1439-1501), der, so angesehen er als Maler, Bildhauer und Architekt war, zu seinen Lebzeiten vor allem als genialer Festungsbaumeister und Militäringenieur höchste Ehrungen erfuhr. Er war der oberste Baudirektor und »Camerlingo delle Acque« seiner Heimatstadt Siena, dem das gesamte Festungsbau- und Wasserbauwesen unterstand; seine für den Herzog von Urbino, Federico da Montefeltre, gebauten Festungen sind eindrucksvolle Wahrzeichen fürstlicher Herrschaft: Sassocorvaro (1470-1478), Rocca San Leo (1479) [139/1], Cagli (1481) und die 1501 für Francesco della Rovere gebaute Festung Mongavio legen noch heute dafür Zeugnis ab. Francescos zwischen 1480 und 1490 geschriebener *Trattato di architettura, ingenieria e arte militare* schließlich reichte als erste umfassende und systematisch angelegte Behandlung des Themas über die Arbeiten seiner Vorgänger Taccola und Valturio weit hinaus und gewann eminente Bedeutung in seiner Zeit.

Leonardos Heimatstadt Florenz stand oft im Mittelpunkt der Kriege, die auf der italienischen Halbinsel wüteten. Das Gemälde von Giorgio Vasari zeigt die Truppen des Heiligen Römischen Reiches und des Kirchenstaates bei der Belagerung von Florenz im Jahre 1527. Sie halfen den Medici bei der Niederschlagung eines Versuchs, die Republik von Florenz wiederherzustellen. In jenen unruhigen Zeiten zählte die Kriegsführung zu den wichtigsten Künsten. Maler, Bildhauer und Architekten waren sehr gefragt, da viele von ihnen über die für den Bau von Waffen und Festungen erforderlichen Kenntnisse verfügten. Es erstaunt daher nicht, daß Leonardo in seinem Empfehlungsschreiben an den Herzog von Mailand (Seite 7) seine Erfahrungen als Militäringenieur und Architekt besonders hervorhob. Leonardo diente unter mehreren Herrschern und wechselte häufig nach dem Krieg die Seite. Offensichlich bereitete es ihm keine Mühe, seine Aufgaben im Krieg unter rein rationalen Gesichtspunkten zu betrachten.

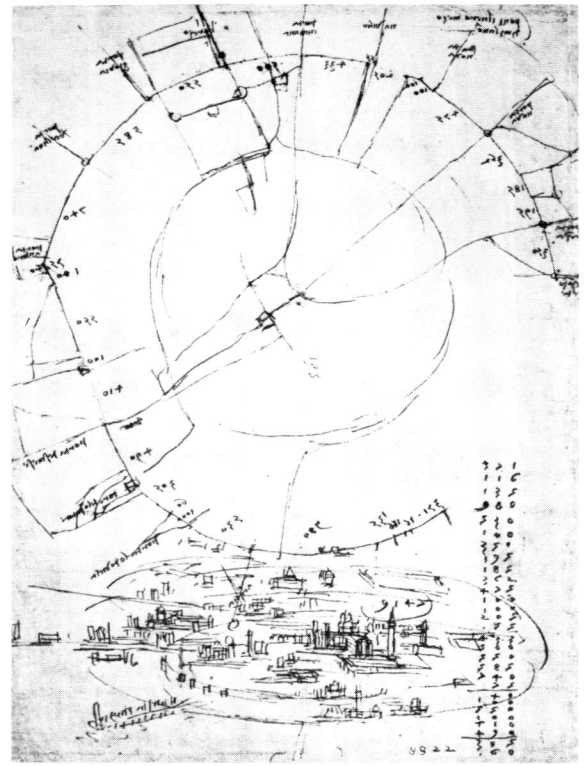

Die meisten Architekten von Rang im ausgehenden Jahrhundert waren erfahrene Festungsbaumeister. Nur drei Namen seien als Beispiele genannt: Baccio Pontelli (1450-1492), der die Rocca von Ostia baute, Luca Fancelli (1430-1495), der Architekt der Gonzaga in Mantua, der auch als Ingenieur und Kanalbauer im mediceischen Florenz Ansehen besaß, und die Brüder Giuliano (1445-1516) und Antonio (1455-1534) da Sangallo. So erscheint es nur als natürlich, daß auch Leonardo da Vinci, der sich sein ganzes Leben hindurch intensiv mit der Architektur in Theorie und Praxis befaßt hat, den Bereich der Festungsbaukunst und des Militäringenieurwesens von Beginn an in seine Studien einschloß. Zwischen 1490 und 1505 hat Leonardo als Militärarchitekt und Ingenieur nicht weniger als fünf verschiedenen Herren gedient. Bis zum Sturze Lodovico Sforzas im Sommer 1499 war er »pictor et ingeniarius ducalis« am Mailänder Hof gewesen und hat an den Fortifikationsanlagen des Herzogs in Pavia, Vigevano und Mailand als Ratgeber gewirkt; doch läßt sich diese Tätigkeit nicht genauer bestimmen.

Als er Mailand wenige Wochen nach dem triumphalen Einzug der Franzosen verließ und auf dem Wege nach Florenz in Venedig Station machte, scheint die Regierung der Serenissima — schwer getroffen durch die Niederlage von Lepanto am 26. August 1499 und wegen eines möglichen Angriffs der Türken von der Landseite her besorgt — bei dieser Gelegenheit Leonardos Rat eingeholt zu haben: Das Fragment eines Briefentwurfes an die Signoria[1] bezeugt, daß der Meister offensichtlich im Auftrag der Republik das mutmaßliche Einfallsgebiet der Türken, das Isonzotal im Friaul, bereist und als wirksames Abwehrmittel des Angreifers eine künstliche Überschwemmung der Zone erwogen hat. Eine kleine Kartenskizze mit den Angaben »Ponte di Gorizia« und »Vilpago« beweist seine Anwesenheit am Ort, doch ist unbekannt, wie weit sein Vorschlag, den wir nur aus diesen Andeutungen erschließen können, Berücksichtigung fand.

Dies geschah im März 1500. Ostern war Leonardo bereits in Florenz, um zunächst seine Tätigkeit als Maler wieder auszuüben. Aber schon nach anderthalb Jahren unternimmt der Meister den überraschenden Schritt, als »architetto ed ingegnere generale« in die Dienste Cesare Borgias zu treten. Cesare Borgia, der Sohn Papst Alexanders VI. und Marschall der päpstlichen Truppen, von Ludwig II. von Frankreich zum Herzog des Valentinois erhoben, stand damals im Zenit seiner so kurzen Ruhmesbahn. Der Papst hatte ihn soeben zum Herzog der Romagna ernannt und dabei die bestehenden legitimen Lehnsträger des Territoriums im Namen der Kirche als abgesetzt erklärt. Das vorsichtige Florenz hatte sich durch einen Vertrag, der Cesare mit einem Jahresgehalt von 30 000 Golddukaten zum Condottiere der Republik machte, das Wohlwollen des gefährlich mächtigen

138/1

17 Jahre diente Leonardo als Architekt, Militäringenieur, Maler und Zeremonienmeister am Hofe von Lodovico Sforza. Diese Skizze Leonardos zeigt die kreisförmige Anlage der Stadt Mailand. An den Stadttoren sind deren Namen eingetragen. Darunter zeichnete er eine perspektivische Aufsicht der Stadt mit den wichtigsten Gebäuden, dem Dom in der Mitte und dem Castello Sforza links. ATLANTICUS 73b

138/2-6

1499 wurde sein Gönner Lodovico Sforza (unten links) gestürzt. In den sechs darauffolgenden Jahren diente Leonardo mehreren Herren als militärischer Berater. Von links

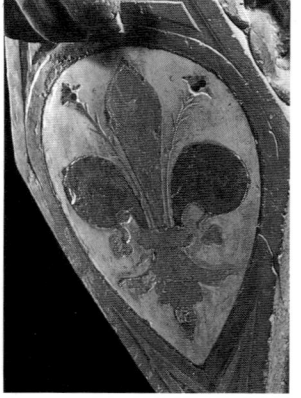

138/2
138/3
138/4
138/5
138/6

nach rechts: Agostino Barbarigo, Doge von Venedig; Cesare Borgia, Herzog der Romagna; Wappen der Republik Florenz; Wappen von Jacopo IV. Appiani, Regent von Piombino.

139/1

Die Festung San Leo (gegenüberliegende Seite) wurde 1479 von Francesco di Giorgio Martini erbaut, dessen systematische Abhandlung über Militärarchitektur und Ingenieurwesen großen Einfluß auf Leonardo ausübte.

Nachbarn gleichsam »erkauft«. Kein geringerer als Machiavelli wurde wiederholt über längere Fristen als diplomatischer Geschäftsträger an seinen Hof delegiert und hatte keine andere Aufgabe als die des politischen Beobachters, der über Gunst oder Ungunst der Lage zu berichten hatte. So war der »Duca Valentino« sicher die bedeutendste Gestalt der Zeit, und unter diesem Aspekt scheint uns auch der seltsame Entschluß Leonardos, in den Dienst dieser faszinierenden Persönlichkeit zu treten, eine gewisse Rechtfertigung zu finden. Zwischen dem Sommer 1502 und dem Frühjahr 1503 — also über einen Zeitraum von acht bis neun Monaten — hat Leonardo sein Amt als oberster Inspizient des Militärbauwesens ausgeübt und den »Valentino« auf seinen Eroberungsfeldzügen durch

139/1

Francesco di Giorgio Martini (1439-1501), ein Zeitgenosse Leonardos, kam ihm mit seiner Bandbreite an Interessen und Talenten am nächsten. In seiner Heimatstadt Siena war Francesco als Maler, Bildhauer und Baudirektor tätig. Später war er erster Architekt und Militäringenieur des Herzogs von Urbino. Im Dienst des Herzogs Alfonso von Kalabrien gelang es ihm 1495, mit Hilfe einer Minenexplosion eine Bresche in die Mauern des Castelnuovo in Neapel zu sprengen. Dadurch konnte die wichtige Festung von den Franzosen zurückerobert werden. Er stattete seine Festungen als erster mit wirksamen Vorkehrungen gegen Kanonenbeschuß aus und soll über 100 Festungen gebaut haben. Vier seiner Entwürfe aus seinem

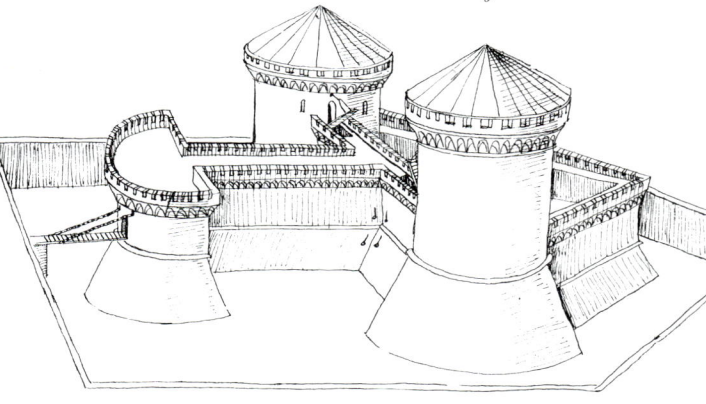

140/1

Traktat (siehe unten) sind auf dieser Doppelseite wiedergegeben. Der Plan auf dieser Seite [140/2] zeigt einen Hafen mit halbkreisförmigem Wellenbrecher. Auf der gegenüberliegenden Seite ist der Wellenbrecher durch Türme an der Ein- und Ausfahrt gesichert, so daß nur befreundete Schiffe passieren konnten. In Mailand wirkte Francesco als Berater beim Bau der Domkuppel. 1490 war er gemeinsam mit Leonardo in Pavia als Berater beim Bau des dortigen Doms tätig. Francesco gab Leonardo eine Kopie seines berühmten Trat-

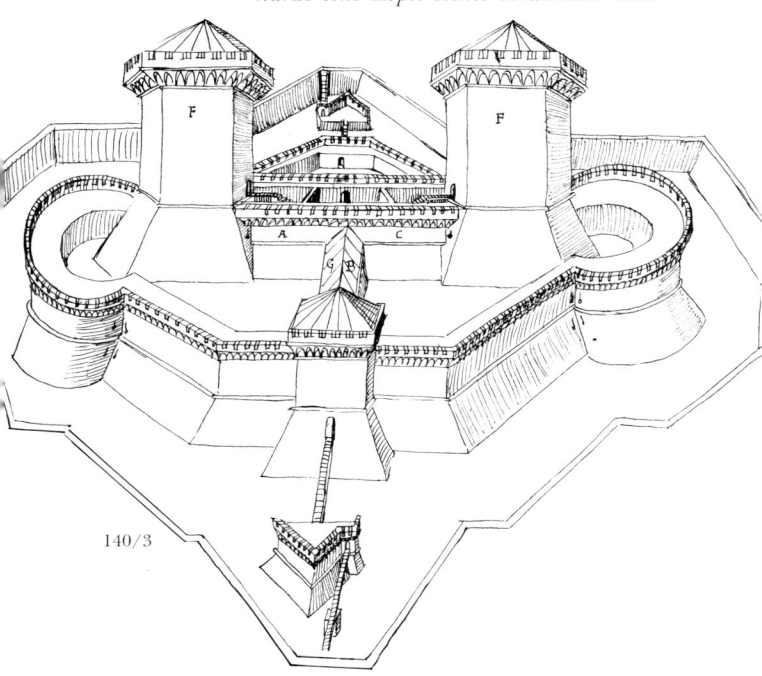

140/3

tato d'architettura, dem dieser wertvolle Ideen für die Erfindung von Waffen entnahm.

die Emilia und die Marken begleitet. Leonardos Tagebuch dieser Reise ist das kleine Manuskript L in Paris, ein Notizbuch, aus dem wir Leonardos Route im Gefolge Cesares genau verfolgen können. Er notiert seine Aufenthalte im Gebiet zwischen Imola, Cesena, Rimini, Urbino und Pesaro, aber abgesehen von flüchtigen Notizen über eine Verbesserung der Hafenanlagen von Porto Cesenatico gewinnen wir auch hier, wie im Falle von Venedig, keinen genaueren Einblick in die Tätigkeit Leonardos in seinem Amt. Doch hat er das Operationsgebiet Borgias genau vermessen: Ein Teil der Landkarten, die er von der Toskana und der Romagna zeichnete, insbesondere der prachtvolle Plan von Imola [154/1], sind für seinen Dienstherrn ausgeführt.

Imola, seit dem 27. November 1499 in Händen Cesare Borgias, bildete einen wichtigen strategischen Stützpunkt im Kampfgebiet des Usurpators. Leonardo wird den Stadtplan im Herbst 1502 gezeichnet haben, als Cesare sich von hier aus zu einem neuen Feldzug gegen die Condottieri und Adelsherren rüstete, die sich gegen ihn verbündet hatten. Um diese Zeit war auch Machiavelli in Imola; er traf dort sicher mit Leonardo zusammen.

Der Plan ist farbig angelegt. Das Areal der Stadt ist mit größter Exaktheit wiedergegeben, wie ein Studienblatt in Windsor[2] beweist, auf welchem die einzelnen Stadtteile Imolas genau vermessen und die Festung wie die Stadttore skizziert sind. Ähnliche Vorstudien Leonardos für andere Städte (Cesena und Urbino) im Manuskript L[3] lassen darauf schließen, daß Leonardo mehrere Stadtpläne in gleicher Ausführung wie den von Imola angefertigt hat. Der Plan von Imola ist der einzige dieser Art, der uns überliefert ist: ein Meisterwerk der »rationalen Phantasie« des Künstlers. In den Jahren um 1490 hat Leonardo einen Stadtplan von Mailand skizziert, der noch weitgehend in der Tradition des Kreis-Schemas mittelalterlicher Stadtbilder steht, wie der Vergleich mit einem Mailand-Plan des 13. Jahrhunderts (Ambrosiana) und einem solchen aus der Ptolemäus-Handschrift (um 1450) lehrt. In seiner schönen Zeichnung gibt

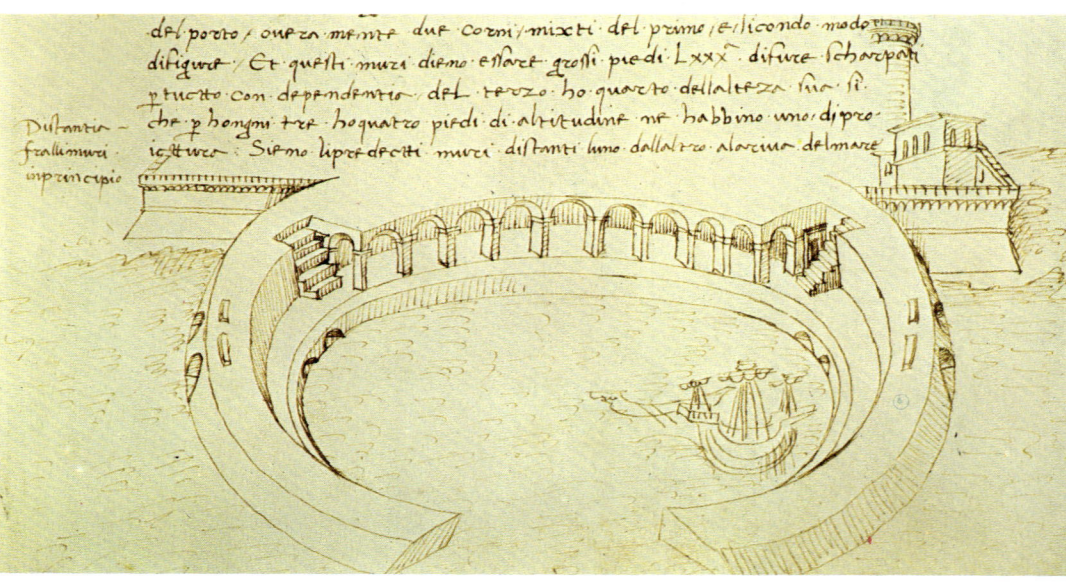

140/2

Leonardo den Grundriß und eine perspektivische Ansicht der Stadt. Ebenso waren Leonardo auch die einfachen Katasterpläne, also Aufmessungen des Grundbesitzes, bekannt, die in den städtischen Behörden lagen.

Aus diesen vorgeprägten Formen erarbeitete Leonardo sein Darstellungsprinzip, wie es im Plan von Imola, einem der frühesten Beispiele moderner Kartographie, erstmalig in Erscheinung tritt.

Schließlich geht aus den Äußerungen im Manuskript L eindeutig hervor, daß Leonardo innerhalb dieser Zeitphase auch das Gebiet von Piombino, ein weiteres Herrschaftsgebiet Cesares am Tyrrhenischen Meer, besuchte. Diese befestigte Hafenstadt gegenüber der Insel Elba, wirtschaftlich wichtig als Umschlagplatz für das aus Elba kommende Eisenerz, politisch ein »Interessenschnittpunkt« zwischen den angrenzenden Territorien des Kirchenstaats im Süden, Genuas und der Lombardei im Norden und von Florenz im Osten, hatte Cesare Borgia schon im September 1501 nach langer Belagerung dem Herrscher der Stadt, Jacopo IV. Appiani, entrissen, und Papst Alexander hatte ihm die Herrschaft übertragen.

Presso alla terra ho uero principio dimurei sifacci dui portoni
con saracinesche da chiudare et apirce acciche plo fluxo
et refluxo delmare neli tempi fortunosi apreendo quelli possino

Porti p nectarc
il porto :
Le dtti porti da hongni spurcitia et arena beuacuare sicho
me interuiene nel porto danchona et p spatio di tempo leparti
utili delporto sire iempino & conspendio bisongnia quelle euacuare
ilche essendo tale hordine dato intale spesa non sincorriria lo
forma e loco di queste latigura il manifesto :

Dpiu perfectione et forreza del porto sipuo fare immare
distante dala intrata obocha sua p piedi dugento cinquanta

Guisa della
intrata :
uno muro grosso piedi LXXX come appare limurei antedicti
Longho piedi trecento scareparo achalice inferma di angulo obtuso
presistere houtramente p euitare licholpi dellonde delmare Questi

Primo modo
Da difendere
il porto :
porti et ingressi indue modi possano essore difesi ilprimo facendo in
hongni extremita demurei uno grossa torre turando dalluna
allaltra chatena sicondo ilbisongno ple quali non sipossi ne intrare
ne uscire senza uolonta del principe come appare disengniate :

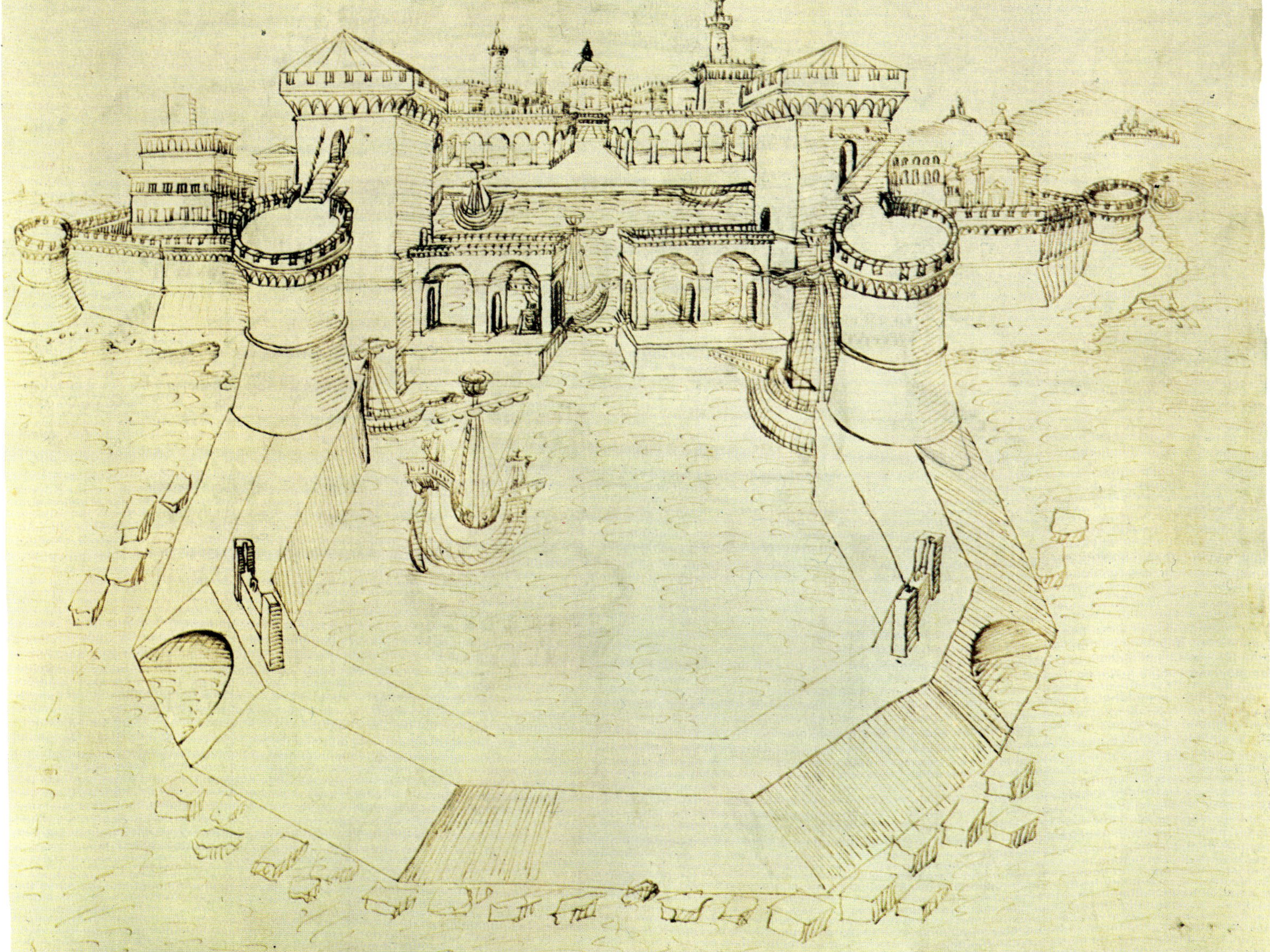

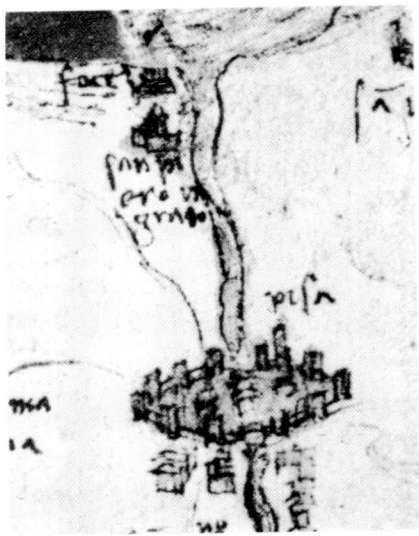

142/1

Die Karte oben zeigt Pisa. Gegen diese Stadt richtete sich ein kühner Plan der Stadt Florenz, an dem Leonardo beteiligt war. Die Pisaner, die seit 1406 unter florentinischer Herrschaft standen, hatten sich 1494 gegen Florenz erhoben und seither erfolgreich ihre Unabhängigkeit verteidigt. 1503 kehrte Leonardo nach Florenz zurück, um dort als Militäringenieur zu arbeiten. Seine Heimatstadt hatte den gewagten Plan gefaßt, den Fluß Arno umzuleiten, um die belagerten Pisaner von ihren Nachschubverbindungen zur Ligurischen Küste abzuschneiden.

WINDSOR 12683

142/2

142/3

142/2-4

Der Plan, den Arno umzuleiten, wurde hauptsächlich von dem Politiker und Schriftsteller Niccolò Machiavelli [142/2] gestützt. Er war Kriegsminister von Florenz und hatte den Präsidenten der Republik, Piero Soderini [142/3], für den Plan gewonnen. Machiavelli hatte Leonardo im Feldlager von Cesare Borgia kennengelernt. Im Sommer 1503 begab sich Leonardo mindestens zweimal im Auftrag der Republik in das Gebiet von Pisa, um die Befestigungsanlagen zu kontrollieren und um das Arno-Projekt vorzubereiten. Neben einer Skizze des Arno in Codex Madrid II 1v notierte er das Datum »Am Tag der Magdalena, 1503« — am 22. Juli. Auf Folio 52v und 53r zeichnete er die Karte rechts mit dem Arno und dem militärischen Operationsgebiet um Pisa. Auf der Karte findet sich kein Hinweis auf das Umleitungsprojekt.

Seit dieser Zeit führt Cesare unter seinen vielen Titeln auch den des »Signore di Piombino«. Es muß ein wichtiges Anliegen für ihn gewesen sein, diese Herrschaft gegen innere und äußere Gegner zu festigen.

Im Manuskript L[3] findet sich eine geographische Skizze der felsigen Landzunge von Piombino, auf deren äußerster Spitze das dort befindliche Bollwerk, die »Rocchetta«, durch ein Rechteck angedeutet ist. Auf den nächstfolgenden Seiten ist die ganze Küstenlinie Piombinos — von der antiken Hafenbucht (Porto Vecchio oder Porto Falesia) bis zum Golf von Baratta mit dem befestigten Ort Populonia — etruskischen Ursprungs — in flüchtigen Strichen festgehalten.[4] Auch in den im einzelnen nicht identifizierbaren Skizzen der nächsten zwei Doppelblätter[5] darf man die Wiedergabe eines Stückes der an Piombino angrenzenden Maremmensümpfe vermuten; sie mögen im Zusammenhang mit einer Notiz im Codex Atlanticus: »Methode, den Sumpf von Piombino trockenzulegen«[6] stehen, die auch um die Zeit um 1503-1505 zu datieren ist. Daß Leonardo demnach schon im Zeitraum seiner Tätigkeit für Cesare Borgia in Piombino gewesen sein muß, bezeugt schließlich eine kleine Skizze von Wellenbewegungen im Manuskript L[7], mit dem Vermerk: »gemacht am Meer von Piombino«. Diese Tatsache wird im Hinblick auf den zweiten Aufenthalt Leonardos im Jahre 1504, der uns erst aus dem Madrider Codex bekannt geworden ist, von gewichtiger Bedeutung sein.

Im Frühjahr 1503 ist Leonardo wieder in Florenz, hat seine Stellung bei Cesare Borgia also wohl im Laufe des Winters aufgegeben. Doch alsbald nimmt ihn auch seine Heimatstadt als Militäringenieur in ihren Dienst. Florenz befand sich in einem mühevollen und langwierigen Krieg mit Pisa, das, 1406 in unrühmlicher

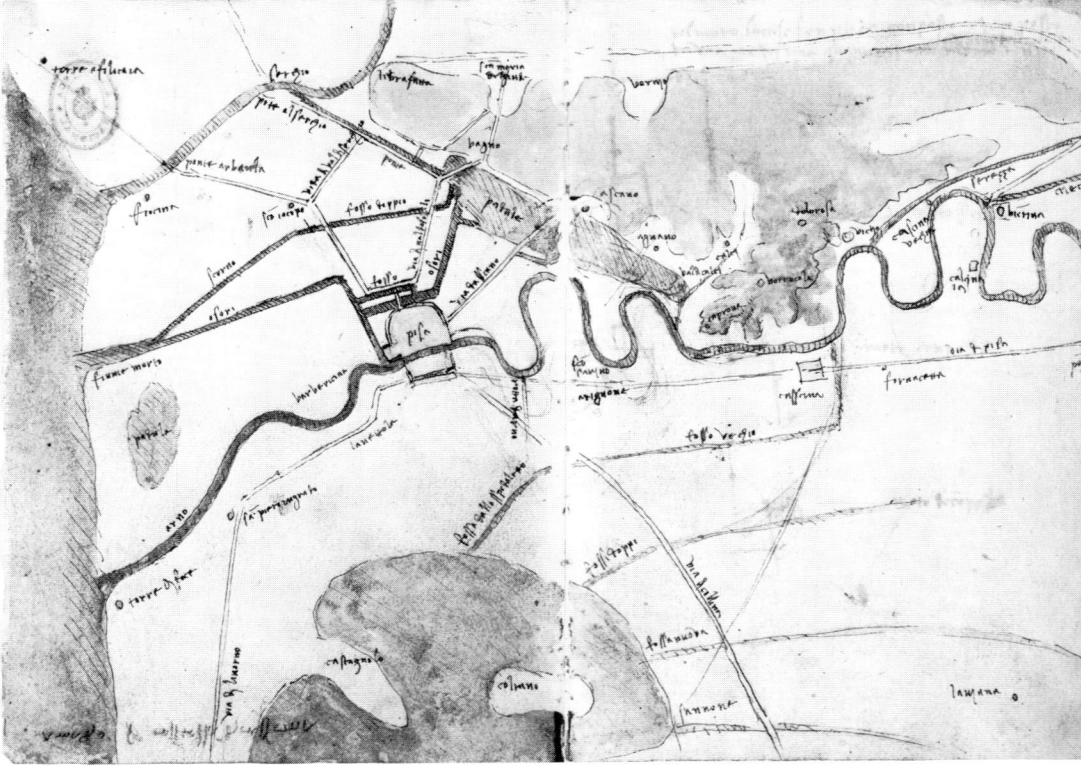

142/4

Weise an die Florentiner verkauft, sich 1494 unter dem Schutz Karls VIII. von Frankreich von dieser ihm auferzwungenen Abhängigkeit losgesagt hatte und seitdem seine wiedergewonnene Selbständigkeit mit Leidenschaft und Geschick verteidigte. 1503 eröffnete die Florentiner Republik einen neuen Feldzug gegen Pisa, und hier entstand das kühne Projekt, den Lauf des Arno abzuleiten, um den Pisanern den Zugang zum Meer — von wo aus die belagerte Stadt sich ständig neu versorgen konnte — abzuschneiden. Die historischen Quellen und Dokumente bezeugen, daß dieses gewaltige Projekt hauptsächlich von Machiavelli, dem Staatssekretär für Kriegswesen im Florentiner Rat, gefördert wurde und die Unterstützung von Piero Soderini, dem »Präsidenten« der Republik Florenz, fand. Leonardo hat fraglos von ihm Kenntnis gehabt; ob er an der Ausarbeitung des Planes Anteil hatte, wie ältere Fachgelehrte glauben, muß dahingestellt bleiben.

Jedenfalls wird Leonardo im Juli 1503 im Auftrag der Signoria in das Feldlager der Florentiner entsandt, um die in Angriff genommenen Grabungsarbeiten zu begutachten. Über ein Jahr wurde an dem Ableitungssystem gearbeitet, das im Mündungsgebiet des Flusses einen Kanal vorsah, der das Wasser des Arno in den Fluß Serchio umlenken sollte, und ferner eine zweite Ableitung von Vico Pisano zum »Stagno di Livorno« enthielt. Die Anweisungen, die vom Florentiner Rat in Briefen Machiavellis an das Hauptquartier ergehen, lassen klar erkennen, daß das Projekt genau errechnet war: 2000 Arbeiter sollten in 150-200 Arbeitstagen Erdbewegungen bewältigen, die erforderlich waren, um die Kanäle von zwölf bis achtzehn Metern Breite und fünf bis sieben Metern Tiefe auszuschachten. Die Kalkulation erwies sich als irrig; die fünffache Zeit wäre nach richtiger Berechnung anderer Experten notwendig gewesen. Außerdem waren die Arbeiten mit den größten Schwierigkeiten verbunden: Es erwies sich als unmöglich, die Tausende von Arbeitskräften aufzubringen und bei der Arbeit zu halten, zumal häufig die Lohnzahlungen ausblieben. Ein fertiggestellter Kanalabschnitt hielt den ihm zugeführten Wassermassen nicht stand und stürzte zusammen.

Aufgrund solcher Fehlschläge spalteten sich im Bereich der Heerführung die Meinungen. Bis zum Herbst 1504 verteidigt Machiavelli seine Idee in beschwörenden Briefen und Berichten vor dem Rat, jedoch vergeblich; im Oktober wird das Unternehmen abgebrochen zum Triumph der Pisaner. Noch fünf Jahre mußten die Florentiner um Pisa kämpfen; erst 1509 ergab sich die erschöpfte Stadt.

Für uns heute Urteilende scheint es fast unerklärlich, daß Männer von so realistischem Sinn, wie Machiavelli und Piero Soderini es waren, einer Idee

143/1 und 2

Heute wird bezweifelt, daß der florentinische Plan zur Ableitung des Arno von Leonardo stammt. Der Plan, den ursprünglichen Flußlauf um mehr als 10 Kilometer zu verlegen, erforderte das Ausschachten von Kanälen mit fast 18 Metern Breite und 6 Metern Tiefe. Leonardo muß von Anfang an gewußt haben, daß ein derartiges Großprojekt in Friedenszeiten nur schwer und unter Kriegsbedingungen praktisch unmöglich durchzuführen war. Er verfügte auch über praktische Erfahrungen in Aufwandskalkulationen und konnte berechnen, wie viele Arbeiter für das Ausschachten erforderlich gewesen wären, wie sie eingesetzt werden mußten und was das Projekt kosten würde. Die linke Skizze gehört zu seinen Planungen für die Ausschachtungsarbeiten in Piombino in Codex Madrid II 10v. Sie zeigt, wie sorgfältig er an derartige Projekte heranging. Die winzigen Figuren auf der obersten Stufe bedeuten, daß mehr Arbeiter an der Kante des Ausschachtungsgrabens benötigt worden wären, um den Aushub bequem herauszubringen. Ihm war auch bewußt, daß nur mit Schaufeln ausgerüstete Männer keine große Leistung erbringen konnten. Daher entwarf er einen großen Schaufelbagger, der durch ein Tretrad

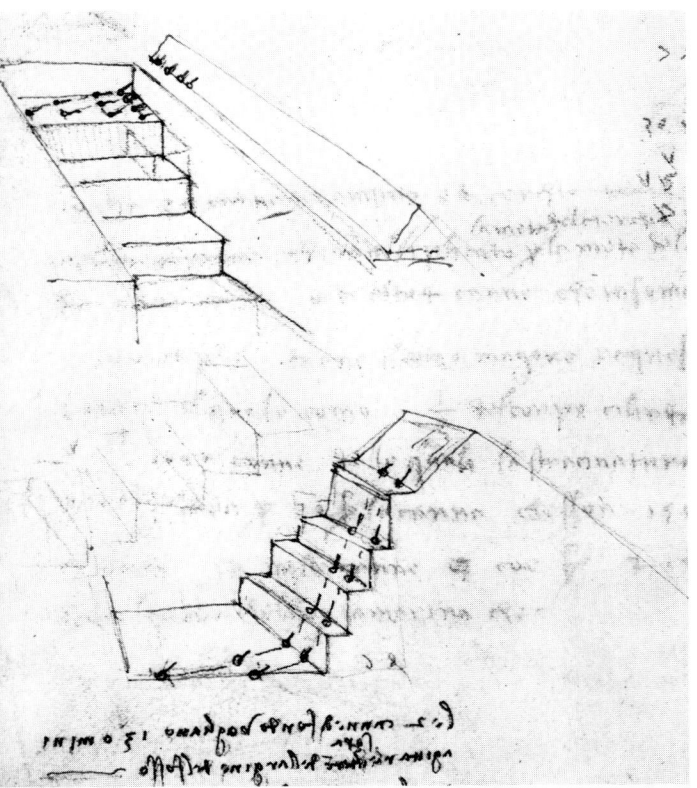

143/1

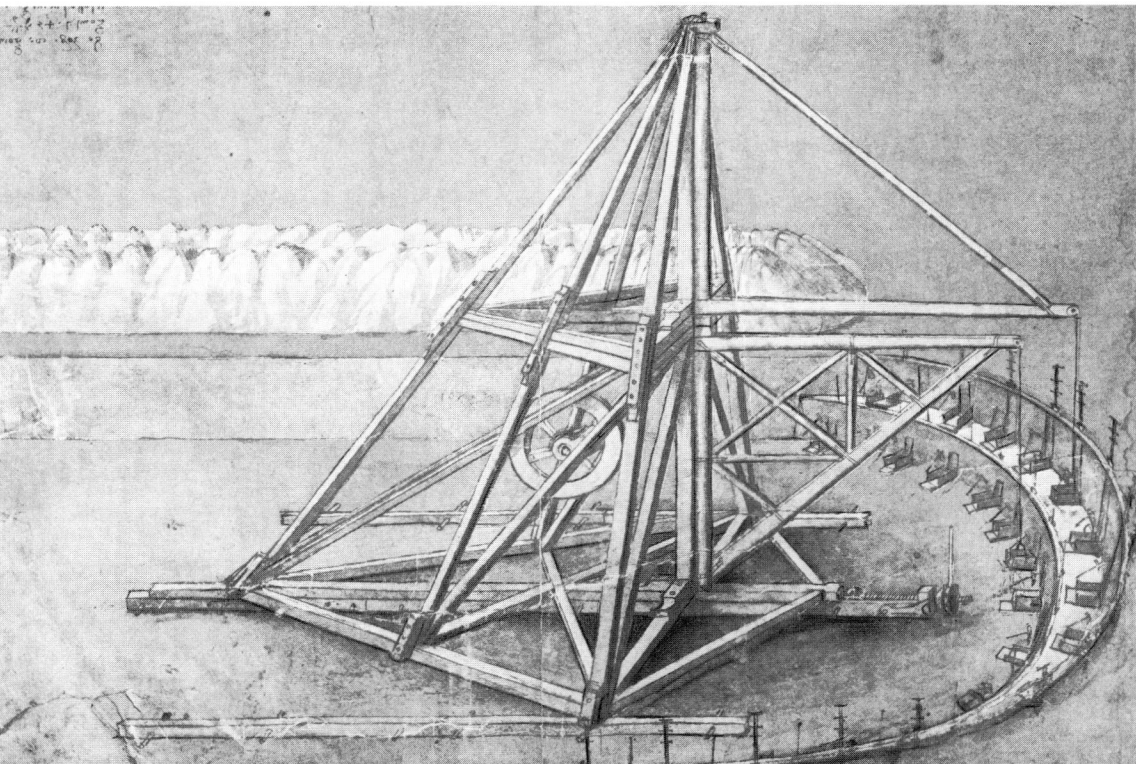

143/2

erliegen konnten, die sich jedem vernünftig Denkenden von vornherein als utopisch darstellen mußte. Einen Fluß vom Volumen und von der Potenz des Arno über so weite Strecken umzuleiten, war ein Unternehmen, das niemals in einem eng befristeten Zeitraum bewältigt werden konnte, wie er taktisch und strategisch durch die Belagerung Pisas gegeben war. Trotzdem müssen die Ingenieure der Zeit — es wurden erfahrene Hydrauliker aus Florenz und Ferrara ins Lager geschickt — die Aufgabe zunächst als realisierbar angesehen haben; kritische Stimmen wurden indessen sehr bald laut, und als das Unternehmen zusammengebrochen war, hat es nicht an bitteren Kommentaren gefehlt.

Wie Leonardo zu diesem Plane stand, ist schwer auszumachen. Die Tatsache, daß er als Gutachter von der Regierung berufen wurde und sich dieser Aufgabe unterzog, zwingt zu der Folgerung, daß er mit dem Projekt wohl vertraut war. Aber sein eigenes Urteil ist unbekannt, und aus den jetzt durch die Madrider

angetrieben werden sollte (Codex Atlanticus 1v-b). Für die Ausschachtung der beim Arno-Projekt erforderlichen Kanäle hatten Leonardos florentinische Auftraggeber 2000 Arbeiter und ungefähr sechs Monate Zeit veranschlagt. Sie hatten sich um den Faktor 5 verrechnet. Ein Abschnitt der Ausschachtung stürzte ein, und obwohl sich Machiavelli weiterhin für das Projekt einsetzte, wurde es schließlich aufgegeben.

Leonardo beschäftigte sich weiterhin mit der Umleitung des Arno. Er wollte jedoch nicht mehr Pisa vom Meer abschneiden, sondern Florenz über eine große Wasserstraße mit dem Meer verbinden. Er versprach sich davon große landwirtschaftliche und wirtschaftliche Vorteile für die Toskana. Der Arno war zwischen Florenz und Pisa aufgrund von Biegungen und Untiefen nicht schiffbar. Etwa 1490 griff Leonardo einen alten Plan der Umleitung des Arno wieder auf und zeichnete eine Reihe von Landkarten und Skizzen. Die Zeichnung unten (Codex Madrid II 2r) zeigt den gewundenen Verlauf des Flusses von Pisa unten bis Empoli in der Nähe von Florenz. Auch die Entfernungen zwischen den Städten am Fluß sind vermerkt.

Skizzenbücher bekanntgewordenen neuen Materialien muß man wohl den Schluß ziehen, daß er nicht der Urheber des Gedankens war, sondern sich eher unentschieden, sicher aber sehr kritisch verhalten hat.

Im Codex Madrid II befindet sich faktisch nur ein Hinweis auf Leonardos Anwesenheit im Feldlager von Pisa [142/4]. Über ein Doppelblatt gezeichnet ist so etwas wie eine Generalstabskarte des militärischen Operationsgebietes zwischen Pisa und dem Meer. Die eingetragenen topographischen Namen — wie Serchio, Librafatta, Barbaricina, Arno, Torre di Foce, Verrucola, Vico [Pisano], Cascina, Calci — entsprechen genau den Orten, die in der Korrespondenz zwischen Machiavelli und den Kommissaren im Florentiner Feldlager als Operationszentren genannt werden; ebenso geben die eingezeichneten Kanalläufe (»fossi«) — sowohl im Mündungsgebiet des Serchio (»fiume morto«) nördlich von Pisa wie zwischen dem Arno und dem Stagno di Livorno südlich von Pisa — einen genauen Überblick über das Kanalnetz dieses Küstenstreifens. Die Ortsbe-

144/1

144/2

144

zeichnungen Leonardos sind in normaler rechtsläufiger Schrift — nicht in Spiegelschrift — eingetragen, so daß diese Karte sicher den Auftraggebern vorgelegt werden sollte. Aber ein eigener Vorschlag oder Ausführungsplan Leonardos kann aus dieser Karte nicht erschlossen werden; der Madrider Codex gibt auch keine weitere Auskunft über dieses Projekt. Aus einer Eintragung auf einem Blatt der Sammlung Windsor kann man vielmehr Leonardos Zweifel an diesem Unternehmen herauslesen.

Um so mehr Gewicht gewinnt deshalb die Tatsache, daß eine große Anzahl weiterer Zeichnungen im Madrider Codex enthalten sind, die sich zwar auch mit dem Flußlauf des Arno befassen, aber, wie wir sogleich sehen werden, ein ganz anderes — unkriegerisches — Thema zum Gegenstand haben. Über ein Doppelblatt des Codex gezeichnet und farbig angelegt, finden wir eine Landkarte des Arnolaufs von Florenz bis zur Mündung ins Meer hinter Pisa [144/2]. Die beiden Gebirgsgruppen nördlich des Flusses — der Monte Albano mit seinen Ausläufern

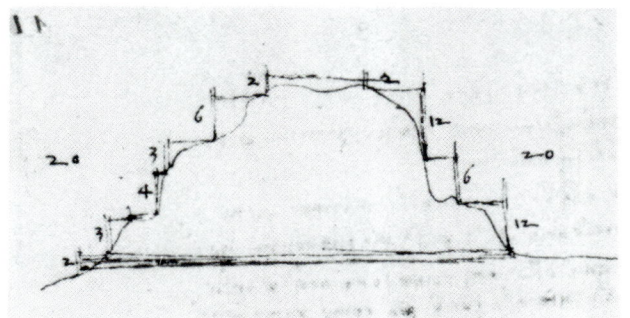

145/1

144/2 und 145/1

Die Karte links (Codex Madrid II, 22v und 23r) verdeutlicht das gewaltige Ausmaß von Leonardos Plan, Florenz den Zugang zum Meer zu erschließen. Der Arno verläuft in vielen Windungen von Florenz unten rechts bis Pisa am linken Rand quer über das Doppelblatt. Die beiden in einem Bogen nördlich von Florenz bis Pistoia verlaufenden Linien kennzeichnen die beiden Strecken des Kanals, die Leonardo für möglich hielt. Eine verläuft östlich durch Prato, die andere über Poggio a Caiano. Von Pistoia aus sollte der Kanal am Monte Albano entlangführen, in einem Durchstich den Paß bei Serravalle überwinden und dann nach Süden verlaufen, um bei Vico Pisano wieder in den Arno zu münden. Mehr als 450 Jahre später folgten die Erbauer der Autobahn von Florenz ans Meer zum Teil dieser Strecke. In der Skizze oben (Codex Madrid I 111r) deutet Leonardo die Absicht an, Serravalle zu untertunneln. Die gleiche Stelle wurde auch für den Autobahntunnel gewählt. Auf der Karte links vermerkt Leonardo mit seinem Sinn für's Praktische, daß die Landbesitzer, die in den Genuß des Kanalwassers kommen, einem Gesetz zufolge den doppelten Preis für das Land zahlen sollten.

Diese Karte, Windsor 12279, ist ebenfalls eine Studie zum Arnokanal. Leonardo macht genaue Entfernungsangaben. Seiner Aussage nach verkürzt der Kanal den Wasserweg um 18 Kilometer. Zudem nennt er die wirt-

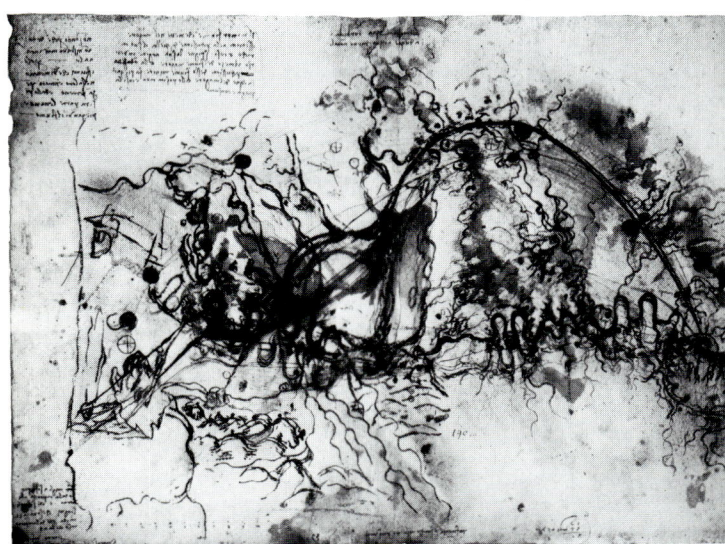

145/2

schaftlichen Vorteile: »Prato, Pistoia und Pisa sowie Florenz werden pro Jahr 200 000 Dukaten einnehmen und daher für dieses nutzbringende Werk Arbeitskräfte und Geld zur Verfügung stellen.«

145

146/1

146/1-4
Im Zusammenhang mit seinem Arno-Projekt ist Leonardo gewiß viele Tage am Fluß entlanggereist, um das schwierige Terrain zu untersuchen, durch das der Kanal führen sollte. Was er sah, faßte er in wenige Worte, hielt es dafür aber in vielen meisterhaften Zeichnungen fest. Die Zeichnung rechts oben (Codex Madrid II 7v) stellt die Pisaner Berge

146/3

146/2

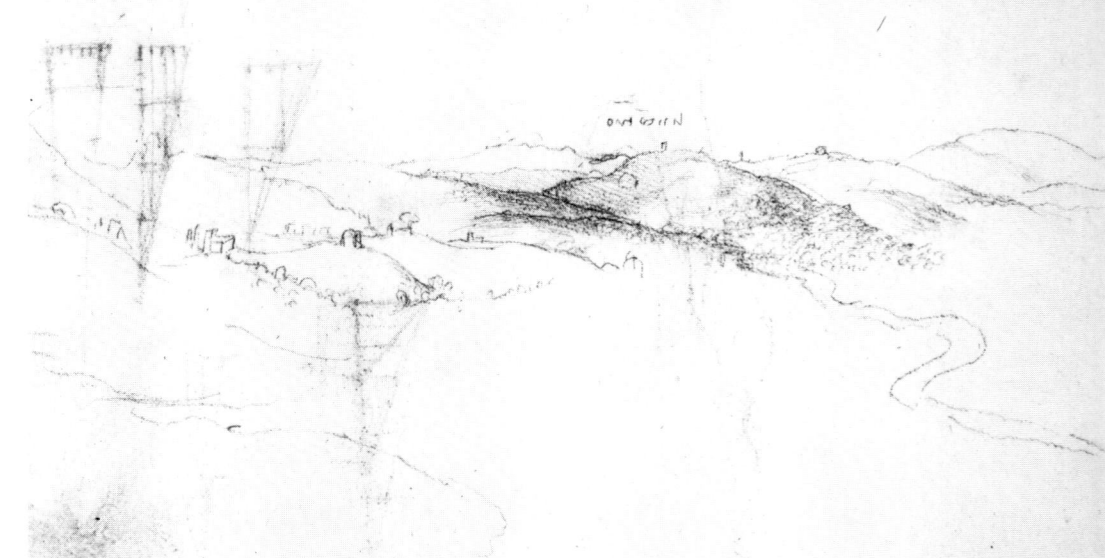

dar, die sich am Ufer des Arno erstrecken. Rechts in der Mitte (Codex Madrid II 4r) skizzierte er den Monte Veruca mit der Festung auf seinem zerklüfteten Gipfel. Den freien Raum darunter füllte er mit technischen Berechnungen. Die Zitadelle auf dem Monte Veruca, die die Florentiner 1503 den Pisanern wieder abgenommen hatten und die Leonardo am 21. Juni inspizierte, war die äußerste Bastion in dem heiß umkämpften Grenzgebiet. Sie steht noch heute (siehe Photo). Die Zeichnung unten rechts (Codex Madrid II 17r) zeigt den Höhenzug von Incontro oberhalb von Florenz, mit Andeutungen von dichtem Buschwerk an den Hängen. Leonardos Arno-Projekt sah die Begradigung des Flußlaufes auch oberhalb von Florenz vor.

146/4

von Serravalle bis Signa und die Pisaner Berge von Lucca bis Vico Pisano — sind gegen das weite Flachland abgesetzt; eine große Anzahl von Orten ist, wieder in rechtsläufiger Schrift, von Leonardo eingetragen. In dem Blatt aus der Sammlung Windsor ist eine Vorstudie zu der Karte im Madrider Codex enthalten [145/2]. In ihr wird der Anlaß oder Zweck dieser topographischen Aufnahme deutlich: Leonardo trägt hier den Lauf eines großen Kanals ein, der unter Umgehung des unschiffbaren Teils des Arno mit seinen starken Krümmungen zwischen Florenz und Vico Pisano eine Wasserstraße bis zum Meere schaffen soll. Was auf dem Windsorblatt in immer wieder neuen Ansätzen erprobt wird, ist in der Karte des Madrider Codex zu einer klareren Lösung gebracht worden. Wir erkennen den großen Bogen des Kanals, der von Florenz über Prato (mit einer Alternativlösung über Poggio a Caiano) nach Pistoia führt und von dort durch das Tal von Serravalle wieder in die Ebene geleitet wird, um schließlich bei Vico Pisano den Arno wieder zu erreichen. Die Idee, den Arno durch einen umleitenden Kanal von Florenz bis zum Meere schiffbar zu machen, ist alt. Schon 1347

147/2

147/3

147/1-3
147/1

In Leonardos Berglandschaften verbinden sich sein Wirken als Maler, Ingenieur und Geologe. Das Ergebnis sind Werke von seltenem Zauber. Die faszinierenden Landschaftsausschnitte oben stammen aus dem Karton der Hl. Anna (links) und der Mona Lisa. In der Zeichnung, Windsor 12410, befolgt er seinen eigenen Rat: »O Maler, wenn du Berge darstellst, achte darauf, daß der Fuß stets heller als der Gipfel ist und je höher sie sind, um so deutlicher sollten sie ihre wahre Gestalt und Farbe erkennen lassen.«

hatte die Florentiner Signoria beschlossen, ein solches Unternehmen ins Werk zu setzen, ebenso 1458. 1487 hatte der Baumeister Luca Fancelli von Mailand aus Lorenzo de' Medici gegenüber ein Projekt dieser Art in Erinnerung gebracht, das er mit dessen Vater Piero besprochen hatte. So greift Leonardo einen seit langem bestehenden Plan auf, dessen zwei volkswirtschaftliche Idealziele er sich zu eigen machte: die Schaffung eines Wasserwegs zum Meer und die mit diesen hydraulischen Arbeiten verbundene Erschließung weiter Gebiete für die Landwirtschaft.

Auf mehreren Blättern des Codex Atlanticus[8] hat Leonardo dieses große Projekt entwickelt. Erfahrene Gelehrte haben sich damit befaßt und es auf seine Realisierbarkeit geprüft. Nüchterne Berechnungen der Tagesleistung eines Arbeiters, die als Grundlage für die Gesamtkalkulation des Unternehmens dienen, treten dabei in Widerspruch zu utopischen Vorstellungen: Der Durchstich im Tal von Serravalle hätte wegen der zu überwindenden Niveauunterschiede (etwa achtzig

-137-

Meter) getreppte Schleusenanlagen von solchen Ausmaßen erforderlich gemacht, daß deren praktische Durchführbarkeit in Zweifel gezogen werden muß. Im Codex Atlanticus deutet Leonardo die Absicht an, einen Tunnel zu bauen — genau an der Stelle, wo sich der Tunnel für die heutige Autobahn von Florenz zum Meer befindet. Schon Jahre zuvor hatte Leonardo sich mit der Anlage von Tunnels unter Bergen befaßt [145/1] und dabei eine Meßmethode untersucht, die garantieren sollte, daß auf zwei einander gegenüberliegenden Seiten des

Diese Seiten zeigen, welcher lebhaften Phantasie sich Leonardo bediente, um Perspektiven aus Blickwinkeln zu schaffen, die nur in seiner Vorstellung existieren konnten. Die Zeichnung auf der gegenüberliegenden Seite, Windsor 12409, zeigt den Blick von oben auf eine Stadt in einem Alpental. Während unten ein Gewitter tobt, liegen die Gipfel über dem Unwetter in der Sonne.

149/1 und 2

Auf den ersten Blick scheint es, als habe Leonardo die Karten rechts in der Luft schwebend gezeichnet, als sei es ihm gelungen, seinen Flugapparat zu bauen und mit ihm aufzusteigen. Seine imaginäre Perspektive vereint frühere Ansichten und fragmentarische Studien. Beide Karten, Windsor 12682 und 12278r, zeigen Arezzo und das Chianatal (Val di Chiana). Sie entstanden vermutlich 1502, als Leonardo im Dienste Cesare Borgias stand. In der unteren Karte sind die Namen von Ortschaften und Flüssen in sorgfältiger rechtsläufiger Schrift eingetragen. Das deutet darauf, daß es sich vermutlich um eine Militärkarte für Borgia handelte. In der Mitte liegt das Chianatal, damals ein Sumpf, aus dem links der Arno in Richtung Florenz fließt. Das Chianatal und der Tiber (oben) sollten bei dem Arno-Projekt für einen gleichbleibenden Wasserstand für die Flußschiffahrt sorgen.

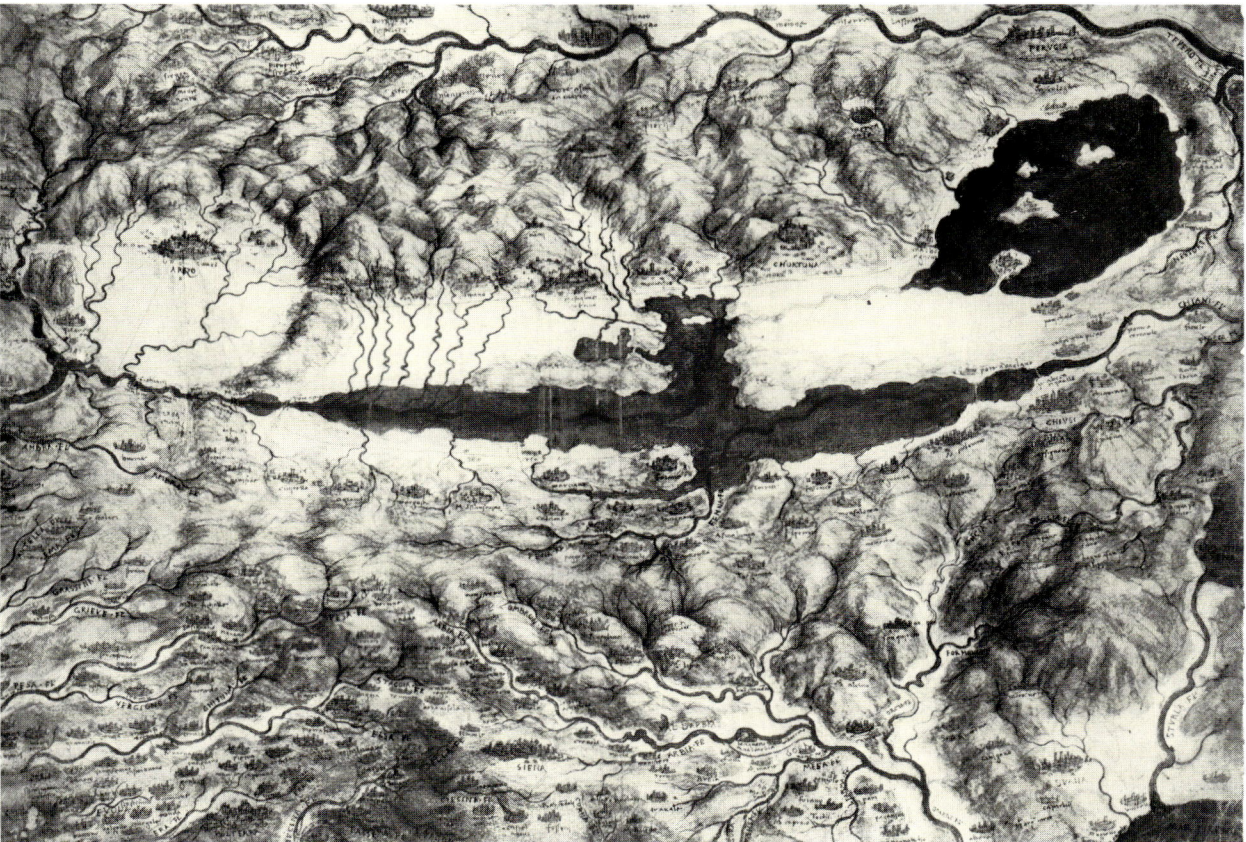

Berges begonnene Bohrungen sich genau an der vorgesehenen Stelle treffen.[9] Codex Madrid I gehört in die Mailänder Zeit Leonardos, in die auch sein Zusammentreffen mit Luca Fancelli fällt. Um 1503, als Leonardo in seiner Eigenschaft als Militäringenieur ins Kriegslager nach Pisa geschickt wird, um die geplante Ableitung des Arno durch einen Kanal oberhalb von Pisa zu prüfen, hat er sich dieses Auftrags zwar gewissenhaft entledigt, wie seine bereits erwähnte »Generalstabskarte« des militärischen Operationsgebietes [142/4] im Codex

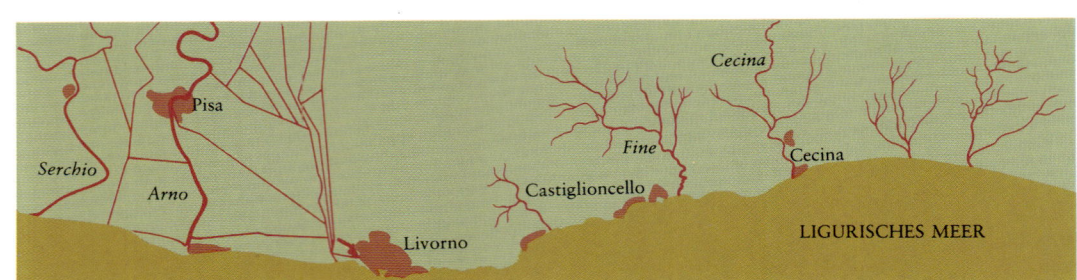

Am unteren Rand der von Leonardo gezeichneten Karte vom Arno und dessen Zuflüssen
in Norditalien ist die Ligurische Küste zu
erkennen. Wie aus der nebenstehenden Karte
ersichtlich ist, wurden die Sümpfe bei Pisa
seither trockengelegt.

WINDSOR 12277

150/2

Madrid II zeigt; aber es ist tröstlich zu sehen, daß das Hauptinteresse des Meisters nicht diesem Kriegsziel, sondern dem großen Friedensprojekt — eben dem Arnokanal als Wasserstraße — zugewendet bleibt.

Leonardo ist sich dabei der Größe und der technischen Schwierigkeiten wohl bewußt, die in der Realisierung des Unternehmens lagen; manche warnende Notiz in seinen Manuskripten bezeugt dies.[10] Seine Planung muß deshalb als ein längeres und systematisches Studium aller Gegebenheiten verstanden werden, und hierfür bieten die Aufzeichnungen im Codex Madrid II den besten Beweis.

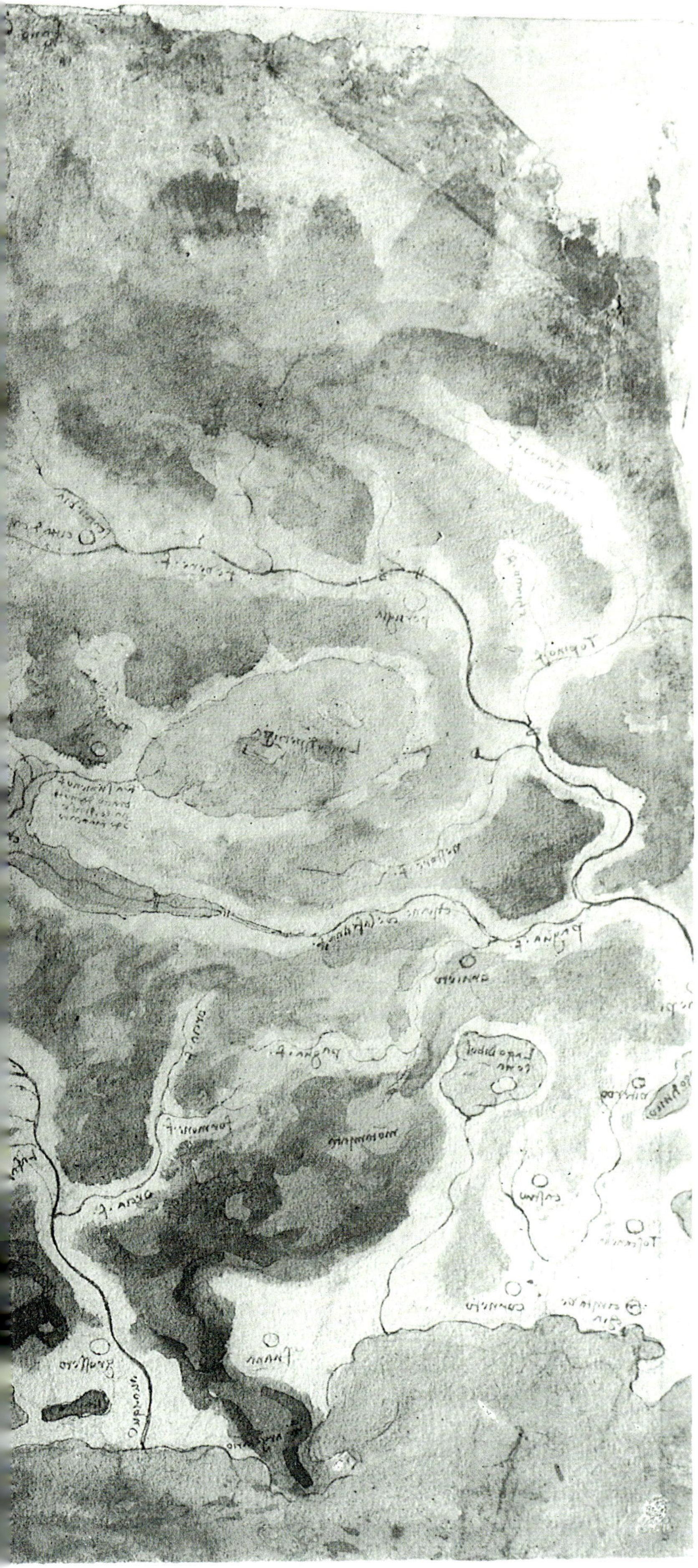

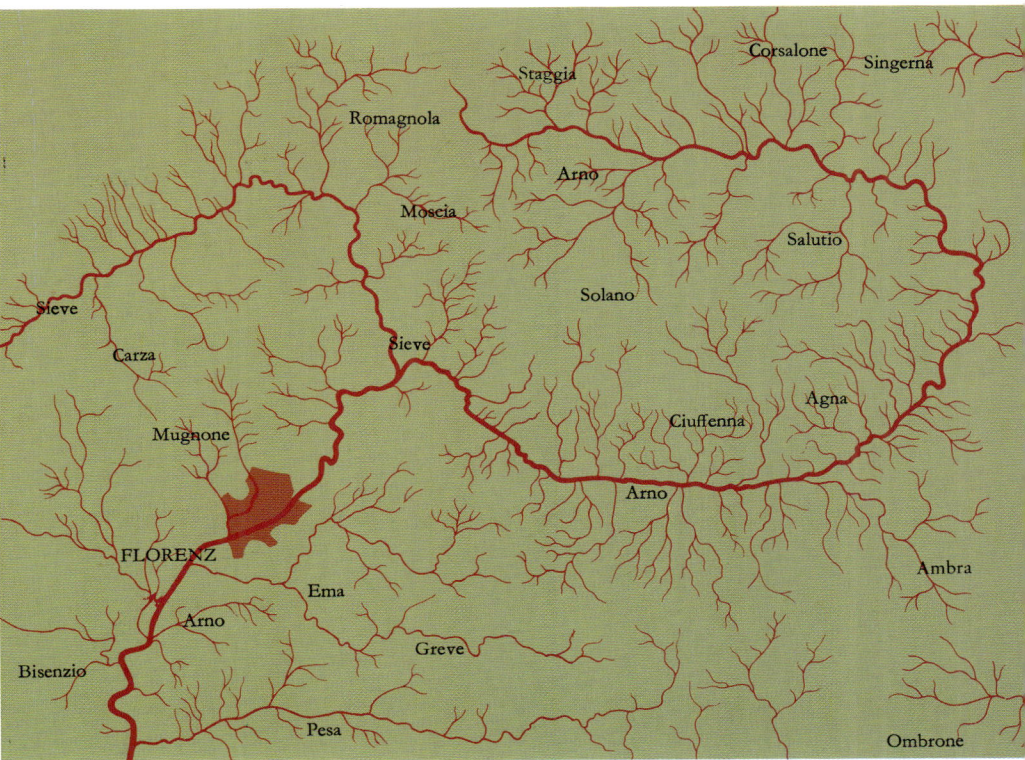

Leonardo zeichnete die Karte links, während er von 1502 bis 1503 im Dienst Cesare Borgias stand. Sie umfaßt das Gebiet, das der ehrgeizige Borgia zu seinem Reich auserkoren

151/1

hatte, mit dem er Mittelitalien beherrschen wollte. Leonardo hatte die Karte zwar für strategische Zwecke gemalt, sie ist aber auch das meisterhafte Ergebnis seiner langen Studien über den Arno und dessen Nebenflüsse. Möglicherweise ist diese Zeichnung überhaupt die erste moderne Landkarte. In der Ausführung und der gewählten Perspektive nimmt sie die Arbeit heutiger Kartographen vorweg. Durch dunkle Schattierungen deutet Leonardo die Bergketten des Apennin an. Sorgfältig benennt er Flüsse, Seen und Städte. Von der Meeresküste aus verläuft der Arno durch Pisa und Florenz (Mitte). An der Einmündung des Sieve biegt er nach Süden in Richtung Arezzo ab und wendet sich dann wieder nach Norden. Die Karte oben vom Arno und seinen Nebenflüssen gibt den mittleren Teil der Karte Leonardos wieder und läßt deren eindrucksvolle Genauigkeit erkennen.

152/1 und 2
Cesare Borgia war die führende politische und militärische Persönlichkeit während der Regierungszeit seines Vaters, Papst Alexander VI. (oben links). Bei seinem ersten Feldzug in die Romagna, 1499, gelang es ihm, Imola zu besetzen. Im nächsten Jahr übergab der

152/3

Papst die Stadt offiziell seinem Sohn, der Leonardo beauftragte, Möglichkeiten baulicher Veränderungen zu prüfen. Nach dem Tod des Papstes im August 1503 und dem darauffolgenden Sturz der Borgias wurde die Stadt unter Papst Julius II. (oben rechts) dem Vatikan unterstellt.

152/3 und 4
Im Oktober 1502 verbrachte Leonardo mehrere Wochen mit Cesare Borgia in Imola, der durch eine Revolte seiner Generäle dort festgehalten wurde. In dieser Zeit studierte Leonardo die dortige Festung, die Rocca. Sie ist auf der gegenüberliegenden Seite in einer Zeichnung aus dem 17. Jahrhundert und auf dem Photo oben nach ihrer Restaurierung wiedergegeben. Leonardos Entwurf einer Festung (unten, Codex Atlanticus 48r-b) wurde vielleicht durch die Rocca inspiriert.

152/4

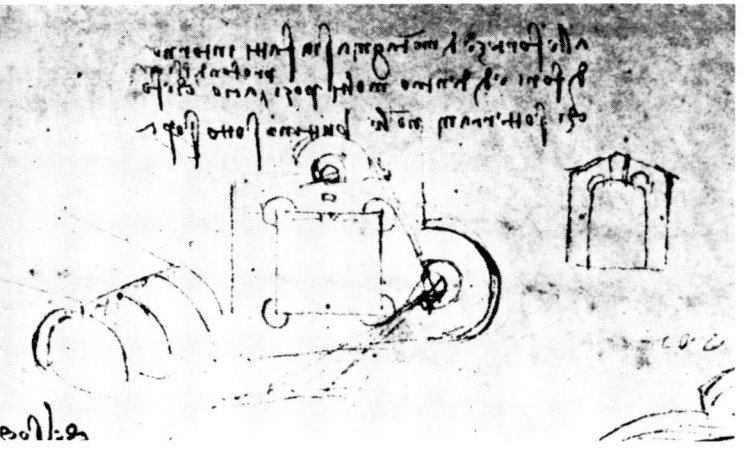

Sie bieten aufschlußreiche Ergänzungen zu den Studien im Codex Atlanticus und in der Sammlung Windsor und zeigen Leonardo bei der Arbeit an einem Projekt von höchster volkswirtschaftlicher Bedeutung. Es scheint, daß auch diese Studien durch seinen Fortgang aus Florenz im Jahre 1506 abgebrochen wurden.

Das Scheitern des Planes, das belagerte Pisa seiner Wasserstraße zu berauben, führte zur vorübergehenden Einstellung der Kriegshandlungen; die Florentiner Streitkräfte wurden abberufen. Um so mehr nutzte die Signoria die Pause der Kriegsführung, um auf politisch-diplomatischem Wege den Gegner zu isolieren. Im April 1504 wurde Machiavelli nach Piombino entsandt, um mit Jacopo IV. Appiani, der nach dem Sturz der Borgia-Herrschaft wieder in seine Stadt zurückgekehrt war, zu verhandeln und wieder freundschaftliche Beziehungen anzuknüpfen. Die Mission war heikel. Wenige Jahre vorher — 1499 — hatte Machiavelli Jacopo mit einem hochbesoldeten Condottiere-Posten für Florenz zu gewinnen getrachtet. Die Verhandlungen hatten sich hinausgezogen und wurden offensichtlich von Florentiner Seite abgebrochen, als der Stern Cesare Borgias aufging und es den Florentinern ratsamer erschien, mit diesem mächtigen Günstling des Papstes in gute Beziehungen zu treten. Anstelle von Jacopo Appiani bot man Cesare Borgia einen Condottiere-Posten an und sprach ihm in der Bestallungsurkunde sogar den Titel des »Signore di Piombino« zu, bevor Cesare die Herrschaft über dieses Gebiet angetreten hatte. So hatte Machiavelli 1504 eine schwierige diplomatische Mission: Er mußte in Jacopo Appiani das Vertrauen gegenüber der Signoria von Florenz zurückgewinnen und sich der — wir würden heute sagen — »wohlwollenden Neutralität« des Herrschers von Piombino in den Spannungen versichern, die Florenz mit Siena und Pisa hatte. In Bezug auf Pisa, das die Appiani vor vier Generationen recht unrühmlich verlassen hatten, war diese wohlwollende Neutralität Jacopos unschwer zu erhalten; um so wichtiger war es für Florenz, seine Einstellung im Hinblick auf Siena genau zu kennen. Der diplomatische Auftrag Machiavellis wird ihm von der Signoria genauestens dargelegt. Im April 1504 begibt sich Machiavelli nach Piombino, und sicher ist es kein Zufall, daß im Spätherbst desselben Jahres Leonardo da Vinci nach Piombino geht, um Jacopo Appiani beim Ausbau der Befestigungsanlagen der Stadt zu beraten. Dies ist ein völlig neuer, bisher unbekannter Auftrag, über den wir zum ersten Mal aus dem Codex Madrid II Kenntnis gewonnen haben.

In dem Codex findet sich die Eintragung Leonardos: »Am letzten Tag des Novembers [müßte heißen Oktobers], an Allerheiligen [also 1. November] 1504 zeigte ich dem Herrn in Piombino folgendes.«[11] Der Text ist begleitet von einer kleinen Zeichnung, die die Planierung einer Hügelgruppe im Rahmen einer Befestigungsanlage vorsieht [158/3]. Auf dem vorausgehenden Blatt ist ein tunnelartiger Festungsgraben skizziert [159/3]; der danebenstehende Text besagt: »Bedeckte Straße. Zitadelle von Piombino am 20. November 1504. Den Graben, den ich gerade mache.«[12]

Das Datum des 1. November 1504 findet sich noch einmal im Codex[13] in ganz anderem Zusammenhang: Leonardo notiert hier eine Beobachtung über farbige Reflexschatten an einer Hausmauer: »1504 in Piombino, an Allerheiligen.« — Ende Dezember 1504, mutmaßlich vor Weihnachten, ist Leonardo wieder in Florenz, wie wir aus anderen Urkunden wissen. Da er am 31. Oktober 1504 Geld in Florenz abhebt, kann er erst an diesem Tage nach Piombino abgereist sein. Schon am nächstfolgenden Tage — also dem ersten seiner Anwesenheit am Ort — erläutert er dem »Signore«, Jacopo Appiani, seinen Bauplan. Er muß also bereits sehr exakte Kenntnisse von der örtlichen Situation und von seiner Aufgabe gehabt haben. Dann verbringt er sechs bis sieben Wochen in Piombino. Das ist eine äußerst knappe Frist, die es ausschließt, daß größere Bauvorgänge unter seiner Aufsicht durchgeführt wurden. Aus diesem Sachverhalt müssen wir folgern, daß Leonardo also auch hier in Piombino — ähnlich wie in Venedig und im Kriegslager von Pisa — als Sachgutachter und Berater, nicht aber als praktischer Architekt gewirkt hat.

Unseres Erachtens kann kein Zweifel bestehen, daß Leonardo da Vincis Auftrag in Piombino in Zusammenhang mit der politischen Mission Machiavellis stand. Es erscheint nur »logisch«, daß der Florentiner Diplomat dem wieder inthronisierten Herrscher das Anerbieten machte, ihm den berühmtesten Experten seiner Stadt zur Verfügung zu stellen, um sich in der wichtigsten Aufgabe, die Jacopo Appiani bevorstand — der Befestigung seiner zurückgewonnenen Stadt

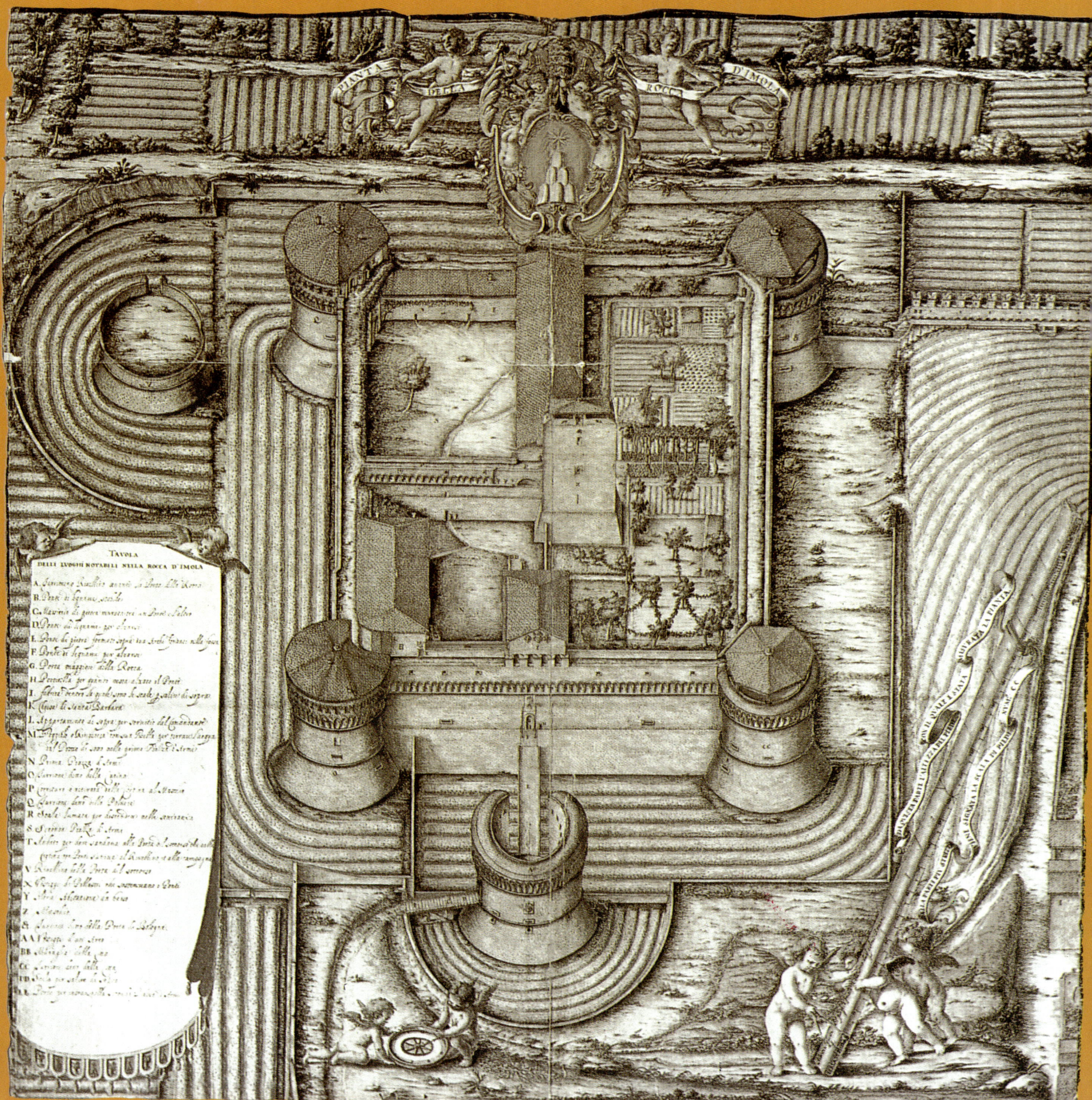

153/1
Die Rocca, hier in einer Zeichnung des 17. Jahrhunderts, war die Hauptfestung Imolas, als Leonardo 1502 die Stadt besuchte. Seine Vorstellungen vom Festungsbau wurden möglicherweise durch die Burggräben zum Schutz der Außentürme beeinflußt.

154/1
In seiner Karte von Imola (nächste Doppelseite) zeichnete Leonardo jedes Detail sorgfältig ein. Die Häuser sind rosa gemalt, die öffentlichen Plätze gelb und die Straßen weiß. Die Stadt und ihre Festung sind von blauen Gräben eingefaßt. An den Punkten, an denen die quer durch die Karte verlaufenden Linien auf den Peripheriekreis treffen, trug Leonardo die Namen der Winde ein. Die seitlichen Notizen betreffen Merkmale Bolognas und anderer Städte, für die sich Borgia militärisch interessierte.   WINDSOR 12284

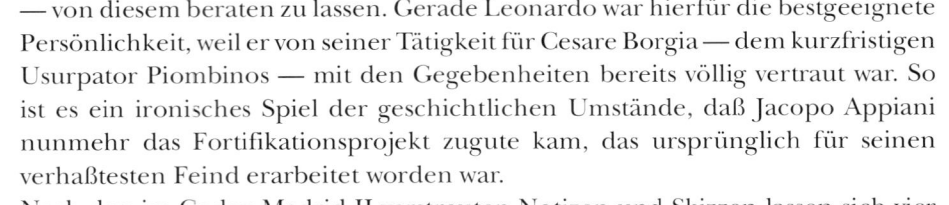

— von diesem beraten zu lassen. Gerade Leonardo war hierfür die bestgeeignete Persönlichkeit, weil er von seiner Tätigkeit für Cesare Borgia — dem kurzfristigen Usurpator Piombinos — mit den Gegebenheiten bereits völlig vertraut war. So ist es ein ironisches Spiel der geschichtlichen Umstände, daß Jacopo Appiani nunmehr das Fortifikationsprojekt zugute kam, das ursprünglich für seinen verhaßtesten Feind erarbeitet worden war.

Nach den im Codex Madrid II verstreuten Notizen und Skizzen lassen sich vier

Militärische Aufträge von zwei verschiedenen Herren führten Leonardo in die malerische Hafenstadt Piombino an der Westküste Ita-

Palais du Prince

Port

liens. Seine beiden Besuche brachten ihn auf geniale Ideen für den Bau von Festungsanlagen. Die Abbildungen auf dieser Doppelseite stammen alle aus dem 19. Jahrhundert, als das alte Piombino noch erhalten war. Sie vermitteln eine Vorstellung davon, wie Piombino ausgesehen haben muß, als Leonardo

La Rocquiette Fanal

Die alten französischen Karten von Piombino oben und ganz oben vermitteln einen Eindruck von der Anlage der Stadt. Im Vordergrund oben befindet sich das mittelalterliche Castello Rochetta. Es hatte die Aufgabe, den Wasserweg zu bewachen und dafür zu sorgen, daß die Schiffe ihren Zoll entrichteten. Links von ihm liegt der alte Fischereihafen, der auch in der Abbildung links wiedergegeben ist. In der Nähe dieses Hafens befand sich ein großer Brunnen (Photo oben links). Piombino wurde durch eine Kaimauer geschützt, die sich an die Stadtmauer anschloß. Das Haupttor der Stadtmauer ist auf dem Photo (gegenüberliegende Seite) oben rechts abgebildet. Die Hauptlast der Stadtverteidigung ruhte auf der Zitadelle (gegenüberliegende Seite, auf der Karte oben und auf dem Gemälde von 1894 darunter).

die Stadt das erste Mal 1502 für Cesare Borgia besuchte. Porto Falesia, ein seit römischer Zeit bedeutender Hafen, war voller Schiffe, die mit Eisenerz von der wenige Kilometer entfernten Insel Elba beladen waren. Schiffe, die die schmale Wasserstraße passierten oder anlegten, um Trinkwasser an Bord zu laden, mußten Zoll bezahlen. Als Quittung erhielten sie eine kleine Bleimünze. Der Überlieferung zufolge verdankt Piombino seinen Namen dem italienischen Wort für »kleines Bleistück« — piombino.

verschiedene, aber miteinander in Zusammenhang stehende Bauprojekte für die Befestigungsanlagen in Piombino unterscheiden. Jeder dieser geplanten Bauten geht von dem Kastell an der Ostecke der Stadt aus.

Das erste dieser Vorhaben war die Anlage eines etwa 350 Meter langen Grabens durch felsiges Gelände von dem Kastell zur Landzunge und der Rocchetta.[14] Ein Vergleich mit modernen Karten von Piombino zeigt, daß die Entfernung von der Zitadelle bis zur Landzunge ziemlich genau der in Leonardos Zeichnung angegebenen entspricht.

Das zweite Projekt bestand in dem Bau eines Tunnels — einer »bedeckten Straße«, auch als »Graben« (fosso) bezeichnet —, dessen Länge Leonardo mit

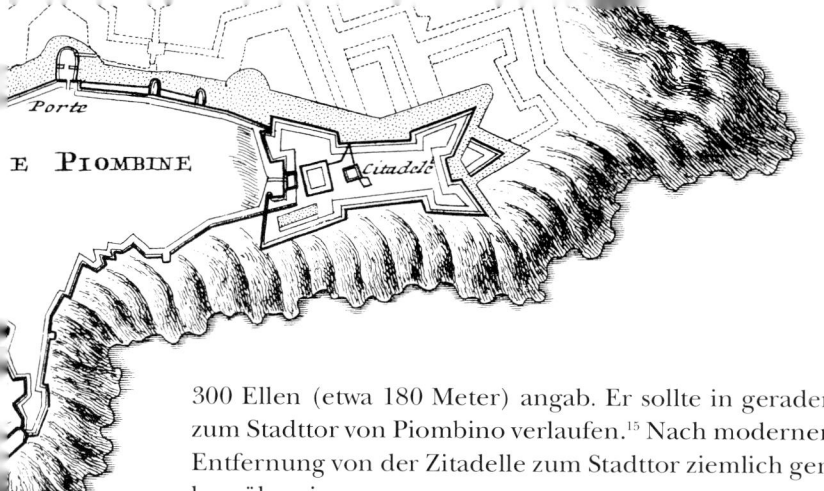

300 Ellen (etwa 180 Meter) angab. Er sollte in gerader Linie von der Zitadelle zum Stadttor von Piombino verlaufen.[15] Nach modernen Stadtplänen stimmt die Entfernung von der Zitadelle zum Stadttor ziemlich genau mit Leonardos Angaben überein.

Das dritte Bauvorhaben war eine Erweiterung der Zitadelle durch einen massiven Turm mit einer Höhe von zwanzig Ellen oder etwa zwölf Metern — was nicht sehr viel ist — und einem Durchmesser von rund fünfzehn Metern.

Bei seinem ersten Besuch in Piombino sollte Leonardo nach Möglichkeiten suchen, die dortigen Sümpfe trockenzulegen und die Festungsanlagen zu verstärken. Piombino war für Florenz, Siena und die anderen umliegenden Mächte von großer strategischer Bedeutung. 1499 hatte Cesare Borgia den

Als viertes sollte eine Hügelgruppe abgetragen werden, um eine offene Schußlinie für den nicht sehr großen Befestigungsturm zu schaffen. Mit Geschützen hätte dann das offene Land im Osten, in der Umgebung des Hafens, kontrolliert werden können. Mit relativer Genauigkeit kann nur die Lage des Tunnels zwischen dem Kastell und dem Stadttor festgestellt werden. Für die Form des Tunnels machte Leonardo verschiedene, voneinander abweichende Skizzen und Notizen. Es ist kein endgültiger Plan mit der Bestimmung der Lage innerhalb der Befestigung oder der Bauweise vorhanden. Auch zu dem Plan für einen 350

Herrscher von Piombino, Jacopo IV. Appiani, abgesetzt. Doch 1504 wurde Borgia vertrieben, und Jacopo kam wieder an die Macht. Florenz wollte mit Jacopo wieder in ein freundschaftliches Verhältnis treten, und Machiavelli begab sich im Sommer als Botschafter nach Piombino. Ende Oktober 1504 wurde Leonardo nach Piombino entsandt, um am Ausbau der Befestigungsanlagen mitzuwirken. Selbstverständlich kannte er aufgrund seiner Tätigkeit für Borgia, seinen

Meter langen Graben sind keine weiteren Einzelheiten zu finden. Die wiederholten Notizen über das felsige Gelände, das das Projekt verteuerte, und die Notiz »lungo da marina« (die Küste entlang) lassen jedoch darauf schließen, daß dieser Graben zur Landzunge führen sollte.

Die ausführlichen Begleittexte, meist Berechnungen der Kosten, lassen erkennen, daß Leonardo ein versierter Bauingenieur war, der die Tagesleistungen eines Arbeiters genau nach der Beschaffenheit des Bodens — sandiges oder felsiges Gelände — differenzierte. Auch für den Bau des Laufgrabens machte Leonardo genaue Angaben über eine zweckmäßige Verteilung der Arbeitskräfte vom tiefsten Punkt des Grabenbodens bis zum Wall am oberen Rand, damit die

ehemaligen Dienstherrn und Feind Jacopos, die Lage sehr genau. Aus Codex Madrid II geht hervor, daß Leonardo sich sechs oder sieben Wochen in Piombino aufhielt. Er zeichnete detaillierte Pläne und machte sich Notizen für mehrere Projekte (siehe folgende Seiten). Man weiß nicht, ob einer seiner Entwürfe auch ausgeführt wurde. Doch noch heute heißt der Turm am Haupttor (Photo oben) in der Bevölkerung »der Turm von Leonardo da Vinci«.

Auf dieser Karte von Piombino aus dem 16. Jahrhundert sind die vier wichtigsten Projekte eingetragen, die Leonardo für Jacopo IV. Appiani geplant hatte. Das größte Unternehmen war die Ausschachtung eines Grabens von der Zitadelle zur Rochetta auf der Landzunge (I). Der Graben sollte etwa 350 Meter lang sein. Ferner wollte er die Zitadelle durch einen Tunnel mit dem Haupttor von Piombino verbinden (II). Zwei Skizzen aus Codex Madrid II 9v [159/1] und 24v [159/3] zeigen den Tunnel. Er sollte 180 Meter lang werden und nicht nur zur Nachrichtenübermittlung dienen, sondern auch dem Herrscher Piombinos die Flucht ermöglichen, falls dies erforderlich war. Um den Herrscher vor Verrat durch seine Soldaten oder die Stadtbevölkerung zu schützen, was damals gar nicht so selten der Fall war, hatte Leonardo eine Zugbrücke als einzigen Zugang zum Tunnel vorgesehen. Neben der Festung sollte ein Rundturm (III) errichtet werden, der durch den Tunnel zugänglich war und zur Verteidigung der Festung und der alten Mauer diente. Die zwei Skizzen rechts aus Codex Madrid II 37r betreffen beide dieses dritte Projekt. Die Zeichnungen unten aus Codex Madrid II 25r, haben das vierte Projekt zum Gegenstand. Um über eine freie Schußlinie vom Rundturm bis zum alten Hafen im Osten zu verfügen, sollte ein Teil eines Hügels abgetragen werden (IV).

158/2

In der kleinen Karte von Piombino (oben) ist eine neue Mauer vor der alten und eine Verstärkung der Befestigungsanlagen um das Haupttor vorgesehen. Sie wurde zwar im Codex Atlanticus 41r gefunden, stammt jedoch nicht von Leonardo. Möglicherweise hat sie Antonio da Sangallo der Ältere gezeichnet, ein bekannter florentinischer Architekt und Ingenieur, der damals ebenfalls im Dienst der Republik stand.

158/3

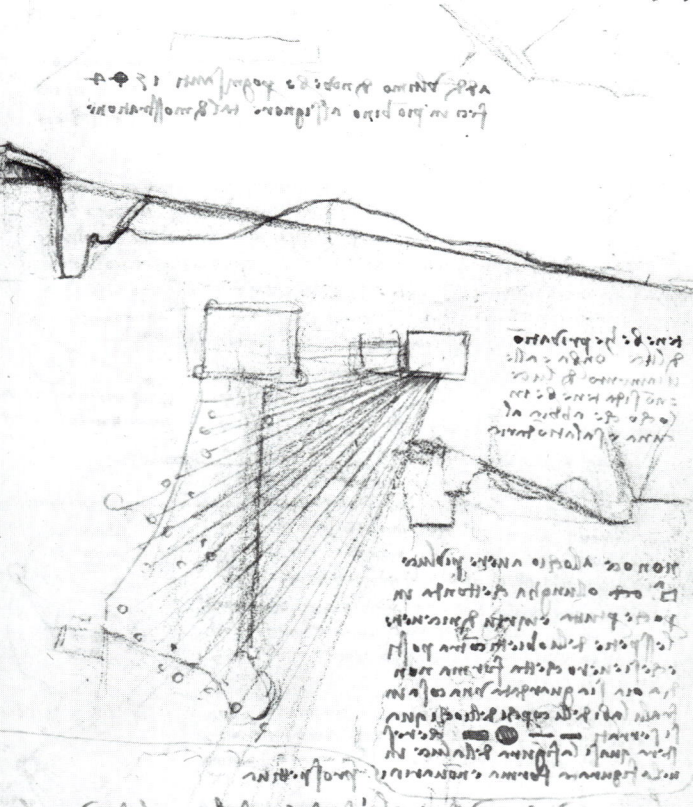

159/4

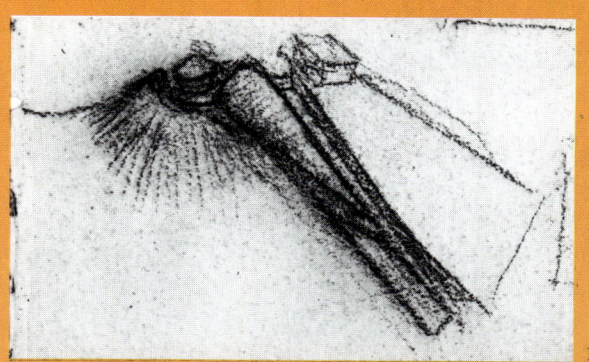

159/1

Nur der Graben zwischen der Zitadelle und dem Stadttor läßt sich verhältnismäßig genau lokalisieren. Was den Turm betrifft, hat Leonardo zahlreiche unterschiedliche Skizzen und Notizen hinterlassen. Weder bezüglich seiner genauen Lage noch seiner Bauweise läßt sich ein abschließender Entwurf

feststellen. Auch zu dem Plan des 350 Meter langen Grabens (I) finden sich keine detaillierten Angaben. Doch die Anmerkungen zu dem felsigen Grund und die Wendung »lungo la marina« (»entlang der Küste«) lassen darauf schließen, daß dieser Graben zur Landzunge führen sollte. Während Leonardos sechswöchigem Aufenthalt in Piombino scheinen nur die

159/2

Arbeiten für den Graben zwischen der Zitadelle und dem Stadttor eingeleitet worden zu sein. Die anderen Projekte wurden offensichtlich nicht ausgeführt.

159/3

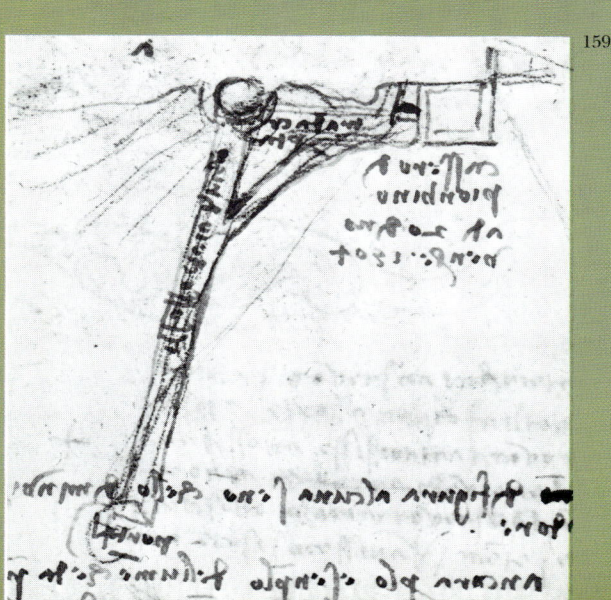

159/4 und 5

Piombinos alter Haupthafen war der südöstlich von der Stadt liegende Porto Falesia (Karte unten rechts). Doch in Manuskript L, das in die Zeit seines Dienstes bei Borgia zurückgeht, zeichnete er eine Karte (unten links) mit einem Landvorsprung direkt neben Piombino. Möglicherweise hatte er hier den Bau eines neuen Hafens geplant.

159/5

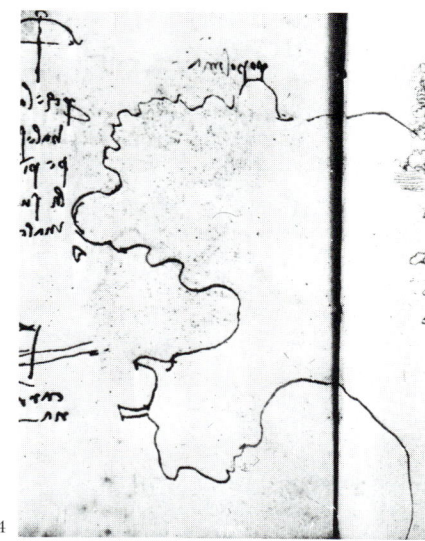

159/4

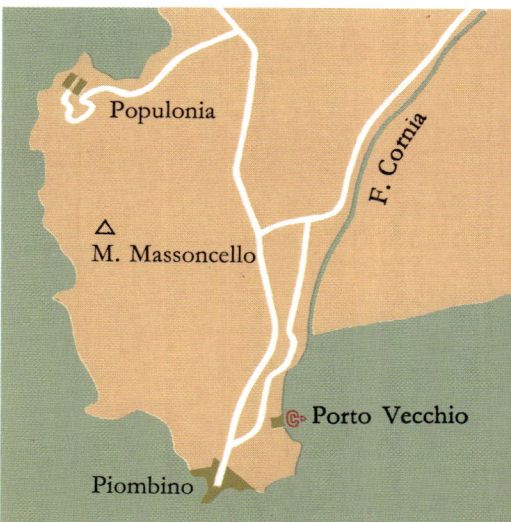

Hafen von Piombino

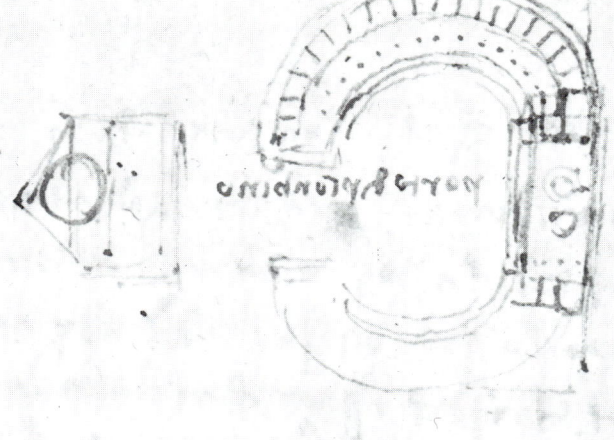

159/6

In der Skizze oben aus Codex Madrid II 88v nimmt Leonardo die Rekonstruktion des alten Hafens (Porto Falesia) vor, dessen Wellenbrecher bereits damals verfallen waren. Links vom Wellenbrecher zeichnete er eine Festungsanlage zum Schutz des Hafens.

bedeckte Straße

Zitadelle von Piombino, am 20. November 1504.

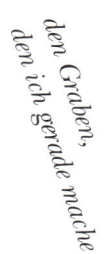

den Graben, den ich gerade mache

Tor

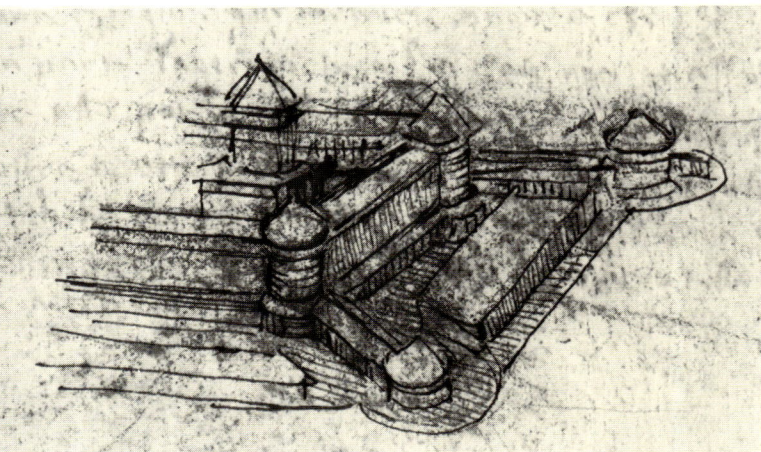

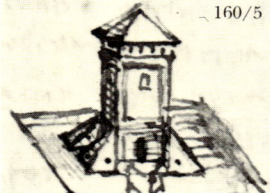

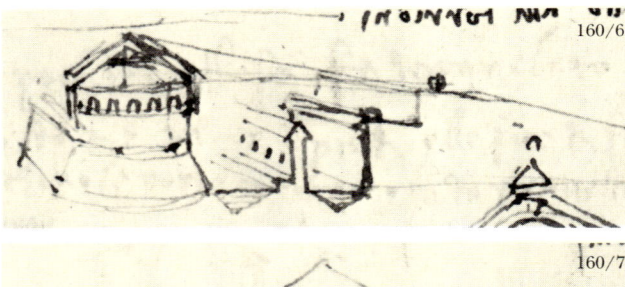

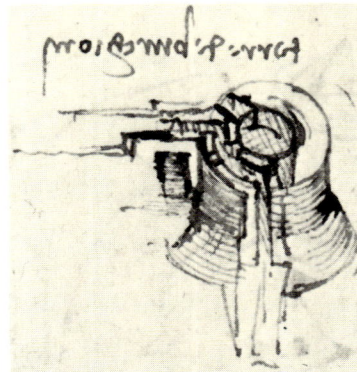

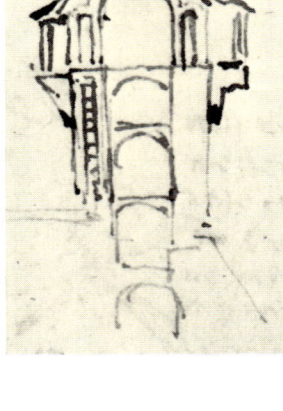

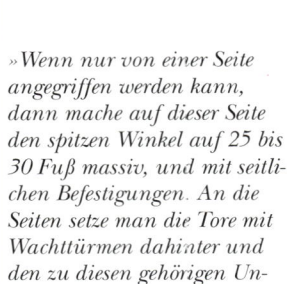

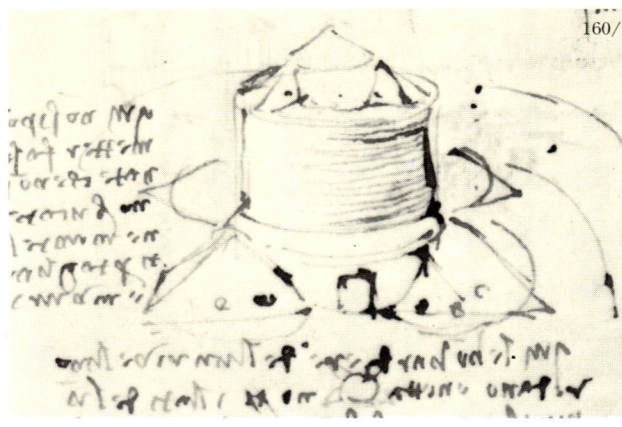

160/1-7 und 161/1
Gegen Ende des 15. Jahrhunderts führte die rasche Entwicklung von Feuerwaffen und deren zunehmende Vernichtungskraft zu einem Wandel im Festungsbau. Bis zu den 70er Jahren hatten die Festungsanlagen in

160/1

der Regel viereckige Türme mit Schießscharten und hohen Mauern. Eine typische Festung dieser Art ist das auf der gegenüberliegenden Seite abgebildete Castello di Torre-

»Turm des Burgherrn«
MADRID II 93v

160/2

160/3

chiara in der Nähe von Parma. Dann wurden Festungen mit runden Türmen und dikken, schrägen Mauern gebaut, die besser für den Einsatz von schwerer Artillerie beim Angriff und bei der Verteidigung ausgelegt waren. Francesco di Giorgio Martini war einer der berühmtesten Militärarchitekten und Ingenieure seiner Zeit. Der 13 Jahre jüngere Leonardo hat bei ihrem Zusammentreffen sicher viel von ihm gelernt. Außerdem war er im Besitz einer Kopie von Francescos Trattato. Von Martini entlehnte er die Idee zu einer Festung, wie er sie oben auf dieser Seite skizzierte (Codex Madrid II 79r). Diese Zitadelle stellt den Übergang zu den niedrigen, abgerundeten Bastionen späterer Zeiten dar.

»Die Wachttürme müssen niedrig und dick, mit einem dicken Gewölbe überdeckt und in einem sehr stumpfen Winkel abgeschrägt sein, damit sie von den Querschlägern nicht erreicht werden.«
MADRID II 93v

160/5

»Wenn ein viereckiger Turm an den Ecken dreieckige Vorbauten hat, die geteilten Unterschlupf verschiedener Art gewähren, dann ist er als solcher sehr widerstandsfähig.«
MADRID II 89r

MADRID II 93v

160/4

160/6

160/7

»Wenn nur von einer Seite angegriffen werden kann, dann mache auf dieser Seite den spitzen Winkel auf 25 bis 30 Fuß massiv, und mit seitlichen Befestigungen. An die Seiten setze man die Tore mit Wachttürmen dahinter und den zu diesen gehörigen Unterständen.« MADRID II 93r

»Hier blicken die Schießscharten des einen Außenwerks auf die Seiten des anderen und halten sie frei, und so machen sie es alle gegenseitig. Und hier kann man keine Leitern aufstellen.«
MADRID II 93r

zu bewegenden Erdmassen zügig bewältigt werden könnten.[16] Höchst interessant ist Leonardos — mathematisch recht primitive Errechnung der Erdmassen, die bei der Abtragung der Hügelgruppe zu bewältigen sind. Sein Umgang mit kubischen Maßen ist sehr empirisch, und für die Exaktheit seiner Kalkulation möchten wir uns nicht verbürgen. Aber die Umsetzung des Hügelmassivs in ein geometrisches Kegeldiagramm und die rechnerische Bestimmung des Kegelvolumens zeigen, daß er sich eines gewissen mathematischen Prinzips bediente, um die realen Dimensionen der praktischen Bauaufgabe zu fassen.[17]

Sehr bezeichnend für die politischen Zeitverhältnisse ist die Vorsorge Leonardos, den gedeckten Verbindungsgang zwischen Kastell und Stadttor doppelt zu sichern, das heißt nicht nur gegen den äußeren, sondern auch gegen den inneren Feind: Für den Fall, daß das Volk (»il popolo«) — also die Bürger von Piombino — sich gegen ihren Herrn erheben und versuchen sollten, den Verbindungsgraben gegen das Stadttor abzuschneiden, sieht Leonardo entsprechende Si-

cherungs- bzw. Gegenmaßnahmen vor; ein sprechendes Beispiel dafür, unter welchem Mißtrauen ein Herrscher jener Tage seine Regentschaft ausübte.[18]

Auch beim Bau des großen Rundturms des Kastells, des Kernstückes der Festungsanlage, ist er bedacht, durch ein System von Sicherungsmaßnahmen die Funktionen des Kastellans, des Festungskommandanten, unter Kontrolle zu halten, um jede Möglichkeit einer Überrumpelung durch den Gegner, aber auch ebenso des Verrats an den Gegner, zu verhindern. Die schmähliche Preisgabe der mächtigen Zitadelle von Mailand, die der Kommandant 1499 ohne jede Gegenwehr den Franzosen nach ihrem Eindringen in die Stadt überließ, womit er Lodovico Sforzas Niederlage besiegelte, mag Leonardo ebenso im Gedächtnis gewesen sein wie die Überrumpelung der Festung von Fossonbrone im Oktober 1502, wo es den Truppen Borgias gelungen war, nachts in den geheimen Zugang zum Kastell unter Nutzung der gegnerischen Parole »Feltre« einzudringen.

So hat Leonardo, wie wir aus der kurzen Zeit seines Aufenthaltes in Piombino folgern dürfen, dem Grafen Appiani im wesentlichen ein Projekt der Fortifika-

»Der Burgherr muß über verschiedene Geheimgänge die ganze Festung abschreiten können,
oben, in der Mitte und unten,
durch Höhlungen und unterir-
dische Gänge, die so angelegt
sein müssen, daß man ohne seinen Willen durch keinen von ihnen in seine Wohnung
gelangen kann. Längs dieser
Wege vermag er mit Hilfe von

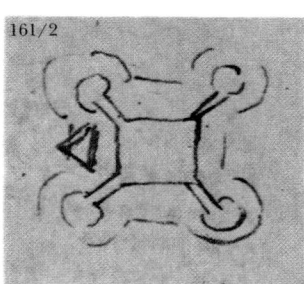

161/2

»An den stärkeren Ecken versehe
man die Türme mit seitlichen Weh-
ren, welche die Mauern mit den
massiven Ecken verteidigen.«

MADRID II 92v

161/3

Fallgattern und sonstigen Einrichtungen jeden in seinen Räu-

161/4

»Wenn eine viereckige Festung an
zwei Ecken von den Kriegsmaschi-

161/5

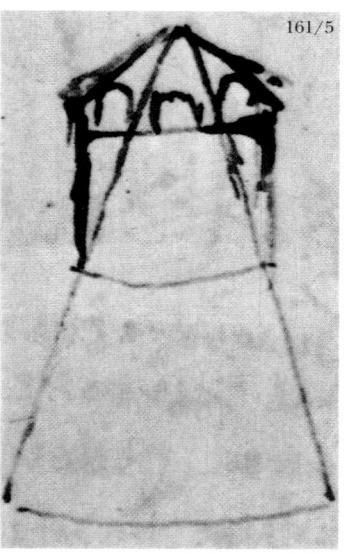

men gefangen zu setzen, der eine Verschwörung gegen ihn an-
zetteln will, und er kann
kommen, das Tor des Hauptein-
ganges und das des Notausgan-
ges zu öffnen und zu schließen.
Und das ist eine größere Sorge
als die Feinde, denn die Insas-
sen haben es leichter, ihm zu
schaden, als die Feinde, welche
ausgesperrt sind.«

MADRID II 89v

nen angegriffen werden kann, mache man die Ecken massiv...«

MADRID II 92v

161/1-5
*Auf den beiden oberen Skizzen beschäftigt sich
Leonardo mit der Aufstellung der Türme
innerhalb der Festung. Die beiden unteren
Skizzen betreffen die Form der Türme. In den
Anmerkungen zu diesen Entwürfen und zu
denen auf der gegenüberliegenden Seite — in
einigen Fällen stammen die grundlegenden
Ideen von Francesco di Giorgio Martini —
macht Leonardo genaue Angaben zu Burg-
gräben, zum Bau der Türme und zur Anord-
nung der Geschütze gegen den Feind vor den
Toren. Doch auch an mögliche Feinde im
Inneren der Festung hat er gedacht, wie das
Zitat oben aus Codex Madrid II 89v zeigt.*

161/1 und 2

Die Entwürfe für Piombino widmen einem neuen Aspekt der Kriegskunst besondere Aufmerksamkeit, nämlich dem möglichst wirksamen Einsatz von Geschützen, die damals die Kriegsführung revolutionierten. In den alten Festungstürmen hatte eine der wichtigsten Aufgaben der Soldaten darin bestanden, heißen Teer auf die Angreifer zu schütten, die versuchten, die Türme mit Leitern zu erklettern. Als einer der ersten Militärarchitekten stellte Leonardo in einem Turm ein Geschütz

tion entwickelt, dessen Ausführung längere Zeit in Anspruch nehmen mußte. Nur der Vermerk »den Graben, den ich mache« läßt vermuten, daß schon in den zwei Monaten seiner Anwesenheit mit der Anlage dieses Grabens begonnen wurde. Es wäre von großer Wichtigkeit, durch eine Versuchsgrabung am Kastell von Piombino zu ermitteln, ob noch Spuren dieses geheimen Verbindungsganges vorhanden sind.

Eine Zeichnung im Codex Atlanticus, die nicht von der Hand Leonardos ist, gibt das Fortifikationssystem von Piombino mit relativer Exaktheit wieder [158/2]. Ob sie, wie angenommen wird, Antonio da Sangallo zuzuschreiben ist, muß

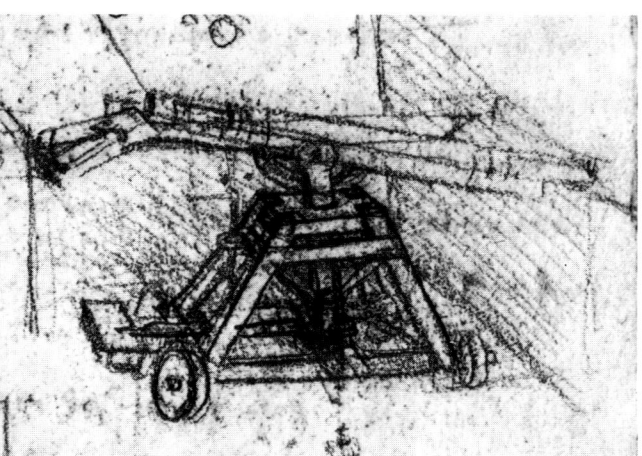

162/1   *auf, wie die Skizze aus Codex Madrid II 36r zeigt. In einer anderen Skizze (oben rechts, Codex Atlanticus 48r-b) zeichnet er die Schußbahnen eines im Turm aufgestellten Geschützes.*

162/2   *das Feuer zu eröffnen*

162/3 und 4

Neben seinen Arbeiten in Piombino entwickelte Leonardo den Entwurf für eine Festung, wie sie erst Jahrhunderte später gebaut werden sollte. In seinen Skizzen rechts und unten (Codex Atlanticus 48r-b) nimmt die erste moderne Festungsanlage Gestalt an. Außenposten an den vier Ecken sorgen für Flankenfeuer. Aus den konzentrischen Festungsringen können die Verteidiger den Feind unter Beschuß nehmen. Zwischen den Ringen befinden sich grabenartige Bereiche, die sich fluten lassen, falls der Feind die äußeren Mauerringe durchbrochen hat. Die Verteidiger können sich dann in die weiter innen liegenden Festungsringe zurückziehen.

162/3

dahingestellt bleiben. Antonio war ja mit Leonardo bereits im Kriegslager von Pisa zusammengetroffen, und so ist es gut möglich, daß er — gleichfalls ein angesehener Militäringenieur der Stadt Florenz — von diesem Auftrag Kenntnis hatte. Aufhellung über dieses Problem der Wehranlage von Piombino können erst weitere Forschungen erbringen.

Wie intensiv jedoch Leonardo sich mit dieser Aufgabe befaßt hat — zuerst, wie wir überzeugt sind, schon im Dienst Cesare Borgias, dann aber auch im Dienst des Jacopo Appiani — wird noch durch ein weiteres Beweismittel erhärtet, das gleichfalls im Codex Madrid II enthalten ist. Eine Reihe von Blättern desselben sind angefüllt mit Auszügen Leonardos aus dem Architekturtraktat von Francesco di Giorgio Martini. Eine genauere Prüfung dieser Auszüge ergibt, daß diese Auswahl der Texte entscheidend im Hinblick auf die Fortifikation von Piombino bestimmt wurde. Die meisten Texte, die Leonardo exzerpierte, stehen im Zusammenhang mit dieser spezifischen Aufgabe, und sie mögen Leonardo für seine »dimostrazione« gegenüber Jacopo Appiani, die wir uns doch wohl als eine zusammenhängende Exposition seines Projektes vorzustellen haben, dienlich gewesen sein.

Die überwiegende Zahl der übrigen Auszüge betrifft die Anlage eines Festungsturms, wie auch in Leonardos Entwürfen für Piombino der Turm den weitesten

162/4

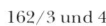

Raum einnimmt. Unter diesem Aspekt einer bewußten Auswahl der Texte Francescos gewinnt es auch an Bedeutung, daß zwei Seiten sich mit der Anlage eines Hafens befassen.

Auf einer dieser beiden Seiten befindet sich eine kleine Skizze Leonardos [159/6], die durch die Notiz »Hafen von Piombino« gekennzeichnet ist. Es hat zwar den Anschein, als ob Leonardo hier zunächst eine, wenngleich flüchtige, Idealrekonstruktion des antiken Hafens von Piombino skizzierte (noch heute sind unter Wasser Reste der antiken Mole vorhanden und deutlich zu erkennen), aber darüber hinaus ist es sehr wahrscheinlich, daß Leonardo auch vorhatte, die

163/1 und 2
Um vom Rundturm aus, der die Zitadelle in Piombino schützen sollte, ein freies Schußfeld zu haben, mußte Leonardo eine Hügelgruppe abtragen. Seine Skizze unten links (Codex Madrid II 25r) zeigt die Schußbahn durch einen der Hügel. Unten (Codex Madrid II 32v) versucht er, mit Hilfe eines Diagramms die abzutragende Erdmenge zu ermitteln. Dann berechnete er die exakten Kosten für ein solches Unternehmen.

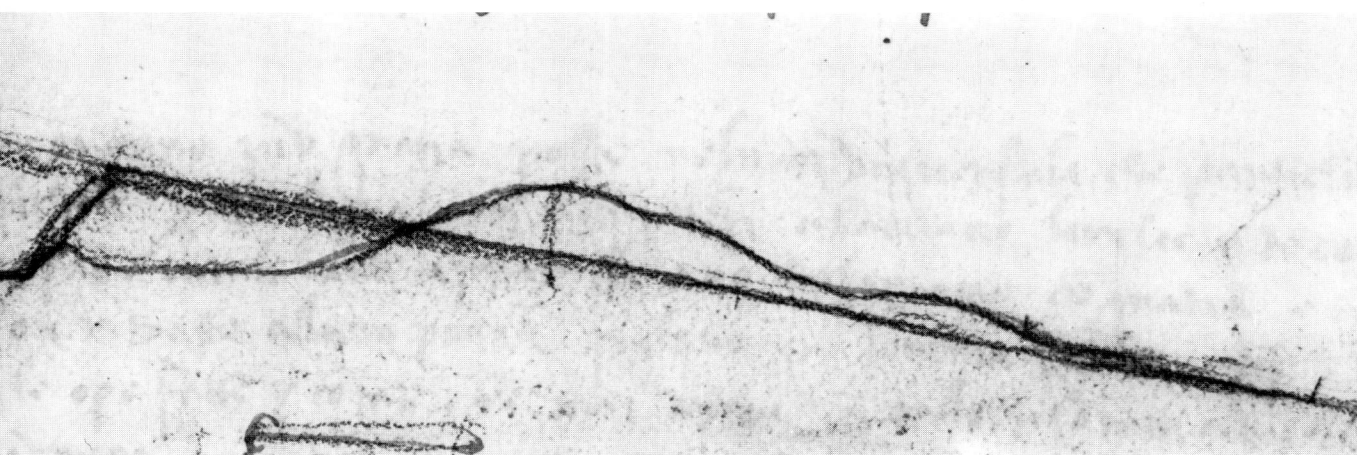

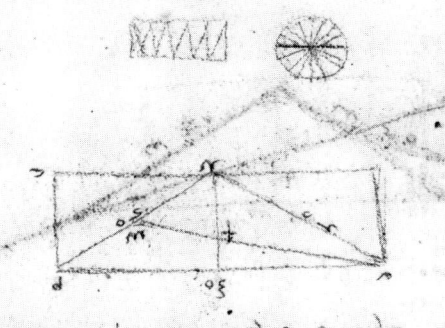

163/1

163/2

163/3

bestehende Hafenanlage seiner Zeit zu ändern, oder dies jedenfalls gedanklich erwog. Die Abbildungen von bestimmten Vorrichtungen, um unter Wasser zu bauen, wie sie Leonardo den Texten Francescos beigibt, unterscheiden sich beträchtlich von den Zeichnungen Francescos und berechtigen zu der Vermutung, daß Leonardo hier eigene Modifikationen skizziert hat. Mehr als zehn Jahre später hat Leonardo noch einmal ein ähnliches Thema aufgegriffen, als er während seines Aufenthaltes in Rom zwischen 1513 und 1516 die antike Hafenanlage von Civitavecchia studierte und rekonstruierte.

Alles gezeichnete und geschriebene Material, das uns der Madrider Codex über Leonardos Aufenthalt in Piombino bietet, gewährt uns einen selten lebendigen Einblick in die ungemein vielseitige und dabei gleichsam »simultane« Wachsamkeit des Leonardoschen Auges und Geistes.

Wenn er am 1. November 1504 — seinem Ankunftstage — in Piombino dem Herrn der Stadt seinen großen Bauplan vorlegt, wenn er am selben Tage am Hafen steht und beim Betrachten der Takelage der Fischerboote zugleich das Spiel farbiger Schatten an der hellen Mauerfläche eines Hauses beobachtet, das sein Malerauge entzückt und zu Reflektionen über dies optische Phänomen anregt, so spüren wir die Allaufgeschlossenheit und Vitalität dieses großen Geistes, als ob wir neben ihm stünden.

163/3 und 4
Leonardos moderne Festung wurde nach seinen Entwürfen im Codex Atlanticus als Querschnittmodell für das Nationalmuseum für Wissenschaft und Technik in Mailand angefertigt. Seine Skizze unten (Codex Atlanticus 48r-a) zeigt einen der tunnelartigen Festungsringe mit Öffnungen für Geschützstellungen im Querschnitt.

163/4

Leonardos Konzept einer niedrigen, runden Festung bedeutet einen gewaltigen Entwicklungssprung. Sein Entwurf wird hier einer für seine Zeit typischen Anlage gegenübergestellt. Das Modell auf dieser Seite ist mit Türmen und leicht geneigten Mauern versehen, wie sie charakteristisch für Festungsanlagen waren, als sich der Einsatz von schwerer Artillerie durchzusetzen begann. Auf der gegenüberliegenden Seite zeigt eine Photomontage Leonardos Festungsanlage aus konzentrischen Ringen, von denen jeder durch einen Graben geschützt wird. Am eindrucksvollsten wirkt die Seitenansicht seiner Festung auf der gegenüberliegenden Seite oben. Ihr bedrohliches stromlinienförmiges Profil nimmt Festungsbauten späterer Jahrhunderte vorweg.

Fast fünfhundert Jahre sind vergangen, seitdem Leonardo in seinen Manuskripten seine Gedanken und Entwürfe zu Maschinen niederlegte, die den Menschen der damaligen Zeit die Arbeit in allen praktischen Bereichen erleichtern sollten. Leonardo verfolgte als Erfinder und Konstrukteur von Maschinen hauptsächlich das Ziel, die Arbeit unter Einhaltung von Gleichförmigkeit und Präzision zu beschleunigen und zu vereinfachen. Das

Maschinen und Waffen

Ergebnis seiner Bemühungen sind Hunderte von Entwürfen für Maschinen und Waffen für den zivilen und militärischen Gebrauch. Leonardo lebte in einem bewegten Abschnitt der europäischen Geschichte. Als er geboren wurde, erfand Gutenberg den Buchdruck und leitete damit eine der folgenreichsten Entwicklungen in der Menschheitsgeschichte ein. Auch andere bedeutende Ereignisse fallen in seine Lebenszeit. Vasco da Gama umsegelte Afrika, und Kolumbus und der Florentiner Amerigo Vespucci entdeckten riesige unbekannte Kontinente, womit sich den abenteuerlustigen Seefahrern und Soldaten Europas neue Horizonte eröffneten. Zeit und Ort kamen dem Erfindungsgeist dieses genialen Technikers entgegen. Seine Zeichnungen gewähren uns nicht nur einen Einblick in die Schöpfungen eines der fruchtbarsten Geister der Menschheitsgeschichte, sondern wir lernen durch sie auch den Stand der mechanischen Künste zur Zeit Ende des 15. Jahrhunderts kennen. Ein Großteil von Leonardos Forschungen auf dem Gebiet des Maschinenbaus und des Militärwesens ist in den umfangreichen Sammlungen der Codices Atlanticus und Madrid I enthalten.

BERN DIBNER

»Unter Leonardos Feder wurde die Muskelkraft des Bauern, des Pferdes und des Ochsen durch Wind und Wasser, durch Schießpulver und Dampf ersetzt. Und im Verlauf der Jahre wurden Maschinen und Maschinenelemente immer mehr zum Ausdruck seiner Anteilnahme an der Welt.«

L eonardo war ungefähr 30 Jahre alt, als er den Brief an Lodovico Sforza (Seite 7) verfaßte, in dem er seine Dienste anbot und seine verschiedenen Fertigkeiten aufzählte. Er nennt 36 Bereiche, in denen er Fachmann ist. 30 der erwähnten Fertigkeiten sind technischer Natur, während die restlichen sechs die Kunst betreffen. Schon allein diese Tatsache gibt uns einen Eindruck von Leonardos breitgefächerten Interessen zum damaligen Zeitpunkt. Die Werkstatt des Verrocchio, in der Leonardo arbeitete, beschäftigte sich nicht mit militärischen Angelegenheiten. Man muß daher annehmen, daß Leonardos Interesse für militärische Probleme durch seine Beschäftigung mit dem Ingenieurwesen und der Mechanik geweckt wurde, und ihn zum Beispiel die Aufgabe reizte, die Schußkraft von Feuerwaffen zu erhöhen und neue Kombinationen von Maschinen und Waffen zu entwickeln. Sein Interesse für die Erhöhung der Wirksamkeit der

Für die Menschen, die von ihrer eigenen Hände Arbeit leben mußten, änderte sich in der Renaissance nur wenig. Aus der Sicht des Adels galten manuelle Arbeit und die Menschen, die sie verrichteten, als minderwertig. Selbst die Künstler schenkten der arbeitenden Bevölkerung keine Beachtung, sondern widmeten sich der Darstellung von Heiligen, Engeln, Madonnen und Herzögen. Leonardo war eine große Ausnahme, denn in zahlreichen Skizzen, wie den hier abgebildeten,

167/1

Maschinen geht aus einer Notiz hervor: »Die Wissenschaft von den Werkzeugen und der Mechanik ist die edelste und vor allen anderen die nützlichste, da man sieht, wie durch ihr Vermögen alle belebten und in Bewegung befindlichen Körper alle ihre Tätigkeiten durchführen; und der Ursprung dieser Bewegungen liegt im Zentrum ihrer Schwere…«.[1]

Leonardos Begeisterung für die Erfindungen der mechanischen Künste läßt sich nur als Reaktion auf ihren Nutzen, auf die gleichmäßige Wirkung der in ihnen zur Anwendung kommenden Naturgesetze und auf die unveränderliche Beständigkeit ihres Verhaltens verstehen: Anders als die Menschen in seiner Umgebung erfüllten die Maschinen ihre Aufgaben ohne Gefühle, Eitelkeit oder fremde Beeinflussung. Er wollte durch Experimente mit einfachen Maschinenelementen universale Gesetze aufdecken und war bestrebt, möglichst alles in quantitativen Verhältnissen auszudrücken.

Wenn er für ein Problem eine mechanische Lösung gefunden hatte, skizzierte Leonardo die Einzelteile und das Ganze, notierte die Arbeitsvorgänge, legte fest, wo noch weitere Aspekte näher zu untersuchen waren, und wandte sich dann anderen Problemen zu. Doch keine Lösung genügte Leonardo. Immer wieder entwickelte er neue Vorrichtungen, um dieselbe Aufgabe durch andere Teile oder andere Kombinationen von Teilen zu bewältigen. Man denke zum Beispiel an seine Suche nach einem Verfahren zur Umsetzung der geradlinigen Hin- und Herbewegung in eine kreisförmige Bewegung — eine grundlegende Voraussetzung für alle Maschinenkonstruktionen. Leonardo zeichnete zahlreiche Vorrichtungen, um dieses Ziel zu erreichen; doch nie gab er sich mit der gefundenen Lösung zufrieden.

Die meisten der von Leonardo entwickelten neuartigen Vorrichtungen gehören in den Bereich der Maschinen- und Waffenkonstruktion für den Landeinsatz. Leonardo hinterließ eine überwältigende Zahl an Zeichnungen zu militärischen Geräten. Er lebte in einer Zeit des Übergangs, in der die Armeen von Armbrust-

zeigte er Bauern und Tagelöhner bei der Arbeit. Durch die Malerei und seine anatomischen Studien hatte er gelernt, den Menschen in allen seinen Bewegungen genauestens zu beobachten. Doch als Ingenieur interessierte er sich für einen ganz anderen Aspekt der manuellen Arbeit: Aus seinen Manuskripten geht hervor, daß er für umfangreiche Projekte, wie die Umleitung des Arno, die Arbeitsstunden und die Kosten für die Arbeitskräfte, genau zu kalkulieren vermochte. Leonardo konzentrierte seine ganze ausgeprägte Erfindungsgabe und seine gesamte technische Erfahrung auf die Hauptaufgabe der neuen Zeit: den Entwurf von Maschinen, die die schwachen menschlichen Kräfte vervielfältigen sollten. WINDSOR 12643, 12644v

167/2

schützen und gepanzerten Reitern den Füsilieren und Kanonieren wichen. Diese Veränderung in der westlichen Welt führte zu einem entsprechenden Wandel im sozialen und politischen Bereich, dessen Auswirkungen bis in unser Jahrhundert reichen. In unzähligen Erfindungen, die schon in Leonardos Geist aufkeimten, wurden die einfachen Gegenstände und Werkzeuge seiner Zeit weiterentwickelt. Unter Leonardos Feder wurde die Muskelkraft des Bauern, des Pferdes und des Ochsen durch Wind und Wasser, durch Schießpulver und Dampf ersetzt. Und im Verlauf der Jahre wurden Maschinen und Maschinenelemente immer mehr zum Ausdruck seiner Anteilnahme an der Welt. Der Wandel vom Künstler Leonardo zum Techniker Leonardo wurde von einigen Historikern unserer Zeit nicht ohne Widerspruch anerkannt. Erst nach der Wiederentdeckung der beiden Codices von Madrid im Jahre 1967 konnte bewiesen werden, daß sich der reife Leonardo hauptsächlich mit Maschinen, Geräten und anderen Dingen beschäftigte, die von Menschenhand angefertigt werden konnten.

Tatsächlich behandeln neun Zehntel der Codices von Madrid technische Themen. Sie ergänzen Leonardos Studien über die Mechanik und bieten dem heutigen Wissenschaftler das umfangreichste erhaltene Quellenmaterial über die Technik der Renaissance. Das neu gefundene Material war insbesondere für Fachleute auf technischem Gebiet interessant, denn im Codex Madrid I geht es hauptsächlich um Mechanik und Technik, während sich der Codex Madrid II mit Geometrie, Mechanik, Navigation und Topographie beschäftigt.

Wenn man die zahlreichen Entwürfe Leonardos zur Mechanik[2] betrachtet, wird sein Bemühen deutlich, verschiedene Bewegungen zu kombinieren und sie in einer Maschine zu vereinen, um auf diese Weise eine Automatisierung zu erzielen. Dies stellte einen deutlichen Fortschritt gegenüber den herkömmlichen Geräten dar. Automatisierung bedeutet dabei nicht höhere Komplexität, sondern Einsatz von Rückkopplungen: Zwei mechanische Vorgänge werden mitein-

In seinem berühmten Brief an Lodovico Sforza hatte Leonardo ihm neue, unbekannte Kriegsgeräte versprochen. Die unten abgebildete Zeichnung entstand etwa ein Jahr nach seiner Ankunft am Hof der Sforza in Mailand. Sie zeigt einen Reiter mit einer Lanze im Arm, an dessen Sattel zwei weitere Lanzen befestigt sind. Die Verdreifachung der Lan-

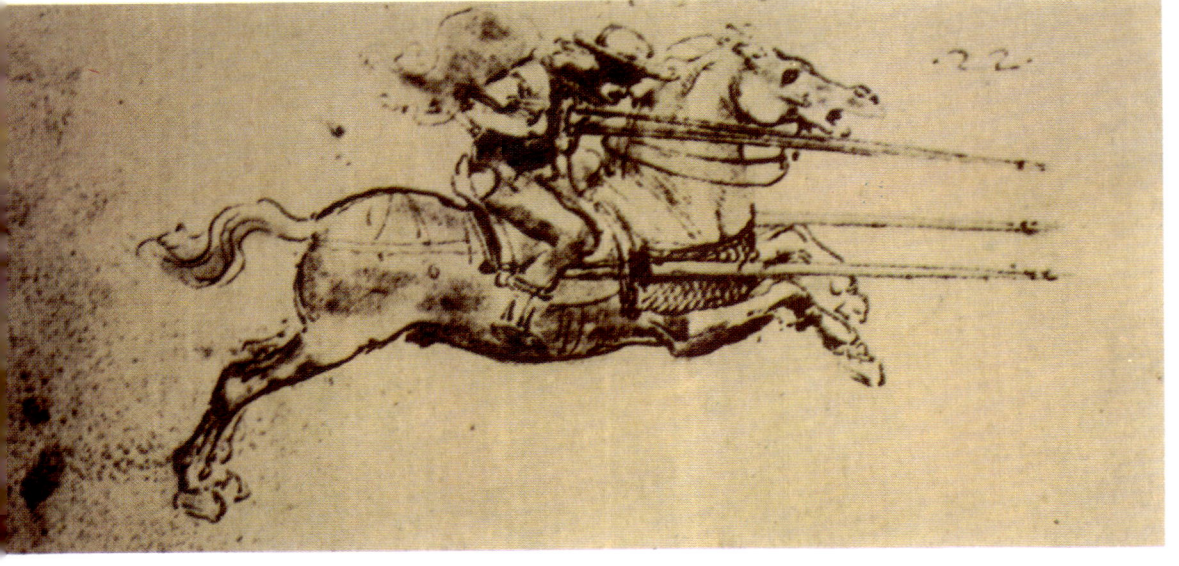

Die Zeichnung Leonardos (gegenüberliegende Seite) stellt den Innenhof einer Gießerei dar. Sie illustriert die extremen Schwierigkeiten bei der Montage der Kanonen mit den primitiven Mitteln, die damals zur Verstärkung der Muskelkraft zur Verfügung standen. Im Mittelgrund schieben nackte Männer eine riesige Lafette unter die Kanone, während andere Männer an den Hebeln eines Krans ziehen, um sie anzuheben. Im Vordergrund ist der auf Walzen ruhende Schlitten zur Beförderung der Kanone zu sehen. Leonardo fertigte die Zeichnung um 1487 an. Zu dieser Zeit hatte er den Auftrag erhalten, für Lodovico Sforza Kanonen aus Bronze zu gießen. Doch sein Hauptinteresse beim Besuch der Gießereien Mailands galt nicht den Kanonen: Er war auf der Suche nach einem neuen Gußverfahren für ein großes Reiterdenkmal. WINDSOR 12647

168/1

zenkraft des Reiters mußte Leonardos Bemühen um Vervielfältigung einer einfachen Kraft entgegenkommen. Doch möglicherweise entnahm er diese Idee der Lektüre antiker Kriegsgeschichten. Tatsächlich sammelte Leonardo Ideen, wo er nur konnte — aus Büchern anderer Autoren ebenso wie aus Berichten über Reisen in ferne Länder. Er entwickelte sie weiter und machte sie sich zu eigen. WINDSOR 12653

ander verknüpft; auf diese Weise wird nach Ablauf des ersten Vorgangs ein äußerer Eingriff zur Ausführung des zweiten Vorgangs überflüssig; die Abfolge der Vorgänge ist im Gerät festgelegt. Offensichtlich machte Leonardo der Entwurf solcher Maschinen Spaß. Um die Genialität ihrer Konzeption und die Klarheit ihres Entwurfes zu illustrieren, erfolgt hier eine repräsentative Auswahl. Die Entwürfe Leonardos zeigen seine hervorragenden Kenntnisse über die Wirkung von Getrieben, Riemenscheiben, Sperrzähnen, Nocken, Keilen, Gelenken, Kurbeln, Rädern und Ritzeln. Hinzu kamen seine praktischen Erfahrungen und sein Wissen um die Grundgesetze der Physik und Chemie.

Um Leonardos Zeichnungen zu interpretieren, beginnt man am besten dort, wo die Antriebskraft ansetzt — bei der Kurbel. Auch wenn zur Zeit Leonardos die Muskelkraft von Mensch und Tier die wichtigste Antriebskraft darstellte, griff Leonardo auch auf die Energie des fließenden Wassers oder des Windes zurück, wo besonders starke Kraft benötigt wurde. Er wußte um die Energiespeicherfähigkeit von Federn und gestautem Wasser und um den Trägheitseffekt von Schwungrädern. Alle Spekulationen darüber, was Leonardo hätte erzielen kön-

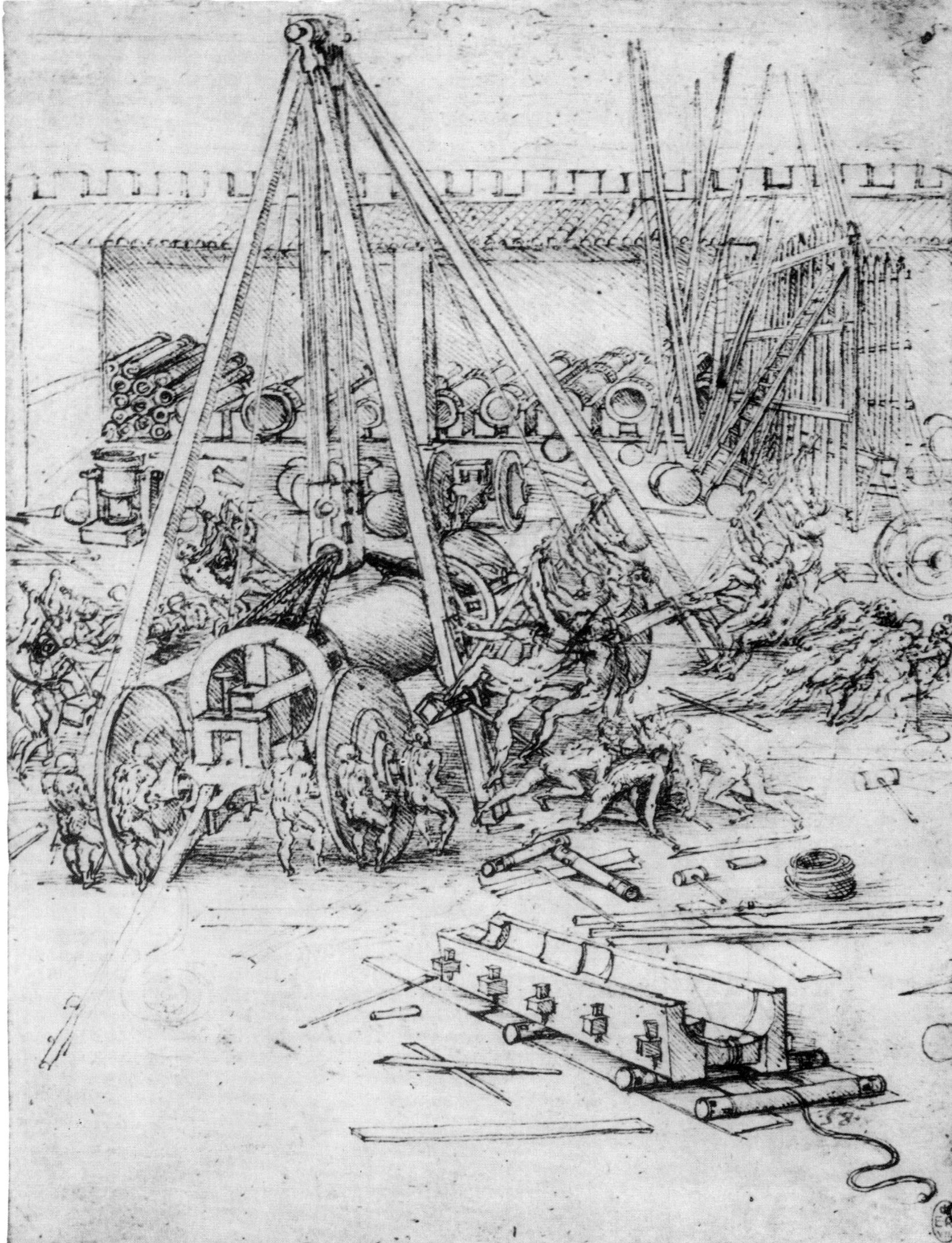

169/1

Eine der ersten von Leonardo entworfenen Maschinen ist diese sorgfältig gezeichnete Vorrichtung zur Herstellung von Feilen (Codex Atlanticus 6r). Sie offenbart seine intuitive Einsicht in das moderne Konzept der Automation. Leonardo konstruierte den Mechanismus so, daß er eine Folge koordinierter, aufeinander abgestimmter Arbeitsvorgänge verrichtet. Einmal in Gang gesetzt, bedurfte es keines menschlichen Eingriffs mehr. Durch Drehen der Kurbel im Vordergrund wird das um die Kurbelstange gewickelte Seil abgespult; das Stoßrad am Ende der Kurbelstange drückt den Stift der Hammerwelle nieder, und der Hammer hebt sich. Dann fällt der Hammer nieder und schlägt eine Rille in die Feilenfläche. Mit dieser Maschine läßt sich die Feilenproduktion erhöhen, und gleichzeitig werden mögliche menschliche Fehlerquellen reduziert. Zudem wird das hergestellte Produkt gleichförmiger.

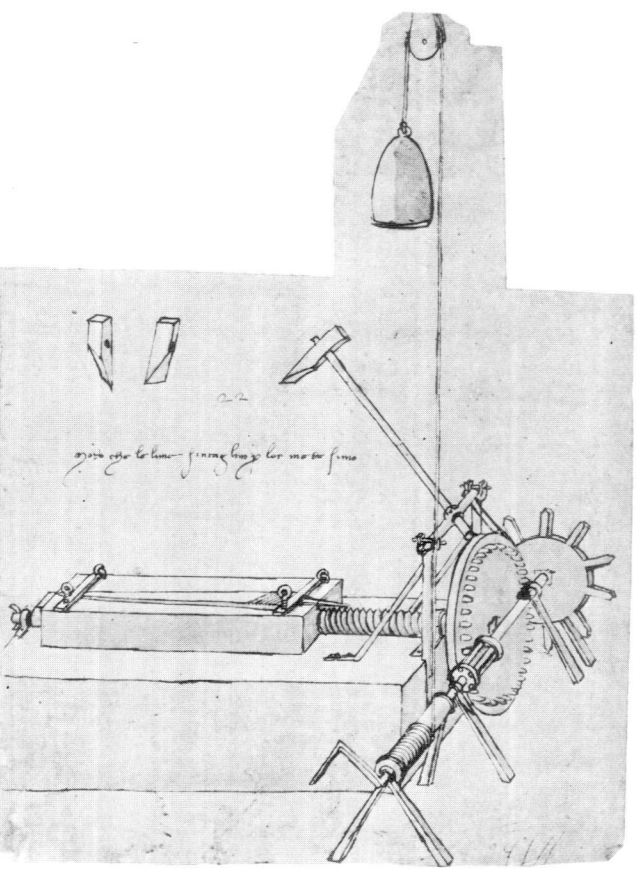

170/1

170/2

Um 1495 zeichnete Leonardo im Codex Atlanticus 21r-a den rechts abgebildeten Mechanismus zum automatischen Hämmern von dekorativen Goldfolien. Die Maschine weist die gleichen Vorteile wie 170/1 auf. Die Übersichtszeichnung links oben zeigt sechs Hämmervorrichtungen, die durch ein Haupt-Kronengetriebe in Gang gesetzt werden. Dieses wiederum wird durch Tierkraft oder eine Wassermühle angetrieben. Die Skizze oben rechts zeigt, wie eine Folie in die Maschine gezogen wird. Im unteren Teil der Zeichnung sind sechs Möglichkeiten angegeben, wie mit dem Hammer die größte Aufschlagwucht erzielt werden kann.

nen, wenn ihm andere Energiequellen zu Verfügung gestanden hätten, sind müßig.

Die Maschinen Leonardos waren meist für industrielle Zwecke bestimmt, zum Einrammen, zur Verarbeitung von Holz, Steinen und Metallen, zum Heben schwerer Gewichte, zum Schmelzen und Ziehen von Metallen, zum Weben, zum Münzprägen, zum Mahlen, zum Ausbaggern von Kanälen, zum Drechseln, zum Winden, zum Heben und Bewegen — das heißt für alle grundlegenden Arbeitsgänge in einer städtischen Gesellschaft. Doch so fasziniert Leonardo auch von den Maschinen war, so geht doch aus seinen Zeichnungen deutlich sein Bemühen um komplexe Lösungen für das Problem der Kraftübertragung hervor. Diese Bemühungen waren mehr auf den Mechanismus als Ganzen und weniger auf seine einzelnen Teile gerichtet. Was war der Zweck des Gerätes? Wie konnte es wirksamer arbeiten? Wie konnte es anders konstruiert werden? Ließ es sich vereinfachen, beschleunigen oder besser nutzen? Ließen sich mehrere Schritte verbinden?

Die Maschinen Leonardos lassen sich zwei Gruppen zuordnen: Einerseits die produktiven Maschinen zur Verbesserung mechanischer Arbeitsabläufe und andererseits die destruktiven Maschinen zur militärischen Anwendung. Zur damaligen Zeit waren die Städte Florenz, Mailand und Venedig führend in der Entwicklung neuer Mühlen, Pumpen, Winden, Wagen, Geräte und Waffen. Gewiß verfolgte Leonardo deren Herstellung. Er hielt sich bei den Arbeitern und Meistern in den Schmieden und Werkstätten auf, sah ihnen bei der Arbeit zu,

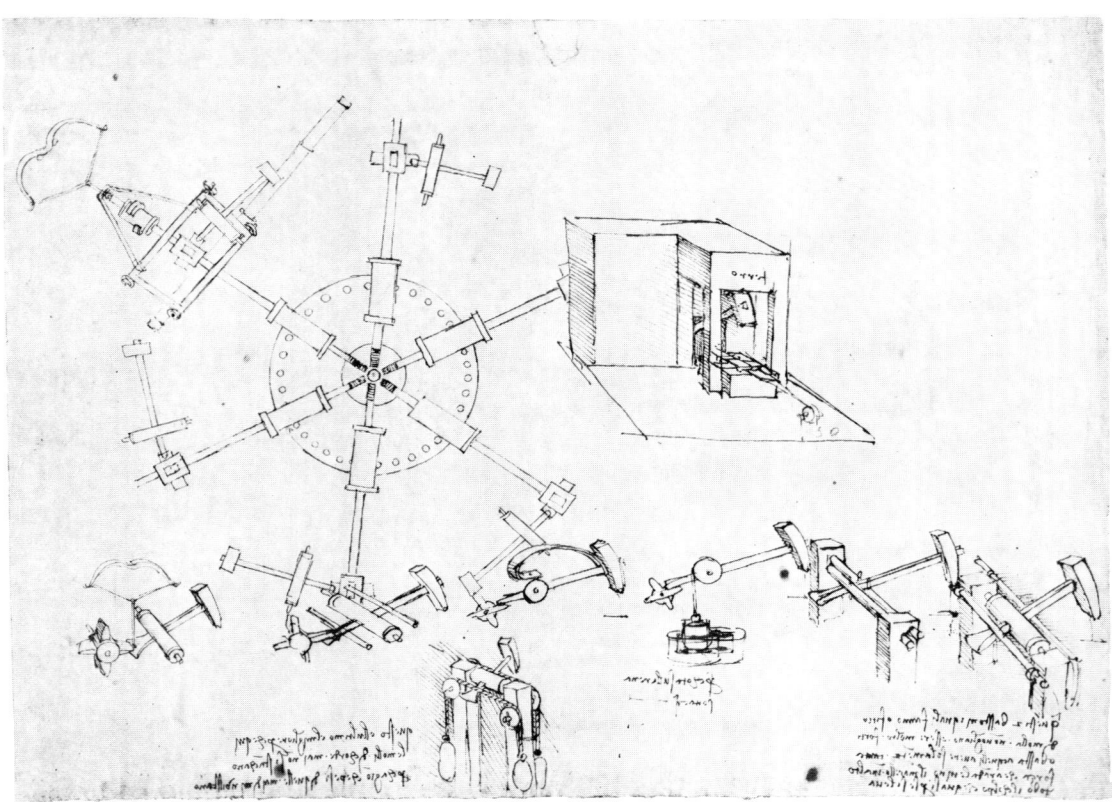

170/2

beobachtete den Fortschritt in der Umsetzung der Entwürfe und trug das Gesehene in seine Notizbücher ein. Abgesehen von der Aufteilung in Maschinen für zivile und für militärische Zwecke lassen sich Leonardos Entwürfe nur schwer unterteilen, denn in der Regel folgen in seinen Manuskripten die Skizzen beziehungslos aufeinander. Wir wählen daher zunächst einige leicht verständliche Geräte aus, an denen Leonardos Einfallsreichtum deutlich wird, um dann zu anderen Erfindungen überzugehen.

Als erstes wenden wir uns einer Maschine zur Herstellung eines Werkzeugs zu, das fast so verbreitet ist wie der Hammer, nämlich der Raspel oder Feile. Sie dient der Bearbeitung von Holz, Metall oder Stein. Feilen lassen sich einfach verwenden, jedoch nur schwer herstellen. Daher verlangt die Herstellung der Feilen eine größere Fertigkeit als ihre Anwendung, wie dies auch bei anderen besonders praktischen Geräten der Fall ist. Um die Probleme bei der Herstellung von Feilen zu lösen, entwarf Leonardo eine Maschine zum Einschlagen der Feilenzähne in die glatte Metallfläche; dann sollte sie nach der bei den Handwerkern bekannten Methode gehärtet werden [170/1].

Die automatisch ineinandergreifenden Arbeitsschritte der Maschine bewirken ein schnelles Einkerben von gleichmäßigen Rillen auf der Metallfläche. Dies geschieht nicht durch besondere Geschicklichkeit des Auges oder der Hand, sondern durch die Arbeit eines leblosen Mechanismus. Wenn sich das Gewicht ganz unten befindet, hebt sich der Hammer, bis sich der Halter aus dem Zahnrad löst; dann zieht die Kurbel das Gewicht wieder nach oben, und das Einhämmern der Rillen in die Feilenoberfläche wird fortgesetzt. Links von der Zeichnung dieser Maschine — eine der frühesten Zeichnungen Leonardos, sie wird von

Leonardo hat zahlreiche Vorrichtungen gezeichnet, die eine geradlinige Bewegung in eine rotierende Bewegung umsetzen sollen. Hier ist eine Winde zum Heben schwerer Gewichte abgebildet. Sie ist so genau und detailliert gezeichnet, daß sie selbst für technische Zeichner unserer Zeit noch vorbildhaft ist. Links ist die gesamte Maschine zu sehen, rechts die einzelnen Teile. Am Drehgetriebe hängt das zu hebende Gewicht. Der Hebevorgang beginnt, wenn der vertikale Hebel, der sich in einem viereckigen Schaft rechts an der Maschine befindet, vor- und zurückgeführt

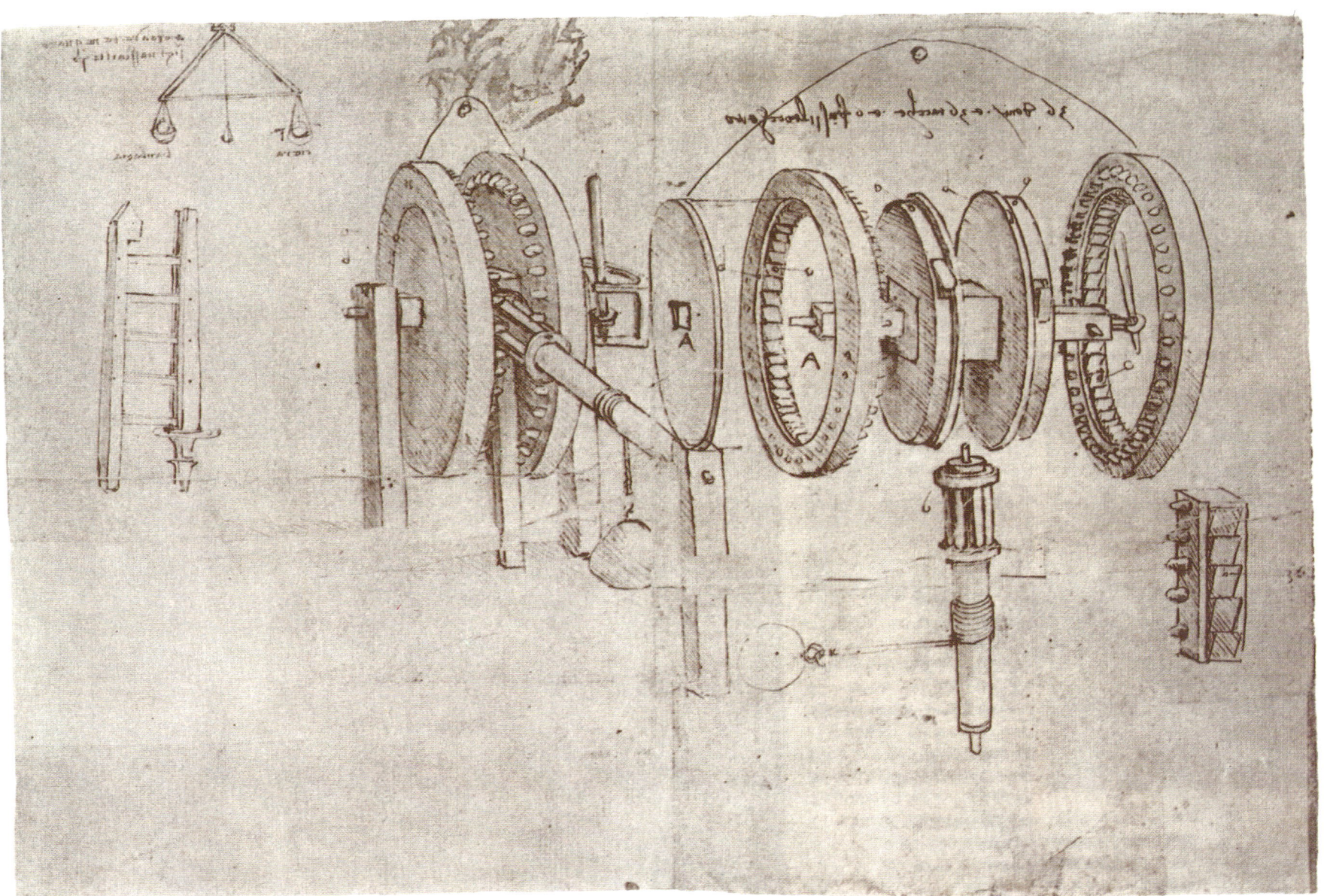

171/1

G. Calvi um 1480 datiert — skizzierte Leonardo zwei verschiedene Hammerkopf-Profile zum Einhämmern von Rillen in unterschiedlichen Winkeln oder von querverlaufenden Rillen. Die Einfachheit und Eleganz der Zeichnung gestattet es, die Maschine leicht zu verstehen und bequem nachzubauen.

Leonardo war stets darum bemüht, individuelle Fertigkeiten auf die unpersönliche Arbeit von Maschinen zu übertragen. Damit sollte eine höhere Gleichförmigkeit des Produktes und eine höhere Leistung der Arbeitskraft (bei geringeren Kosten pro hergestellter Einheit) erzielt werden. In dieser Absicht entwarf Leonardo auch eine Maschine zum automatischen Hämmern von Goldfolien. Insgesamt sind sechs Einheiten zu erkennen, die durch ein Hauptantriebsrad in Bewegung gesetzt werden; dieses wird entweder durch eine Wassermühle oder durch Tierkraft gedreht [170/2].

Von diesen praktischen Entwürfen ging Leonardo zu einem abstrakten Problem über. Er zeichnete eine brillante Lösung zur Umsetzung der Kreisbewegung in

wird. Durch diese Bewegung wird das in die Räder eingesetzte System aktiviert, das in seinen Einzelteilen rechts zu sehen ist. Die Sperrklinken auf den beiden inneren Scheiben greifen in die Zähne, mit denen die beiden äußeren Kreise besetzt sind. Die Getriebezähne auf diesen äußeren Kreisen greifen in das gemeinsame Laternenrad am Ende der Welle, an der das Gewicht hängt. Wenn der vertikale Hebel nach vorne bewegt wird, bewegt eine Sperrklinke ein Zahnrad. Wenn der Hebel nach hinten gedrückt wird, greift eine andere Sperrklinke in das Zahnrad und dreht die Welle. Das Laternenrad wird kontinuierlich gegen die Uhrzeigerrichtung bewegt, und das Gewicht hebt sich. ATLANTICUS 8v-b

Hin- und Herbewegungen und umgekehrt, ein Problem, das ihn ständig beschäftigte. Diese Vorrichtung wird in einer so klaren und gut verständlichen Zeichnung dargestellt, daß sich eine Erklärung fast erübrigt [171/1]. Dieser einfallsreiche Mechanismus läßt sich für eine Winde oder einen Kran einsetzen. Leonardo verwendet ihn auch in einigen seiner Maschinen mit Selbstantrieb. In einer Skizze setzt er ihn für den mechanischen Antrieb eines Schiffes ein [172/1]. In einer anderen Zeichnung in Codex Madrid I [172/2] dient er zum Antrieb einer fußgetriebenen Getreidemühle. Eine Zeichnung aus dem Jahr 1485, ebenfalls in Codex Madrid I [172/4], zeigt eine weitere Lösung zum Problem der Umsetzung der Hin- und Herbewegung in eine Rotationsbewegung.[3]

Einige Elemente der erwähnten Maschinen sind in einem technisch sehr fortschrittlichen Apparat enthalten, der zum Ausschleifen eines Innenzylinders

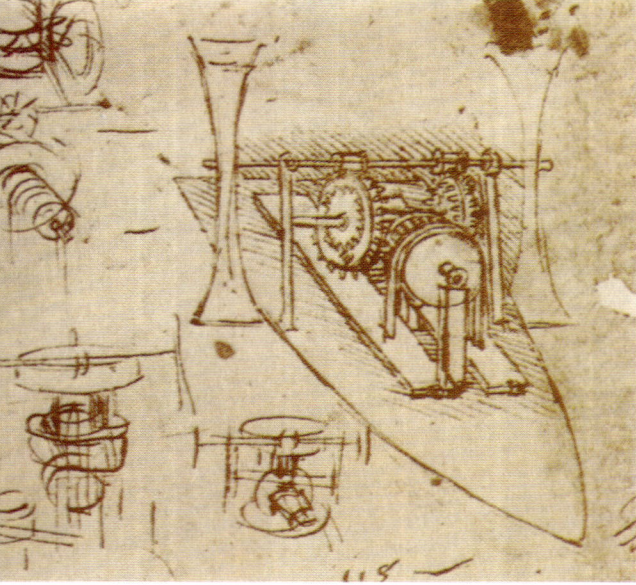

Unten ein durch vertikale Paddel angetriebenes Schiff. Die Paddel werden durch Pedale gedreht, die ihrerseits durch einen Mechanismus auf- und abbewegt werden, der der Winde auf der vorhergehenden Seite sehr ähnlich ist. ATLANTICUS 344r-b

Die fußbetriebene Getreidemühle (unten) arbeitet ähnlich wie die Winde. Durch Treten der eingezeichneten Pedale werden die Hebel in abwechselnde Bewegung gesetzt. Dadurch dreht sich die Hauptwelle, und über das Hauptgetriebe wird der Mühlstein gedreht. MADRID I 70v

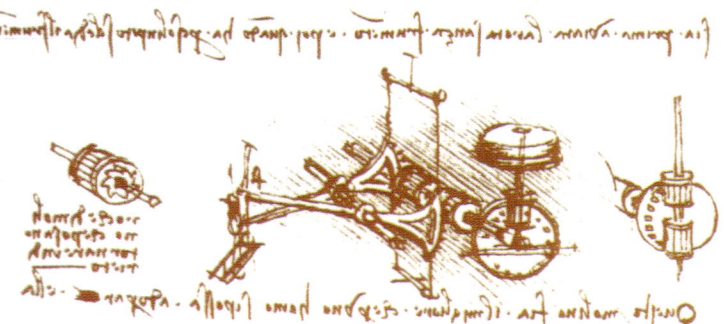

Die Maschine rechts wurde zum Schleifen und Polieren zylindrischer Bohrlöcher entworfen. ATLANTICUS 291r

Die beiden Skizzen unten zeigen die Umsetzung der Hin- und Herbewegung in eine Rotationsbewegung. Der Hebel in der rechten Skizze wird auf- und abbewegt. Bei der Aufwärtsbewegung greifen die Sperrklinken an den vertikalen Stangen in die Zapfen des Zylinders und bringen ihn zum Drehen. Bei der Abwärtsbewegung gleiten sie an den Zapfen vorbei. MADRID I 123v

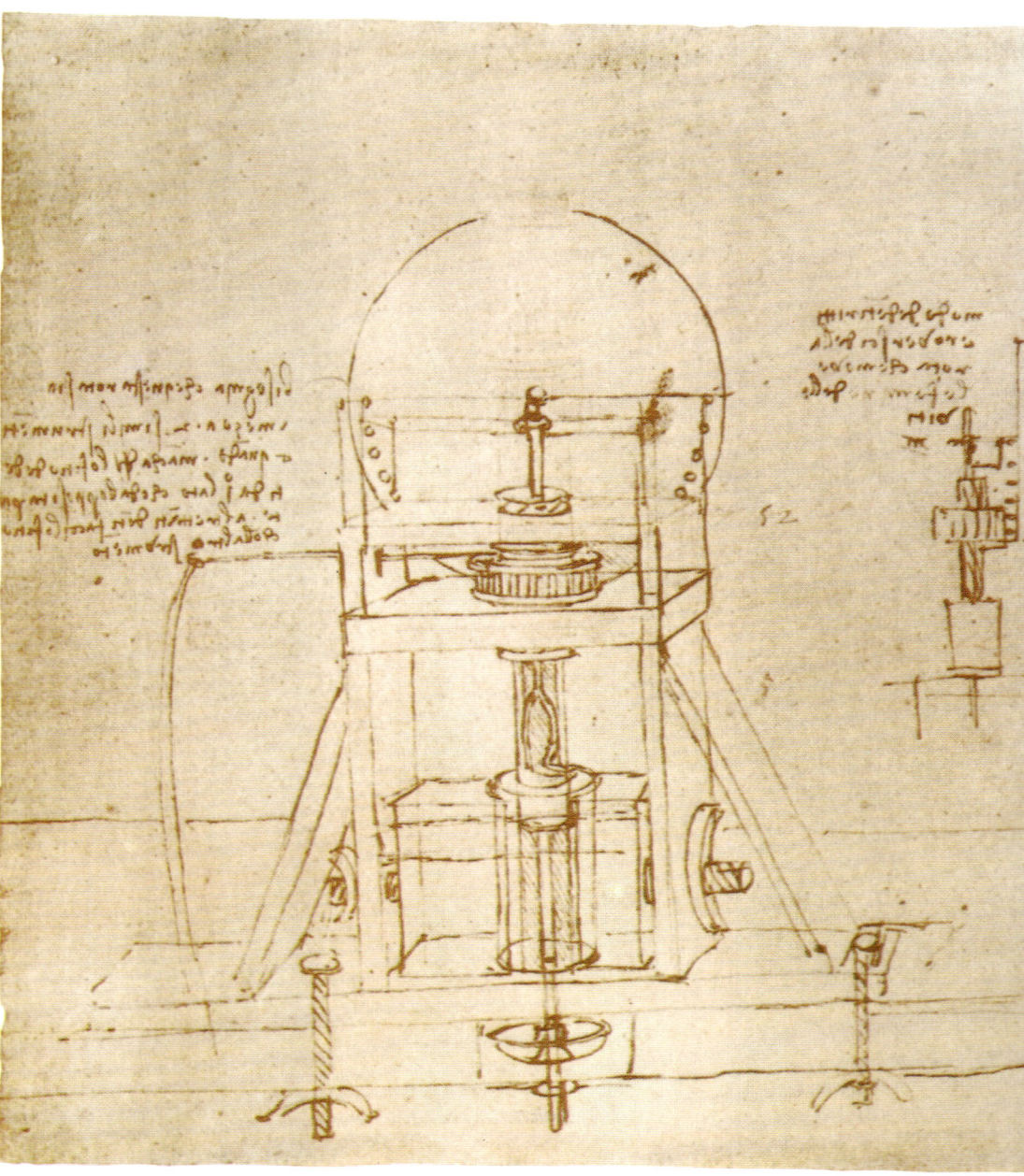

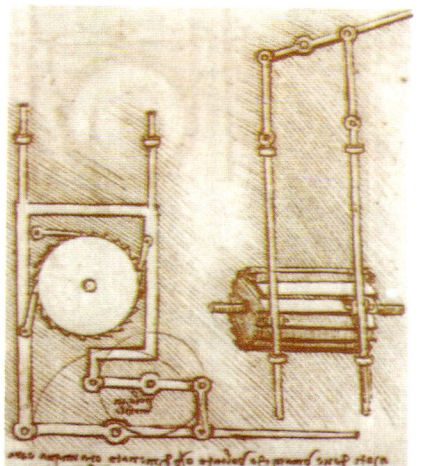

dient, wie er bei einem Kugellager erforderlich ist [172/3]: Leonardo skizzierte einen unbearbeiteten Zylinder, der von zwei seitlich ausgerundeten Schraubstockbacken gehalten wird. Diese sind ihrerseits mit Flügelmuttern befestigt (um Druck zu erzeugen, müßten sie eigentlich an der Innenseite der Stifte sitzen). Die Reibahle ragt zum Teil in das Bohrloch hinein. An der Außenfläche der Reibahle sind Rillen eingeschnitten, die das Poliergemisch von Öl und Schmirgel aufnehmen. Die Spitze der Reibahle geht durch einen komplexen Mechanismus, der aus einem Stirnrad besteht, das mit einem Innengewinde von großer Steigung versehen ist. In dieses Gewinde ist ein Bolzen mit passender Teilung außen und einem rechteckigen Loch innen eingepaßt. Das Getriebe wird von zwei horizontalen Platten eingefaßt, damit es sich drehen, aber nicht vertikal bewegen kann. Der Bolzen bewegt sich im Inneren des Getriebes auf und ab, wenn sich dieses dreht, denn er wird durch einen rechteckigen Innenschaft gehalten. Die runde Platte ist mit einem Halbkreis von Zähnen versehen, die das horizontale Getriebe in Bewegung setzen. Am linken Ende befindet sich eine vertikale Federstange. Von der Spitze dieser Feder führt ein Seil durch den Knauf und wird um einen Ring gewunden, der sich über dem Getriebe befindet. Nun ist die Vorrichtung bereit, den Zylinder zu polieren. Die große Scheibe dreht sich, die Zähne setzen das Getriebe in Bewegung. Durch seine Drehung dreht sich auch der Bolzen und senkt sich in das Bohrloch. Nach einer halben Drehung sind die Zähne der Scheiben und das Getriebe jedoch getrennt. An diesem Punkt tritt die Feder in Aktion, unter deren Zug sich das Seil abwickelt und damit die Bewegung des Getriebes umkehrt. Dadurch steigt der Bolzen empor, und die Polierbewegung wird in entgegengesetzter Richtung fortgesetzt. Wenn die Spitze erreicht ist, setzen die Scheibenzähne wieder ein und der Zyklus wiederholt sich, solange sich die Scheibe dreht. Auf diese Weise dreht sich die Reibahle hin und her, während sie sich auf und ab bewegt.[4] Das überschüssige Poliergemisch tropft in einen kleinen Teller unter dem Bohrloch.

In dieser Maschine wird Leonardos Bemühen offensichtlich, eine möglichst große Zahl an Bewegungen zu automatisieren. Die wachsende Zahl der damals in Gebrauch befindlichen Maschinen zeigt, daß derartige Erfindungen auch praktische Anwendung fanden. Es wurden Bohrvorrichtungen für Pumpen und Walzen, für Mühlen, Schleusen, Schiffsgetriebe, hydraulische Dichtungen, für Ventile, für Kanonen und andere Kriegsgeräte benötigt. Für ineinandergreifende Getriebe und genaue Lager mußten enge Toleranzen eingehalten werden. Leonardo war sich bewußt, daß die mechanische Herstellung von Lagern der manuellen überlegen war.

Leonardo war kein wirklichkeitsferner Ingenieur. Dies wird auch durch sein Interesse an den wichtigsten Materialien für den Bau von Geräten und Maschinen deutlich. Zum Bau von Maschinen werden Metallbänder und Platten, Vorrichtungen für die Bearbeitung von Rohmaterialien sowie Geräte zum Schneiden, Biegen, Winden und Drehen grober und feiner Metallteile benötigt. Leonardo wußte, daß nach der Anfertigung der Rohform die Oberflächen bearbeitet, geschliffen, angepaßt und poliert werden mußten. Mit der fortschreitenden Industrialisierung wurde auch eine immer stärkere Standardisierung erforderlich. Außerdem war beim Schneiden und Formen von Materialien eine erhöhte Effizienz und der Einsatz starker mechanisierter Geräte notwendig. Wir werden im folgenden eine Reihe von Geräten betrachten, die Leonardo zum Bearbeiten von Metallteilen entworfen hat. Er verwendet hierfür technisch hochentwickelte Maschinen. Sie dienen unter Umsetzung von einfacher Bewegung und begrenztem Energieverbrauch zur Herstellung einheitlicher Grundformen.

Unter den zahlreichen Maschinen zur Metallformung, die Leonardo entworfen hat, findet sich eine Anordnung von Walzen zur Herstellung von Zinnfolien [173/1]. Der Apparat ist in einer Skizze im unteren Teil des Blattes zu sehen. Die Skizze zeigt ein Getriebe mit kleinem Durchmesser, das durch eine Kurbel angetrieben wird und ein großes Getriebe in Gang setzt. Die Herstellung von Metall-Folien ist sehr schwierig. Durch Leonardos Gerät wird eine höhere mechanische Leistung als bei manueller Arbeit erzielt. Die ganze Anlage ist sehr einfach. Leonardo hat jedoch in einer Skizze oben ein wichtiges Detail ergänzt. Er war sich bewußt, daß eine Walze, so stabil sie auch sein mochte, durch den starken Druck bei diesem Verfahren der Metallbearbeitung in der Mitte verbiegen würde (das Ergebnis wäre eine konvex geformte Metallfolie). Er fügte daher in der Mitte über der oberen und entsprechend über der unteren Walze zwei weitere Walzen hinzu. Diese zusätzlichen Walzen sollten den divergierenden Schub in der Mitte der Hauptwalze mindern. Auf diese Weise konnten gleichmäßig gewalzte Metallfolien hergestellt werden. So einfach diese Walzen auch erscheinen mögen, so sind sie dennoch laut Feldhaus[5] die ältesten, die in der Geschichte der Technik bekannt sind. Die Walzen wurden um 1497 gezeichnet. Noch deutlicher wird der Beitrag Leonardos zum Auswalzen von Metallen durch die Zeichnung einer Vorrichtung zum Ziehen von Kupferbändern [173/2], die recht spät, etwa um 1515, entstanden ist. Sie besteht aus einer Werkbank mit einer Kurbel und einem Schneckengetriebe, das langsam ein horizontales, mit Eisen-

Leonardo erkannte die Notwendigkeit, Metallteile von Maschinen völlig gleichförmig zu gestalten. Er entwarf zahlreiche Vorrichtungen für die Verformung von Metallen. Die Zeichnung unten von circa 1497 stellt eine Metallwalze für die Herstellung von Zinnplatten dar. Laut den Historikern erscheinen hier das erste Mal in der Geschichte der Technik zwei kleine Preßwalzen. Sie verhindern, daß sich die Hauptwalzen in der Mitte verbiegen. Auf diese Weise entstehen Platten von gleichmäßiger Stärke. MS. I 48v

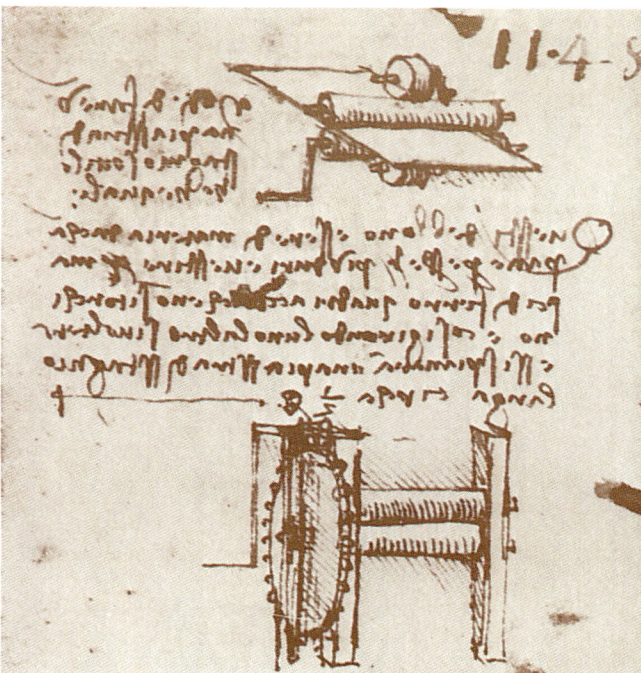

173/1

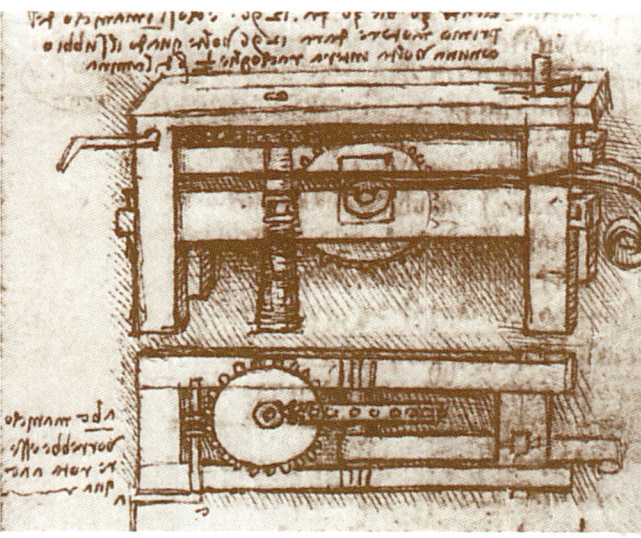

173/2

Diese Maschine zur Herstellung von Kupferbändern entwarf Leonardo bereits im fortgeschrittenen Alter, um 1515. Oben ist die Maschine in Seitenansicht zu sehen, unten in der Aufsicht. Sie besteht aus einer Werkbank mit einer Kurbel und einem horizontalen Schneckengetriebe mit Eisenzähnen. MS. G 70v

zapfen besetztes Stirnrad dreht. An der Getriebewelle befindet sich ein zweites Schneckengetriebe, das in ein vertikales Rad greift. An dieser Getriebewelle ist ein Zylinder angebracht, um den das Kupferband gewickelt wird. Die Zieheisen sind rechts in der horizontalen Darstellung Leonardos gezeigt. Ein eingetriebener Keil kontrolliert den Druck des oberen Zieheisens. Die horizontale Darstel-

174/1

Die Manuskripte Leonardos muten manchmal an wie ein Versandhauskatalog, in dem für unzählige Anwendungen praktische Geräte angeboten werden. Die Vorrichtung oben dient der mechanischen Herstellung von Draht, indem dieser, wie damals üblich, durch Eisenplatten mit Löchern gezogen wird. Die Hauptzeichnung zeigt im Querschnitt den großen, über eine Kurbel betriebenen Bolzen. An seinem Ende befinden sich Haken und Öse, die an den Griffen einer Zange angebracht sind. Die Zange greift das Drahtband (die Skizzen unten und rechts von der Hauptzeichnung). Je stärker der Zug ist,

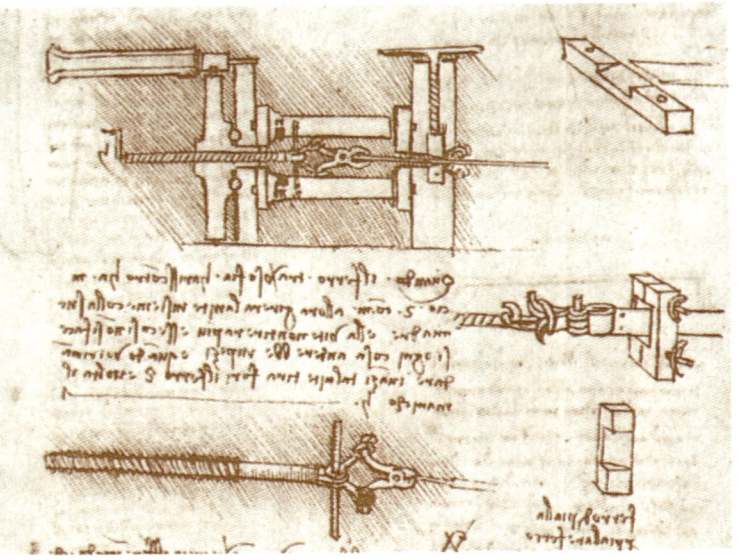

174/1

desto stärker wird der Draht gepreßt. Die Kurbel links oben steckt in einer lockeren Hülse, um dem Arbeiter das Zufassen zu erleichtern. Mit Hilfe des vertikalen, mit einem Gewinde versehenen Bolzens (im rechten Teil der Hauptzeichnung) wird die richtige Einstellung des Zieheisens vorgenommen. Rechts neben der Zeichnung befinden sich weitere Zieheisen in vertikaler und horizontaler Stellung. Die Reibung zwischen den beiden Scheiben wird durch Kugellager verringert (oben links). MADRID I 84r

174/4

Die Schneidemaschine (rechts) erfand Leonardo um 1495. Sie diente zum Scheren der Noppe an Wollstoffen. Diese Arbeit wurde herkömmlich von Schermännern mit großen Scheren ausgeführt, die die Noppe schoren wie ein Friseur. In Leonardos Entwurf wurde der Stoff auf einen verstellbaren Rahmen gespannt, der durch die Maschine gezogen wird. Durch das Getriebe wurden die Klingen der scherenähnlichen Vorrichtungen in Bewegung gesetzt. Leonardo entwarf auch eine Rauhmaschine, die die Noppe am Wollstoff aufrichtete. Diese Maschine und ihre Nachfolgemodelle waren so leistungsfähig, daß viele Arbeiter ihre Arbeit verloren. Zu Beginn der industriellen Revolution kam es in England durch den breiten Einsatz der Rauhmaschine sogar zu Aufständen. ATLANTICUS 397r-a

174/2

Die unten abgebildete Maschine erinnert sehr an eine Drehbank und wurde tatsächlich sehr oft mit einer solchen verwechselt. Sie diente zum Ausbohren von Holzstämmen, die als Wasserleitungen verwendet wurden, bis sie im späten 17. Jahrhundert durch gußeiserne Röhren ersetzt wurden. Der Bohrmechanismus befindet sich im vorderen Teil. Neu an der Maschine sind die automatisch verstellbaren Klammern, die den Baumstamm von allen vier Seiten festhalten. Mit Hilfe der Klammern bleibt der Stamm unabhängig von seinem Durchmesser immer in der Mitte der Maschine. ATLANTICUS 393r-b

174/3

Bei der unten abgebildeten Hobelmaschine verwendet Leonardo ähnliche verstellbare Klammern wie bei der Bohrmaschine links. Die mittlere Skizze zeigt die gegenüberliegenden Backen, die sich je nach Größe des zu hobelnden Holzteils öffnen oder schließen. Ihre gleichzeitige Bewegung wird durch ein Seil reguliert, das um eine Welle vorne verläuft. Das Holz wird durch mit Gewinden versehene Schraubenmuttern gehoben, so daß der Hobel die Holzoberfläche bearbeiten kann. ATLANTICUS 38v-b

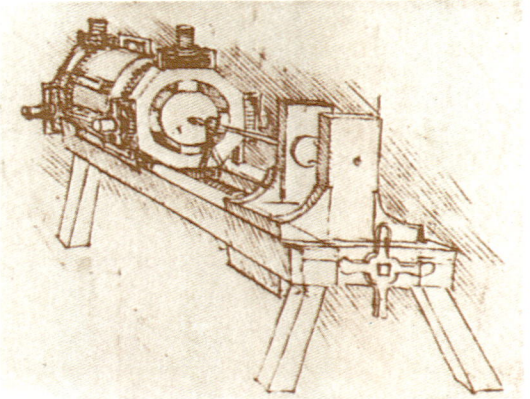

174/2

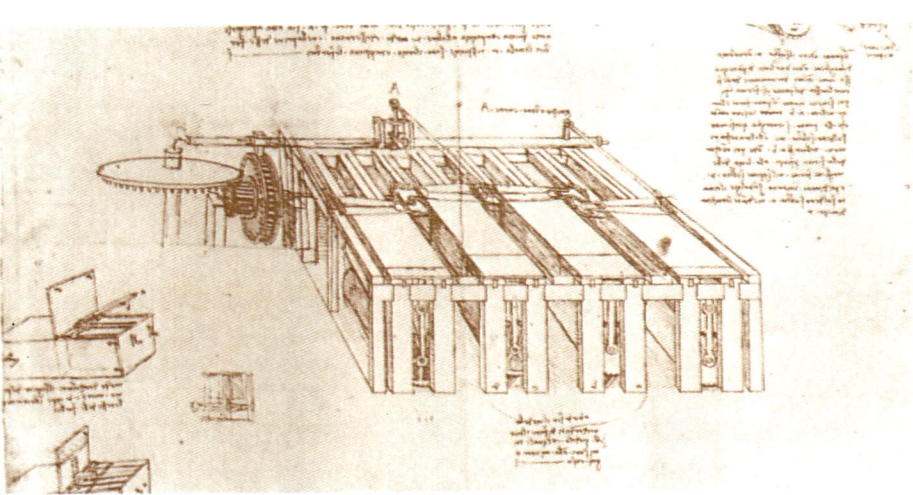

174/3

174/4

lung (das heißt die, in der die Vorrichtung von oben betrachtet wird), hätte eigentlich über dem Aufriß gezeichnet werden müssen, der sie von der Seite zeigt. Nach vier großen Kriegen in unserem Jahrhundert ist uns alles, was mit Krieg zu tun hat, ein Grauen. Ein Dokument wie die Codices von Madrid gibt uns einen Eindruck vom Ausmaß der historischen Veränderungen und dem Verhältnis jenes außergewöhnlichen Geistes zu seiner Zeit. Leonardo verabscheute zutiefst den Krieg, wie dies jeder vernünftige Mensch tut. Er nannte ihn einen »bestialischen Wahnsinn«. Da die politischen Verhältnisse jedoch zu seinen Lebzeiten Ende des 15. Jahrhunderts sehr unsicher waren, wurde er unvermeidlich in die unaufhörlichen Kriege und Einfälle feindlicher Heere mit verwickelt, unter

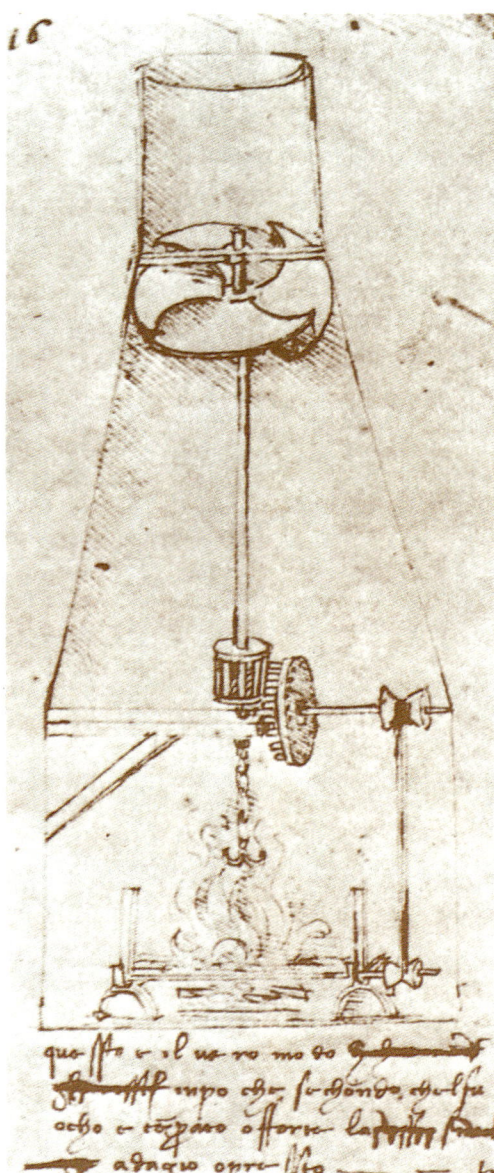

175/1

175/2

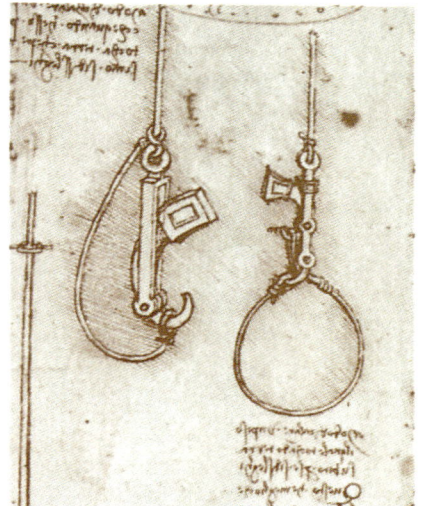

175/3

175/1

Wenn die Ladung am Boden anlangt, lockert sich die Spannung, das Gewicht kippt nach unten, und der Haken öffnet sich.

175/4

Leonardo, der um die Zeit geboren wurde, als Gutenberg die Druckerpresse erfand, entwarf eine Vorrichtung (unten), durch die die Presse nach Anfertigung eines Druckes automatisch in die Ausgangsposition versetzt wird. Er nahm auch moderne Kupferstichmethoden voraus und setzte reliefgeätzte Kupferplatten ein, mit deren Hilfe eine viel deutlichere Wiedergabe seiner komplexen Zeichnungen möglich gewesen wäre als mit den damals üblichen Holzstichen. Obwohl Italien ein Zentrum des Buchdrucks in Europa war, wurde bis 132 Jahre nach Leonardos Tod keine von seinen Abhandlungen veröffentlicht. 1651 kam erstmals in Paris ein Kompendium seiner Schriften über die Malerei heraus.   ATLANTICUS 358r-b

175/3

Die Vorrichtungen oben aus Codex Madrid I ermöglichen das automatische Lösen von Ladungen, wenn sie den Boden erreichen. Das eingehakte Gewicht wird durch den Zug der Ladung in der richtigen Stellung gehalten.

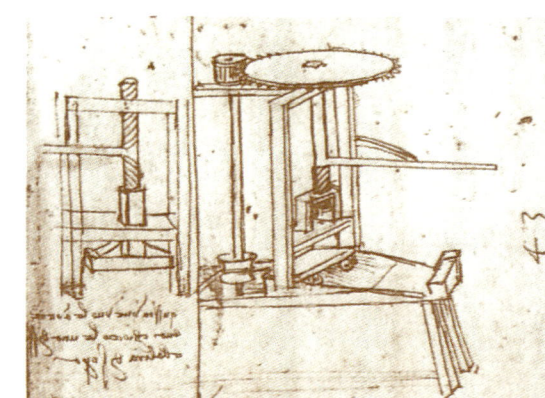

175/4

175/1 und 2

Leonardo erkannte sehr früh, welche Kraft erhitzter Luft innewohnt. Als erfindungsreicher Hausmann wandte er seine Entdeckung in der Küche an. Der Bratspieß (oben), den er um 1480 als eine seiner ersten technischen Zeichnungen entwarf, wird durch die Hitze des Feuers automatisch gedreht. In einer Zeit, in der fast nur auf offenem Feuer gekocht wurde, bedeutete diese Vorrichtung eine wirkliche Erleichterung für die Köche. Es handelt sich um die erste bekannte Anwendung einer Luftschraube. Die aufsteigende heiße Luft versetzt die im Kamin angebrachte Flügelturbine in Drehung. Über ein Getriebe ist die Turbine mit einer Riemenscheibe verbunden, die den Spieß dreht. Leonardo schreibt dazu: »Der Spieß dreht sich langsam oder schnell, je nachdem, ob das Feuer klein oder groß ist.« Die gleiche Seite des Codex Atlanticus, Folio 5v-a, zeigt einen weiteren mechanischen Bratspieß [175/2]. Er wird — weniger phantasiereich — durch ein herabgleitendes Gewicht angetrieben, das an einem Flaschenzug-Getriebe befestigt ist.

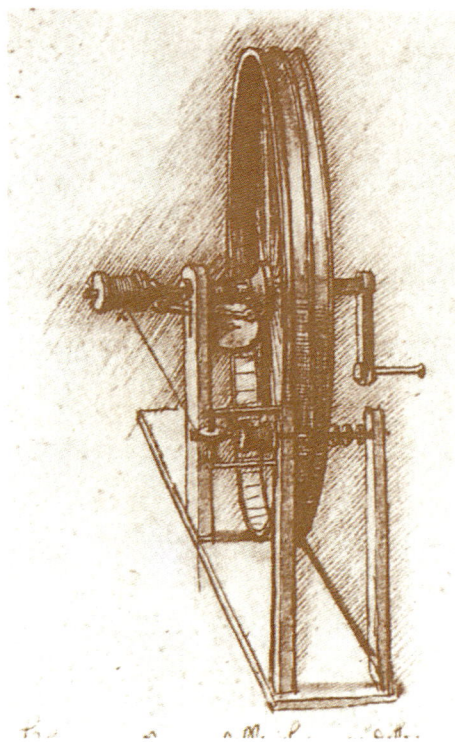

175/5 und 6

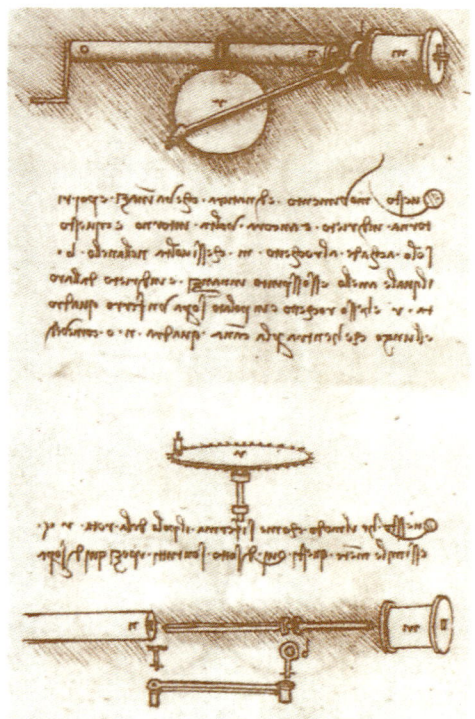

175/6

In Florenz, dem damaligen Zentrum des Tuchhandels, erlernte der junge Leonardo das Textilhandwerk. Später erfand er zahlreiche Verbesserungen für die Textilherstellung. Die Maschine oben dient dem gleichmäßigen Aufspulen des Garns. Der komplizierte Spul-Mechanismus wird auch in einer anderen Zeichnung (oben rechts) gezeigt. Die obere Skizze ist eine Gesamtansicht; unten sind die einzelnen Teile gezeigt. Über die Kurbel wird die Hauptwelle in Drehung versetzt. Die Kurbelstange bewegt die Spule axial in die hohle Welle hinein und wieder hinaus. Dadurch wird der Faden gleichmäßig aufgewickelt. Leonardo hat auch mehrere mechanische Webstühle entworfen. Im Codex Atlanticus errechnete er sich hieraus einen Gewinn von jährlich 60 000 Dukaten — ein fürstlicher Verdienst, den er jedoch nie erzielte.

MADRID I 65v, 29v

denen seine Mitbürger in der Toskana und die Bevölkerung der Lombardei schwer zu leiden hatten.

Als militärischer Berater im Dienst dreier Herrscher bewies Leonardo stets Interesse an dem Entwurf und der Technik von militärischen Geräten und Waffen. Sehr viel weniger interessierte er sich für taktische Fragen und die Manöver auf dem Schlachtfeld. Die Waffenentwürfe Leonardos lassen sich in drei Gruppen unterteilen: in Wurfmaschinen (Schleudern), Kanonen und Arkebusen (Musketen). Die Wurfmaschinen stammten aus der Antike. Einen Großteil seiner Kenntnisse in mechanischen und militärischen Fragen erhielt Leonardo

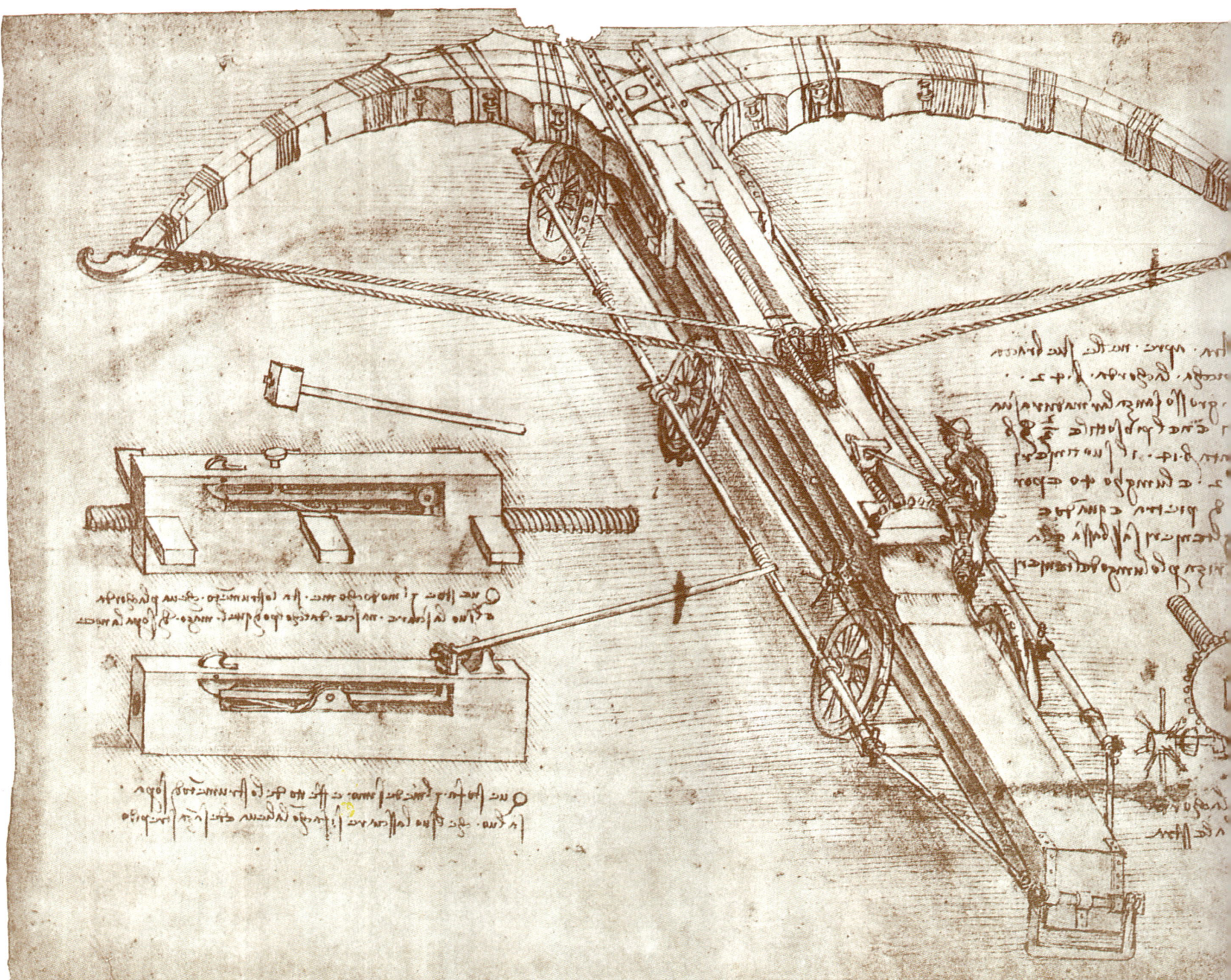

In dieser klassischen Zeichnung Leonardos hat er seine Wurfmaschine so gewaltig dargestellt, daß der Schütze im Gegensatz dazu winzig klein wirkt. Der riesige Bogen besteht aus laminierten Teilstücken, um ihm größere Flexibilität und höhere Schußkraft zu verlei-

176/1

hen. Die schräggestellten Räder an der Lafette geben dem Geschütz größere Stabilität beim Schießen. Räder dieser Art wurden später auch an vielen Artilleriegeschützen angebracht. Links sind zwei Versionen des Abzug-Mechanismus zu sehen. ATLANTICUS 53v-ab

aus der Lektüre der technischen Texte der zeitgenössischen Militärliteratur und aus dem Kontakt mit Feldherrn, die im Dienst des Herzogs von Mailand standen. Durch seinen Vater Piero da Vinci, Notar des Rates von Florenz, kam Leonardo mit den Generälen dieses starken Stadtstaates in Kontakt. Aus den Büchern von Archimedes, Plinius und vor allem Vitruv lernte er die Methoden und die Technik des römischen Militärwesens kennen. Unter seinen Zeitgenossen wurde er von

Francesco di Giorgio Martini[6] und von Roberto Valturio beeinflußt, dessen Buch *De re militari* erstmals 1472 und erneut 1483 veröffentlicht wurde. Ein Vorläufer dieses Werkes stammt von Flavius Vegetius, einem lateinischen Schriftsteller aus dem 4. bis 5. Jahrhundert n. Chr. Sein Traktat über die Militärtaktik wurde im Verlauf der Jahrhunderte immer wieder nachgedruckt und auf den neuesten Stand gebracht. Beide Bücher waren mit unbeholfenen, naiven und veralteten Holzschnitten illustriert, die in krassem Gegensatz zu Leonardos klaren und eindrucksvollen Zeichnungen stehen.

Eine der berühmtesten Zeichnungen Leonardos stellt eine Armbrust dar. Sie ist mit einigen technisch sehr fortschrittlichen Eigenschaften ausgestattet und mit einer derartigen Fertigkeit gezeichnet, daß sie als die klassische graphische Illustration des Ingenieurwesens gilt [176/1]. Auf der Zeichnung hat Leonardo den großen Bogen aus ausgewalzten Teilstücken zusammengesetzt, um ihm eine höhere Flexibilität zu verleihen. Die Sehne des Bogens wird durch eine Schnecke, die von einem Getriebe bewegt wird, zurückgezogen. Das Getriebe ist rechts unten auf dem Blatt dargestellt. Links unten sind zwei Mechanismen gezeichnet, die als Auslöser dienen. Der obere wird von einer Feder gedreht und durch einen Hammerschlag ausgelöst. Der untere wird durch einen Hebel bedient. Wie aus der Zeichnung ersichtlich ist, beugt sich der Bogenschütze zur Führungsstange nieder und läßt durch Anheben des abgesenkten Hebels die Sehne losschnellen. Die Räder stehen schräg, damit eine größere und stabilere Basis entsteht und die Erschütterungen verringert werden. Damit wurde ein Verfahren vorweggenommen, das erst viel später zur Anwendung kam, nämlich die Schrägstellung der Speichen bei vielen Geschützrädern.

Eine andere Zeichnung Leonardos zeigt einen in Darstellung und Konzept sehr beeindruckenden Schnellfeuermechanismus für eine Armbrust [178/1]. An der Innenseite eines großen Tretrades sind vier Bögen angebracht, deren Sehnen durch die Drehung gespannt werden. An der Außenseite des Tretrades laufen mehrere Männer und drehen es um seine horizontale Achse. Ein Bogenschütze hängt in der Mitte des Rades und hat die Aufgabe, die jeweilige Armbrust auszulösen, die den Viertelkreis vor ihm erreicht. Der Schuß erfolgt durch den Schlitz des Aufbaus auf der linken Seite. Die Mittelachse dreht sich nicht. Daher können hier Seile und Haken angebracht werden, um die einzelnen Sehnen zu spannen, wenn der Bogen in Schußposition gelangt ist. Das in Schußrichtung zeigende Brett deutet an, daß Leonardo vorsah, das Rad zum genauen Zielen anhalten zu können. Man beachte links den schweren Holzaufbau zum Schutz für die Tretenden. Leonardo läßt die Männer auf der Außenseite des Rades treten (anders als damals allgemein üblich), da auf diese Weise eine größere Hebelkraft und Leistung erzeugt wurde. Die Zeichnung weist an einigen Stellen eilige Überzeichnungen auf, die im Gegensatz zu der präzisen Darstellung der Verfugung von Querbalken und Stützen und der Verschalung der Trittstufen stehen. Der Hintergrund und Boden ist mit sauberen Strichen schattiert, damit die Maschine deutlich erkennbar ist. Rechts befindet sich ein Skizze, die die Maschine im Einsatz zeigt.

Noch viele andere Zeichnungen Leonardos zeigen Wurfmaschinen und Schleudern. Sie werden durch die Kraft von gekrümmten und gespannten Holzhebeln, von Metallfedern oder von Seilen angetrieben, die durch Schnecken, Zahnräder, Zahnstangen oder Wellen gedreht werden. Viele dieser Entwürfe gehen auf ältere Quellen zurück, denn Leonardo übertrug alles, was ihn interessierte, in seine Notizbücher.

Ebenfalls großes Interesse fand bei Leonardo das Problem, wie sich die Schußweite von Kanonen und Artilleriewaffen erhöhen ließ. Auf dieses Thema beziehen sich einige seiner scharfsinnigsten Studien. Einhundertfünfzig Jahre waren seit jenem verhängnisvollen Tag von Crécy im Jahre 1346 vergangen, an dem zwei von englischen Kanonieren bediente Kanonen zum ersten Mal während einer Schlacht eine durch Schießpulver abgefeuerte Kugel gegen den Feind schleuderten. Selbst bei einer flüchtigen Betrachtung der Skizzen Leonardos wird deutlich, daß seine Verfahren dem Stand der Artillerie aus der Zeit Mitte des 19. Jahrhunderts entsprechen. In gewisser Hinsicht bediente er sich sogar noch modernerer Techniken. Hier sollen kurz einige der technischen Probleme aufgeführt werden, mit denen sich Leonardo befaßte: Entwürfe für wirksame Schrapnells[7], Hinter- statt Vorderladung, die Vereinfachung und Beschleunigung des Feuerns, das Mehrfachfeuer, die Suche nach fortschrittlichen Verfahren des Kanonenbaus

177/1

Bevor die Kanonen ihre hohe Treffsicherheit erreicht hatten, waren große Wurfmaschinen, wie Leonardo sie in der gegenüberliegenden Abbildung gezeichnet hat, die Hauptwaffen der Artillerie. Die Abbildung oben zeigt eine Wurfmaschine und die explosiven Geschosse, die von den Mehrfachbögen des Geschützes gegen den Feind geschleudert wurden. Das Bild stammt von einem Kupferstich aus dem Jahre 1588. Ähnliche Geschütze, die in der Lage waren, riesige Lanzen und Steine zu schleudern, waren bereits fünfzehn Jahrhunderte früher von den römischen Legionen verwendet worden. Sie nannten ihre tödliche Wurfmaschine »Skorpion«.

einschließlich einer Wasserkühlung für Kanonenrohre: Leonardo schlug vor, den Lauf eines Hinterladers in ein versiegeltes, mit Wasser gefülltes Kupfergehäuse zu setzen, »so daß nach dem Feuern das Kupfer gleich die Hitze verliert«. Die Waffe verschoß Bolzen mit Eisenspitzen. Wegen ihrer blitzartigen Feuerkraft bezeichnete Leonardo sie als »fulminaria« [179/2].

In Codex Madrid I sind über ein Dutzend Anmerkungen und Diagramme enthalten, die sich auf Waffen und Kriegsgeräte beziehen. Es handelt sich im wesentlichen um Experimente zum Verhalten einer gespannten Armbrust und von abgeschossenen Bolzen. Noch interessanter sind allerdings zwei Anmerkun-

Diese großartig gezeichnete Kriegsmaschine ist eine Art Schnellfeuer-Armbrust. Der im Inneren des großen Tretrades hängende Bogenschütze schießt in schneller Folge die Pfeile

178/1

ab. Seine Gefährten setzen das Rad durch Treten in Bewegung. Sie sind durch eine Bretterwand geschützt. Die Skizze rechts zeigt die Bedienungsmannschaft des Geschützes bei der Arbeit, während sich das Rad mit voller Geschwindigkeit dreht.

ATLANTICUS 387r-ab

gen zur Kombination von Raketen mit Kugeln, die von Kanonen abgeschossen werden. In seiner Armbrust-Serie[8] versuchte Leonardo, die Spannung des Bogens mit der Schußweite des Pfeils in Beziehung zu setzen, wobei er den Leser auf den Luftwiderstand hinweist. Auf Folio 59 beschreibt er eine komplexe Folge von Experimenten zur Wirksamkeit der Armbrust. Hierbei mißt er den vertikalen Anstieg eines beschwerten und mit einer Meßskala versehenen Pfeiles mit Eisenspitze, an dem meßbar ist, wie weit er in den Boden des Testgeländes eindringt

[180/1]. Er kam zum dem Schluß, daß sich die Tiefe des Eindringens direkt proportional zum vertikalen Anstieg des Pfeils und dem Spannungsgrad der Bogensehne verhielt, was er mit Hilfe der hinzugefügten Gewichte messen konnte. Leonardo benutzte die Gewichte als Maß für die Antriebskraft und betrachtete dabei die Schwerkraft und die vertikale Flugbahn als Konstante. Leonardo bestätigte mit seinen Experimenten die Annahme, daß ein vertikal in die Luft geschossener Pfeil wieder senkrecht zu Boden fällt.[9] Bei der Beschreibung der Flugbahn eines Geschosses folgte er den Regeln Albert von Sachsens. Als erster zeichnete er die Flugbahn als fortlaufende Kurve.

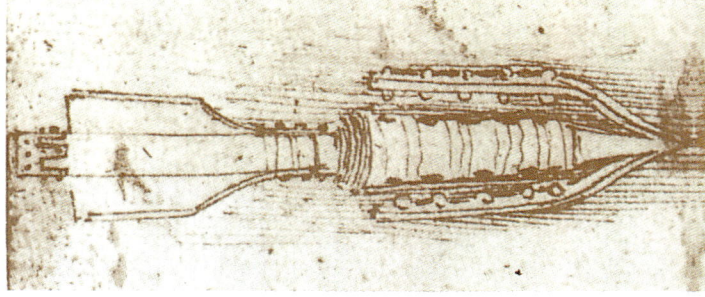

179/1

Das tödliche Geschoß in Pfeilform (unten) ist ein Vorläufer der hochexplosiven Artilleriegeschosse. Leonardo wollte dieses und ein anderes, für Lodovico Sforza entwickeltes Geschoß von einer Wurfmaschine abschießen.

Mache die Welle, die das Seil zum Spannen der Armbrust anzieht, ⅓ dick, so daß eine Umdrehung eine Elle Seil anzieht. Da besagte Welle ein Drittel mißt, ist die Hälfte davon ein Sechstel; und der Hebel mißt fünf Ellen, das sind 30 Sechstel. Und ein Sechstel ist der Gegenhebel, so daß du hier 30 gegen 1 hast. Wenn du also oberhalb des Hebels 20 Männer mit einem Gewicht von 4000 Pfund aufstellst, so werden sie gegen das Gegengewicht eine Kraft von 120 000 Pfund ausüben, genug, um die 4 Armbrüste zu spannen.

Die beiden abstehenden Flossen am hinteren Teil, die Leonardo als Hörner bezeichnete, sind mit Schießpulver gefüllt, das sich beim Aufprall entzündet. WINDSOR 12651

179/2

Zur Zeit Leonardos gab es noch relativ wenige Geschütze mit großer Reichweite. Doch auch hier nahm Leonardo einige moderne Entwicklungen voraus, wie zum Beispiel das wassergekühlte Kanonenrohr. Die Zeichnung oben zeigt das Rohr eines Hinterladers —

179/1

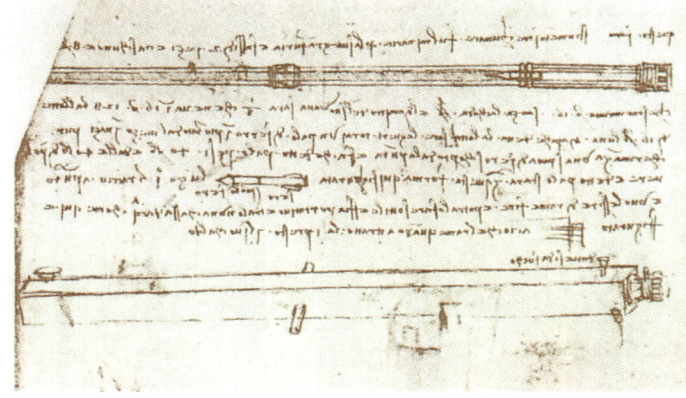

179/2

Besonders aufschlußreich für Leonardos Untersuchungen auf dem Gebiet der Ballistik ist Folio 58v. Hier geht es um den gleichzeitigen Abschuß von zwei Kugeln aus einem Kanonenrohr (sie sind durch gleiche Schießpulverladungen zwischen dem Geschützboden und der unteren und oberen Kugel getrennt). Leonardo beschreibt den Schuß, bei dem die obere Kugel den Weg für die zweite Kugel freimacht. Doch seiner Auffassung nach fliegt die erste (obere) Kugel höher als die zweite, da ihre eigene Ladung durch die der zweiten Kugel verstärkt werde.

damals gleichfalls eine Neuheit. In der unteren Zeichnung ist es in einen mit Wasser gefüllten Kupferbehälter eingesetzt, »so daß nach dem Feuern das Kupfer gleich die Hitze verliert«, wie Leonardo erklärt. ATLANTICUS 361r-c

180/1-4
Diese Armbrustskizzen aus dem Codex Madrid I zeichnete Leonardo zu einer Reihe von ballistischen Versuchen, die für seine experimentelle Methode sehr aufschlußreich sind. »Mache Versuche und dann die Regel« notiert er zu einer Skizze (oben rechts). Am Rand der Seite oben formuliert er folgende Regel: »Das Verhältnis des Abstiegs der Pfeile ist dasselbe wie dasjenige, welches zwischen den Gewichten bestand, die die Armbrust luden.«
MADRID I 59r, 51r, 57r

Leonardo führte auch Faktoren an, die die Reichweite, den Schall, das Mündungsfeuer und die Aufschlagkraft des Geschosses in Abhängigkeit von der Windrichtung verstärken oder vermindern. So behauptet Leonardo, daß ein im Nebel abgefeuerter Schuß einen lauteren Knall erzeugt, ähnlich als würde der Schuß gegen eine Wasseroberfläche oder gegen eine Wand erfolgen. In Bezug auf vertikale Schüsse stellt Leonardo fest: »… die nach oben geschossene Kugel [macht] eine längere zusätzliche Bahn als in jeder anderen Richtung, sei es dank der Vermehrung des Feuers, das nach oben gerichtet ist und die Bewegung begleitet, sei es dank der Unterstützung durch die Luft, die sich mit zunehmender Höhe verdünnt und weniger Widerstand leistet.«[10]

In einer Anmerkung auf Folio 59v macht Leonardo den Vorschlag, einen Pfeil und eine Rakete gleichzeitig abzuschießen, um eine größere Höhe zu erreichen — »eine Meile oder mehr«. Der Plan sieht vor, einen Pfeil und eine Rakete von gleichem Gewicht in vertikale Richtung zu schießen. Leonardo schlägt vor, daß die Rakete zuerst gezündet wird oder daß das Feuer der Rakete das Schießpulver in der Kanone entzündet.

Auf Folio 81v ist eine Weiterentwicklung dieses Plans zu sehen [181/1]. Leonardo schreibt: »Um eine Rakete in große Höhe zu schießen, könntest du es so machen: Stelle deine Feldschlange aufrecht, wie du hier siehst. Dann lege die Kugel so in die Feldschlange, daß sie durch eine Kette mit der Rakete verbunden ist, wobei die Rakete draußen bleibt, wie du auf der Zeichnung siehst. Dann mache ein Brettchen mit Pulver auf der Höhe des Pulverloches der Feldschlange zurecht. Wenn dies getan ist, zünde die Rakete. Sobald das Feuer auf das Brettchen und das Pulverloch fällt, entzündet sich die Ladung. Und die Rakete wird von der Kugel mehr als drei Meilen gezogen, und man sieht ständig hinter der Rakete

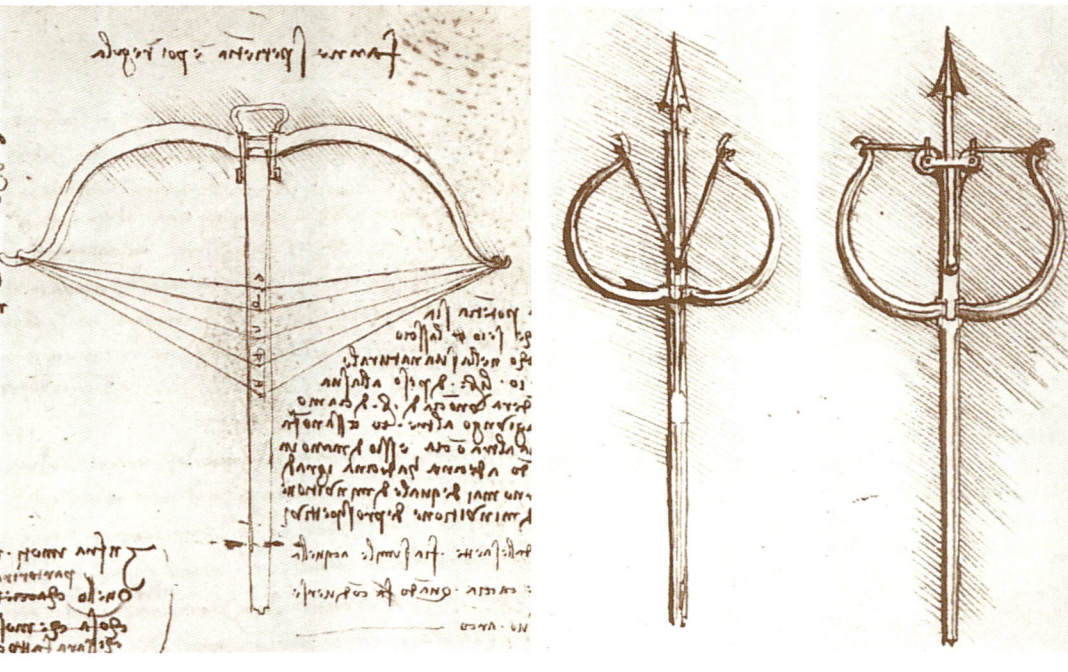

180/2   180/3   180/4

eine Flamme von mehr als einer halben Meile.« Auch hier soll durch die Kombination von Rakete und Kanonenkugel eine besonders große Höhe erreicht werden.

Mit diesen Plänen beschäftigte sich Leonardo zweifellos nicht aus militärischen Gründen, da es in der Vertikale kein zu treffendes Ziel gab. Es handelte sich um Versuche mit neuen ballistischen Kombinationen, wobei die Reichweite durch die schon erwähnte Methode ermittelt wurde, das Eindringen in den Boden zu messen. Auf Folio 51r, das solche Untersuchungen zeigt, schreibt Leonardo: »Mache Versuche und dann die Regel.«

Er erklärte dynamische Phänomene mit der »Impetus«-Theorie, die für ihn besagte, daß ein in Bewegung befindlicher Körper diese Bewegung in gerader Linie fortsetzt. Leonardo stimmte allerdings nicht mit Albert von Sachsen überein, der behauptete, daß sich die Flugbahn eines Geschosses in drei Abschnitte unterteilen läßt: in die erste Phase des starken Anfangsschubs, in die zweite Phase, in der die Schwerkraft zu wirken beginnt, und die dritte Phase, in der die Schwerkraft und der Luftwiderstand stärker sind als der anfänglich erteilte »Impetus«.[11] Der italienische Mathematiker Niccolò Tartaglia vertrat in seinem ersten Buch (1537) noch diese traditionelle Ansicht;[12] in einem zweiten Buch, das er fast 10 Jahre später schrieb[13], gelangt er zu dem vorsichtigen Schluß, daß kein Abschnitt der Flugbahn exakt geradlinig verlaufen kann. Doch von hier ist es noch sehr weit bis zu den parabolischen Flugbahnen, die Galilei zeichnete und Newton 1687 berechnete. Noch bis Ende des 17. Jahrhunderts wurde in allen militärischen Abhandlungen über Artillerie die Flugbahn von Kanonenkugeln als zwei durch einen kurzen Bogen verbundene Geraden beschrieben, von denen eine genau vertikal verlief [181/2]. Leonardo entwickelte zwar keine mathematische Ballistik, erkannte jedoch mit seinem untrüglichen Auge die wahren Verhältnisse. In vielen Illustrationen — zum Beispiel in Codex Madrid I, zeichnete er präzise die durch den Luftwiderstand verformte Parabel. Hier entwickelt er auch seine Theorie über die zufälligen und natürlichen Bewegungen und vergleicht die Bewegung des Pendels mit der eines Geschosses [181/3]. 1632 gelangte Galilei zu den gleichen Überlegungen.

Leonardo ahnte, daß der Luftwiderstand für das Geschoß mit wachsender Geschwindigkeit zunimmt, ohne jedoch das genaue Verhältnis dieser Zunahme bestimmen zu können. Er schrieb: »Die Luft wird vor schnell sie durchdringenden Körpern dichter, und zwar um so mehr oder weniger dicht als die Geschwindigkeit größer oder geringer ist.«[14] Obwohl er für seine Versuche nur unzureichend ausgerüstet war, gelang es Leonardo, den parabolischen Charakter der ballistischen Flugbahnen wahrzunehmen (ohne ihn jedoch so zu nennen). Er erkannte den ausschlaggebenden Einfluß der Luft auf den Kurvenverlauf, wogegen Galilei den Luftwiderstand für unerheblich erachtete.[15] Wiederholt zeichnete Leonardo großartige, an der Spitze abgerundete Geschosse mit Steuerflossen. Sie stellen die praktische Anwendung seiner Erkenntnis dar [182/1]. Leonardo untersuchte auch die leichter zu beobachtende Kurve von Wasserstrahlen bei unterschiedlichem Wasserdruck und verglich sie mit der Flugkurve von Geschossen [182/2]. Torricelli, der dem Ansatz Galileis folgte, vernachlässigte den Luftwiderstand, als er seine ballistischen Kurven zeichnete.[16] Bei seinen Versuchen mit Wasserstrahlen beobachte Torricelli aber ebenso wie Leonardo 150 Jahre zuvor, daß sie eine Parabel beschreiben, deren absteigender Teil »magis prona«, das heißt durch den Widerstand, verformt ist.[17] Die mathematische Berechnung der ballistischen Kurve unter Berücksichtigung des Luftwiderstandes wurde 1687 von Newton geleistet.

Auch zu dem damals neuartigen Mechanismus für Handfeuerwaffen, dem Luntengewehr, leistete Leonardo einen Beitrag. In einer Reihe von Zeichnungen,

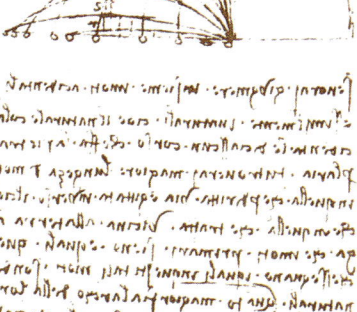

181/1

Einige von Leonardos ballistischen Versuchen scheinen den mehrstufigen Raketenabschuß vorwegzunehmen, wie er heute üblich ist. Unten zeichnet Leonardo ein Huckepack-Geschoß, in dem die Feuerkraft einer Kanonenkugel und einer Rakete kombiniert werden. Die Rakete zündet die Kanonenkugel, die die Rakete (links) in eine Höhe führen sollte, wie man sie damals nicht für möglich hielt, »mehr als drei Meilen« und mit einem Feuerschweif »hinter der Rakete von mehr als einer halben Meile«, freut sich der Erfinder.

MADRID I 81v

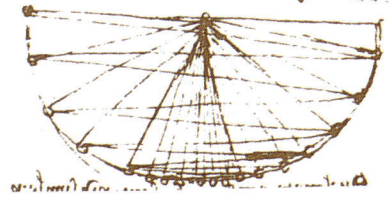

181/1

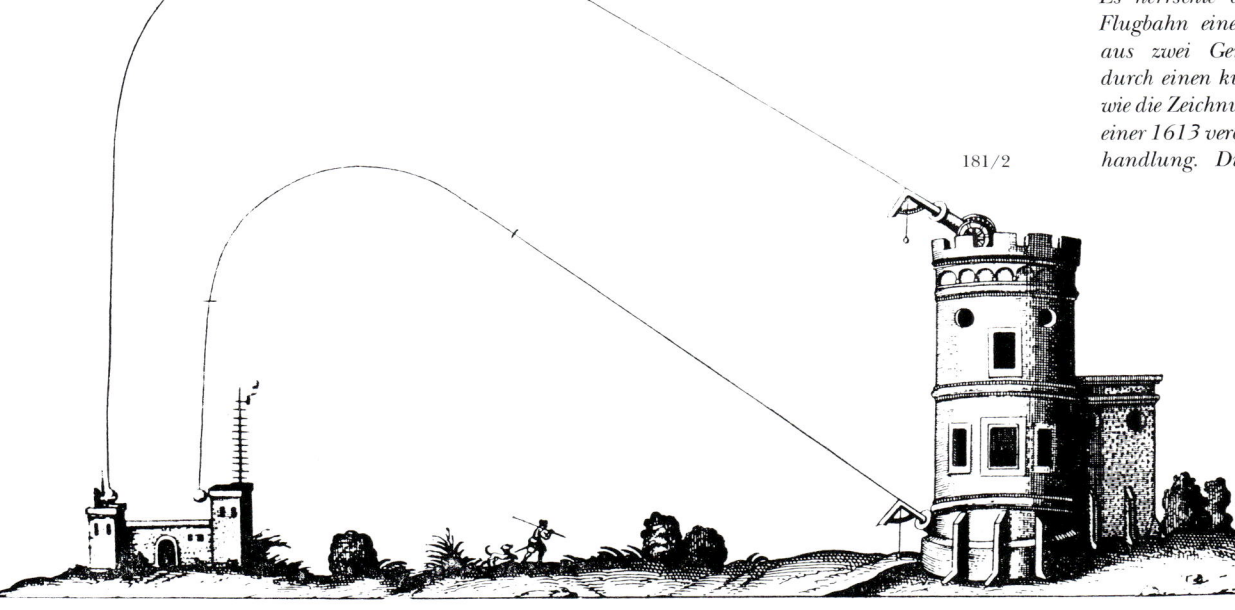

181/2

181/2 und 3

Es herrschte damals die Auffassung, die Flugbahn einer Kanonenkugel würde sich aus zwei Geraden zusammensetzen, die durch einen kurzen Bogen verbunden sind, wie die Zeichnung links zeigt. Sie stammt aus einer 1613 veröffentlichten militärischen Abhandlung. Diese irrtümliche Auffassung

181/3

hielt sich noch bis in die zweite Hälfte des 17. Jahrhunderts, doch Leonardo zeichnete in Codex Madrid I 147r (unten) bereits die exakte, durch den Luftwiderstand verformte parabolische Kurve.

die ungefähr in das Jahr 1495 zu datieren sind, werden drei Mechanismen gezeigt, mit deren Hilfe die Pfanne mit dem Schießpulver geöffnet wird; zugleich wird eine brennende Lunte in Form eines glimmenden in Salpeter getauchten Dochtes angelegt, ein Vorgang, der in der Zeichnung nicht zu sehen ist [183/1]. Leonardo schreibt hierzu: »Der Zweck dieses Gerätes besteht darin, der Büchse mit der Stirn *g* [des Hakens] Feuer zu geben. Und unmittelbar darauf macht *h* das Pulver frei, das sich entzündet.« Die Lösung des Abzugs rechts bewirkt, daß die Gesamtheit von Hebeln, Federn und Kugellagern die Schutzplatte über der Pfanne hebt und die von den Backen der »Schlange« gehaltene Lunte angelegt wird, wie der Mechanismus rechts zeigt.

In den hundert Jahren zwischen 1470 und 1570 setzte sich das wirksamere Handfeuergewehr durch. Die Hakenbüchse mit ihrem umständlichen Luntenschloß entwickelte sich weiter zur Muskete mit den verschiedenen Zündmechanismen, einschließlich des Steinschloßgewehrs. Von Leonardo stammt die erste Darstellung des Mechanismus eines funktionsfähigen Radschlosses.[18] Dies wird an mehreren alternativen Formen in den Skizzen des Codex Atlanticus erkenntlich,[19] in denen eine Verbindungskette der Hauptfeder zur Radspindel verläuft [183/2-3]. Leonardo zeichnete die schwere Schraubenfeder im Querschnitt, den Mechanismus des Auslösers rechts und den funkensprühenden Schwefelkieshalter links. Für die Technikhistoriker war an diesem Entwurf besonders interessant, daß er deutlich ein Zahn-Ketten-Getriebe aufweist; die Schießpulverzündung fand weniger ihre Aufmerksamkeit. Wahrscheinlich entstanden diese Arbeiten Leonardos in der Zeit um 1500. Der erste Radschloß-Mechanismus wird hingegen einem Nürnberger Uhrmacher fünfzehn Jahre später zugeschrieben. Der gesam-

182/1 und 2
Leonardo war nicht in der Lage, das Problem der Flugbahn mathematisch zu lösen. Dies gelang erst Isaac Newton im Jahre 1687. Leonardo fehlte auch die erforderliche experimentelle Ausrüstung, um die genaue Flug-

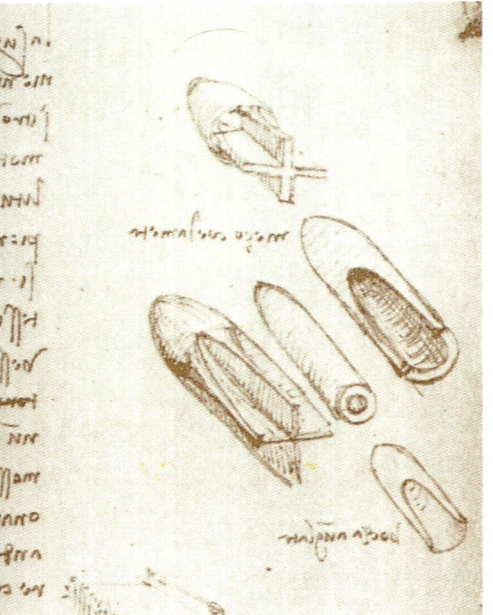

182/1

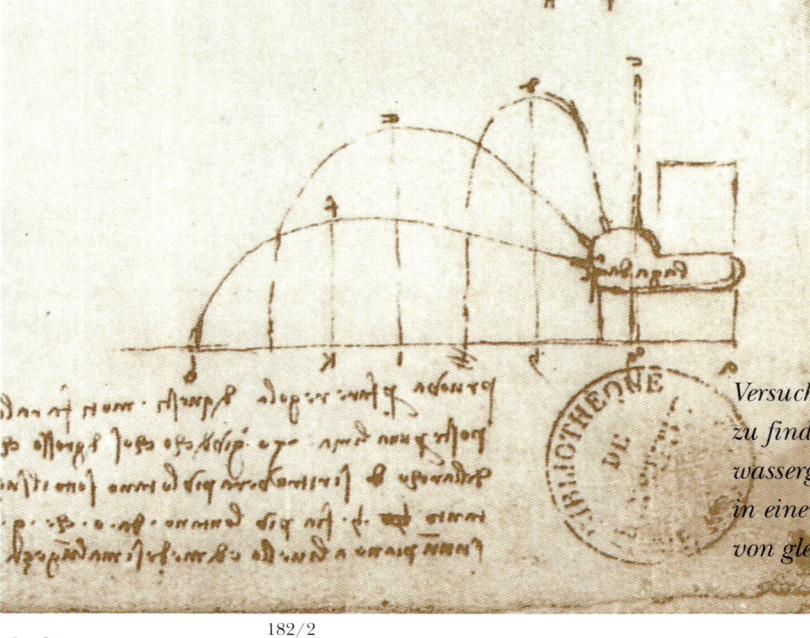

182/2

Versuch, um eine Regel für diese Bewegungen zu finden. Du mußt den Versuch mit einem wassergefüllten Ledersack machen, in dem, in einer Linie angeordnet, viele kleine Röhren von gleichem Innendurchmesser stecken.

bahn der Kanonenkugeln beobachten zu können. Doch als erfindungsreicher Ingenieur griff er in Manuskript C, Folio 7r (rechts), auf die Beobachtung und Analyse von Wasserstrahlen zurück, deren Fallrichtung er auf die Flugbahn von Geschossen überträgt. Im Gegensatz zu Galilei über ein Jahrhundert später, erkannte er den Einfluß des Luftwiderstandes. Um diesen Widerstand zu verringern, schlägt er — wiederum seiner Zeit weit voraus — die aerodynamische Form der Geschosse vor und stattet sie mit Steuerungsflossen aus (oben, Codex Arundel 54r).

te Radschloß-Mechanismus wurde über zwei Jahrhunderte verwendet. Obwohl er wirkungsvoller als das Steinschloß ist, setzte sich doch das einfachere und billigere Steinschloß durch, bis auch dieses um 1835 durch das Perkussionsgewehr mit dem knallenden Zündhütchen und 1890 durch das Magazingewehr ersetzt wurde. Das Radschloß-Prinzip findet heute in den modernen Feuerzeugen mit Feuerstein wieder Anwendung.

Besonders intensiv beschäftigte sich Leonardo mit einem leichten mehrläufigen Geschütz, das in seinem Aufbau dem Gatling-Maschinengewehr nahe kommt. Mit diesem Gewehr versuchte er, eine schnellere Schußfolge, einfachere Bedienung und genaueres Zielen (oder breitere Streuung der Schüsse) zu ermöglichen [184/2]. In den Entwürfen Leonardos ist auch das Nachladen des Pulvers und der Geschosse einer Gruppe von Läufen vorgesehen, während der Artillerist eine weitere Gruppe von Läufen abfeuert und eine dritte Gruppe abkühlt, bevor sie wieder geladen wird [185/1]. Die Entwürfe dieser mehrläufigen Kanone zeugen nicht nur vom Einfallsreichtum Leonardos, sondern auch von seinen künstlerischen Fähigkeiten. Die Räder sind als einfache Kreise dargestellt.

Leonardo hat auch ein ungewöhnliches Artilleriegeschütz entworfen, das er als *architronito* bezeichnete. Es handelt sich um eine Kanone, die durch eine plötzliche Dampfentwicklung die Kugel aus der Mündung schleudert. Der Verschluß bestand aus Messing und hatte die Form eines Korbes. In ihm befand sich brennende Kohle. Nachdem die Kugel in den Lauf gestoßen und das Verschlußstück genügend aufgeheizt war, wurde etwas Wasser dorthin geleitet, wo sich normalerweise die Pulverkammer befindet: »Und wenn demzufolge das Wasser herausgelaufen ist, fällt es auf den heißen Teil der Maschine, und dort wird es augenblicklich in so viel Dampf verwandelt, daß es wunderbar erscheint, ganz besonders wenn man seine Gewalt sieht und das Getöse hört. Diese Maschine hat eine Kugel von 1 Talent und 6 Stadien Gewicht abgeschossen« [186/1]. Aus den Worten Leonardos geht hervor, daß diese Kanone tatsächlich gebaut worden ist. Die Feuerleistung war offensichtlich von untergeordneter Bedeutung. Die Ausdehnungsenergie von Dampf zur Arbeitsleistung einzusetzen war zur Zeit Leonardos eine wirkliche Neuerung. Abgesehen davon war seine Idee sehr wohl praktikabel: Während des amerikanischen Bürgerkrieges und sogar noch im Zweiten Weltkrieg wurden Dampf-Kanonen eingesetzt.[20]

In einem weiteren bedeutenden Entwurf verbindet Leonardo mehrere Elemente zu einer Maschine, die zum Formen von Kanonenteilen dient. Sie stellt einen Vorgriff auf zukünftige Mechanisierungsverfahren dar und führt die Verwendung der hydraulischen Energie ein (nämlich Turbinenflügel vom Typ Pelton). Damals wurden große Kanonen hergestellt, indem aus geschmiedeten konischen Teilabschnitten das Rohr zusammengesetzt wurde. Über die Teile wurden Metallringe getrieben und sie dadurch fest zusammengeschlossen, wie man auch

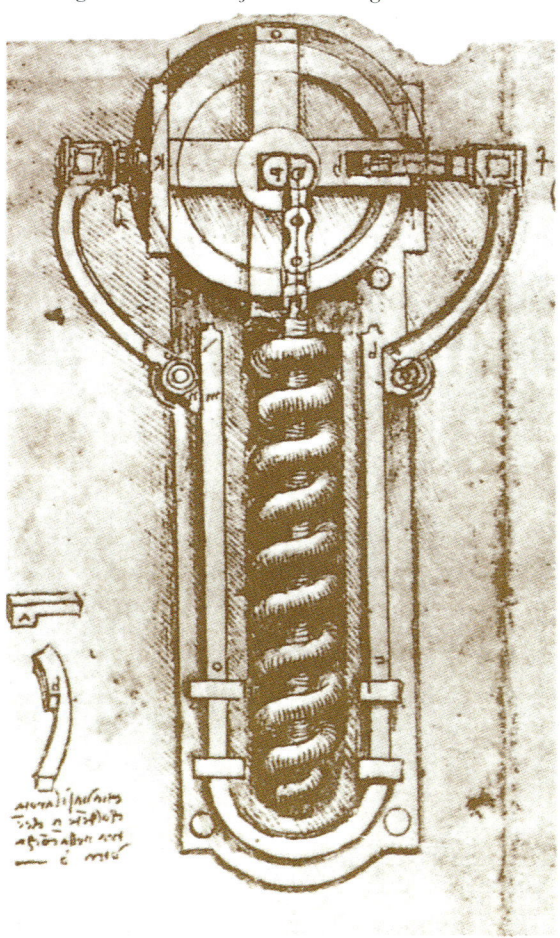

183/1-3
Das Luntenschloß — hier wurde das Handgewehr durch Entzünden des Pulvers mit einer glimmenden Lunte abgefeuert — stellte 1495 noch eine Neuheit dar. Trotzdem bemühte sich Leonardo bereits um seine Verbesserung. In der meisterhaften Zeichnung links

183/2

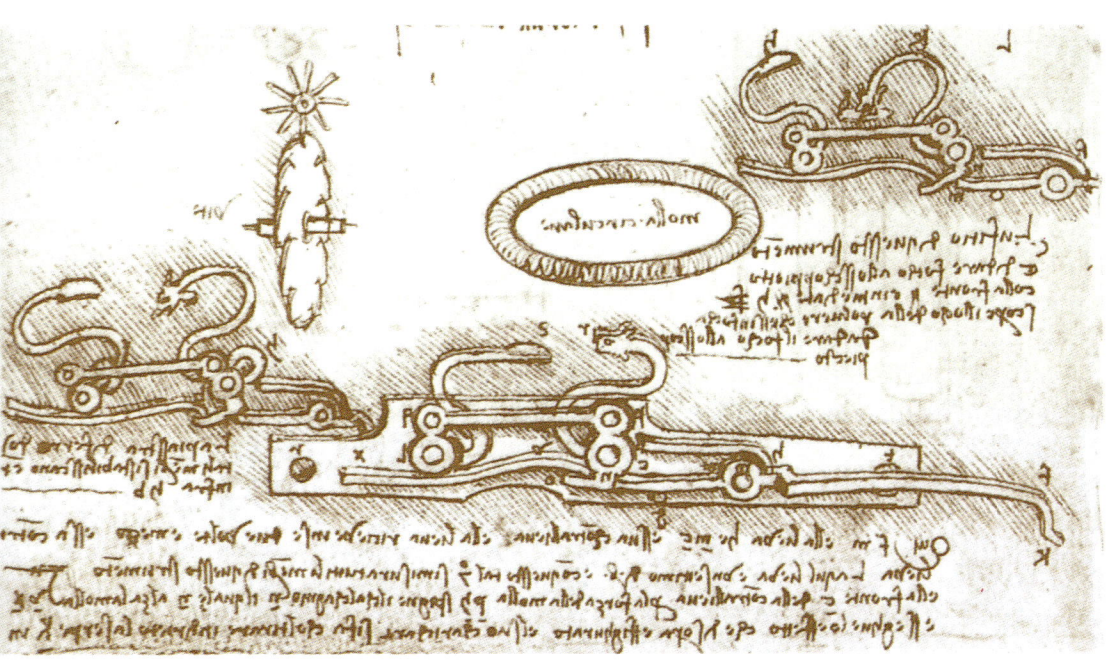

183/1

aus Codex Madrid I, Folio 18v, stellt er drei Mechanismen zum Öffnen der Pulverladung und gleichzeitigen Zünden der Ladung vor. Die Lunte liegt zwischen den Backen der »Schlange« (oben rechts in der Zeichnung) und wird entzündet, wenn der Abzug gedrückt wird. Trotzdem war die automatische Luntenzündung noch sehr umständlich. Fünf Jahre danach erfand Leonardo eine eindeutig bessere Methode. Die Zeichnungen 183/2 und 3 aus Codex Atlanticus Folio 56v-b sind die

Reifen um Gewehrläufe legte oder sie mit vielen Lagen Draht umwickelte. Das Schema Leonardos zum Herstellen der Rohrsegmente beruht auf einer dieser Methoden [186/2]. Vom ersten Antrieb aus — einer horizontalen, wassergetriebenen Gegendruck-Turbine, wie von Leonardo links unten an der Vorrichtung gezeigt — führt die vertikale Welle die beiden Getrieberäder durch eine gewöhnliche Schnecke. Das bewirkt, daß die am linken Rad befestigte Welle sich dreht und damit die eigene Schnecke antreibt. Diese dreht ihrerseits das horizontal gelagerte Zahnrad und liefert damit Energie für eine weitere vertikale Welle und eine weitere Schnecke. Das am hinteren Teil angebrachte große Zahnrad wird auf diese Weise in Drehung versetzt, und seine nunmehr stark vervielfachte Energie (bei geringerer Drehgeschwindigkeit) wird über eine quadratische Welle an das rechte Rad weitergegeben. Dieses Rad ist sehr stabil und noch mit einer spiralförmigen Nocke verstärkt, die in der Skizze oben links zu sehen ist. Ihr Zweck wird ersichtlich, wenn man der Abfolge an Bewegungen nachgeht, die am Antriebsrad beginnen und über das Zahnrad rechts an der Schnecke verlaufen. An diesem Zahnrad ist eine mit einem Innengewinde versehene Welle ange-

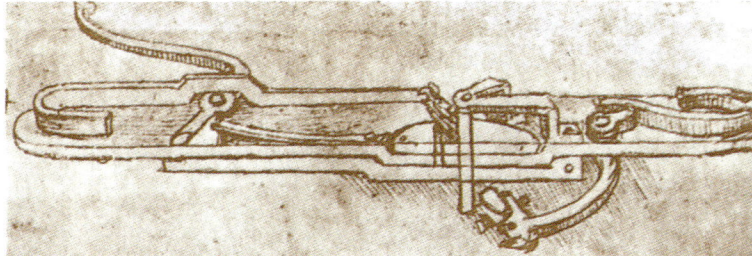

183/3

ersten bekannten Darstellungen eines automatischen Radschlosses, dessen Erfindung jedoch 15 Jahre später einem Nürnberger Uhrmacher zugeschrieben wird. Die Skizze oben zeigt das Stahlrad und die spiralförmige Hauptfeder. Daneben befindet sich der Halter für das Schwefelkiesgemisch, das als Feuerstein diente. Die Skizze unten stellt den Abzugmechanismus dar, durch den das Rad am Feuerstein reibt und den Funken erzeugt.

bracht, durch die eine lange Gewindestange verläuft. Sobald das rechte Zahnrad gedreht wird, wird die Gewindestange nach vorn geführt und zieht eine glatte Stange nach sich. Diese Stange ist in eine Segmentform eingepaßt, wie über der rechten geschriebenen Spalte erkenntlich ist. Durch den Druck der schweren Nocke wird außerdem das Ende am Verschluß stark, das Mündungsteil dagegen nur leicht gezogen, während die inneren Bogenradien gleich bleiben. Das Diagramm unter der Zeichnung zeigt schematisch das Kräfteverhältnis, das durch das Getriebe bewirkt wird. Angefangen mit der Zahl 1000 an der Turbine steht am ersten Zahnrad 12 000, am horizontalen Zahnrad 144 000, am großen

184/1-4, 185/1 und 2

Leonardo war ständig darum bemüht, die Wirkung der von ihm entworfenen Waffen zu vervielfältigen. Auf diese Weise entstanden Waffen, bei denen es sich um Vorläufer der modernen Schnellfeuergeschütze, etwa der Maschinengewehre, handelt. Er entwarf ein Artilleriegeschütz mit mehreren Läufen vom Typ des Gatling-Maschinengewehrs (unten). Ein solches Geschütz wurde erst 1862 während des amerikanischen Bürgerkriegs verwirklicht. Die Abbildung oben rechts zeigt einen relativ einfachen Entwurf eines mehrläufigen Geschützes (Codex Atlanticus

184/1

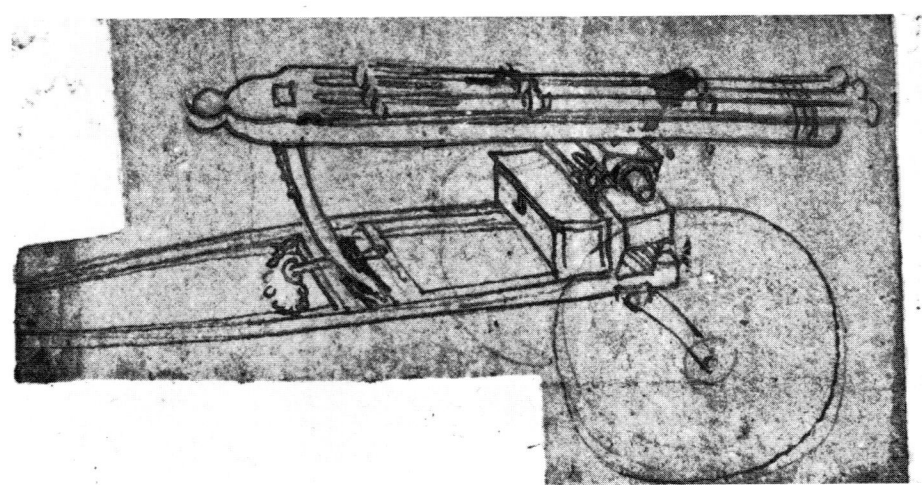

184/2

340r–b). Eine komplexere Version (Mitte) aus Codex Atlanticus, Folio 3v-a, ist mit einem drehbaren Gestell versehen, auf dem die Läufe montiert sind. Die Kanoniere können einen Satz Läufe laden, während der andere Satz von Läufen abgefeuert wird. Die berühmte Zeichnung auf der gegenüberliegenden Seite stammt aus Codex Atlanticus, Folio 56v-a. In ihr bringt Leonardo zwei Entwürfe zusammen. In der Mitte ordnet er die Läufe fächerförmig an, um eine weite Streuung der Schüsse zu gewährleisten. Mit Hilfe einer Winde kann die Flugbahn gehoben oder gesenkt werden. Oben und unten sind drehbare Gestelle für die Läufe zu sehen. Der Bildeinschub oben zeigt einen Nachbau der Batterie in der Zeichnung oben. Es handelt sich um drei Serien von je elf Läufen, die auf einem dreieckigen Rahmen montiert sind. Wissenschaftler haben zahlreiche Entwürfe von Waffen und Maschinen nachgebaut. Bei einigen stellten sie offensichtliche Fehler in den Zeichnungen fest, zum Beispiel ein überflüssiges Zahnrad oder Getriebe. Vielleicht hat Leonardo diese Fehler absichtlich eingebaut, um zu vermeiden, daß sich jemand seiner Entwürfe bemächtigen und sie als sein Eigentum ausgeben konnte.

184/3

184/4

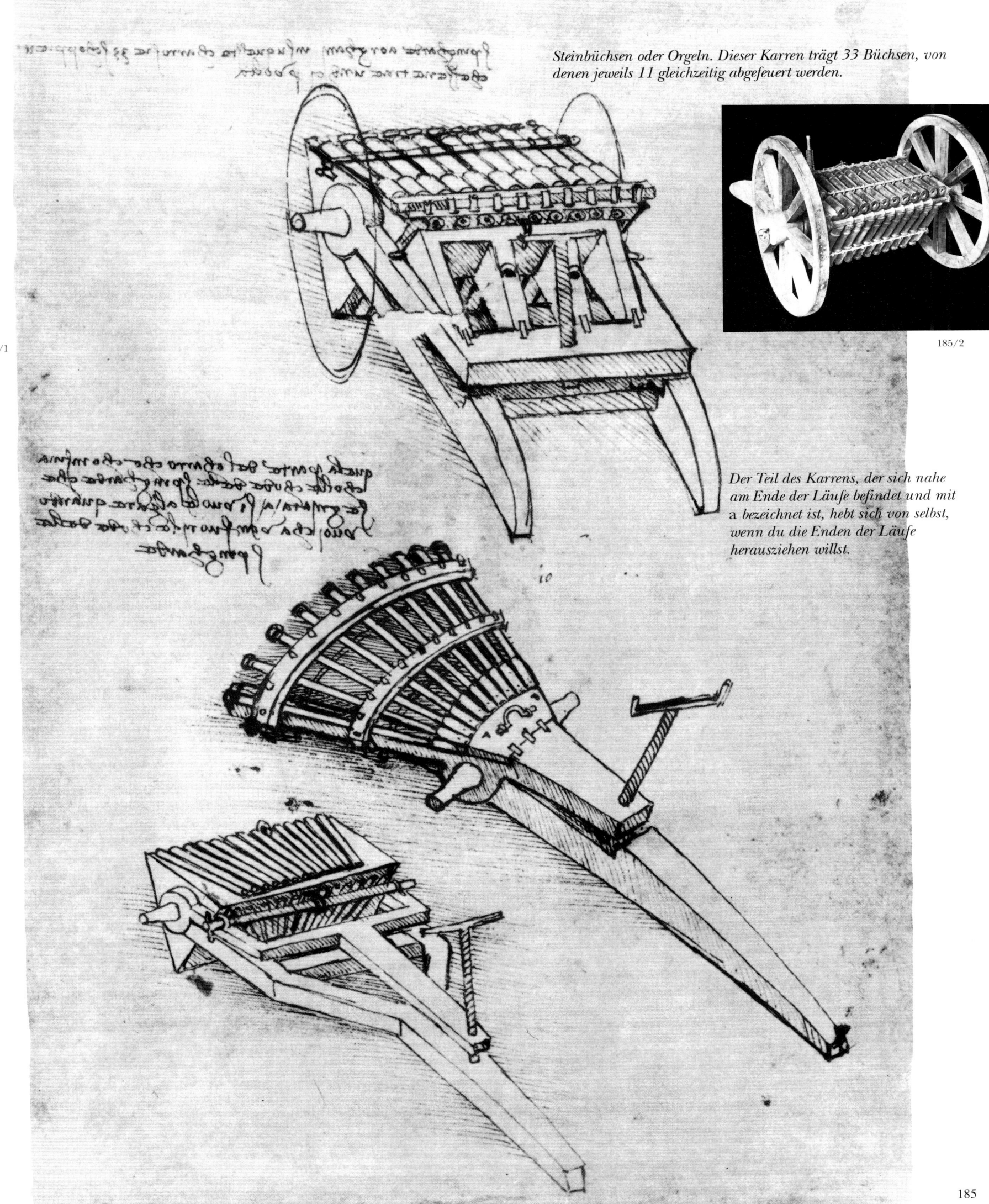

Steinbüchsen oder Orgeln. Dieser Karren trägt 33 Büchsen, von denen jeweils 11 gleichzeitig abgefeuert werden.

85/1

185/2

Der Teil des Karrens, der sich nahe am Ende der Läufe befindet und mit a bezeichnet ist, hebt sich von selbst, wenn du die Enden der Läufe herausziehen willst.

185

Zahnrad 1 728 000 und an der Welle 20 736 000. Bei jedem Schritt ergibt sich ein mechanisches Übersetzungsverhältnis von 1 : 12. Leonardo war zweifellos der Kräfteverlust durch Reibung bekannt, auch wenn er diesen Punkt hier nicht zu berücksichtigen scheint. Am häufigsten verwendete er in seinen Entwürfen Rollen und Kugellager zur Reibungsminderung.[21]

186/1

Leonardos Entwürfe zur Ausnutzung der Dampfkraft nahmen Ideen von Wissenschaftlern vorweg, die erst Jahrhunderte nach ihm lebten. Der Entwurf oben zeigt eine Kanone, der er den erfundenen Namen architronito *gab. Sie erlaubt den Abschuß der Kugeln mit Dampfkraft statt mit Schießpul-*

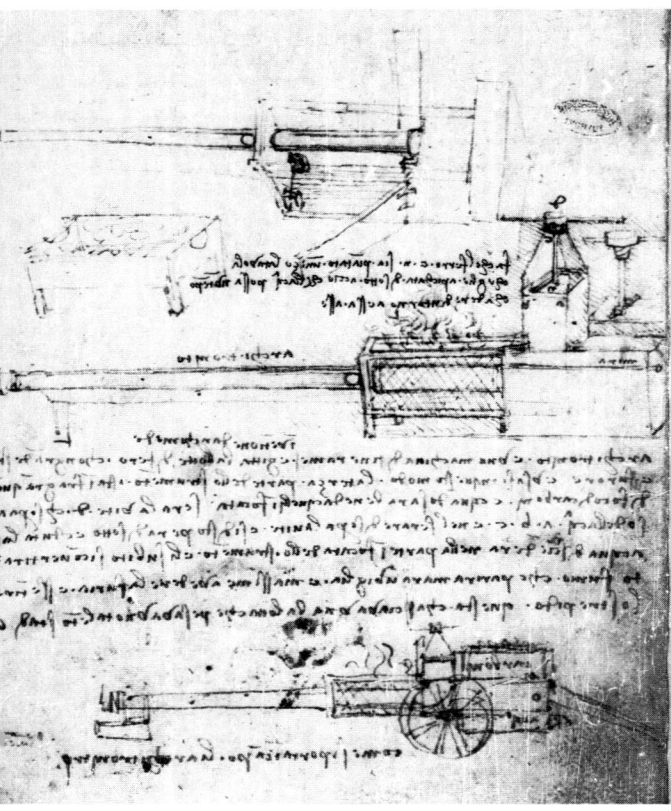

186/1

ver. Das Verschlußstück der Kanone wurde durch einen Korb mit glühender Kohle erhitzt. Wenn Wasser in den Verbrennungsraum gegossen wird, »so wird es augenblicklich in so viel Dampf verwandelt, daß es wunderbar erscheint, ganz besonders, wenn man seine Gewalt sieht und das Getöse hört«, schreibt Leonardo.

MS. B 33r

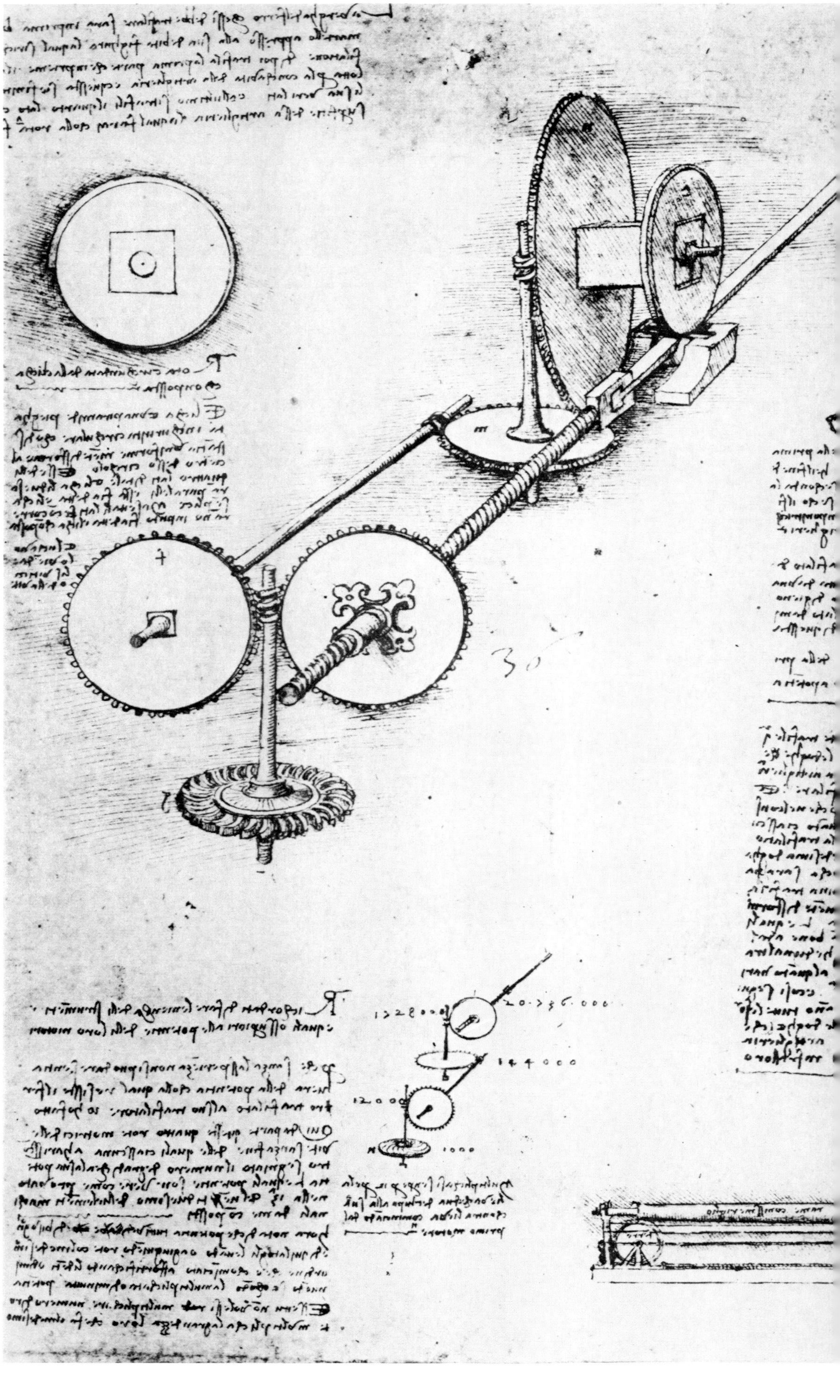

Rechts der Entwurf Leonardos für eine Maschine zur Herstellung von Kriegsgeräten. Eine Wasserturbine diente als Antriebskraft für ein Walzwerk, mit dessen Hilfe Kanonenrohre geformt werden konnten, die für das übliche Schmiedeverfahren zu groß waren. In einer bewundernswerten komplexen Folge koordinierter Abläufe werden gleichmäßige und glatte Teilstücke für das Kanonenrohr hergestellt, die dann zusammengefügt und geschweißt werden.

ATLANTICUS 2r-a

186/2

In den Madrider Codices sind einige sorgfältig durchdachte Anwendungsmöglichkeiten von Kugel- und Rollenlagern enthalten. Hier wird auch das Thema der Reibung und der reibungsmindernden Materialien behandelt. In diesen neu entdeckten Notizen kann man auch Leonardos Bestreben beobachten, bei einem Minimum an Reibung den größten mechanischen Nutzen zu erzielen. Viele der in den Codices von Madrid gezeichneten mechanischen Geräte sind zur großen Überraschung moderner Ingenieure nicht nur mit Kugel- und Rollenlagern, sondern auch mit konischen Lagern versehen. Durch Experimente bestimmte Leonardo einen durchschnittlichen Reibungskoeffizienten von einem Viertel des Gewichtes pro Gegenstand auf ebener Fläche.[22]

Er spottete über die immerwährende Bewegung und bemühte sich um Elemente zur Automatisierung, wie sie in den modernen Maschinen anzutreffen sind. Im

Hier vereinen der phantasievolle Künstler und der Militäringenieur ihre Kräfte in einer Seeschlacht. Oben sind zwei Kanonen zu sehen, deren Läufe auf lange Schäfte montiert sind. Die erste wird durch Zunder abgefeuert, der sich auf einem durch einen langen Strick betätigten Hebel befindet. Das darunter befindliche Rohr enthält das Pulver für die zweite Kanone. Darunter ist eine Reihe von Zündern für eine sechsläufige Kanone skizziert. Doch Leonardos Phantasie entzündet sich eindeutig an dem von einem Mann allein geführten Schlachtschiff. Der kasten-

187/1

militärischen Bereich versuchte er, das verwundbare Pferd durch gut geschützte Wagen zu ersetzen, die von Muskelkraft gezogen wurden. Er war sich wohl bewußt, daß eine Grundantriebskraft fehlte (die erst in unserer Zeit mit den Dampf-, Benzin- und Elektromotoren entwickelt wurde).

Die Codices von Madrid sind voll mit Entwürfen und Problemstellungen aus dem Gebiet der Technik, der Optik, der Baukunst, der Topographie, der Statik und der Dynamik. Dies muß in Betracht gezogen werden, möchte man die Frage beantworten, ob Leonardo in erster Linie Künstler, Wissenschaftler oder Ingenieur war.

förmige Mörser ist auf einem drehbaren Schlitten montiert und wird von einem Matrosen bedient. Der Mörser stößt zur einen Seite hin gewaltige Feuersalven aus und setzt mit seinen Brandgeschossen die feindlichen Schiffe in Brand. Die gewöhnlichen Kanonenkugeln sind für Leonardo bereits überholt. Er konzipierte eine mit Stacheln besetzte Brandbombe und schlug vor, vergiftete Granaten auf den Feind zu schießen, »damit alle, die das besagte Pulver einatmen, daran ersticken«. WINDSOR 12652

Wenn man die zahlreichen Anmerkungen, Zeichnungen und Diagramme auf die Lebenstage Leonardos verteilt, so erhält man eine ungefähre Vorstellung von der ungeheuren Mühe, die er auf das Studium der Struktur und der Gesetze der physikalischen Welt verwendet hat. Man kann daher wohl zu Recht behaupten, daß Leonardo in der Aufstellung und Lösung von Problemen über Materie und Kraft die gleiche Befriedigung gefunden haben muß wie bei seiner Arbeit als Künstler.

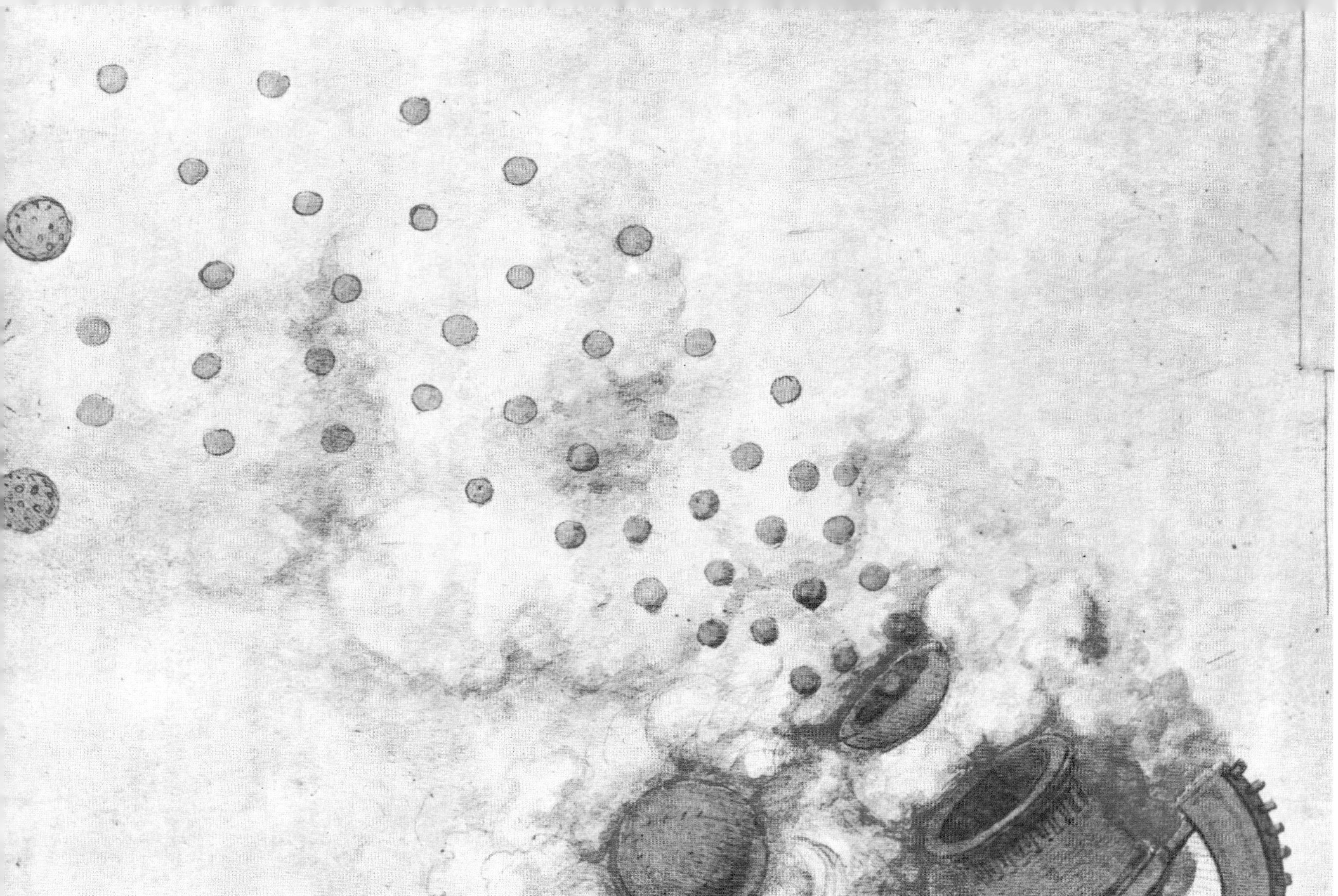

In keiner anderen Zeichnung näherte sich Leonardo so deutlich der furchtbaren Zerstörungswut moderner Kriege wie hier. Der riesige Mörser erinnert sehr an die mächtigen Kanonen, die im amerikanischen Bürgerkrieg (rechts) verwendet wurden. Die kugelförmigen Granaten sind mit Schießpulver gefüllt und mit Löchern versehen. Sie explodieren beim Aufprall und schleudern tödliche Splitter um sich.

Leonardo beschreibt die kugelförmige Granate im Manuskript B als »die tödlichste Maschine, die es gibt. Und wenn die mittlere Kugel niederfällt, gibt sie den anderen Kugeln Feuer, und die Kugel in der Mitte explodiert und verstreut die anderen, die sofort, in der Zeitspanne eines Ave Maria, feuern.« ATLANTICUS 9v-a

Vor seiner Übersiedlung in die Lombardei hat sich Leonardo vermutlich nicht für Hydraulik interessiert. In dem weitläufigen Arnotal, in dem Leonardo zu seiner künstlerischen und intellektuellen Größe heranwuchs, wurden in den Jahrhunderten seit dem Untergang des in Mittelitalien herrschenden Volkes der Etrusker keine größeren hydraulischen Arbeiten in Angriff genommen. Und selbst die großen Bauwerke der Etrusker — Abwasserleitungen wie die Cloaca Maxima in Rom und künstliche Gräben zur Ableitung von Gezeitengewässern wie die

»Eitel und voller Irrtümer
ist alle Wissenschaft, die nicht
von der Erfahrung, der Mutter
aller Gewißheit, getragen wird, die
nicht geprüft wird durch Erfahrung ...«

Naturwissenschaftliche Studien

CARLO ZAMMATTIO

Tagliata della Regina bei Ansedonia — sollten nur der Lösung regionaler Probleme dienen und waren nicht Teil eines übergreifenden hydraulischen Systems. Die Orographie und Hydrographie Mittelitaliens kamen derartigen Initiativen nicht entgegen. Nicht einmal die Trockenlegung von Sümpfen wurde ins Auge gefaßt, auch nicht von den Etruskern. In der Poebene dagegen wurde der Wasserfluß nach uralten Regeln gelenkt und kontrolliert, die von Generation zu Generation weitergegeben wurden. Sie waren entstanden, lange bevor die Römer gegen Ende des 3. Jahrhunderts dort eindrangen, und stammten noch aus der Zeit, als die Bewohner der Terramare künstliche Seen anlegten, um dort ihre traditionellen Pfahlbauten zu errichten.

W ie auch Vergil bestätigt, wurde das Land seit alters her geflutet, um das ganze Jahr Getreide ernten zu können. In den Gegenden unterhalb der Alpenausläufer konnte das Flutwasser nur aus den großen Alpenflüssen gewonnen werden, die sich durch die alluvialen Schichten der Poebene schlängelten. Selbst während der Vorherrschaft der Barbaren wurde das Bewässerungsnetz in der Ebene nicht vernachlässigt. Beweis hierfür sind die heutigen Namen, die sich bis in deren Sprache zurückverfolgen lassen. Diese Anlagen basierten nicht auf theoretischen Forschungen, sondern auf jahrtausendealten Traditionen. Weder die Griechen noch ihre hellenistischen Nachfolger beschäftigten sich mit Hydrodynamik. Abgesehen von der Entdeckung der einfachsten hydrostatischen Gesetze (wie dem Gesetz der kommunizierenden Röhren oder dem Gesetz des Auftriebs, dessen Entdeckung auf eine geniale Intuition des Archimedes zurückgeht) beschränkten sich die Forscher der Antike darauf, wunderbare und spektakuläre Wasserspiele zu erfinden. Einige haben in den Heron von Alexandrien zugeschriebenen Schriften überlebt. Die Geheimnisse der Hydrodynamik blieben den Griechen verschlossen, vermutlich weil das Wesen von Flüssigkeiten, von

Als sich Leonardo mit den Gesetzen der Hydraulik und des Bauwesens beschäftigte, konnte er auf ein reiches Erbe an praktischen Erfahrungen zurückgreifen. Die Römer hatten in Italien, Frankreich und Spanien aus-

191/1

Körpern ohne wohldefinierte Form, sich nur schwer beschreiben läßt. Die begrifflichen Schwierigkeiten, quantitative Verhältnisse eines Kontinuums auszudrücken, mag zu dieser Vernachlässigung beigetragen haben. Die mathematische Wissenschaft der Griechen beruhte vollständig auf sichtbaren geometrischen Quantitäten wie geraden oder gekrümmten Linien, die sich durch Größen, das heißt durch Zahlen, beschreiben lassen. Und Verhältnisse zwischen Zahlen wurden von den Griechen ausschließlich als Brüche aufgefaßt. Der Begriff sich kontinuierlich verändernder Größen kommt bei den Griechen nicht vor. Daher bereitete ihnen zum Beispiel die Formulierung der Gesetze des freien Falls unüberwindliche Schwierigkeiten. Das einzige Problem einer Mechanik des Kontinuums, das in der klassischen Antike gelöst wurde, war das der Schwingungen einer Saite, die sich durch die Zahlen der harmonischen Reihe quantifizieren und ausdrücken lassen.

Die hydraulischen Anlagen in der Poebene — sie umfassen das sich von den Westalpen bis zur Adria erstreckende Bewässerungsnetz und insbesondere die Kanäle zur Beschiffung des Binnenlandes, die zur Zeit Leonardos bereits 200 Jahre alt waren — müssen seinem Geist neue, unerwartete Horizonte eröffnet haben. Gewiß haben sie in ihm den Wunsch geweckt, dem Wesen des flüssigen Elements und den mechanischen Gesetzen, denen es gehorcht, nachzugehen. Hierin zeigt sich der gewaltige Unterschied Leonardos zu seinen Vorgängern und

gedehnte Netze an Aquädukten gebaut, um die Städte ihres Reiches mit Wasser zu versorgen. Diese Ruinen erheben sich über der flachen Landschaft der Campagna Romana an der Via Appia bei Rom. Der älteste Aquädukt, die Acqua Claudia, wurde 312 v. Chr. erbaut und ist noch heute in Betrieb. Sie und die Reste der Acqua Marcia wurden von Papst Sixtus V. restauriert. Noch heute versorgen sie Rom täglich mit 20 Millionen Liter Wasser.

191

der Anbruch einer neuen Zeit: in dem Bestreben, ein mechanisches Problem nicht nur intuitiv zu verstehen, sondern auch eine wissenschaftliche Erklärung zu finden.

Somit ergeben sich in Leonardos hydraulischen Studien zwei getrennte Bereiche: einerseits seine Forschungen über Hydrostatik und Hydrodynamik und andererseits seine Entwürfe für hydraulische Großprojekte. Zweifellos gingen seine Überlegungen in beiden Bereichen Hand in Hand und befruchteten sich gegenseitig, da die Einsicht in die faktische Gültigkeit empirischer Regeln Leonardo stets versuchen ließ, sie wissenschaftlich zu verstehen. Verstehen: Das war das leitende Ziel Leonardos und der Zeit, der er vorausging. Verstehen hieß rational denken, denn für alle physikalischen Phänomene gilt: »Wenn du die Ursache verstehst, brauchst du keine Experimente.« Experimente sind nur erforderlich, wenn der theoretische Grund für ein Phänomen nicht *a priori* einsichtig ist. Sie dienen dazu, aus den vielen möglichen Hypothesen die erklärungsstärkste herauszufinden. Diese Einstellung ist insbesondere in der Hydraulik wegen der wandelbaren Gestalt von Flüssigkeiten bedeutsam. Während man sich der Mechanik fester Körper in der Antike und im Mittelalter mit beachtlichem Erfolg gewidmet hatte, war vor Leonardo niemandem ein vergleichbarer theoretischer Vorstoß im Bereich der Dynamik von Flüssigkeiten gelungen. Dennoch waren in der Vergangenheit selbst für unser Verständnis bedeutende hydraulische Anlagen errichtet worden. Ein Beispiel sind die Aquädukte, angefangen beim Tunnel des Eupalinos im 7. Jahrhundert v. Chr. bis zu den Anlagen der Römer in Italien, Frankreich und Spanien aus dem 1. und 2. Jahrhundert n. Chr.

Es ist typisch für Leonardo, daß er sich an theoretischen Problemen in diesem unerforschten Bereich versuchte. Möglicherweise wurde er zu hydraulischen Studien auch deshalb angeregt, weil es im Herzogtum Mailand üblich war, den am Kanalnetz liegenden Ländereien Wasser zur Bewässerung zu verkaufen. Die erhobenen Gebühren richteten sich nach der Menge des verwendeten Wassers. Die großen Kanäle, die zwischen dem 12. und 15. Jahrhundert in Norditalien gebaut wurden, dienten nicht nur der Schiffahrt, sondern auch der Wasserversorgung weiter Gebiete am Fuße der Alpen. Diese Gebiete an den Endmoränenhügeln der Alpengletscher sind aufgrund ihrer Bodenbeschaffenheit und Wasserarmut sehr karg. Auch weiter unten in Richtung Po ist das Land trocken, bis die wasserführenden Schichten an die Oberfläche treten und den lombardischen und piemontesischen Ebenen ein heideartiges Aussehen verleihen. In der Toskana war es nicht üblich, den Wasserverbrauch zu messen. Dort wurde das Wasser der reißenden Appeninströme fast ausschließlich zum Antrieb von lokalen Getreide- und Textilmühlen verwendet, und auch dies nur in einigen Gegenden.

In der Poebene trockneten die Flüsse nie vollständig aus. Die relativ geringfügigen Schwankungen der Wasserhöhe erlaubten eine regelmäßige Wasserversorgung der Gegenden, die von den Kanälen durchquert werden. Das Wasser wurde in »Unzen« gemessen. Diese Einheit bezieht sich auf die Größe der Ausflußöffnung im Kanal. Leonardo stellte sich sogleich die Frage, ob dies ein korrektes Verfahren zur Messung des durchfließenden Wassers sei. Der in »Unzen« gemessene Verkauf von Wasser bildete eine wesentliche Einkommensquelle des Herzogs, und Rechtsstreitigkeiten wegen der Wassermessungen waren nicht selten. Leonardo mag davon gehört haben und wurde möglicherweise sogar um Rat gefragt. Zweifellos hat ihn dieses Problem interessiert, da es hier um die grundsätzliche Frage nach dem Verhalten von Flüssigkeiten in Bewegung geht.

Der Anblick der großen Kanäle mag seine Phantasie beflügelt haben, und er stellte sich vor, was in seinem heimatlichen Arnotal alles verwirklicht werden und welchen gewaltigen finanziellen Nutzen Florenz daraus ziehen könnte. Doch zunächst mußten theoretische Studien über das Verhalten fließenden Wassers vorgenommen werden. Im Codex Atlanticus sind seine ersten Entwürfe und Ideen zur Regulierung und Umleitung des Arno enthalten.[1] Dieses gigantische Projekt überstieg bei weitem alles, was von der erfindungsreichen Bevölkerung der Poebene geleistet worden war. Unmittelbar hinter Florenz wollte Leonardo den Fluß in die Ebenen von Prato und Pistoia leiten. Als Gegengabe für das Wasser und die Energie, die ihrer Wollindustrie zugute kamen, sollten diese Städte »Arbeitskraft für die Bauwerke« liefern. Die Bergbäche des Appenin sollte der Kanal auf Brücken überqueren. Mit dem Fluß hätten diese bis heute trockenen Ebenen bewässert werden können. Dann sollte der Arno in einem Durchstich oder Tunnel den Paß von Serravalle überwinden (was Leonardo hier vorsah,

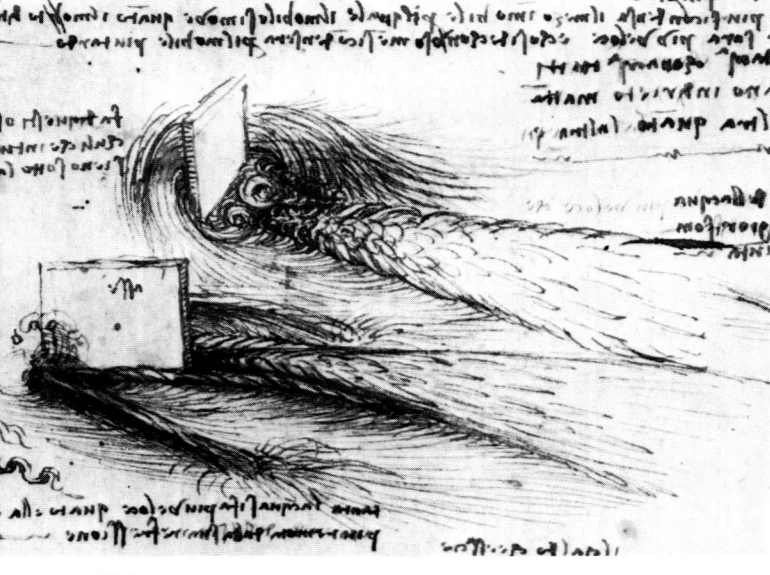

Leonardo beschäftigte sich im Rahmen seiner hydraulischen Forschungen lange Zeit mit der Bewegung und dem Verhalten von Teilchen in Flüssigkeiten, auf die eine von außen kommende Bewegung einwirkt, und mit der Entwicklung von Strömungsbildern. Er hatte erkannt, daß das Verhalten reiner Flüssigkeiten durch Viskosität und wechselseitig wirkende Kräfte der Teilchen bestimmt wird. In

192/1

seiner Sicht waren diese Kräfte noch schwer bestimmbare Größen, doch ahnte er ihren entscheidenden Einfluß. Ihre Auswirkung auf die Bewegung von Wasser in Kanälen, nämlich die stationären Verformungen der Oberfläche infolge von Hindernissen oder Wandunebenheiten, weckten seine Neugier, da diese Oberflächenverformungen scheinbar stehen, während die Flüssigkeitspartikel, aus denen sie bestehen, ständig wechseln.

WINDSOR 12660r

ist nicht klar — er schreibt nur »Serravalle durchstoßen«) und durch die heute trockengelegten Sümpfe von Fucecchio in die Sesto-Sümpfe fließen (das heutige Gebiet von Coltano, südlich von Bocca d'Arno). Auf diese Weise wurde Pisa, die verhaßte Feindin von Florenz, umgangen. Leonardos Denkweise ist nie chauvinistisch, doch möglicherweise haben die damaligen Kriege zwischen den Städten zu seinem Entschluß geführt, den Arno nicht in den Hafen von Pisa münden zu lassen, der zwar gut ausgerüstet, aber wegen der Verschlammung durch den Fluß

schon sehr stark im Niedergang begriffen war. Entlang dieser Strecke hätte das Projekt zweifellos innerhalb des florentinischen Machtbereichs Unterstützung gefunden. Diese Unterstützung war auch dringend erforderlich, da Leonardo zwei geradezu gigantische Vorhaben geplant hatte, um insbesondere während der Sommermonate den Wasserstand des Arno regulieren zu können: Zum einen wollte er das riesige, damals sumpfige Chianatal in einen großen künstlichen See umwandeln, der als Staubecken vorgesehen war. Zum anderen sollte der Tiber unterhalb von Perugia, südlich des Lago Trasimeno, angezapft und durch einen Tunnel unter den Hügeln zwischen Mugnano und San Savino in dieses Becken geführt werden. Der Lago Trasimeno war als Teil des großen künstlichen Sees geplant, dessen Wasserstand durch Sperren unterhalb von Arezzo reguliert

Leonardos wissenschaftliche Zeichnungen von bewegtem Wasser gelten heute als Kunstwerke. Hier läßt er einen Wasserstrahl, der sich aus einer viereckigen Öffnung in ein Becken ergießt, ein an Chrysanthemen erinnerndes Muster aus Blasen und wirbelnden Linien bilden. Vermutlich entstand diese Zeichnung um 1507 im Zusammenhang mit seinen Untersuchungen zur Wassermessung in Mailand. WINDSOR 12660v

193

Leonardo entwickelte den Plan einer Wasser-straße von Florenz bis zum Meer. Die Idee einer weitläufigen Umleitung des Arno durch einen Kanal, um trockene Zonen zu bewässern und Florenz zum einem Knotenpunkt der Binnenschiffahrt zu machen, war schon über 100 Jahre alt. Leonardo machte sie sich zu eigen und entwickelte dazu eine Reihe schwieriger technischer Projekte, die hier dokumentiert sind.

werden sollte. Leonardo wollte Tiber und Arno auf diese Weise vereinen [194/195].

Verstreute Aufzeichnungen zu diesem Projekt finden sich hauptsächlich im Codex Atlanticus. Sie zeigen deutlich die Beeinflussung Leonardos durch die Anlagen in der Poebene, hinter denen eine jahrhundertelange praktische Erfahrung stand. Hier braucht nur daran erinnert werden, wie zwei Jahre nach der Schlacht von Ugnano, die den norditalienischen Städten weitgehende Unabhän-

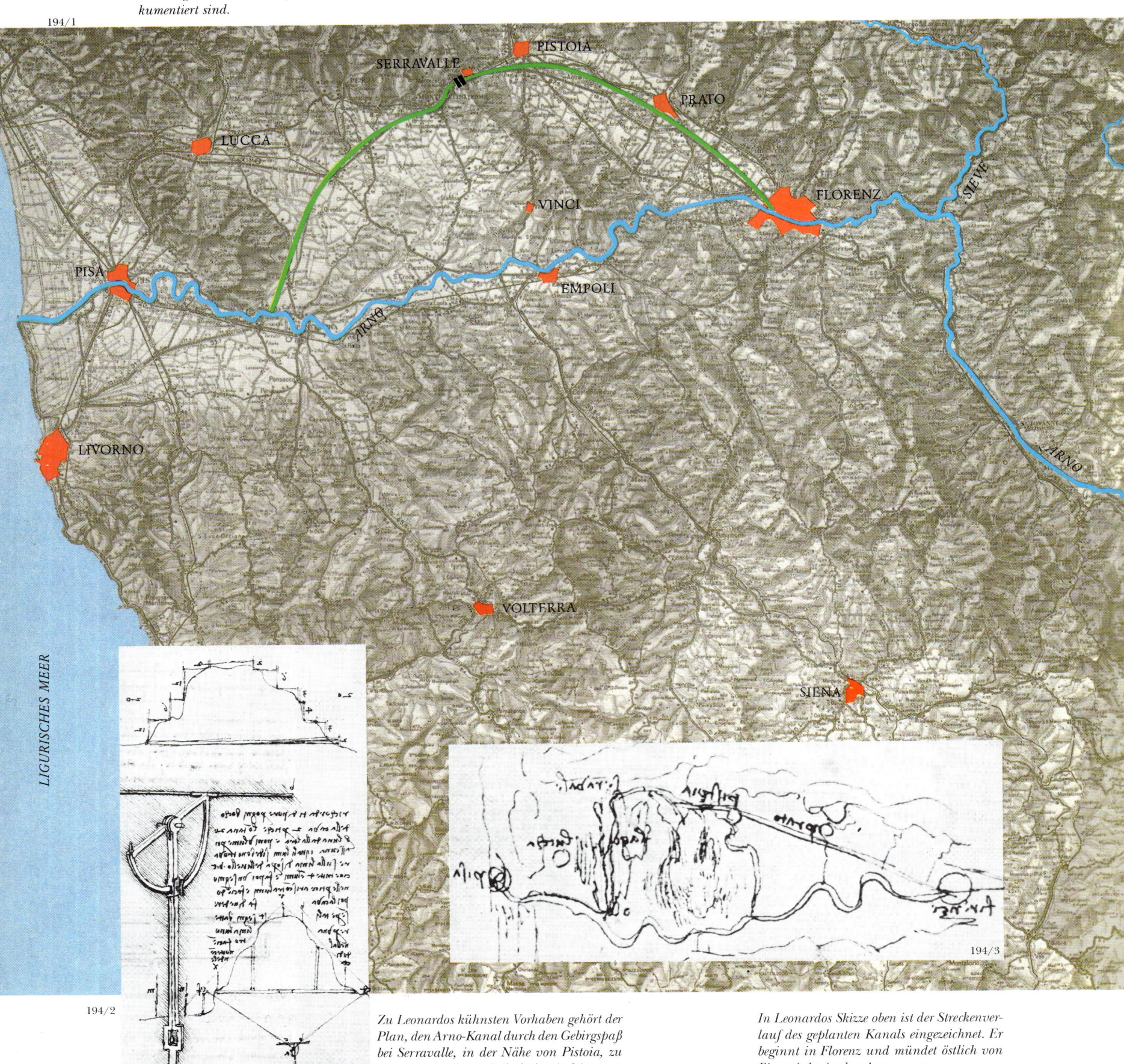

194/2

Zu Leonardos kühnsten Vorhaben gehört der Plan, den Arno-Kanal durch den Gebirgspaß bei Serravalle, in der Nähe von Pistoia, zu führen. Seine Skizze links liefert Anleitungen für die Grabungsarbeiten. MADRID I 111r

In Leonardos Skizze oben ist der Streckenverlauf des geplanten Kanals eingezeichnet. Er beginnt in Florenz und mündet östlich von Pisa wieder in den Arno. ATLANTICUS 46r-b

194/3

gigkeit vom deutschen Kaiserreich verschaffte, die Arbeit an dem späteren Naviglio Grande begonnen wurde. Das Wasser für diesen Kanal wurde unterhalb von Sesto Calende aus dem Ticino abgeleitet (daher hieß der Kanal ursprünglich Ticinello). Auch heute noch sieht man am Flußufer Reste der Ausschachtungen und Dammbauten. Zuerst wurde das Wasser nur bis Abbiate Grasso geführt, doch unter der Herrschaft von Martino della Torre wurde der Kanal im Jahre 1256 bis nach Mailand ausgebaut, wo er die äußeren Wallgräben der Stadt speiste. Die

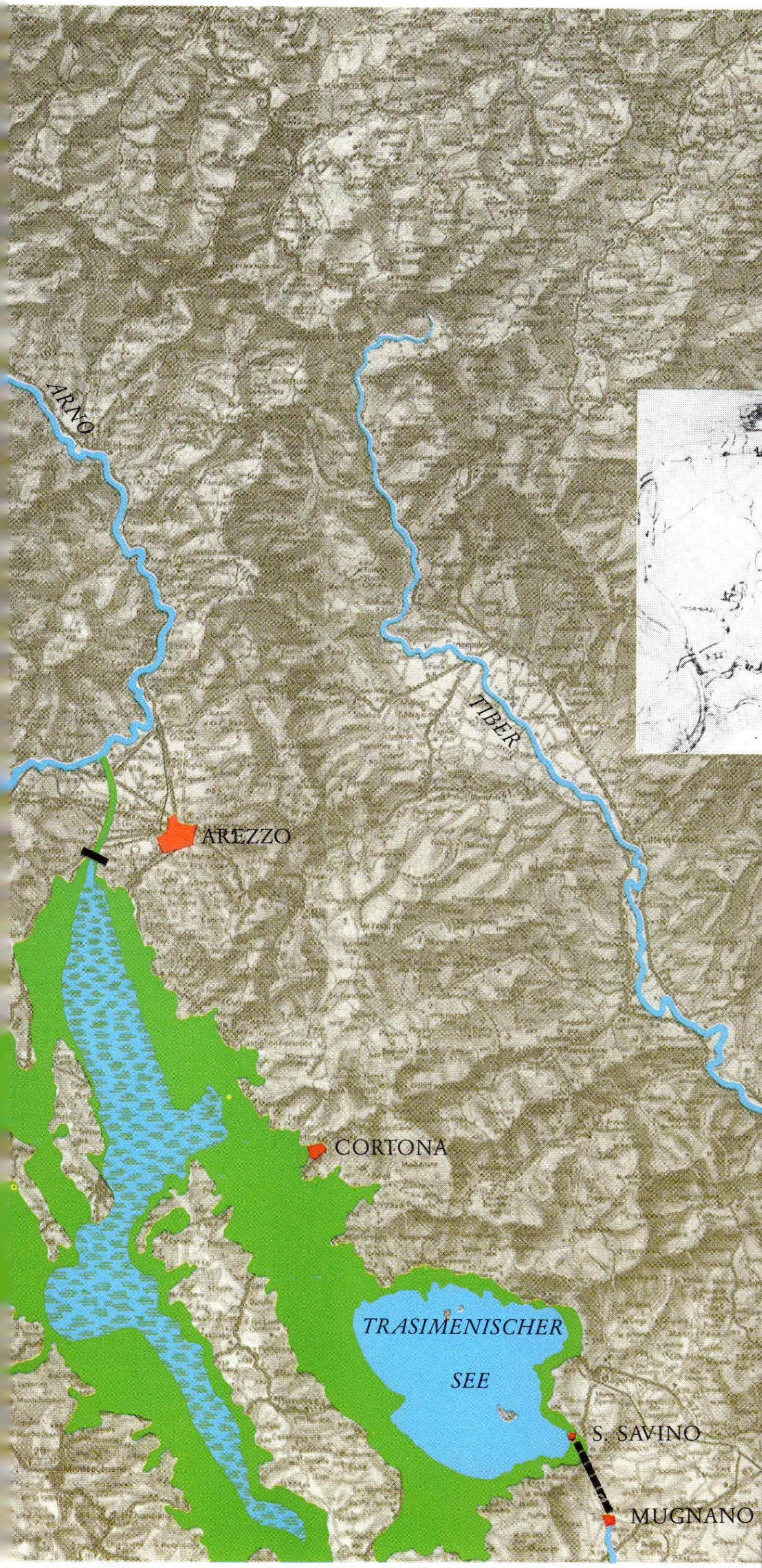

Die farbige Karte links verdeutlicht die Ausmaße des Arno-Projektes. Der Hauptabschnitt des grün eingezeichneten Kanals beginnt in Florenz, verläuft nordwestlich an Prato und Pistoia vorbei, dreht nach Südwesten, passiert durch einen Tunnel oder Graben bei Serravalle die Berge und mündet östlich von Pisa wieder in den Arno. Um die Wasserzufuhr für die Schiffahrt auf dem Arno und seinem Kanal zu sichern, sieht Leonardo einen großen künstlichen See (grün eingezeichnet) vor, der durch die Überflutung der Sümpfe des Chiana-Tals bei Arezzo (blau eingezeichnet) und eine Verbindung zum Lago Trasimeno geschaffen werden sollte. Seine Zeichnung unten, Windsor 12682r, stellt eine imaginäre Ansicht des oberen Chiana-Tals dar. Hier sollten Sperren zur Regulierung des Wasserstandes errichtet werden. Auch Arezzo ist in der Karte eingezeichnet, darunter der Zusammenfluß von Kanal und Arno. Gespeist werden sollte der künstliche See durch den Tiber, den er bei Perugia, südöstlich des Lago Trasimeno, durch einen

195/1

Tunnel mit dem See verbinden wollte (Zeichnungen unten). Dem Plan steht jedoch ein wesentliches Hindernis entgegen: Die Stelle, an der der Kanal vom Tiber abzweigen sollte, liegt tiefer als der Lago Trasimeno. Wollte Leonardo den Fluß möglicherweise nördlich von Perugia anzapfen?

Unten ein Ausschnitt aus der von Leonardo gezeichneten Karte Norditaliens mit den Zuflüssen des Arno. Die Karte zeigt unten links Pisa und die westliche Mittelmeerküste und

Im Ausschnitt aus der Karte Leonardos rechts ist deutlich der Tunnel erkennbar, der den Tiber mit dem Lago Trasimeno verbinden sollte.
WINDSOR 12278r

195/2

umfaßt den gesamten Lauf des Arno, die Sumpfgebiete des Chiana-Tals, den oberen Tiberlauf und den Zusammenfluß mit dem Lago Trasimeno. Leonardo entwarf diese Karte um 1502, als er im Dienst Cesare Borgias stand.
WINDSOR 12277

195/3

ARNO
TIBER
AREZZO
CORTONA
TRASIMENISCHER SEE
S. SAVINO
MUGNANO

196/1

Der Grieche Heron von Alexandria (1. Jahrhundert v. Chr.) befaßte sich als einer der ersten Forscher mit Fragen der Hydraulik. Leonardo kopierte die von ihm entworfenen Brunnen (oben und rechts). In der Zeichnung oben entspringt das Wasser einem Rohr in den Händen der Figur und fällt in einen Korb auf ihrem Rücken. Rechts steigt das Wasser mit Hilfe eines von Heron erfundenen Saughebers empor. WINDSOR 12690

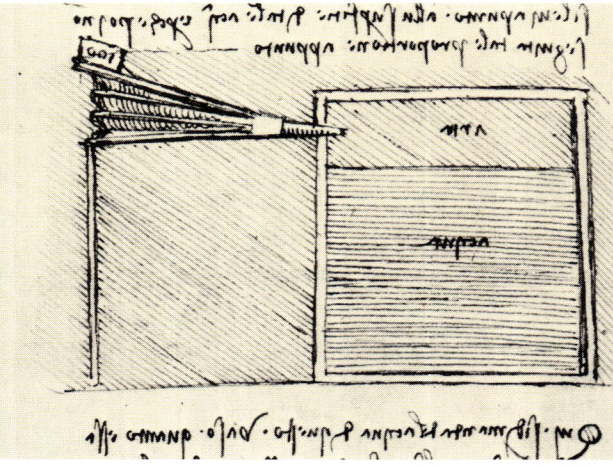

196/3

Leonardos Skizze oben zeigt einen Blasebalg, durch den Luft in ein wassergefülltes Gefäß gepumpt wird. Mit dieser Vorrichtung sollte die Auswirkung des Gewichts einer Flüssigkeit auf diese selbst berechnet werden.

MADRID I 114v

Kanalufer waren mit Anlegestellen für Lastkähne versehen. 1271 wurde unter Beno de' Gozzadini ein großer Graben ausgehoben — Redifossi —, der das Wasser des Kanals und der kleinen Bäche, die die Stadt durchflossen, sammelte und ableitete. Dank dieser großartigen Anlage konnten die Waren des Mailänder Marktes auf dem Wasserweg vom Fuße der Alpen bis nach Mailand gebracht werden. Seit der Steinzeit mußte diese Reise durch das obere Tal des Ticino bis zu den Pässen San Bernardino, Lucomagno und Gotthard auf dem Landweg erfolgen. Auf Initiative anderer Städte wurden gleichzeitig weitere Wasserwege gebaut. Einer verband den Fluß Adda mit der Gegend südlich von Lodi. Ein weiterer zweigte vom rechten Ufer des Ticino in der Talmitte ab und führte in die Gegend nördlich von Novara. Ein dritter Kanal verlief unterhalb von Ivrea und verband die Flüsse Dora und Sesia (der »Navilio d'Invrea«, notiert Leonardo). Diese Kanäle waren so breit, daß zwei große Lastkähne bequem aneinander vorbeifahren konnten. Viele komplexe Probleme in der Konstruktion und Hydraulik mußten beim Bau der Kanäle gelöst werden, da sie aus Flüssen gespeist wurden, die durch die Schneeschmelze im Frühjahr in den Alpen und durch herbstliche Regenfälle regelmäßig Hochwasser führten. Diese Probleme konnten nur mit gründlichen Kenntnissen der Wasserströmung bewältigt werden, die eine große Erfahrung voraussetzten, wenn nicht sogar theoretische Studien. Dieses Erfahrungswissen aus uralter Überlieferung fand Leonardo bei der Bevölkerung der Poebene.

Sein Wesen und modernes Denken steht dabei in scharfem Kontrast zu dem überlieferten Wissen der vergangenen Jahrhunderte. Seine wissenschaftliche Neugier ließ ihn nach dem Grund der empirischen Regeln fragen. Er konnte sich nicht damit begnügen, sie als gegeben hinzunehmen. Er erkannte als erster, daß jedes physikalische Phänomen sich auf mechanische Prinzipien zurückführen ließ. Unter dieser Annahme mußte der gänzlich unbekannte Bereich der Hydraulik erforscht werden. Insbesondere faszinierte ihn die Tatsache, daß in einer Flüssigkeit, die sich kontinuierlich an die sie begrenzende Form anpaßt, eine ideale Kontinuität einer sich bewegenden Masse verwirklicht ist — ein Gedanke, der in der heutigen Kontinuums-Mechanik erforscht wird. Am meisten verwundert den aufmerksamen Beobachter solcher sich bewegender Flüssigkeiten, daß sie in gewisser Hinsicht stationär zu sein scheinen, das heißt, daß sich zwar die Flüssigkeit fortbewegt, sich alle (unsichtbaren) Flüssigkeitspartikel jedoch an jedem Punkt ihres Weges identisch verhalten. Die Flächen, die der Flüssigkeit ihre Form geben, wie die Ufer eines Flusses oder Kanals, unterliegen dagegen einer permanenten Veränderung, die ihre Ursache in der lokalen Beschleunigung (Aufprall und Sog) des Wassers haben. Dadurch erodiert das Material dieser Grenzflächen und wird abgetragen. Leonardo wußte, daß er die Gesetze strömender Flüssigkeiten ergründen mußte, um die großartigen Anlagen an den Flüssen der Poebene verstehen zu können. Nur die Kenntnis des mechanischen Verhaltens von Flüssigkeiten erlaubte eine Verwirklichung der großen Projekte, die er sich für seine heimatliche Toskana erträumte.

Das Verhalten von Flüssigkeiten ist sehr merkwürdig. Die einzelnen Partikel einer Flüssigkeit sind zwar durch den Raum, den sie ausfüllen, miteinander verbunden, doch scheinen sie in ihrem Verhalten unabhängig voneinander zu sein, dabei aber auf Impulse anderer, naher wie ferner Partikel zu reagieren. Dies trifft für feste Stoffe nicht zu, die sich als jeweils separate Körper mit gegebenen endlichen Abmessungen beschreiben lassen. (Aufgrund dieser Eigenschaften lassen sich Apparate aus Rädern, Getrieben und Riemen leichter verstehen und auch erfinden). Im Bereich der Flüssigkeiten herrschte nicht nur eine andere Mechanik, sondern es handelte sich insgesamt um ein völlig neues Forschungsgebiet. Über flüssige oder gasförmige Stoffe konnte Leonardo von den klassischen Wissenschaften nichts erfahren.

Hier zeigt sich erneut die Brillanz von Leonardos Geist. Er begann mit dem Studium der Wasseranlagen der hellenistischen Ingenieure, die als Zeichnungen im Werk von Heron festgehalten sind. Dann analysierte er die Ergebnisse ihrer Technik und faßte sie zusammen. Dadurch war ihm die Erfindung neuer Anlagen möglich. Er war damit der erste Mensch, der die Probleme der Hydromechanik in Angriff nahm. (Einige Seiten im Codex Madrid I werfen Licht auf einige Erfindungen Leonardos, die uns bereits in groben Zügen von zwei Blättern aus dem Codex Atlanticus bekannt waren.) Wie wirkt sich das Eigengewicht des Wassers auf das Wasser selbst aus? Dieses grundlegende Problem der Hydrostatik

196/2

untersuchte Leonardo, ebenfalls als erster, auf der Grundlage seiner Heron-Lektüre. Wir wissen nicht, ob die Lösung ihm in blitzartiger Intuition kam oder als Ergebnis von Studien der analogen Gleichgewichtszustände von Flüssigkeitspartikeln und von transparenten Kugeln (zum Beispiel Glasmurmeln). Jedenfalls erklärt er im Codex Madrid I kategorisch: »Jeder Teil des Balges spürt das Gewicht, das auf ihn drückt, gleichmäßig.«[2] Natürlich stellt sich sogleich die Frage, in welchem Ausmaß der mit einer Flüssigkeit gefüllte Balg das drückende Gewicht spürt. Alle Vorrichtungen, mit deren Hilfe Leonardo im Codex Madrid I[3] diese Frage beantworten möchte, basieren auf dem Prinzip, daß Wasser in kommunizierenden Behältern ein gemeinsames Niveau anstrebt. Sie leiten sich von einem Schema im Codex[4] her, das sehr an ein Schema Herons erinnert. Es war in der lateinischen Heron-Übersetzung von Commandino und in der italienischen Übersetzung von Giorgi wiedergegeben.

Leonardo berücksichtigte in seiner Untersuchung kommunizierender Behälter

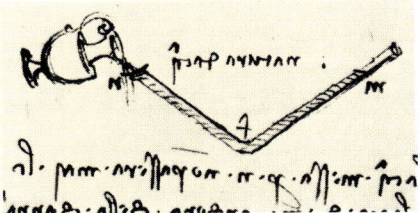

197/1

197/1-6
Unter der Überschrift »Natur des Wassers« (oben) zeigt Leonardo, daß Wasser stets ein gleiches Niveau anstrebt. Offensichtlich hat er diesen Beweis aus den Schriften Herons kopiert. In der Skizze ganz links illustriert Leonardo, daß Wasser bei gleichem Druck aus einem engen Gefäß höher spritzt. Die nächste Skizze zeigt, daß das aus dem Rohr steigende Wasser fast die gleiche Höhe erreicht

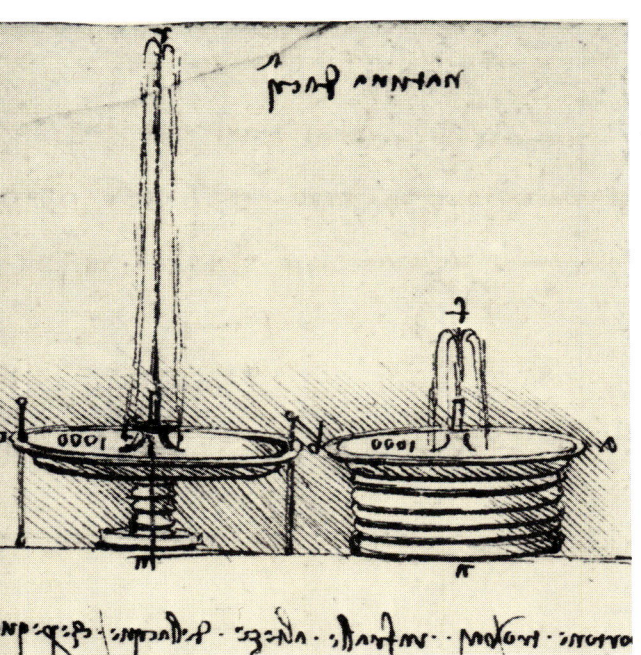

197/2

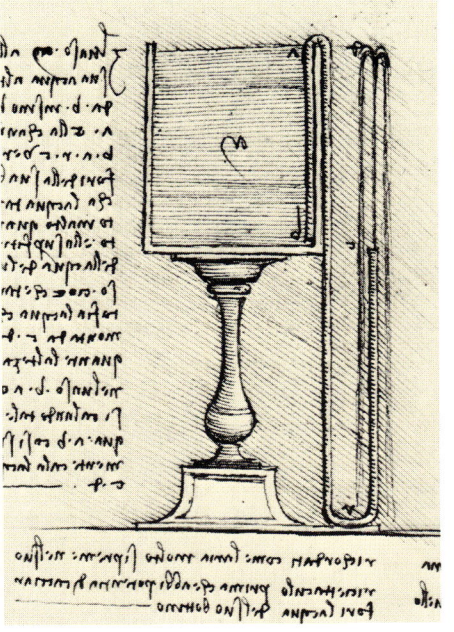

197/3

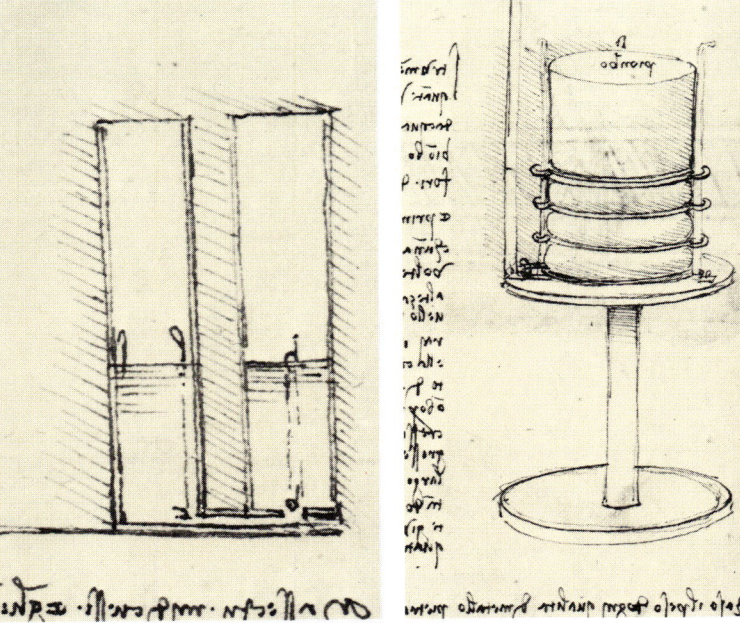

197/4   197/5

wie zuvor im Wasserbehälter. Daneben die Darstellung des Wasserspiegels in zwei durch eine U-Röhre verbundenen Behältern. In der nächsten Zeichnung wird Wasser zur Bestimmung des spezifischen Gewichts von Festkörpern verwendet. Unten berechnet er die Kraft, die Wasser auf den Gefäßboden ausübt.

MADRID I 125r, 124r, 125r, 150r, 33r, 150r

sowohl die Flüssigkeit als auch die Luft in den Behältern. Damit beweist er, daß er das Verhalten dieser beiden Stoffe als gleich erachtete. Doch hier begannen Leonardos Schwierigkeiten: Er bemerkte nicht, daß der Druck in einem Behälter nicht nur von dem Gewicht der Flüssigkeit abhängt, sondern auch von der Fläche, auf die das Gewicht einwirkt. Dabei ist der Druck pro Flächeneinheit bei einem gegebenen Niveau gleichbedeutend mit dem Druck pro Flächeneinheit des Balgs, die in Kontakt mit der Flüssigkeit steht. Als er die Zeichnungen im Codex Madrid I[5] anfertigte, glaubte Leonardo, daß sich der gewichtsabhängige Druck über den gesamten Bereich des »Vakuums« ausdehnt, das heißt über die gesamte Fläche des Behälters [196/3 und 197/3]. Dies scheint uns die einzig plausible Interpretation zu sein, die Leonardos Spekulationen zu diesem Thema vollständig und präzise erklärt. (Vor Auffindung von Codex Madrid I waren nur sehr vage und unbestimmte Aussagen hierzu möglich.) Wahrscheinlich erschien ihm die Annahme absurd, die Summe des äußeren Flüssigkeitsdrucks könne viel größer sein, als die Summe des Gewichts. Für ihn war dies gleichbedeutend mit der Behauptung, Kraft könne aus nichts entstehen. Es war ihm zu seiner Zeit unmöglich, den Gleichgewichtszustand eines Flüssigkeitsteilchens in Kontakt mit der Behälteroberfläche zu begreifen und zu erkennen, daß auf dieses Teilchen von allen Seiten ein gleicher Druck einwirken mußte, damit es sich nicht von der Behälteroberfläche fortbewegt. Derartige Überlegungen wurden erst 300 Jahre später angestellt. Sein Irrtum, der sich in zwei aufeinanderfolgenden Stadien in seinem Denken festsetzte, ist verständlich. Tatsächlich ist, wie er in einer »Definition« im Codex Madrid I unter der Überschrift »Natur des Wassers«[6] feststellt, in einem zylindrischen Behälter mit einem akkordeon-ähnlichen, ausziehbaren Boden, der mit Wasser gefüllt und mit einem Gewicht belastet ist, der Druck äquivalent zur Höhe eines Wasserstrahls, der einem mit dem Behälter verbundenen Rohr entspringt [197/2]. Er nimmt an, diese Höhe verändere sich genau

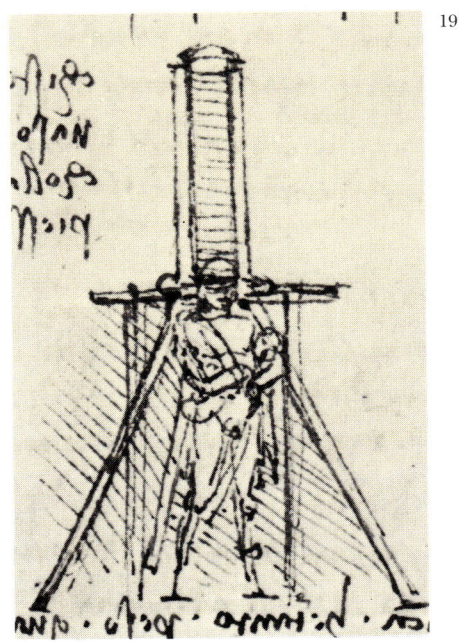

197/6

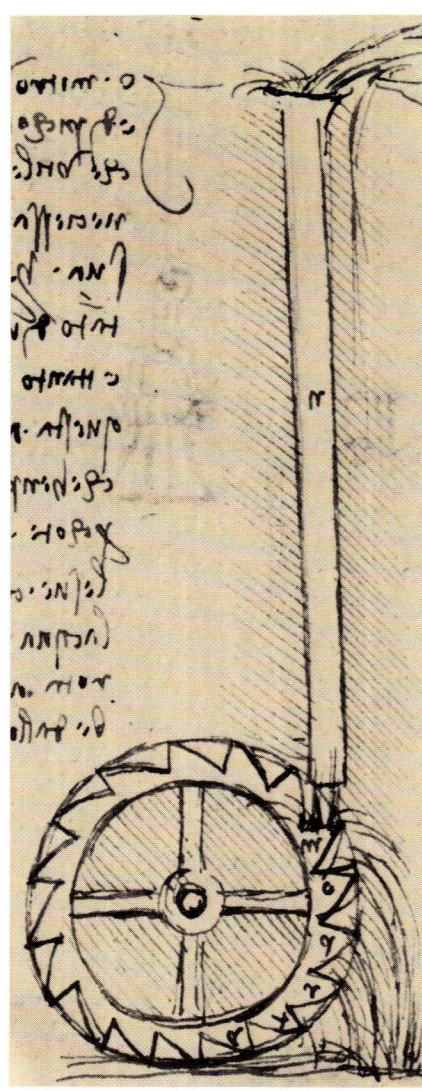

198/1

*Hier wird gefragt, welcher dieser vier Wasserausflüsse einen stär-
keren Aufschlag und eine größere Kraft hat, um ein Rad zu drehen, Strom* a *oder* b, c *oder* d. *Und mir scheint, obwohl ich noch
keinen Versuch gemacht habe, daß ihre Kraft gleich sein muß,
und zwar weil ich in Betracht ziehe, daß der Strom* a, *wenn er
aus großer Höhe abstürzt, nichts hinter sich hat, das ihn treibt,
also im Gegensatz zu* d, *der die ganze Höhe des Wassers über
sich hat, das ihn fortdrängt. Wenn also der Strom* d *einen großen Aufschlag hat, hat er nicht das Gewicht des Stromes* a. *Und
so fort für* b *und* c, *und zwar in der Weise, daß, wo die Stoßkraft fehlt, das Gewicht des Wassers beim Fall wirksam wird.*

198/1 und 2; 199/1 und 2
*In der Poebene dienten Kanäle zur Krafter-
zeugung. Hier kam der Bewegung von Flüssigkeiten eine große Bedeutung zu. Wahrscheinlich im Rahmen seiner Tätigkeit als
herzoglicher Ingenieur untersucht Leonardo
hier die von drei verschiedenen Wasserfällen
geleistete Arbeit. Bei einem dünnen Strahl
und großer Fallhöhe empfiehlt er eine schmale
vertikale Röhre zum Bündeln der Kraft des
Wassers vor dem Auftreffen auf das Rad
(oben; Madrid I, 22v). Auf der gegenüberliegenden Seite beschäftigt er sich in zwei Skizzen
(151v) damit, einen starken Strahl bei geringer Fallhöhe in vier gleiche Strahlen aufzutei-
len. Sehr bedeutsam ist seine Studie rechts
(134v) über Wasser, das in vier unterschiedlichen Höhen aus einem Behälter kommt. Er
gelangt zu dem Schluß, daß die »Kraft« oder
Energie bei allen vier Strahlen gleich ist —
ein grundlegendes Theorem der heutigen Hydrodynamik.*

umgekehrt zu dem Zahlenverhältnis zwischen der »Größe« (Durchmesser) der
Röhre und der Größe des Behälters und sei daher von der Gesamtfläche des
Bodenteils unabhängig.

Dennoch sind Leonardos Ergebnisse zumindest qualitativ korrekt: In seiner
Zeichnung der zylindrischen Behälter, auf die dasselbe Gewicht drückt (1000
Pfund), ist der Wasserstrahl, der dem Behälter *m* mit kleinerem Durchmesser
entspringt, höher als der aus dem Behälter *n*. Wir sagen heute, daß dies deshalb
der Fall ist, weil die belastete Fläche des Behälters *m* ein Zehntel der Fläche des
Behälters *n* beträgt und der Druck in *m* daher um den Faktor 10 größer ist als der
Druck in *n*. Doch Leonardo vertrat die Meinung, da die Röhren beider Behälter
die gleichen Abmessungen haben, habe die Röhre in *n* einen Durchmesser, der
einem Hundertstel des Durchmessers ihres Behälters entspreche, während der
Durchmesser der Röhre in *m* ein Tausendstel des Durchmessers ihres Behälters
betrage und damit um dem Faktor 10 kleiner sei. Wie eine Skizze im Codex
Madrid I zeigt, bemerkte Leonardo, daß die Spitze des Wasserstrahls bis an den
Wasserspiegel im Behälter reicht [197/3].[7] Gleichermaßen korrekt waren seine
Experimente mit Behältern mit zusammenfaltbaren Wänden, die er anstellte, um
unter Verwendung verschiedener Flüssigkeiten in dem Behälter das spezifische
Gewicht von Festkörpern zu ermitteln [197/5].[8] Das Gewicht sollte dabei von
zylindrischer Form sein und den gleichen Durchmesser wie die obere Öffnung
des zylindrischen Behälters haben. Daher war der Druck auf die Flüssigkeit gleich
dem Gewicht des zylindrischen Festkörpers. Um die Größe des auf die Flüssigkeit
ausgeübten Drucks zu ermitteln, stellt sich Leonardo das zylindrische Gewicht in
viele vertikale Elementarzylinder zerlegt vor, unter denen sich jeweils in der
Flüssigkeit ein vertikaler Zylinder von gleichem Durchmesser befindet. Bei allen
flüssigen Zylindern wird dann der durch das Gewicht ausgeübte Druck durch den
Gegendruck des Behälterbodens ausgeglichen, doch bei dem Elementarzylinder,
der sich über einer Öffnung im Bodenteil (deren Durchmesser gleich dem des
Elementarzylinders ist) befindet, wird der durch das Gewicht ausgeübte Druck
durch das Gewicht der Wassersäule ausgeglichen, die in einem äußeren, mit der
Bodenöffnung verbundenen U-förmigen Rohr aufsteigt. Das Wasser in dem Rohr
steigt um ein Vielfaches der Höhe des Gewichtes, und dieser Faktor verkörpert

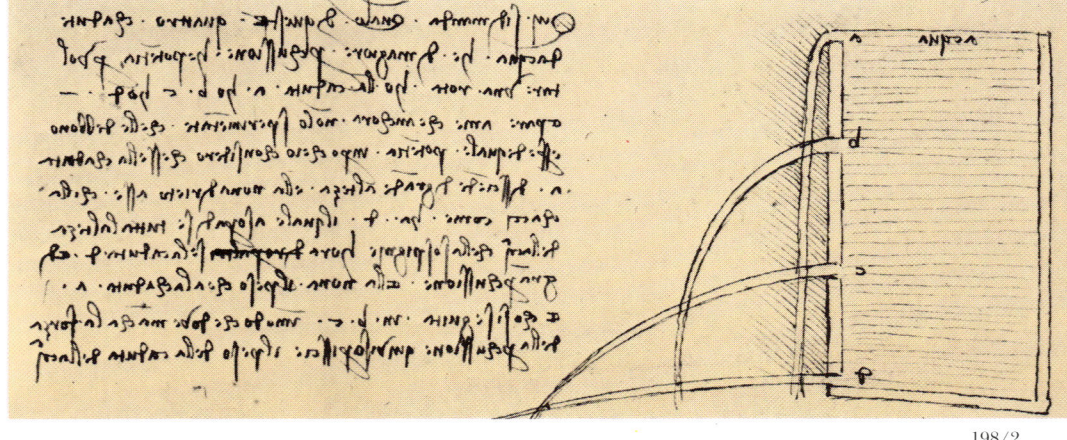

198/2

das Verhältnis von spezifischem Gewicht des Festkörpers und dem der Flüssigkeit.
Dieselbe Vorrichtung verwendete Leonardo zur Messung hydrostatischer Gleich-
gewichtszustände im Codex Madrid I[9] und in anderem Zusammenhang im Codex
Atlanticus und im Codex Leicester.[10]

Während Leonardo versuchte, die Gesetze der Hydrostatik zu ergründen, vergaß
er nicht, welche Wichtigkeit der Erforschung bewegter Flüssigkeiten zukam. Es
war allgemein bekannt, daß fließendes Wasser, das abgelenkt oder gestaut wird,
einen Druck erzeugt, der nutzbringend eingesetzt werden kann, manchmal aber
auch von verheerender Gewalt ist. Dieses Wissen war besonders wichtig für die
Bewohner der Poebene, wo das Wasser der großen Kanäle zur Energiegewinnung
diente und eine bedeutende herzogliche Einkommensquelle darstellte. Die
hohen Kosten von Dammbauten und Uferbefestigungen einerseits und die
Einnahmen durch Abgabe von hydraulischer Kraft andererseits warfen ein Problem auf, in dem zwei wesentliche Unbekannte bestimmt werden mußten: Wie
hing die von dem abgegebenen Wasser verrichtete Arbeit von seiner Masse und

der Höhe des Wasserfalls ab, gemessen von der Verteilermündung bis zum auffangenden Kanal? Wahrscheinlich wurde Leonardo von den Finanzbehörden vor dieses Problem gestellt. In diesem Zusammenhang lassen sich drei von Leonardo in seinen Aufzeichnungen in Codex Madrid I untersuchte Möglichkeiten unterscheiden: 1. ein dünner Strahl entströmt einem hohen Wasserfall [198/1]; 2. ein starker Strahl entströmt einem niedrigen Fall (ungefähr 1,50 m hoch); er wird in vier gleiche Strahlen aufgespalten, von denen jeder die gleiche Arbeitsleistung erbringen soll [199/1 und 2]; 3. Wasser entströmt bei vermutlich konstantem Wasserspiegel in verschiedenen Höhen einer Öffnung in der Wand eines Behälters [198/2].

Die letzte Möglichkeit ist am interessantesten, da sie wissenschaftlich ergiebiger als die beiden anderen ist.[11] Obwohl die einzelnen Strahlen unter verschiedenen Bedingungen aus dem Behälter austreten, wobei die anfängliche Strahlgeschwindigkeit bei verringerter Höhe der Öffnung zunimmt, kommt Leonardo zu dem Schluß, daß die »Kraft« (potentia) aller Strahlen gleich ist, denn »wo die Stoßkraft fehlt, wird das Gewicht des Wassers beim Fall wirksam«. Leonardos Beweisführung, die sich liest, als debattiere er mit sich selbst und als fehlte ihm noch eine experimentelle Verifikation, scheint folgendermaßen zu lauten: Jedes Wasserteilchen im freien Fall gehorcht nur der Einwirkung seines Eigengewichts. Es bewegt sich, da es Gewicht hat. Dabei erlangt es einen Impetus (was wir als Impuls bezeichnen), der zu einer Perkussion (was wir Stoß nennen) führt, wenn es auf Widerstand stößt. Ein Teilchen auf dem Boden des Behälters ist nicht nur seinem Eigengewicht ausgesetzt, sondern auch dem Gewicht aller über ihm bis zur Wasseroberfläche befindlichen Teilchen. Bei einem am Behälterboden befindlichen Teilchen bestimmt einzig das Gewicht der über ihm befindlichen Teilchen die Kraft, die es hat, wenn es den Behälter durch eine Bodenöffnung verläßt. Doch für ein Teilchen, das sich oberhalb des Behälterbodens befindet und nach unten bewegt, setzt sich die Kraft vor dem Erreichen des Bodens aus zwei Teilen zusammen: Ein Teil entspricht dem Gewicht der Wassersäule, die sich anfänglich über ihm befand, und der andere Teil ergibt sich aus dem Impuls, der aus der Geschwindigkeit seines Absinkens entsteht. Wenn der eine Faktor zunimmt, nimmt der andere Faktor ab. An der Wasseroberfläche wird keine Kraft mehr

»Menge einer wahren Unze Wasser«

199/3

Vermutlich im Auftrag des französischen Statthalters der Lombardei bemühte sich Leonardo um eine Lösung der umstrittenen Wassermessung. Leonardo schlug ein Meßverfahren nach »Unzen« vor. In seiner Skizze oben ist die aus der Öffnung ausströmende Menge des Wassers direkt proportional zur Wasserhöhe über der Öffnung. Der Begleittext lautet: »Die Wassermenge, die in einer bestimmten Zeit durch eine bestimmte Öffnung fließt, wird derjenigen gleich sein, die in der gegebenen Höhe über der Öffnung steht.« Mit »Höhe« meint Leonardo den vertikalen Abstand zur Wasseroberfläche. Da Leonardo die Fallgesetze noch nicht kannte, berücksichtigte er anstelle der Quadratwurzel nur ein lineares Verhältnis zwischen Durchflußgeschwindigkeit und hydrostatischem Druck. MS. F 53r

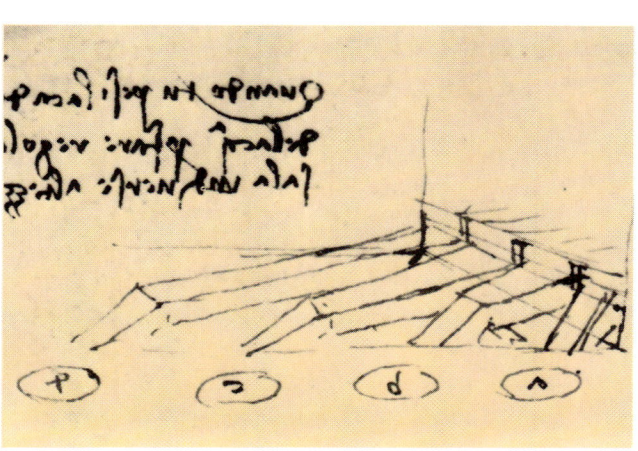

199/1

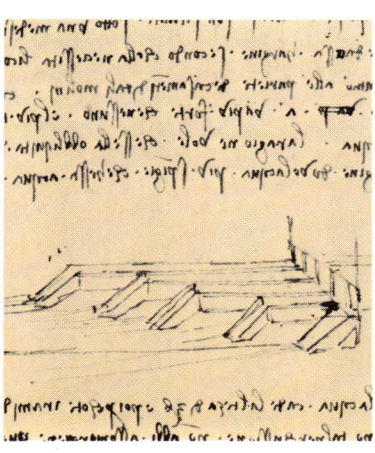

199/2

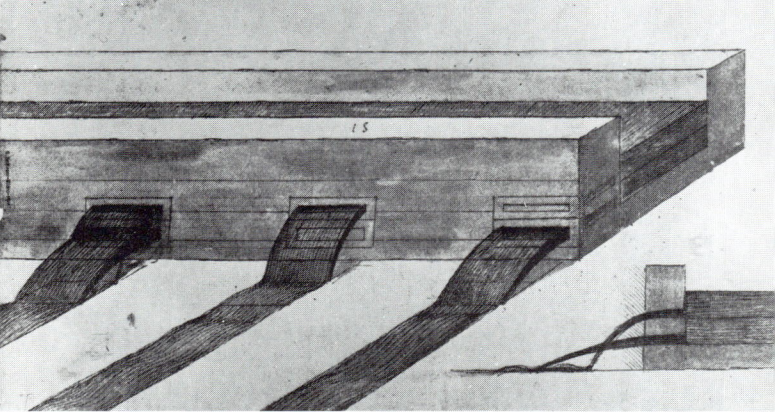

199/4

Leonardos Untersuchungen zur Messung und Verteilung von Wasser zu Bewässerungszwecken fanden ein Jahr nach ihrer theoretischen Ausarbeitung ihre praktische Anwendung. Die sorgfältige Ausführung der Zeichnung oben läßt keinen Zweifel an der Absicht, sie den französischen Behörden vorzulegen. Leonardo kam zu der Überzeugung, daß die Bewässerungsöffnungen möglichst breit und von geringer Höhe sein sollten, um den Sog der schnelleren, niedrigeren Schichten zu verringern. ATLANTICUS 395r-a

durch von oben kommenden Druck ausgeübt, an dem Gefäßboden verschwindet die Kraft durch die Fallgeschwindigkeit. Daher bleibt für jeden Punkt die Summe dieser Kräfte konstant.

Natürlich verwendete Leonardo in seinen Überlegungen nicht die heute gebräuchliche, präzise Terminologie. Insbesondere der Begriff »Energie« wurde erst über dreieinhalb Jahrhunderte später exakt definiert und in der Folge ein Grundbegriff für unser Verständnis der physikalischen Welt. Dennoch ist der Schluß, zu dem Leonardo gelangt, von größter Bedeutung, denn er stellt damit den grundlegenden Lehrsatz der Hydrodynamik auf. In Formulierung und Inhalt entspricht er dem 1738 von Daniel Bernoulli verkündeten Gesetz [200/1]. Wir müssen nur für das Wort »Kraft« (potentia) unser Wort »Energie«, für »Gewicht« unser Wort »potentielle Energie« und für »Perkussion« oder »Stoßkraft« — von Leibniz irrtümlich »lebendige Kraft« (vis viva) genannt — unser Wort »kinetische Energie« einsetzen. Die große Bedeutung von Leonardos Schlußfolgerung, insbesondere in seiner Zeit, wird deutlich, wenn wir berücksichtigen, daß die Aussage, »wo die Stoßkraft fehlt, wird das Gewicht des Wassers wirksam«, ganz und gar nicht selbstverständlich ist. Denn dieser Satz ist nur dann wahr, wenn vorausgesetzt wird, daß die Anfangsgeschwindigkeit eines Strahls zu Beginn seines freien Falls gleich der Geschwindigkeit ist, die ein höher ansetzender Strahl in derselben Höhe erreicht. Das bedeutet, daß für die Bewegung aller Strahlen ab der Höhe dieses Strahls die gleichen Bedingungen gelten. Doch hierin ist die Gültigkeit des Fallgesetzes mit einbeschlossen, ein Gesetz, das erst Galilei [200/2] aus seinen Experimenten ableitete und Torricelli [200/3] 1642 klar formulierte.

Natürlich gilt das bisher Gesagte nur dann, wenn die aus allen Öffnungen austretende Wassermenge identisch ist. Leonardo spricht dies nicht ausdrücklich aus, doch muß er diese Bedingung vorausgesetzt haben, da sich sinnvolle Vergleiche nur mit gleichen Mengen von fließendem Wasser in gleichen Zeitintervallen vornehmen lassen. Es wäre absurd, die »Kraft« eines Rinnsals mit der des Flusses gleichzusetzen. Doch da Leonardo schon wußte, daß die Ausflußmenge aus einer Öffnung von deren Durchmesser und von der Ausflußgeschwindigkeit abhängt, und da die letztere mit dem tiefer Setzen der Öffnung zunimmt, muß der Durchmesser der Ausflußöffnung entsprechend der Höhe variiert werden, um an allen Öffnungen die gleiche Ausflußmenge zu erhalten. Da die Öffnungen in Leonardos Zeichnung des Wasserbehälters alle auf gleicher Höhe liegen und da Leonardo nur rechteckige Öffnungen in Betracht zog (wie sie damals in der Lombardei für den Zufluß der Bewässerungskanäle üblich waren), mußte ihre Breite umgekehrt zur Quadratwurzel ihres vertikalen Abstands zur Wasseroberfläche verändert werden, um Torricellis Gesetz gerecht zu werden.

Das Fallgesetz fester Körper war zur damaligen Zeit nicht bekannt. Leonardo wollte die Richtigkeit seiner intuitiven Erkenntnisse über die »Kraft« offenbar durch eine genauere Definition des Wasserflusses beweisen. Als er einige Jahre später eine neue Meßmethode für Wasser in »Unzen« vorschlug, griff er in den Manuskripten F und I denselben Entwurf wieder auf, zeichnete ihn in derselben Weise neu und vermerkte am Rand: »Menge einer wahren Unze Wasser«.[12] (Der französische Statthalter der Lombardei übertrug Leonardo während seines zweiten Aufenthalts in Mailand wahrscheinlich die Aufgabe, ein für alle Mal das Problem der Wassermessung zu lösen.) [199/3 und 4]

Als herzoglicher Ingenieur war Leonardo vermutlich für die Wasserwirtschaft zuständig, einer der wichtigsten Einkommenszweige des Herzogtums. Sein Interesse für die hydraulischen Anlagen der Lombardei hielt auf jeden Fall an und ging sogar über seinen phantastischen Plan hinaus, Florenz zu einem Knotenpunkt der Binnenschiffahrt zu machen. Doch in seinen Aufzeichnungen beschäftigte sich Leonardo neben hydraulischen Anlagen auch mit Fragen der Wasserkraft. Es ist zu bezweifeln, daß er sich an der Lösung von Problemen wie den beschriebenen versucht hat, ohne damit beauftragt worden zu sein. Zur Wasserkraft stellte er sich unter anderem die Frage, wie sich die Strömung eines großen Kanals am besten nutzen läßt. Er teilte ihn in vier kleinere Kanäle auf, die jeweils ein Wasserrad antreiben, denn es war damals technisch unmöglich, die gesamte Kraft des Kanals in einem einzigen Rad einzufangen. Hier dachte er gewiß an die Wassermühlen der Certosa, 5 Kilometer oberhalb von Pavia, die möglicherweise in einer Zeichnung des Codex Atlanticus dargestellt sind.[13]

Leonardo genoß auf dem Gebiet der Hydraulik einen ausgezeichneten Ruf, denn nach dem Sturz Lodovicos wurde ihm vom venezianischen Senat der Auftrag erteilt, einen Plan zur Überflutung des unteren Isonzotals unterhalb von Gorizia (Friaul) auszuarbeiten. Damit sollten mögliche Einfälle der Türken abgewehrt werden, die damals an der Ostgrenze des venezianischen Machtbereiches eine große Bedrohung darstellten. Die Blätter des Codex Atlanticus enthalten in Umrissen Teile des Berichts, den Leonardo zusammenstellte, als er an diesem Auftrag im Friaul arbeitete. Er schlägt hier einen regulierbaren Damm für den Isonzo vor, der auf Böcke montiert und mit Toren versehen ist, die entlang der oberen horizontalen Kante in Angeln aufgehängt sind. Sie erlauben einerseits ein schnelles Erhöhen des Wasserspiegels und machen andererseits ein kontrolliertes Abfließen plötzlich auftretender Hochwasser möglich. 15 Jahre später griff Leonardo in Frankreich diese Konstruktion wieder auf, als er sich mit der Hochwasserregulierung von Loire und Cher und insbesondere mit der Trockenlegung der Sümpfe bei Romorantin befaßte. Im Bereich der Flußregulierung kamen ihm seine ausführlichen Studien über Strömungswirbel in Kanälen und

200/1

200/2

200/3

Leonardo näherte sich mit seinen Schlußfolgerungen über die Kraft fallenden Wassers Theorien, die viele Jahre später von drei berühmten Wissenschaftlern formuliert wurden. In seinen Überlegungen auf Seite 198 über Wasserfälle aus vier verschiedenen Höhen erkannte er ganz richtig, daß die Energie der Fälle von dem Verhältnis ihrer Geschwindigkeit und der Wasserhöhe im Behälter abhängt. Es fehlte ihm nur die Terminologie zur Formulierung des grundlegenden Theorems der Hydrodynamik. Es wurde erst 1738 von Daniel Bernoulli (ganz oben) entwickelt, der aus einer berühmten Schweizer Mathematikerfamilie stammte. Noch erstaunlicher ist Leonardos intuitive Einsicht in das Gesetz, dem die Fallgeschwindigkeit gehorcht. Dieses Gesetz wurde erst von den Experimenten des italienischen Physikers und Astronomen Galileo Galilei (oben rechts) abgeleitet und 1642 von seinem Landsmann Evangelista Torricelli (links) klar formuliert.

Flüssen sehr zu Hilfe, mit denen er zu Beginn seines Aufenthalts in Mailand begonnen hatte. Das zentrale Problem scheint für ihn im Verständnis und in der Erklärung der Frage bestanden zu haben, warum der Strom seinen geraden Verlauf verläßt und zur Ausbildung von Windungen neigt, und warum an der Oberfläche Verwirbelungen in Form von Wellen auftreten. Diese Wellen scheinen zu stehen, denn die Wasserteilchen folgen in ihrer Bewegung dem Wellenprofil. Außerdem bilden die Wellen stets den gleichen Winkel zur Achse des Stromes, ähnlich wie die Bugwellen eines in ruhigem Wasser fahrenden Schiffes. Leonardo nannte dieses Phänomen »säulenförmige Wellen« und machte es zum Gegenstand umfangreicher Untersuchungen [202/2-4]. Er erkannte sofort, daß es vielfältige, miteinander verwobene Ursachen haben mußte. Daher sammelte er zunächst Informationen über die verschiedensten Aspekte des Phänomens, um möglicherweise anhand ihrer Untersuchung zu einem allgemeinen Gesetz zu gelangen. Einige seiner Studien hierzu befinden sich im Codex Madrid I, doch der größte Teil erscheint in den Manuskripten B, C und G.

Die meisten Anregungen erhielt Leonardo bei der Betrachtung des Meeres. Auf seine flüchtigen Besuche in Genua im Gefolge Lodovico il Moros folgte sein Aufenthalt in Venedig, seine Besuche der adriatischen Küste während der Romagna-Feldzüge mit Cesare Borgia und schließlich seine Reise nach Piombino. Ganz besonders fesselte ihn die Beobachtung der Wellen, wie sie sich am Strand brechen, zurückgeworfen werden, sich wieder seewärts bewegen und von den einlaufenden Wellen überspült werden. Hier machte er sich das Gesetz der Unabhängigkeit von Wellenbewegungen und die Spiegelähnlichkeit ihrer Brechungen deutlich. Diesen Gesetzen zufolge, auf denen Huygens' Prinzip beruht, wird jeder Punkt, der von einer Welle getroffen wird, zum Ausgangspunkt einer neuen konzentrischen Bewegung, und die wechselseitige Beeinflussung und Überlagerung all dieser Bewegungen bestimmt die Form der sich fortsetzenden Wellenfront [203/2].

Diese und viele andere Beobachtungen sind im Codex Leicester zusammengetragen, der als eine umfangreiche Auflistung von Fragen und Argumenten zur praktischen Hydraulik in Kanälen und Flüssen, zur Wellenbewegung und zu

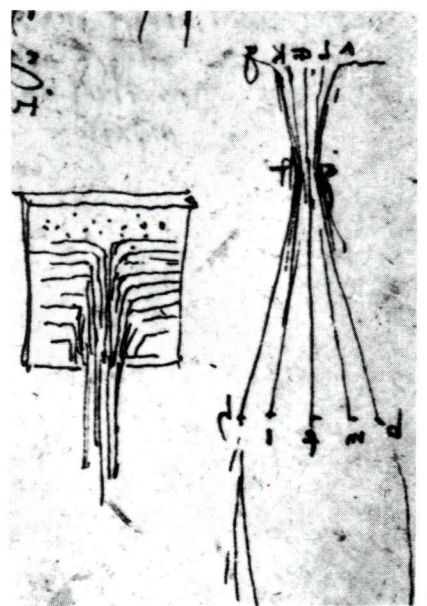

201/1

Zur Beobachtung von Bewegung und Bahnen von Flüssigkeitsteilchen, die aus einem Behälter aus dicht aneinandergesetzten Glasplatten austreten, empfiehlt Leonardo, der Flüssigkeit einige Samenkörner beizugeben. Es wird deutlich, daß nicht alle Teilchen parallel zur Öffnungsachse ausströmen, sondern daß sie sich auch von der Seite zur Öffnung hinbewegen (Skizze links) und daß sich der ausfließende Strom erst zusammenzieht und dann ausdehnt (Skizze rechts). Diese Skizze ist mit Buchstaben gekennzeichnet; ein erklärender Text fehlt. Vielleicht befand er sich auf der verlorenen Seite gegenüber. ATLANTICUS 81r-a

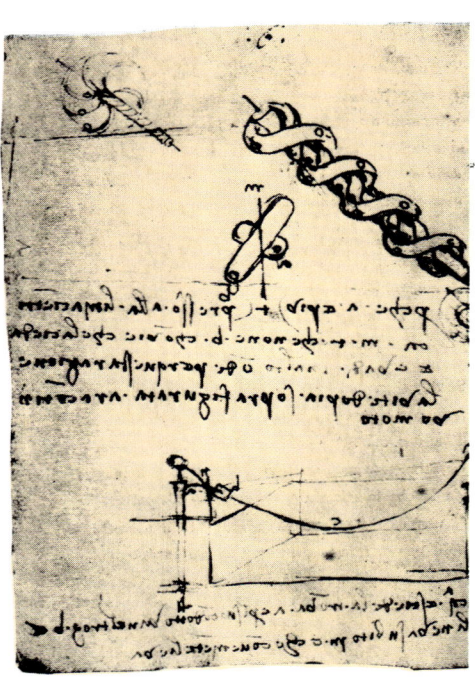

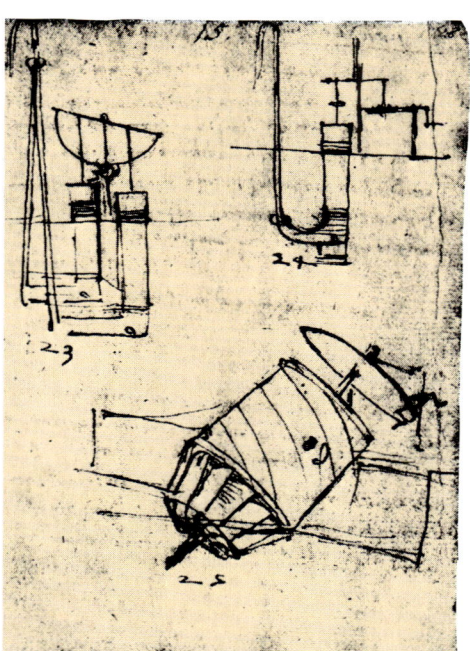

201/2   201/3   201/4   201/2-5   201/5

Leonardo hat sicherlich beobachtet, daß eine Flüssigkeit, die durch eine Wand oder Röhre in eine kurvenlinige Bewegung gedrängt wird, einen Druck auf die Außenfläche ausübt. Er muß zu dem Schluß gelangt sein, daß dieser Druck ein Drehmoment unterstützen kann. Nach dieser Erkenntnis entwarf er als Ersatz für die herkömmlichen Wasserräder konische Spiralröhren (mit aufsteigendem Hebelarm). Er wollte diese gewundenen Röhrenmechanismen zum Heben von Wasser einsetzen. FORSTER I² 42v, 43v, 48r, 52v

Problemen des Wasserflusses und seiner Messung betrachtet werden kann. Hier werden die Messungen zur Fließgeschwindigkeit von Wasser wiederholt, die Leonardo an schwimmenden Stäben vornahm, die durch Schwimmer und Ballast in einer nahezu vertikalen Stellung gehalten wurden. Die Erfindung dieser Stäbe, die auch heute noch in Gebrauch sind, wurde verschiedentlich Gelehrten zugeschrieben, die später als Leonardo lebten, zum Beispiel Benedetto Castelli und Pater Cabeo von Ferrara. Möglicherweise waren sie aber schon lange Zeit bei den Wasserbaumeistern der Poebene in Gebrauch, von denen sie Leonardo vielleicht übernahm, da sie ihm vernünftig und praktisch erschienen. Er schreibt sich ihre

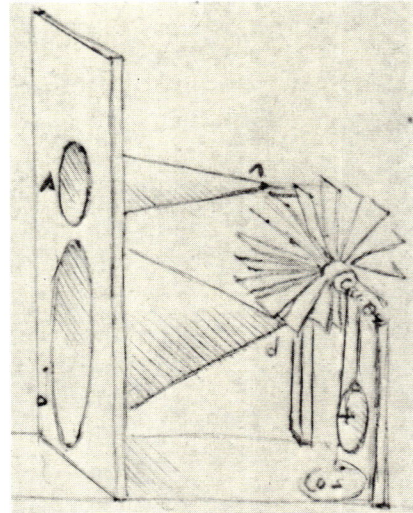

Hier entwirft Leonardo ein Experiment zur Messung der erhöhten Durchflußgeschwindigkeit bei sich konisch verjüngenden Öff-

202/1

nungen. Er versieht einen Windmesser mit Schaufeln und entwickelt auf diese Weise den ersten bekannten Strömungsmesser.

ARUNDEL 241r

202/2-4
Leonardo befaßte sich auch mit den Wirbeln von Strömen in Flüssen und Kanälen. Er suchte nach einer Erklärung dafür, weshalb der Strom seinen geradlinigen Lauf verläßt und Wellen bildet, die in einem konstanten Winkel zum Strom stehen, ähnlich wie die Bugwellen eines Schiffes. Er bezeichnete sie als »säulenförmige Wellen« und machte hierzu zahlreiche Zeichnungen. MS. F 90v, 90r, 47v

202/2

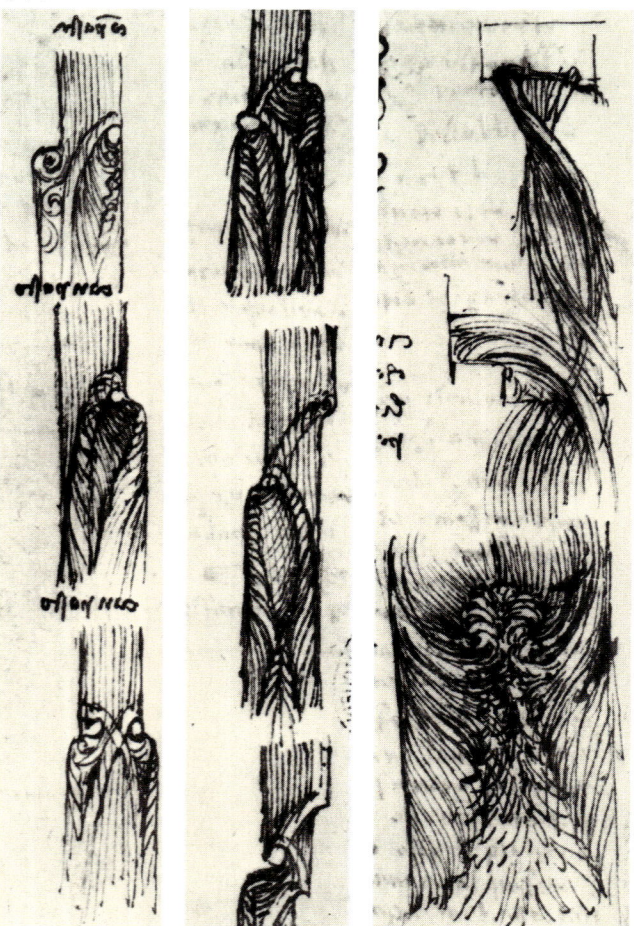

Erfindung jedenfalls nicht zu. Er entwickelte jedoch andere Hilfsmittel, um neben der Geschwindigkeit auch die »Kraft« von Luft- und Wasserströmungen zu messen. Hierzu gehört ein interessantes Gerät, das aus einem fächerartigen, mit vielen Schaufeln versehenen Rad besteht. Es wird durch ein Gegengewicht gebremst, das von einem an der Achse befestigten Tau herabhängt [202/1].[14] Wie und in welchem Umfang er dieses Gerät genutzt haben mag, ist schwer zu sagen. Andererseits ist nahezu gewiß, daß Leonardo sich als erster Hydrauliker mit Strömungsmessungen beschäftigte, die auf Öffnungsdurchmessern und Ausflußgeschwindigkeiten beruhten. Seine Forschungen zur Hydraulik erreichen ihren Höhepunkt während der Zeit seines zweiten Mailänder Aufenthaltes, als die Franzosen die Stadt besetzt hatten (damals machte er seine Aufzeichnungen über die »Menge einer wahren Unze Wasser« in den Manuskripten F und I). In diese Zeit fallen seine letzten großen Projekte, deren Krönung der Plan bildet, Mailand über eine Wasserstraße mit dem Lago di Como, dem Splügenpaß und dem Engadin zu verbinden. Der Martesana-Kanal war hierfür ungeeignet, da er zu weit flußabwärts aus der Adda abzweigte [206/1]. Zuerst dachte Leonardo daran, die Seen der Brianza in diesen Plan einzubeziehen [204/1], doch dann konzentrierte sich seine Aufmerksamkeit auf die Idee, ungefähr 4 Kilometer oberhalb von Trezzo, unmittelbar unterhalb der Brücke bei Paderno [204/2 und 205/1-3], einen Damm in der Adda zu errichten. Hier befand sich eine natürliche Schlucht — die Tre Corni unter der Rocchetta a Santa Maria. Sie war durch eine Felsformation aus Konglomeratgestein entstanden, das der Wassererosion standhielt. Große Kähne konnten die Enge nicht passieren. [207/1].

Durch einen an den Felsen der Tre Corni errichteten Steinwall von ungefähr 27 Meter Höhe ließ sich der Fluß stauen. An der Bergseite des Tals sollte in das Konglomeratgestein eine große Schleuse gebaut werden. Durch sie sollte die von den Schiffen zu befahrende Fläche so weit gesenkt werden, daß durch einen Tunnel unter den Tre Corni Mailand ohne weitere Schleusen zu erreichen war. Damit war eine Lösung für ein Problem gefunden, das schon seit Jahrzehnten — seit sich unter den Sforza herausstellte, daß der Martesana-Kanal den Ansprüchen nicht genügte — immer wieder aufgegriffenen wurde.

Das von Leonardo ins Auge gefaßte Projekt übertraf die Möglichkeiten seiner Zeit. Schon der Abfluß durch einen Tunnel, der durch ein Schleusentor verschließbar war, warf eine Reihe schwerwiegender Probleme auf, an deren Lösung die verfügbare Technologie scheitern mußte. Doch das Projekt wurde, vielleicht aufgrund seiner Kühnheit, von den verschiedenen Herrschern der Lombardei niemals vollständig aufgegeben. Nach der Schlacht von Melegnano und der Wiederbesetzung Mailands durch die Franzosen wurde es wieder aufgegriffen. Leonardo, der bereits in Frankreich lebte, nannte dem König die Namen von Technikern, denen eine Verwirklichung des Projekts zuzutrauen war. Gegen Ende des 16. Jahrhunderts wurde es schließlich in weit geringerem Umfang abgeschlossen. Aufgrund der kleineren Ausmaße und der Einschränkung der Arbeiten für die Hauptschleuse brachte es nie den wirtschaftlichen Nutzen, den sich seine Planer ursprünglich erhofft hatten. Das war das letzte bedeutende hydraulische Projekt Leonardos. Sein Ruhm war jedoch so weit verbreitet, daß er auch zu großen Problemen der Trockenlegung von Sümpfen um Rat gefragt wurde. Giuliano de' Medici, der Bruder von Papst Leo X., beauftragte ihn mit der Trockenlegung der Pontinischen Sümpfe. In einer herrlichen Farbzeichnung illustrierte Leonardo das ihm vorschwebende Projekt. Sein Vorschlag brachte zwar keine endgültige Lösung, war jedoch auch unter wirtschaftlichem Gesichtspunkt realisierbar. Schließlich untersuchte Leonardo für den französischen König Möglichkeiten zur Erschließung der Ebene von Romorantin. Hier wollte er den Cher durch einen Damm mit beweglichen Toren regulieren, »wie jene, die ich in Frigholi empfohlen habe«, notiert Leonardo.

Während er noch mit dem Entwurf des Dammes in der Adda beschäftigt war, fand die Rotationsbewegung von dünnen Spiralröhren, in die von oben Wasser eingeleitet wurde, die sogenannten *cichognole*, zusehens sein Interesse. Möglicherweise wurde er hierzu durch die zunehmende industrielle Verwendung von Wasserkraft angeregt. Leonardo hatte bereits früher Wasserräder mit radialen Schaufeln für flache Gewässer entworfen. Jetzt übertrug er das Reaktions-Prinzip, das ihm auch in seinen aerodynamischen Implikationen klar war, auf diese *cichognole*. Die Anordnung dieser Spiralrohre, die in vielen Punkten und selbst in den Anwendungen, der archimedischen Schraube gleichen, mag eigenartig

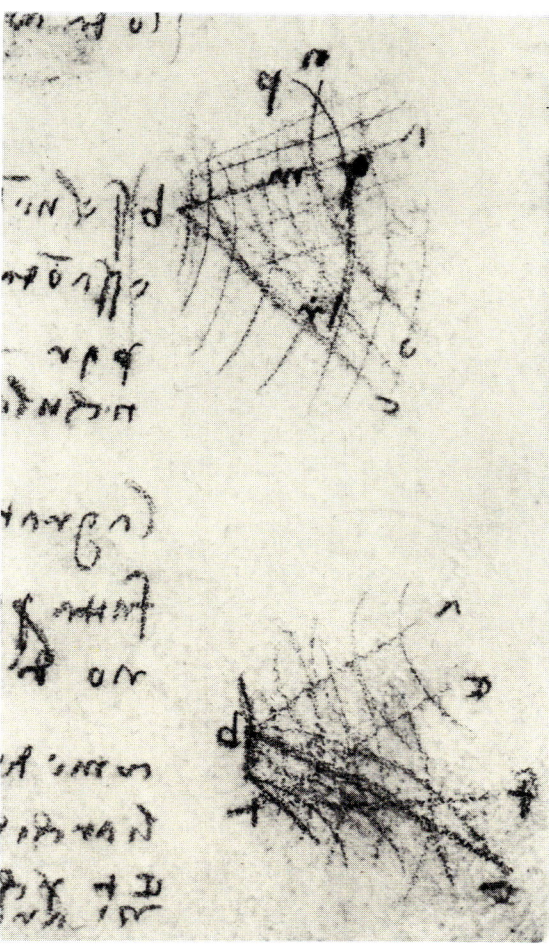

Leonardo war von der Gewalt der sich am Strand brechenden Meereswellen fasziniert. Während eines Aufenthaltes in Piombino 1504 entstanden diese Wellenskizzen (Madrid II, 126r); der Begleittext lautet: »Die Wellen des Meeres nehmen nichts vom Strand weg. Alle Gegenstände, die frei im Meer ge-

lassen werden, werden vom Meer ans Land gespült. — die Oberfläche des Wassers bewahrt für eine gewisse Zeit die Spur der Wellen.« Dann folgt die Beschreibung der sich brechenden Wellen. Leonardo erfaßt dabei die Gesetze der Wellenbewegung, die zu Huygens' Prinzip führen, daß jeder Punkt, der von einer Welle getroffen wird, zum Ausgangspunkt einer neuen Bewegung wird, und daß die Summe aller Bewegungen die Form der sich fortsetzenden Wellenfront bestimmt. Der holländische Physiker und Astronom Christian Huygens (oben) formulierte das Gesetz 1763.

*Der Plan einer Wasserstraße von Mailand
aus nach Norden zum Comer See, von dort
zum Splügen-Paß und ins Engadin war das
letzte große Projekt dieser Art während Leonardos Mailänder Zeit. Der bestehende Martesana-Kanal war ungeeignet, da er zu weit
flußabwärts von der Adda abzweigte und
eine zu geringe Wassertiefe hatte. Leonardo
stand jetzt im Dienst der Franzosen, die Lodovico abgesetzt hatten. Sein erster Vorschlag
für den Verlauf der Wasserstraße wird im
Codex Atlanticus 275r-a gezeigt. Über den*

anmuten. Es gibt sie in zahlreichen Versionen, in der Regel mit Paaren von
Spiralen. Eine äußere Spirale dient als Antrieb einer inneren Spirale mit geringerem Durchmesser. Die erste macht sich den Fall des Wassers zunutze, während
die zweite das Wasser auf eine größere Höhe bringt. Es ist nicht ganz deutlich,
was Leonardo mit diesen Forschungen im Sinn hatte, da seine Skizzen hierzu
keine Überschriften tragen. Man sollte jedoch nicht den voreiligen Schluß
ziehen, Leonardo habe jemals seine Überzeugung aufgegeben, daß die immerwährend Bewegung unmöglich ist. Seine Überlegungen hierzu stehen wohl
eher im Zusammenhang mit der Bestimmung der Kraft von Wasserfällen, einem
Problem, mit dem er sich lange Zeit beschäftigte, und mit den beiden Reaktions-

204/2

*Lauf des Lambro-Flusses (oben auf der Kar-
te) und die Seen der Brianza werden die Seen
von Lecco und Como erreicht. Doch bald
entdeckte Leonardo, daß große Höhenunter-
schiede die Errichtung einiger Schleusen erforderlich machen würden. Daraufhin entwickelte er, wie es typisch für ihn war, einen
weit einfallsreicheren, faszinierenden Plan,
der auf der gegenüberliegenden Seite erläutert
wird.*

kräften, die durch den Ausfluß an der Rotationsachse wirksam werden, nämlich
einem treibenden und einem hemmenden Moment.
Diese Studien sind besonders interessant. Aus ihnen geht hervor, daß Leonardo
den Reaktionsstoß des Wasserstrahls besser verstand und gezielter anwandte als
es in den Windmühlen des Heron der Fall war. In Leonardos treibender *cichognola*
beschleunigt die Flüssigkeit im Fallen, wobei ihre Bewegung analog zu der der
Wasserteilchen in einer modernen Aktions-Turbine ist. Wenn das Wasser sich
beschleunigt und seine Druckkraft auf die Seitenwände der Spiralen zunimmt,
nimmt deren Krümmungsradius zu, und dadurch auch der Hebelarm des reak-

tiven Paars. Newtons drittes Gesetz (1663) wurde hier offensichtlich erkannt und angewandt. Andererseits ist aus den erhaltenen Skizzen nicht ersichtlich, ob Leonardo jemals von diesen zeichnerischen Entwürfen zu maßstabgetreuen Modellen übergegangen ist. Die Technik seiner Zeit war noch nicht weit genug fortgeschritten, um wirkungsvolle und aufschlußreiche Experimente durchführen zu können. Wahrscheinlich handelt es sich hier um die letzten theoretischen Studien Leonardos im Bereich der Hydraulik. Die Aufstellung umfangreicher Serien von Fallbeschreibungen aus dem Bereich der angewandten Hydraulik im Codex Leicester endet mit der Formulierung von Prinzipien, die das Ergebnis langer und intensiver Beobachtungen waren. Obwohl diese Studien theoretische

204/2 und 205/1-3

Der schließlich von Leonardo gewählte Verlauf der Wasserstraße vom Comer See nach Mailand wies ein scheinbar unüberwindbares Hindernis im Flußlauf der Adda auf. Die Karte links [204/2], Codex Atlanticus 335 r-a, enthält einen Überblick über diesen Teil der Adda von Trezzo am unteren Rand bis zum Seehafen Brivio. In der Mitte der Karte liegt Tre Corni, eine natürliche Schlucht in einer Felsformation, die nur kleinen Schiffen die Durchfahrt gestattete [205/1]. Um den Felsen zu umgehen, entwarf Leonardo den

Für die Konstruktion der Fundamente des Steindamms unter Wasser sah Leonardo das unten gezeigte Pfahlgerüst vor. Gewöhnlich wurden solche Pfähle in das sandige Flußbett gerammt. Doch Leonardo war gezwungen, sie auf dem felsigen Grund zu verankern. Deshalb mußte das Holzgerüst, das die Pfähle verband, sehr stabil sein.

Der Steindamm ist in der Mitte offen; möglicherweise wollte Leonardo hier ein Schleusentor einsetzen, so daß große Flutwellen abfließen konnten.

Zur Verdeutlichung seiner Vorstellungen kombinierte Leonardo unten zwei Ansichten.

schiffbarer Tunnel

Schleusentor für den Tunnel

Steindamm, der das Tal absperrt.

Leonardos Zeichnungen oben stammen aus dem rechts abgebildeten Blatt.

205/1   205/2   205/3

oben (Atlanticus 141v-b) skizzierten Plan: Ein etwa 27 Meter hoher Damm staut den Fluß; eine große Schleuse an der Bergseite dient zur Regulierung der Wasserhöhe; das Wasser wird in einen Tunnel unter den Tre Corni geleitet, der über ein Schleusentor beschiffbar ist. Nach diesem genialen Plan sollte Mailand erreicht werden, ohne daß weitere Schleusen erforderlich waren.

Implikationen beinhalten, die selbst aus unserer heutigen Sicht von größter Wichtigkeit sind, so scheint Leonardo sie doch nicht weiter verfolgt zu haben. Er begnügte sich mit den schematischen Skizzen und den Eintragungen in die kleinen Notizbücher, die heute unter dem Namen Codices Forster bekannt sind; alle seine hier festgehaltenen Ideen lassen sich in die Zeit seines zweiten Mailänder Aufenthalts zurückführen. Sie werden an anderer Stelle nicht mehr aufgegriffen und kommen in der Überfülle an Zeichnungen, die in seinen letzten Lebensjahren in Rom und Frankreich entstanden, nicht mehr vor. Auch andere Denkansätze Leonardos ereilte dasselbe Schicksal. Vielleicht schien ihm das Ziel, das er vor Augen hatte, an einem bestimmten Punkt erreicht, und er gab das Thema auf, da es ihn nicht länger interessierte. Dieser für Leonardos Persönlichkeit typische Zug bietet eine Erklärung dafür, daß er so viele Werke unvollendet zurückließ — ein Vorwurf, der ihm häufig von der Nachwelt gemacht wurde. Die Ursache für dieses Verhalten lag vielleicht in seinem unaufhörlichen Verlangen nach neuen Erkenntnissen. Dieses Verlangen stellte die einzige Antriebsquelle für seine übermenschliche Arbeitskraft dar. Seine Neugier war befriedigt, wenn er die Ursachen und Lösungen gefunden hatte, selbst wenn das Gerät, das das

206/1
Die Karte unten zeigt den Verlauf der von Leonardo vorgeschlagenen Wasserstraße: Von Mailand die Adda entlang, durch einen Tunnel an den Tre Corni vorbei (Zeichnung rechts, in der Karte ein schwarzer Kreis) und in die Seen von Lecco und Como. Leonardos Plan war zu gewaltig für seine Zeit. Doch das Projekt wurde, vielleicht aufgrund seiner Kühnheit, von den verschiedenen Herrschern der Lombardei niemals vollständig aufgegeben. Nach der Schlacht von Melegna-

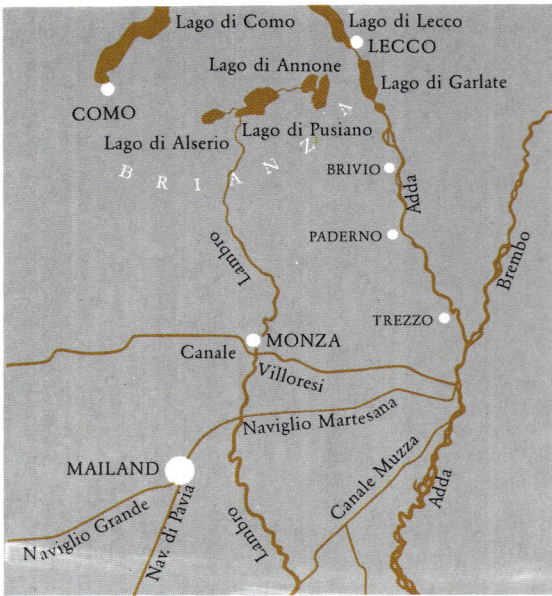

206/1

no und der Wiederbesetzung Mailands durch die Franzosen wurde es wieder aufgegriffen. Leonardo, der bereits in Frankreich lebte, nannte dem König die Namen von Technikern, denen eine Verwirklichung des Projekts zuzutrauen war. Gegen Ende des 16. Jahrhunderts wurde es schließlich in weit geringerem Umfang abgeschlossen. Aufgrund der kleineren Ausmaße und der Einschränkung der Arbeiten für die Hauptschleuse brachte es nie den ökonomischen Nutzen, den sich seine Planer ursprünglich erhofft hatten.

Ergebnis seiner Forschungen darstellte, noch unfertig war. Seine Zeit war ihm zu kostbar, um an dessen Vervollständigung zu arbeiten. Er wandte sich anderen Zielen zu, denn es gab noch so vieles, was ans Licht der Erkenntnis gebracht werden mußte. Leonardo sah die Probleme stets in einem weiten Rahmen, in ihrem größten Umfang und in der gleichen universalen Vision, an der letzten Endes die wissenschaftlichen Spekulationen der Griechen gescheitert waren. Für die allumfassende Fülle, die er anstrebte, reichte weder der Wissensstand seiner Zeit, noch die Kraft eines einzigen Menschenlebens aus.

Diese Zeichnung Leonardos entstand bei seinen Vermessungsarbeiten an der Adda für die Wasserstraße von Mailand zum Comer See. Sie zeigt die Tre Corni, wo er den Bau eines Damms, einer Schleuse und eines Tunnels plante. Rechts steigen steil die Felsen von Tre Corni auf, die großen Schiffen die Durchfahrt verwehrten. Ganz links neben einem Haus liegen die Ruinen der alten Festung Rocchetta a Santa Maria. WINDSOR 12399

207/1

208/1 und 209/1

Der bedeutende florentinische Baumeister Filippo Brunelleschi (1377-1446) übte mit seinen Arbeiten zu den mathematischen Proportionen und zur Perspektive großen Einfluß auf Leonardo als Maler und Architekt aus. Die gegenüberliegende Seite zeigt Brunelleschis großartige Kuppel des Doms von Florenz.

208/2

Auch der Architekt Donato Bramante, hier in einer Portraitskizze von Raffael, beeinflußte Leonardo. Etwa zur gleichen Zeit, als Leonardo nach Mailand ging, ließ sich auch Bramante dort nieder und arbeitete an der Kirche Santa Maria delle Grazie, während Leonardo im Refektorium des anschließenden Klosters das Abendmahl *malte.*

In Mailand übernahm Leonardo die Stellung des herzoglichen Ingenieurs. Diese zunächst untergeordnete Tätigkeit bedeutete für ihn jedoch auch eine Herausforderung auf dem Gebiet der großen Bauaufgaben, die über Erfolg oder Mißerfolg in seiner neuen Position entscheiden mußten. Bis dahin hatte Leonardo die Welt der Baumeister, die die Toskana zum Schauplatz kühner Leistungen im Bau von großen Kuppeldächern gemacht hatten, nur von außen kennengelernt. Brunelleschis Kuppel von Santa Maria del Fiore, dem florentinischen Dom, wurde gerade zur Zeit von Leonardos Geburt vollendet. Diese geniale Konstruktion war einzigartig in ihrer Vollkommenheit [209/1]. Brunelleschis Werk hatte jedoch erhebliche Probleme bezüglich der räumlichen Größe aufgeworfen. Seine Lösung war in Hinsicht auf bauliche Stabilität von Last und Schubkraft und auf Ökonomie des Mauerwerks optimal, doch andere, vergleichbare Versuche waren gescheitert. Das Kirchenschiff des Erweiterungsbaus am Dom von Siena hatte zwar andere Proportionen, doch wurden hier die Fehler der ersten protoromanischen Gewölbebauten wiederholt, die kurz nach dem Jahre 1000 in der Poebene entstanden.

Als die Bautechniken, die sieben Jahrhunderte lang im Osten in Vergessenheit geraten waren, im Westen wieder auflebten, wurden erneut deren allgemeine Architekturformen aufgegriffen. Sie basieren auf den drei grundlegenden Strukturelementen Säule, Balken und Bogen (aus deren Erweiterung Wand, Boden und Gewölbe entstehen). Zwei dieser Elemente hatten sich in der Bautechnik beträchtlich gewandelt. Der Balken war unverändert geblieben und wurde, wie schon immer, aus Holz gefertigt. Dasselbe galt für den Boden. Doch Säulen und Bogen wurden in einer gänzlich neuen Weise gebaut. Alle Lehmelemente waren verschwunden, vor allem auch der klassische Anderthalbfuß-Ziegelstein (er war 45 cm lang), der zusammen mit dem Pozzuolana-Mörtel das römische Bauwesen in den ersten Jahrhunderten n. Chr. geprägt hatte. Ihren Platz hatte der Haustein eingenommen. Er konnte hier gut verwendet werden, da im Umkreis der lombardischen Seen an den Alpenausläufern der Lias-Kalkstein und der Gneis in parallelen Schichten vorkommen, die sich leicht abbauen ließen. Die neue Bauweise, die sehr an die Techniken des syrischen Orients vor der arabischen Invasion erinnert, wurde daher *comacina* (»aus Como«) genannt. Mit diesem Ausdruck wurden selbst bauliche Lösungen bezeichnet. Doch könnte sich dieser Name auch auf die »Magistri Comacini« beziehen, Baumeister des westlichen Mittelmeerraumes, die aus der Gegend von Como stammten.

Der Bau von Säule und Bogen ohne Verwendung eines Materials mit den stark bindenden Eigenschaften des Pozzuolana-Mörtels warf bei der Aufmauerung größte Probleme auf. Vor allem der Bogen machte den Baumeistern erhebliche Schwierigkeiten, wie schon zur Zeit der Monumentalbauten im kaiserlichen Rom. Größe und Richtung des Seitenschubs (der vom Verhältnis von Bogenweite und -höhe und der Last auf dem Bogen abhängt) waren unbekannt. Die antiken und mittelalterlichen Baumeister bestimmten sie auf der Grundlage von Erfahrung und Tradition nach Verfahren, die von Generation zu Generation weitergegeben wurden; auch die Intuition spielte eine Rolle. Die großen Baumeistergilden diesseits der Alpen, für die ästhetische Gesichtspunkte (etwa das Streben in die Vertikale), wenn überhaupt, erst viel später eine Rolle spielten, verwendeten den Spitzbogen sowohl für Bögen wie für Kreuzgewölbe (Gewölbe, deren Bögen durch Rippen unterstützt werden). Mit seiner Hilfe sollte der horizontale Schub an den Flanken reduziert werden, der die Pfeilerstützen umzustürzen drohte und damit die Stabilität des Kirchenschiffdaches gefährdete. Über Schwibbögen sollte der Schub seitlich abgeleitet und sein Ansatzpunkt abgesenkt werden. Mittels Fialen und Türme wurde der Schub des Bogens in die Vertikale gelenkt, so daß er sich auf die Pfeilerbasis richtete. Wie das Scheitern des Dombaus von Siena zeigt, wurden diese architektonischen Erkenntnisse in Italien nie ganz verinnerlicht. Es kam dort auch nicht zu einer ähnlichen Entwicklung der Baukunst wie in Nordfrankreich, vom Rhein bis zum Atlantik und auf den Britischen Inseln. Diese Entwicklung erweiterte die Kenntnisse der Baumeister diesseits der Alpen und sicherte ihnen eine solide Grundlage an festen Erfahrungsregeln. Sie wurden von den einzelnen Gilden geheim gehalten und als finanzielles Druckmittel gegenüber ihren Auftraggebern eingesetzt. Diese Regeln waren in Italien kaum bekannt. Doch Leonardo hatte zweifellos in den florentinischen Künstlerkreisen davon gehört, in denen das Werk Brunelleschis noch immer im Gespräch war.

209/1

Leonardo hat mit großer Wahrscheinlichkeit diese Ansichten der florentinischen Baumeister in Gesprächen mit den herzoglichen Technikern am Hofe Lodovicos erwähnt und sie den Auffassungen Bramantes [208/2], des bedeutendsten Architekten am Hof der Sforza, entgegengehalten. Gewiß wurde er durch Bramante angespornt, sich mit den Problemen von Bogen und Gewölbe zu befassen. Es gelang ihm zwar nicht, eine Lösung zu finden, doch aus reiner Intuition näherte er sich bis auf einen Schritt einer angemessenen geometrischen Lösung,

Dieses Gewicht m *bringt dem Gegen-*

gewicht n *so viele verschiedene Belastungen, wie die Zahl der Orte ist, an die es sich auf sei-ner Stange verlagert; denn man erkennt klar, daß die Belastung für* n *eine andere ist, wenn das Gewicht in* h *ist, als wenn es in* a *wäre.*

Mache das Experiment

X *bedeutet so viele verschiedene Gewichte für das Seil* b c, *wie die Zahl der Orte ist, bei denen das Seil an die Stange gebunden wird. Wenn das Seil in* i *angebunden wird, erweist sich das Gewicht* X *als sehr groß für das Seil, und wenn es in* q *angebunden wird, wird das Gewicht* X *viel kleiner.*

Weil diese ganze Mauer auf ihren Fundamenten ruht, drückt sich der Teil des Fundamentes, auf dem das größere Gewicht liegt, mehr ein. Und so drückt sich umgekehrt der weniger belastete Teil weniger ein. Darum wird hier gezeigt, wie die Mauerböschung nur die Verblendung der Mauer über sich hat, die lediglich die Breite eines Steines besitzt; und deshalb stimmen die Mauern b c *und die Böschung* a b *beim Einsinken nicht überein. Da sich so die Mauer mehr als die Böschung eindrückt, wird die Mauer notwendiger-weise einen Stein breit kürzer.*

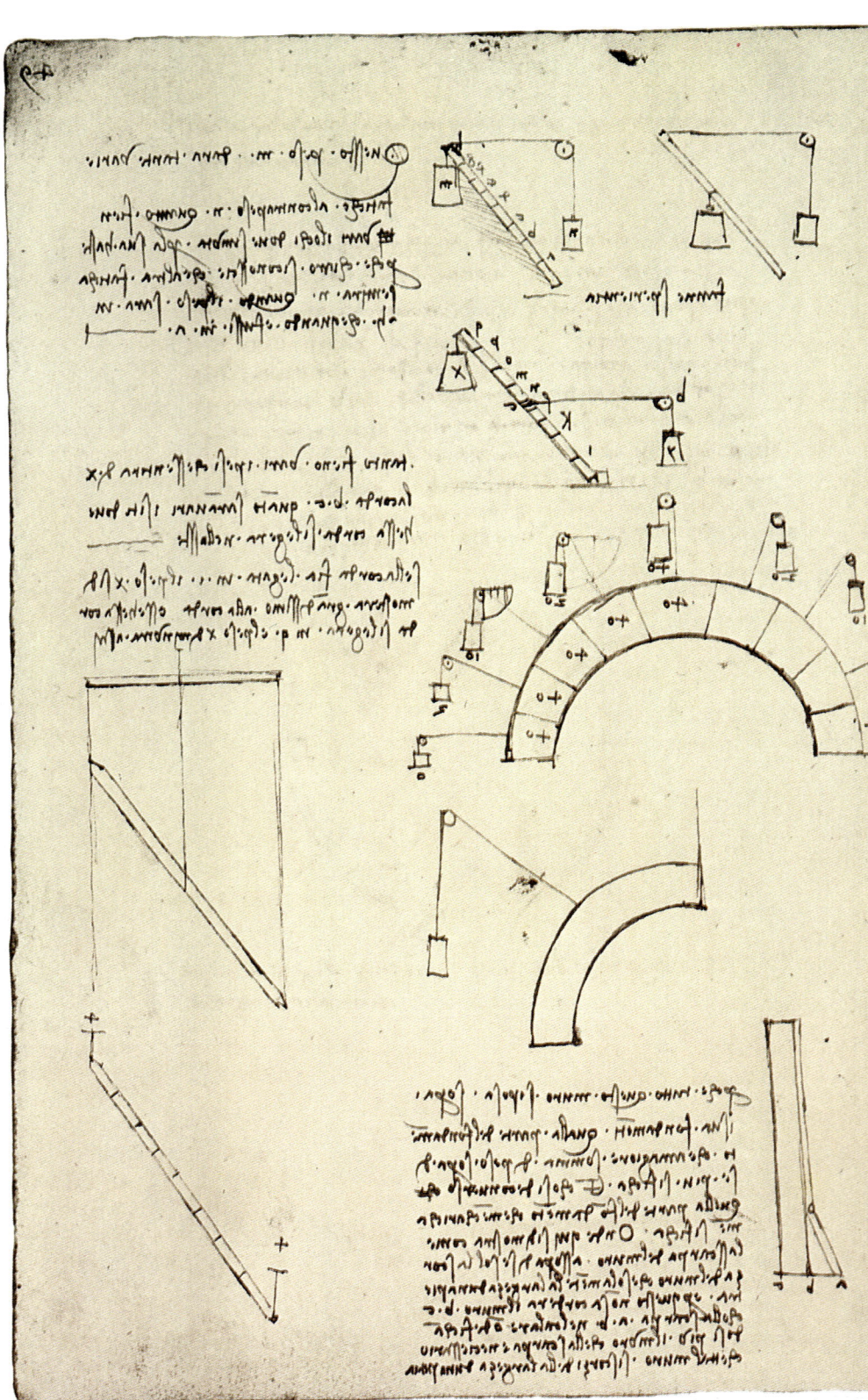

210/1

die vier Jahrhunderte später übernommen und mit der Methode des Seilpoly-gons erreicht wurde [210/1].[15]

Die Idee, den Bogen in eine Anzahl von Blöcken zu unterteilen, hat er sicher der Bogenkonstruktion mit Keilsteinen entlehnt. Jedenfalls verwendete er diese Idee unter Bezugnahme auf seine Untersuchung über das Gleichgewicht von Keilen[16] zwischen zwei schrägen Streben [212/1]. Tatsächlich erhielt er die horizontale Komponente des Drucks jedes Gewölbesteins mittels einer geometrischen Konstruktion, die auf dem Kosinus des Winkels zwischen dem zugehörigen Radius und der Horizontalen beruhte, als würde sich jeder Gewölbestein wie ein halber der früher untersuchten Keile verhalten. Um ein Gleichgewicht herzustellen, untersuchte er die Drehtendenzen um einen Stützpunkt: Das Kraftmoment des Gewichts eines Körpers muß durch das Kraftmoment eines »Gegengewichts«

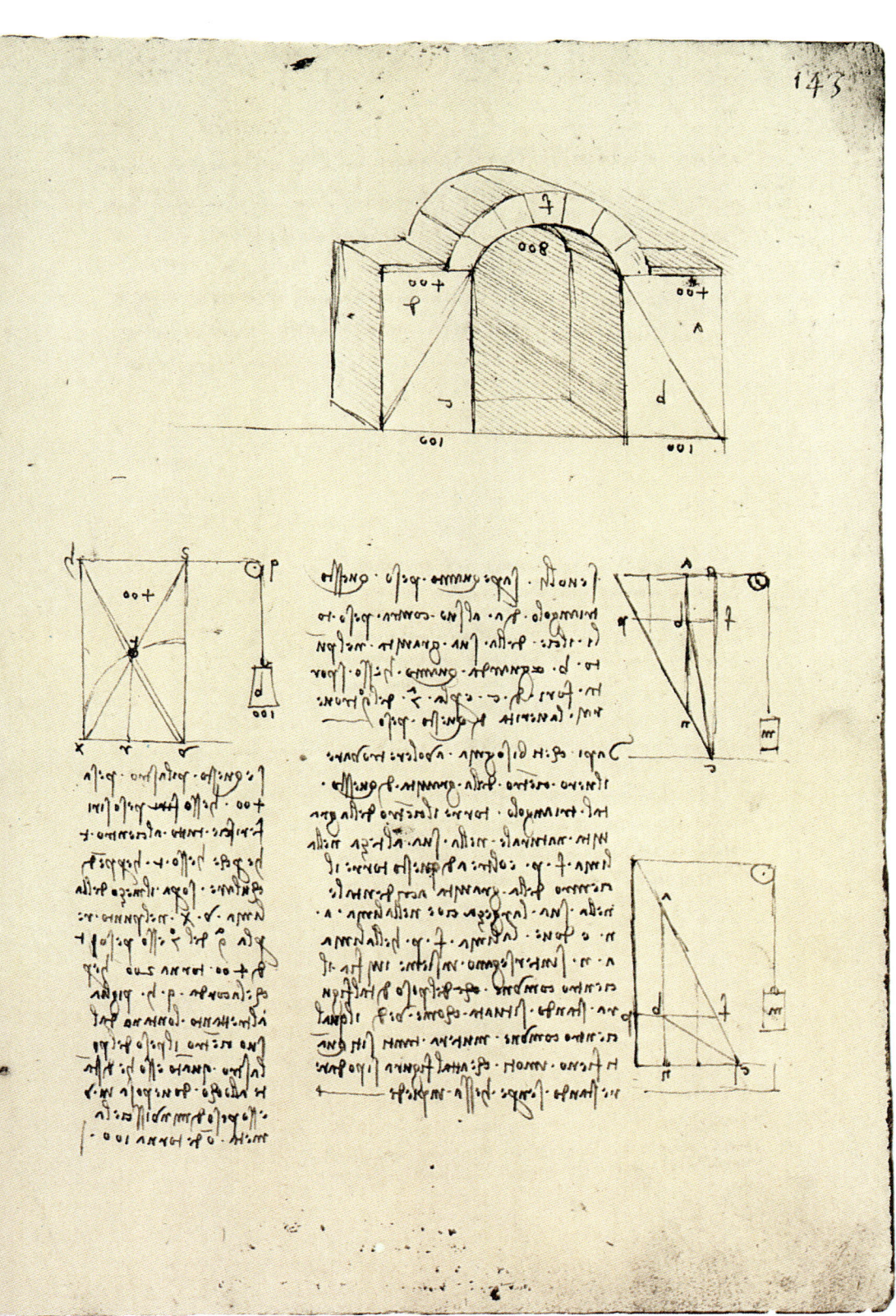

211/1

210/1 und 211/1
Die Baumeister der Renaissance nahmen die Bautechniken der Antike wieder auf, die auf den drei Grundelementen Säule, Balken und Bogen basierten. Der Bogen, der für die Errichtung der riesigen Kirchenkuppeln wie im Dom von Florenz unverzichtbar ist, warf dabei die größten Probleme auf. Statt der von den römischen Bauherren verwendeten Ziegelsteine arbeiteten die lombardischen Architekten mit dem Haustein, der in den Alpenausläufern in Überfülle zur Verfügung stand. Die Zeichnungen auf dieser Doppelseite — Codex Madrid I 142v (gegenüberliegende Seite) und 143r — zeigen Leonardos Versuch, auf theoretischem Wege eine stabile Bogenkonstruktion zu finden. Er unterteilte den Bogen in einzelne Keilsteine von gleichem Gewicht. Seine Berechnungen lassen erkennen, daß er dem modernen Verfahren zur Bestimmung des horizontalen Bogenschubs sehr nahe kam.

Wenn du wissen willst, wieviel Gewicht dieses Dreieck seinem Gegengewicht auferlegt, nimm den Mittelpunkt seiner Schwere in dem Punkt b und sieh, wie weit er über c hinausragt, und aufgrund des 7. [Abschnitts] des 9. [Kapitels] findest du das wahre Gewicht.

Wisse, daß, wenn du den wahren Mittelpunkt der Schwere dieses Dreiecks finden willst, du den Mittelpunkt der natürlichen Schwere in der Höhe der Linie f p nehmen mußt und darüber hinaus den Mittelpunkt der zusätzlichen Schwere in seiner Breite, das heißt auf der Linie a n. Und wo sich die Linien f p und a n schneiden, dort liegt der gemeinsame Mittelpunkt des Gewichtes dieser Figur, die so liegt, wie du siehst. Dieser gemeinsame Mittelpunkt verlagert sich an so viele Orte, wie die Bewegungen, die man einer solchen Figur geben kann, wobei sie immer aufrecht bleibt.

Wenn dieser Pfeiler 400 wiegt, bezieht sich das Gewicht ganz auf den Mittelpunkt t. Und weil t auf der im Punkt r der Linie v X errichteten Mittelsenkrechten liegt und entsprechend mit 9. [Abschnitt] des 7. [Kapitels] das Gewicht t von 400 zu 200 wird, und weil das Seil g h es gegenüber seinem Mittelpunkt [t] in doppelter Entfernung erfaßt, verringert sich das Gewicht des Pfeilers um soviel, als es von dem Ort v, an dem es aufliegt, entfernt ist, also um die Hälfte, und so wird es 100.

ausgeglichen werden, wie es auch bei einigen ausbalancierten Drei- und Vierecken im Codex Madrid I der Fall ist.[17] Man sollte im Auge behalten, daß diese Überlegungen nur deshalb nicht stimmen, weil sie unvollständig sind, denn neben dem von Leonardo berücksichtigten Drehmomentgleichgewicht um einen Stützpunkt muß auch ein Translationsgleichgewicht hergestellt werden

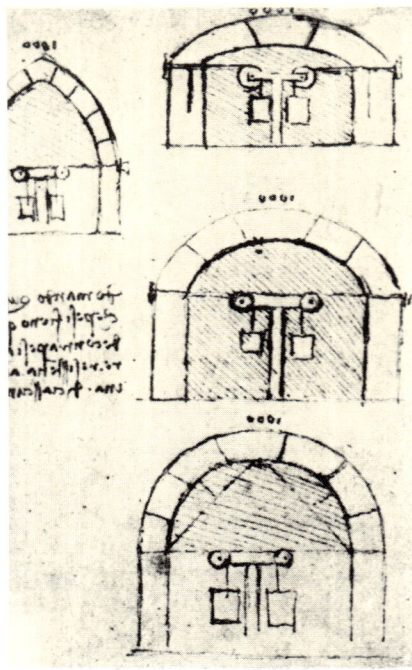

212/1

Von der Spannung des Bogens

Das Verfahren, den Bogen haltbar zu machen, ist seine Ecken bis zum höchsten Punkt mit einer guten Füllung zu versehen.

Die Belastung des Rundbogens

Die richtige Belastung des Spitzbogens

Die Nachteile, die entstehen, wenn der Spitzbogen in der Mitte belastet wird

Der Schaden, den der Spitzbogen nimmt, wenn er über seinen Seiten belastet wird

212/1-213/3

In diesen Zeichnungen versucht Leonardo, Regeln für das Entstehen der Spannungen aufzustellen, die den Bogeneinsturz verursachen. Die Zeichnungen stammen aus Codex Forster II 92r (oben) und, von rechts nach links, aus Manuskript A 56v, Codex Arundel 158r und v, Manuskript A 50r und 49v und Codex Madrid I 139r. In den Arundel-Skizzen, die den Titel »Über den Einsturz von Bögen« tragen, verwendet er eine Kette als Zugstange, um den horizontalen Schub aufzufangen, der auf die Stützen wirkt. Toskanische Architekten glaubten, daß solche Ketten die Lösung des Problems der Bogenstabilität darstellten. Doch oftmals versagten die Ketten, da den Baumeistern das theoretische Wissen zur richtigen Proportionierung und Verankerung der Ketten fehlte. Leonardo gelang es nicht, eine andere Lösung zu finden, doch er wußte: »Die mit Ketten befestigten Bögen werden nicht halten.«

[211/1]. Mit dem heutigen Wissen über graphische Statik wäre es uns ein Leichtes, den letzten Schritt zu vollziehen und zur Lösung des Problems zu gelangen. Hierzu ist 1. die Gewichtskomponente für jeden Gewölbestein senkrecht zu einer seiner Flächen zu berechnen, 2. die Resultante dieser Komponente und des vom Schlußstein herrührenden Schubs zu berechnen, 3. diese Resultante versuchsweise auf das Schwerezentrum jedes Gewölbesteins zu übertragen und 4. auf diese Weise eine angenäherte Kenntnis der Richtung und Größe der Kraft zu erhalten, die vom Bogen auf seine Flanken übertragen wird.

Möglicherweise wurde Leonardo von diesem letzten Schritt durch einige Folgerungen abgehalten, zu denen er in Übereinstimmung mit den Regeln und Lehrsätzen der Mechanik und insbesondere der Statik gelangt war. Auf einen dieser Lehrsätze verweist er im Codex Madrid I in seiner Erörterung der Stabilität von Gurtbögen und Gewölben. Er lautet: »Der Teil des unverbundenen Gewichts, der näher am Zentrum seiner Schwere liegt, drückt mehr.«[18] Mit anderen Worten, der Teil eines verteilten Gewichts, dessen Schwerpunkt näher an der Vertikalen liegt, übt größeren Druck aus. Natürlich gilt dies nicht, wenn zusätzlich zu den vertikalen Kräften auch Momente wirken, die die Wirkungslinie der Kräfte verschieben.

Auf dem gleichen Blatt befindet sich ein Versuch, die Regel durch ein Beispiel zu belegen. Hier kommt Leonardo irrtümlicherweise zu dem Schluß, daß ein

212/2   212/3   212/4

Bogen, der den Hauptabschnitt der Kuppel von Santa Maria delle Grazie in Mailand stützt, am inneren Rand des Kuppelfußes mehr wiegt als an seinem äußeren Rand. Das zum Teil doppelte Koaxialgewölbe dieser Kuppel diente tatsächlich nur dem Zweck, die Basis des Kuppelfußes zu erweitern und das Gewicht des unteren Teils der Kuppel zu erhöhen, damit der Schub, der vom Gewicht des oberen Teils der Kuppel und der Laterne wirksam ist, näher in die Vertikale gebracht wird.

Wie auch dieses Beispiel zeigt, scheint Leonardo dem horizontalen Schub des Bogens als kritischem Faktor für die Stabilität keine Bedeutung beigemessen zu haben. Seine Haltung in dieser Frage war möglicherweise durch seine Kenntnis von der Verwendung von Zugstangen beeinflußt, die von toskanischen Architekten in der Bogenkonstruktion eingesetzt wurden. Mit der Einführung dieses Spannelementes glaubten diese Baumeister, das Problem des horizontalen Schubes auf die Bogenflanken endgültig gelöst zu haben. Ihrer Meinung nach war damit der Bogen an festen Stützen aufgehängt. Doch das war häufig ein Irrtum, denn ihnen fehlten Kriterien zur Dimensionierung des Durchmessers der Zugstangen und zur korrekten Verankerung im Mauerwerk, damit die Stützen wirklich fest saßen. Jedenfalls hat Leonardo das Problem des Bogeneinsturzes immer nur in Verbindung mit der Verwendung befestigter Stützen untersucht.[19] Er nahm an, die Ursache liege in der Zersplitterung der ursprünglichen Bogenlinie in separate Abschnitte, die den einzelnen Bruchstücken entsprechen, in die der Bogen zerfällt.

Aus der geometrischen Konstruktion, die er anscheinend bei seinen Versuchen einer Bestimmung der für den Bogeneinsturz ursächlichen Spannungen verwendete, scheint hervorzugehen, daß er den Einsturz als Folge eines biegenden Moments sieht, das am Ansatzpunkt der Last wirkt. Doch von dieser Erklärung ist im Text neben der Zeichnung keine Rede. Möglicherweise wollte Leonardo

213/5

213/4 und 5
Weit erfolgreicher war Leonardo in der Erforschung des Verhaltens von Balken oder Federn unter Belastung. Im Codex Madrid I 84v (unten) beschreibt er die Vorgänge beim Biegen einer Feder mit erstaunlicher Genauigkeit: Die Fasern der Feder werden an der Außenseite gestreckt und an der Innenseite gestaucht. Die Fasern in der Mitte werden nicht verformt. Die Streckung und Stau-

Vom Biegen der Federn

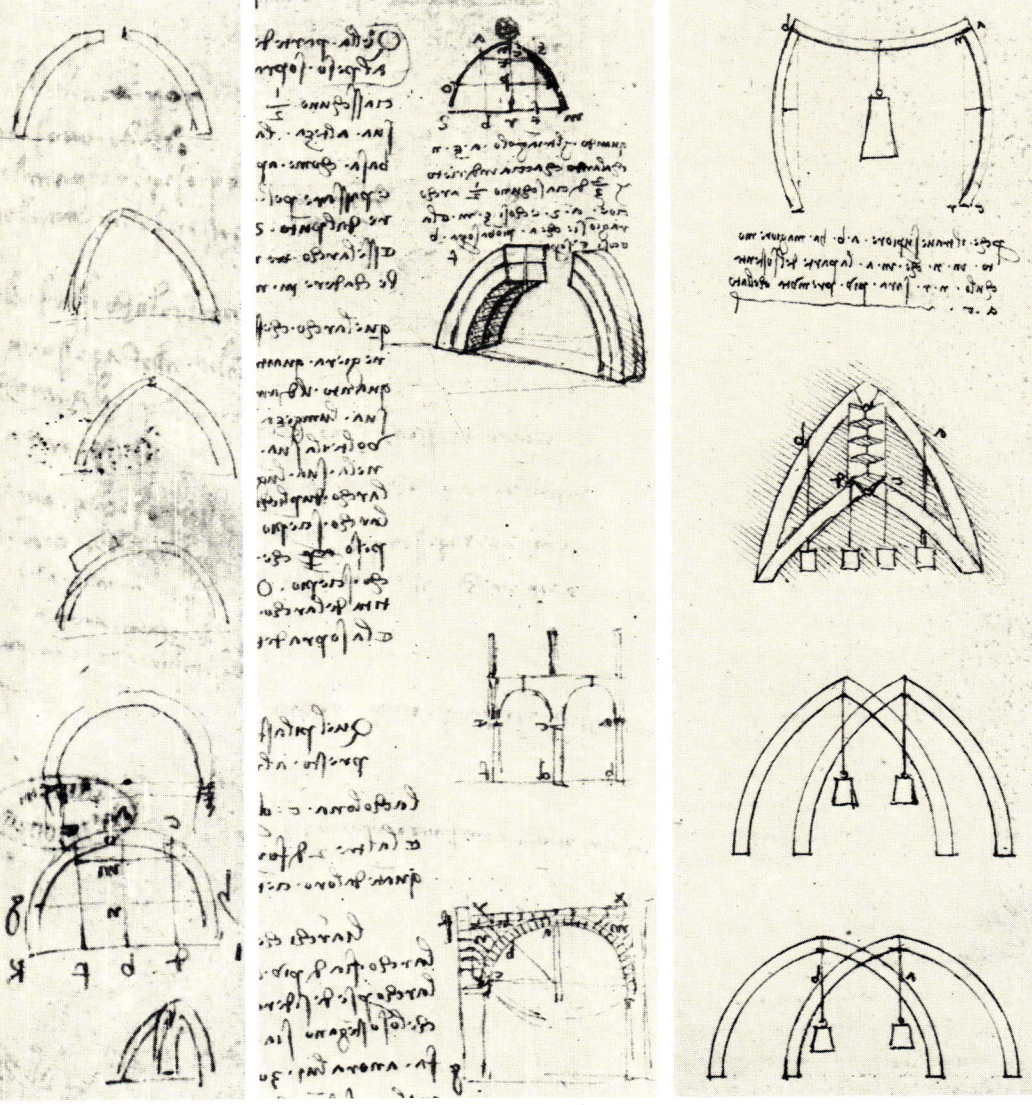

213/1   213/2   213/3   213/4

Eine Feder, die gerade war, wird sich beim Biegen notwendigerweise auf der buckeligen [konvexen] Seite verdichten. Diese Veränderung nimmt die Form eines Dreiecks an, woran sich zeigt, daß man in der Mitte der Feder niemals eine Veränderung hat. Denn wenn du die besagte Veränderung als ganze zusammennimmst, wie wenn du den Teil [Schnitt] a b in der Mitte der Länge nähmest und die Feder dann so biegen würdest, daß sich die ehemaligen Parallelen a [und] b unten berührten, würdest du feststellen, daß [der Abstand] der Parallelen am oberen Ende soviel gewachsen wie am unteren kleiner geworden ist. Dadurch hat sich die Mitte der Höhe für ihre Seiten wie eine Waage verhalten. Und je mehr sich die Endpunkte der Linien unten genähert haben, desto weiter haben sie sich oben entfernt. So verstehst du, wie die mittlere Höhe der Parallele in a b niemals wächst, noch bei der gebogenen Feder in c o kleiner wird.

diesen Punkt in dem mathematischen Traktat behandeln, den er im Codex Madrid I zu schreiben versprach.[20]

Vielleicht hätte er in diesem Traktat auch erklärt, warum sich in einem Rahmen aus zwei Pfosten und einem Balken die Pfosten nach außen und der Balken nach innen, also nach unten, biegt, wie er im Codex Madrid I feststellt.[21] Doch dort begnügt sich Leonardo mit dieser Aussage, ohne dem Phänomen weiter nachzugehen. Immerhin gelang es Leonardo in seinen Überlegungen zur Deformation

chung geschieht in Entsprechung zum Abstand von den unveränderten Mittelfasern. Diese Hypothese über die innere Spannungsverteilung wurde über 200 Jahre später von Johann Bernoulli (oben) formuliert und zur Grundlage der modernen Elastizitätstheorie.

214/1 und 2 und 215/1
Jahrelang stand die unvollendete Zentralkuppel des Mailänder Doms im Mittelpunkt heftiger Kontroversen. 1488 beteiligte sich

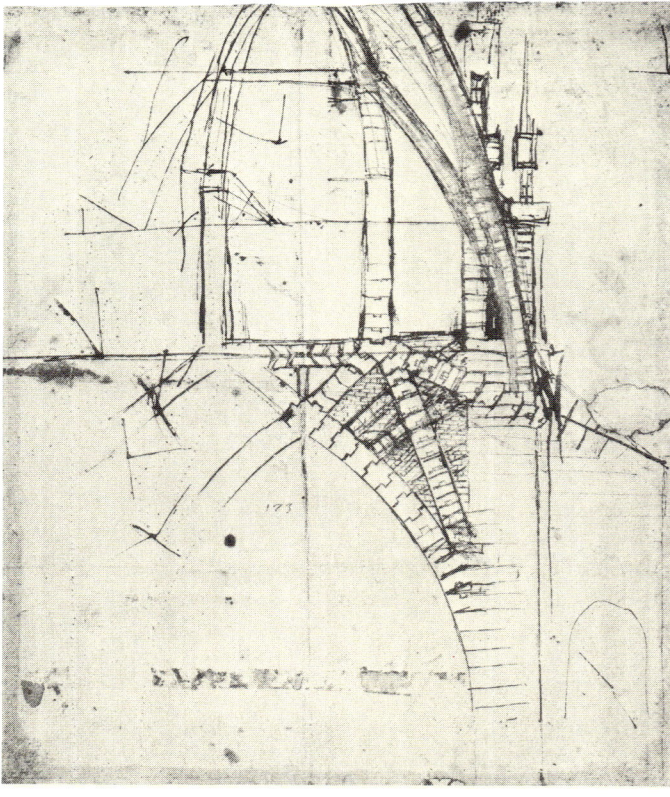

Leonardo an einem Wettbewerb zu ihrer Fertigstellung mit einem Entwurf, der auf diesen Skizzen aus Codex Atlanticus, 310v-b und 310 r-b (gegenüberliegende Seite), beruht. Aus unbekannten Gründen zog er ihn später zurück.

einer gekrümmten Stange (unter der Überschrift »vom Biegen der Federn«), das aus der Spannung ihrer Fasern resultierende Phänomen exakt zu beschreiben.[22] Er erkennt dort sehr klar, daß 1. der innere Teil der Stange (der zum Krümmungszentrum hin liegende Teil) sich verkürzt, das heißt, die inneren Fasern gestaucht werden, und 2. der äußere Teil der Stange sich verlängert, das heißt, die äußeren Fasern gestreckt werden. Das hat zur Folge, daß 3. die Länge der Mittelachse der Stange unverändert bleibt und 4. die Streckung oder Stauchung der Fasern proportional zu ihrem Abstand zur Mittelachse der Stange ist [213/4].

Das ist genau das Schema longitudinaler Spannungsverteilung über den Querschnitt eines gekrümmten elastischen Körpers, wie es unter heftigem Widerspruch 200 Jahre später (1705) Johann Bernoulli [213/4] als Hypothese formulierte. Anhand dieser Hypothese und unter Zuhilfenahme der Differential- und Integralrechnung konnte Bernoulli den Widerstand des Stangenquerschnitts mit dem »Trägheitsmoment« verbinden und in Bezug zu Hookes Gesetz (»Spannung ist der Dehnung proportional«) bringen. Hierin liegen die Grundlagen der modernen Elastizitätstheorie. Nebenbei sei gesagt, daß Galilei der Meinung war, der gesamte Querschnitt einer gebogenen Stange stehe unter Spannung, wie aus dem *Trattato delle resistenze* hervorgeht, der von Vincenzo Viviani zusammengetragen und von Abt Giulio Grandi von der Universität Pisa 1712 vollendet wurde.

Auch in diesem Fall begnügte sich Leonardo mit der Beobachtung des Verhaltens von Federn. Um hieraus nützliche Resultate zu gewinnen, hätte er Hookes Gesetz kennen und seine Beobachtungen auf den allgemeinen Fall eines Körpers mit beliebigem Querschnitt ausdehnen müssen, der entlang seiner Längsachse gebogen ist. Doch damals gab es weder den Begriff eines äußeren krümmenden Moments, noch den eines dagegenwirkenden inneren Moments der Faserspannung, durch das das äußere Moment ausgeglichen werden kann.

Was die Verallgemeinerung betrifft, befinden wir uns in einer ganz ähnlichen Situation wie weiter vorne in diesem Kapitel, wo es um Leonardos Aussage über die *potentia* (»Kraft« oder Energie) fallenden Wassers ging. Diese Aussage betrifft nur einen Sonderfall des grundlegenden Gesetzes der Hydrodynamik, das seinerseits nur einen Aspekt eines universalen Prinzips der Dynamik darstellt: Die Energie eines Systems wird durch zwei Begriffe beschrieben, von denen der eine von der Position und der andere von dem Bewegungszustand des Systems innerhalb des Feldes von Kräften abhängt, die seine Position beeinflussen (Hamiltons Gesetz und die Hamilton-Jacoby-Gleichungen, 1863). Doch genau in dem Abschnitt im Codex Madrid I, der diese Aussage enthält, lesen wir zum ersten Mal in der Menschheitsgeschichte, daß Energie eine Funktion von Ort und Bewegung ist. Vor Leonardo war »Schwerkraft« einfach entweder »natürlich« oder »akzidentell«. Als Jakob Bernoulli sein Gesetz der Hydrodynamik aufstellte, erkannte nicht einmal er, daß es sich um einen Einzelfall eines allgemeinen Gesetzes von unermeßlicher Wichtigkeit handelte, da dieses Gesetz erst formuliert werden konnte, als theoretische Mechanik und die Differentialrechnung so weit entwickelt waren, daß derartige Verallgemeinerungen rational gerechtfertigt waren. Es lassen sich heute im Bereich der angewandten Mechanik zahlreiche ähnliche Fälle von Verallgemeinerungen aufzählen, die schon in den genialen Intuitionen früherer Forscher impliziert waren.

Man kann das Aufkommen derart komplexer begrifflicher Analysen wie der angeführten nicht zu einem Zeitpunkt erwarten, zu dem die Grundbegriffe selbst noch sehr schwammig waren. Zudem dürfen wir nicht vergessen, daß zwar zu Leonardos Lebzeiten der Jahrhunderte während Universalienstreit praktisch zum Erliegen gekommen war, es aber nicht gelungen war, einen Weg zur Verallgemeinerung von Grundbegriffen aufzuzeigen. Stattdessen hatte man sich mit Vergleichen und Messungen von »größerer« und »kleinerer« Universalität begnügt. Erst viele Jahrhunderte später, unter dem Einfluß kantischen Denkens und seines philosophischen Kritizismus, wurde die Hinwendung zu universalen Begriffen abgeschlossen. Erst unter diesem Gesichtspunkt wird deutlich, was es heißt, daß Leonardo in seinen Erörterungen, wo immer er nur konnte, zu »allgemeinen« Aussagen gelangen wollte. In der Mehrzahl der Fälle ist seine Verallgemeinerung keine wirkliche Verallgemeinerung, sondern nur die Ausweitung der von ihm an konkreten Einzelfällen gemachten Beobachtungen auf eine ganze Klasse von Phänomenen. Erst heute können wir aufgrund unseres Wissens, das wir in den fünf Jahrhunderten seit Leonardo erworben haben, gültige Verallgemeinerungen vornehmen.

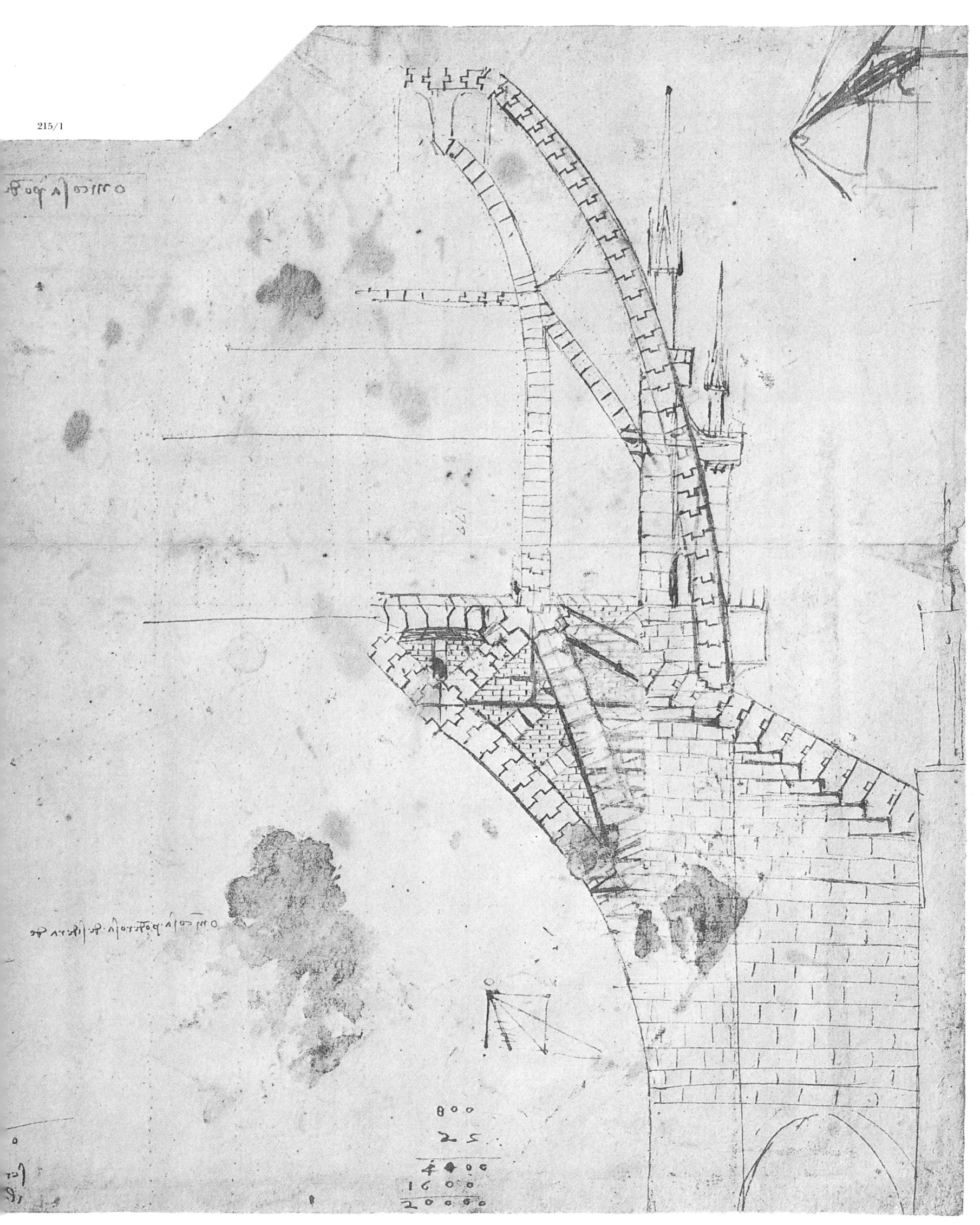

215/1

»Wer sich der Praxis hingibt ohne Wissenschaft,
ist wie der Steuermann,
der ein Schiff ohne Ruder und Kompaß besteigt
und nie weiß, wohin er fährt.«

IL TRATTATO DELLA PITTURA

ANDRÉ CHASTEL

Leonardo ist in zweifacher Hinsicht ein
einzigartiger Kunsttheoretiker. Einerseits
hat kein anderer Künstler eine solche Fülle
an Anmerkungen, Beobachtungen und
theoretischen Überlegungen hinterlassen.
Andererseits kommt diese wertvolle Hin-
terlassenschaft in keiner Weise dem nahe,
was Leonardo eigentlich hat vollbringen
wollen:[1] Während einige seiner Zeitgenossen Abhandlungen über die Kunst veröffentlicht haben, hat Leonardo nichts als
Anmerkungen, Skizzen und Entwürfe hinterlassen. Ursprünglich hatte er wohl die
Absicht, ein neues *Organon* der Kunst zu
schaffen, doch das gelang ihm nicht. Wie
der Codex Madrid II zeigt, ist sein Werk
dennoch von höchster theoretischer Bedeutung, auch wenn es »unvollendet« ist.

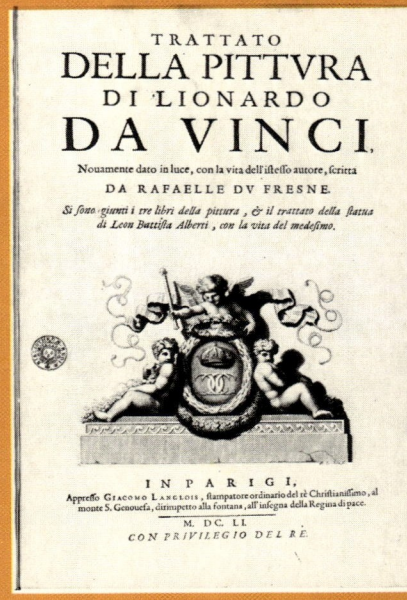

Leonardos Trattato della pittura *wurde
1651 in Paris veröffentlicht. Der Künstler
hatte in den Jahren von 1480 bis 1489
mit der Niederschrift seiner Gedanken
über die Malerei begonnen. Diese Arbeit
setzte er über die größte Zeit seines Lebens
fort. Melzi trug alle seine Anmerkungen
zusammen und kopierte sie. Sie ergaben
die umfangreichste Schrift über die Mal-
kunst, die je ein Maler hinterlassen hat.*

216/1

217/1-6
Als Leonardo an seinem Trattato della
pittura *arbeitete, kannte er die Ansichten
der Verfasser der hier wiedergegebenen Abhandlungen — auch wenn er sie nicht
alle teilte. Von links: der Traktat von
Alberti über die Architektur (1550); Vi-
truvs Schrift über die Architektur (1486);
der Traktat von Pacioli über die geometrischen Proportionen (1499) und Albertis
Traktat über die Malerei (1504). Oben
die Schrift des Gauricus über die Bildhauerei (1504). Unten der Traktat von
Alberti über die Architektur (1485).*

E twa in den Jahren 1489-90 begann Leonardo mit der Niederschrift seiner Beobachtungen, in der Absicht, ein Lehrbuch zu verfassen.[2] Die Arbeiten gingen voran, und einige Teile, wie der *Trattato di anatomia*, waren laut Paolo Giovio[3] zur Veröffentlichung fertig und sogar mit Illustrationen versehen. Leonardo teilte die Ansicht Albertis, daß die Fragen der Kunst, insbesondere der Malerei, sich durch Beweisführungen lösen lassen, Kunst also erklärbar sei. Alberti [219/1] starb 1472. Seine Überlegungen zu den Künsten stellte er insbesondere im zweiten Viertel des 15. Jahrhunderts an. In diesen Jahren gab er nicht nur der Malerei neue Begriffe und genaue Richtlinien (*De pictura*, 1436), sondern auch der Bildhauerei (*De statua*, eine kleine, um 1464 verfaßte Schrift) und der Architektur (*De re aedificatoria*, zum Teil 1452 verfaßt und 1485 gedruckt). Wie J. Schlosser richtig bemerkt hat, ist der Einfluß dieser Schriften auf die künstlerische Bewegung seiner Zeit nur schwer festzustellen. So erschien erst 1547 in Venedig eine italienische Ausgabe von Albertis lebendig und klar geschriebener Abhandlung über die Malerei.[4] Das gleiche gilt für die kleine Schrift über die

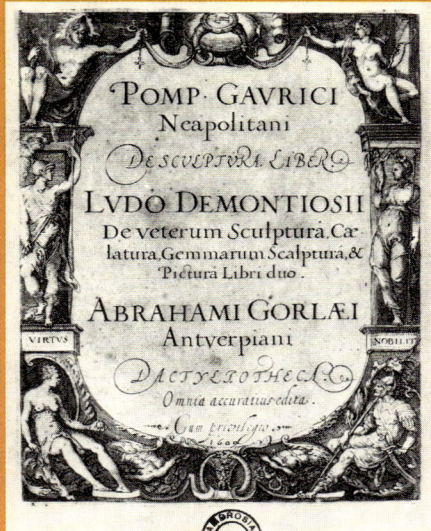

217/5

217/1

217/2

217/3

217/4

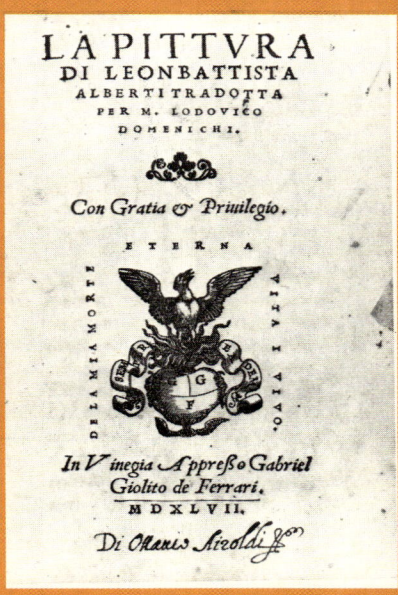

217/6

Bildhauerkunst und die Abhandlung über die Architektur. Ihre eigentliche Verbreitung fanden sie erst Mitte des 16. Jahrhunderts. Unterdessen waren andere theoretische Werke erschienen und hatten an Einfluß gewonnen, unter anderem *De sculptura* von Gaurico (1504) und ab 1486 zahlreiche Ausgaben von Vitruv.[5] Diese Situation ist sehr aufschlußreich: Alles deutet darauf hin, daß sich die Werke Albertis, die bis zur Mitte des 16. Jahrhunderts vielfach unbekannt waren, erst in der Renaissance, mit einem Jahrhundert Verspätung, durchsetzen konnten. Dies erklärt, warum sich Leonardo in den Jahren von circa 1490 bis 1519 einem so umfassenden Werk widmen konnte, als habe Alberti nicht gelebt. Es gab damals in der Kunst keine festgelegten, allgemein gültigen Regeln. Die Schriften Albertis entstammen dem Gedankenkreis des Humanismus und sind von dessen Kunsttheorien geprägt, spiegeln jedoch nur indirekt die Gedanken der Künstlerkreise wider. Das, was wir als die »Kultur der Kunstwerkstätten« bezeichnen können, bringen sie nur unzureichend zum Ausdruck.[6] Wie eng auch immer Albertis Beziehung zu den Künstlern gewesen sein mag, neben den Handwerkern, den Fachleuten und den Künstlern, die in den Werkstätten — *botteghe* — ihre Ausbildung erfuhren, wirkt er stets wie ein Amateur.

Der Ausgangspunkt Leonardos ist gänzlich anders und führt auch in eine andere Richtung. Als Alberti starb, war Leonardo 20 Jahre alt. Trotz seines Talents verfügte er nicht über die Bildung und soziale Stellung, um sich Gehör zu verschaffen. Erst mußte er sich als Künstler durchsetzen und seine philosophi-

218/1

*In seinen Schriften über die Kunst bezeichnet
Leonardo die Malerei als »das einzige Mittel,
um alle bekannten Werke der Natur neu zu
erschaffen«. Mit anderen Worten, der Maler
verfügt über das göttliche Privileg, die Welt
zu schaffen — oder zumindest nachzubilden.
Im* Trattato *beschreibt er einige dieser außerordentlichen Befähigungen der Maler:*

*Dem Wesen von Tieren aller Art, von Pflanzen,
Früchten und Landschaften, welligen Ebenen und
verwitterten Bergen kann der Maler Leben verleihen …
Liebliche und köstliche Gegenden mit Wiesen voll
vielfarbiger Blumen, sich neigend unter dem sanften
Streicheln des Windes, der sich umwendet,
sie anschaut und dann weiterzieht …*

*Leonardo lehnte die Gepflogenheit vieler Re-
naissance-Maler ab, die Natur als bloße Ku-*

218/2

*lisse für die menschlichen Figuren zu betrach-
ten. Im* Trattato *kritisiert er heftig die »sehr
betrüblichen Landschaften« von Botticelli,
»… dieser liebt nicht alle Dinge gleich, die die
Malerei umfaßt.« In* Leda mit dem
Schwan *verleiht er der Landschaft und der
Frau den gleichen Ausdruck überschwengli-
chen Lebens. Das Bild ging verloren. Es sind
jedoch zahlreiche Kopien erhalten. Die Ausschnitte hier stammen aus der Kopie in der
Galleria di Palazzo Borghese in Rom.*

218/3

sche Bildung erweitern. Durch die Arbeitsumstände in Werkstätten wie der des Verrocchio und durch das Ambiente des damaligen Florenz wurde eine »Differenzierung« in verschiedene Disziplinen stark gefördert.[7] Weit mehr als in der Jugend Albertis griffen die Medici und ihre Kreise in das Kunstleben ein. Sie huldigten einem unklaren, ästhetizistisch geprägten Platonismus, dem sich der junge Leonardo weder ganz anschließen noch entziehen konnte. Die *botteghe* entwickelten sich zu kleinen Zentren wissenschaftlicher Forschung. Anatomie und Perspektive wurden nicht im *studio* gelernt, sondern in den Werkstätten des Verrocchio und des Pollaiuolo. Das technische Erfahrungswissen mußte in ein System gebracht werden. Dazu bedurfte es eines begrifflichen Rahmens und geeigneter sprachlicher Formen, die die wissenschaftlichen Texte der Antike und des Mittelalters nur zum Teil darboten.[8]

Im Verlauf des letzten Viertels des 15. Jahrhunderts läßt sich beobachten, wie sich in allen großen Städten Italiens die bedeutenden Werkstattmeister — Piero della Francesca, Mantegna, Bramante und Bellini — darum bemühen, den beruflichen Status der Künstler zu verbessern und die traditionelle Unterscheidung zwischen *artes mechanicae* und *artes liberales* aufzuheben. Der aktivste, hartnäckigste und genialste dieser italienischen Meister, die sich ihres Einflusses und ihrer Rolle bewußt waren, war Leonardo.

Als Leonardo 1482 am Hofe der Sforza eintraf, erwartete ihn ein umfangreiches Arbeitsprogramm, das mehr den Ingenieur als den Bildhauer und Maler forderte [7/1]. In dieser Umgebung empfand er es als erforderlich, neue Traktate zu verfassen, in denen die Analysen des Wissenschaftlers und die Praxis des Technikers vereint werden. Die ab 1489 aufgezeichneten Notizen zeigen, mit welcher intellektuellen Frische sich Leonardo den Problemen der Malerei zuwandte.[9] Das Manuskript A von 1492 enthält schon die Grundzüge des zukünftigen *Trattato*. In dem Widmungsschreiben, das Luca Pacioli [70/1] an den Anfang des Traktats *De divina proportione* stellte und das das Datum vom Februar 1498 trägt, wird der

219/1
In seinem Trattato della pittura *stützt sich Leonardo unter anderem auf das Werk des Architekten und Wissenschaftlers Leon Battista Alberti. Bevor 1435 Albertis erste Abhandlung über die Kunst erschien, standen den Malschülern nur einige Sammlungen technischer Prinzipien zur Verfügung — die bekannteste dieser Sammlungen war der*

219/1

Trattato von Cennino Cennini von circa 1390. Eine eigentliche Kunsttheorie gab es nicht. Alberti erhob die Prinzipien der Linearperspektive, die der Architekt Brunelleschi zu Beginn des 15. Jahrhunderts entwickelt hatte, zu einer wissenschaftlichen Theorie. Er forderte die Künstler auf, sich mit Geometrie

219/2

219/2

In seiner ersten datierten Federzeichnung (rechts) beweist der damals 21jährige Leonardo bereits jenes außerordentlich feine Gefühl für Landschaften, durch das sich später viele seiner schönsten Gemälde auszeichnen. Vielleicht im Vorgefühl der Bedeutung notiert er in der oberen Ecke links das Datum: »Am Tag von Mariä Schneefeier, 5. August 1473«. Ludwig H. Heydenreich nennt die Zeichnung »die erste wirkliche Landschaft in der Kunst«. Die Ansicht zeigt den Blick von einer Anhöhe auf das Arnotal in der Nähe von Florenz, wo Leonardo seine Lehrzeit absolvierte. Schon hier beginnt er, die effektvolle Darstellung des Lichts und der Atmosphäre zu beherrschen. Die rasche Strichführung vermittelt ein intensives Gefühl der Bewegung: Bäume, Wasser und Berge gehen fließend ineinander über und verbinden Vorder- und Hintergrund.
UFFIZIEN. FLORENZ

und Optik zu befassen und die Mechanismen des menschlichen Körpers zu studieren. Leonardo setzte diese Forderungen in seine malerische Praxis um und ging noch darüber hinaus. Er wurde zum Wissenschaftler und Kunsttheoretiker. Nach den Worten von Sir Kenneth Clark ist seine unvollendete Abhandlung »das wertvollste Dokument der gesamten Kunstgeschichte«.

Trattato bereits erwähnt: »[Leonardo], der mit aller Sorgfalt das lobenswerte Buch über die Malerei und die menschlichen Gebärden fertiggestellt hat«.[10] Doch Leonardo zögerte die Veröffentlichung noch hinaus und suchte weiterhin nach Möglichkeiten, das Werk mit den erforderlichen Illustrationen zu versehen. Dieses Zögern erwies sich als verhängnisvoll. Es hat seine Ursache in der ständigen Ausweitung der Untersuchungen und der daraus resultierenden Schwierigkeit, alle Aspekte zu koordinieren. Leonardos Rückkehr nach Florenz vereinfachte die Sachlage keineswegs.

Trotz Leonardos scheinbar fehlender Neigung zu Frauen — oder vielleicht gerade deshalb — hat er zauberhafte Frauenbildnisse gemalt. Isabella d'Este bemühte sich jahrelang vergebens darum, von ihm gemalt zu werden. Doch einige Portraits mußte Leonardo malen, um sich seinen Lebensunterhalt zu verdienen und seinen Förderer, den Herzog von Mailand, zufriedenzustellen. Damit ihm

220/1

die Arbeit mehr Spaß machte, fügte er bildliche Wortspiele ein. Auf dem Portrait unten malte er Ginevra Benci vor einem Wacholder — im norditalienischen Dialekt ginevra. Die Dame mit einem Hermelin (oben), im Museum Czartoryski in Krakau, war eine der Mätressen von Lodovico il Moro. Der Hermelin, das Wappentier des Herzogs, ist ein Symbol der Reinheit. Beatrice d'Este (gegenüberliegende Seite), in der Biblioteca Ambrosiana in Mailand, war die junge Frau des Herzogs, die Schwester von Isabella. Leonardo — oder vielleicht einer seiner Schüler

220/2

— versah ihr Kleid mit dem gleichen Flechtmustermotiv, das in der Dekoration der Sala delle Asse vorkam. Der italienische Ausdruck für das Flechtmuster, vinco, war eine Anspielung auf den Namen Vinci.

Wir müssen uns vor Augen halten, welche hohe Achtung Leonardo in Florenz gerade zur Jahrhundertwende genoß: »Sein Ruhm war derart gewachsen, daß alle Menschen, die sich an der Kunst erfreuten, ja die ganze Stadt, den Wunsch hatten, er möge irgend etwas zu seinem Gedächtnis hinterlassen, und man sprach davon, ihm ein bedeutendes und großes Werk zu übertragen «. So lauten Vasaris Einleitungsworte zum Projekt der *Schlacht bei Anghiari.*

In diesen Jahren, in denen Florenz seine künstlerische und kulturelle Bedeutung zurückgewonnen hatte, die ihr noch nicht von Rom streitig gemacht wurde, erwartete man alles von dem Künstler. Leonardo war etwas über 50 Jahre alt, und es war allgemein bekannt — auch außerhalb von Florenz —, daß er nicht nur ein begabter Maler und Ingenieur war, sondern auch auf theoretischem Gebiet etwas zu sagen hatte. Ende des Jahres 1504 veröffentlichte der Verleger Giunti in Florenz einen Traktat über die Bildhauerei. Dieses trocken geschriebene, jedoch sehr ausführliche und umfangreiche Werk stammte von einem unbedeutenden neapolitanischen Humanisten. Im Vorwort verweist der Verleger auf die Protektion von Lorenzo Strozzi. Dieser war, zusammen mit Bernardo Rucellai (Rucellai war von 1484 bis 1486 florentinischer Botschafter in Mailand, als auch Leonardo dort lebte), die treibende Kraft des aktivsten intellektuellen Kreises der Stadt. Leonardo hat ihn mit Sicherheit gekannt und wird seinerseits dort nicht unbekannt gewesen sein. Wenn also der Wunsch nach einem bedeutenden Lehrbuch Leonardos bestanden hat, dann zweifellos besonders in diesen Jahren, in denen er die Szene beherrschte. Die Fragmente im Codex Madrid II [222/1-4] sind Beweis dafür, daß das Vorhaben des *Trattato* in jenen Jahren intensiver Arbeit für den Künstler erneut in den Vordergrund trat. 1504 lag der Plan für den *Trattato* 15 Jahre zurück, und Leonardo hatte nur noch etwa 15 Lebensjahre vor sich. Es ist also genau die Hälfte der dreißig Jahre vergangen, in deren Verlauf Leonardo die Idee des *Trattato* unablässig verfolgte. Nie fand er die Zeit und vor allem nicht die notwendige innere Ruhe, um die Masse an Aufzeichnungen zu sichten und das Werk abzuschließen. Die wenigen Seiten »*De pictura*« aus dem Codex Madrid II entstanden nur wenig früher als das *Libro A*, eine Zusammenstellung, die weitaus organischer aufgebaut ist als alles, was er bis zu diesem Zeitpunkt geschrieben hatte. C. Pedretti hat das *Libro A* aus den Abschnitten des Codex Urbinas [223/2-4], in den seine 107 Bestandteile übertragen worden waren, hervorragend rekonstruiert.[11] Zu jedem der im Codex Madrid II behandelten Themen enthält es Aufzeichnungen, die jedoch besser ausgearbeitet sind als dort. Das Buch ist in den Jahren nach 1505 entstanden; um das Jahr 1508 kommt es zu einer gewissen Häufung von Eintragungen. Etwa im gleichen Jahr entwickelte Leonardo den Plan, einzelne Veröffentlichungen herauszutrennen: Der Traktat über die Anatomie scheint sich aus dem Gesamtvorhaben des *Trattato* gelöst zu haben. Zu diesem Zeitpunkt schrieb er jene berühmten, pathetischen Worte, in denen er sich dafür entschuldigt, daß ihm nichts anderes gelingt, als »eine Sammlung ohne Ordnung«. Er sieht sich nicht in der Lage, alles gründlich zu überarbeiten. Die Arbeit ist zu umfangreich, » vor allem in Anbetracht des großen zeitlichen Abstands zwischen den einzelnen Eintragungen«.[12] Fest steht allerdings, daß sich Leonardo in der Zeit von 1505 bis 1508 erneut mit der Theorie der Malerei beschäftigt hat.[13]

Die Manuskripte Leonardos zeichnen sich durch eine unglaubliche Vielfalt und ein oft verwirrendes Nebeneinander von Aufzeichnungen zu den verschiedensten Themen aus. Im Codex Madrid II wechseln Berechnungen und Skizzen zum Arno-Projekt (von 1503 bis Ende Sommer 1504) und zu den Befestigungsanlagen von Piombino (Herbst 1504) mit Studien zur Umrechnung von Rauminhalten und Beobachtungen zum Vogelflug oder Entwürfen von Musikinstrumenten. Hier und da begegnen wir auch Aufzeichnungen ganz anderer Art, von denen einige höchst wichtig sind — wie die Notiz über ein Unglück, das dem Karton der *Schlacht bei Anghiari* widerfuhr. Diese kurze Anmerkung [45/2] erinnert uns daran, daß er in der Zeit von 1503 bis 1505 — die Zeitspanne, die dieses Manuskript umfaßt — mit der Ausführung der *Schlacht bei Anghiari* beschäftigt war, für die er 1503 den Auftrag erhalten hatte. Das Notizbuch begleitete also Leonardo während der zwei Jahre, in denen er sich neben seiner Arbeit als Ingenieur intensiv mit dem Auftrag der florentinischen Signoria beschäftigt hat. Es wären daher Anmerkungen zur Ausführung des Werkes zu erwarten. Stattdessen konzentrieren sich seine Beobachtungen auf den Bereich der Anatomie und die Art des Sehens, das heißt auf Themen, die zwar in einem gewissen

Zusammenhang mit dem umfangreichen Auftrag der Signoria stehen, ihn aber nur äußerlich betreffen.

Abgesehen vom Abschnitt über das Unwetter auf dem Vorsatzblatt sind auf 18 Blättern Notizen über das Projekt zu finden. Auf Folio 15, am Ende der ersten Lage, geht es um die Perspektive. Alle anderen Notizen sind auf die inneren Hefte

CODEX MADRID II

Le figure aranno più gratia posste ne'lumi universali che particu-lari e picoli, perchè li gran lumi non potenti abracciano li rilievi de'cor-pi, e ll'opere fatte in tali lumi apparisscano da lontano con gratia e cque-le che sson ritratte a'llumi picoli, pigliano gran somma d'onbra, e ssimile opere, fatte con tale onbre mai aparisscan da llochi lontani altro che tinte.

MADRID II 25v

De pittura

Il colore che ssi trova infra lla parte onbrosa e alluminata de'corpi onbrosi, fia di minor bellezza che cquello che ffia integralmente alluminato. Adunque la prima bellezza de' colori fia ne'principali lumi. —

MADRID II 26r

Delle machie dell'onbre che apariscano ne'corpi da llontano. —

Senpre la gola o altra perpendicular dirittura, che sopra di sè abbia alcuno sporto, sarà più osscu-ra che lla perpendiculare faccia d'esso sporto. —

Seguita che quel corpo si dimos-sterrà più allu-minato, che da maggior somma d'um medesimo lume sarà ve-duto.

Vedi in a, che non v'allumina parte alcuna del cielo f K, e in b v'alumina il cielo i K, e in c v'al-lumina il cielo h K, e in d il cielo g K, e in e il cielo f K integralmente. Adunque il petto sarà di pari chiareza della fronte, naso e mento. Ma cquel che io t'ho a ricordare de'volti, che ttu consideri in quelli come in diverse disstante si perde diverse qualità d'onbre, ma ssol ressta quelle prime machie, cioè della incassatura dell'ochio e altre simile.

MADRID II 71r

boca della strada, allumina insino, quasi insino, vici-no al nasscimento delle onbre che stan sotto gli oget-ti del volto, e così di mano in mano si va mutando in chiare-za, insino che ttermina sopra del mento, con oscurità insen-[si]bile per qualunche verso. Come se ttal lume fussi a e, vedi la linia f e del lume che allumina insin sotto il naso, e lla linia c f solo allumina insin sotto il labro. E lla linia a h s'asstende insin sotto il mento, e cqui il naso riman forte luminoso, perchè è venduto da ttutto il lume a b c d e.

MADRID II 71v

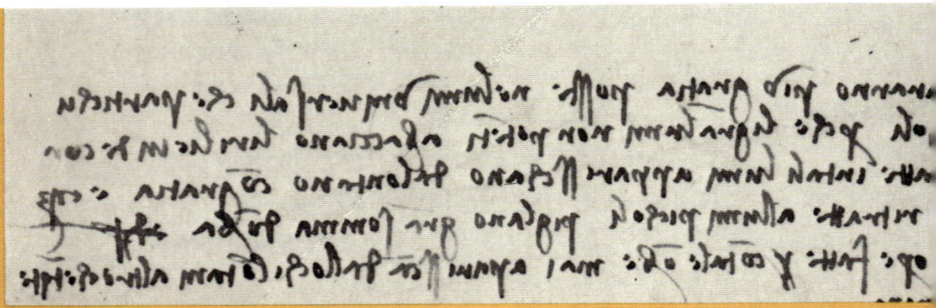

222/1-4
Die wieder aufgefundenen Codices von Ma-drid sind eine weitere autographische Quelle der im Trattato della pittura *vorkommen-den Texte. Oben sind vier Anmerkungen Leo-nardos aus dem Codex Madrid II transkri-biert, die genau den Abschnitten im Codex Urbinas entsprechen (gegenüberliegende Sei-te). Sie sind ein Beweis dafür, mit welcher Sorgfalt Francesco Melzi die Betrachtungen seines Meisters über die Kunst gesammelt und abgeschrieben hat, die heute als* Trattato della pittura *bekannt sind.*

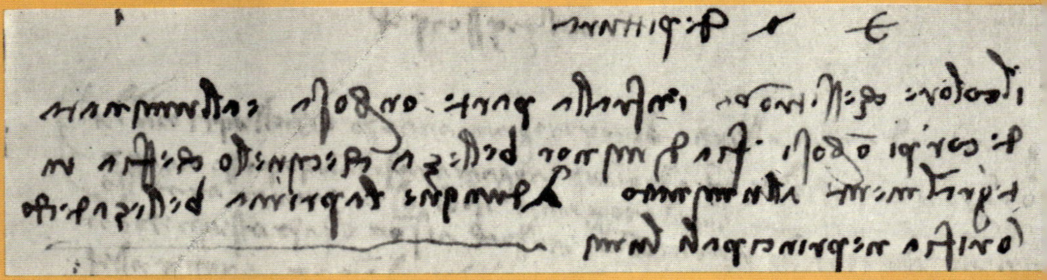

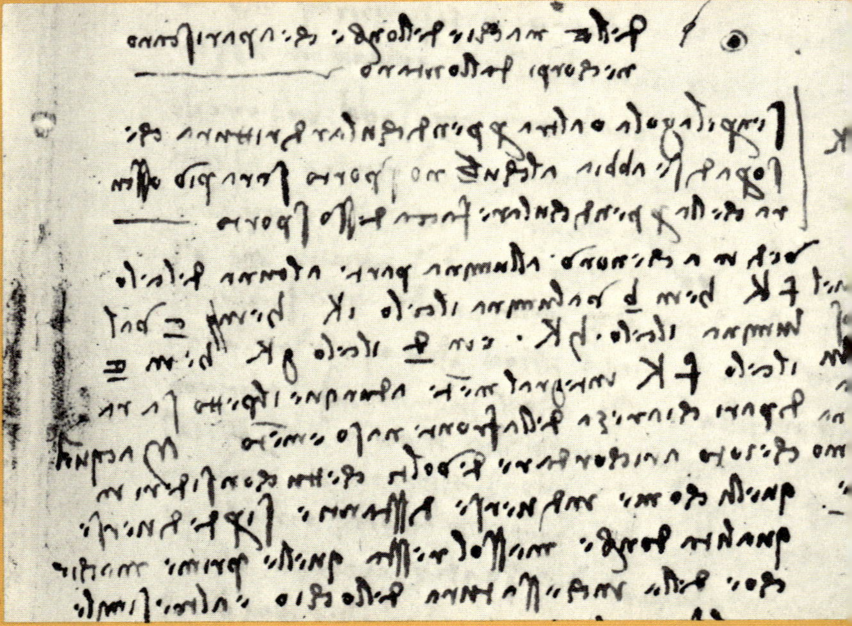

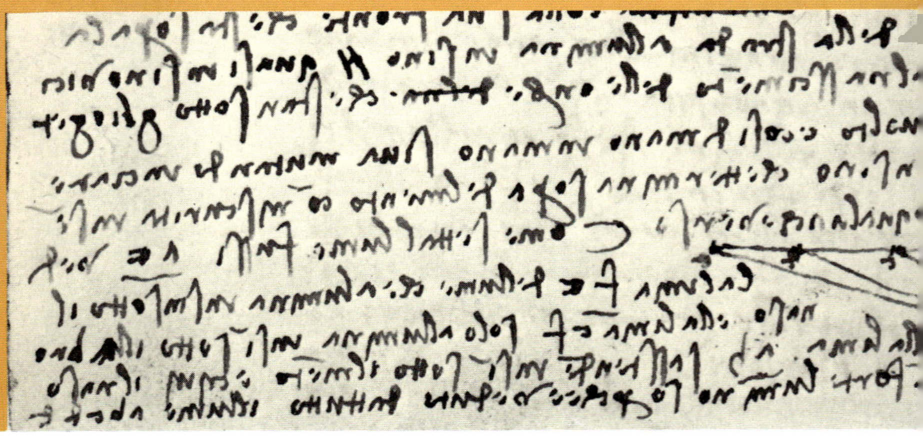

verteilt, in drei Gruppen am Anfang, in der Mitte und am Schluß.[14] Daraus lassen sich jedoch keine besonderen Rückschlüsse ziehen, denn in den drei Gruppen kommen jeweils die gleichen Themen vor: 1. Beobachtungen über die Anatomie; 2. Beobachtungen über das Auge, die Pupille und die Lichtwahrnehmung; 3. Hinweise auf Reflexe und Abstufungen von Farbtönen.

222/1

222/2

222/3

222/4

Führt man sich den Inhalt dieser im Codex Madrid II verstreuten Anmerkungen vor Augen, so wird der Zusammenhang zwischen diesen kurzen Überlegungen und den Problemen des *Trattato* unübersehbar. Wir erkennen den gleichen Ton, die gleichen Fragen und Formulierungen. Es handelt sich nicht um plötzliche Eingebungen und zufällige Beobachtungen Leonardos. Wir haben auch keine

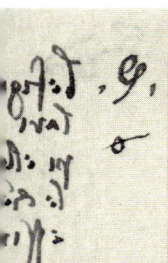

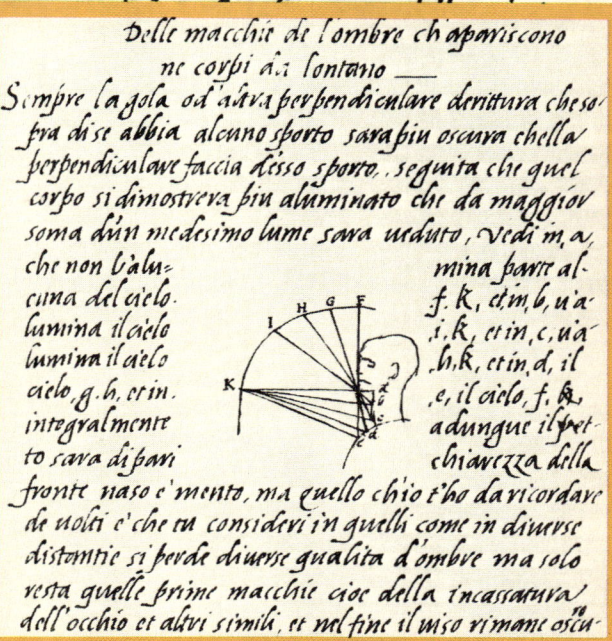

223/1

223/2

223/3

223/4

Regel. *Die Figuren werden anmutiger sein, wenn man sie in umfassendes Licht stellt, als wenn man sie in einzelne Lichter stellt, denn die großen, nicht so starken Lichter lassen das Relief der Körper hervortreten, und die mit solchem Licht geschaffenen Werke erscheinen aus der Entfernung anmutig, und die mit kleinen Lichtern gezeichneten bekommen eine große Menge Schatten, und Werke mit solchen Schatten erscheinen aus der Entfernung immer nur angemalt.*

Über Farben. *Die Farbe, die sich zwischen dem schattigen und dem beleuchteten Teil der beschatteten Körper befindet, ist weniger schön als diejenige, welche vollständig beleuchtet ist. Die erste Schönheit der Farben beruht daher prinzipiell auf dem Licht.*

Über die Schattenflecken, die auf den Körpern von ferne erscheinen. *Der Hals oder ein anderes senkrechtes gerades Objekt, das über sich irgendeinen Vorsprung hat, ist immer dunkler als die senkrechte Fläche des Vorsprungs. Es folgt, daß derjenige Körper heller erleuchtet scheint, der einer größeren Menge desselben Lichtes ausgesetzt wird.*
Du siehst in a, daß dort kein Teil des Himmels F K hinscheint, und daß auf b der Himmel I K scheint, auf c der Himmel H K, auf d der Himmel G K und auf e der ganze Himmel F K. Also ist die Brust genauso hell wie die Stirn, die Nase und das Kinn.
Aber an was ich dich bei den Gesichtern erinnern muß, ist, daß du bei ihnen berücksichtigst, wie sich die verschiedenen Arten von Schatten in den verschiedenen Entfernungen verlieren und nur die wesentlichsten Flecken bleiben, das heißt die der Augenhöhlen und andere solche. Und am Ende bleibt das Gesicht dunkel.

... und durch die Reflexbewegungen auf die schattigen Stellen der Gesichter zurückkehrt und sie etwas erhellt. Und die Länge des schon genannten Himmelslichtes, das von den Dachrändern auf der über der Straßenöffnung befindlichen Seite durchbrochen wird, erleuchtet das Gesicht bis oder fast bis zur Bildung von Schatten unter den vorstehenden Teilen des Gesichtes, und so wird es nach und nach immer heller, bis es auf dem Kinn endet mit unmerklicher Dunkelheit auf beiden Seiten. Wenn etwa das Licht a e wäre, siehst du die Linie f e des Lichtes, das bis unter die Nase scheint, und die Linie c f scheint nur bis unter die Lippe. Die Linie a h erstreckt sich bis unter das Kinn; hier bleibt die Nase stark beleuchtet, da sie vom ganzen Licht a b c d e getroffen wird.

223/1-4
Francesco Melzi kopierte insgesamt 14 Abschnitte aus dem Codex Madrid II und fügte sie in den Codex Urbinas (oben) ein. An allen aus dem Codex Madrid entnommenen Passagen befinden sich die Zeichen, mit denen Melzi in den 18 von ihm herangezogenen Handschriften Leonardos die Stellen versehen hat, die er kopiert hatte. Wahrscheinlich arbeitete Leonardo auch an anderen Abhandlungen, zum Beispiel über das Pferd und über die Architektur, die jedoch verloren gingen.

unzusammenhängenden Anmerkungen und Aphorismen vor uns, sondern Elemente von Beweisen. Sie wirken wie ein Lehrvortrag, der von anderen Beschäftigungen unterbrochen wird. Diese Notizen blieben in der Folgezeit nicht unbeachtet: 14 Absätze wurden in den Codex Urbinas übertragen. Sie sind im Manuskript mit einem kleinen Zeichen versehen. Es bedeutet, daß sie von

*Die Studie (unten) zur Anbetung der Kö-
nige, die Leonardo um 1481 gezeichnet hat,
ist ein Musterbeispiel für die Linearperspektive, wie sie in Florenz praktiziert wurde. Der
dreidimensionale Eindruck wird durch die
Linien geschaffen, die von dem Teil des Bildes ausgehen, der dem Betrachter am nächsten ist. Sie laufen in einem Fluchtpunkt
rechts von der Mitte zusammen. Vor diesem
strengen geometrischen Hintergrund drängt
sich eine Vielzahl unruhiger Figuren, darunter auch die steigenden Pferde, die später in
den Studien für das Reiterdenkmal von Francesco Sforza und der Schlacht bei Anghiari
wieder auftauchen.* UFFIZIEN, FLORENZ

Francesco Melzi übernommen wurden, der um 1550 in mühevoller Arbeit die Grundlage für die Veröffentlichung des *Trattato* geschaffen hat. Der Codex Madrid II gehört also mit Sicherheit zu jenen Notizbüchern, aus denen Melzi auf Anweisung Leonardos den Stoff für den *Trattato* zusammengetragen und die einzelnen Abschnitte verbunden hat.[15]

Der Vergleich zwischen den abgeschriebenen Texten des Codex Urbinas [223/223] und den Originalen bestätigt die getreue Übertragung der Texte durch Melzi. Nur zwei Absätze wurden gekürzt. Hier handelt es sich um Wiederholungen von Aufzeichnungen, die anderen Manuskripten zu entnehmen waren.[16] Daß aus dem Codex Madrid II vierzehn Abschnitte in die endgültige Fassung übernommen wurden, zeigt, wie wichtig der Codex trotz der relativ geringen Anzahl an Anmerkungen zum Thema des *Trattato* war.

Zwei Abschnitte müssen jedoch gesondert betrachtet werden. Sie wirken wie Hinweise, die der Maler sich selbst erteilt. Der erste betrifft die Wirkung der

224/2

*Die Zeichnung unten zeigt eine andere Form
der Perspektive — die imaginäre Vogelper-
spektive, wie sie in vielen Landkarten und
Zeichnungen des Arnotals von Leonardo anzutreffen ist.* WINDSOR 12683

Perspektive in großen Kompositionen, die sich stark in die Breite ausdehnen: »An sich ist die Perspektive, die eine geradlinige Wand ergibt, falsch, wenn die Lage des Auges sie beim Sehen nicht dadurch ausgleicht, daß die Mauer verkürzt erscheint.« [225/1-3][17] Hier ist von Wandmalereien die Rede. Bei einer großen horizontalen Fläche sieht der in der Mitte stehende Betrachter die entfernter liegenden Teile verformt, denn die Mauer müßte leicht gebogen sein, damit sich alle Teile in gleicher Entfernung vom Brennpunkt des Auges befinden. Die Streckung der Formen, wie sie die »künstliche Perspektive« vornimmt — bei der diese perzeptuelle Deformation nicht berücksichtigt wird — hat demzufolge eine übermäßige Vergrößerung der seitlichen Teile zur Folge. Leonardo löst diese Schwierigkeit durch die Annahme, daß eine Art spontaner Korrektur stattfindet, indem die durch das Projektionssystem des Malers verursachte Verzerrung durch die Wahrnehmung des in der Achse befindlichen Betrachters kompensiert wird.[18]

Leonardos Behauptung ist von äußerster Kürze. Dies wird jedoch dadurch verständlich, daß bereits 1492 im Manuskript A eine kleine erläuternde Skizze erscheint, ferner das Problem um 1508 im Manuskript D und im Codex Arundel wieder aufgenommen wird und schließlich zwischen 1513 und 1514 im Manuskript E seine ausgefeilte Formulierung findet. Die fragmentarische Anmerkung im Codex Madrid II ist also nichts anderes als die Fortführung von Überlegungen, die er ungefähr 12 Jahre zuvor begonnen hatte und die er ungefähr zehn weitere

Jahre fortsetzen wird. Doch die Arbeit an der *Schlacht bei Anghiari*, die wahrscheinlich das *Abendmahl* an Größe übertreffen sollte, machte das Problem aktuell. Der andere Satz erinnert in seiner Form noch stärker an die Formulierung eines Prinzips: »Wenn du Geschichten malst, wirst du deinen Figuren und anderen Körpern niemals so viele Ornamente geben, daß sie die Gestalt und Haltung der Figuren und das Wesen der genannten anderen Körper verdecken.«[19] Diese Regel wurde ebenfalls in den Codex Urbinas übertragen[20] und trägt den Vermerk *de pictura*, was bedeutet, daß sie für den *Trattato* bestimmt war. Sie befindet sich nicht zufällig im Codex Madrid II, denn im Zusammenhang mit dem *Abendmahl* hätte eine solche Anmerkung keinen Sinn gehabt, während sie sich perfekt auf die *Schlacht bei Anghiari* anwenden läßt. Die Komposition verlangte eine große Vielfalt verschiedener Soldatentypen, Waffen und Ausrüstungen. Die berühmte Zeichnung von Rubens [227/1] vermittelt uns eine Vorstellung davon, welche Phantasie Leonardo hier entwickelt hat: Rüstungen mit Widderköpfen, Schulterble-

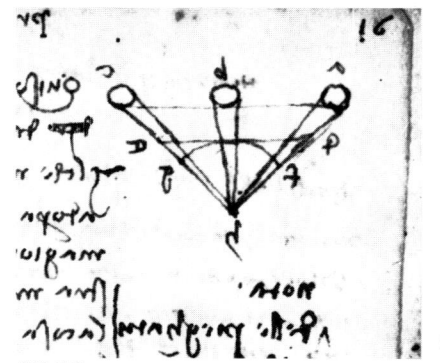

225/1-3

225/2

Leonardo war von der Idee einer wissenschaftlichen Begründung der Kunst immer mehr fasziniert. Er ging über die Linearperspektive hinaus (gegenüberliegende Seite)

225/1

225/3

che in Form von Schneckenmuscheln, einen Masken-Helm etc. Dies berechtigt zu der Annahme, daß sich die Notiz zu den Ornamenten, ebenso wie die vorhergehende zur Perspektive, auf ein aktuelles Problem bezog.[21]

Man kann davon ausgehen, daß das Gleiche für die Aufzeichnungen im Codex Madrid II zutrifft, die sich auf die Anatomie beziehen. Auch sie fügen sich exakt in den allgemeinen Aufbau des *Trattato* ein. Die Bemerkung über die Rolle der Muskeln beim »Stoßen« und »Ziehen« präzisiert deren Mechanismus in Hinsicht auf die Schulterstellung: »Stoßen und Ziehen sind von gleicher Aktion … Das Stoßen und das Ziehen kann entlang verschiedener Linien um das Zentrum der Kraft des Bewegers ausgeführt werden; und dieses Zentrum ist bei den Armen an der Stelle, wo sich die Sehne der Schulter, die der Brust und die der entgegengesetzt zur Brust liegenden *partella* [Schulterpfanne?] am oberen Teil des Schulterknochens treffen.«[22] Dieser Text ist von kleinen flüchtigen Skizzen begleitet. Er stammt aus dem Codex Urbinas,[23] wo er an andere gleichartige Beobachtungen über das Schultergelenk anknüpft. Der Text muß außerdem mit den Blättern Windsor 19003r und v [229/2] und der berühmten Rötelstiftzeichnung Windsor 12640 [230/2] in Zusammenhang gebracht werden, die eindeutig aus der Zeit der Arbeit an der *Schlacht bei Anghiari* stammen.[24] Der abgetrennte Arm der beiden Krieger erinnert an eine antike Marmorstatue[25] und verdient umso größere Beachtung, wenn man bedenkt, daß dasselbe Prinzip später in den

und untersuchte die Mechanik des Sehens. In den auf dieser Seite abgebildeten Skizzen befaßt er sich mit dem Problem der Perspektive bei großen Wandmalereien, wie zum Beispiel bei der Schlacht bei Anghiari. *Wie ein Wissenschaftler erarbeitet er in diesen Skizzen aus dem Manuskript E — oben von Folio 16r, unten von Folio 16v — die Gesetze der Optik. Im Ausschnitt links aus Codex Madrid II, Folio 15v, bemerkt er: »… ganz allgemein stellt sich das Auge, das die Gemälde auf der Wand betrachtet, immer auf die Gemäldemitte ein.« Das Auge ist mühelos in der Lage, ein kleines Bild zu umfassen. Doch bei einem großen Wandgemälde werden die Figuren, die sich an den Seiten befinden, leicht verzerrt, weil sie sich — im Verhältnis zur Bildmitte — in einer größeren Entfernung vom Auge befinden. Deshalb muß entweder eine konkav gewölbte Wand gebaut werden, oder, was leichter durchzuführen ist, die äußeren Figuren müssen größer gemalt werden, um eine Art gewölbter Perspektive entstehen zu lassen.*

225

226/1 und 2, 227/1

In seinem Trattato *spricht Leonardo eine Ermahnung an sich selbst aus, wahrscheinlich im Zusammenhang mit seiner Arbeit um 1504 an der* Schlacht bei Anghiari. *Auch im Codex Madrid II, 25v, bemerkt er: »Wenn du Geschichten malst, wirst du deinen Figuren und anderen Körpern niemals so viele Ornamente geben, daß sie die Gestalt und Haltung der Figuren und das Wesen der genannten anderen Körper verdecken.« Leonardo liebte Ornamente, und ein Ausschnitt aus Rubens' Kopie von der* Schlacht bei Anghiari *(gegenüberliegende Seite) läßt erkennen, daß der Künstler seine eigene Warnung nicht befolgte. In den spiralförmigen*

226/1

Motiven auf dem Helm des Kriegers und an seinen Schulterblechen wird die Gesamtkomposition der Schlacht wieder aufgegriffen: ein kompakter, auf sich selbst zurückfallender Wirbel der Gewalt. Leonardo malte das Wandgemälde in der Sala del Gran Consiglio [226/1] (im Aufriß). Wahrscheinlich befand sich das Bild an der Ostwand (gestricheltes Rechteck unten links im Aufriß). Auf der anderen Seite der Wand befand sich vermut-

anatomischen Tafeln von Vesalio angewandt wurde. In den Zeichnungen zum Passus »Stoßen und Ziehen« ist im Keim schon der gesamte Darstellungsstil der anatomischen »Komplexe« enthalten.

Laut Leonardo wird durch die anatomischen Untersuchungen die Mechanik erkennbar, die den Gefühlen entspricht: Die genaue Wiedergabe der Bewegungen gewährt eine Vorstellung von den Bewegungen der Seele. Ihre Darstellung setzt eine feine Beobachtungsgabe und ein Gefühl für Ausgewogenheit voraus, die Leonardo mehr als alles andere am Herzen zu liegen scheinen. Auf einer Seite des Codex Madrid II erwähnt Leonardo, daß jeder Muskel seinen Umfang ändert, je nachdem, ob er in Bewegung ist oder ruht.[26] Auf einem anderen Blatt heißt es: »Mache nicht alle Muskeln deiner Gestalten sichtbar; auch wenn sie sich an ihrem richtigen Platz befinden, treten sie nicht besonders hervor, wenn die Glieder, zu denen sie gehören, nicht in großer Kraftanstrengung sind. Und die Glieder, die keine Funktion ausüben, sollen keine Muskeln aufweisen. — Und wenn du anders verfährst, dann bildest du eher einen Sack Nüsse als einen menschlichen Körper ab.«[27] Dieser Vergleich kommt uns bekannt vor: Der Abschnitt wurde wörtlich in den Codex Urbinas übernommen.[28] Ab 1490 begegnen wir der Kritik an den »hageren und hölzernen Figuren.«[29] Das Bild vom »Sack Nüsse« und »Bündel Rettiche« bezieht sich in einem Abschnitt des Manuskripts L[30] aus dem Jahr 1502 auf »hölzerne und anmutslose« Aktdarstellungen. Da sich Leonardo gegen »viele« Künstler wendet, die sich dieses Mißbrauches schuldig machen, handelt es sich zweifellos um eine seiner Polemiken gegen eine gewisse Malpraxis, wie sie unter seinen Zeitgenossen in der Toskana üblich war. Es handelt sich um eine langlebige Tradition, die von Dolce (1557) bis Lomazzo (1584) und Armenini (1586) reicht und deren »Hauptschuldiger« Michelangelo ist. Für diese Interpretation gibt es einige Belege: Die Polemik taucht erneut in den Jahren 1513 bis 1515 in Manuskript E auf;[31] hier ist eine Kritik·an den »Nackten« der Sixtinischen Kapelle [231/1] herauszuhören. Der »Sack Nüsse« müßte sich demzufolge auf die *Schlacht bei Cascina* [230/1] beziehen, in der die Muskeln auf geradezu unglaubliche Weise herausgearbeitet sind. Da Leonardo mit einem ähnlichen Thema beschäftigt ist, müssen wir diese Bemerkung als eine Warnung an sich selbst betrachten, nicht in dieses Extrem zu verfallen.

Der anmutige Stil, der sich der gedankenlosen Darstellung anatomischer Formen widersetzt, verlangt die »liebliche Weichheit mit einfachen Beugungen und Rundungen der Glieder«, wie Leonardo im Codex Madrid II schreibt.[32] Eine

227/1

226/2

lich Michelangelos Schlacht bei Cascina. *Die Kopien der* Schlacht bei Anghiari *zeigen nur die Mittelgruppe der kämpfenden Reiter. Die großen Ausmaße der Wand — circa 6,5 m × 15,5 m — und zahlreiche Studien Leonardos lassen darauf schließen, daß er ein sehr viel größeres Werk schaffen wollte. Die Rekonstruktion der Schlacht (oben) stützt sich auf Leonardos Zeichnungen. Sie zeigt das Zentrum der Schlacht, mit Fußsoldaten und Reitern an beiden Seiten.*

kleine Skizze aus der gleichen Zeit[33] macht deutlich, wie sich bei knotigen Muskeln die Falten der Haut legen und wie im Gegensatz dazu schöne Rundungen entstehen; die erste Art der Darstellung nennt er »veschio« (alt) und die zweite »moderno«. Der gleiche Hinweis erscheint einige Jahre später, um 1510, im Manuskript G.[34] Hier beschäftigt er sich eingehender mit dem Problem. Es handelt sich um eine entschiedene Wendung gegen den groben Stil einiger toskanischer Maler, der auch im Traktat *De sculptura* von Gaurico (1504) anklingt. Hier wird das Pferd von Colleoni als »anatomisches Modell« bezeichnet. Die

*Leonardo studierte die Anatomie von leben-
den und toten Menschen, um der Mechanik
des menschlichen Körpers genau auf den
Grund zu gehen. Die Zeichnungen des Torso
unten stehen wahrscheinlich mit den Arbeiten für die Schlacht bei Anghiari im Zusammenhang, in der er die sich im Kampf
windenden Körper der Männer darstellt. Seine anatomischen Skizzen zeigen mit höchster*

kritische Haltung Leonardos rief überall eine deutliche Reaktion hervor: In
Venedig, wo sie mit der Richtung Giorgiones übereinstimmte, in der Emilia, und
überall dort, wo der »entspannte« Stil den Weg bereitet hatte. Damit kam es
zwischen dem alten und dem modernen Stil zu einer Art Spaltung. Vasari
übernahm die von Leonardo verwendeten Begriffe und wandte sich gegen die
»harte, trockene und schneidende« Art des Malens, die im Gegensatz zu der
neuen Weise steht, die von Leonardo und Giorgione begründet wurde. Die von
Vasari aufgestellte Liste der veralteten Künstler des Quattrocento vermittelt einen

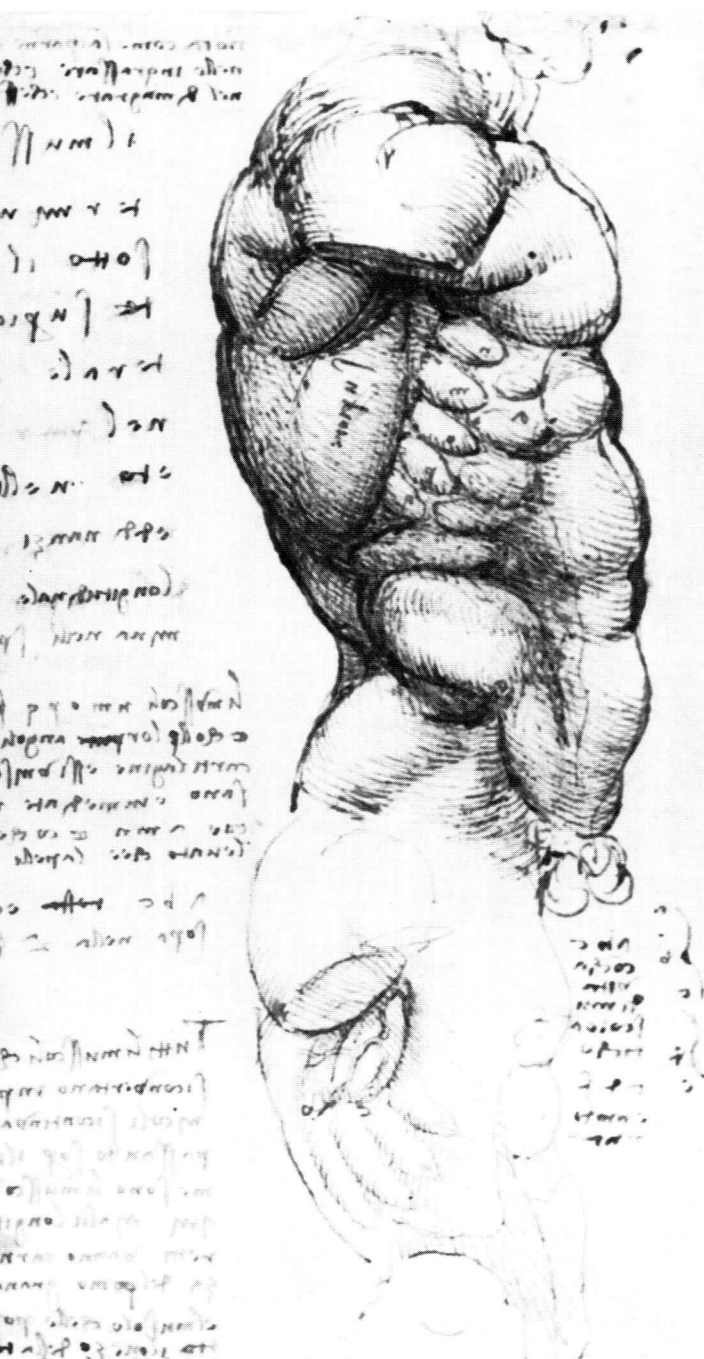

*Genauigkeit jeden einzelnen Muskel. Als
Maler bevorzugte er jedoch die »liebliche
Weichheit mit einfachen Beugungen und
Rundungen der Glieder«. Er wandte sich
gegen die Technik, die Muskeln zu stark
herauszustellen, und nennt sie »altmo-
disch«, während er seinen eigenen Stil als
»modern« bezeichnet.* WINDSOR 19032v

Eindruck von den »Vielen, die, um als große Zeichner zu erscheinen, ihre
Aktfiguren hölzern und anmutslos machen«. In dieser Liste erscheint Michelangelo allerdings nicht.[35] Auf diese Weise wird von wissenschaftlichen Untersuchun-
gen zu ästhetischen Empfehlungen übergegangen: Die Anatomie ist der Schlüs-
sel zu der exakten Darstellung der »Bewegungen der Seele«, das heißt der
Gefühle. Wie weit von der Anatomie Gebrauch gemacht wird, ist jedoch von den
Erfordernissen des Stils abhängig. Diesen Erfordernissen wird in den Aufzeich-
nungen im Codex Madrid II in Bezug auf die Optik, die Grundlage des gesamten
Malvorgangs, und in Bezug auf die durch den Künstler bestimmte Verteilung von
Licht und Schatten Rechnung getragen. Leonardo geht von der Analyse der

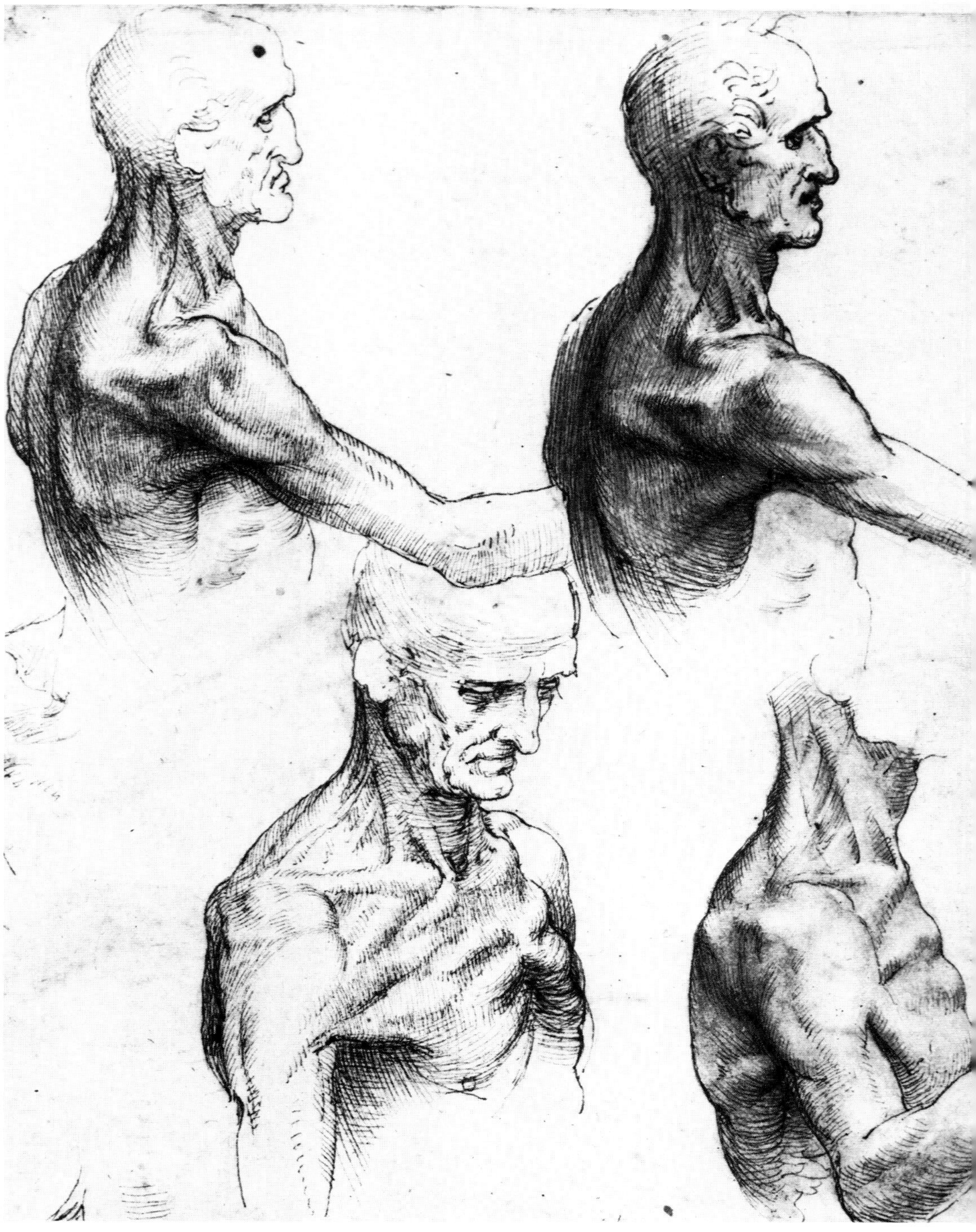

Wahrnehmungsmechanismen aus. Doch in der Physiologie und selbst in der Anatomie spricht er aus einem Gefühl heraus — zu Unrecht — dem Sehorgan eine privilegierte Stellung zu.[36] Das Auge nimmt also seine gesamte Aufmerksamkeit in Anspruch: Einige Anmerkungen betreffen die Weise, in der die Pupille auf die Lichtstärke reagiert,[37] in anderen geht es um die Wirkung der binokularen Wahrnehmung.[38] Das Modell der *camera obscura*, eines Kastens, in dem die durch ein feines Loch einfallenden Lichtstrahlen ein Bild erzeugen, scheint sich Leonardo aufzudrängen. Die Analogie wird im Manuskript D (um 1508) erklärt, in dem alle diese Andeutungen wieder aufgenommen werden [233/5] und ein Zusammenhang zwischen den flüchtigen Anmerkungen im Codex Madrid II und den vorhergehenden allgemeinen Untersuchungen hergestellt wird.[39]

Die Optik liefert eine Erklärung für das Spiel von Licht und Schatten, dessen Gesetze und Variationen er um 1490 in der kleinen Sammlung *De lume e ombra* umrissen hatte. Im Codex Madrid II kehrt er mit Nachdruck darauf zurück und unterstreicht die Bedeutung der Bläue, die durch die Luftdichte erzeugt wird und sich stärker in den dunklen als in den hellen Tönen auswirkt[40]. Hier geht er auch auf die relative Verschmelzung der dunklen und hellen Farben in der Entfernung[41] und die Farbfülle bei starker Beleuchtung ein.[42] Diesen Beobachtungen werden Empfehlungen hinzugefügt, die nicht mehr den Physiker, sondern den Maler Leonardo zu Wort kommen lassen: Das natürliche Licht macht die Schatten weicher und schmeichelnder als einzelne Lichtquellen;[43] es gibt bestimmte »Plätze, die man auswählen muß, um den Dingen ein anmutiges Profil zu geben«.[44] Alle diese Bemerkungen lassen erkennen, daß Leonardo der Malerei im Freien neue Aufmerksamkeit schenkt. Der Codex Madrid II bestätigt damit ein Ergebnis aus dem Studium der bereits bekannten Manuskripte: Um 1505 ändert Leonardo seine Ansicht über die Probleme von Licht und Schatten und Farbe: »Er hat seine Studien von der Werkstatt ins Freie und in die Landschaft verlegt.«[45] Er wandte sich gegen starke Beleuchtung und zu scharfe Konturen und beharrte auf der Notwendigkeit, einen günstigen Moment und eine gelungene Anordnung zu finden. Der gleiche Gedanke kommt in den berühmten Notizen aus den Jahren 1508-1510 über »die zu wählende Beleuchtung für die Portraitmalerei«[46] zum Ausdruck. In diesen Untersuchungen über die zarten verschwom-

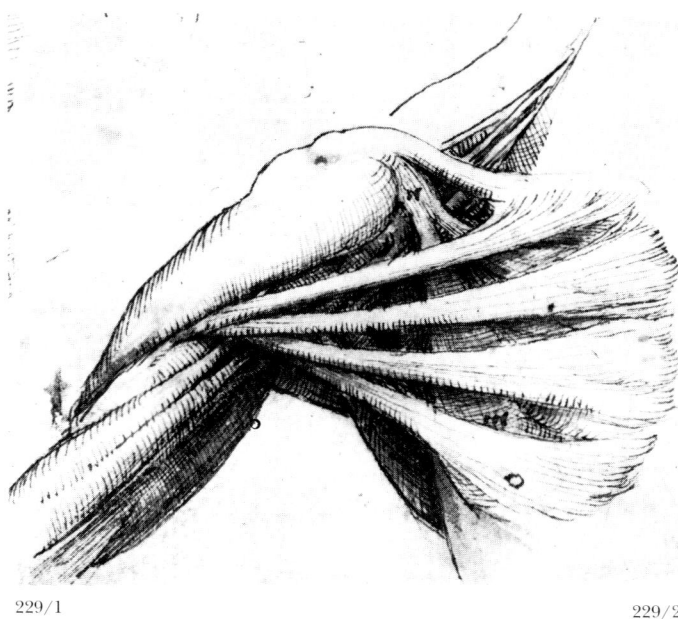

228/2, 229/1 und 2
Die anatomischen Zeichnungen Leonardos sind von solcher Genauigkeit, daß viele noch heute zur Illustration medizinischer Lehrbücher verwendet werden. Das Blatt ganz rechts, Windsor 19003v, zeigt die Schultermuskulatur. Im oberen rechten Teil ist ein Drahtmodell erkennbar, das ihre Wirkungsweise verdeutlicht. Leonardo schreibt dazu: »Der Maler, der Kenntnisse über die Eigenart von Sehnen, Muskeln und Flechsen erworben hat, wird bei der Bewegung jedes Gliedes genau erkennen, wie viele und welche Sehnen die Bewegung veranlaßt haben und welcher Muskel durch sein Anschwellen die Ursache für die Zusammenziehung eben dieser Sehnen ist.«

WINDSOR 19001v, 19003v   229/1   229/2

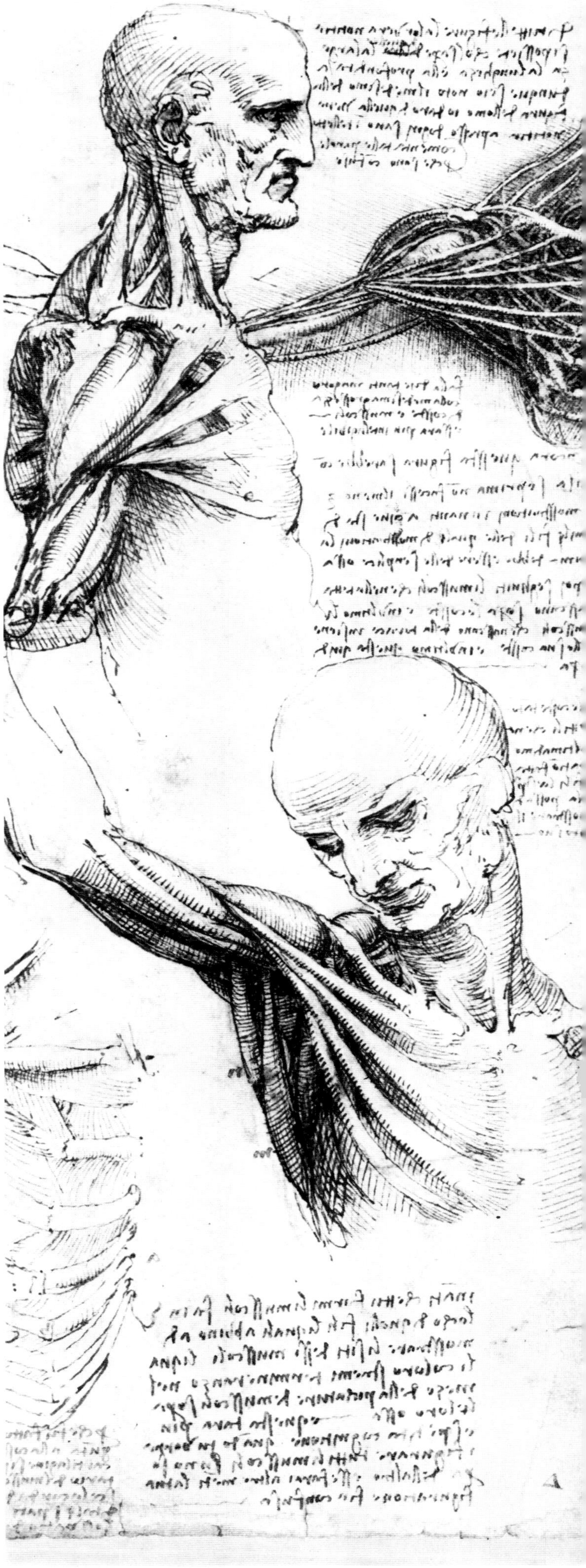

menen Farben der Schatten, die sich in einem Lichtstreifen auflösen, und über die unendlich vielen Schattierungen von Helldunkel, die durch die Beleuchtung möglich werden, drängt sich unweigerlich der Gedanke an die Erfahrungen beim Malen der *Mona Lisa*, der *Leda* (nicht erhalten) und der *Heiligen Anna* [124/1-3] auf. Mit Hilfe der wissenschaftlichen Methode versucht er, die Gültigkeit der neuen Maltechnik zu beweisen.

Der interessanteste Abschnitt im Codex Madrid II ist wahrscheinlich der über das Phänomen des *lustro*, des leuchtenden Widerscheins: »Der *lustro* beteiligt sich viel mehr an der Farbe des Lichtes, das den glänzenden Körper beleuchtet, als an der Farbe des Körpers; das zeigt sich bei dichten Oberflächen «.[47] Die Schattierungen

230/1 und 2, 231/1

Leonardo und sein großer Rivale Michelangelo waren meisterhafte Aktzeichner. Die Figuren Michelangelos erinnern an Skulpturen und lassen jedes Spiel der Muskeln erkennen, wie an den Studien zur Schlacht bei Cascina (oben) und an der Figur einer Sibylle (gegenüberliegende Seite) für sein Dek-

230/1

kengemälde in der Sixtinischen Kapelle deutlich wird. Leonardo stand ihm im Zeichnen von heroischen Akten nicht nach. Seine Skizze für die Schlacht bei Anghiari (rechts) auf Folio 12640 der Sammlung Windsor erinnert an eine antike Marmorstatue. Doch bei Leonardo, der von der Anatomie zur Kunst überging, sollten die Muskeln die »Bewegung der Seele« widerspiegeln. Vielleicht schrieb er im Hinblick auf Michelangelo im Codex Madrid II: »Mache nicht alle Muskeln deiner Gestalten sichtbar; auch wenn sie sich an ihrem richtigen Platz befinden, treten sie nicht besonders hervor, wenn die Glieder, zu denen sie gehören, nicht in großer Kraftanstrengung sind. Und die Glieder, die keine Funktion ausüben, sollen keine Muskeln aufweisen. — Und wenn du anders verfährst, dann bildest du eher einen Sack Nüsse ab als einen menschlichen Körper. «

230/2

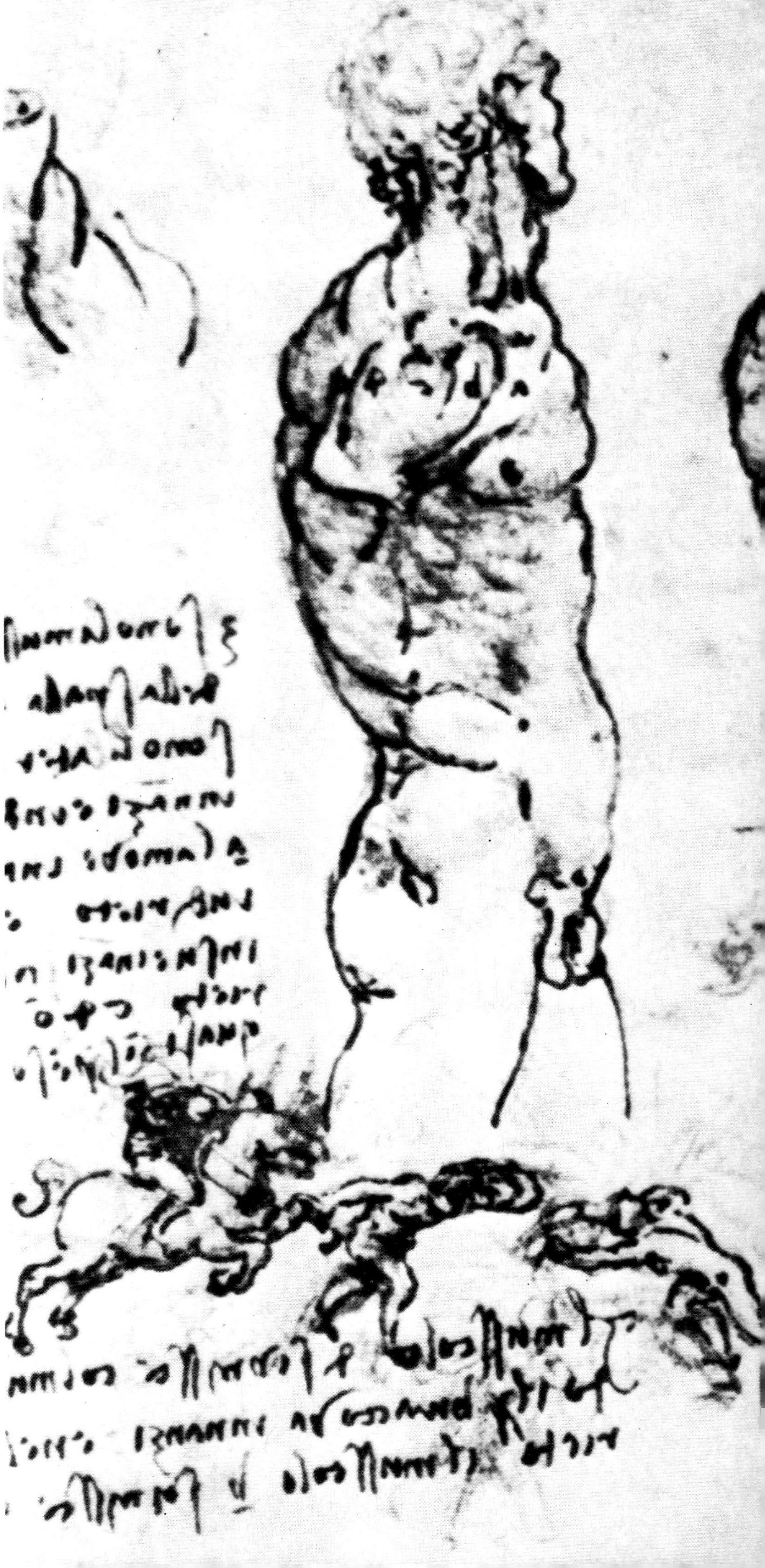

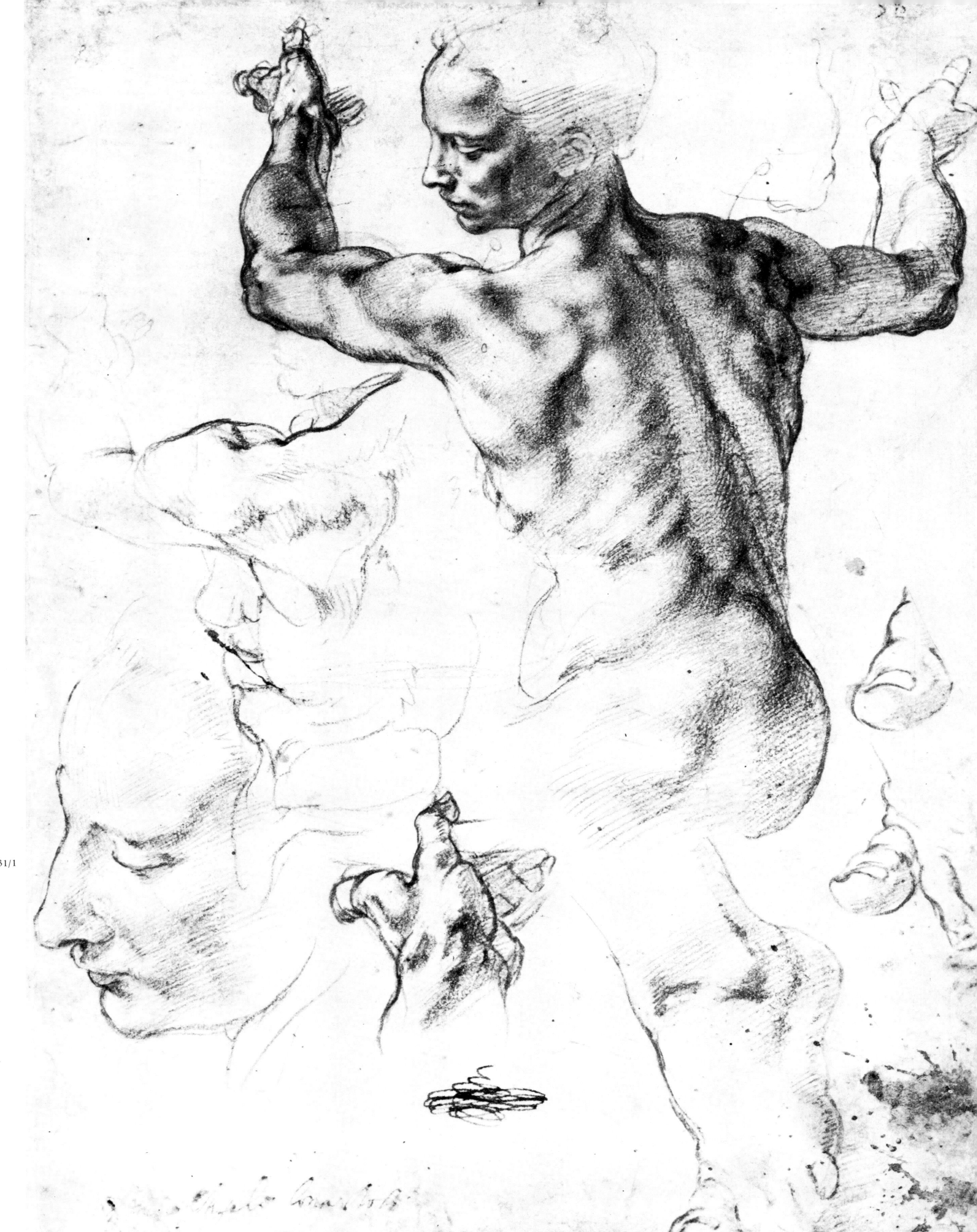

231/1

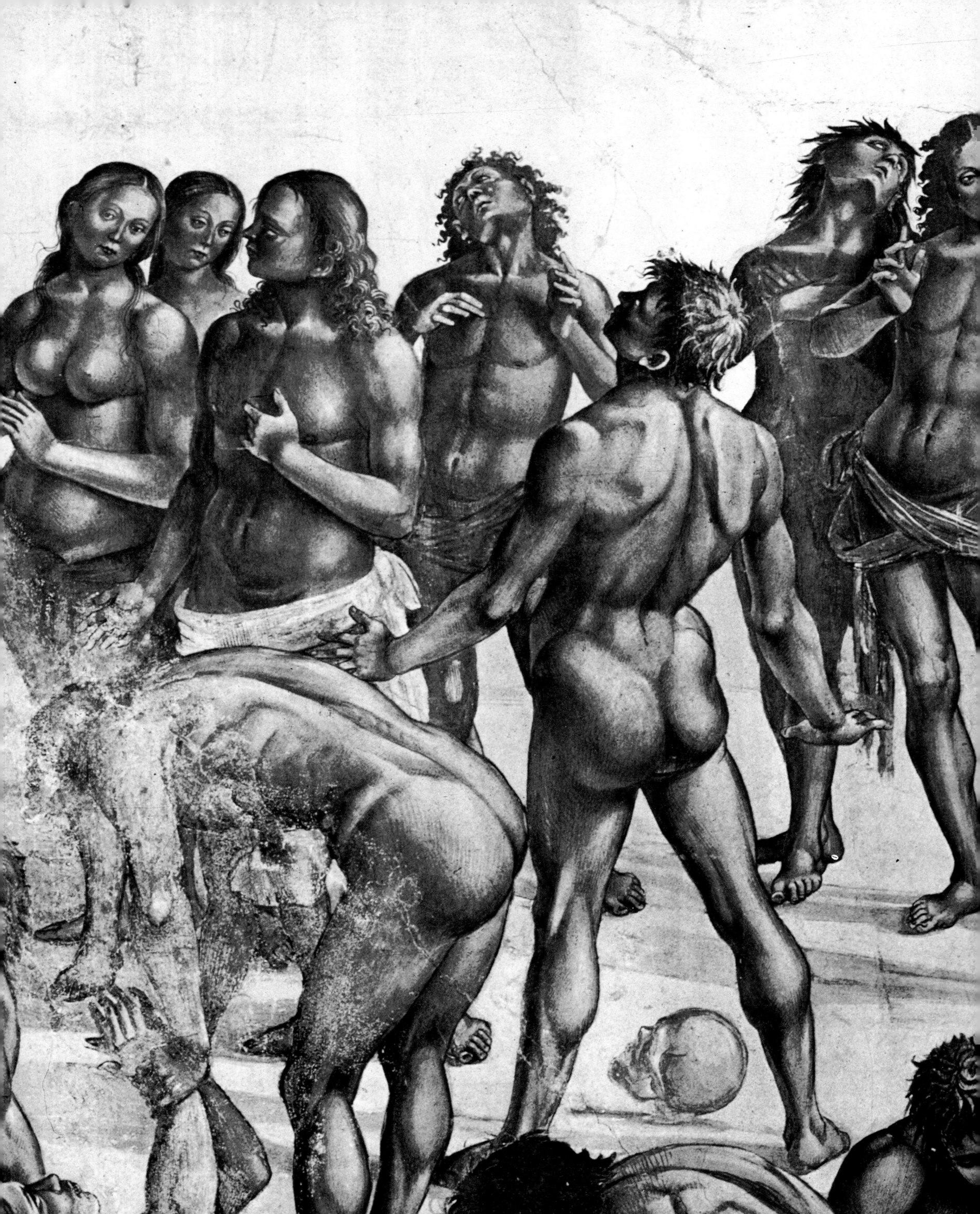

sind von der Art der reflektierenden Körper abhängig. Leonardo beschäftigt sich hier mit einem punkt- oder streifenförmigen Licht, das von glatten und polierten Oberflächen zurückgeworfen wird. Es handelt sich hier um einen Aspekt dessen, was im Manuskript A als *riverberazione* bezeichnet wird. Der *lustro* wird von dem Reflex (*riflesso*) unterschieden, der ein Spiegelbild entstehen läßt. Er ist deswegen von Bedeutung, weil er den Übergang einer in der Umgebung befindlichen Farbe auf einen bestimmten Gegenstand bewirkt. Die indirekten Reflexe lassen Lichtflecken und Unregelmäßigkeiten in den Schatten entstehen, was letztlich nicht wünschenswert ist. Eine der letzten Notizen im Codex Madrid II bezieht sich auf »die Übereinstimmung der Schatten mit ihren Lichtern« und empfiehlt, »die Kunst so einzurichten«, daß zum Beispiel den »Schatten von grünen Körpern grüne Dinge« entsprechen.[48] Es geht darum, störende Kontraste infolge des *lustro* zu vermeiden, der die Formen unterstreicht, jedoch die Farben verwirrt. Auch in seiner Malpraxis richtet sich Leonardo nach diesen Anweisungen. Seine Bemerkungen im Codex Madrid II zeigen ein neues Interesse an diesen Problemen. Leonardo versucht nicht nur, seine Arbeitsweise zu rechtfertigen, sondern scheint sich auch auf die flämische Schule zu beziehen. Er konnte nicht umhin, die Schönheit ihrer Arbeiten und die Originalität eines Stils anzuerkennen, der den Ausstrahlungen, den Zufälligkeiten des *lustro* und dem verblüffenden Spiel der »Reflexe« besondere Aufmerksamkeit schenkte. Der Text im Codex Madrid II zeigt, daß er die Malweise des flämischen Stils begriffen hatte, aber keinen Wert darauf legte, sie selbst anzuwenden. Er blieb der italienischen Konzeption treu,

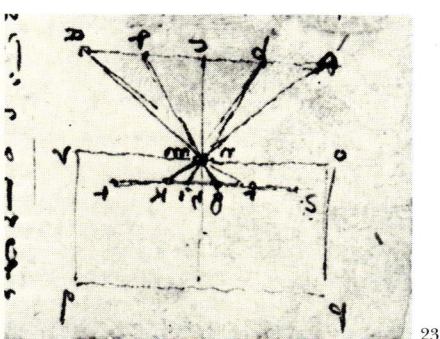

233/2

Leonardo fertigte einige schematische Zeichnungen vom Auge an. Die Zeichnungen oben und unten links befinden sich in Manuskript D, Folio 8r, die Zeichnung unten rechts in Codex Atlanticus, Folio 337r-a. In der letzte-

232/1

Der Ausschnitt links aus Signorellis Auferstehung zeigt die »altmodische« Malweise mit angespannten Muskeln, die Leonardo mißbilligte. Er beschreibt diese Art der Aktdarstellung als »Sack Nüsse« und »Bündel Rettiche«. Vasari, sein Biograph, schließt sich dieser Meinung an und wendet sich gegen die Maler, die ihre Aktfiguren hölzern und ohne Anmut machen, um als große Zeichner zu erscheinen.

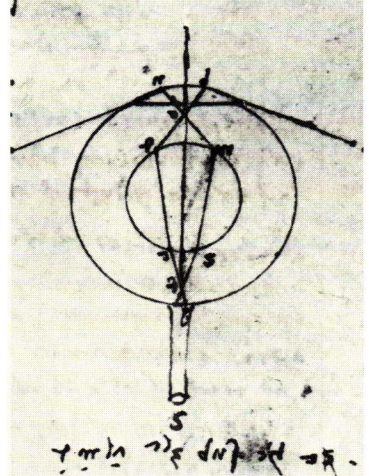

233/3

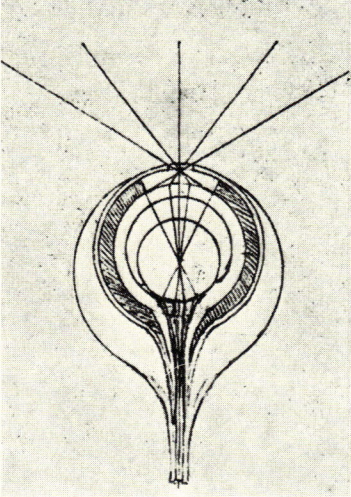

233/4

ren setzte er die Augenlinse an die falsche Stelle und zeichnete sie außerdem fast kugelförmig. Diese Form nimmt sie an, wenn sie vom Auge losgelöst ist. Das Modell, das Leonardo in Manuskript D, Folio 3v, (unten) zeichnete, entspricht dem Prinzip der camera obscura, *mit der durch ein winziges Loch ein Bild projiziert wird.*

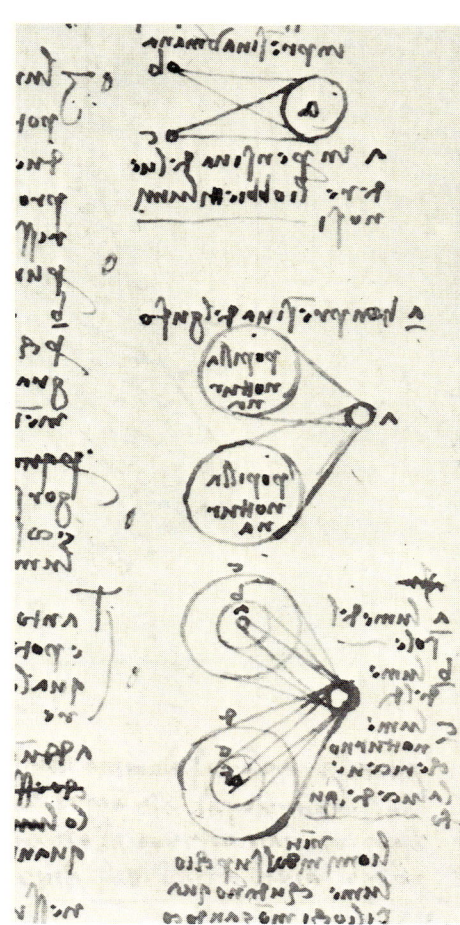

233/1

Leonardo verwarf die damals herrschende Ansicht, die Sehfähigkeit des Auges beruhe auf der Aussendung von Lichtstrahlen. Er sezierte Augen von Tieren und wahrscheinlich auch von Menschen.
In der Zeichnung rechts aus Codex Madrid II, Folio 25v, untersucht Leonardo die binokulare Wahrnehmung, das heißt, den gleichzeitigen Einsatz beider Augen.

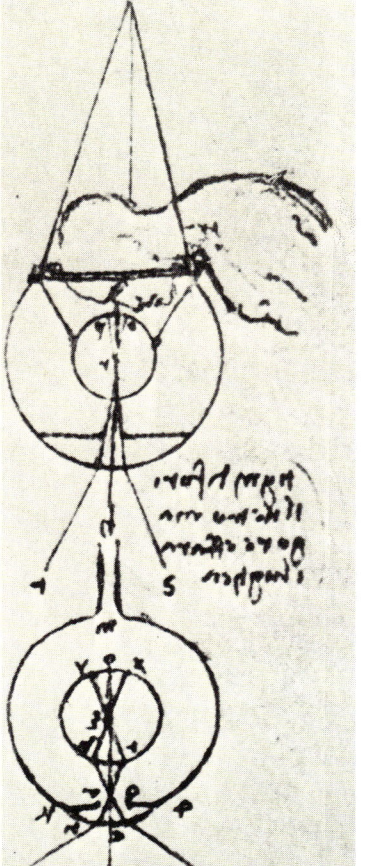

233/5

die der Fülle der Formen im Raum größere Bedeutung beimißt als dem Spielen des Lichtes und dem *lustro* der malerischen Struktur.[49]
Wir können also sehen, wie sich für Leonardo das Verhältnis von Theorie und Praxis darstellt. Beim Einsatz der Reflexe und der Dialektik von Hell und Dunkel verfährt er ebenso wie bei der Anatomie: Unakzeptable Veränderungen der Lokalfarbe und harte Lichtkontraste sind ebenso zu vermeiden wie Hervorhebungen der Muskulatur. Die Aufzeichnungen im Codex Madrid II, in denen seine didaktischen Absichten deutlicher hervortreten, gewähren also einen klaren

234/1

234/2

234/3

Hinweis auf die allgemeine Ausrichtung des *Trattato*. Die Untersuchungen zeigen mögliche Arten der Malerei, die jedoch nicht alle im Werk Leonardos zur Anwendung kommen. Besondere Aufmerksamkeit verdient die schöne, unveröffentlichte Notiz im Codex von Madrid: »Ich habe schon gesehen, daß die Schatten, die von den Tauen, dem Mast und der Rahe auf eine weiße Mauer geworfen wurden, bei Sonnenuntergang grün waren. Und das geschah, weil sich die Oberfläche dieser Mauer nicht in der Farbe der Sonne färbte, sondern weil sie sich in der Farbe des Meeres färbte, das sich ihr gegenüber befand.«[50] Damit wird Leonardo jedoch nicht zum Vorläufer des Impressionismus, denn er ordnet dieses Phänomen nicht dem Bereich der Malerei zu und es steht auch in keinem Zusammenhang mit seinem malerischen Werk.

Der Inbegriff für Leonardos umfassende Lösung aller malerischen Probleme lautet *sfumato* (»weich, schattiert«), ein Begriff, der damals noch nicht in seinen Schriften vorkam.[51] Seine Methode steht in gewisser Hinsicht im Gegensatz zu allem, was zur damaligen Malpraxis gehörte: Die Lichteffekte, die die Flamen so meisterhaft beherrschten, gehen auf diese Weise nicht verloren, doch es wird

234/1-3 und 235/1
Die Forschungen Leonardos zur Optik führten ihn natürlich zu Untersuchungen über die Beziehung von Licht und Schatten. Er begab sich aus der Werkstatt hinaus ins Freie und stellte neue Regeln auf, die er dann selbst in die Praxis umsetzte. Er warnte vor einer grellen Beleuchtung und vor zu scharfen Konturen. In den hier abgebildeten Gemälden strebt er eine Transparenz der Schatten um die Köpfe an, die die Figuren mit ihrer Umgebung verbinden. Sein »Chiaroscuro« ist ein zarter Kontrast zwischen Licht und Schatten, der weiche Übergänge und eine geheimnisvolle Räumlichkeit erzeugt. Die Abbildung oben zeigt einen Ausschnitt aus einer Kopie der Leda mit dem Schwan *von Leonardo, dessen Original verloren ging (gegenüberliegende Seite). Rechts sehen wir Ausschnitte aus der* Hl. Anna *und der* Mona Lisa. *Das subtil eingesetzte Licht verbindet die drei weiblichen Figuren.*

zugunsten von unendlich zarten Abstufungen auf den Zauber der zahlreichen Reflexe und belebten Farben verzichtet. Die Modellierung nach der Art des Masaccio, der die Form ausgehend von einer konstanten Anordnung von Schatten und Licht definiert, wird beibehalten, jedoch mit einer kalkulierten Abschwächung der Konturen. Damit werden neue Verbindungen zwischen den nahen und fernen Schichten möglich. Eine allgemein gedämpftere Farbgebung ist Voraussetzung und gleichzeitig Ergebnis des neuen Stils. Um dessen Möglichkeiten im Bereich der Farbwerte zu steigern, muß die Malerei die »Helligkeit« ihrer Farbtöne reduzieren.

Die Notizen im Codex Madrid II bedeuten keine Weiterentwicklung der Theorie. Sie lassen jedoch erkennen, wie Leonardo gleich einem Schachspieler, der mehrere Partien auf einmal spielt, in einem für ihn wichtigen Spiel, das er »in großen zeitlichen Abständen« vorantreibt, einige Fragen formuliert und einige Beweise darlegt. Er war sich bewußt, daß ihn all seine Untersuchungen zu Naturphänomenen und die Erforschung des lebenden Organismus immer weiter von einer Fertigstellung des *Trattato* entfernten. Leonardo mußte auch feststellen, daß ihn seine Spekulationen zu theoretischen Ergebnissen führten, die von den Aussagen zum Thema des *Trattato* abweichen. Er schrieb zum Beispiel zu einem optischen Beweis: »Dieser Fall muß zwar unter den Lehrsätzen der Malerei nicht aufgeführt werden. Aber ich will ihn nicht übergehen, weil er für die Theoretiker wichtig ist.«[52] Oder er bemerkte: »Obwohl derartige Überlegungen für den Praktiker überflüssig sind, scheinen sie mir wichtig genug, um nicht

235/1

übergangen zu werden, denn bei nachdenklichen Geistern rufen sie oft Verwunderung hervor.«[53] Seine Untersuchungen der optischen Mechanismen scheinen also die Formulierung konkreter Schlußfolgerungen zu verhindern, die man sich von ihm als Theoretiker erhofft; sie halten jedoch gleichzeitig den Geist und die Vorstellungskraft in einem Zustand höchster Wachsamkeit, was wiederum zu den Zielen des *Trattato* gehört. Wir sehen, in welcher Hinsicht sich Leonardo von

Der Beweis und Grund, warum unter den beleuchteten Teilen gewisse Abschnitte in hellerem Licht sind als andere.

Wenn du ein historisches Bild entwirfst, nimm zwei Punkte, einer ist der Blickpunkt und der andere die Lichtquelle; und mache diese so fern wie möglich.

Zeigt, wie Licht von irgendeiner Seite auf einen Punkt zuläuft.

Den Grund für die Reflexe werde ich noch erwähnen.

Wo die durch die Einfallslinien gebildeten Winkel sich am meisten gleichen, wird das hellste Licht sein, und wo sie sich am wenigsten gleichen, wird es am dunkelsten sein.

Obwohl die Kugeln a b c *von einem Fenster beleuchtet sind, wirst du dennoch sehen, wenn du den Linien ihrer Schatten folgst, daß sie sich an einem Punkt schneiden und den Winkel* n *bilden.*

Da bewiesen ist, daß jedes bestimmte Licht von einem einzigen Punkt stammt oder zu stammen scheint, wird die von ihm beleuchtete Seite ihr hellstes Licht in dem Abschnitt haben, auf den die Linie des Lichtstrahls senkrecht fällt, wie oben bei den Linien a g *und auch in* a h *und* l a *gezeigt; und dieser Abschnitt der beleuchteten Seite wird dort weniger hell sein, wo die Einfallslinie ihn zwischen zwei ungleichen Winkeln trifft, wie bei* b c d *zu sehen ist. Und auf diese Weise wirst du vielleicht auch wissen, welche Teile kein Licht erhalten, wie bei* m k *zu sehen ist.*

236/1

Diese Studie, die das Profil eines Mannes wie eine Gebirgslandschaft behandelt, zeigt die unterschiedlichen Wirkungen der Strahlen einer einzigen Lichtquelle, die auf das Gesicht fallen. Die kleine Skizze links und die Anmerkungen beziehen sich auf die Wirkung des Lichtes in einem Raum. Oben befinden sich Ratschläge für die Komposition eines historischen Gemäldes. WINDSOR 12604

Alberti entfernt hat. Alberti empfahl dem Maler, sich eine gute Bildung anzueignen, damit er die verschiedenen »Geschichten« darstellen kann, und Kenntnisse auf dem Gebiet der Geometrie zu erwerben, um den Kompositionen genaue Strukturen verleihen zu können. Bei Leonardo hat sich die Konzeption umgekehrt: Im Idealfall ist Malerei gleichbedeutend mit der genauen Kenntnis der Natur, und ohne eine allumfassende Intuition, die durch Analysen bis ins Unendliche fortgeführt werden kann, kann nichts wirklich Wertvolles geschaffen werden. Dadurch gewinnt der Diskurs über die Kunst einen neuen Charakter,

236

der nicht mehr durch den Rahmen des Humanismus bestimmt wird. Dieser würde den *Trattato* zu stark den literarischen Modellen unterwerfen, deren Gültigkeit im *Paragone* (wo Poesie und Malerei verglichen werden) zurückgewiesen wurde. Der *Trattato*, dessen endgültige Form noch nicht feststand und sich auch noch mehrmals ändern sollte, zeichnet sich durch den Stil mathematischer Beweisführung aus. Der Großteil der Aufzeichnungen *de pictura* wirken wie Lehrsätze, die mit kleinen Skizzen illustriert sind. Ihre Struktur ist fließend und die Darstellung sehr streng: Das ist die Logik der wissenschaftlichen Kunst, die die Eroberung der unerschöpflichen Wirklichkeit in Angriff nahm. Die Entscheidungen, die der Maler treffen muß, sind in ihren Konsequenzen klar erkennbar, doch die Prinzipien, auf denen sie beruhen, entziehen sich der Erklärung. Das *sfumato*, die Anmut, die Zweideutigkeit, verschmelzen für Leonardo immer mehr mit dem Ziel der Malerei. Diese wird ihrer Berufung desto mehr gerecht, umso

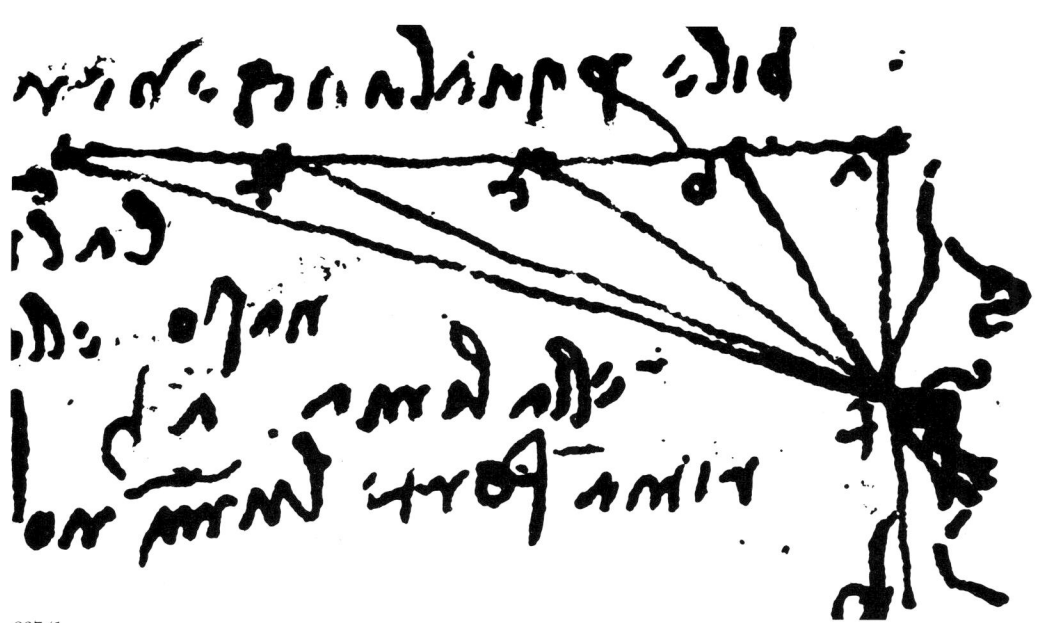

237/1

237/2

Diese Studien aus Codex Madrid II beziehen sich auf die Wirkung des Lichts. Oben, auf Folio 23v, ist ein Versuch skizziert. Die Skizze zeigt die Sonne, die Augen, das Papier und eine Tafel und dient als Beweis für seine Behauptung: »Der dunkle Gegenstand, den man im erleuchteten Feld sieht, scheint viel kleiner, als wenn er sich in einem Feld befände, das dunkler wäre als er selbst.« Links, auf Folio 71v, skizziert Leonardo Lichtstrahlen im Freien, die vom Pflaster zurückgeworfen werden und auf ein Gesicht fallen. Rechts (Folio 71r) sind ebenfalls Lichtstrahlen dargestellt, die auf ein Gesicht fallen.

237/3

mehr sie jenen unbekannten Aspekt der Realität ins Bewußtsein holt, den sie erforschen soll. Die Theorie wird durch die Praxis ergänzt, und die Praxis macht eine Entscheidung zwischen den vielen Möglichkeiten, die durch die wissenschaftliche Erforschung objektiver Daten geliefert werden, erforderlich. Der hierzu geeignete Stil ist Gegenstück und unverzichtbare Ergänzung der theoretischen Bemühungen des *Trattato*.

237/4-6

In den Zeichnungen unten untersucht Leonardo Licht, das durch ein Fenster einfällt. Links unten studiert er den Schattenwurf an einer Kugel. MS. B. N. 2038 13v, 14r, 15r

237/4

237/5

237/6

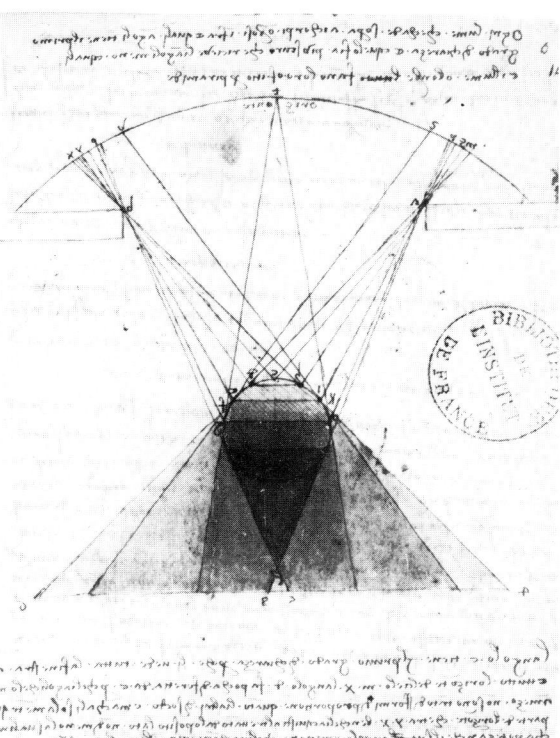

238/1    238/2

Im Codex Madrid II beschäftigt sich Leonardo mit dem Problem des lustro — der Lichtreflexion. Auf Folio 26r schreibt er:

Der Glanz [lustro] beteiligt sich viel mehr
an der Farbe des Lichtes,
das den glänzenden Körper beleuchtet,
als an der Farbe des Körpers;
das zeigt sich bei dichten Oberflächen.

Unter den Renaissance-Malern herrschte keine Einigkeit über die Verwendung von Licht-
reflexen in ihren Werken. Die hier gezeigten
Engel sind vier Beispiele für den unterschiedlichen Einsatz dieser Reflexe. Der Engel von
Piero della Francesca (oben) hat keine wirklichen Reflexe. Der Engel rechts des Flamen
Gerard David belegt den flämischen Hang zu
starken Reflexen um die Augen, die Lippen
und im Schmuck.

238

239/1

239/2

Piero di Cosimo ahmt mit seinem Engel (oben) den flämischen Stil nach, fügt jedoch auf dem Gesicht einfache Schatten hinzu. Der flämische Einsatz der Lichtreflexe faszinierte Leonardo, doch er wollte die harten Kontraste vermeiden. Seine Lösung vermittelt daher den Eindruck einer indirekten Beleuchtung, wie sie bei den heutigen Photographen üblich ist. Wie wir am Engel aus der Madonna in der Felsengrotte sehen können, ist das Ergebnis ein komplexes Spiel von Licht und Schatten, das dem Engel eine geheimnisvolle Zartheit verleiht. Leonardos Kunst gründet auf der Wissenschaft, geht jedoch über sie hinaus, um Anmut und eine geheimnisvolle Schönheit zum Ausdruck zu bringen.

LEONARDO UND DIE UHR

SILVIO A. BEDINI
LADISLAO RETI

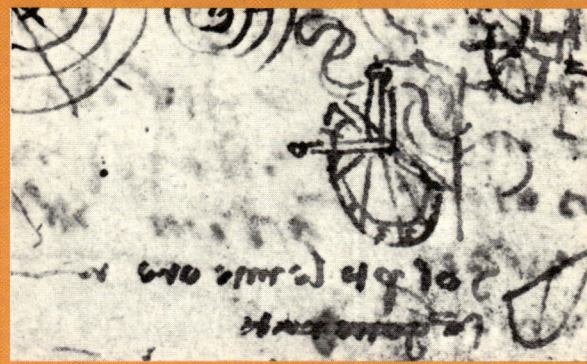

240/1

240/2

*Sanduhren wie die abgebilde-
te waren zur Zeit Leonardos
eines der wichtigsten Instrumente zur Zeitmessung. Die
Durchlaufzeit des Sandes
von einem Glasbehälter in
den anderen dauerte je nach
Uhr zwischen vier Sekunden
und vier Stunden.*

240/2

Sol per te le mie ore son generate

Sonne
Allein   von dir sind meine Stunden geschaffen

240/1

*Aus einer Notiz Leonardos zur Zeitmessung er-
wuchs ein Mythos, der sich lange halten konnte.
Der Begleittext zur Skizze einer Sonnenuhr oben
ergibt im Italienischen ein geistreiches Wortspiel:
Sol per te le mie ore son generate. Ungefähr
vor sechzig Jahren erhielt der Satz durch die fälsch-
liche Interpretation eines Wissenschaftlers den völlig verkehrten Sinn: »Ich habe meine Stunden
vergeudet«. Da Leonardos Neigung bekannt war,
alte Pläne zugunsten neuer zu verwerfen, wurde
der Satz als das Bekenntnis eines Mannes ausgelegt, der seine vergeudete Zeit bereut.*

WINDSOR 19106

L eonardo war sehr interessiert an allem, was mit der Zeitmessung in Zusammenhang stand. Dieses Interesse wird hinreichend durch die zahlreichen über seine Manuskripte verstreuten Skizzen belegt, in denen er sich mit mechanischen Uhren und anderen Instrumenten zur Zeitberechnung befaßt. In der Sammlung Windsor befindet sich zum Beispiel die Skizze einer Sonnenuhr [240/1], die das Motto illustriert, *sol per te le mie ore son generate* (»Sonne, von dir sind meine Stunden geschaffen«).[1] Auf zahlreichen Blättern seiner Manuskripte sind Stundengläser

241/1

Leonardo hat versucht, die in der Antike bei Römern, Griechen und Chinesen weit verbreitete Wasseruhr zu verbessern. Der Entwurf (links) zeigt einen Schwimmer, der sich entlang einer schraubenförmigen Führung auf und ab bewegt. Er reguliert einen Verschluß, der das Wasser auf eine Reihe von Behältern verteilt.
ATLANTICUS 343v-a

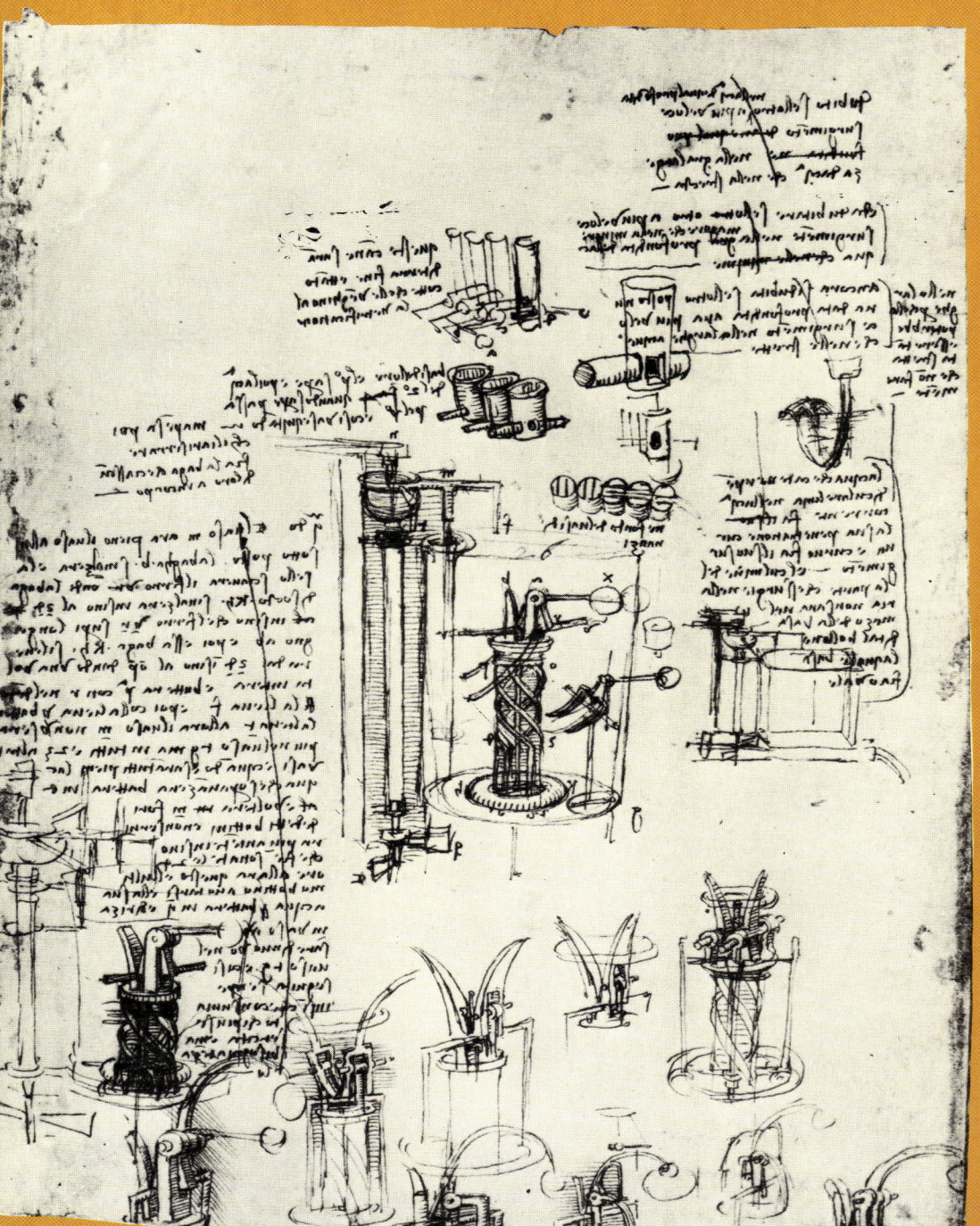

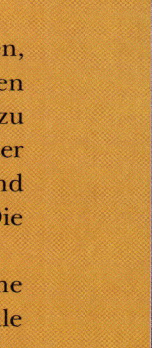

Etwas Quecksilber muß immer in der Kugel bleiben bis zur Mündung des Ausgusses.

Quecksilber für eine Stunde. Und die Stunde muß in Grad, Minuten und Sekunden eingeteilt werden. Und das Quecksilber muß destilliert sein.

Die Regel für die Fahrt muß beim Versuch aufgestellt werden.

241/2

Das oben abgebildete Stundenglas war Teil eines Versuchs Leonardos, einen Mechanismus zur Geschwindigkeitsmessung von Schiffen zu entwickeln — ein Unternehmen von besonderer Bedeutung im Zeitalter der großen Entdeckungsreisen. ARUNDEL 191v

Die in den Klöstern gebräuchliche Weckuhr (unten) stammt aus der Zeit Leonardos und ist die älteste bekannte, bis heute erhaltene Hausuhr. Das Zahnrad des Zifferblattes macht in 24 Stunden eine Umdrehung.

241/3

[241/2] zu sehen. Sie stehen meist im Zusammenhang mit Leonardos Versuchen, die Geschwindigkeit von Schiffen zu bestimmen.[2] Einige Zeichnungen stellen Wasseruhren [241/1] dar. Im Codex Atlanticus befinden sich einige Studien zu einer komplizierten Wasseruhr: Ein Schwimmer bewegt sich entlang einer schraubenähnlichen Führung auf und ab; er soll einen Zapfen öffnen und schließen und dadurch das Wasser auf eine Reihe von Behältern verteilen. Die Uhr war sogar mit einem Schlagmechanismus versehen.[3]
Leonardo war auch von mechanischen Uhren fasziniert, wie dies zahlreiche Skizzen im Codex Atlanticus beweisen, in denen die verschiedenen Bestandteile von Uhren dargestellt sind. Jetzt, nach dem Studium der Madrider Codices wissen wir weit mehr über Leonardos Interesse an der Uhrmacherkunst und seine

Beschäftigung mit diesem Bereich. Insbesondere können wir jetzt die Pendel, die in den von ihm entworfenen Geräten vorkommen, in neuem Licht betrachten, da bisher nicht bekannt war, ob sie mit der Zeitmessung in Zusammenhang standen.

Bereits aus der Zeit vor Leonardo gab es sehr viele Beispiele für die Zeitmessung mit Hilfe von Wasser-, Quecksilber- und Sonnenuhren sowie mit Sandgläsern. Die mechanische Uhr für den Hausgebrauch ist in Europa seit Anfang des 14. Jahrhunderts bekannt. Wahrscheinlich entstand die mechanische Uhr aus der

242/1

242/1

Der erste vom Menschen gebaute Zeitanzeiger war wahrscheinlich ein Holzstab, der vor circa 4 000 Jahren als einfache Sonnenuhr diente. An der Länge und Richtung des Schattens konnte die Zeit abgelesen werden. Bereits im Alten Testament, Jesaja 38.8, ist die Rede von einer Sonnenuhr: »Siehe, ich lasse den Schatten so viele Stufen, als die Sonne an den Stufen des Achas bereits herabgestiegen ist, wieder zurückgehen, zehn Stufen. Da ging die Sonne die zehn Stufen, die sie auf den Stufen herabgestiegen war, wieder zurück.« Während der Renaissance dienten Sonnenuhren als öffentliche Uhren und zur Dekoration. Die große Sonnenuhr oben wurde um 1578 auf einer älteren Steinfigur an der Kathedrale von Chartres angebracht.

242/2

Die alte astrologische Tafel rechts mit den zwölf Tierkreiszeichen zeugt von der engen Beziehung zwischen Astrologie, Astronomie und Uhrenbau. Der Glaube an Horoskope war stark verbreitet. Anscheinend hat selbst Leonardo, der Alchimisten und Wahrsager verspottete, die Astrologen befragt. Man war der Meinung, daß jeder Himmelskörper an bestimmten Stunden des Tages und der Woche seinen Einfluß ausübe. So herrschte Saturn in der ersten Stunde des Samstags, die Sonne in der ersten Stunde des Sonntags und der Mond in der ersten Stunde des Montags. Die Verbindung von Astrologie, Astronomie und Uhrenbau wird historisch durch das Astrolabium belegt, ein arabisches Instrument zur Bestimmung der Sternposition für eine bestimmte geographische Breite zu jeder Tages- und Nachtzeit. Das Astrolabium wurde zum Vorläufer der mechanischen Uhr.

242/2

Verknüpfung mehrerer unabhängiger Geräte, die schon früher erfunden worden waren. Eines dieser Geräte war das mit Triebwerk versehene Planetarium, ein mechanisches Modell des Sonnensystems, das allerdings nicht zur Zeitmessung diente, sondern in der Astronomie und Astrologie Verwendung fand. Ferner gab es die Weckuhr für Klöster und Konvente. Wahrscheinlich wurde sie später mit einem sich drehenden Ziffernblatt versehen. Dieses wiederum stammt von der römischen anaphorischen Wasseruhr (drei Fragmente einer solchen Uhr sind erhalten). Aus der Verknüpfung dieser verschiedenen Elemente ist dann die eigentliche Uhr entstanden, die anfänglich hauptsächlich öffentlichen Zwecken und später zur Unterhaltung der Fürsten und Bischöfe diente.

Zur Zeit Leonardos gab es in Italien, Frankreich, Deutschland und England bereits zahlreiche öffentliche Uhren. Außerdem waren damals schon einige der berühmtesten astronomischen und planetarischen Uhren gebaut worden. Die

234/1
Diese illuminierte Handschrift von circa 1450 zeigt einige Beispiele der damaligen Uhrmacherkunst. Die riesige Uhr links steht vom hohen Schlagwerk (rechts neben der allegorischen Figur der Weisheit) getrennt. Ganz links befindet sich ein Astrolabium. Auf dem Tisch rechts sind drei Typen von Sonnenuhren, ein Sektor und eine achteckige Tischuhr dargestellt. Die Tischuhr ist ohne Gehäuse gezeichnet, wahrscheinlich um die damals

243/1
neue konische Vorrichtung, die Schnecke, zu zeigen. Die Entdeckung dieser Handschrift beweist, daß es Uhren mit Feder und Schnecke bereits Mitte des 15. Jahrhunderts gab. Vor dieser Entdeckung hielt man Leonardos Zeichnungen der Schnecke für die ersten Darstellungen dieser Erfindung.

erste öffentliche Uhr, von der wir Kenntnis haben, bestand aus Eisen und wurde 1309 in den Glockenturm der Kirche St. Eustorgio in Mailand eingesetzt. In den folgenden 25 Jahren wurden in dieser Stadt mindestens zwei weitere Uhren aufgestellt. Gegen Ende des 14. Jahrhunderts gab es in den bedeutendsten Städten Europas weitere 17 öffentliche Uhren; bis zum Ende des 15. Jahrhunderts

Die früheste bekannte astronomische Uhr zeigte neben der Zeit auch die Bewegungen der Sonne, des Mondes und der fünf damals bekannten Planeten an. Sie wurde um 1330 in England von Richard von Wallingford, Abt von St. Albans, gebaut. Die Miniatur

kamen noch einmal sechs Uhren hinzu. Unterdessen waren in Entwicklung und Herstellung komplizierter astronomischer Uhren wichtige Erfindungen gemacht worden. Erwähnt werden sollen hier die große Uhr, die von Richard Wallingford entworfen und in der Abtei St. Albans [244/1] in England aufgestellt wurde, ferner das großartige »Astrarium« von Giovanni de'Dondi in Pavia [247/1] und

244/1

zeigt den Abt mit seiner Erfindung. Als König Edward III. die Abtei besuchte, tadelte er den Abt, weil er seine Zeit mit solchen Dingen verschwendet habe, anstatt die alte Kirche zu restaurieren.

244/2-4

Mit dem Astrolabium konnte man die Zeit anhand der Sternposition auf einer gegebenen geographischen Breite bestimmen. Dieses herrliche Messing-Astrolabium wurde 1221-1222 von dem Perser Muhammad ben Abi Bakr gebaut. Das Rete oder »Netzwerk« (oben

244/2

rechts) zeigt die Position der Sterne. An der oberen runden Öffnung auf der Rückseite (oben) erscheinen die Mondphasen und an den unteren konzentrischen Kreisen die Position der Sonne (äußerer Kreis) und des Mondes. Die Abbildung rechts zeigt den Zahnradmechanismus des Astrolabiums.

244/4

schließlich die astronomische Uhr aus der Zeit 1480-1484 von Lorenzo della Volpaia im Kartensaal des Palazzo Vecchio in Florenz.

Bei Leonardos lebhaftem Interesse an allen Problemen der Mechanik besteht kein Zweifel daran, daß er über eine genaue Kenntnis aller zum Bau der verschiedenen Uhrentypen und ihrer einzelnen Bestandteile erforderlichen

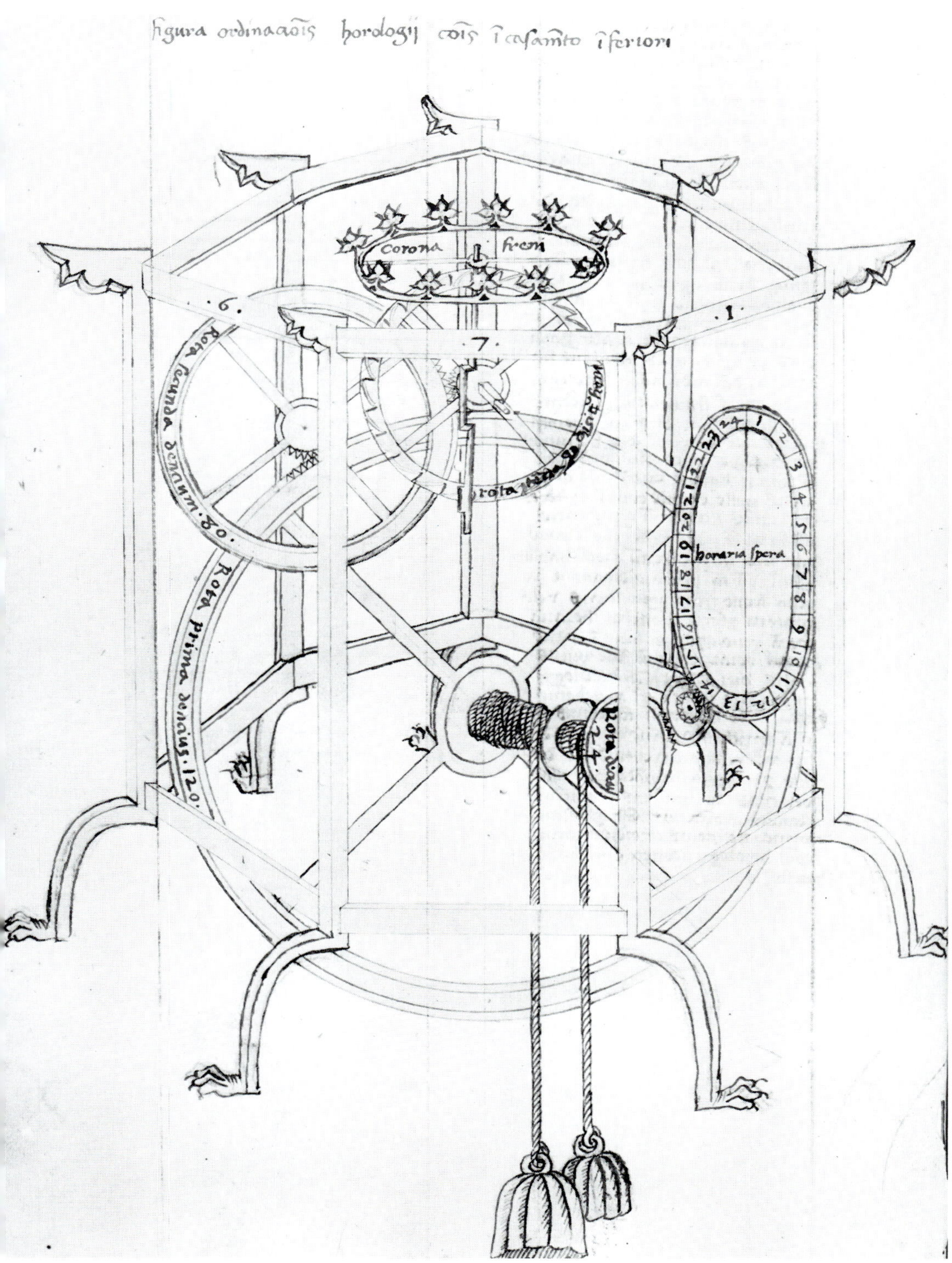

Das fein gearbeitete Rete (unten) gehörte zu einem spätgotischen Astrolabium, das wahrscheinlich um 1400 in Italien gebaut wurde. An den 120 Zähnen, die in zwölf mit den Monatsnamen benannte Abschnitte unterteilt sind, kann man erkennen, daß es ur-

245/2

sprünglich zu einer astronomischen Uhr gehörte. Die Zähne des Rades sind keine spätere Ergänzung, sondern original.

245/1 und 3

Bei seinen Besuchen in der herzoglichen Bibliothek der Visconti in Pavia lernte Leonardo die astronomische Uhr, das sogenannte Astrarium, kennen. Dieses mechanische Modell des Universums aus dem 15. Jahrhundert stammt von Giovanni de'Dondi, einem Medizinprofessor aus Padua, der sich in Pavia niedergelassen hatte. Sein Vater, der Arzt Jacopo de'Dondi, hatte auf dem Turm eines Palazzo in Padua eine astronomische Uhr errichtet. Links eine Zeichnung Dondis für das Astrarium. Es zeigte die mittlere Sonnen- und Sternzeit an und verfügte über eine Kalenderanzeige mit den festen und beweglichen kirchlichen Feiertagen. Einzelne Ziffernblätter zeigten die Bewegungen der Sonne und des Mondes sowie der fünf damals bekannten Planeten an. Die Skizze Leonardos (unten) aus Manuskript L, Fol. 92v, stellt wahrscheinlich das Venus-Ziffernblatt des Astrariums dar.

245/1

245/3

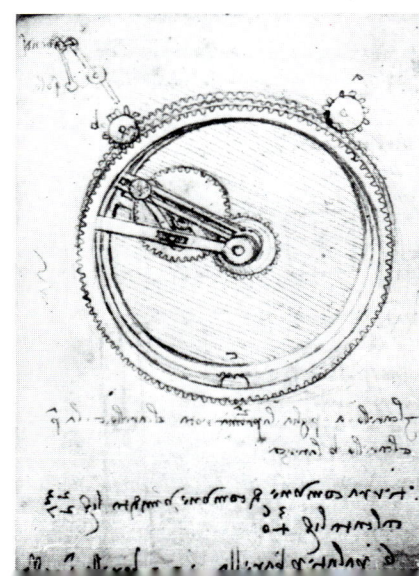

Details verfügte. Beweis hierfür sind seine Aufzeichnungen über bedeutende, ihm bekannte Uhren, die später verloren gingen und daher nicht von den Historikern erwähnt wurden.[4] Als Leonardo im Auftrag von Lodovico il Moro nach Pavia reiste, hat er 1489 oder 1490 mit Sicherheit das in der herzoglichen Bibliothek im Schloß Visconti aufgestellte Astrarium von Dondi zu Gesicht bekommen und eingehend untersucht.[4] Bevor Leonardo im Dezember 1499 Mailand verließ, besuchte er häufig die Bibliothek. Während dieser Besuche bestaunte und untersuchte er zweifellos die große Uhr sehr genau, die im Erdgeschoß des rechten Schloßturms in der Mitte des Raumes aufgestellt war. Tatsächlich finden sich in seinen Notizheften einige Skizzen, die wahrscheinlich die Zifferblätter und Mechanismen eines Astrariums darstellen. Man nimmt an,

246/1

Diese Zeichnung des Venus-Ziffernblattes des Astrariums stammt aus einem der elf bekannten Manuskripte, in denen der Mechanismus detailliert beschrieben wird. Die Unterschiede zwischen dieser Skizze und der Version Leonardos auf der vorhergehenden Seite rühren wahrscheinlich daher, daß Leonardo direkt vom Astrarium abgezeichnet hat.

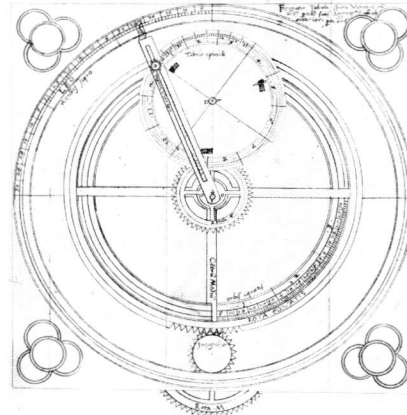

246/1

246/5-7

Die Zeichnung auf Fol. 366r-b im Codex Atlanticus [246/5] gleicht Leonardos Skizze des Venus-Ziffernblattes. Das innere Zahnradgetriebe des Venus-Ziffernblattes erscheint auch im Codex Madrid I, Fol. 14r [246/6]; offensichtlich beeinflußte es dort Leonardos

daß eine dieser Skizzen im Manuskript L [245/3] das Ziffernblatt der Venus von Dondis Astrarium wiedergibt.[5] Im gleichen Manuskript befindet sich eine Skizze, die wahrscheinlich das Ziffernblatt des Mars des gleichen Astrariums zeigt.[6] Carlo Pedretti hat darauf hingewiesen, daß diese beiden Skizzen den Zeichnungen im Codex Atlanticus sehr nahe kommen.[7] Nach einem Vergleich mit einigen Zeichnungen des Codex Madrid I hat man entdeckt, daß sich die ersten Entwürfe dieser Zeichnungen tatsächlich auf diesen Seiten des Codex Atlanticus befinden. Bei der Übertragung haben die Skizzen jedoch eine wesentliche Veränderung ihrer Bedeutung erfahren: Sie gehören nicht mehr in den Bereich des Uhrenbaus, sondern sind zu separaten Mechanismen geworden, wahrscheinlich weil Leonardo vorhatte, ein Buch über Maschinenelemente zu verfassen.

Leonardo kam nicht nur über die Bibliothek in Pavia in Kontakt mit dem Astrarium Dondis. Um 1490 beschloß Lodovico, seinen Geburtsort, das kleine Dorf Vigevano, zu erweitern. Zu den geplanten Baumaßnahmen gehörte auch der Wiederaufbau des Schlosses der Visconti. Auch Bramante wurde 1492 mit der Ausgestaltung der herzoglichen Gemächer beauftragt. Eines der Themen für die Wandgemälde war das Astrarium. 1495 wurde Bramante in die Bibliothek von Pavia gesandt, um dort Skizzen von der Uhr anzufertigen. Leonardo verfolgte in jener Zeit die Arbeiten in Vigevano aus der Nähe und war zweifellos darüber informiert, daß das Astrarium zu den Themen für die Wandgemälde gehörte.[8]

Eine berühmte und oft abgebildete Uhrenzeichnung Leonardos befindet sich im Codex Atlanticus. Sie zeigt das Räderwerk einer Uhr [248/5]. Es handelt sich mit Sicherheit um die alte Uhr der Zisterzienserkirche im Kloster Chiaravalle Milanese [248/1], das ungefähr fünf Kilometer vor der mailändischen Porta Romana in Richtung Pavia liegt. Die aus Backsteinen erbaute Kirche wurde 1221 geweiht. Hier befand sich früher ein ursprünglich vom hl. Bernhard von Clairvaux gegründetes Kloster. Das Kircheninnere ist mit Freskogemälden bedeuten-

246/2

246/3

246/4

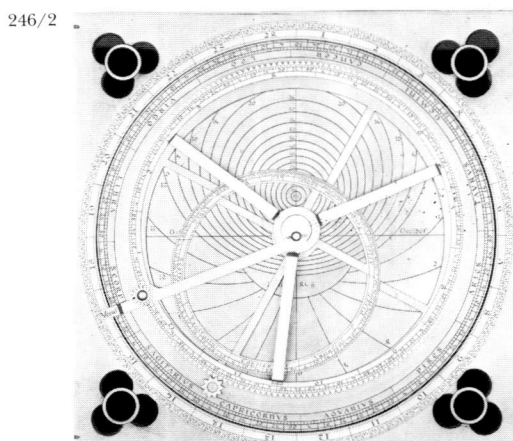

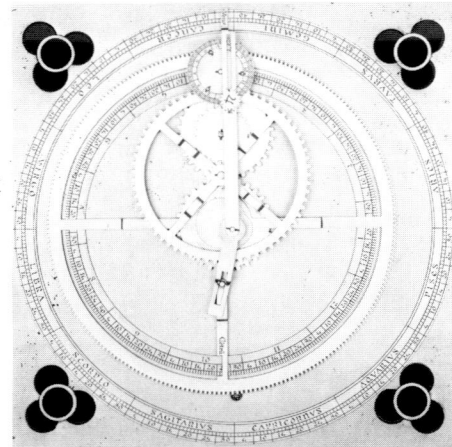

246/2-4

Die Photographien oben stellen drei Ziffernblätter des Astrariummodells der Smithsonian Institution dar (von links: Sonne, Jupiter und Merkur). Das Astrarium war für Leonardo möglicherweise nicht nur eine technologische Herausforderung. Vielleicht inspirierte es ihn auch zu der Bühnengestaltung zum Thema Astronomie seines Maskenspiels Il Paradiso, dem spektakulären Höhepunkt der Hochzeit von Lodovico Sforzas Neffen und Isabella von Aragon im Jahre 1490.

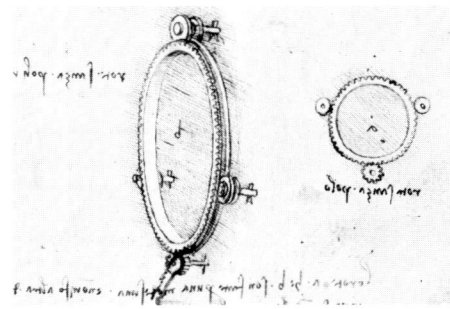

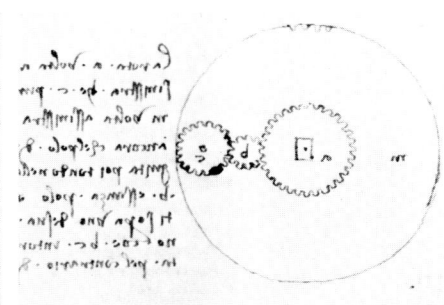

246/5

246/6

246/7

Skizze einer Getriebereihe auf Fol. 112r [246/7]. Oft entwickelte Leonardo fremde Erfindungen weiter und verwandelte sie in Mechanismen, die nichts mehr mit dem Original zu tun hatten. Auch Leonardos eigene Ideen machten eine ähnliche Entwicklung durch. So bildeten die Entwürfe von zwei Blättern des Codex Atlanticus die Grundlage für 20 Blätter mit Zeichnungen verschiedener Mechanismen im Codex Madrid I.

der Künstler des 15. Jahrhunderts und Gemälden von Bramante (heute in Brera) und Luini ausgestaltet. Leonardo hat diese Kirche gewiß während seiner Mailänder Zeit besucht.

Doch nicht nur dieses Blatt des Codex Atlanticus mit der oben erwähnten Zeichnung zeugt davon, welch tiefen Eindruck die Uhr von Chiaravalle auf Leonardo gemacht hat. Zwei weitere Blätter des Codex Atlanticus wurden durch seine Beobachtungen in Chiaravalle angeregt oder gehen sogar direkt auf sie zurück. Auf diesen beiden aufeinanderfolgenden Seiten befinden sich über einhundert kleine Skizzen hauptsächlich aus dem Bereich des Uhrenbaus.

247/1 und 2
Das Astrarium galt in der Renaissance als eines der Weltwunder. Ein Zeitgenosse Dondis nannte es ein »Werk göttlicher Spekulation«. Dondi hatte ihm sechzehn Jahre lang seine gesamte freie Zeit gewidmet und eigenhändig die komplizierten Teile aus Messing und Bronze angefertigt. Zu Lebzeiten Leonardos gehörte das Astrarium Gian Galeazzo Sforza, dem Neffen Lodovicos, der das Schloß Visconti in Pavia bewohnte. Etwa um 1494 wurde die Uhr in die Nähe Mailands zur

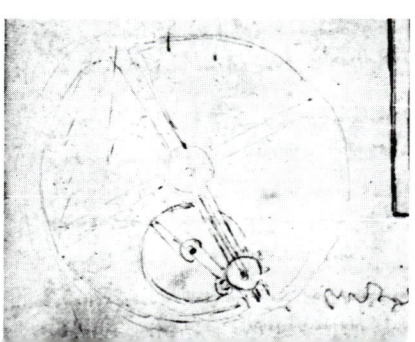

247/2

Reparatur gegeben. Nachdem sie wieder nach Pavia zurückgebracht worden war, wird sie in den Quellen kaum noch erwähnt. Etwa 35 Jahre später verliert sich ihre Spur. Heute sind keine Reste der Uhr mehr erhalten. Es wurden jedoch zwei Modelle des Astrariums nachgebaut. Das Modell links wurde 1960 für das Museum für Geschichte und Technik der Smithsonian Institution unter Leitung des britischen Uhrenspezialisten H. Alan Lloyd angefertigt. Das zweite Modell (oben) wurde 1963 in Italien von Luigi Pippa hergestellt und steht im Nationalmuseum für Wissenschaft und Technik in Mailand. Das linke Modell ist 132 cm hoch, hat einen maximalen Durchmesser von 76,2 cm und besteht aus 297 Teilen, darunter 107 Rädern und Zahnrädchen. Das italienische Modell ist kleiner, und seine Kalenderanzeige weicht von den erhaltenen Zeichnungen ab.

247/3
Skizze Leonardos vom Ziffernblatt einer astronomischen Uhr — wahrscheinlich das Mars-Ziffernblatt des Astrariums. MS. L. 93v

Wie bei vielen Blättern des Codex Atlanticus sind auch hier viele Übereinstimmungen mit dem zeitgleich entstandenen Codex Madrid I anzutreffen. Tatsächlich wird im Codex Madrid I die Uhr von Chiaravalle ausdrücklich erwähnt. In Bezug auf eine Skizze ist die Rede von »Achsen innerhalb von Achsen wie in Chiaravalle«. Auf zwei der folgenden Seiten sind Variationen des Lunarmechanismus von Chiaravalle zu sehen. Schließlich werden fast alle der ungefähr einhundert Skizzen des Codex Atlanticus im Codex Madrid I wieder aufgenommen. Leider ist heute in Chiaravalle weder der Turm noch die von Leonardo beschriebene Uhr erhalten. Doch das dortige Kloster verfügt über ein bedeuten-

248/4

Das Astrarium stand ursprünglich in der herzoglichen Bibliothek im Schloß Visconti (rechts) in Pavia. Hier konnten es Leonardo und Bramante besichtigen.

248/1

248/4

248/1, 2 und 5

Leonardos graphische Darstellung eines Getriebe-Mechanismus aus Codex Atlanticus, Fol. 399v-b, zeigt den Mechanismus einer Uhr, die sich in dem zwischen Mailand und Pavia liegenden Kloster von Chiaravalle befand. Wahrscheinlich besuchte Leonardo das Kloster wegen der Kirchenfresken von Künstlern aus dem 15. Jahrhundert. Auf der linken Seite der Zeichnung notierte er: »Minuten der Stunde«, vielleicht ein Hinweis auf einen Minutenzeiger, eine Seltenheit bei den damaligen Uhren. Unten befindet sich der Mechanismus, der mit »Stunden« bezeichnet ist. An jedem Rad ist die Zahl der Zähne angegeben. Leonardos Skizze eines Turms mit Uhr stammt aus Codex Atlanticus, Fol. 397r-b. Sie stellt wahrscheinlich den 1221 geweihten Turm der Kirche dar. Später wurden Turm und Uhr ersetzt (Photo oben).

248/5

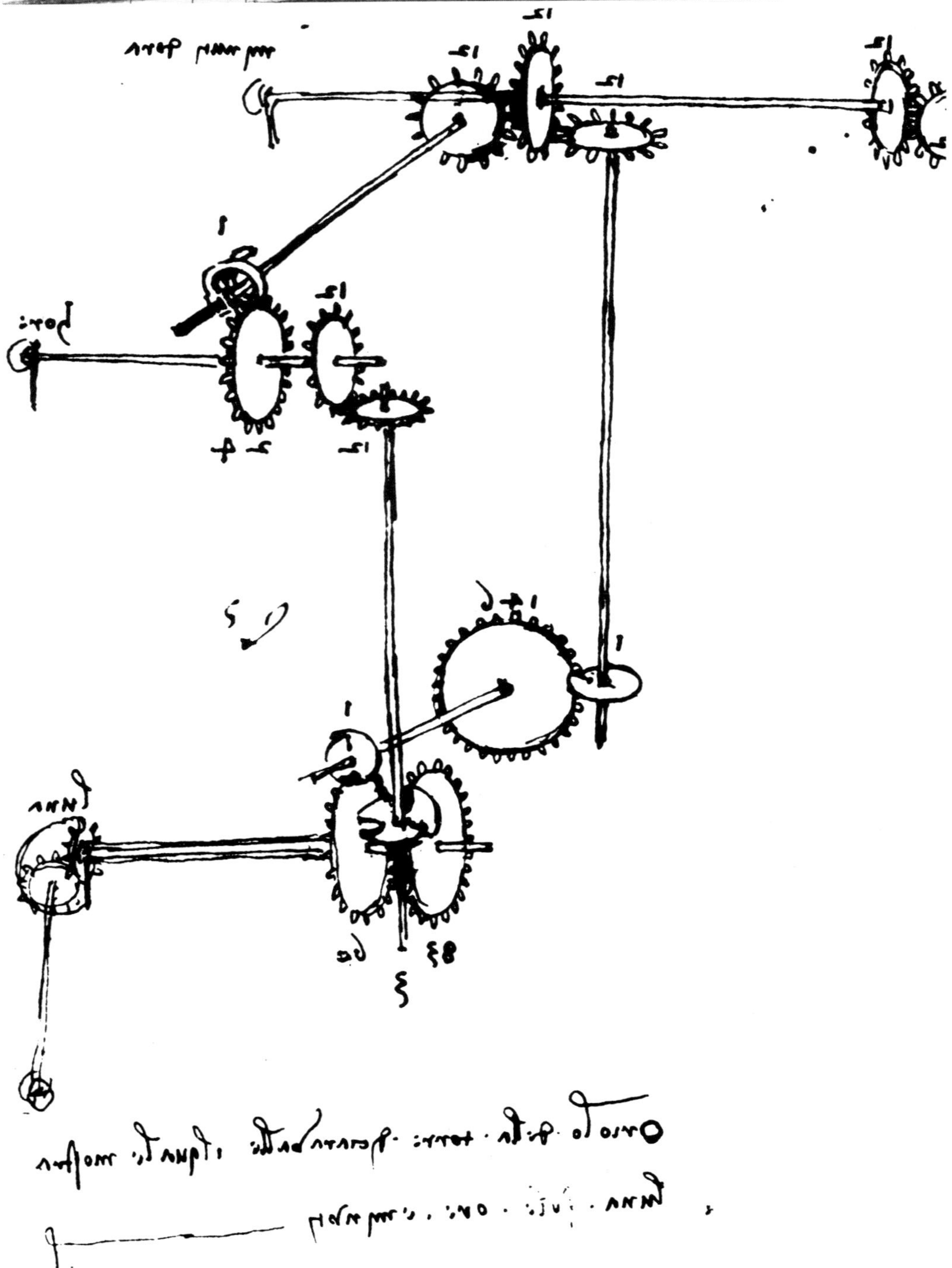

Uhr im Turm von Chiaravalle, sie zeigt [die Bewegungen von] Mond und Sonne und gibt die Stunden und Minuten an.

248/2   248/3

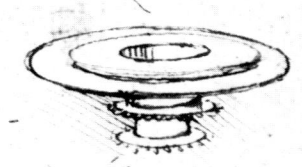

248/3

In der Skizze oben bezieht sich Leonardo ebenfalls auf die Uhr von Chiaravalle: »Achsen innerhalb von Achsen, wie in Chiaravalle«.

MADRID I 11v

des Dokument: die in Pergament gebundene Chronik des Klosters,[9] die von einem Laienbruder des Ordens verfaßt wurde. Die hierin enthaltene Beschreibung der Uhr entspricht genau den Skizzen Leonardos im Codex Atlanticus. Der Codex Madrid I, auf den sich unsere Untersuchung konzentriert, ist kein normales Notizheft. Er ist vielmehr der erste Versuch einer systematischen Abhandlung zu jenem Bereich des Ingenieurwesens, der heute die Bezeichnung »Maschinenelemente« trägt. Hier geht es nicht um komplette Maschinen, sondern um die einzelnen Mechanismen, aus denen sich die Maschinen zusammensetzen. Von den 191 Blättern des Codex sind über die Hälfte praktischen Anwendungen gewidmet, während der Rest die entsprechenden theoretischen Voraussetzungen betrifft.[10] Da Leonardo hier allgemein mechanische Vorrichtungen behandelte, verzichtete er in vielen Zeichnungen darauf, den Zweck der dargestellten Apparate anzugeben. Oft besteht jedoch kein Zweifel daran, daß sie aus

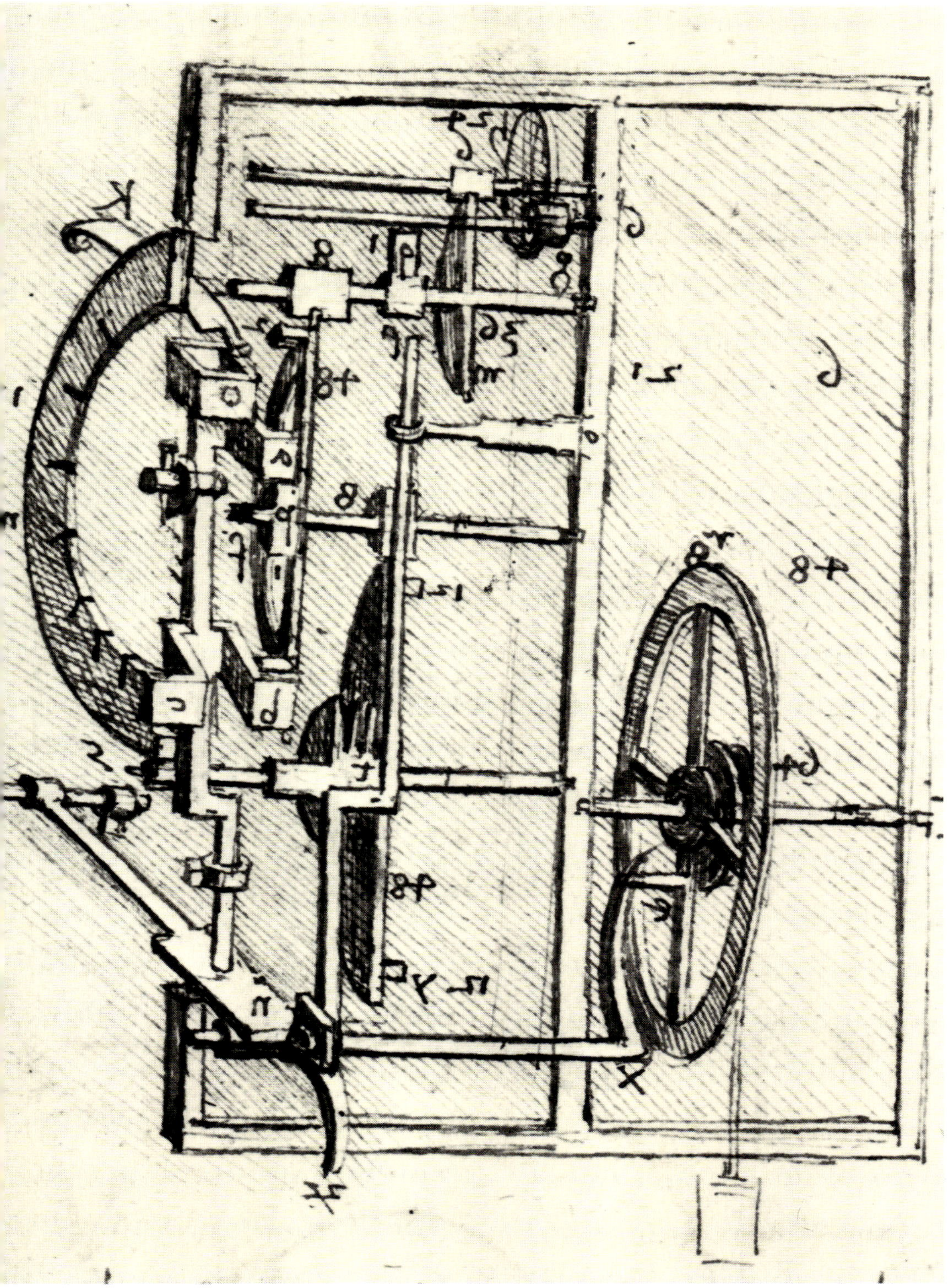

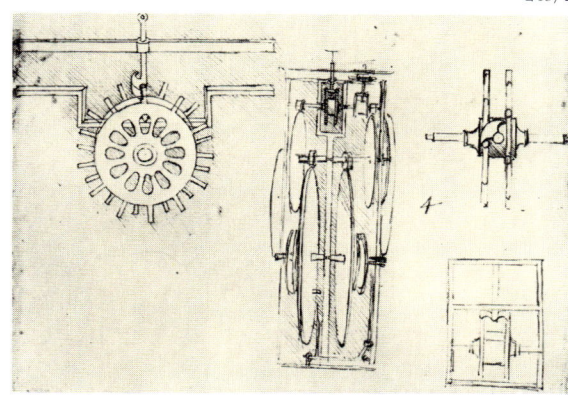

249/2

Im Codex Atlanticus, Fol. 348v-d (unten), befindet sich die komplette Skizze des Räderwerks einer Uhr. Beim Nachbau der Zeichnung gelangten die Wissenschaftler zu dem Schluß, daß es sich um eine Kopie der Entwürfe handelt, die um 1370 für den Bau der Uhr des königlichen Schlosses in Paris angefertigt wurden.

249/2

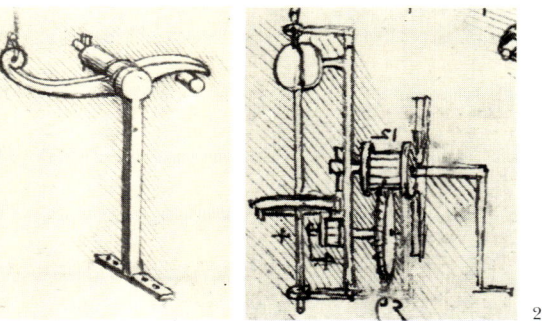

249/3

249/1 und 3-6

Leonardo griff beim Entwerfen der Uhrenmechanismen im Codex Madrid I auf seine

249/4

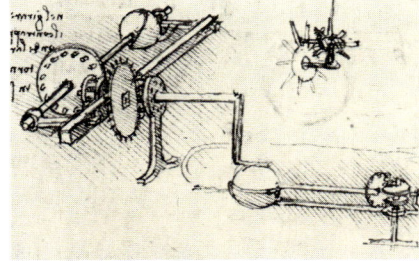

Studien über die Uhr von Chiaravalle zurück. Die Zeichnungen auf Fol. 27v und 10v [249/3 und 4] betreffen ein Schlagwerk. Auf Fol. 10v [249/5] wird eine Variante des lunaren Mechanismus von Chiaravalle gezeigt. Fol. 27v (links) aus Codex Madrid I weicht von den anderen Blättern des gleichen Codex ab, da hier keine Einzelteile, sondern eine vollständige Gewichtsuhr mit Schlagwerk dargestellt wird. Fol. 27r (unten) zeigt ein Rollensystem zur Regulierung der Sinkgeschwindigkeit der Gewichte.

249/5

249/1

249/6

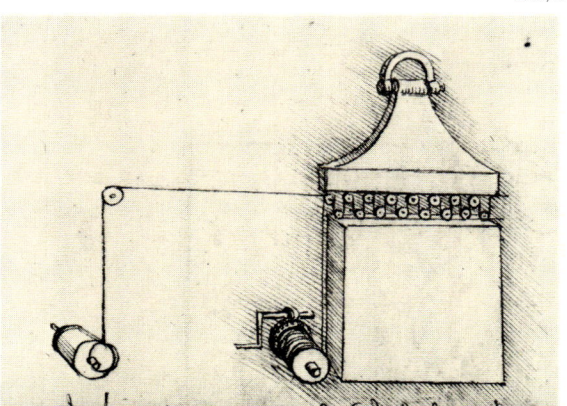

dem Bereich des Uhrenbaus stammen, denn einem anderen Zweck lassen sich diese Mechanismen nicht zuordnen. Zur Zeit Leonardos kamen Präzisionsmechanismen nur in zwei Maschinentypen zur Anwendung, die eindeutig voneinander getrennt und leicht zu unterscheiden waren: zum einen in Uhren, die oft mit astronomischen Vorrichtungen oder unterhaltenden Automaten mit Überraschungseffekten versehen waren, und zum anderen in Textilmaschinen. Vorrichtungen, die in den Bereich der Uhrmacherkunst gehören, scheinen im ersten Drittel des Codex Madrid I konzentriert zu sein. Das Thema wird zwar nicht auf zusammenhängenden Seiten behandelt, aber dennoch systematisch

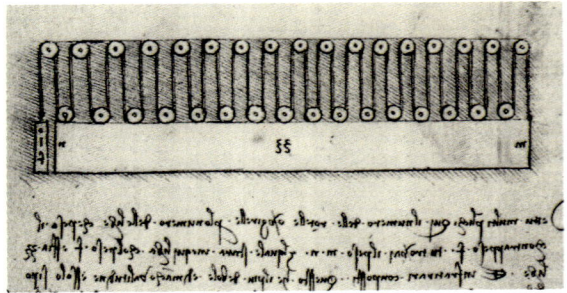

Oben die Rückseite des Flaschenzugs von 249/6. Dieses System mit 33 Rollen soll durch eine Kraft von 1 Pfund ein Gewicht von 33 Pfund heben — die erhebliche Reibung wird nicht berücksichtigt. MADRID I 36v

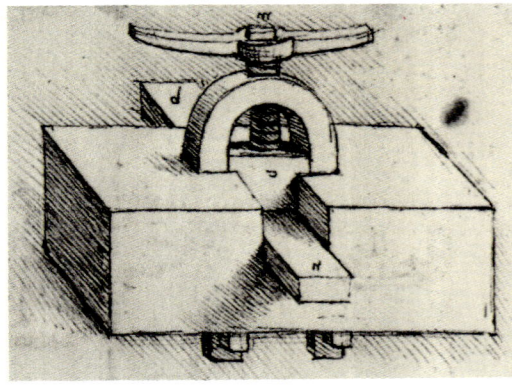

250/2

Als Leonardo diese Vorrichtung zur Federherstellung entwarf, wurden Federn erst seit wenigen Jahrzehnten im Uhrenbau eingesetzt.

250/3

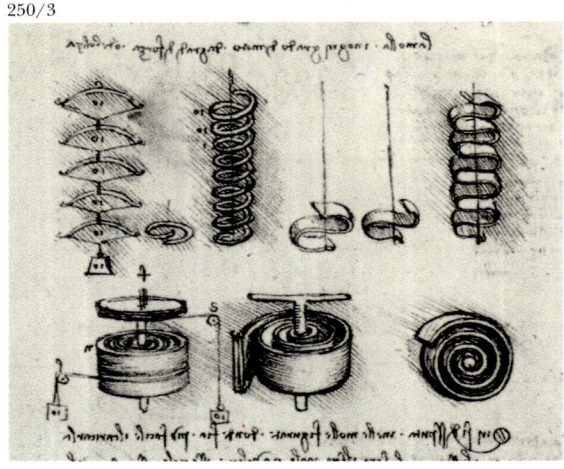

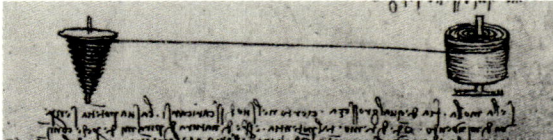

250/4

Leonardo stellt oben [250/3] verschiedene Typen von Federn dar und zeigt, wie eine Uhrenfeder mit einem Schlüssel aufgezogen wird. Auf dem gleichen Blatt (untere Skizze) beweist er seine Kenntnis der Schnecke, einer Erfindung des 15. Jahrhunderts zum Kraftausgleich der Feder beim Ablaufen. Leonardos Schnecke besteht aus einer konisch geformten Trommel, von der sich langsam eine Darmsaite abspult und zur Feder läuft.

MADRID I 85r

Auf der Miniatur aus einer Handschrift des 15. Jahrhunderts (rechte Seite) erklärt ein Herrscher der Renaissance seinem Hofstaat die »Uhr der Weisheit«.

durchgegangen — soweit man den Geist Leonardos als systematisch bezeichnen kann. Zeichen für das ausgeprägte Interesse Leonardos an Uhren ist die liebevolle Sorgfalt, mit der er seine Skizzen ausführt. Über viele Seiten verstreut findet sich eine außergewöhnliche Fülle an Zeichnungen, die sich mit diesem Thema beschäftigen.

Eine mechanische Uhr besteht hauptsächlich aus den folgenden Teilen: dem Gehäuse, dem Triebwerk oder Motor, dem kraftübertragenden und anzeigenden System (Räderwerk, Zifferblatt und Zeiger oder Weiser), dem Regulierungssystem (Hemmung) und manchmal dem Schlagwerk (einem Räderwerk, das das Schlagen der Uhr bewirkt). Bis auf das Gehäuse werden alle diese Teile von Leonardo im Codex Madrid I beschrieben. Aufgrund der besonderen Beschaffenheit dieses Codex enthält er keine Beschreibung einer vollständigen Uhr. Die einzige Ausnahme befindet sich auf einer Seite, auf der der Gesamtaufbau eines Uhrwerks mit Gewichten und Schlagwerk vorgestellt wird. Aber auch hier hat Leonardo viele wichtige Teile ausgelassen.

Auf einer der anschließenden Seiten widmet sich Leonardo einem praktischen Problem, nämlich der Konstruktion einer von Gewichten angetriebenen Uhr. Die mechanische Uhr wird im allgemeinen durch das Niedersinken eines Gewichts oder durch das Abspulen einer zuvor aufgezogenen oder gespannten Feder angetrieben. Um eine gleichmäßige Bewegung zu gewährleisten, wird eine konstante Antriebskraft benötigt. Ein langsam herabsinkendes Gewicht erzeugt eine praktisch konstante Kraft. Zweifellos sind die Gewichtsuhren Vorläufer der Federuhren. Die Gewichtsuhren mußten jedoch in einer hinreichenden Höhe angebracht werden, um eine ausreichend lange Ablaufzeit zu gewährleisten. Hier entwirft Leonardo eine interessante Lösung zur Verringerung der vertikalen Laufstrecke, die eine solche Uhr benötigt [249/6].

Wie aus vielen Blättern des Codex Madrid I ersichtlich ist, beschäftigte sich Leonardo auch mit der Herstellung von Federn und ihren verschiedenen Anwendungen, insbesondere im Bereich der Uhrenherstellung. Leonardo illustriert und beschreibt ein Gerät zur Herstellung von Federn [250/2]; er untersucht, inwieweit die Kraft der Federn von ihrer Form, Größe und Lage abhängig ist,[11] er erwähnt die Verwendung von kurzen S-förmigen Federn im Uhrenbau[12] und nimmt das Thema Federn ausführlich auf einem Blatt wieder auf, das mit dem Satz überschrieben ist: »Auf jeder Stufe der Bewegung gibt die Feder Grade der Stärke oder Schwäche ab.«

Wie dieses Blatt zeigt, wußte Leonardo, daß die Kraftverringerung der Feder beim Abspulen ausgeglichen werden muß. Dieses Problem wurde mit der Einführung der Federuhren allgemein bekannt. Tatsächlich beschrieb er sorgfältig die ungleichmäßige Leistung der Feder, und wie der Mangel zu beheben ist: »Wenn die Feder gleich dick ist, verringert sich ihre Kraft gewiß beim Entspannen ständig. Deshalb sagen wir, die Kraft hat die Eigenschaft einer Kegelschnecke, weil sie groß beginnt und sich bis auf nichts verkleinert. Es ist deshalb notwendig, dieser kegelförmigen Kraft zu begegnen, beziehungsweise ihr mit einer kegelförmigen Kraft entgegenzutreten, die eine entgegengesetzte Verminderung des Widerstandes aufweist.« Nach dieser Feststellung rät er, die Kräfte mit Hilfe einer Schnecke auszugleichen, die im unteren Teil des gleichen Blattes deutlich dargestellt ist [250/4]. Bei der Schnecke handelt es sich um eine kegelförmige Trommel, die die abnehmende Kraft der Feder ausgleicht. Bei der in einem genauen Verhältnis zur Feder stehenden Schnecke ist der Schneckenradius an jedem Punkt genau proportional zur Spannung der Feder, so daß die Drehbewegung konstant ist.

Aus dem von vielen Forschern zutage geförderten Quellenmaterial geht hervor, daß Uhren mit Federn und Schnecke (deren Erfindung irrtümlicherweise Leonardo zugeschrieben wurde) seit der zweiten Hälfte des 15. Jahrhunderts in Europa bekannt waren. Die Bestätigung hierfür findet sich in Skizzen und Beschreibungen Leonardos zur Anwendung der Feder in der damals üblichen Uhrmacherkunst. Möglicherweise wurde die Federuhr bereits in den ersten Jahren des 15. Jahrhunderts erfunden. Ein derartiger Mechanismus wird auch in der Biographie des großen florentinischen Architekten und Ingenieurs Filippo Brunelleschi (1377-1446) beschrieben. Sein Biograph und Zeitgenosse Antonio Manetti berichtete, Brunelleschi sei in seiner Jugend zu einem Fachmann des Uhrenbaus geworden. Manetti schrieb hierzu folgendes: »Da er an der Vergangenheit interessiert war, baute er Uhren und Wecker, mit verschiedenen und mannigfaltigen Generationen von Federn, erweitert durch zahlreiche und un-

Due ama
nu et equisi
m a huuen
tute mea
et quesun eam michi as
sumere sponsam. Ce
sont les parolles que

salmon le sage dist en
son liure de sapience
ou viii.º chappitre. en
quoy il dist. jay ame
e sapience et si lay gue
se des en ma jeunesse
pour de elle faire mon

Eine Folge von Federn und Schnecken, die zur Regulierung der Uhr dienten. Diese Erfindung Brunelleschis bezeichnete sein zeitgenössischer Biograph Antonio Manetti als eine »Generation von Federn«. Die Theorien dieses Architekten aus dem 15. Jahrhundert übten starken Einfluß auf die Malerei und Entwürfe Leonardos aus.
MS. B 50v

252/2-4

Die Schnecke hat den Nachteil, daß die Darmsaite (die später durch eine Kette ersetzt wurde) sich dehnt oder reißen kann. Die drei Zeichnungen (unten) aus Codex Madrid I zeigen Leonardos Bemühungen, eine bessere Form des Kraftausgleichs der Federn zu finden. Auf Fol. 4r (unten) stellt er ein Federhaus mit einer spiralförmigen Verzahnung dar, die in ein gleitendes Ritzel greift. Auf Fol. 16r (unten Mitte) wird versucht, eine ähnliche Wirkung mit Hilfe eines spitz zulaufenden Ritzels zu erzielen. Fol. 14r (rechts) zeigt eine komplexere Vorrichtung: Zähne am oberen Rand des Federhauses greifen in eine gewundene Spirale. Die Welle dieser Spirale ist mit zwei Gewinden versehen, von denen eines die gleiche Steigung aufweist wie die konische Getriebespirale; das andere bewegt ein Schneckenrad und ein Zahnrad, das über eine Zahnstange die Position der Federtrommel verändert. Von den drei Vorrichtungen ist diese am funktionstüchtigsten. Vielleicht wurde sie von einem bestehenden Mechanismus abgezeichnet. Die Vorrichtung von Fol. 4r hat den Nachteil, daß die gerade Führungsscheibe neben dem Ritzel in der inneren Biegung der Spirale anstoßen würde, wenn

252/1

terschiedliche mechanische Vorrichtungen; und alles das, oder zumindest den größten Teil, hat er in der Anwendung gesehen, und es war ihm sehr behilflich beim Bau verschiedener Maschinen zum Ziehen, Tragen und Heben von Gewichten.«[13] Am bedeutungsvollsten und rätselhaftesten in Manettis Zitat sind die Worte »verschiedene und mannigfaltige Generationen *(generationi)* von Federn«. Was versteht er darunter? Zur Erklärung der rätselhaften Worte Manettis hat Frank D. Prager die These aufgestellt, die Federn hätten aus kurzen Stücken von zusammengeschweißtem Draht bestanden. Laut Prager könnte man also sagen, daß eine auf diese Weise hergestellte Feder eine Generation von Federn enthält.[14] Dies wäre eine einleuchtende Erklärung der Worte Manettis und natürlich auch für das, was Brunelleschi möglicherweise konstruiert hat.

Unter den Aufzeichnungen Leonardos im Manuskript B [252/1] befindet sich die Zeichnung einer Vorrichtung, die die geheimnisvolle Behauptung Manettis vielleicht in ein neues Licht stellt. Die Vorrichtung gehört eindeutig zu einer Uhr und besteht aus einer Serie von Federn und Schnecken, die der Verlängerung der Laufzeit einer Uhr dienen. Der Begleittext zu dieser Zeichnung auf Folio 50v von Manuskript B lautet: »Vier Federn für die Uhr, die so arbeiten, daß, wenn eine abgelaufen ist, die andere beginnt. Während der Drehung der ersten steht die zweite still, wobei die erste sich mittels einer Schraube in die zweite hineindreht. Und wenn sie sich ganz festgeschraubt hat, nimmt die zweite Feder dieselbe Bewegung auf und ebenso all die anderen.«

Auch wenn die Skizze sehr undeutlich ist, so läßt sich diese Vorrichtung tatsächlich als eine »Generation von Federn« bezeichnen, sowohl im übertragenen, als auch im konkreten Sinn des Wortes. Diese Zeichnung befindet sich im Manuskript B, das um das Jahr 1489 entstanden ist. Es ist das erste Notizheft Leonardos. Diese Tatsache bestärkt uns in der Annahme, daß die Skizze auf eine Konstruktion Brunelleschis zurückgeht, dessen technologische Entwicklungen zur Zeit Leonardos noch nicht vergessen waren, auch wenn alle Originaldokumente hierzu verloren gegangen sind.

Mit unerschöpflichem Einfallsreichtum suchte Leonardo nach einem Federausgleich, der besser arbeitet als die Schnecke. Die Schnecke hat unter anderem den

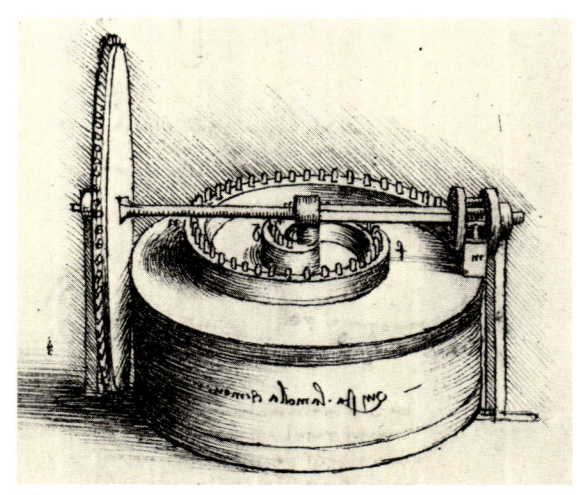

252/2

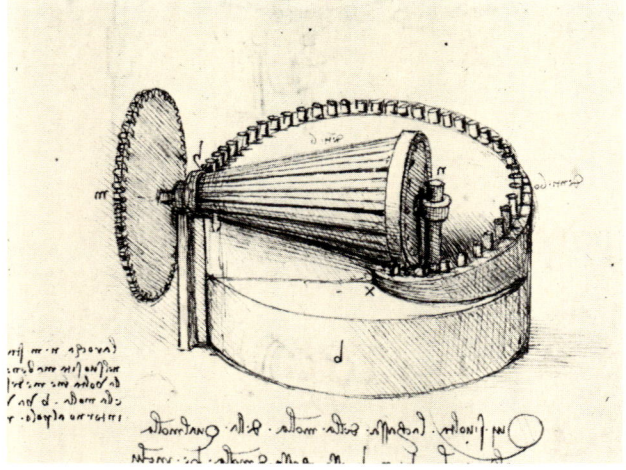

252/3

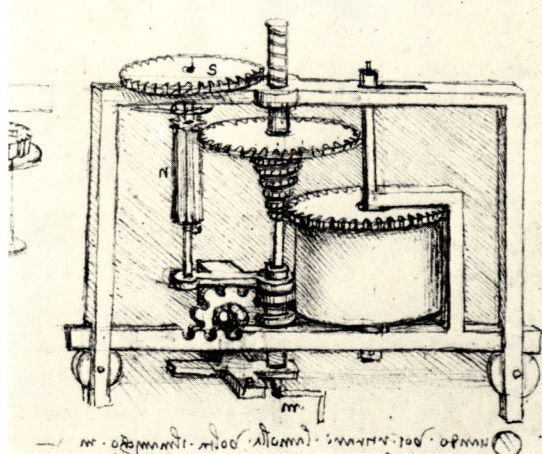

252/4

sie sich dem Zentrum der konischen Spirale nähert. In der Skizze auf Fol. 16r soll sich möglicherweise die Höhe der Spirale, die in das konische Ritzel greift, mit der Drehung ständig verändern, was jedoch nicht ganz klar wird. Die konstante Teilung der Spiralverzahnung macht das Eingreifen in den unterschiedlichen Umfang des Ritzels unmöglich. Anscheinend wird die Achse des Federhauses durch die exzentrische vertikale Spindel dargestellt, die das Ende des Ritzels stützt. Wahrscheinlich handelt es sich in den Zeichnungen auf Fol. 4r und 16r um Versuche, die nie in die Wirklichkeit umgesetzt wurden.

Nachteil, daß die sie bewegende Darmsaite (die später durch eine Kette ersetzt wurde) sich dehnen oder auch reißen kann. Warum konnte man nicht eine konische Ausgleichsvorrichtung finden, die mit der Hauptfeder durch eine stabilere Übertragungsform verbunden ist? Im Codex Madrid I entwarf Leonardo zahlreiche Lösungen für dieses Problem [252/2-4, 253/6]. Wahrscheinlich ließen sie sich nicht alle verwirklichen, sie zeugen aber von seinem großen Einfallsreichtum und sind herrliche Beispiele für die großartige Zeichenkunst Leonardos im technischen Bereich.

Um 1520 kam in Süddeutschland ein anderer Federausgleich auf, nämlich die bei Taschenuhren verwendete Federbremse oder der Stackfreed [253/1]. Es handelt sich um einen unregelmäßig geformten Nocken, der auf einem Rad befestigt ist, das mit der Federwelle verbunden ist. Eine starre Feder, die meist in einer Walze endet, drückt gegen den Rand des Nockens. Die Feder hat eine bremsende Wirkung auf den Nocken und verzögert damit das Abspulen der Hauptfeder. Wenn der Nocken die richtige Form hat, wächst die verzögernde Wirkung proportional zur Kraftverringerung der Hauptfeder.

Überraschenderweise wurden unter den Skizzen Leonardos Mechanismen gefunden, die genau dieser Beschreibung entsprechen. Auf einem Blatt des Manuskripts M, das aus der gleichen Zeit wie der Codex Madrid I stammt, sind zwei Vorrichtungen dieser Art gezeichnet [253/2]. Leider ist Leonardos Begleittext unvollständig und enthält keinen Hinweis auf eine Anwendung der Vorrichtung im Bereich des Uhrenbaus. Doch für welchen anderen Zweck hätte eine solche Vorrichtung dienen sollen, wenn nicht für die Regulierung der Hauptfeder? Glücklicherweise hat er die Idee im Codex Madrid I wieder aufgegriffen — und diesmal ist der Verwendungszweck unverkennbar. In der Mitte eines Blattes, das sich in einem Teil des Manuskriptes befindet, der fast ausschließlich der Darstellung von Uhrenmechanismen gewidmet ist, ist die Federtrommel einer Uhr skizziert. Der Gehäuseboden ist auf einem Zahnrad befestigt, während der obere spiralförmige Teil eine runde schiefe Ebene bildet [253/3]. Die Welle der Hauptfeder ist fest an einer gebogenen Feder angebracht. Am äußeren Ende der Hilfsfeder befindet sich eine Walze, die durch die spiralförmige Bewegung entlang der oberen Trommelfläche eine kontinuierlich abnehmende Bremswirkung ausübt. Der darunterstehende Text lautet: »Hier dreht sich die Welle nur, um die Feder zu spannen: Diese dreht sich nie rückwärts.« Diese interessante Vorrichtung, wahrscheinlich eine Erfindung Leonardos, hat die gleiche Wirkung wie der Stackfreed [253/1]. Der einzige Unterschied besteht darin, daß der letztere durch einen Scheibennocken bewegt wird, während Leonardos Mechanismus über einen Translationsnocken verfügt. Kurz, wir haben hier einen dreidimensionalen Stackfreed vor uns.

Viele Blätter im Codex Madrid I sind der Übertragung von Bewegung und Kraft durch Zahnräder, Schrauben und Hebel gewidmet. Das Thema wird analytisch behandelt; nur selten gibt Leonardo einen Hinweis auf die spezielle Verwendung. Vielfach ist die Verwendung im Uhrenbau jedoch offensichtlich, auch wenn dies in den Begleittexten nie ausdrücklich gesagt wird.

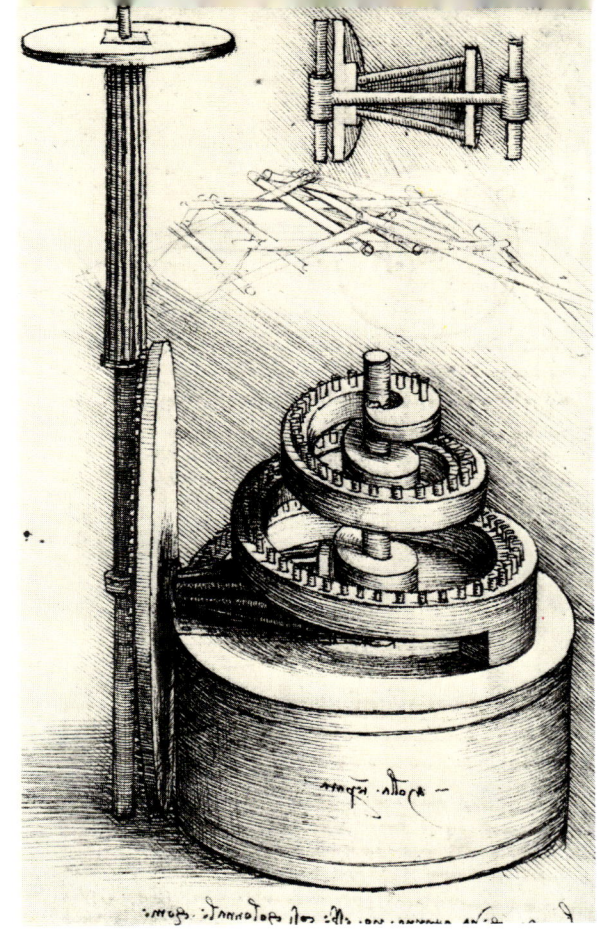

Der Mechanismus oben scheint funktionsfähig zu sein, doch hat die Spiralverzahnung eine gleiche Teilung. Sie müßte sich aber an die Teilung des konischen Ritzels anpassen, die sich entsprechend der Verjüngung verändert.
MADRID I 45r

253/6

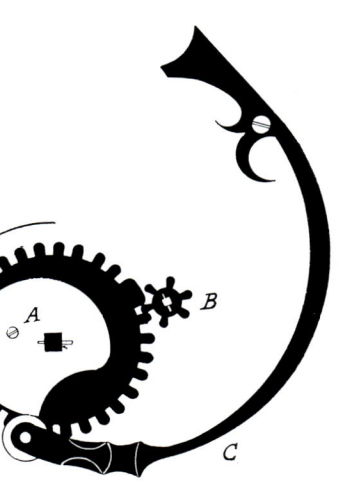

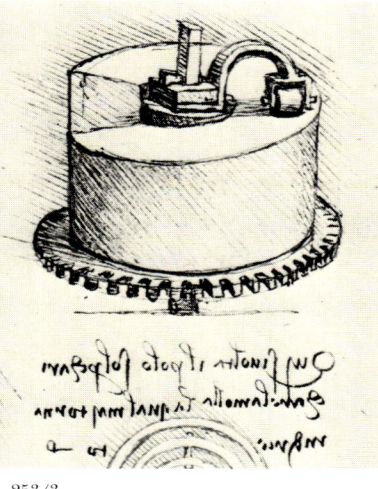

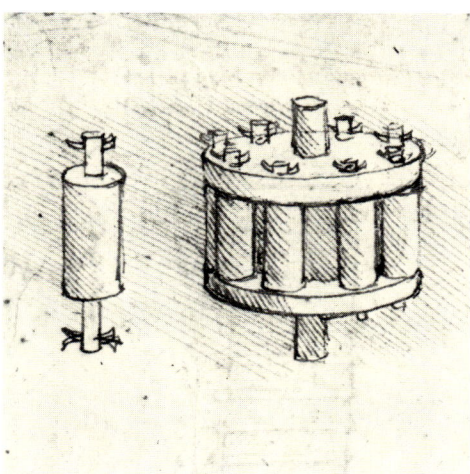

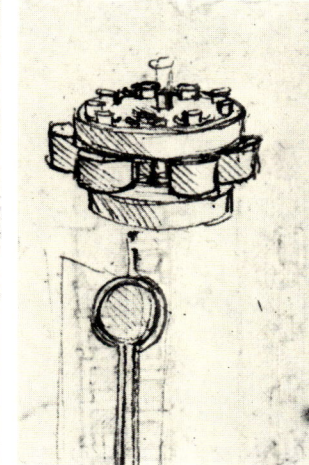

253/1 253/2 253/3 253/4 253/5

Bei der Suche nach einem Ersatz für die Schnecke nahm Leonardo den Stackfreed [253/1] vorweg, der in Deutschland um 1520 verwendet wurde. Der Stackfreed C — vermutlich ein niederdeutsches Wort — wirkt als Bremse auf den Nocken A und damit auf das Abspulen der Hauptfeder. Im Manuskript M, Fol. 81r (links), befinden sich Zeichnungen von zwei ähnlichen Mechanismen. Codex Madrid I, Fol. 13v, zeigt einen Mechanismus, der auf dem gleichen Prinzip beruht (Mitte): Auf der Federtrommel befindet sich eine gebogene Feder mit einer Rolle als Bremse. Ritzel mit Rollen wie auf den beiden Skizzen oben (Codex Madrid I, Fol. 10v) wurden lange Zeit für Mühlen verwendet. Im 18. und 19. Jahrhundert wurden ähnliche Ritzel auch im Uhrenbau eingesetzt.

Leonardo arbeitete ständig an Entwürfen zur Verbesserung von Getrieben und Kugellagern, um den Reibungswiderstand zu verringern.[15] Wie es scheint, kam er als erster auf die Idee, die Drehzapfen in den Kugellagern aus Halbedelsteinen[16] oder sogar aus Diamanten[17] herzustellen. Seine Entwürfe zur Verbesserung der Konstruktion von Getrieberädern weisen einen ungeheuren Einfallsreichtum auf. Das gleiche gilt für seine Untersuchung der mechanischen Wirkung, die durch Veränderung der Lage, der Form und der Maße der Räder erzielt werden kann. Seit den Anfängen der Uhrmacherkunst wurden die größten Anstrengungen darauf gerichtet, einen idealen Präzisionsmechanismus zu finden, der die Zuverlässigkeit der Uhr gewährleistet, das heißt einen effizienten Regulator. Leonardo scheint alle bis dahin gefundenen Lösungen gekannt zu haben. Die erste bekannte und verwendbare Vorrichtung zur Regulierung von Uhrwerken — ein Mechanismus zur Steuerung und Verlangsamung der Sinkge-

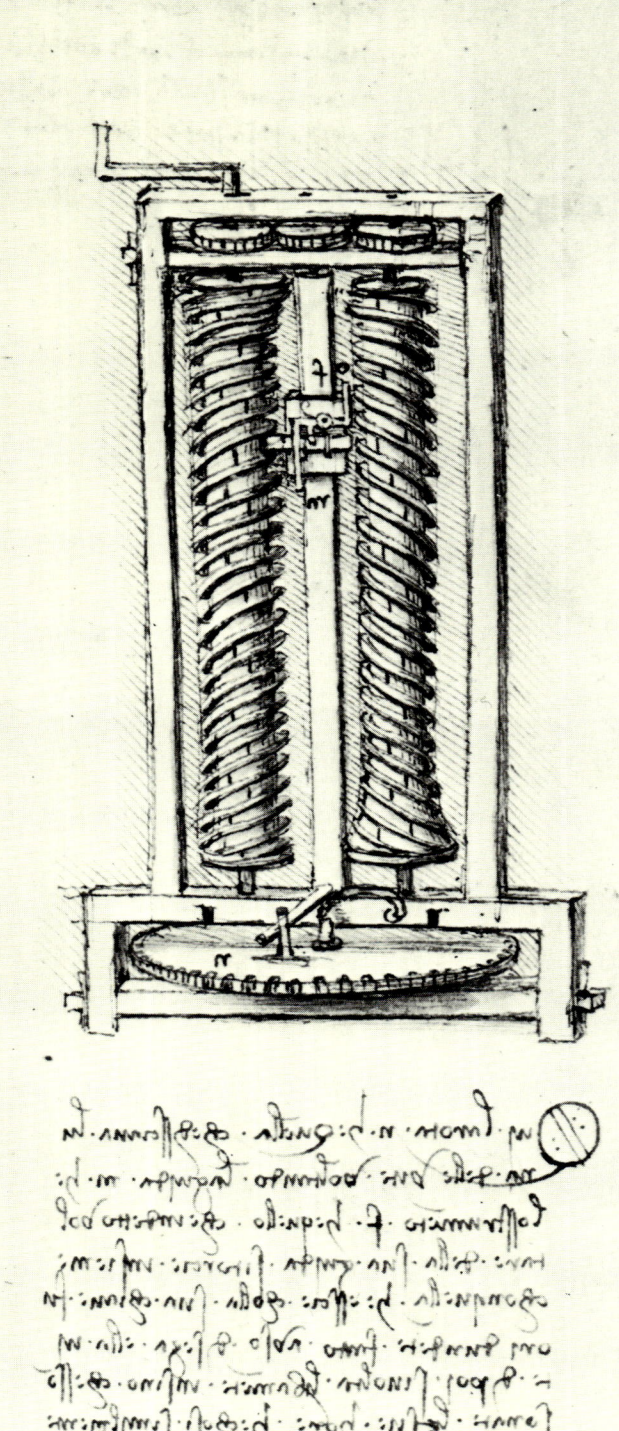

254/1

schwindigkeit der Gewichte — war die Spindelhemmung. Dieser Mechanismus besteht aus drei Teilen: erstens dem Kronrad, zweitens einer Welle (der sogenannten Spindel), an der im rechten Winkel zwei Lappen angebracht sind, und drittens einer horizontalen Stange mit regulierbaren, gleitenden Gewichten. Diese Querstange wird als Waag bezeichnet. Bei alten Uhren, wie zum Beispiel der von Dondi, war die Waag ring- oder kronenförmig. Auf Folio 115v von Codex Madrid I beschreibt Leonardo genauestens dieses wesentliche Element der Uhr: »Einige sagen, daß die Querstange [Waag] der Hemmung, wenn man sie kreisförmig macht, dieselbe Berührung mit der Luft hat und in gleicher Weise der

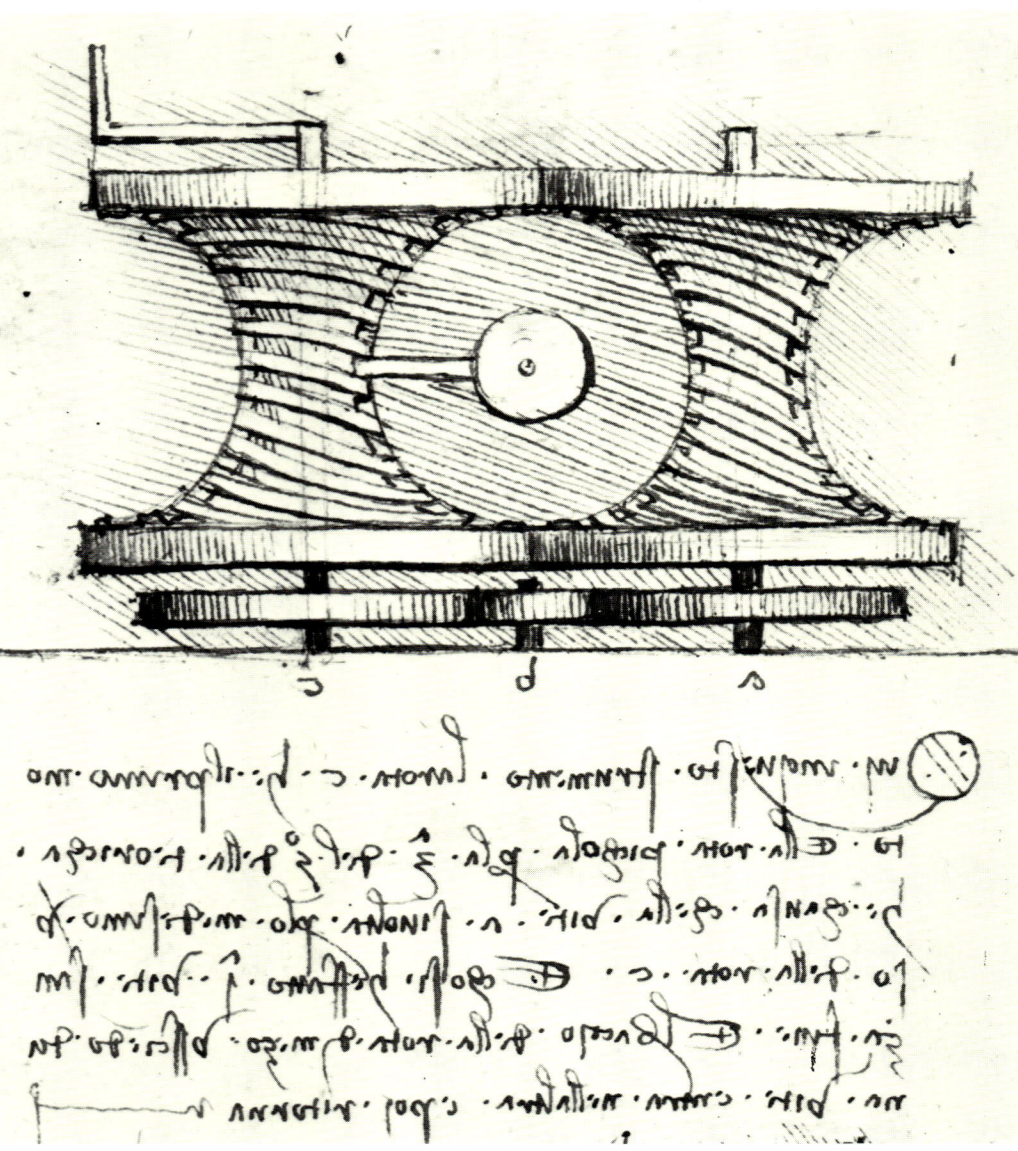

254/2

Luft dort, wo sie auftrifft, Widerstand leistet, wie wenn sie gerade oder in anderer Gestalt wäre. Aber ich glaube, daß ihnen das nur so erschienen ist, weil man, wenn man sie rund macht, eine bestimmte Querleiste anfügt, die den Ring hält, wodurch das Gewicht wächst. Und dieses Gewicht läßt sie so erscheinen wie die gerade Stange.«

Nach dieser Erklärung fährt er mit der Beschreibung der Funktion der Hemmung fort: »Manche verwenden gegen den Bewegungstrieb, der an den treibenden Gegengewichten der Uhrenräder häufig vorkommt, etliche Vorrichtungen, welche Hemmungen heißen, weil diese die Bewegung der sie bewegenden Räder in der Zeit hält und verzögert, entsprechend der erforderlichen Langsamkeit und der Länge der Stunden. Diese Vorrichtung ist zu dem Zweck, die Zeit zu verlängern, sehr nützlich; und sie wird in verschiedener Weise hergestellt; aber alle haben dieselbe Art und dasselbe Vermögen, nur entsteht die Vielfalt aus der Notwendigkeit des Ortes, an dem die Vorrichtungen manchmal angebracht werden müssen.«

Leonardo fertigte präzise Skizzen der unterschiedlichen Spindeltypen an, die in die Zähne des Rades greifen, und gab eine Erklärung für ihre Anpassung. Diese Beschreibungen werden durch einfache, jedoch sehr aufschlußreiche Zeichnungen erläutert; sie stellen die Spindel mit ihren Lappen sowie die Stellung der Lappen gegenüber den Zähnen des Kronrades in den verschiedenen beschriebenen Positionen dar.

In einem anderen Teil des Codex Madrid I, auf einer Seite mit einem anscheinend anderen Thema, geht Leonardo auf die Form des Regulators ein; er skizziert vier Varianten [256/1].

254/1 und 2, 255/1

Einige der schönsten Zeichnungen des Codex Madrid I befassen sich mit der Kraft- und Bewegungsübertragung durch Schrauben und Räder und beziehen sich auf den Uhrenbau. Da in diesem Codex die Grundelemente der Maschinen vorgestellt werden, erwähnt Leonardo bei der Beschreibung von Instrumenten zur Zeitmessung nur selten ihren Zweck. Aus der linken Skizze auf der gegenüberliegenden Seite geht deutlich hervor, daß zwei Schrauben, die von einer Kurbel angetrieben werden, einen Mechanismus entlang einer Mittelstange bewegen. Doch nur Leonardos Anmerkung: »Die Schraube dreht sich dann frei, bis die Stunde geschlagen hat«, deutet auf eine Verwendung dieser Erfindung in einem Schlag- oder Weckmechanismus hin. Den Zweck des anderen Mechanismus auf der gegenüberliegenden Seite, Fol. 18v, nennt Leonardo nicht. Die beiden Schrauben bewegen beim Drehen einen Arm — er ähnelt einem Uhrzeiger — um einen Kreis, den die beiden konkaven Schrauben bilden. Zu einem anderen Instrument (Fol. 19r, links), das über ähnlich geformte

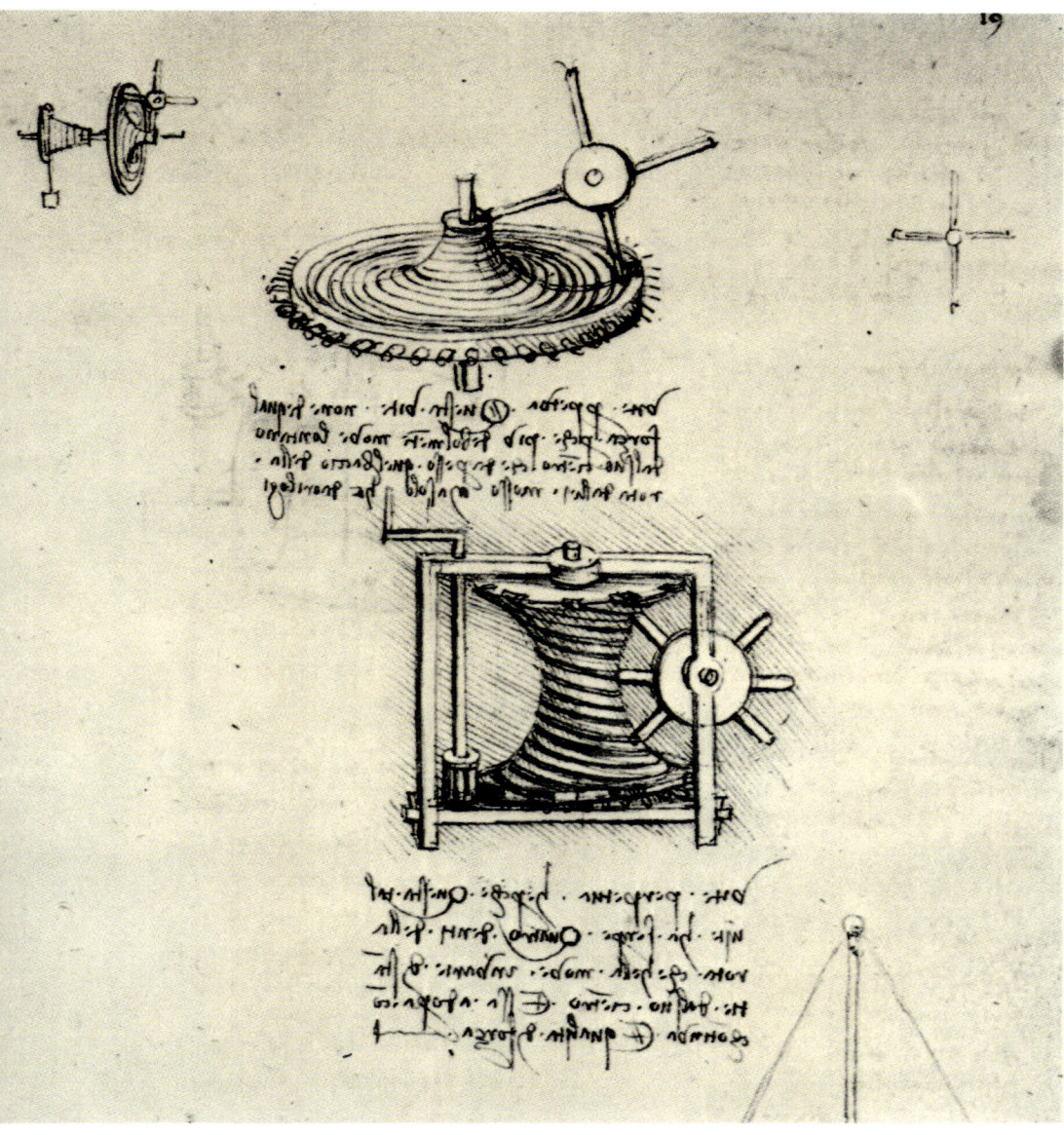

Schraube ohne Ende. Diese Schraube ist nicht von gleicher Kraft, weil sie weit von ihrem Mittelpunkt entfernt sich schwächer bewegt als nahe bei ihm am vor ihr bewegten Radarm. Aber sie dient nur für Uhrwerke.

Schrauben verfügt, bemerkt Leonardo: »Es dient nur für Uhrwerke«. Die konkaven Schrauben, die nebeneinander gesetzt einen Kreis einfassen, sind eine erste Form der heutigen globoiden Getriebe.

Das ist eine Schraube ohne Ende. Weil sie immer 4 Zähne des Rades, das sie bewegt, in verschiedenen Abständen vom Mittelpunkt [im Eingriff] hat, wirkt sie stets mit gleichmäßiger Kraft.

255/1

Bei den zahnähnlichen Teilen unten handelt es sich um Hemmungslappen. Sie regulieren durch ruckweises Einhaken der Zähne in das

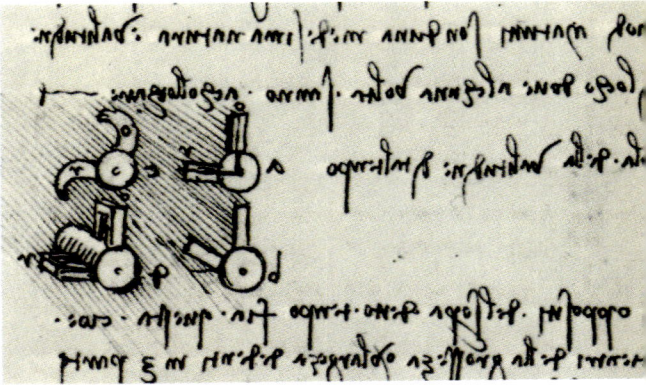

Eine andere Form der Waag, mit Gewichten an beiden Armen, der Spindel auf einem vertikalen Kronrad und einem Zuggewicht, wird in Codex Forster I gezeigt.[18] Die Zeichnung ist nur mit der kurzen Anmerkung *del tempo* versehen. Für Leonardo und seine Zeitgenossen bedeutet *tempo* nicht nur Zeit, sondern auch Regulator oder Hemmung. Diese Bedeutung des Begriffs *tempo* blieb in Italien mindestens bis ins 18. Jahrhundert erhalten.

Leonardo wußte, daß die Regulierung und genaue Zeitmessung durch die unvorhersehbaren Veränderungen der Umgebung (Temperatur, Luftdruck, Feuchtigkeit) und der Uhr selbst (Ungenauigkeiten beim Bau, Reibung, Abnutzung) sehr erschwert wurde. Diese Einsicht kommt in zahlreichen Blättern seiner Handschriften zum Ausdruck. An einer Stelle des Codex Madrid I beschäftigt er sich mit dem Problem: »Warum die Stunden bald lang, bald kurz sind« und findet folgende Lösung: »Das geschieht deshalb, weil die Luft zufolge der Feuchtigkeit bei schlechtem Wetter dichter wird. In dieser Luft findet die Hemmung der Uhren größeren Widerstand, weshalb sie langsamer wird und die Stunde verlän-

Hemmungsrad einer Gewichtsuhr das Absinken des Gewichts (siehe nächste Seite).

MADRID I 115v

255

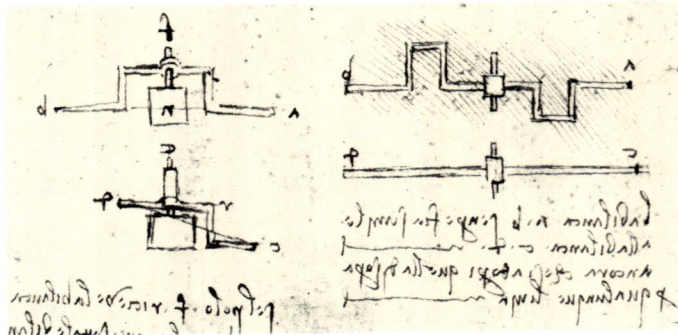

256/1

schwindigkeit der Gewichte reguliert. Zur Zeit Leonardos war der bekannteste Regulator die Waag mit Spindelhemmung, die bis 1660 fast ausschließlich benutzt wurde. Diese Hemmung besteht aus drei Teilen: dem Kron- oder Steigrad; der Spindel, einer Welle mit den Spindellappen, zwei zahnartigen Vorsprüngen, die abwechselnd in die Zähne des Kronrads greifen und es dabei ruckartig antreiben; und der Waag, einem Querstück oben an der Spindel mit verstellbaren, gleitenden Gewichten. In der Skizze (oben) aus Codex Madrid I, Fol. 98v experimentiert Leonardo mit vier verschiedenen Formen der Waag. Er und seine Zeitgenossen bezeichneten den Regulator als tempo, was sowohl »Zeit« als auch »Takt« bedeutet. Leonardo machte sich auch Gedanken darüber, warum die angezeigten Stunden einmal kürzer und einmal länger sind; die Ursache hierfür sieht er im Einfluß der Luftfeuchtigkeit auf die Seile der Gewichte. Er experimentierte auch mit dem Flügelrad als Regulator für das Schlagwerk.

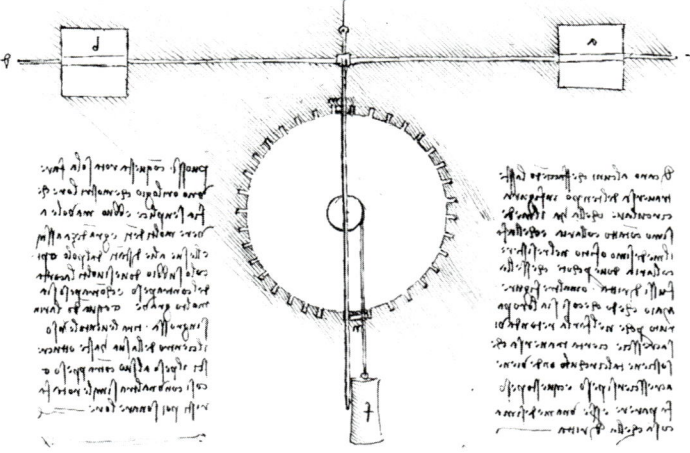

256/2

In der Skizze links (Codex Madrid I, Fol. 8r) findet ein zweiflügeliges Rad in einem Mechanismus Anwendung, den er nicht näher erklärt.

»Man kann mit diesem Rad allein eine einfache, gute Uhr machen, die die Stunden anzeigt«, kommentiert Leonardo oben. Seine

256/3

einrädrige Uhr mit einer Waag mit Spindelhemmung hat anstelle des Kronrads ein Hemmungsrad mit radialen Zähnen. Die horizontale Waag quer über der Spitze verfügt nicht über Gegengewichte, sondern über Flügel (alia) oder Fächer (ventola), wie Leonardo sie nannte.   MADRID I 115v

gert. Und wenn du darüber im klaren sein willst, so denke an die Seile der Gegengewichte dieser Uhren, die bei feuchtem Wetter anschwellen. Die Stundenverlängerung liegt folglich an der Hemmung der Uhren und hat keine andere Ursache.«[19] Anscheinend sieht er im wechselnden Luftwiderstand die Hauptursache für die Unregelmäßigkeiten, obwohl er auch andere Ursachen, insbesondere die Art der Getriebe-Transmission, anführt.[20]

Zur Zeit Leonardos war noch kein wirkliches Verständnis der mit der Funktion des Regulators in Zusammenhang stehenden Phänomene möglich. Tatsächlich scheint Leonardo ihre Wirkung mit dem Luftwiderstand in Verbindung zu setzen. Wenn das korrekt wäre, so hätte dem Uhrmacher noch eine andere Vorrichtung zur Verfügung gestanden, um die Geschwindigkeit des absteigenden Gewichts oder der sich abspulenden Feder zu verringern: das Flügelrad [256/2]. Wahrscheinlich war das Flügelrad der erste, wenn auch noch unvollkommene Regulator, der für Uhren verwendet wurde — lange vor Waag und Spindel. Das Flügelrad besteht aus einer rotierenden Achse mit Flügeln. Wenn sich die Achse dreht, treffen die Flügel auf Widerstand, dessen Größe von ihrer Zahl, von der Fläche, dem Winkel und der Geschwindigkeit abhängt. Die Drehgeschwindigkeit der Achse ist durch die Veränderung eines dieser Faktoren regulierbar. Noch heute wird diese Vorrichtung im Schlagwerk von Uhren und in Spieldosen verwendet.

In den Uhrentwürfen Leonardos treten oft Flügelräder als Regulatoren auf, und im Codex Madrid I untersucht er das Prinzip dieser Hemmung. Unter der Skizze eines Flügelrads mit vier Flügeln steht die folgenden Beobachtung:

»Das ist ein Flügelrad, das Luft bewegt. Und die Frage ist, welches [Rad] der anschlagenden Luft beim Drehen mehr Widerstand leistet, dasjenige mit 2, mit 4 oder mit 8 Armen. Ich frage, welches Flügelrad sich schneller oder langsamer bewegt, das mit vielen oder das mit wenigen Armen, das mit längeren oder mit kürzeren Armen, das mit breiteren oder schmaleren, das mit leichteren oder schwereren. Und von allen sind die Unterschiede zu klären. Und das, das verschieden lange, aber gleich schwere Arme hat, und dasjenige, bei dem sie wie beim Sieb durchlöchert sind, oder geflochten wie ein Feinsieb oder mit Einschnitten versehen wie ein Kamm, oder Flügel aus Membranen, rauh oder glatt, biegsam oder straff.«[21] Dies ist mehr als eine sorgfältige Auflistung aller Möglichkeiten, in der sich das Flügelrad als Regulator einsetzen läßt. Hier wird auch deutlich, welcher Methode sich Leonardo bei der Untersuchung wissenschaftlicher und praktischer Probleme bediente. Seinen Überlegungen müssen eine Reihe von Versuchen gefolgt sein, denn auf einem anderen Blatt des Codex Madrid I steht unter der Skizze eines Flügelrads folgende Bemerkung: »Wenn das Flügelrad der Uhr mehr Flügel hat, widersteht es dem Wind weniger, weil es den Weg für seine Bewegung gleichmäßiger gebahnt findet.«[22]

Eine höchst originale Vorrichtung zur Regulierung findet sich auf den Blättern, auf denen die Waag und die Spindel beschrieben sind. Sie gehört zu einer einrädrigen Uhr [256/3]. Die einrädrige Uhr war eine Kuriosität, für die sich die Uhrmacher zu Beginn des 17. Jahrhunderts interessierten. Die Handschriftenquellen zeigen jedoch, daß diese einfachen Uhren ohne jeden Zweifel bereits sehr viel früher gebaut wurden — wahrscheinlich gehen ihre Anfänge in das 14. Jahrhundert zurück.[23] Leonardo zeichnete ein großes Rad mit 36 Zähnen. Es ist an einer Welle befestigt, die aus einer Trommel herausragt. Um die Trommel ist ein Seil gewunden, an dem das Gewicht hängt. Die Uhr ist mit einer Waag und Spindelhemmung versehen, weicht jedoch in mehrfacher Hinsicht vom herkömmlichen Typ ab. Es fehlt das Kronrad; die Lappen, wahrscheinlich von gebogener Form, wie unten links zu sehen, greifen in strahlenförmig angeordnete Zapfen oder Zähne. Die sehr lange Waag ist nicht mit gewöhnlichen regulierbaren Gewichten versehen, sondern mit zwei großen Vorsprüngen, die Leonardo *alia* oder *ventola* nennt. Die Regulierung beruht daher nicht auf einer natürlichen Schwingungsperiode wie bei der Unruh oder dem Pendel, sondern auf dem Luftwiderstand.

Ein Flügelrad oder ein schwingender Flügel kann zur Verringerung der mechanischen Bewegung, aber auch zur Bewegung der Luft selbst verwendet werden. Es erstaunt daher nicht, in den Manuskripten Leonardos eine Vorrichtung anzutreffen, bei der dieses Prinzip der aerodynamischen Wechselwirkung Anwendung findet, das in seinen Gedanken stets anwesend war. Ein bekanntes Beispiel ist die Zeichnung von ungefähr 1490 im Codex Atlanticus. Sie zeigt ein

mechanisches Flügelrad, das durch einen Regulator, wie er bei Uhren verwendet wird, in Bewegung gesetzt wird, mit einem Kronrad und einer Spindel [257/1]. Leonardo bemerkt hierzu, daß das Heben des Gegengewichts »genauso durchgeführt wird, wie bei der Uhr«. Das Kronrad und die Spindel bewegen statt der Unruh oder Waag ein Pendel; dieses Pendel ist der Flügel selbst. Der Aufbau dieser Vorrichtung ähnelt sehr stark der Hemmung einer Uhr auf der Piazza di Palazzo Pitti in Florenz [257/3], die zwischen 1655 und 1658 gebaut wurde.[24]
Es stellt sich damit die schwierige Frage, wann das Pendel das erste Mal als Regulator im Uhrenbau verwendet wurde.

257/1-3
Ein Unruhflügel kann entweder schwingen oder sich drehen. Er dient zur Verzögerung der Bewegung bei Uhren und anderen Maschinen. Die Zeichnung Leonardos auf der linken Seite, Mitte, zeigt einen schwingenden Flügel. Um 1490 verwendete Leonardo in einem Mechanismus des Codex Atlanticus, Fol 278r (links) die Unruh auf so komplizierte Weise, daß sich die Wissenschaftler bis heute nicht über ihren Zweck einig sind. Auf der Skizze bewegt das Gewicht rechts, wie bei

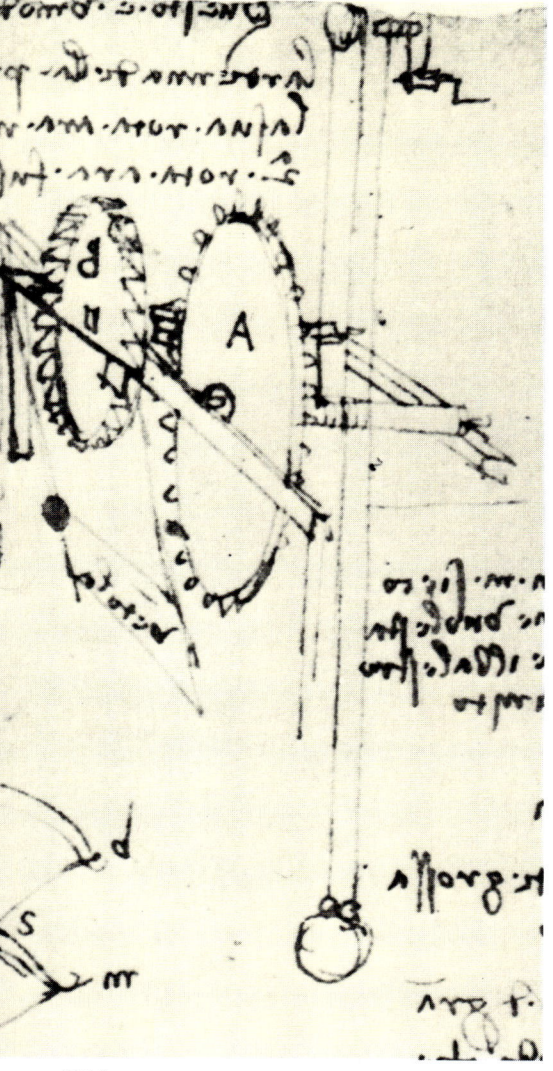

257/1

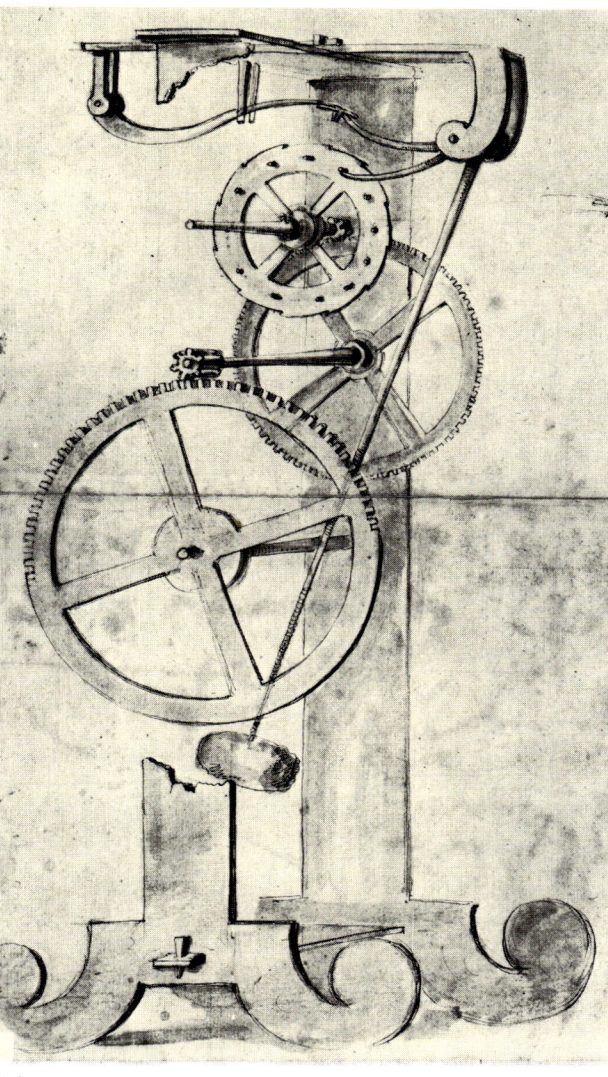

257/2

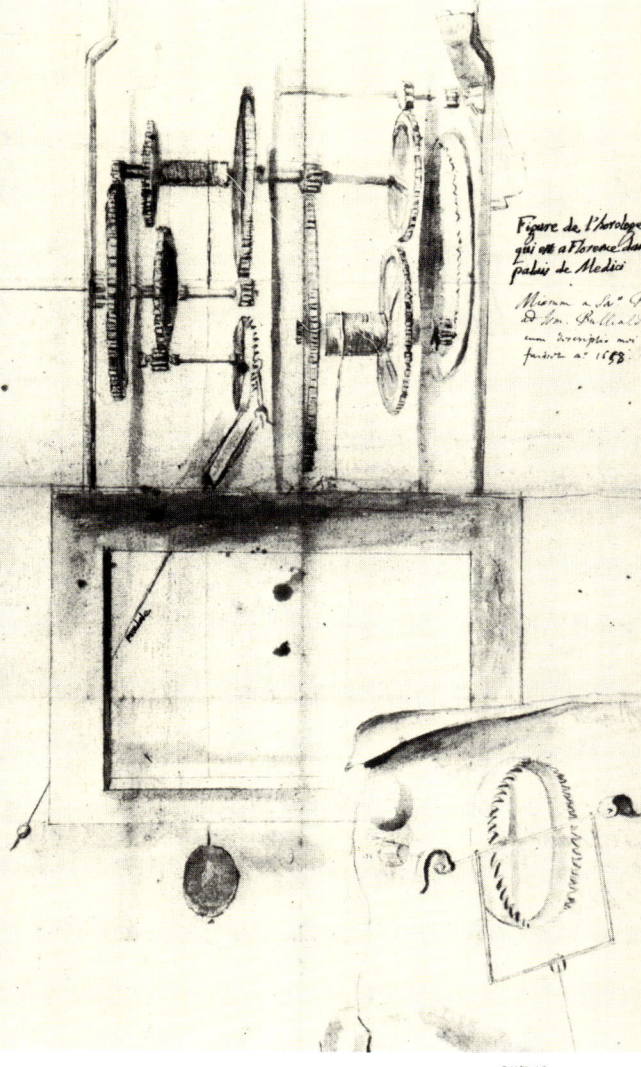

257/3

Inzwischen steht fest, daß es die Idee der Uhrenregulierung mit Hilfe des Pendels schon viele Jahre gab, als Christian Huygens 1657 von den Generalstaaten der Niederlande das Patent dafür erhielt.[25] Schon lange Zeit zuvor hatte Galilei das berühmte Gesetz über den Isochronismus der Pendelbewegung formuliert. 1583 hatte er intuitiv dieses Naturgesetz der Pendelbewegung erfaßt, als er die Schwingungen einer Lampe im Dom von Pisa beobachtete. Um 1637 hatte er dessen praktische Anwendung ins Auge gefaßt [257/2]. Doch Galilei machte keinen Gebrauch von seiner Entdeckung, vielleicht aus mangelnder technischer Begabung oder weil ihn andere Dinge mehr interessierten. Aufgrund neuer Forschungen konnte jedoch nachgewiesen werden, daß die Mechaniker bereits vor Galilei das Pendel als Regulator von Uhren verwendet hatten. Tatsächlich weist das um 1525 entstandene Manuskript von Benvenuto della Volpaia, das sich in der Biblioteca Nazionale di S. Marco in Venedig befindet, ein Pendel in Verbindung mit einem Kronrad und einer Spindelhemmung auf. In diesem Manuskript werden verschiedene Maschinen und Uhren dargestellt und erklärt, die von den Mitgliedern der Familie Volpaia (oder Golpaia) erfunden wurden. Auch die Werke des Vaters des Autors, Lorenzo della Volpaia, der mit Leonardo befreundet war, werden hier dargestellt.[26] Wir wissen, daß Leonardo selbst mehrfach die

der Uhr, Kronrad und Spindel, die ihrerseits das Pendel links bewegen. Der Mechanismus ist vergleichbar mit dem Regulator der Uhr vor dem Palazzo Pitti in Florenz, der 1656 von Johann Philipp Treffler ergänzt wurde (oben). Der Streit geht um die Frage, ob Leonardo das Pendel als Regulator für Uhren verwendet hat oder nicht. Die Entdeckung des Prinzips des Isochronismus der Pendelbewegung wird Galilei zugeschrieben; er stellte fest, daß das Pendel aufgrund der Schwerkraft seine Schwingungen unabhängig von der Größe des Schwingungsbogens immer in gleichen Zeitintervallen ausführt. Galilei versuchte, dieses Prinzip bei Uhren anzuwenden. Die Zeichnung oben Mitte zeigt ein Modell, das der Sohn Galileis, Vincenzo, nach den Angaben seines erblindeten Vaters anfertigen ließ.

Verwendung schwerer Pendel zur Schwerkraftspeicherung für den Bewegungsausgleich bei Pumpen und verschiedenen Typen von Mühlen vorgeschlagen hat. Hat er auch versucht, das Pendel bei der Zeitmessung einzusetzen?

Diese Frage hat die Wissenschaftler beschäftigt, seit Ende des letzten Jahrhunderts das Interesse an den Manuskripten Leonardos wieder erwacht ist. Nach genauer Untersuchung zahlreicher seiner Skizzen haben viele Wissenschaftler diese Frage bejahend beantwortet. Doch ist ihre Behauptung auch auf Widerspruch gestoßen.[27] Die vielen Hinweise auf den Uhrenbau im Codex Madrid I ermöglichen eine Überprüfung der unterschiedlichen Auffassungen zu dieser Frage, die sich in den letzten 70 Jahren herausgebildet haben. Kurze Zeit nach

Dank der Wiederentdeckung des Codex Madrid I ist eindeutig erwiesen, daß Leonardo beabsichtigte, Pendelmechanismen für den Uhrenbau zu verwenden. In der Skizze oben zeichnete Leonardo eine geräuschlose Hemmung mit Pendel — die Spindelhemmung war sehr laut — und bemerkt dazu, daß sie »für die Hemmung der Uhren dient«. Das hinten befindliche Pendel ist als Kreissektor

Bewegung, die wie eine
Schwinge hin und her geht und
für die Hemmung der Uhren dient
da sie beharrlich ist.
Und das geschieht ohne Geräusch.

258/2

258/2-4

Im Codex Madrid I, Fol. 157v, werden Varianten in der Form der sinusförmigen Spur (links) skizziert. Auf der Zeichnung rechts bemerkt Leonardo, daß es sich um ein tempo d'orilogio, das heißt eine »Uhrenhemmung« handelt. Die Skizze unten links zeigt ein Pendel, das mit dem

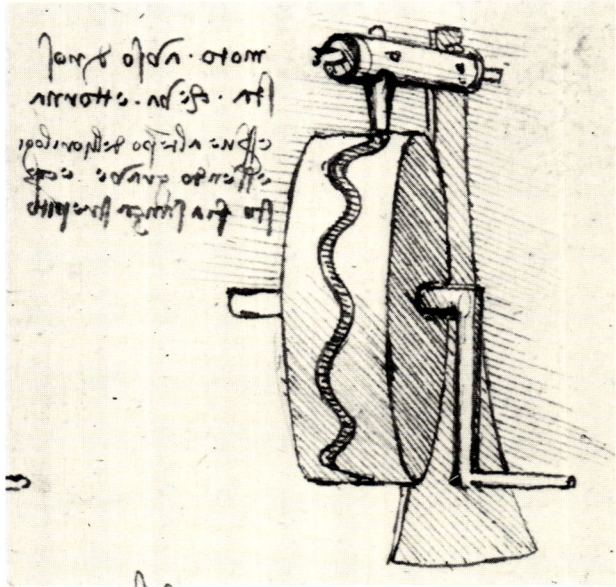

258/1

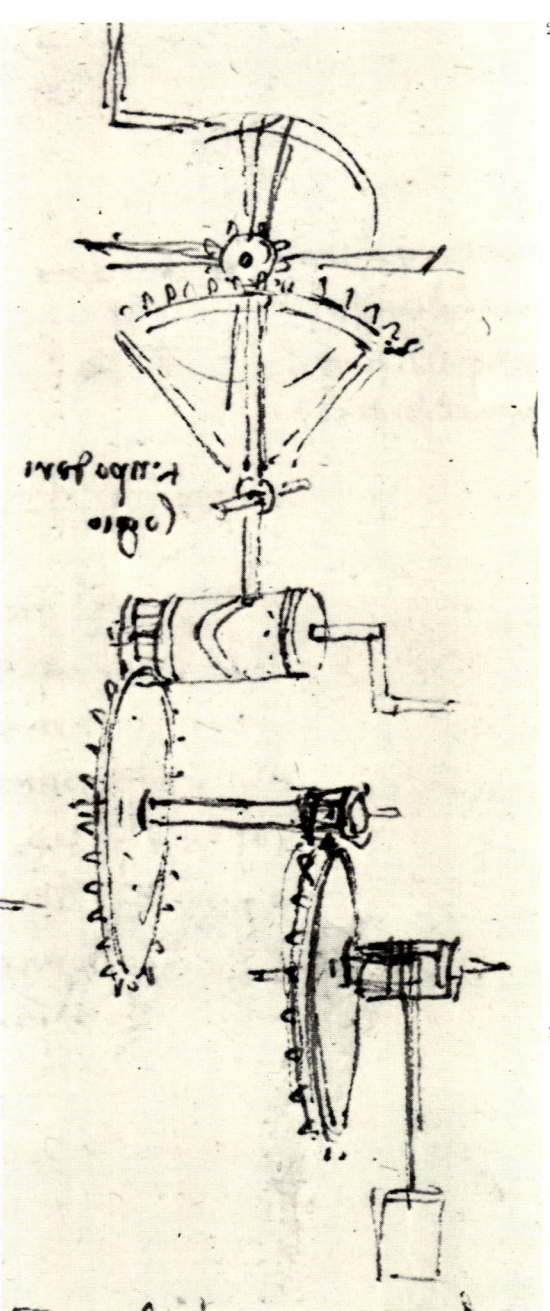

258/3

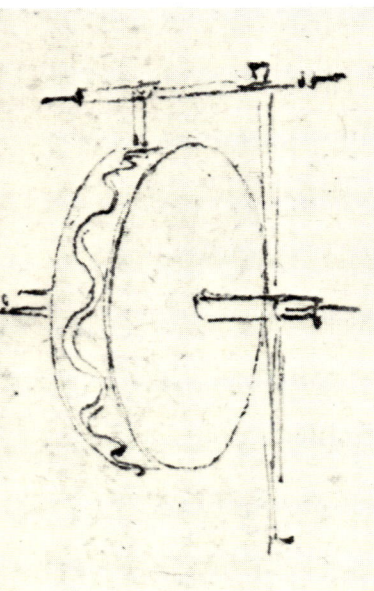

258/4

geformt, genau wie die von Besson und Galilei über 100 Jahre später entwickelten Pendel. Es ist mit einem Stift verbunden, der entlang einer sinusförmigen Nut des trommelartigen Rades geführt wird. Die Kurbel ist überflüssig, wenn der Mechanismus in eine Uhr eingebaut wird. Die erste bekannte Pendeluhr wurde 1657 von dem Holländer Christian Huygens konstruiert. Forschungen haben allerdings ergeben, daß die gleiche Erfindung bereits vor ihm, unter anderem von Leonardo, gemacht wurde. Ein Manuskript aus dem 16. Jahrhundert zeigt eine Pendeluhr, die von einem Mitglied der Familie Lorenzo della Volpaia, einem Freund Leonardos, gezeichnet wurde. MADRID I 8r

in der Nut gleitenden Stift verbunden ist. Die sinusförmige Führung wurde im Zweiten Weltkrieg als magnetische Hemmung (rechts) für Zeitzünder bei Sprengminen verwendet. Später wurde sie, wie von Leonardo geplant, als geräuschlose Uhrenhemmung eingesetzt.

der Wiederentdeckung der Codices von Madrid wurde ihr Inhalt beschrieben und auf die im Codex enthaltenen bedeutenden Informationen für die Geschichte des Uhrenbaus hingewiesen.[28] Jetzt, nach einem aufmerksamen Studium der Manuskripte, kann eine neue fundierte Beantwortung dieser Frage versucht werden.

Eine der eigenwilligsten Vorrichtungen für Uhren, die Leonardo im Codex Madrid I gezeichnet hat, ist eine geräuschlose Hemmung [258/1]. Sie besteht aus einem trommelförmigen Rad, das auf einer Welle befestigt ist. Am Außenrand des Rades verläuft eine sinusförmige Nut, in deren Spur ein Stift geführt wird, der mit einem Pendel in Form eines Kreisausschnitts verbunden ist. In der

Beschreibung erklärt Leonardo die Verwendung dieser Vorrichtung im Bereich des Uhrenbaus: »Bewegung, die wie eine Schwingung hin und her geht und als Hemmung der Uhren dient, da sie beharrlich ist. Und das geschieht ohne Geräusch.« Zu bemerken ist in diesem Zusammenhang, daß der von Galilei 1637 erwähnte Pendel-Regulator für Uhren ein Pendel aus Kupfer oder Bronze in Form eines Kreisausschnitts von 12 bis 15 Grad vorsah. Die Ausstattung von Leonardos Vorrichtung mit einer Kurbel, die mit der Trommel verbunden ist, sollte unsere Interpretation nicht beeinflussen, da Leonardo in diesem Manuskript nicht beabsichtigte, komplette Maschinen zu beschreiben. Er stattete seine Vorrichtungen oft mit Kurbeln aus, die überflüssig wurden, sobald sie in einen funktionsfähigen Gesamtmechanismus eingesetzt wurden.

Am Fuße des Blattes, auf dem sich diese Zeichnung befindet, ist ein weiterer Apparat mit einer sinusförmigen Nut zu sehen, über die ein Flügelrad mit zwei Flügeln bewegt wird. Hier fehlt jede Beschreibung [256/2]. Wahrscheinlich sollte dieser Mechanismus eine Hin- und Herbewegung erzeugen. Auf einem anderen Blatt des Codex Madrid I zeigt eine Skizze eine weitere Version des Trommelrads mit einer sinusförmigen Nut [258/2]. Hier geschieht die Verbindung über die Stange eines Pendels — zumindest hat es den Anschein. Das Trommelrad mit der sinusförmigen Rille erscheint noch zweimal im Codex Atlanticus, und zwar auf zwei Blättern, die wahrscheinlich zeitgleich mit den Skizzen im Codex Madrid I entstanden sind.[29]

Waren die Nocken-Hemmungen Leonardos auch funktionsfähig? Zumindest im Prinzip ließen sie sich verwenden. Einige Jahrhunderte später wurden die sinusförmigen Nocken bei elektrischen Pendeluhren als geräuschlose magnetische Hemmung eingeführt. Sie wurden von Horstmann-Clifford entwickelt und während des Zweiten Weltkriegs für die Zeitzünder von Minen eingesetzt [258/4]. Später wurden sie auch in moderne Uhren eingebaut.[30]

Die Zeichnungen aus Codex Madrid I werfen auch ein neues Licht auf Skizzen aus schon früher bekannten Manuskripten mit Darstellungen von Kronrad und Spindel. Tatsächlich läßt das Vorkommen ähnlicher, genauerer Zeichnungen im Codex Madrid I darauf schließen, daß es sich um Pendel-Regulierungen handelt. Folio 257r-a in Codex Atlanticus ist in diesem Zusammenhang besonders interessant. Das aufmerksame Studium des Codex Madrid I hat zu einer überraschenden Entdeckung geführt: Ein Großteil der hier befindlichen, sorgfältig ausgeführten Zeichnungen leitet sich von Skizzen des Codex Atlanticus ab. Ein einziges Blatt im Codex Atlanticus enthält oft Skizzen zu mehreren Blättern im Codex Madrid I. Folio 257r-a gehört mit Sicherheit zu dieser Gruppe von vorbereitenden Skizzen. Allein auf dieser Seite sind insgesamt acht voneinander unabhängige Entwürfe zu erkennen, die ihre Endfassung auf fünf unterschiedlichen Blättern des Codex Madrid I haben.[31] Zwei von ihnen, Fol. 61v und 9r weisen Elemente auf, die von entscheidender Bedeutung für den Streit über das Pendel sind.

Auf Fol. 61v werden zwei Pendelmechanismen dargestellt [259/1]. Auf der Zeichnung links ist ein horizontales Kronrad zu erkennen; eine ähnliche Vorrichtung rechts ist mit einem vertikalen Kronrad ausgestattet. In beiden Fällen ist der Stab mit einem schweren Pendel verbunden. Unter den beiden Hauptzeichnungen hat Leonardo ein Detail skizziert, das zu der mit S bezeichneten Figur gehört. Im Begleittext wird der Zweck dieses sorgfältig gezeichneten Details erklärt: »Das ist einer der Zähne jener Hemmung, die das Rad oben bei S bewegt. Und man macht die beiden Zähne gelenkig; denn wenn die Hemmung das Rad bewegen soll, ist dies notwendig. Und wenn das Rad die Hemmung bewegen müßte, dann würde man die Zähne derselben an der Stange fest und beständig verbinden, wie man es in den Uhrwerken sieht. Nun ist dieser Zahn, mit seinen Ringen o r, aus einem Stück, und auch die Stange f n g ist aus einem Stück. Und sie ist auf der Gegenseite mit einer Feder verbunden, und zwar gegenüber n, welche den Zahn m stets gegen [den Anschlag] n drückt.«

Wir können hier die Entwicklung von Leonardos Ideen über den Einsatz des Pendels bei dem Entwurf von Maschinen verfolgen. Voraussetzung hierfür ist das Verständnis seiner Denkweise und die genaue Kenntnis der sprachlichen Feinheiten. Leonardo unterscheidet zwei Arten der Pendelbewegung. Im einen Fall versetzt der Schwinger oder die Hemmung das Rad in Bewegung — das heißt, das Pendel wird durch eine fremde Kraft in Bewegung gesetzt. Es handelt sich hier um den oft zitierten Antrieb einer Mühle mit Hilfe eines schweren Pendels, das von Hand zum Schwingen gebracht wird und abwechselnd Kraft akkumuliert

Die Lösung der Streitfrage, ob Leonardo das Pendel für Uhren einsetzte, wird durch Zeichnungen kompliziert, in denen er das Pendel für andere Maschinen verwendete. In den Mühlen-Mechanismen wird das Pendel zum Teil durch eine äußere Kraft in Bewegung

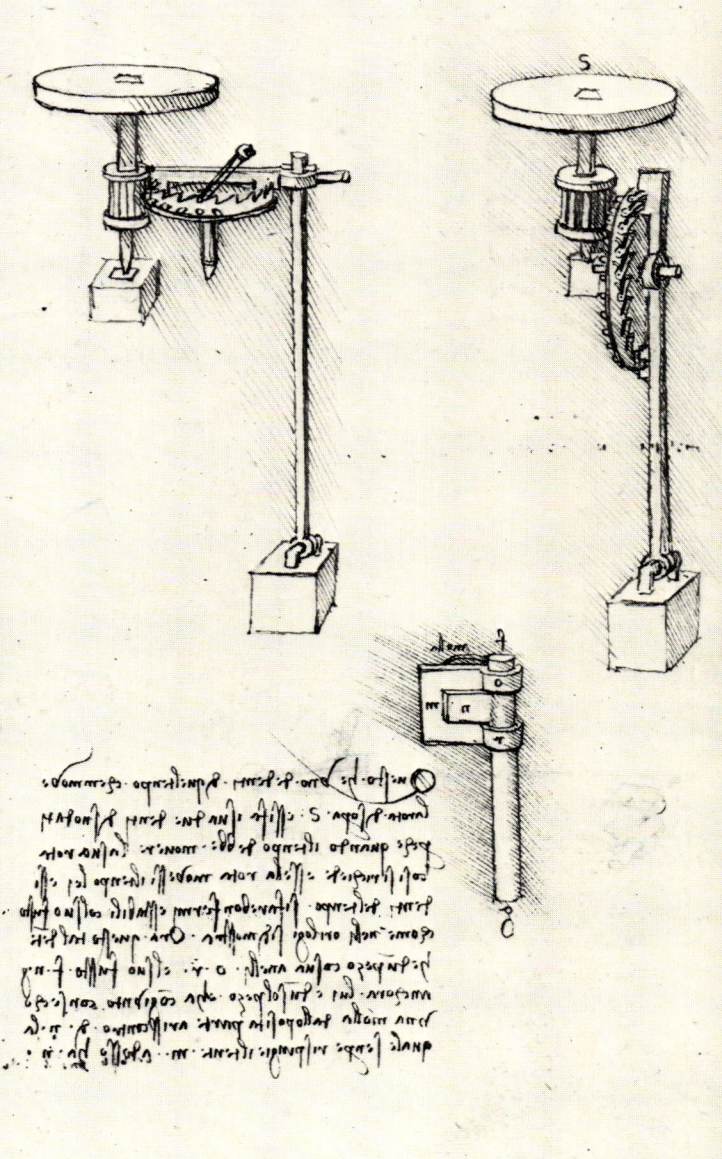

259/1

gesetzt und dient als Energiespeicher. Bei Uhren wird das Pendel durch das Kronrad und die Spindel bewegt und hat die Funktion des Regulators. Die Abbildung oben zeigt zwei Pendel-Mechanismen — links mit horizontalem, rechts mit vertikalem Kronrad. Die Anmerkung: »Wenn das Rad die Hemmung bewegen müßte, wie man es in den Uhrwerken sieht«, deutet darauf, daß er das Pendel beim Uhrenbau und in anderen Vorrichtungen verwenden wollte. MADRID I 61v

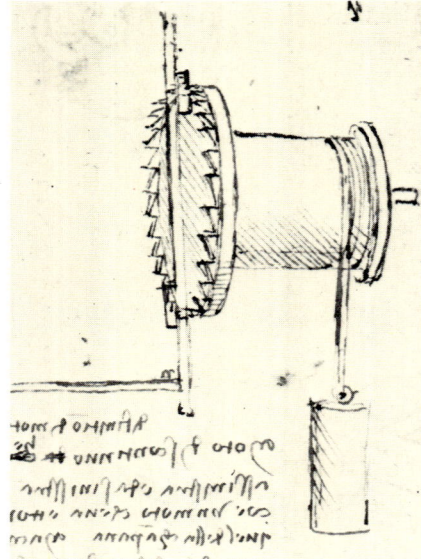

In der Skizze oben werden Antriebstrommel, Kronrad und Spiralhemmung mit einer horizontalen Stange verbunden, wie man sie später für die Übertragung der Pendelschwingungen verwendete. MADRID I 9r

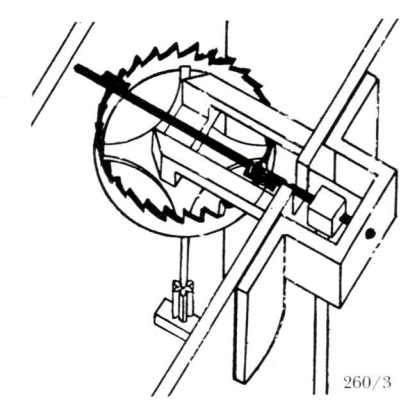

260/3

260/2 und 3

Christian Huygens erwarb das Patent für das erste Pendel-Uhrwerk [260/2], das er in seinem 1673 veröffentlichten Werk Horologium Oscillatorium *vorstellte. Es gleicht Leonardos horizontalem, pendelreguliertem Kronrad. Auch die englische Uhr links mit dem starr an der Spindel befestigten Pendel kommt der Zeichnung Leonardos sehr nahe.*

260/2

Bei dem Entwurf Leonardos im Codex Arundel, Fol. 191v (unten), handelt es sich wahrscheinlich um einen metronomartigen Mechanismus mit einem umgekehrten Pendel zur Zeitmessung nach Schlägen.

260/4

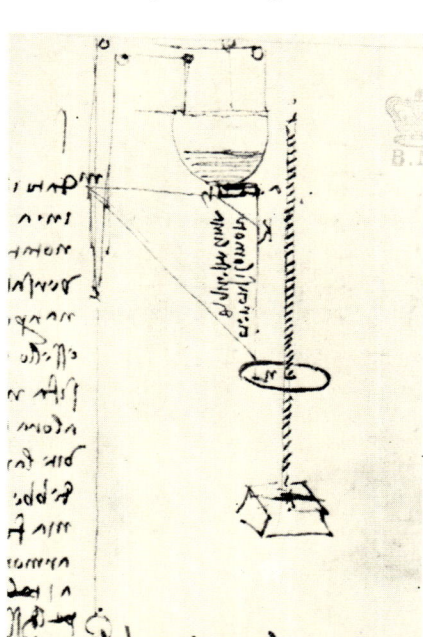

und freisetzt. Im anderen Fall treibt das Rad den Schwinger an. Dies geschieht nur im Bereich des Uhrenbaus und zwar dann, wenn das Pendel als Regulator fungiert. Daß Leonardo an eine Anwendung im Uhrenbau dachte, kommt deutlich in dem Satz zum Ausdruck: »Und wenn das Rad die Hemmung bewegen müßte, dann würde man die Zähne derselben an der Stange fest und beständig verbinden, wie man es in den Uhrwerken sieht.« Vervollständigt man Leonardos Zeichnungen mit einer Antriebstrommel, erhält man unweigerlich eine Vorrichtung mit horizontalem Kronrad, die durch das von Huygens 1673 patentierte Pendel reguliert wird [260/2]. Oder vielmehr, da die Pendeluhr von Huygens bereits über eine Verbesserung verfügte, nämlich das aufgehängte Pendel, erhält man die erste englische Pendeluhr, die in Brittens Buch[32] beschrieben wird; hier ist das Pendel starr an der Spindel befestigt [260/3].

Angesichts des neuen Beweismaterials zeigt sich, daß im Streit um das Pendel beide Parteien Recht hatten. Leonardo hat Maschinen, insbesondere Mühlen entworfen, bei denen das Pendel als Energie-Akkumulator (nach der Art des Schwungrads) diente. In diesen Fällen sah er bewegliche Lappen vor (im Codex Atlanticus finden sich hierzu detaillierte Beschreibungen und Zeichnungen).[33] Doch wenn das Pendel in der Uhr eingesetzt werden sollte, waren die Lappen starr am Spindelstab befestigt.

Eine weitere Bestätigung für die Richtigkeit dieser Interpretation findet sich auf Folio 9r des Codex Madrid I, auf dem die fehlende Antriebstrommel in Verbindung mit einer Spindelhemmung gezeigt wird [260/1]. Der Spindelstab ist im rechten Winkel mit einer schwingenden Stange verbunden. Wir haben auch hier die beiden Pendelbewegungen vor uns. Das Schwingen einer Glocke, die keinen Antrieb erfährt, läßt langsam nach, da jede Schwingung kürzer ist als die vorhergehende. Das Pendel einer Uhr beschreibt immer den gleichen Bogen, denn es erfährt einen Antrieb durch die Hemmung, die ihrerseits durch ein Gewicht oder eine Feder in Bewegung gesetzt wird; dieser Antrieb erzeugt die Kraft, die zur Überwindung des Reibungswiderstandes notwendig ist.[34]

Auf einigen Blättern des Codex Madrid I finden sich Kronrad und Spindel gemeinsam mit dem Pendel.[35] Das Gewicht des Pendels wurde nicht eingezeichnet, doch der Zweck ist unverkennbar. In Leonardos Skizzen ist der Pendel-Regulator direkt mit dem Spindelschaft verbunden. Dieser Art Pendel begegnet man nur selten in den englischen, französischen oder deutschen Uhren (die Darstellung des englischen Pendels im Buch von Britten ist eine Ausnahme), sie war jedoch relativ verbreitet in Italien. Es sind zahlreiche italienische Uhren aus dem 17. Jahrhundert erhalten, in denen diese Konstruktion sowohl im ursprünglichen Mechanismus als auch nach der Umstellung vom Unruh-Rad zum Pendel-Regulator Verwendung fand.

Leonardo beschäftigte sich mit der Zeitmessung in unterschiedlichen Zusammenhängen. Daher kommt das Wort *tempo* in seinen Manuskripten als Maßeinheit für die Zeit an ganz verschiedenen Stellen vor. Augusto Marinoni hat die verschiedenen Stellen untersucht, an denen Leonardo das Wort benutzt, einschließlich *tempo armonico* und *tempo di musica*. Obwohl das Metronom, das auf einem umgekehrten Pendel basiert, erst viel später erfunden wurde, äußert Marinoni die Vermutung, Leonardo habe möglicherweise eine ähnliche Vorrichtung erdacht, um mittels der Taktschläge wie in der Musik die Zeit zu messen.[36] Notizen zu *tempo* treten hauptsächlich in den Schriften auf, in denen er die Leistung von Männern bei Erdaushubarbeiten untersuchte. Leonardo beschäftigte sich mit Arbeiten dieser Art, als er in der Lombardei und später in der Romagna und der Toskana zwischen 1502 und 1503 Kanäle entwarf. 1508 wurde sein Interesse an der Messung kleiner Zeitintervalle durch das Problem erneut geweckt, die Fließgeschwindigkeit von Wasser und die Geschwindigkeit von fahrenden Schiffen in stehendem Wasser festzustellen.

Nach seiner Gewohnheit untersuchte Leonardo auch den theoretischen Hintergrund der interessanten mechanischen Geräte, an denen er arbeitete. Er versuchte, die Naturgesetze zu verstehen, die die Bewegungen des Pendels bestimmen. Im Codex Madrid I wird eine allgemeine Theorie des Pendels erörtert. Hier vergleicht er die Bewegung des Pendels mit der von einem Geschoß beschriebenen Bahn. Interessanterweise erscheint die gleiche Gegenüberstellung im »Zweiten Tag« von Galileis *Dialogo sopra i due massimi sistemi del mondo*[37] (1632), wo auch das Gedankenexperiment durchgeführt wird, einen Gegenstand durch ein Loch fallen zu lassen, das über die Erdmitte hinausreicht. Leonardo erkannte völlig richtig die Erhaltung der Bewegung, die das Pendel stärker nach unten als nach oben schwingen läßt. Er wußte auch, daß der Fall eines Körpers entlang eines kreisförmiges Bogens weniger Zeit beansprucht als der gerade Fall entlang der entsprechenden Sehne, und daß die Pendelschwingungen bei einem kleinen Bogen gleichmäßiger sind. In der ersten Regel wird die von Galilei erörterte Brachistochrone vorweggenommen; die zweite Regel wurde von grundlegender Bedeutung für die Verbesserung der Pendeluhren.[38]

Leonardo erkannte nicht die grundlegenden Eigenschaften des Pendels, das heißt den Isochronismus der Schwingungen und das Gesetz, das ihren Schwin-

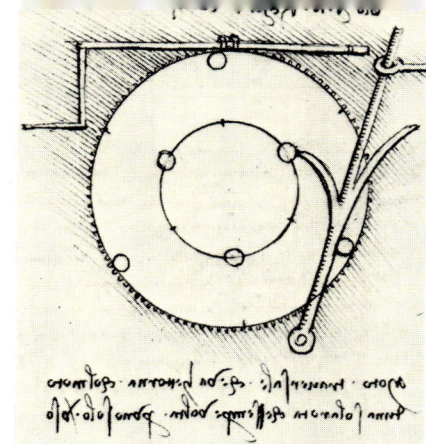

261/1

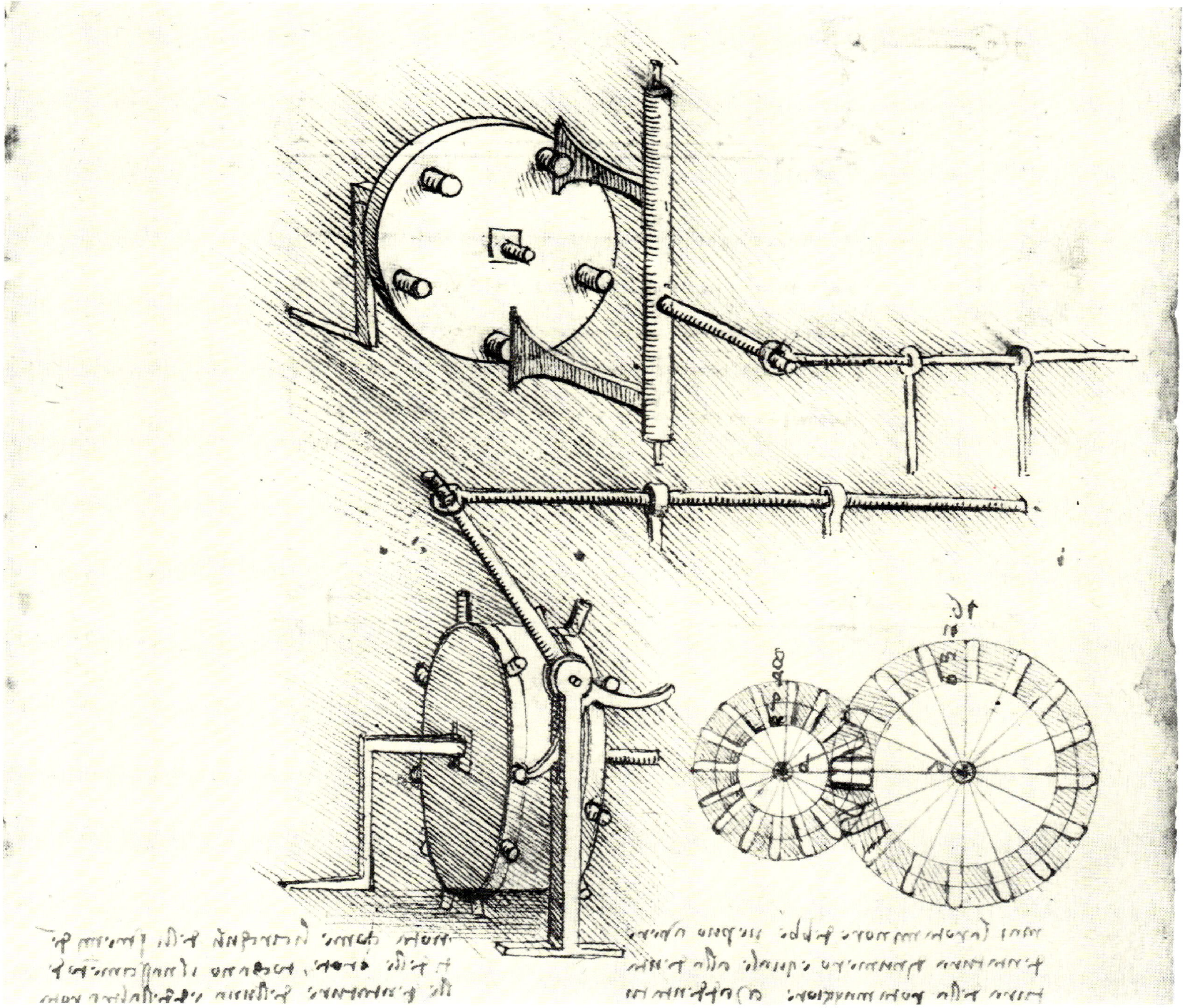

261/2

gungsausschlag bestimmt. Aus diesem Grund gab er dem Pendel als Regulator nicht den Vorzug vor der Unruh oder der Waag und war der schon zitierten Meinung: »Sie wird in verschiedener Weise hergestellt, aber alle haben dieselbe Art und dasselbe Vermögen.« Es scheint allerdings, daß er die Beziehung zwischen Länge und Schwingungsausschlag zumindest geahnt hat, obwohl dieses Gesetz erstmalig von Galilei formuliert wurde.

Selbst als Huygens seine Pendeluhren auf wissenschaftlicher Basis entwickelt hatte, wurde keine wesentliche Verbesserung in der Genauigkeit der Zeitmessung erreicht. Tatsächlich konnte kein merklicher Fortschritt stattfinden, solange eine

Ein weiteres Beispiel für Leonardos Erfindungstätigkeit auf dem Gebiet des Uhrenbaus sind die beiden schön gezeichneten Skizzen im Codex Madrid I, Fol. 7r (oben) und 27r (ganz oben). Es handelt sich um eine Stiftrad-Hemmung mit Regulierung der Trommeln durch stabähnliche Sperrhaken. Galilei entwickelte später ebenfalls eine Stiftrad-Hemmung. 1666, 24 Jahre nach seinem Tod, wurde eine Uhr mit einer solchen Hemmung im Turm des Palazzo Vecchio eingebaut.

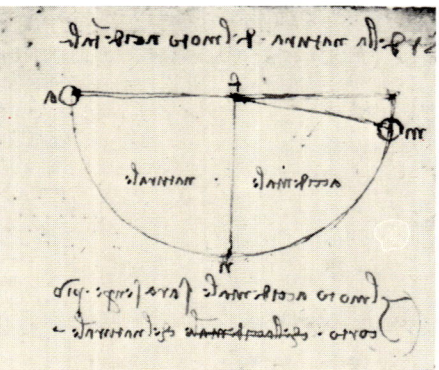

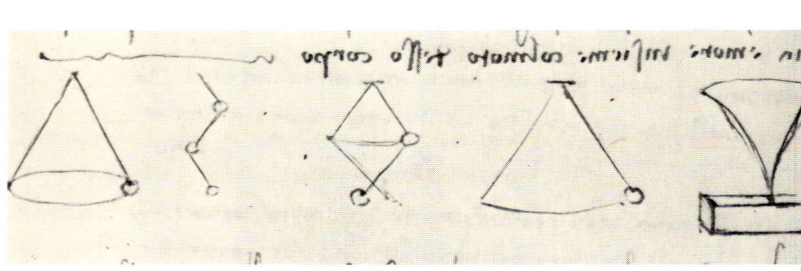

Von der Eigenart der zusätzlichen Bewegung.

zusätzlich   natürlich

Die zusätzliche Bewegung ist immer kürzer als die natürliche.

Um zu beweisen, daß dieses Verhältnis tatsächlich besteht, nehmen wir zum Beispiel ein Gewicht von runder Form, das an einem Seil hängt. Dieses Gewicht sei a. Und man hebe es so hoch wie die Aufhängevorrichtung des Seiles ist, das das Gewicht hält. Und diese Vorrichtung sei f, und das Seil f a, und zwar so, daß es immer geradlinig gespannt ist. Ich sage nun: Wenn du das Gewicht fallen läßt, dann ist die ganze Bewegung, die es von a nach n macht, eine natürliche Bewegung, denn es bewegt sich, um in n, das heißt unter der Aufhängevorrichtung f, halt zu machen, weil es so nahe wie möglich am Mittelpunkt der Welt sein will. Sobald es also am gewünschten Ort angekommen ist, das heißt in n, folgt es einer anderen Bewegung, die wir als zusätzliche bezeichnen, weil sie dem Wunsch des Gewichtes zuwiderläuft. Diese zusätzliche Bewegung geht von n nach m, und sie ist immer kleiner als die natürliche a n. Daher wird die natürliche Bewegung, je mehr sie sich ihrem Ende nähert, rascher. Die zusätzliche Bewegung verhält sich umgekehrt. Aber das Ende der zusätzlichen Bewegung ist um so viel schwächer als der Anfang der natürlichen Bewegung, wie jene kürzer ist als diese. Wenn aber die Bewegungen gegen den Himmel laufen wie diejenigen der Steine, die im Bogen geworfen werden, dann ist die zusätzliche Bewegung größer als diejenige, welche wir als natürliche bezeichnen. Und der Grund dafür ist folgender: Sobald der Stein die zusätzliche Bewegung über so viel Weg verfolgt hat, wie der Kraft entsprach, die ihn stieß, setzt er in der Luft die Eigenart des begonnenen Bogens nicht weiter fort, sondern es drängt ihn, nach unten zurückzukehren, so daß er eine viel krummere und kürzere Linie beschreibt, als dies beim Aufstieg der Fall war.

Wenn du die zusätzlichen Bewegungen und die natürlichen zusammenfügen willst, das heißt die natürlichen mit den zufälligen auf jeder Strecke, die der Stein in der Luft zurücklegt, dann wirst du feststellen, daß derjenige, der senkrecht gegen den Himmel geworfen wird, eine größere Länge der Bewegung aufweist als derjenige, der nahe der Erde geworfen wird, unter der Voraussetzung, daß die Anfangsbewegungen gleich den folgenden sind, die man bei derartigen Bewegungen als natürliche bezeichnet. Je größer der Bogen in seiner höchsten Höhe, desto kleiner die natürliche Bewegung und umgekehrt: Der kleinere Bogen verursacht eine größere natürliche Bewegung.

262/1

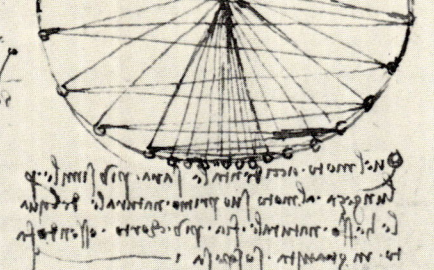

Die zusätzliche Bewegung wird in der Länge der anfänglichen natürlichen Bewegung um so mehr gleichen, je kürzer die natürliche ist, die durch ein aufgehängtes Gewicht ausgeführt wird.

262/2

Auch anhand von Zeichnungen hat Leonardo versucht, die Gesetze der Pendelbewegung zu beschreiben und zu erklären. Oben, auf Fol. 2r des Codex Arundel, untersucht er die fünf Arten der Schwingungsbewegung (moto ventilante), einschließlich der Bewegungen des konischen und des umgekehrten Pendels.

262/3

262/1 und 3

Aus einem Vergleich der graphischen Darstellung einer Pendelbewegung (oben) mit den Studien Leonardos (links) im Codex Madrid I, Fol. 147r, geht deutlich hervor, daß Leonardo den Ablauf der Pendelschwingung intuitiv erkannt hat, ohne sich über ihre grundsätzlichen Eigenschaften im Klaren zu sein. Die von ihm korrekt beobachtete Gleichmäßigkeit der von der Bogengröße abhängigen Pendelbewegung geht deutlich aus der Markierung des spitzen Winkels oben in der graphischen Darstellung hervor. Auf dem Blatt links vergleicht Leonardo die Bewegung des Pendels mit der von Geschossen. Interessanterweise erscheint genau diese Gegenüberstellung in einem Buch von Galilei, ebenso wie das Gedankenexperiment, einen Körper durch ein Loch fallen zu lassen, das über den Erdmittelpunkt hinausreicht.

Einwirkung der Antriebskraft auf den Regulator vorlag, wie im Fall der Geräte mit Kronrad und Spindel. Die Pendeluhren erreichten ihre Zuverlässigkeit erst nach der Einführung der Anker-Hemmungen und der kompensierten Pendelstange, die beide von englischen Mechanikern erfunden wurden.[39]
Dies schränkt die historische Bedeutung Leonardos auf dem Gebiet des Uhrenbaus ein, spricht sie ihm jedoch nicht gänzlich ab. Diese Einschätzung wird durch das herrliche, im Codex Madrid I enthaltene Material erneut bestätigt. Einige Zeichnungen in diesem Manuskript, zum Beispiel diejenigen, die vermutlich die

263/1

Ziffernblätter von Dondis Astrarium darstellen, zeugen von der Vertrautheit Leonardos mit den Erfindungen seiner Zeit. Andere, wie die Darstellung der Uhr von Chiaravalle, haben uns Details über bedeutende funktionierende Uhren aus Leonardos Zeit vermittelt, die in keiner anderen zeitgenössischen Quelle überliefert sind. Diese Zeichnungen sowie zahlreiches anderes Material zum Uhrenbau im Codex Madrid I stellen für uns einen neuen Schatz dar, dessen Erforschung und Sichtung noch viele Jahre in Anspruch nehmen wird.

Bei der Untersuchung der Pendelbewegung erkannte Leonardo das Gesetz der Erhaltung der Bewegung. Es gestattet dem Pendel das Aufsteigen (»zusätzliche Bewegung«), allerdings nicht so weit, wie es herabschwingt (»natürliche Bewegung«). Er beobachtete, daß der Fall eines Körpers entlang eines Kreisbogens kürzere Zeit beansprucht als entlang der entsprechenden Sehne und daß das Pendel bei einem kleineren Bogen gleichmäßiger ausschlägt. Diese Beobachtung ist maßgeblich für den Uhrenbau. Auch scheint ihm klar gewesen zu sein, daß die Schwingungsperiode in Beziehung zur Länge der Pendelstange steht. Alle diese Erkenntnisse sind eine Vorwegnahme der Theorien Galileis und eine Voraussetzung zur praktischen Anwendung des Pendels in Uhrwerken. MADRID I 147r

»Sein kraftvoller Geist
kam nie zur Ruhe und
brachte unaufhörlich neue
scharfsinnige Erfindungen hervor.«
ANONIMO GADDIANO

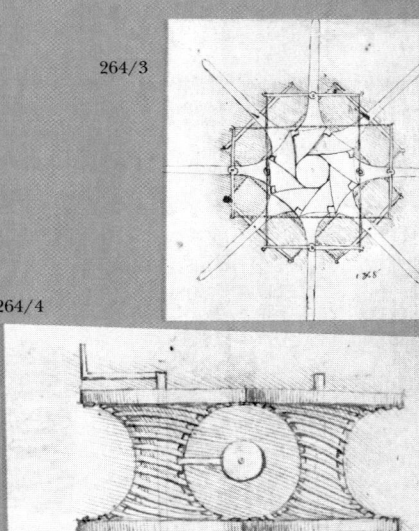

264/3

264/4

264/5

264/6

ELEMENTE DER MASCHINEN

LADISLAO RETI

Leonardos kreativer rastloser Geist eilte der Entwicklung des wissenschaftlichen Denkens um Jahrhunderte voraus. Viele seiner komplexen Lösungen mechanischer Probleme wurden später kopiert oder neu

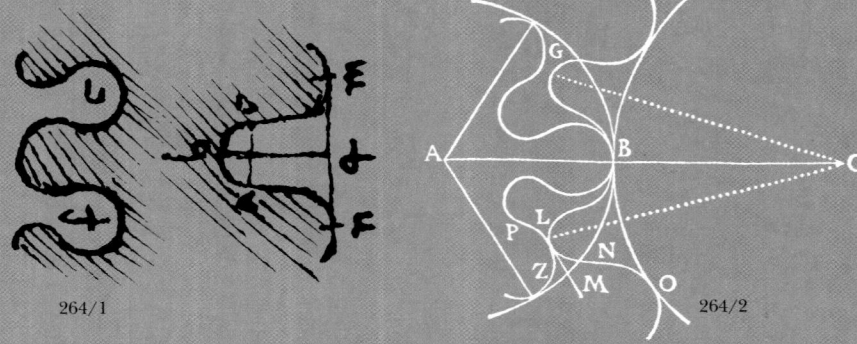

264/1

264/2

264/7

264/8

erfunden. Wie aus den oben abgebildeten Zeichnungen hervorgeht, erfaßte Leonardo intuitiv den Begriff der Rollreibung. Man beachte die große Ähnlichkeit zwischen Leonardos Skizzen von Getriebeprofilen (links) aus dem Codex Madrid I, Fol. 118v, und der 200 Jahre später entstandenen Zeichnung des Wissenschaftlers Philippe de La Hire (rechts).

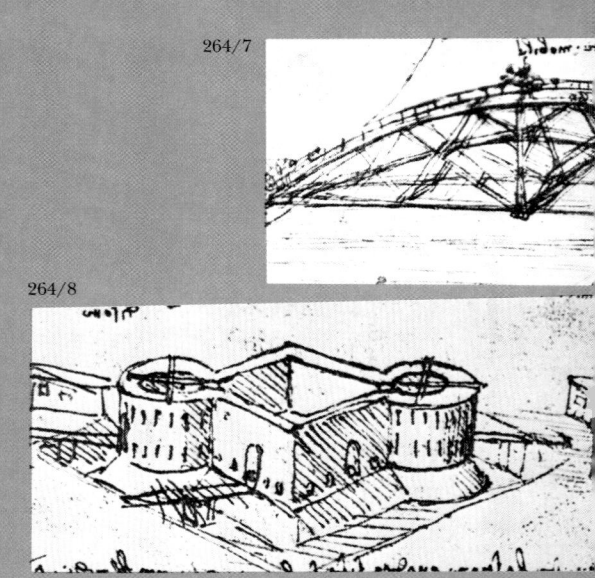

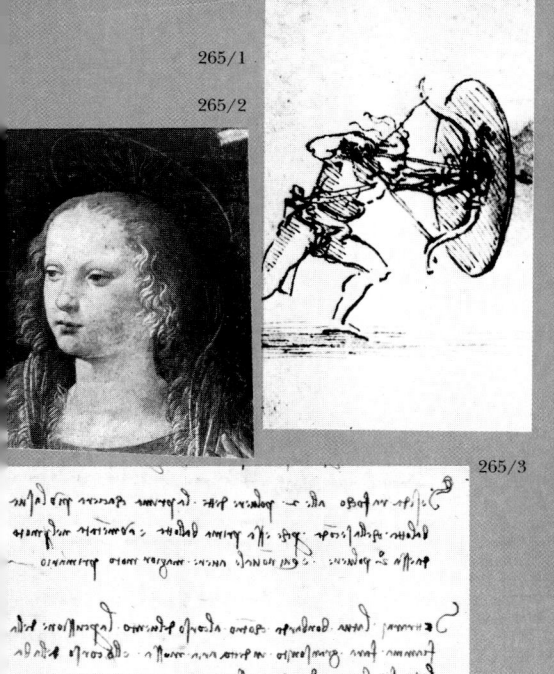

265/3

265/4

265/5

265/6

265/7

265/8   265/9

265/10

265/11

265/12

L eonardo war sehr vielseitig interessiert. Seine Notizen und Skizzen zeugen von einem Erkenntnisdrang, der sich auf die gesamte Bandbreite menschlichen Wissens erstreckte. Auch wenn wir annehmen, daß der größte und wahrscheinlich auch bedeutendste Teil seines Werkes verloren ist — einer vorsichtigen Schätzung zufolge 75 Prozent —, kann man dennoch davon ausgehen, daß in dem uns überlieferten Material alle Themen, mit denen sich Leonardo beschäftigte, in qualitativer wie in quantitativer Hinsicht gut vertreten sind.

Das Erbe Leonardos gibt uns Aufschluß über die Hauptinteressen des Künstlers und Wissenschaftlers: Nicht mehr als zehn Gemälde, die zweifelsfrei von seiner Hand stammen, sind in den bedeutendsten Kunstgalerien der Welt zu bewundern. An reinen Kunstzeichnungen sind einige Hundert erhalten. Einen deutlichen Gegensatz dazu bilden die Tausende von Studien und Zeichnungen aus dem Bereich der Geometrie, der Mechanik und des Ingenieurwesens, die von seiner Tätigkeit als Wissenschaftler zeugen.

Die beiden zuletzt in Madrid entdeckten Manuskripte bereichern die bereits beeindruckende Sammlung seiner Arbeiten um fast 700 Blätter mit technischen Zeichnungen und Notizen. Nur stellenweise geht es um andere Themen. In allen seinen offiziellen Anstellungen ist Leonardo als Künstler und auch als Ingenieur tätig. Am Hofe Lodovico il Moros zum Beispiel, an dem er fast zwanzig Jahre verbrachte, war er als *inzeniarius ducalis e pittore* beschäftigt, das heißt als »herzoglicher Ingenieur und Maler«.[1] Auch unter seinen Zeitgenossen und ersten Biographen waren seine wissenschaftlichen und technischen Arbeiten bekannt, selbst wenn sie nicht immer gebilligt wurden. Noch stärker traten sie in den Vordergrund, als er seine künstlerische Betätigung einschränkte und sich immer intensiver mit Naturwissenschaft und Technik beschäftigte. Im April 1501 versuchte Fra Pietro di Novellara als Gesandter von Isabella d'Este, der Herzogin von Mantua, Leonardo zu überreden, einen künstlerischen Auftrag von Seiten seiner Herrin zu übernehmen. Er berichtete in einem Schreiben an die Herzogin von den Fortschritten des Meisters bei der Ausführung einiger Gemälde und versicherte ihr, Leonardo sei guten Willens. Gleichzeitig verwies er darauf, daß die mathematischen Versuche den Meister derart von seiner Arbeit als Künstler ablenkten, daß er des Pinsels überdrüssig sei.[2] Jahrelang bedrängte Isabella Leonardo mit Briefen und über Vermittler, um ein Gemälde von ihm zu erhalten. Doch ihre bewundernswerte Geduld war umsonst.

Leonardos Interesse an technischen Problemen machte auch vor den Grenzen Italiens, ja selbst Europas nicht halt. Auf einem Blatt des Manuskripts L [266/1], das aus der Zeit 1502-1503 stammt, befindet sich eine kleine Skizze

264/3-8 und 265/1-12

Alle Zeichnungen links stammen von Leonardo. Sie sind eine eindrucksvolle Demonstration der Vielseitigkeit seines Schaffens. Sein Wissensdrang ließ ihn vom Künstler zum Wissenschaftler werden. In der Gegenüberstellung seiner Werke fallen sogleich die außerordentlichen Gegensätze auf — zum Beispiel zwischen der Madonna und dem Bogenschützen, der militärischen Karte und der Naturstudie, dem Portrait des Tyrannen Cesare Borgia und den Skizzen zur Optik, dem Entwurf eines Helikopters und der lieblichen Gebirgslandschaft.

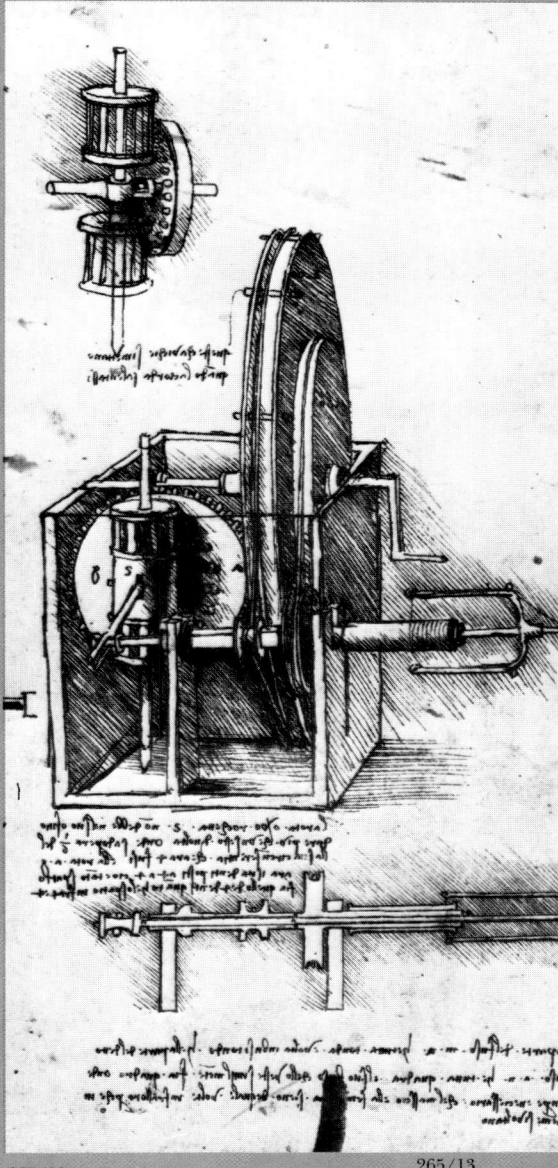

265/13   265/13

Äußerste Genauigkeit im Zeichnen und Denken machten es Leonardo möglich, seine Ideen von neuen mechanischen Vorrichtungen in ausdrucksvollen Skizzen festzuhalten, die mehr sagen als Worte. Fol. 393v-a aus Codex Atlanticus (oben) zeigt eine automatische Spulmaschine. Die Kurbel dreht Spule und Flügel in entgegengesetzte Richtungen, während ein Getriebemechanismus (im Detail in der Skizze oben dargestellt) den Flügel hin- und herbewegt, um den Faden gleichmäßig auf der Spule aufzuwickeln.

266/1, 4 und 5

*Leonardo bot dem Sultan des Osmanischen
Reiches für den Bau einer riesigen Brücke
über das Goldene Horn in Istanbul seine
Dienste an. Auf Fol. 66r im Manuskript L
skizziert er die Brücke im Grundriß und im
Aufriß (unten) und notiert die verschiedenen
Maße. Die Fotos rechts zeigen zwei Ansichten
des Brückenmodells, das sich im National-
museum für Wissenschaft und Technik in
Mailand befindet.*

266/1

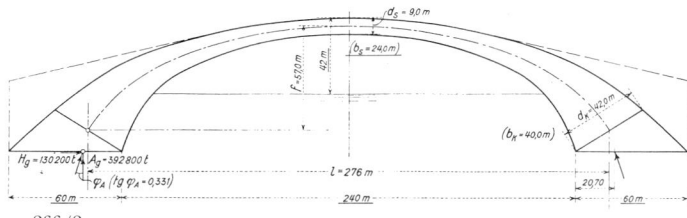

*Brücke von Pera nach Konstantinopel, 40 Ellen
breit, 70 Ellen hoch über dem Wasser und 600
Ellen lang; nämlich 400 über dem Meer und
200 über dem Festland, wo sie sich stützt.*

266/2

266/2 und 3

*Leonardo schrieb an Sultan Bajazid II., daß
der Brückenbogen so hoch über dem Wasser
verlaufen würde, daß Schiffe darunter hin-
durchfahren könnten. Der Wissenschaftler
D. F. Stüssi aus Zürich hat die Proportionen
überprüft und kam zu dem Schluß, daß der
Entwurf technisch durchführbar ist. Unten
das Modell im Nationalmuseum für Wissenschaft und Technik in Mailand.*

266/3

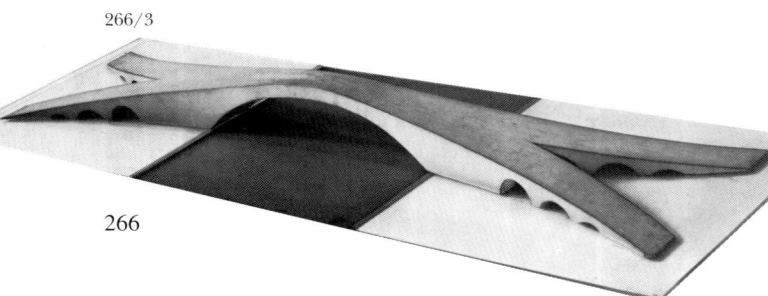

266

[266/2], die einen Grund- und Aufriß einer Brücke zeigt. Der Begleittext dazu
lautet: »Brücke von Pera nach Konstantinopel, 40 Ellen breit, 70 Ellen über dem
Wasser und 600 Ellen lang; nämlich 400 über dem Meer und 200 über dem
Festland, wo sie sich stützt.«[3]

266/4

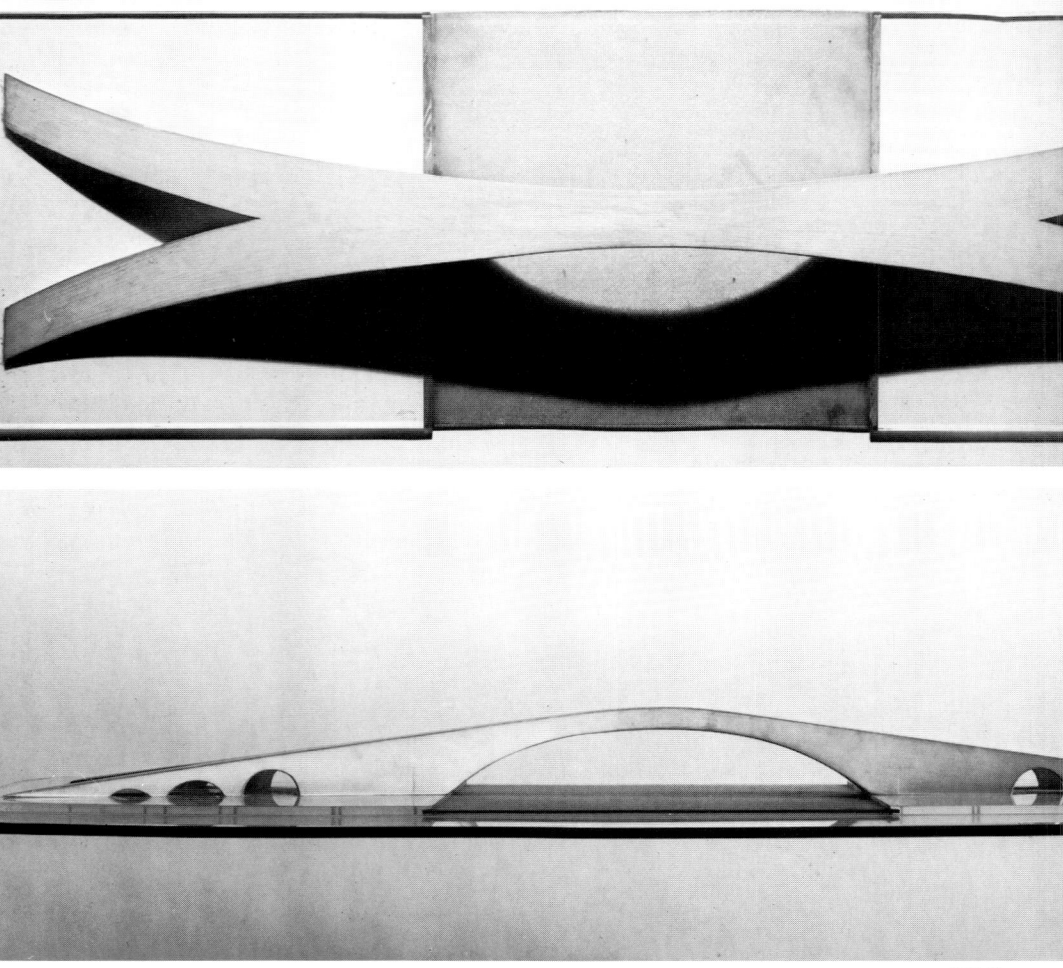

266/5

Dieses gewaltige Projekt könnte als bloße Phantasie erscheinen, doch einige
interessante Umstände, auf die J. P. Richter hinweist, sprechen dagegen.[4] Er
ordnet die Skizze ungefähr in das Jahr 1502 ein, in die Zeit, als sich die Gesandten
des Sultans Bajazid II. aus dem Osmanischen Reich in Rom aufhielten und
italienische Ingenieure suchten für den Bau einer festen Brücke über das Goldene Horn als Ersatz für die bestehende Pontonbrücke. In der von Richter zitierten
Vita di Michelangelo Buonarotti von Vasari werden die Pläne für den Sultan Michelangelo zugeschrieben; es heißt dort: »… er [Michelangelo] hatte den Wunsch,
nach Konstantinopel zu gehen und dem Türken zu dienen, mit Hilfe gewisser
Franziskaner, die ihn dort haben wollten, um eine Brücke von Konstantinopel
nach Pera zu bauen«.[5] 1952 kam jedoch ein überraschendes Dokument ans Licht,
das Leonardo betraf. Bei der Durchsicht von Papieren, die in den Archiven des
Topkapi Seraji in Istanbul gefunden wurden, erkannte Franz Babinger in einem
Dokument die türkische Übersetzung eines Briefes, in dem Leonardo da Vinci
dem Sultan Bajazid II. seine Dienste für die Ausführung von vier Ingenieurvor-
haben anbot.[6] Es handelte sich um eine besondere Art von Windmühlen, eine
automatische Vorrichtung zum Auspumpen von Schiffen, den Bau einer Brücke
zwischen Galata und Istanbul oder Konstantinopel und die Errichtung einer
Zugbrücke zur anatolischen Küste. Babinger, wie auch Ludwig H. Heydenreich,
datiert dieses Dokument in die Zeit zwischen 1502 und 1503 und damit in die
Entstehungszeit des Manuskripts L. Außerdem befinden sich im Manuskript L
nicht nur die Zeichnung und die Beschreibung der Brücke zwischen Pera oder
Galata und Konstantinopel, sondern auch Baudetails für Windmühlen[7] und die
Skizze einer Pumpe zum Trockenlegen von Schiffen.[8]
In der Leonardo-Biographie von Giorgio Vasari[9] widerspiegelt sich die Einstel-
lung der Zeitgenossen gegenüber einem Mann, der mit außerordentlichen

künstlerischen Talenten ausgestattet war. Zugleich gibt sie uns einen Eindruck von der Vielfalt der technischen Projekte Leonardos. Dies ist besonders wichtig, um sich ein Bild davon machen zu können, welchen Einfluß Leonardo auf die Entwicklung der Technik ausübte:

»Er würde in Gelehrsamkeit und Kenntnis der Wissenschaft Großes geleistet haben, wenn er einen weniger unbeständigen und wandelbaren Geist gehabt hätte; dies war die Ursache, daß er viele Dinge unternahm und die begonnenen wieder liegen ließ … Er arbeitete nicht nur in der Skulptur, sondern entwarf auch in der Baukunst viele Zeichnungen zu Grundrissen und Gebäuden und war, obwohl noch jung, doch der erste, welcher Vorschläge machte, den Arnofluß in einen Kanal von Florenz bis Pisa zu fassen. Von ihm stammen verschiedene Zeichnungen zu Mühlen, Walkmühlen und anderen Maschinen, welche durch Wasser getrieben werden.«

Wie es scheint, sind nach Leonardos Tod mehr als nur Modelle und Entwürfe erhalten geblieben. Zum Beispiel berichtet der bedeutende Mailänder Geistliche Don Giovanni Ambrogio Mazenta (1565-1635), in dessen Besitz sich dreizehn Manuskripte Leonardos befanden, in seinen Memoiren über Leonardos technische Arbeiten in der Lombardei.[10] Die darin enthaltenen Informationen sind sehr wichtig, denn sie stützen sich einerseits auf eine damals noch lebendige weit verbreitete Tradition und andererseits auf den Inhalt der Bücher Leonardos, die Mazenta gehörten. Er berichtet unter anderem von »Maschinen und Schleusen, wunderbaren Erfindungen Leonardos, um die genannten Flüsse und Seen auszugleichen, zu verbinden und schiffbar zu machen, vom Po bis zum Meer«. Hier bezieht er sich auf die schiffbaren Wasserläufe, die die lombardischen Seen verbinden. Weiter heißt es bei ihm: »In seinen Büchern sind zahlreiche gezeichnete Maschinen zu sehen, die in Mailand bereits vielfach in Gebrauch sind, wie etliche Wehre, Schleusen und Gatter, meist von Leonardo erfunden.« In Anspielung auf andere technische Erfindungen berichtet er: »In den Kunstwerkstätten werden viele von Leonardo erfundene Maschinen zum Schneiden und Polieren von Kristall, Eisen und Stein verwendet; und eine wird vielfach in den Mailänder Kellern benutzt, um große Mengen Fleisch für den *cervellato* [eine Mailänder Wurstspezialität aus Fleisch und Hirn vom Schwein] mit Hilfe eines Rades, das von einem Jungen gedreht wird, zu zerkleinern, ohne daß Fliegen oder Gestank lästig fallen.« Und weiter heißt es: »Viele Sägemühlen für Marmor und Holz befinden sich an den Flüssen, und Sandbagger, die vom Strom angetrieben werden.«

Nicht nur die hier angeführten Beispiele, sondern auch viele andere historische Zeugnisse belegen das doppelte Wirken Leonardos als Künstler und Wissenschaftler und die Realisierung bedeutender technischer Projekte. Sie widerlegen

Leonardos Methode, Balken bogenförmig zu biegen, kam über 300 Jahre später bei Schweizer Holzbrücken zur Anwendung. Auf der Zeichnung links von Fol. 344v-a aus dem Codex Atlanticus ist angegeben, wie sie genutet werden müssen, damit die Holzfasern

267/1

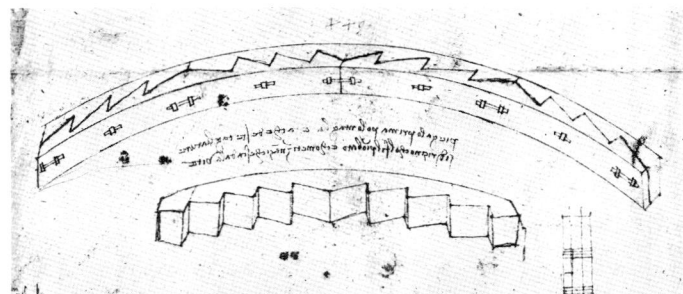

267/2

nicht splittern. Die beiden tragenden Bögen der 1839 in Signau (Kanton Bern) errichteten Holzbrücke (unten) wurden nach der Methode Leonardos gebaut. Die Detailaufnahme oben zeigt die Verbindung der gebogenen und gekerbten Hölzer in einem der Stützbögen. Die Brücke über die Emme ist ungefähr 46,5 m lang und hat eine Tragfähigkeit von über 40 Tonnen. Im gleichen Kanton befindet sich eine ähnlich gebaute Brücke von fast 60 m Länge. Auch in diesem Fall wurde eine Idee Leonardos erst einige Jahrhunderte nach seinem Tod verwirklicht, denn bis zum 19. Jahrhundert sind keine Brücken dieser Art bekannt.

267/3

Wie aus Leonardos Zeichnungen und Schriften und aus zeitgenössischen Berichten hervorgeht, beschäftigte er sich mit dem Entwurf von wassergetriebenen Kornmühlen. Die Skizze oben rechts aus dem Codex Atlanticus, Fol. 304v-b, stellt eine große Mühlenanlage dar. In der Mitte der Seite ist das Mühlenmodell abgebildet, das sich im Nationalmuseum für Wissenschaft und Technik in Mailand befindet. Der Ausschnitt auf der gegenüberliegenden Seite zeigt die beiden vorderen Wasserräder und die verbindenden Wellen, die die Mühle antreiben. Der italienische Maler und Schriftsteller Giovanni Paolo Lomazzo, 16. Jahrhundert, erwähnt eine Sammlung von dreißig Blättern Leonardos, auf denen Mühlen dargestellt sind, »einige mit Wasser und einige durch eine andere Antriebskraft betrieben«. Im Codex Atlanticus zählt Leonardo elf unterschiedliche Verwendungsarten für Wassermühlen auf — unter anderem zum Spinnen von Seide und zur Herstellung von Schießpulver.

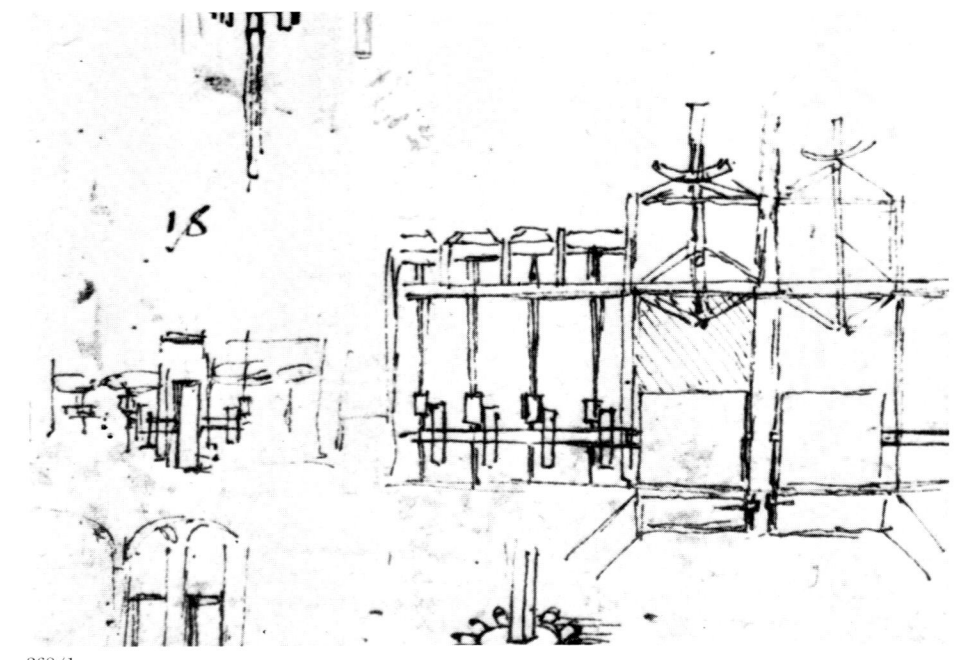

268/1

268/2

Aufgrund der Witterungsbedingungen ließen sich Windmühlen in Italien kaum anwenden. Vermutlich entstanden die beiden Skizzen links, als Leonardo dem Sultan des Osmanischen Reiches, Bajazid II., seine Dienste anbot. 1952 wurde die türkische Übersetzung eines Briefes Leonardos an den Sultan aus der Zeit um 1502 gefunden. Hier gibt er an, neben Windmühlen und einer Brücke über das Goldene Horn (siehe S. 266) auch eine Zugbrücke und eine Vorrichtung zum Auspumpen von Schiffsrümpfen bauen zu können. MS. L. 35v, 34v

268/3

268/4

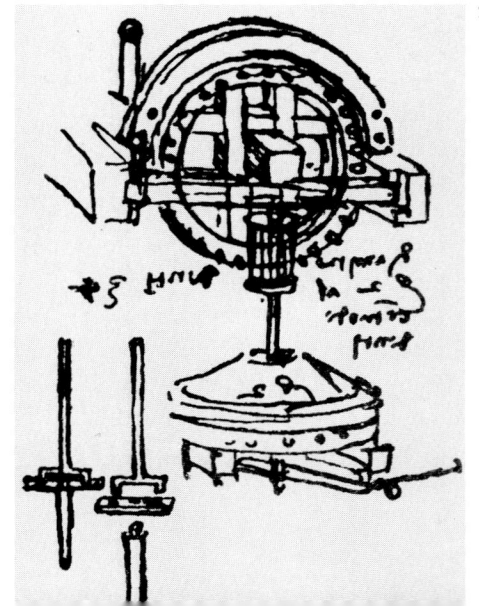

die Ansicht moderner Wissenschaftler, die den Einfluß Leonardos auf die Entwicklung der mechanischen Künste und sogar die Durchführbarkeit seiner technischen Projekte in Frage stellen. Eine solche Auffassung wurde auch in letzter Zeit wiederholt geäußert. Hier sollen nur zwei von vielen Beispielen zitiert werden.

In einem Buch von Leonardo Olschki aus dem Jahr 1950 werden die technischen Arbeiten Leonardos wie folgt bewertet: »Leonardos Technologie gehörte noch zum traditionellen Typ der Antike und des Mittelalters. Es handelte sich um eine hoch entwickelte Handwerkskunst, doch fehlte der Versuch, wissenschaftliche Prinzipien anzuwenden ... Sein wissenschaftliches und technologisches Werk ist kaum mehr als eine Ansammlung von geistreichen literarischen Fragmenten und realistischen Zeichnungen, von genialen Projekten, die jedoch einer Erprobung in der Praxis kaum standgehalten hätten.«[11] Es erübrigt sich, auf diese Behauptung einzugehen, denn wenn Olschki Recht hätte, wären die Forschungen berühmter Wissenschaftler, die zum gegenteiligen Schluß gekommen sind, vergeblich gewesen.

Das zweite Beispiel ist konkreter. Auf einem internationalen Kongreß 1952 anläßlich des 500. Geburtstags Leonardos sprach Bertrand Gille über die Versuche Leonardos, die rotierende Bewegung in hin- und hergehende Bewegung

269/2-3 und 4

Im Zusammenhang mit seinen Plänen, eine Wasserstraße von Florenz zum Meer zu bauen, entwickelte Leonardo zahlreiche hydraulische Vorrichtungen. Die unten abgebildeten Schleusen (Codex Atlanticus, Fol. 240r-c)

269/2

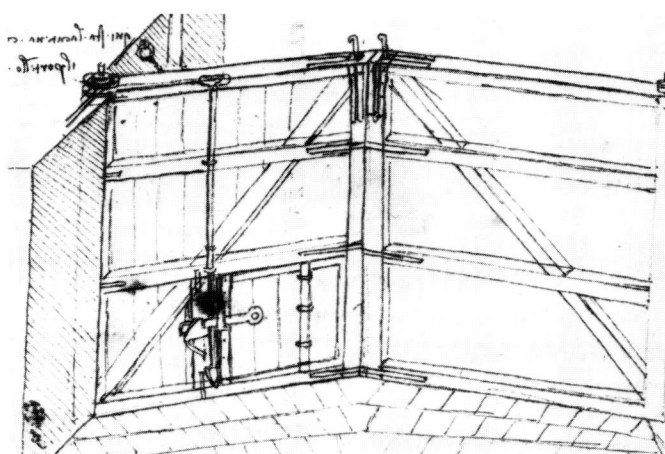

sollten zur Regulierung der Wasserhöhe dienen. Die Bedienung der Schleuse geschieht über eine einfache Falltür am unteren Teil des linken Tors, die sich von oben durch einen Schnappriegel öffnen läßt. Durch die geöffnete Falltür strömt Wasser herein und gleicht den Druck auf beiden Seiten aus, so daß die Haupttore geöffnet werden können. Das Foto

269/3

269/1

269/4

umzuwandeln: »Als Leonardo versuchte, die Lösung für das Problem der Umwandlung der kontinuierlichen Kreisbewegung in hin- und hergehende Bewegung zu finden, dachte er sich die unwahrscheinlichsten Lösungen aus, um schließlich zum System der Stange und Kurbel zu gelangen, das schon seit Anfang des 15. Jahrhunderts bekannt war.«[12] Und noch in den 60er Jahren schließt sich Joseph Needham in seinem Monumentalwerk *Science and Civilisation in China* der These von Gille an.[13]

Eine aufmerksame Durchsicht der Werke Leonardos ergibt in der Tat 137 Einzelkurbel-Bewegungen und 67 meist mit einer Kolbenstange verbundene Kurbelstangen-Bewegungen. Einige übertragen die Bewegung auf eine zweite Kurbel oder eine schwingende Vorrichtung. In dem neu entdeckten Codex Madrid I kommen insgesamt 104 einfache und 24 zusammengesetzte Kurbelbewegungen vor.

Auf einem herrlichen Blatt des Codex Madrid I[14] stellt Leonardo nicht nur

oben [269/3] zeigt das von A. De Rizzardi für das Nationalmuseum für Wissenschaft und Technik in Mailand angefertigte Schleusenmodell. Ein weiteres Modell von De Rizzardi [269/4] ist eine Nachbildung von Fol. 46v-a aus dem Codex Atlanticus. Hier regeln Schleusentore den Wasserstand eines Kanals, auf dem das Schiff über eine Brücke fährt.

Überlegungen zu den theoretischen Prinzipien von Kurbel und Stange an, sondern erwähnt sie auch als einen allgemein unter den Technikern bekannten Mechanismus. Eine Anekdote berichtet, James Watt habe auf ein kompliziertes Übertragungssystem zurückgreifen müssen, weil der Kurbelstangen-Mechanismus bereits patentiert war. In Wahrheit hatten die Ingenieure Zweifel an der Verwendbarkeit der einfachen Kurbelstangenübertragung bei der Dampfmaschine, denn man befürchtete, daß die Maschine infolge der unregelmäßigen Kolbenstöße stehenbleiben, rückwärts laufen oder ein Schaden an ihr auftreten könne.

Niemand, auch nicht Watt, glaubte, daß sich die Bewegungen eines Kolbenmotors allein mit Schwungrad und Kurbel kontrollieren ließen.[15] Wenn Watt das Blatt Leonardos gekannt hätte, auf dem dieser die Bewegung der Kurbelstange in Verbindung mit der Bewegung des Schwungrads untersucht, hätte er wahrscheinlich weniger Hemmungen gehabt, dieses System bei seiner Dampfmaschine anzuwenden.

Doch ich möchte hier nicht weiter auf das wissenschaftliche und technische Werk Leonardos eingehen, um meine deutlich positive Haltung zu stützen. Vielmehr möchte ich Leonardo selbst zu Wort kommen lassen und mich darauf beschrän-

270/1

Giorgio Vasari ist ein wichtiger Zeuge für den Einfluß, den Leonardo auf den Stand der Technik in seiner Zeit ausübte. In seinem Werk Vite de' più eccellenti architetti,

pittori et scultori, *das erstmals 1550 veröffentlicht wurde, berichtet er von den technischen Errungenschaften Leonardos und bemerkt, daß bereits damals ein Teil seines Werkes »überall verstreut« war:*

»*Tag für Tag machte er Modelle und Entwürfe, wie sich Berge leicht abtragen und durchbohren lassen, um von einem Ort zu einem anderen zu gelangen, und wie sich mittels Hebeln, Winden und Schrauben schwere Gewichte heben und ziehen lassen; er entwickelte Verfahren, um Häfen auszuheben und Wasser aus großen Tiefen heraufzupumpen — Pläne, die sein Gehirn unaufhörlich hervorbrachte. Von diesen Ideen und Bemühungen sind viele Entwürfe überall verstreut, und ich habe viele von ihnen gesehen.*«

Die künstlerischen und technischen Entwürfe Leonardos beeinflußten auch Albrecht Dürer (rechts), einen bedeutenden Zeitgenossen Leonardos. Dürer wurde als Sohn eines Goldschmieds in Nürnberg geboren und unternahm viele Reisen. Er war mindestens zweimal in Italien, 1494 und 1505, und hielt sich längere Zeit in Venedig auf. Es gibt keinen Beweis für eine Begegnung zwischen Dürer und Leonardo, doch er hat mit Sicherheit seine Werke und auch die heute verlorenen Manuskripte gekannt. Im Werk Dürers kommt zum Beispiel das Schlingenmotiv vor, das Leonardo zur Dekoration der Sala delle Asse verwendete. Außerdem übernahm Dürer zwei Ideen Leonardos für Zeicheninstrumente [270/4] und ließ sich durch dessen Pferdestudien beeinflussen [271/1].

270/2

ken, seine Worte zu erklären, wo es aufgrund des großen zeitlichen Abstands schwierig ist, seine Sprache zu verstehen. Außerdem möchte ich seinen Ideen den Platz in der Geschichte der Technik zuweisen, der ihnen zukommt.

In der Einführung zu seinem Lehrbuch der Kinematik (1875), einem Klassiker auf diesem Gebiet, untersucht Franz Reuleaux, der Begründer der modernen Theorie des Maschinenwesens, die Prinzipien, nach denen eine Maschine untersucht und definiert werden soll. Ein Abschnitt in seinem Buch lautet wie folgt:

270/3 und 4

Rechts zwei Erfindungen Leonardos zur Erleichterung der Arbeit von Künstlern. Sie wurden von Dürer übernommen. Der Perspektograph aus dem Codex Atlanticus, Fol. 1 bis r-a, ermöglicht es dem Künstler, von einer bestimmten Position aus perspektivisch korrekt zu sehen und zu zeichnen. Der Ellipsograph, der ganz rechts in einer Kopie Dürers nach einer verlorengegangenen Zeichnung Leonardos zu sehen ist, war schon den arabischen Mathematikern bekannt und stammt möglicherweise aus der Antike. In der Version Leonardos bilden drei Beine des Zirkels ein Dreieck, und der Pinsel wird in einer Röhre befestigt. Wie ein moderner Nachbau bewiesen hat, lassen sich mit dem Gerät perfekte Ellipsen zeichnen.

270/3

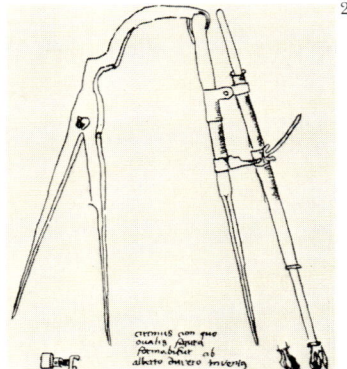

270/4

»In früherer Zeit betrachtete man jede Maschine als ein Ganzes, bestehend aus ihm eigenthümlichen Theilen; jene *Gruppen* von Theilen, welche wir *Mechanismen* nennen, sah das geistige Auge an der Maschine noch gar nicht oder nur selten. Eine Mühle war eine Mühle, ein Pochwerk ein Pochwerk und nicht zugleich etwas anderes. Deshalb beschreiben die älteren Bücher jede Maschine von Grund aus bis zu Ende.

271/1

271/2

271/1 und 2
Am deutlichsten zeigt sich der Einfluß Leonardos auf Dürer im Kupferstich Ritter, Tod und Teufel *(ganz links). Während Dürer die Figur des Ritters fast unverändert aus seiner 15 Jahre früher entstandenen Zeichnung* Reiter mit Rüstung *übernommen hat, gewinnt das in der vorhergehenden Arbeit hölzern und leblos wirkende Pferd jetzt neue Kraft. Es erinnert stark an Leonardos Pferdestudien für das Reiterdenkmal Francesco Sforzas (links, Windsor 12347r). Die Wissenschaftler vermuten daher, daß Dürer Leonardos verlorenes Werk über die Anatomie des Pferdes und seine Studien über die menschliche Anatomie gesehen hat. Sie haben den deutschen Künstler offensichtlich stark beeinflußt.*

271/3

271/3
Leonardos ausgeprägtes Interesse an der Mathematik ließ ihn die verschiedensten Zirkel verwenden und einige sogar erfinden. Er entwarf Geräte zum Zeichnen von Parabeln und Ellipsen sowie einen Proportional-Zirkel, mit dem eine vorgegebene Figur in der gewünschten Größe kopiert werden konnte. Die hier abgebildeten Zirkel stammen aus dem Manuskript H, Fol. 108v. In einem Buch von Lorenzo della Volpaia — eine Sammlung von Erfindungen seines Vaters und anderer Zeitgenossen, unter anderem Leonardos — erscheinen die gleichen Zirkel. Das Buch enthält außerdem viele Hinweise auf die technischen Arbeiten Leonardos.

Obwohl das Drucken mit beweglichen Lettern um die Zeit von Leonardos Geburt erfunden wurde, wurden seine Werke erst 132 Jahre nach seinem Tod gedruckt. In den Codices von Madrid entwickelte Leonardo selbst ein Druckverfahren, mit dessen Hilfe eine Verbreitung seiner Zeichnungen und Schriften möglich gewesen wäre. Leonardo war sich bewußt, daß die damals gebräuchlichen Holzschnitte nicht geeignet waren, um seine fein ausgearbeiteten Zeichnungen befriedigend wiederzugeben; die neuen Kupferstiche dagegen waren zu teuer. Daher entwickelte er ein neues Verfahren der Metallradierung. Im Codex Madrid I erklärt er den Druckvorgang: »Über die Drucklegung dieses Werkes. Bestrei-

So zum Beispiel erläutert *Ramelli*, 1588, verschiedene durch Wasserräder betriebene Pumpen immer aufs neue vom Obergraben des Rades oder gar vom Flusse an bis zum Ausgussrohr der Pumpe. Der Begriff "Wasserrad" ist allerdings so ziemlich vorhanden; man begegnet doch solchen Rädern auf Weg und Steg; allein der Begriff "Pumpe" und deshalb auch das Wort dafür fehlt ihm noch gänzlich. Es gehört auch in der That ein schon vorgeschrittenes Denken über einen Gegenstand dazu, um an dem *Besonderen* desselben das *Allgemeine* zu sehen, der erste Unterschied des wissenschaftlichen Denkens vom gewöhnlichen. Erst bei *Leupold*, 1724, finden wir eine Abtrennung einzelner Mechanismen von den Maschinen vor, welche für sich, nur mit nebensächlicher Rücksicht auf ihre mannigfachen Verwendungen betrachtet werden. Weit entwickelt wird allerdings der Gedanke noch nicht. Dies erklärt sich daraus, dass damals die Maschinen noch nicht einem besonderen Lehrzweige zugewiesen waren; sie fielen zu jener Zeit noch dem Lehrkreis der Physik im weiteren Sinne zu. Sobald aber die erste polytechnische Schule gegründet wird —, Paris, 1794 — sehen wir die schon

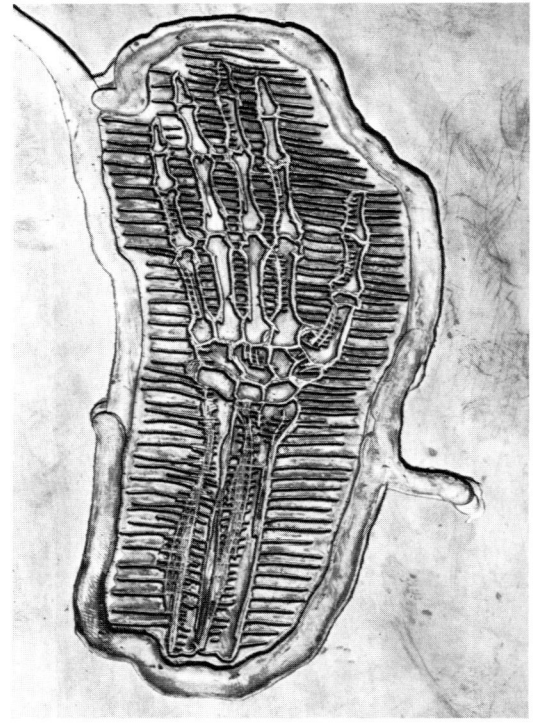

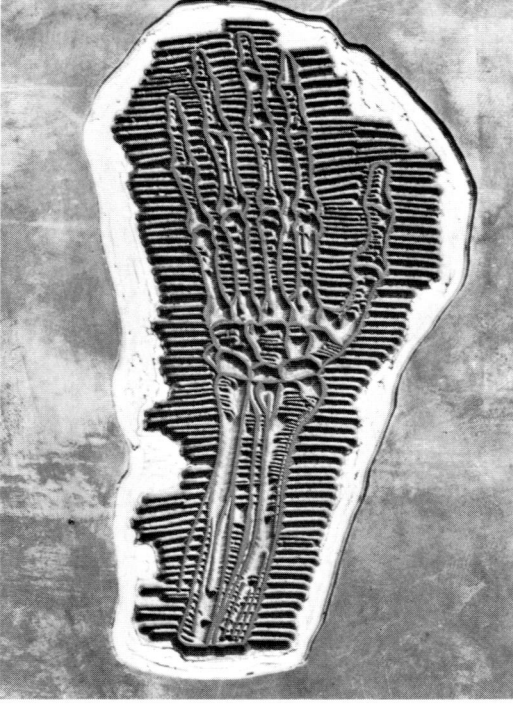

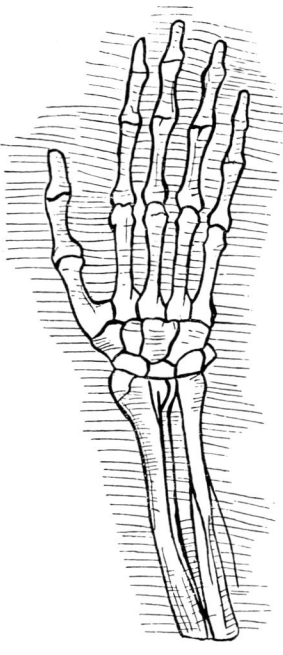

Leonardos anatomische Zeichnung einer Hand wurde ganz links nach seinem Verfahren und in der Mitte nach dem modernen Verfahren als Reliefradierung gearbeitet. Die Abbildung links zeigt einen Druck der Hand nach seinem Radierungsverfahren.

272/1

272/2

272/3

che die [verkupferte] Eisenplatte mit Bleiweiß, das mit Ei vermischt ist, dann schreibe linkshändig [spiegelbildlich] und ritze den Grund. Wenn du das gemacht hast, bestreiche alles mit Lack, das heißt Lack und Galmei oder Mennige. Weiche sie ein, sobald die Mischung trocken ist. Den Grund mit den auf das Bleiweiß mit Ei geschriebenen Buchstaben wird man zusammen mit der Mennige ablösen, welcher infolge Zerbrechlichkeit abbrechen und dabei die Buchstaben am Kupfer angeheftet lassen wird. Dann höhle den Grund auf deine Weise aus, und die Buchstaben werden erhöht im Relief über dem Grund stehen.« Nach den Anweisungen Leonardos ist es dem italienischen Künstler Attilio Rossi gelungen, eine Reproduktion von Leonardos Zeichnung einer Hand (Windsor 19009v) anzufertigen. 300 Jahre später wurde die gleiche Radierungstechnik erneut von William Blake erfunden. Sein Verfahren wurde 1850 durch den Franzosen Firmin Gillot verbessert und bildete die Grundlage des modernen Reliefdrucks.

angebahnte Sonderung der Bewegungsmechanismenlehre von der allgemeinen Maschinenlehre sich systematisch vollziehen.«[16]

Wie bereits festgestellt, geht aus zahlreichen Stellen in Leonardos Notizbüchern hervor, daß er an diese Trennung ebenfalls gedacht hat.[17] Doch bis zur Wiederentdeckung seiner Manuskripte in Madrid waren die Beweise hierfür fragmentarisch und verstreut. Der um 1495 entstandene Codex Madrid I beweist jedoch zweifelsfrei, daß sich Leonardo diesen charakteristischen Gesichtspunkt des modernen Denkens zu eigen gemacht und versucht hat, einen Traktat über die Zusammensetzung und Arbeitsweise der Maschinen und der Mechanismen allgemein zu verfassen.

Diese Erkenntnis bedeutete für die Historiker eine Überraschung, da stets die Arbeit der Wissenschaftler der 1794 in Paris gegründeten École Polytechnique als die erste systematische Beschäftigung mit Maschinenelementen oder Mechanismen galt.

Reuleaux zählt folgende Maschinenelemente auf:

1. Schrauben	10. Schwungräder
2. Keile	11. Hebel, Kurbeln, Pleuelstangen
3. Nieten	12. Sperräder und Getriebe
4. Lager und Lagerblöcke	13. Klinkengesperre
5. Zapfen, Achsen, Wellen	14. Bremswerke
6. Kupplungen	15. Aus- und Einrückungen
7. Seile, Riemen, Ketten	16. Röhren
8. Reibungsräder	17. Pumpenzylinder und Kolben
9. Zahnräder	18. Ventile

19. Federn   21. Nocken
20. Kurbeln und Stangen   22. Flaschenzüge

Unter den von Reuleaux[18] aufgeführten Elementen [273/1] fehlen in Leonardos Manuskripten nur die Nieten, und zwar nicht deshalb, weil Nieten zu Leonardos Zeiten noch unbekannt waren, sondern weil Leonardo bewußt »Vorrichtungen … ohne Zurüstungen oder andere Dinge, die den Blick dessen hindern, der sie studiert«,[19] darstellen wollte.

273/1

In der Aufstellung unten werden die Leonardo bekannten Mechanismen den 22 von Franz Reuleaux in seinem Lehrbuch der Kinematik *aufgeführten Maschinenelementen gegenübergestellt. Leonardo hat fast 400 Jahre vor Reuleaux all diese Elemente im* Codex Madrid I — bis auf die Pumpenzylinder und Kolben, die im Codex Atlanticus zu finden sind — *gezeichnet und beschrieben. Die Nieten hat er bewußt ausgelassen.*

273/1

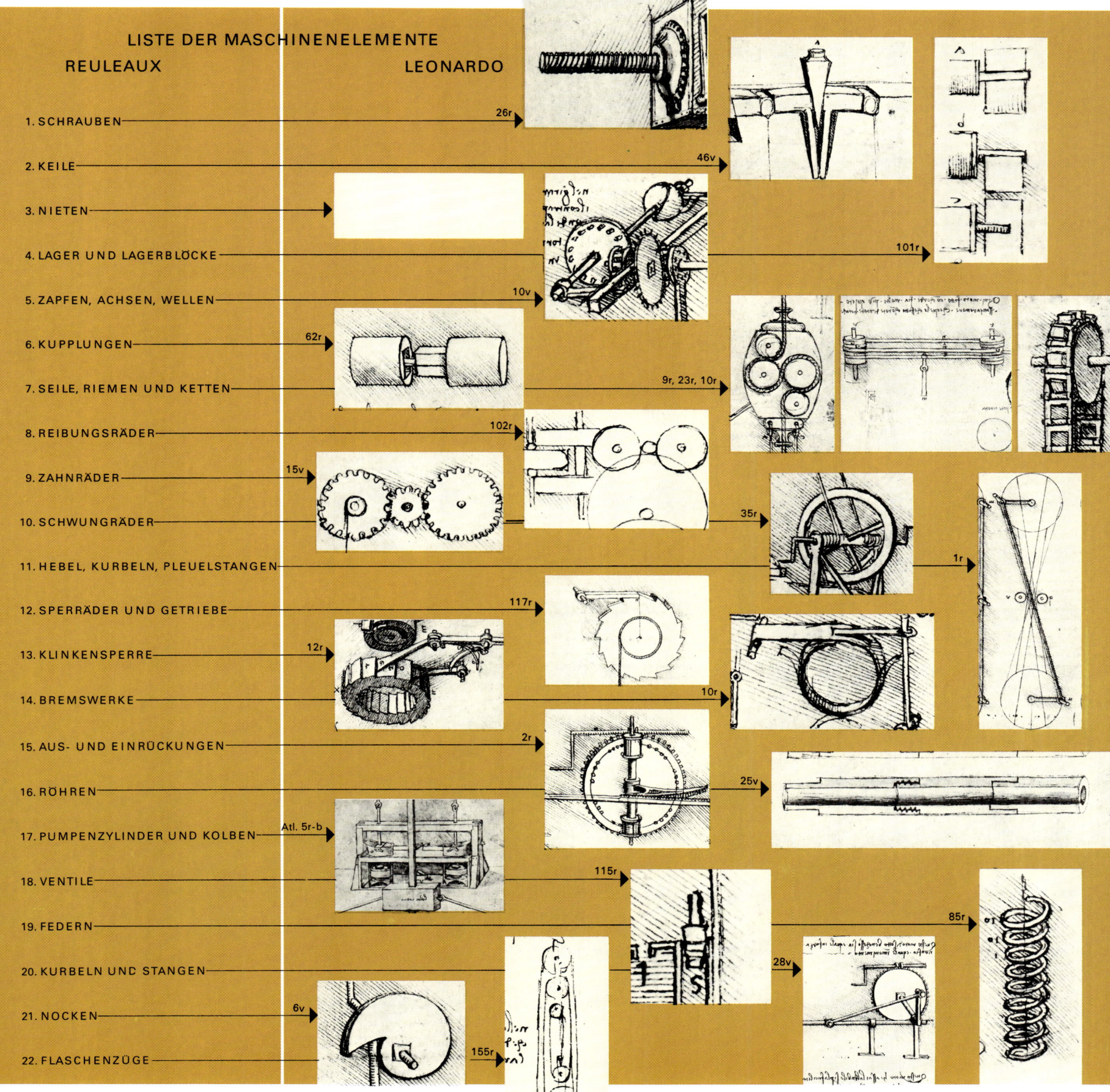

LISTE DER MASCHINENELEMENTE
REULEAUX   LEONARDO

1. SCHRAUBEN — 26r
2. KEILE — 46v
3. NIETEN
4. LAGER UND LAGERBLÖCKE — 101r
5. ZAPFEN, ACHSEN, WELLEN — 10v
6. KUPPLUNGEN — 62r
7. SEILE, RIEMEN UND KETTEN — 9r, 23r, 10r
8. REIBUNGSRÄDER — 102r
9. ZAHNRÄDER — 15v
10. SCHWUNGRÄDER — 35r
11. HEBEL, KURBELN, PLEUELSTANGEN — 1r
12. SPERRÄDER UND GETRIEBE — 117r
13. KLINKENSPERRE — 12r
14. BREMSWERKE — 10r
15. AUS- UND EINRÜCKUNGEN — 2r
16. RÖHREN — 25v
17. PUMPENZYLINDER UND KOLBEN — Atl. 5r-b
18. VENTILE — 115r
19. FEDERN — 85r
20. KURBELN UND STANGEN — 28v
21. NOCKEN — 6v
22. FLASCHENZÜGE — 155r

273

Die Absicht Leonardos, einen Traktat über die Theorie der Maschinenelemente zu verfassen und nicht über Maschinen, wird durch das untenstehende Blatt[20] bestätigt, das von ganz besonderem Interesse ist und offensichtlich als Einführung in den Traktat dienen sollte [274/1]. Die letzten Sätze dieses Textes über das Heben gesunkener Schiffe beziehen sich mit Sicherheit auf ein Thema, das

»Hier wird gezeigt, was die Eigenart der Schraube und ihres Hebels ist, wie die Schraube eher zum Ziehen als zum Stoßen verwendet werden soll und weshalb sie mehr Kraft hat, wenn sie einfach statt doppelt ist und dünn statt dick, während sie an gleicher Hebellänge mit gleicher Kraft bewegt wird. Und so wird man ein wenig erörtern, auf wieviele Arten man sie anwenden kann, wieviele Sorten endloser Schrauben man machen kann, wieviele Bewegungen ohne Schrauben vor sich gehen, obwohl sie eigentlich die Schraubenfunktion erfüllen. Auch auf welche Weise die endlose Schraube mit den Zahnrädern verbunden wird und wie man viele Schrauben zusammen anwendet. Es wird ferner über die Eigenart der Schraubenmuttern geredet, ob sie nützlicher sind mit vielen Zähnen oder nicht. Und man wird sprechen über die rückläufigen Schrauben und über Schrauben, die bei einem gleichen Zug das Gewicht stoßen und ziehen, und über Schrauben, die mit einer einzigen Umdrehung ihre Mutter verschieben wie [sonst] durch viele Umdrehungen. Und gleicherweise werden viele ihrer Wirkungen behandelt, verschiedene Belastungen und Festigkeiten, Langsamkeiten und Schnelligkeiten. Und es werden Gründe vorgelegt für alle ihre Funktionen und Eigenarten, sowohl für ihr Material, wie für ihre Hebel und ihre Nützlichkeit. Und es wird gesagt, auf welche Weise man sie herstellen muß, wie man sie verwendet und wie mancher durch Unkenntnis ihres Wesens [natura] getäuscht wird. Und solche Einrichtungen werden zum größten Teil ohne ihre Zurüstungen oder andere Dinge gezeichnet, die den Blick dessen hindern, der die Sache studiert. Dann wird mittels Linien über die Zurüstungen selbst zu reden sein, dann über die Hebel als solche, dann über die Stärke der Träger und über ihre Dauerhaftigkeit und ihren Unterhalt, ferner über den Unterschied zwischen dem Hebel mit kontinuierlicher Belastung während seiner Arbeit, das heißt dem Rad, und dem Hebel mit unterschiedlicher Belastung, das heißt dem geraden; warum der eine besser ist als der andere und warum der zweite kürzer ist und bequemer als der erste. Es wird sodann über das Sperrad und seine Klinke gesprochen, über das Schwungrad und den Schwung der Bewegung, über die Beschaffenheit der Achsen und ihrer Abnutzung, über Seile, Flaschenzüge, Winden und Walzen. Es geht auch darum, Luft unter Wasser zu bringen und sehr große Gewichte aus ihm hochzuziehen, das heißt Luftsäcke zu füllen, die dann unter Wasser mit den Gewichten zusammengebunden werden, ferner darum, Schiffe mit Sand zu füllen und die Gewichte an die Schiffe zu binden, die unter Wasser sind, und dann den Sand aus besagten Schiffen zu entfernen.«[18]

Aus Fol. 82r im Codex Madrid I wird Leonardos Absicht deutlich, ein Buch über Maschinenelemente zu verfassen. Die Übersetzung der Seite (rechts) zeugt davon, wie sehr sich Leonardo nicht nur von den Technikern seiner Zeit, sondern auch von denen späterer Zeit unterschied: Im Gegensatz zu ihnen betrachtete er einzelne Maschinenelemente getrennt von ganzen Maschinen.

auf einem der fehlenden Blätter behandelt wird, da sich im Codex Madrid I keine Spur davon findet. Dieser Umstand beweist erneut, wie stark das Gedankengut Leonardos geplündert wurde.

Der Text spielt auf ein Verfahren an, gesunkene Schiffe oder deren Ladung zu bergen, indem Luft in einen Behälter gepumpt wird, der an dem zu hebenden Gegenstand befestigt wird. Eine gleichartige Erfindung wurde um 1688 Bakker in Amsterdam zugeschrieben. Die Behälter wurden als Kamele (Schwimmkörper) oder Caissons bezeichnet. Mit ihrer Hilfe konnten größere Kriegsschiffe die Untiefen der Zuidersee sicher passieren. Noch heute ist eine verbesserte Version dieses Bergungssystems in Gebrauch [275/1].

Die oben zitierte Inhaltsangabe Leonardos ist unvollständig. Sie wird jedoch verständlich, wenn man sie durch eine ähnliche Aufstellung aus einer Notiz im Codex Atlanticus ergänzt.[21] Diese Notiz ist sehr aufschlußreich, da sie aus der gleichen Zeit stammt wie der Codex Madrid I. Es werden dort 18 weitere Maschinenelemente aufgezählt, was darauf schließen läßt, daß sie das Inhaltsverzeichnis von Codex Madrid I ergänzen sollte.

Interessanterweise hat Arturo Uccelli in seinem Buch, in dem er das technische Werk Leonardos rekonstruiert,[22] einen umfangreichen Teil dem Thema »Maschinenelemente« gewidmet. Er bemerkt einleitend, daß Leonardo wahrscheinlich tatsächlich ein Buch mit diesem Titel verfaßt hat. Leonardo erwähnt des öfteren in seinen Schriften einen Traktat über »Maschinenelemente«. Wir wissen heute, daß es sich hierbei nicht um den Codex Madrid I handelt, sondern um ein anderes Werk, das in vier Bücher oder Bände unterteilt war und sich mit der Theorie der mechanischen Bewegungen befaßte. Auf einem Blatt von Codex Madrid I stellt Leonardo fest: »Wenn der Apparat einmal geschaffen ist, erfordert die Notwendigkeit seines Funktionierens die Form seiner Glieder. Diese sind von unbegrenzter Vielfalt, aber alle müssen den Regeln der vier Bände unterworfen sein.«[23] Auf einem Blatt im Codex Atlanticus, auf dem er sich mit der Ausschachtung von Kanälen für Cesare Borgia befaßt und das daher in das Jahr 1502 einzuordnen ist, erwähnt Leonardo »die 15. Schlußfolgerung in meinem vierten Buch über die Elemente der Maschinen«.[24] Anscheinend wird auf zahlreichen Blättern des Codex Madrid I auf die gleichen Bücher und die dort befindlichen mechanischen Demonstrationen verwiesen, wobei die Numerierung eine ähnliche Unterteilung voraussetzt. Die Verweise lauten zum Beispiel: »… und seine Zähne werden [daher] sehr dauerhaft sein, entsprechend dem 7. [Abschnitt] des 4. [Kapitels] über Kraft und Widerstand.«[25]

Da der Codex Madrid I nicht in dieser Weise unterteilt ist, kann es sich in ihm nicht um den Traktat *Elementi macchinale* handeln. Diese Schrift Leonardos muß leider als verschollen gelten. Es läßt sich schwer feststellen, was Leonardo unter »Maschinenelementen« genau verstand, doch mit Sicherheit nicht das, was heute mit diesem Ausdruck bezeichnet wird. Der eigentliche Traktat über Maschinenelemente ist der erste Teil des Codex Madrid I, der der angewandten Mechanik gewidmet ist. Nur der zweite Teil, in dem die Theorie behandelt wird, könnte in einigen Punkten den vier verlorenen Büchern Leonardos nahe kommen, ist jedoch nicht das Original.

Wie dem auch sei, es ist an dieser Stelle unmöglich, alles, was Leonardo im Codex Madrid I im Zusammenhang mit den Bauelementen von Maschinen dargestellt und beschrieben hat, auch nur zu erwähnen. Ich werde mich daher darauf beschränken, nur einige der bedeutendsten Beispiele zu erläutern.

Die Schraube ist eine um einen Zylinder gewundene schiefe Ebene. Auch ein Keil ist eine schiefe Ebene. Während die schiefe Ebene selbst fest steht, bewegt sich der Keil, um das Material zu heben, zu spalten oder zu trennen. Im analytischen Denken Leonardos stehen diese drei einfachen Maschinen in einem engen Zusammenhang miteinander und sind in mechanischer Hinsicht gleichwertig. Er illustriert seine Behauptungen in herrlichen Zeichnungen, von denen hier nur einige gezeigt werden können.

Die Schraube nimmt in den mechanischen Untersuchungen Leonardos eine wichtige Stellung ein. Das wird auch durch die Ausführlichkeit belegt, mit der sie in der oben zitierten Übersicht behandelt wird. Auf vielen Blättern seiner Werke untersucht Leonardo die Geometrie der Schraube, und im Codex Madrid I und anderen seiner Schriften ist eine große Vielfalt an Schrauben und Anwendungen von Schrauben zu finden.

Schrauben lassen sich je nach Verwendungszweck verändern. Die Form des Gewindes ist der jeweiligen Bestimmung angepaßt. Leonardo kannte Schrauben mit V-förmig oder rechteckig eingeschnittenem Gewinde; auch rechts- und linksgängige Schrauben waren ihm bekannt. Häufig kombinierte er ein rechts- und ein linksgängiges Gewinde auf einem einzigen Bolzen, um eine besondere mechanische Wirkung zu erzielen [277/1]. Es lassen sich auch mehrere Schrauben zusammensetzen, um den Abstand zwischen den durch sie verbundenen Teilen schnell zu vergrößern. Doch bemerkt Leonardo: »Nichtsdestoweniger ist auch diese Erfindung, obwohl sie spekulativ und einfallsreich ist, doch zu verwickelt und schwierig. Darum soll man lieber die Schraube mit mehr Windungen gebrauchen«. Diese »schnellen« Gewindeschrauben sind heute allgemein bekannt und in Gebrauch.

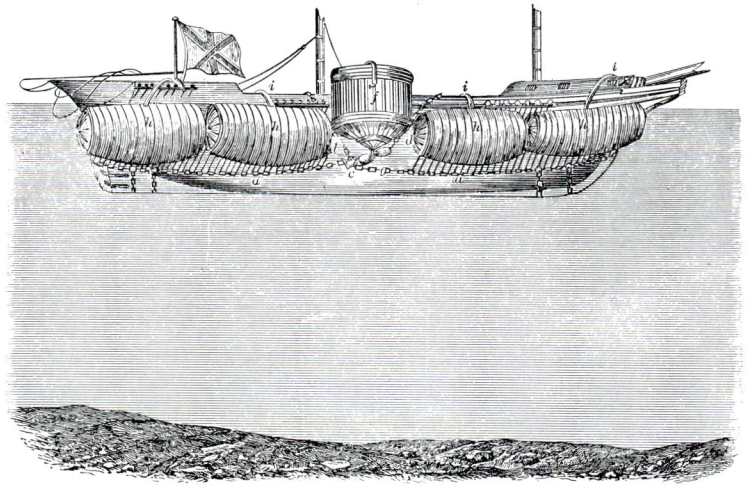

Der letzte Punkt in Leonardos Aufzählung, die als Einleitung zu einem Traktat über die Maschinenelemente gedacht war (gegenüberliegende Seite), bezieht sich auf ein neues Verfahren zum Bergen gesunkener Schiffe. Eine ähnliche Idee wurde in Holland entwickelt. Man befestigte an großen Kriegsschiffen Schwimmkörper, sogenannte Kamele oder

275/1

Caissons. Sie wurden mit Luft aufgepumpt, die Schiffe hoben sich und konnten auf diese Weise die Untiefen der Zuidersee passieren. Diese Erfindung wurde Bakker um 1688 zugeschrieben. Im 19. Jahrhundert entwickelte der englische Kapitän Austin ein ähnliches Verfahren (oben), um gesunkene Schiffe zu heben. Eine verbesserte Version des gleichen Systems ist noch heute in Gebrauch. Das gleiche gilt für viele Entwürfe Leonardos für die Seefahrt. Unter anderem erfand er auch die Schwimmweste und Schwimmschuhe, mit denen man auf dem Wasser laufen kann.

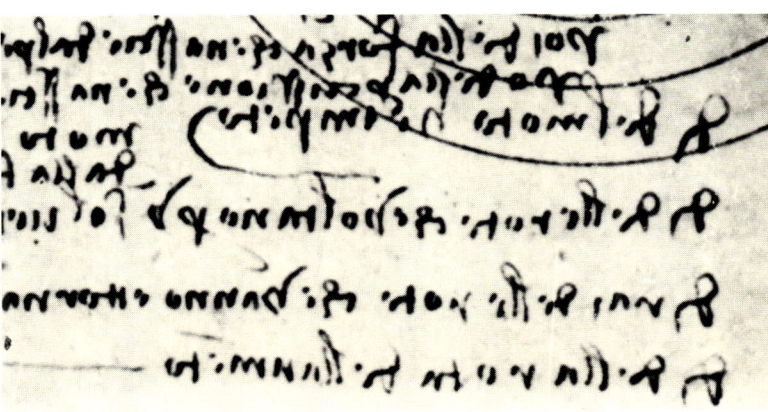

275/2

Eine ähnliche Liste wie im Codex Madrid I findet sich auf Fol. 155v-b im Codex Atlanticus (oben). Sie entstand etwa zur gleichen Zeit und ergänzt die Aufstellung im Codex Madrid I um 18 Elemente. Leonardo verweist in seinen Schriften oft auf sein Werk über »Maschinenelemente« in vier Bänden, in dem die Theorie der mechanischen Bewegung diskutiert wird. Es muß zu den ungefähr 75 Prozent seiner Arbeiten gezählt werden, die verloren sind.

In seinen Untersuchungen zu den Maschinenelementen erkannte Leonardo deutlich,
wie verschiedene Elemente in Beziehung stehen und mechanisch gleichwertig sind. Auf
Fol. 64v im Codex Madrid I erklärt Leonardo, daß der Kraftaufwand gleich ist, wenn
ein Gewicht eine schiefe Ebene emporgezogen
wird und wenn unter das gleiche Gewicht ein
entsprechender Keil geschoben wird. Auf Fol.
86v (unten Mitte) vergleicht er die Leistung
einer schiefen Ebene mit der einer Schraube

In den Manuskripten Leonardos befindet sich auch die Zeichnung und eindeu-
tige Beschreibung der ersten Differential-Schraube, das heißt eines Bolzens mit
zwei Schraubengewinden von verschiedener Ganghöhe. Leonardo erklärt leider
nicht die Verwendung dieser Schraube. Die Erfindung der Differential-Schraube, die für die Konstruktion von Präzisionsinstrumenten von großer Bedeutung
ist, wurde Hunter (1781) zugeschrieben.

Leonardo beschränkte sich nicht darauf, die Form der von ihm erforschten
mechanischen Teile zu untersuchen, sondern beschäftigte sich auch mit ihrer

276/1

276/2

276/4

(einer gewundenen schiefen Ebene). Auf Fol.
94r (unten) liefert er den geometrischen Beweis für seine Entdeckung, daß eine Schraube
wie ein Hebel arbeitet. Auf Fol. 175v (rechts)
wird in der oberen Skizze die mechanische
Gleichwertigkeit von vier Mechanismen
(schiefe Ebene, Schraube, Flaschenzug und
Differentialaufzug) bewiesen.

276/3

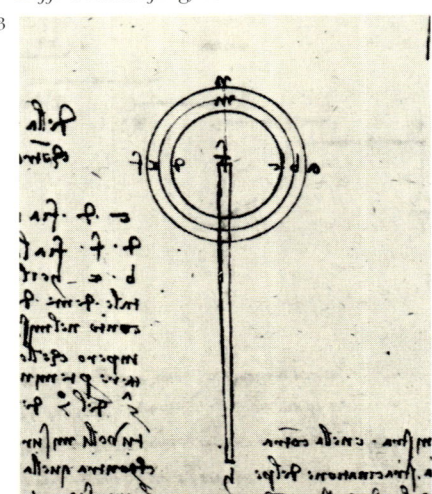

Arbeitsweise und Funktion. Dies zeigt, mit welcher Sorgfalt er seine Studien
anstellte. Leonardo scheint hier nach den gleichen Prinzipien vorgegangen zu
sein, die ihn als Anatomen und Physiologen bei der Erforschung des menschlichen Körpers leiteten. Oder verhält es sich genau umgekehrt?

Vor ihrem Gebrauch müssen Schrauben auf ihre korrekte Form, ihre Belastbar-
keit und Festigkeit hin geprüft werden. Im Codex Madrid I werden Erklärungen
zur Theorie der Schraubenwirkung gegeben und Maschinen zur Prüfung von
Schrauben vorgestellt. Doch eine Erörterung von Schrauben erübrigt sich, wenn
nicht zuvor präzise Werkzeuge und Herstellungsverfahren entwickelt wurden.
Leonardo beschreibt daher im Codex Madrid I eine handliche Schraubenschneidemaschine. Noch eindrucksvoller ist vermutlich die inzwischen berühmte Maschine im Manuskript B. Diese Schraubenschneidemaschine, deren austausch-
bar arbeitende Räder und doppelte Schraubenstangen Stabilität und Präzision
gewährleisten sollen, ist in der Tat ein Vorläufer der in den modernen Werkstätten angewandten Technik.

Bisher war von Schrauben als unabhängigen Einheiten die Rede. Schrauben

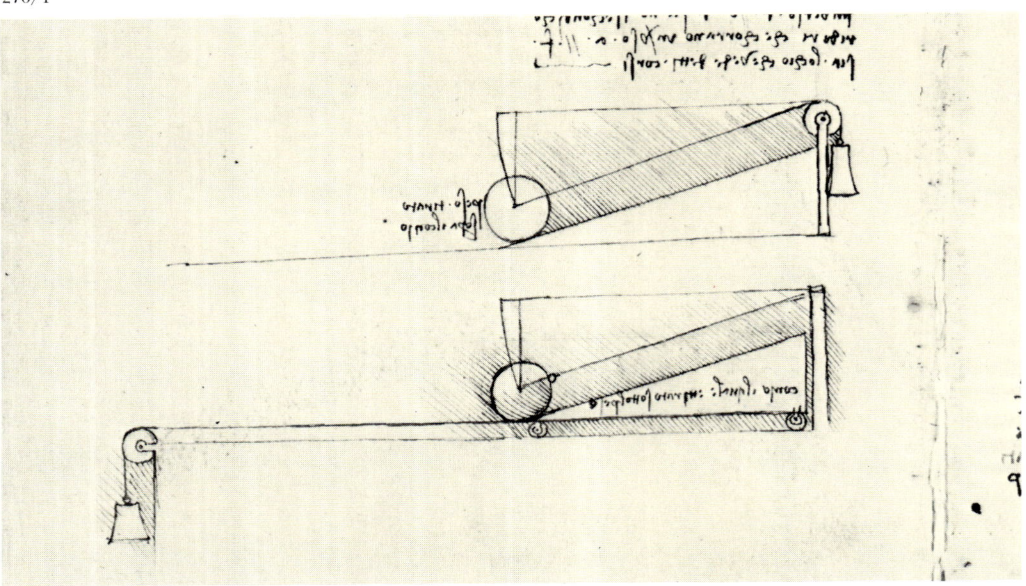

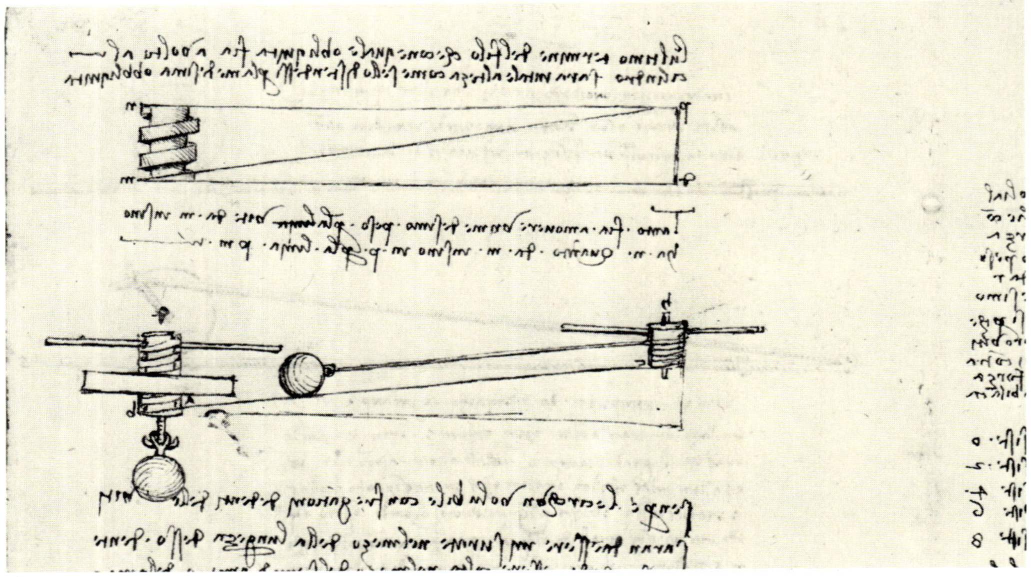

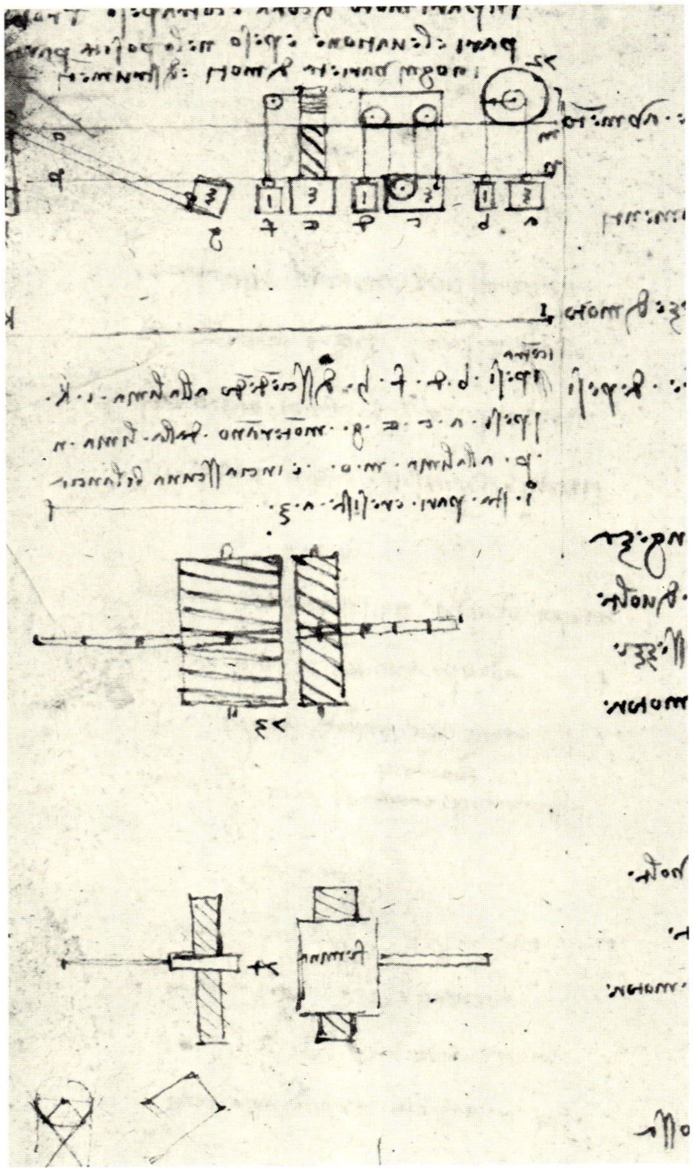

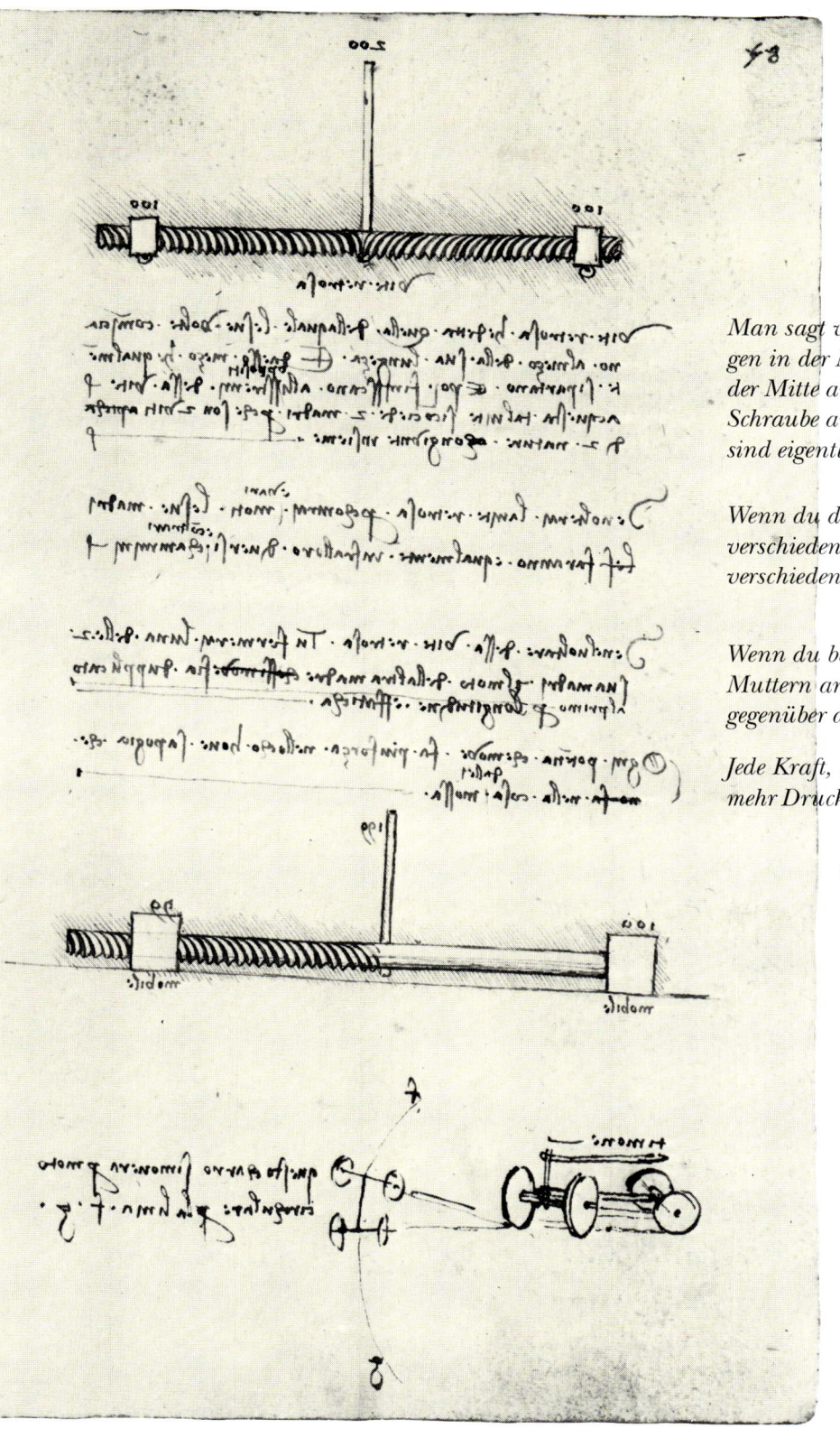

Man sagt von einer Schraube, sie sei rückläufig, wenn deren Windungen in der Mitte ihrer Länge beginnen. Und sie gehen gleichmäßig von der Mitte aus und hören dann an den entgegengesetzten Enden der Schraube auf. Dieser Schraube kann man 2 Muttern geben, denn es sind eigentlich 2 Schrauben von verschiedener Art aneinandergefügt.

Wenn du die rückläufige Schraube mit entgegengesetzten und verschiedenen Bewegungen drehst, dann machen auch ihre Muttern verschiedene und entgegengesetzte Wege.

Wenn du beim Drehen dieser rückläufigen Schraube eine der beiden Muttern anhältst, dann wird die Bewegung der anderen Mutter gegenüber der ersten Bewegung in Länge und Aufwand verdoppelt.

Jede Kraft, die bewegt, übt dort, wo sie sich abstützt, mehr Druck aus als auf dem von ihr bewegten Gegenstand.

277/1   Auf vielen Skizzen zur Mechanik beschäftigt sich Leonardo mit verschieden Schraubentypen und ihren Anwendungsmöglichkeiten. Auf Fol. 58r aus Codex Madrid I (links) zeigt Leonardo die mechanischen Wirkungen, die durch die Kombination von links- und rechtsgängigen Gewinden am gleichen Bolzen erzielt werden. Durch Drehen des Hebels wird in der oberen Zeichnung das Anziehen und Lockern beider Muttern gleichzeitig bewirkt. Auf diese Weise wird die Wirkung der eingesetzten Leistung verdoppelt.

277/2   277/2 und 3
Die Zeichnungen links (Codex Madrid I, Fol. 57v) und unten (Codex Atlanticus, Fol. 379v-a) zeigen, daß die Wirkung kombinierter rechts- und linksgängiger Schrauben durch die Verwendung von Mehrfachgewinden an derselben Welle noch gesteigert werden kann. Diese Art Schrauben wird in vielen modernen Geräten verwendet.

277/3

lassen sich jedoch in Kombination mit anderen Maschinenteilen für die verschiedensten Zwecke verwenden. Leonardo entwarf Hunderte von Geräten mit der Schraube als wichtigstem Element. Als Hauptregel stellte er auf: »Wenn du mit schweren Gewichten zu tun hast, lasse dich nicht auf Eisenzähne ein, denn leicht könnte ein Zahn abbrechen; nimm dafür die Schraube, bei der ein Zahn mit dem

278/1 und 2

Auf Fol. 33v im Codex Madrid I (rechts) ist die erste Differentialschraube in der Geschichte der Technik zu sehen — eine Welle mit zwei Schraubengewinden verschiedener Steigung. Neben Leonardos Zeichnung ist ihre moderne Form abgebildet, deren Erfindung Hunter (1781) zugeschrieben wurde. Sie ist für wissenschaftliche Instrumente, etwa für astronomische Teleskope, von größter Bedeutung.

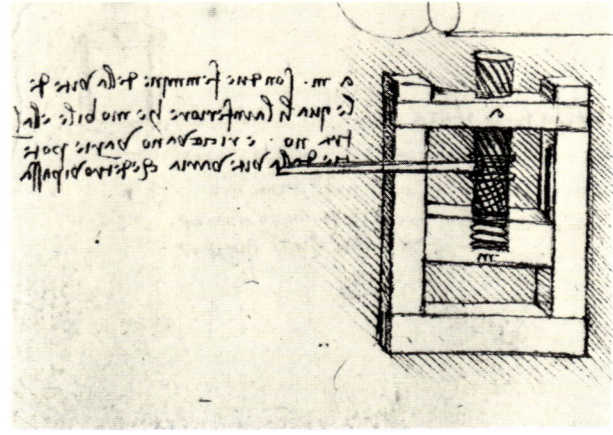

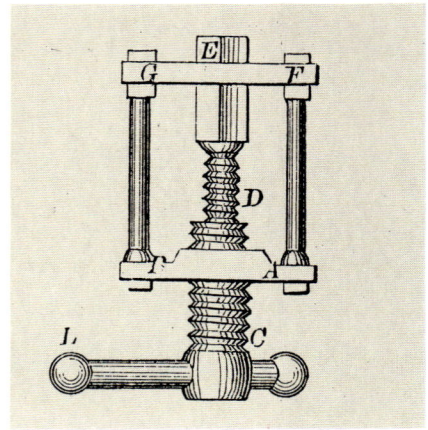

278/1

278/2

278/3-7

Im Codex Madrid I entwickelte Leonardo zur Prüfung der Schraubenwirkung die fünf unten abgebildeten Vorrichtungen; zur Messung der Leistung werden Gewichte eingesetzt. Von links nach rechts: Fol. 121r, 121v (zwei Zeichnungen), 4v und 81v.

anderen verbunden ist.« Doch »die Schraube soll zum Ziehen und nicht zum Stoßen verwendet werden, denn das Stoßen biegt die Welle der Schraube, während die gebogene Welle durch Ziehen gerade wird.«[26]

Das Schneckengetriebe, das heißt die Kombination von Schraube und Zahnrad, gehört zu den bevorzugten Mechanismen der Maschinenbauer. Hierfür gibt es

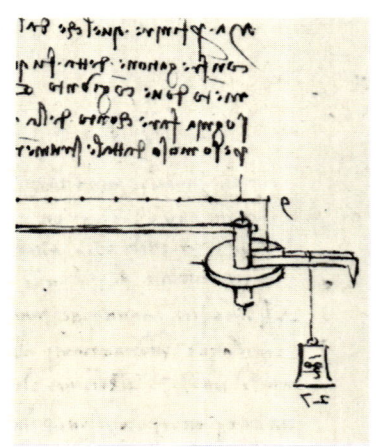
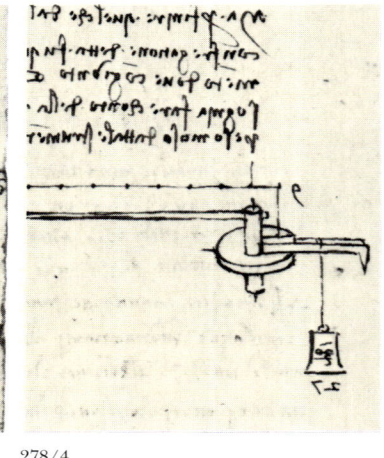

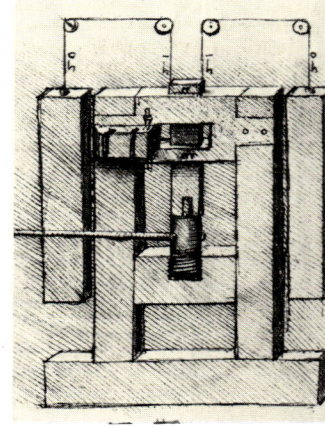

278/3   278/4   278/5   278/6   278/7

278/8 und 9

Die Schrauben-Schneidemaschine links befindet sich im Codex Madrid I, Fol. 91v. Das kompliziertere Gerät unten rechts (Manuskript B, Fol. 70v) kommt den modernen Maschinen bereits sehr nahe.

zwei Gründe: Ihre Bewegung ist nicht umkehrbar, und sie gewähren einen großen mechanischen Vorteil. Auf einem Blatt im Codex Madrid I untersucht Leonardo zwei Arten von Schneckengetrieben. Die eine entspricht der überlieferten Form. Leonardo bemerkt hierzu: »Für den Fall, daß du eine [übliche] Schraube verwendest, die einen einzigen Zahn des Rades erfaßt, ist es nötig, daß

278/8

278/9

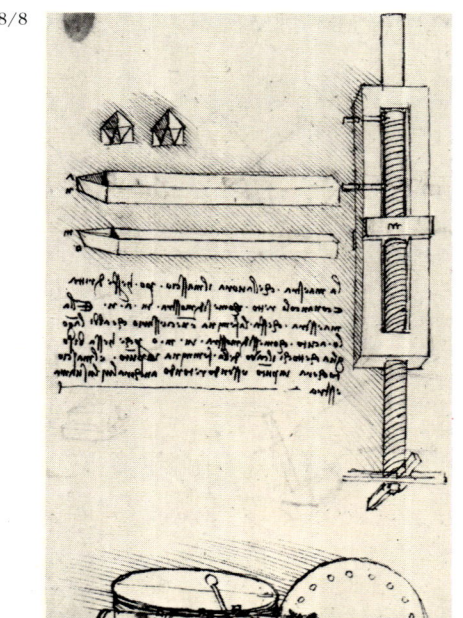

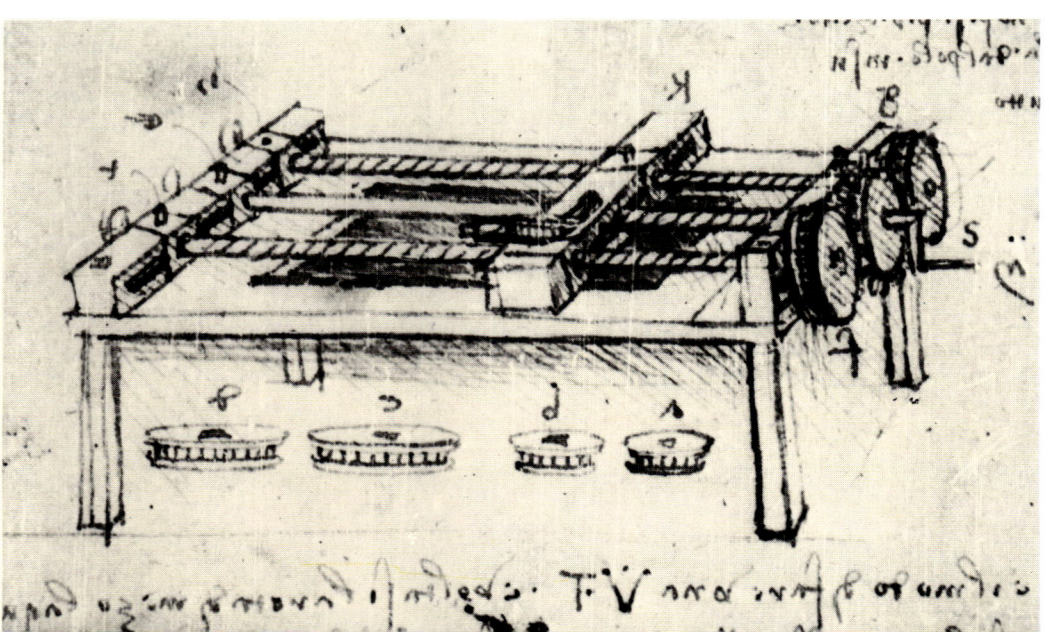

du ihm eine Stütze [Sperrklinke] gibst, damit das Zahnrad nicht rückwärts läuft, falls der Zahn bricht [279/3].« In dem anderen Entwurf erklärt Leonardo, wie seiner Meinung nach ein Schneckengetriebe [279/2] aussehen sollte: »Diese Hebelvorrichtung mit einer solchen endlosen Schraube von genügend vielen Windungen erfaßt viele Zähne des Rades. Deshalb ist diese Art des Hochziehens sehr sicher, denn wenn solche Schrauben nur einen einzelnen Zahn des Rades erfassen würden, der die Belastung aushalten muß, und dieser Zahn bräche, würde er manches Mal großen Schaden und Zerstörung anrichten [279/1].« Diese Erfindung Leonardos ist den modernen Maschinenbauern als Globoidschraube oder Hindley-Schneckengetriebe bekannt [279/2], nach dem 1770

Der einfache, aber wirksame Mechanismus Leonardos (Foto unten) ist den heutigen Maschinenbauern als Schneckengetriebe bekannt. Es handelt sich um ein Getriebe oder Zahnrad, das in eine gewundene Schraube greift. Leonardo bezeichnete sie als »endlose

279/1

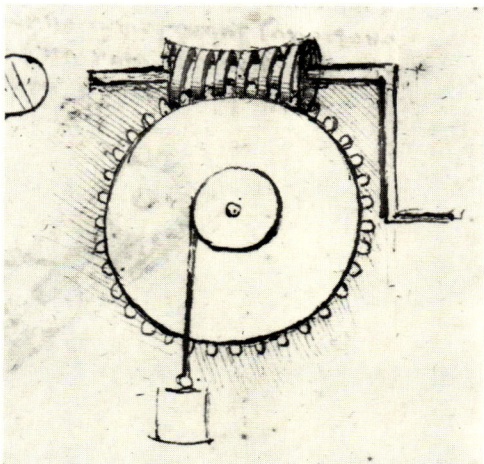

279/1 und 2
Leonardos Schneckengetriebe (links) aus Codex Madrid I, Fol. 17v, entspricht dem Hindley-Schneckengetriebe (unten). Seine Erfindung wurde dem englischen Uhrmacher Henry Hindley (18. Jahrhundert) zugeschrieben.

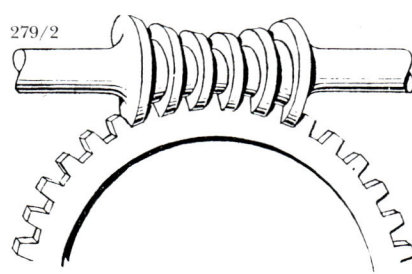

279/2

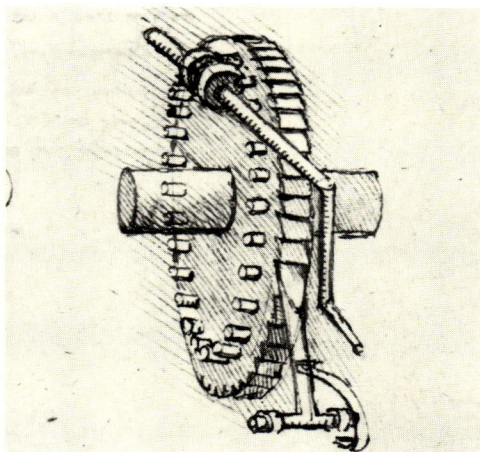

279/3
Auf dem Blatt 17v zeichnete Leonardo auch ein herkömmliches Schneckengetriebe und schrieb dazu: »Für den Fall, daß du eine [übliche] Schraube verwendest, die einen einzigen Zahn des Rades erfaßt, ist es nötig, daß du ihm eine Stütze [Sperrklinke] gibst, damit das Zahnrad nicht rückwärts läuft, falls der Zahn bricht … Denn wenn … dieser Zahn bräche, würde er manches Mal großen Schaden und Zerstörung anrichten.«

279/3

279/4

gestorbenen englischen Uhrmacher Henry Hindley. Er war sehr stolz auf seine Erfindung.

In einer anderen originellen Kombination von Schrauben und Getriebe aus dem Codex Madrid I werden zwei lange Schrauben in gleicher Geschwindigkeit von einer Welle gedreht, an der sich zwei gleiche Schnecken befinden. Die Welle wird von einer weiteren Schnecke gedreht, die mit einer Kurbel verbunden ist. Es handelt sich um eine doppelte Spannschraube mit langsamer Bewegung und großer Kraftwirkung.

Im Codex Madrid I werden auch interessante Einsatzweisen von Keilen als Verbindungselemente gezeigt. Hier ist das Verkeilen hölzerner Röhren, eine Verbindung für Möbelbeine und ein Zapfen für Zirkel dargestellt.

Zu Lebzeiten Leonardos und auch später waren die Lager, in denen Wellen und Angeln rotierten, kaum mehr als Löcher in dem Holz- oder Metallrahmen der Maschine. Man versuchte, die Lager zu schmieren, indem zwischen die Kontaktflächen Öl gegossen oder Talg geschmiert wurde. Als ich in den Archiven der alten spanischen Stadt Simancas die Berichte über die von Juanelo Turriano in Toledo errichteten hydraulischen Anlagen durchsah, die von 1569 bis 1620 in Betrieb waren, fand ich unter den Instandhaltungskosten nur zwei größere Posten: Talg zum Schmieren und Holzkohle für die Schmiede, die ständig damit beschäftigt waren, die schadhaften oder abgenutzten Maschinenteile zu reparieren. Leonardo untersuchte und beschrieb die Abnutzung bei Achsen und La-

Schraube«, weil das Gewinde unbegrenzt schraubbar ist. Der Vorteil des Schneckengetriebes liegt in der niedrigen Drehgeschwindigkeit und der relativ hohen Kraftübertragung. Leonardo war das damals gebräuchliche Schneckengetriebe gut bekannt, bei dem jeweils ein Zahn in das Getrieberad griff. Er erkannte, daß man diesen Mechanismus mit einer Sperrklinke ausrüsten muß, um das Rückwärtslaufen des Rades bei einem Brechen des Zahns zu verhindern. Als Alternative zu dieser Vorrichtung erfand er eine eigenartig geformte Schnecke, die fünf Zähne des Getriebes erfaßt. Sie ist ein Vorläufer des Hindley-Schneckengetriebes aus dem 18. Jahrhundert (oben Mitte).

Leonardo setzte das Schneckengetriebe in seinen Maschinenentwürfen zum Heben schwerer Gewichte ein, wodurch die Leistung der Maschinen erheblich erhöht wurde. Dieses doppelte Schraubengewinde wird durch die Kurbel links bewegt. Ein Schneckengetriebe dreht die horizontale Welle, an der sich zwei gleiche Schnecken befinden. Diese drehen ih-

280/1

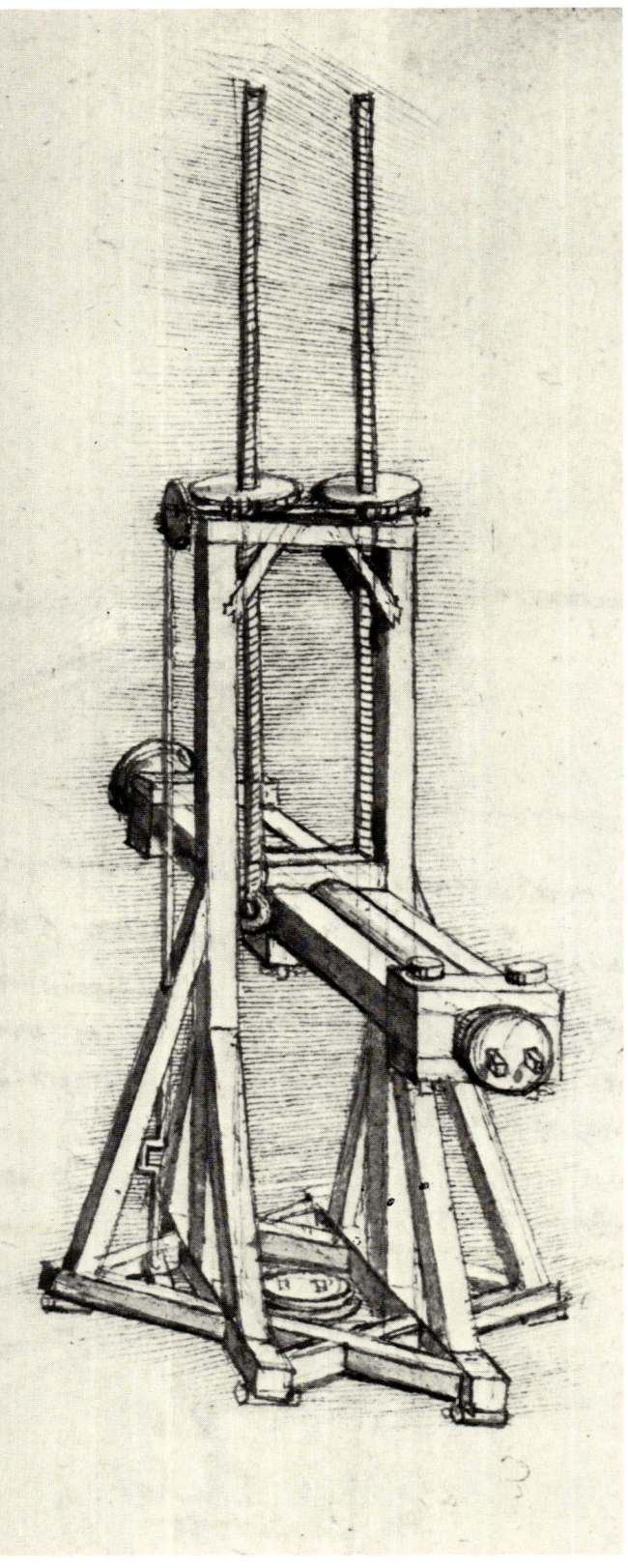

rerseits die beiden langen vertikalen Schrauben mit gleicher Geschwindigkeit. Die Vorrichtung arbeitet langsam, ist aber sehr leistungsstark. Sie diente wahrscheinlich dem Heben von langen, schweren Gegenständen wie Säulen und Kanonenrohren.

MADRID I, 34r

gern, suchte nach den Ursachen und machte Vorschläge zur Abhilfe. Im Codex Madrid I zeigt er, daß die Abnutzung eines Lagers, das eine horizontale Achse trägt, im Verhältnis zur Last steht, und daß die Richtung der Abnutzung nicht unbedingt vertikal nach unten verläuft, sondern dem Hauptvektor oder der Richtung der Last folgt. Auf einem anderen Blatt des gleichen Codex wird erneut die Abnutzung der Achsen und der Lager in Bezug auf die Länge und Stärke der

Im Codex Madrid I beschäftigte sich Leonardo auch mit dem Tischlerhandwerk. Auf Fol. 25v (rechts) wird eine Bohrvorrichtung zum Aushöhlen von Baumstämmen für Wasserrohre erläutert. Leonardo rät, längere Leitungen aus etwa 30 cm langen Teilen zu bauen, die dann mit Metallkoppelungen zusammengekeilt werden.

280/2

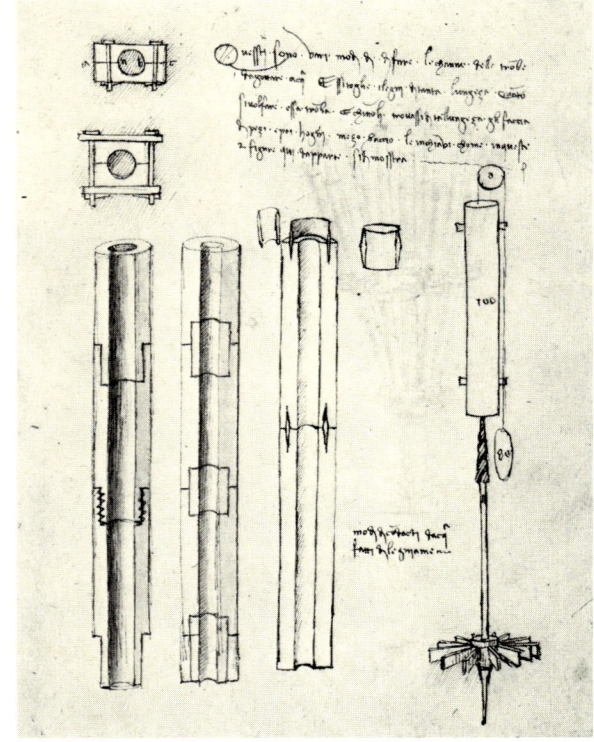

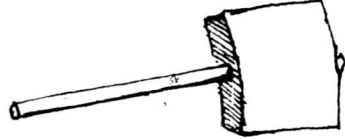

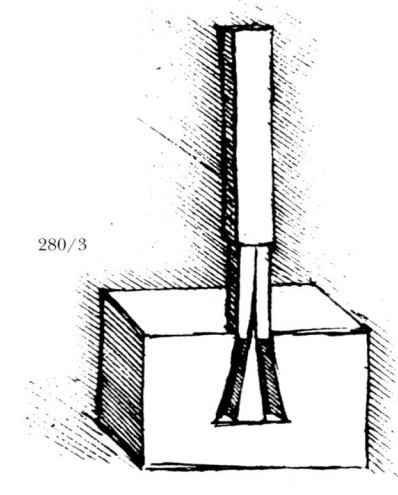

280/3

280/3-6

Auf Fol. 62r im Codex Madrid I gibt Leonardo Anweisungen zum Befestigen von Stiften in den Drehpunkten von Zirkeln und von Beinen an Möbeln (links und unten). Er bemerkt dazu: »Das ist das Verfahren, ein Holzstück in ein anderes zu schieben, so daß man es nie aus seiner Höhlung ziehen kann.« Er gibt dazu den praktischen Hinweis: »So, wie man die Beine in einen Tisch einsetzen würde.«

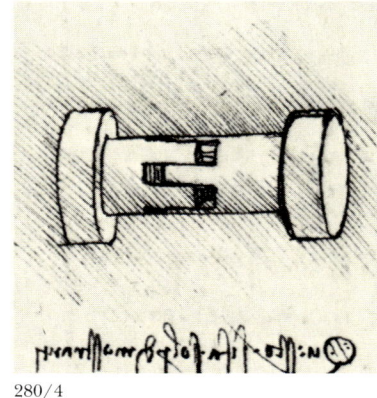

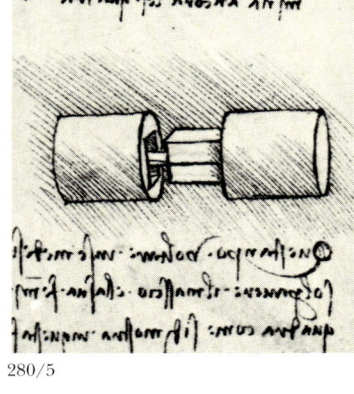

280/4

280/5

280/6

Wellen untersucht. Die mittlere Skizze zeigt zwei horizontale Spindeln, von denen die eine mit einer sehr modern wirkenden Selbstschmiervorrichtung versehen ist. Leonardo stellt jedoch fest, daß ein solches System nicht befriedigend funktionieren würde, weil durch Abnutzung entstandene Feilspäne, Staub und Öl die Ausgänge verstopfen würden. Die untere Zeichnung liefert einen interessanten Beweis: die Auswirkungen der gegenseitigen Abnutzung von Welle und Lager bei einer horizontalen Achse. Die Welle wird langsam vom Lager abgenutzt; das Gleiche geschieht jedoch auch mit dem Lager, bis der abgebildete spitz zulaufende Einschnitt entsteht. Mit diesem Problem der Verformung der Wellen durch Abnutzung beschäftigte sich Leonardo auf vielen Blättern seiner Manuskripte.

Da Leonardo wußte, daß sich durch Schmieren allein die Abnutzung der Achse und des entsprechenden Lagers nicht vermeiden ließ, suchte er nach neuen Möglichkeiten, die Reibung zum Beispiel durch den Einsatz reibungsmindernder Materialien auf ein Minimum zu beschränken oder die unvermeidliche Abnutzung auszugleichen. Im Codex Madrid I wird uns eine überraschend moderne Idee dieser Art vorgestellt. Leonardo entwirft hier ein Lager in Form eines zweiteiligen Blocks, bei dem das Herausspringen der Achse aus dem Lager »bei beliebiger Belastung« verhindert werden soll. Aus seiner Beschreibung geht hervor, daß die beiden Backen des Blocks mit einem glatten »Spiegelmetall« ausgekleidet werden sollten, einer Legierung aus »drei Teilen Kupfer und sieben Teilen Zinn«. Diese »Mutter« — so lautet die Bezeichnung Leonardos — sollte an der Spitze mit einem Keil zum Festklemmen oder mit einer durch eine Schraube verstellbaren Kappe befestigt werden. Auf diese Weise konnten die Backen oder Lagerschalen bei fortschreitender Abnutzung um die Achse festgezogen werden.

Mit dieser detaillierten Beschreibung stellte Leonardo als erster ein Blocklager mit zwei verstellbaren Backen vor, das mit einem reibungsarmen Metall ausgekleidet ist. Fast zwei Jahrhunderte später machte Robert Hooke vor der Royal Society in London den Vorschlag, ein solches Metall zu verwenden, und nochmals zwei Jahrhunderte später wurde die Idee der geteilten Lagerschalen, die mit reibungsarmem Metall ausgekleidet sind, in die Tat umgesetzt.[27]

Leonardo untersuchte auch die Möglichkeit, die Reibung mit Hilfe von rollenden Elementen auf ein Minimum zu reduzieren, da seine Versuche gezeigt hatten, daß die rollende Reibung der gleitenden vorzuziehen ist. Die Verwendung von Rollen und Kugeln, um Maschinenbewegungen leichtgängig zu machen, geht jedoch nicht auf Leonardo zurück. Tatsächlich wurden solche Vorrichtungen erstmals in der Antike von den Griechen verwendet. Zu erwähnen sind auch die Kugellager der drehbaren Plattformen des römischen Schiffes, das zwischen 44 und 54 n. Chr. erbaut und aus dem See von Nemi bei Rom geborgen wurde.[28] Hier handelt es sich allerdings nicht um echte Kugellager, denn die Rollen konnten nicht frei rotieren: Jede Kugel verjüngte sich an zwei Enden in kurze Wellen oder Zapfen und wurde durch einen Bügel in der Stellung gehalten.

Scheibenlager, das heißt Achsen, die zwischen zwei gekreuzten oder sich fast berührenden Scheiben rotieren, müssen bereits vor Leonardo bekannt gewesen sein. Leonardo zeichnete einige dieser Lager bereits im Manuskript B[29] (das um das Jahr 1489 entstanden ist) und in anderen Manuskripten. Sie erscheinen auch in dem Werk *De re metallica* von Agricola[30] und wurden demnach in der ersten Hälfte des 16. Jahrhunderts schon verwendet. Doch in einer interessanten Anmerkung auf Fol. 12v im Codex Madrid I schrieb Leonardo unter die Zeichnung eines Scheibenlagers: »Julius [ein deutscher Mechaniker, der 1493 in Leonardos Dienste trat[31]] sagt, er habe in Deutschland gesehen, wie eines dieser Räder von der Welle *m* abgenützt worden sei.« Die Anmerkung ist nicht nur in Hinblick auf die Datierung des Madrider Manuskripts interessant, sondern sie zeigt auch, daß die Unzulänglichkeit der Scheibenlager ein Problem war, mit dem alle Maschinenbauer zu kämpfen hatten. Fol. 12v aus dem Codex Madrid I verdient besondere Aufmerksamkeit, da hier Leonardos Denkweise deutlich wird. Er geht von etwas Bekanntem aus und experimentiert dann mit Lösungen, die ihm eine Verbesserung der bestehenden Praxis zu sein scheinen.

Auf diesem Blatt beschäftigt ihn das Problem, den bestmöglichen Aufbau eines horizontalen Scheibenlagers festzustellen. In der ersten Skizze oben rechts nimmt Leonardo die zusammengesetzten Scheibenlager wieder auf, die er bereits verworfen hatte — im Manuskript B hat er die gleiche Zeichnung durchgestrichen und das Wort *falsa* (»falsch«) hinzugefügt. Im mittleren oberen Teil des Blattes im Codex Madrid I ist wiederum die Abnutzung eines horizontalen Lagers dargestellt. Unter dieser Skizze befinden sich drei Studien über Scheibenlager mit den von Julius erhaltenen Informationen. Dann kommt Leonardo eine neue

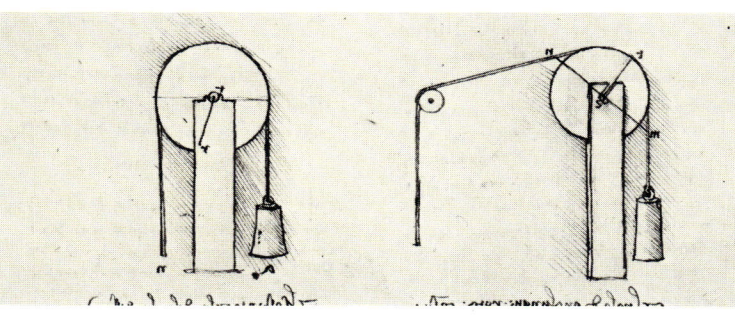

281/1

Die Untersuchungen Leonardos über die Reibung und die Verwendung von Lagern zur Reibungsminderung sind bis heute für Ingenieure interessant. Oben untersucht er die Abnutzungsrichtung bei Achsen und Lagern. Er kommt zum Schluß, daß sie der Richtung der Last entspricht. MADRID I 132v

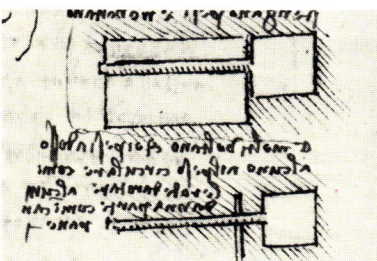 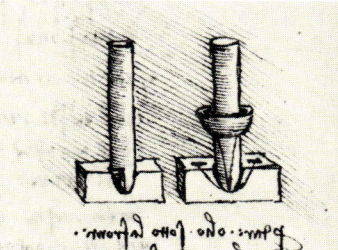

281/2   281/3

Auf Fol. 118r (oben) wird die Abnutzung im Verhältnis zur Länge und Dicke der Welle untersucht. Eine der Wellen in der Skizze links ist mit einer Selbstschmiervorrichtung versehen. Leonardo verwirft diese Lösung jedoch, da der Abrieb die Öffnungen verstopft.

281/4   281/5   281/6

 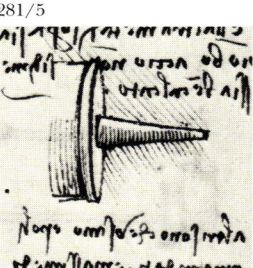 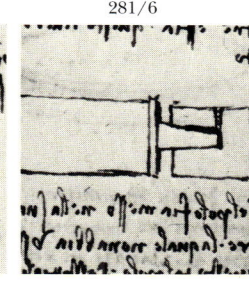

Auf Fol. 119r (oben) beschäftigt sich Leonardo mit dem Problem der Wellen, die durch Abnutzung verformt werden. Links sind die Welle und das Lager so geformt, daß sie eine durch Abnutzung der Wellen entstehende Seitwärtsbewegung verhindern. Rechts werden eine konisch geformte Welle und ein Lager gezeigt, die die Abnutzung auffangen. Auf Fol. 100v (unten) schlägt Leonardo ein

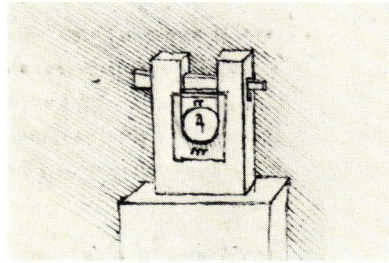 

281/7   281/8

ausgesprochen modernes Verfahren zur Reibungsminderung vor, nämlich ein Blocklager mit reibungsmindernden Einsätzen aus einer Kupfer-Zinn-Legierung. Bei fortschreitender Abnutzung können die Backen durch einen Keil (links) und durch eine Flügelschraube (rechts) angezogen werden.

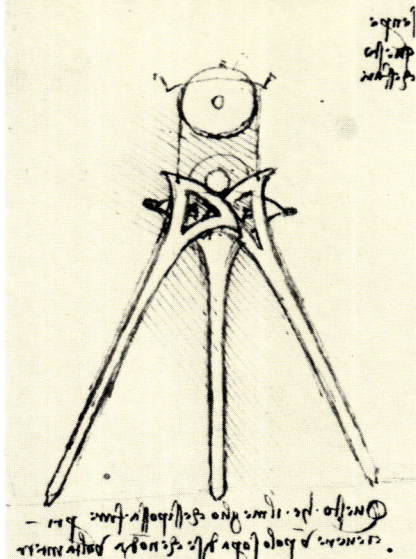

282/1

Rollenlager waren für Leonardo »Wunderwerke der Mechanik«. Er verwendete sie in der auf diesen beiden Seiten dargestellten Glockenaufhängung zur Reibungsminderung. Auf Fol. 12v im Codex Madrid I skizzierte Leonardo gewöhnliche Scheibenlager. Er erkannte, daß die Scheiben die Welle

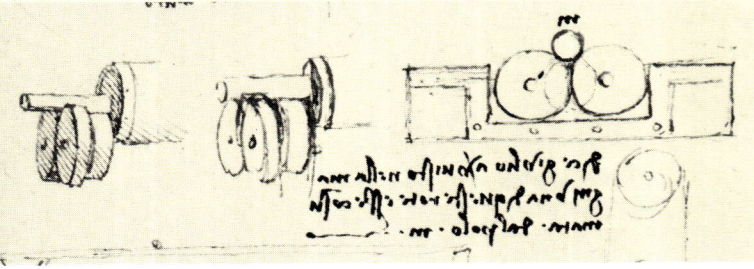

282/2

abnutzen, und verwarf diese Lager bereits im Manuskript B, Fol. 33v (ganz unten), mit der Bemerkung »falsch«. Auf dem gleichen Blatt setzte er die Welle, die die Glocke trägt, auf eine einzige Rollenscheibe und fügte zwei

282/3

zusätzliche Sektoren hinzu, die den seitlichen Druck aufnehmen (oben und ganz oben). In der endgültigen Lösung auf Fol. 392r-b im Codex Atlanticus (rechts) sind die seitlichen Scheiben rechtwinklig zur vertikalen Scheibe angeordnet.

282/5

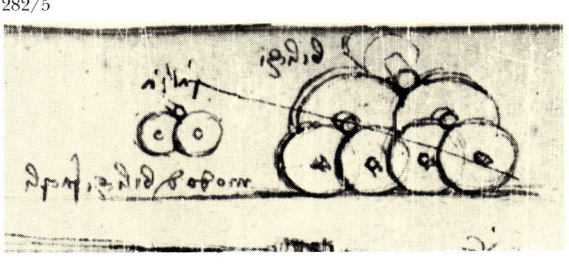

Idee: Wenn die Achse *zwischen* zwei Scheibenrädern sitzt, üben diese unvermeidlich eine scherende Wirkung auf die Welle aus, die ihrerseits die Scheiben ständig auseinandertreibt; warum sollte man daher nicht versuchen, die Achse *auf* die Radscheibe zu setzen? Die Antwort liefert das rechts neben der Scheibenlager-Folge gezeichnete Schema.

Es ergibt sich sogleich eine unerwartete Schwierigkeit: Während sich die Achse dreht, wird ein seitlicher Druck ausgeübt, der nicht von der unter der Welle angebrachten Scheibe ausgeglichen werden kann. Aus diesem Grund werden dem System zur Kompensierung des Seitendrucks zwei zusätzliche Radscheiben hinzugefügt. Leonardo zeichnete das System mit drei Scheiben unter die Skizze der Achse mit einer Radscheibe und notierte hier: »Wenn du willst, daß sich die

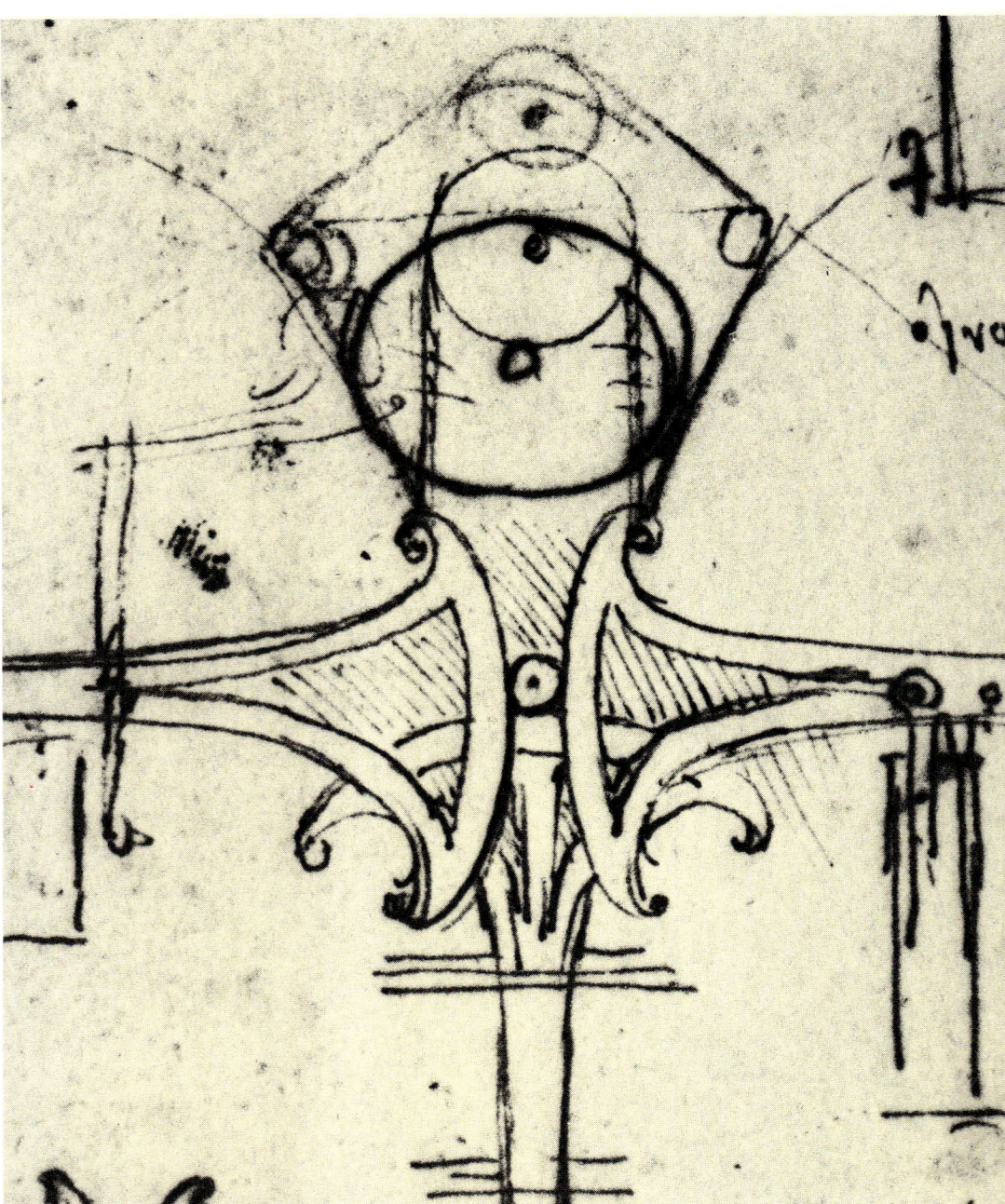

282/4

Welle immer ganz herumdreht, so ist das das beste Verfahren, das man anwenden kann.« Tatsächlich handelt es sich für eine kontinuierlich rotierende Spindel um eine wirksame Lösung. Doch was geschieht, wenn sich die Achse nicht vollständig dreht, sondern nur Teildrehungen vollzieht wie bei der Glockenwelle? Offensichtlich kann die vollständige Radscheibe durch Kreissektoren ersetzt werden. Leonardo versucht es anfänglich mit zwei geneigten Sektoren, stellt jedoch fest, daß die Scherwirkung erneut auftritt.

Die endgültige Lösung erscheint in zwei Zeichnungen auf dem Blatt unten: Die Welle wird von einem einzigen Sektor gestützt, während der seitliche Druck von zwei zusätzlichen geneigten Sektoren aufgefangen wird. Unter dieser Zeichnung

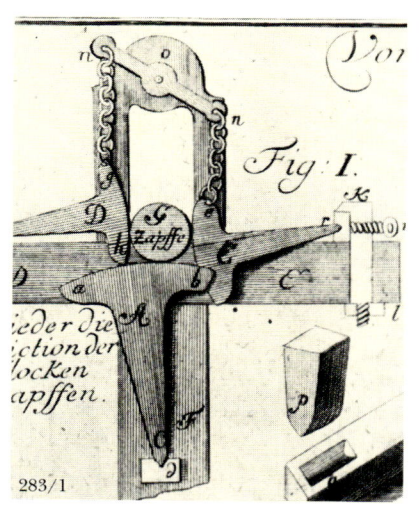

283/1

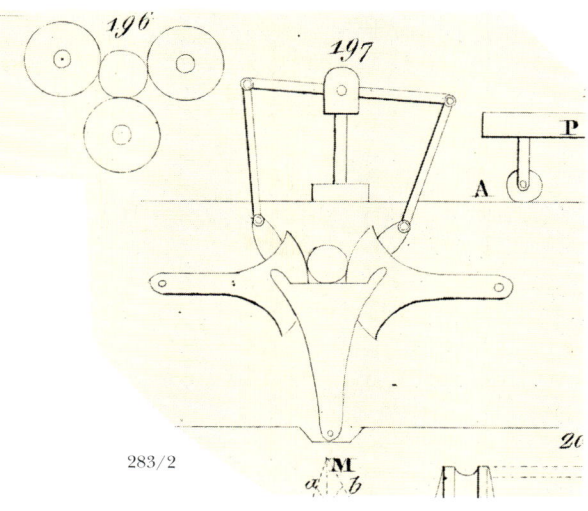

283/2

Über 200 Jahre, nachdem Leonardo die Glokkenaufhängung gezeichnet hatte, erschien im Theatrum Machinarum Generale *von Jacob Leupold (ganz links) ein identisches System. Ein weiteres Jahrhundert später beschrieb J. V. Poncelet im* Traité de mécanique industrielle *die Aufhängung der berühmten Glocke* Mutte *in Metz (links) — eine exakte Kopie von Leonardos Lösung. Unten ein nach den Zeichnungen Leonardos angefertigtes Modell von Sinibaldo Parrini. Es wurde im Auftrag des Verfassers erbaut.*

283/3

erklärt Leonardo: »Das ist das beste Verfahren, um eine Welle zu lagern, die keine ganze Umdrehung macht.«

Das Vorkommen von Glocken-Aufhängungen in den Zeichnungen macht deutlich, welche Anwendung Leonardo hauptsächlich im Sinn hatte. Die gefundene Lösung bedarf jedoch weiterer Verbesserungen: Die Wirkung der seitlichen Segmente wird erhöht, wenn sie horizontal angebracht werden. In anderen Skizzen, auf Fol. 351r-a und 392r-b im Codex Atlanticus, ordnet Leonardo sie tatsächlich auf diese Weise an. Man könnte in all diesen interessanten Entwürfen ein bloßes Spiel mit kinematischen Fragestellungen sehen, wenn nicht 200 Jahre später die gleiche Vorrichtung im berühmten *Theatrum Machinarum* von Leupold[32] vorkommen würde. Hier wird eine mit Leonardos System identische Glockenaufhängung als »die älteste und am weitesten verbreitete Vorrichtung« bezeichnet. Anscheinend wurde die erste Lösung im Codex Madrid I um 1495 gezeichnet. Leonardo arbeitete später weitere Lösungen aus, bis er zu dem Modell kam, das mit dem von Leupold beschriebenen identisch ist [282/4].[33] Wurde dieses System von Leonardo erfunden? Die Antwort muß bejahend ausfallen. Einige Jahre vor der Zusammenstellung des Codex Madrid I, als er sich mit dem gleichen Problem im Manuskript B beschäftigte, war es ihm noch nicht bekannt. Auch Francesco di Giorgio Martini, der über Glocken und ihre Herstellung gut Bescheid wußte, kannte es nicht. In einem Traktat, der früher als die Schriften Leonardos entstanden ist, untersuchte er viele Lösungen, ohne jedoch eine befriedigende zu finden, da der Gewichtsschwerpunkt der Glocke nur schwer bestimmt werden kann. Er schien die Achsen zu kennen, die *zwischen* den Radscheiben liegen, nicht jedoch die, die *auf* ihnen ruhen. Höchst erstaunlich ist aber die Lösung, die Biringucci 1540 in seinem Traktat über Metallurgie unter dem Titel *Pirotechnia* vorschlug. Biringucci war ein erfahrener Glockengießer und widmete vier Kapitel seines Buches diesem Thema. Doch als er auf das Problem der Glockenaufhängung zu sprechen kam, kopierte er die Lösung von Francesco di Giorgio Martini. Auch wenn die Abbildungen neu gezeichnet wurden, ist ihre Herkunft unverkennbar.

Wann also wurden Leonardos Lösungen, die laut Leupold in der ersten Hälfte des 18. Jahrhunderts allgemein »verbreitet« waren, in den Strom technologischer Entwicklungen aufgenommen?

Leupold macht keine Angaben über die Herkunft dieser interessanten Vorrichtung. Doch ungefähr 120 Jahre nach ihm, als die ersten zaghaften Versuche zur Reibungsminderung unternommen wurden, berichtete der bedeutende französische Ingenieur J. V. Poncelet in seinem 1845 in Lüttich erschienenen Traktat *Traité de mécanique industrielle*, wie das Problem im Fall der berühmten Glocke *Mutte* der Kathedrale von Metz gelöst wurde [283/2]. Die dortige Glockenaufhängung ist eine exakte Kopie von Leonardos System. Ein Sektor stützt die Welle, die auf ihr rotiert, statt zu gleiten, während zwei seitliche Sektoren die seitlichen Verschiebungen ausgleichen. Um die Drehachsen zu schützen, machte Poncelet den Vorschlag, sie mit drei vollständigen Rollen zu umgeben — eine weitere Übereinstimmung mit Leonardos Entwurf.[34] Die ursprüngliche *Mutte* wurde wahrscheinlich 1381 in der Kathedrale von Metz aufgehängt. Doch der Guß mißlang, und man begann im gleichen Jahr erneut mit den Arbeiten an der Glocke. Doch auch die neue Glocke hielt nicht lange. 1427 wurde ein weiterer erfolgloser Versuch unternommen, denn am 21. März 1442 bekam die Glocke einen Sprung, und man beschloß, sie neu zu gießen. Beim Herablassen der Glocke vom Turm gab es zwei Tote und zahlreiche Verletzte. 1443 war eine neue Glocke fertig, doch auch diese hatte nur eine kurze Lebensdauer. Sie war bereits 1459 nicht mehr in Gebrauch. 1479 wurde eine neue Glocke gegossen — diesmal von erfahrenen Glockengießern —, die 1482 aufgehängt wurde. Sie hielt fast ein Jahrhundert bis 1569. Die *Mutte* wurde ein letztes Mal 1605 neu gegossen.[35] Daß sie seither gehalten hat, ist offensichtlich auf bessere Gußtechniken zurückzuführen.

Doch wie läßt sich dasselbe Problem lösen, wenn die rotierende Achse vertikal anstatt horizontal verläuft? Zur Zeit Leonardos wurden zum Heben von schweren Gewichten Schraubenwinden verwendet. Sie waren jedoch nur unter Einschränkungen verwendbar, da bei großem Druck eine starke Reibung zwischen der drehenden Schraubenmutter und der Platte, auf die sie drückt, entsteht.

Leonardo beschloß daher, für dieses Problem ein Lager zu entwickeln, das wir heute als Drucklager bezeichnen. Im Codex Madrid I wird die Verwendung von

Für die Aufhängung der Glocke Mutte *in der Kathedrale von Metz (unten) wurde Leonardos System mit Rollenscheiben-Sektoren verwendet. Es bleibt jedoch ein Geheimnis, wie seine Idee nach Metz gelangte. Die Glocke wurde erstmalig 1381 aufgehängt. Sie versagte jedoch, und in den darauffolgenden zwei Jahrhunderten wurden mehrere neue Glocken gegossen. Die jetzige Glocke wurde 1605 angefertigt. Leonardo zeichnete seine Lösung für die Glockenaufhängung 1495*

284/1

im Codex Madrid I. In den folgenden Jahren erschien nirgendwo in der Literatur eine Spur davon, auch nicht 1540 in dem Traktat von Biringucci, der dem Thema Glocken vier Kapitel seines Buches widmete. Erst 1724 ist im Buch von Leupold die Rede von diesem System. Er bezeichnete es als »die älteste und am weitesten verbreitete Vorrichtung«, erwähnte Leonardo jedoch nicht. Die Tatsache, daß die Glockenaufhängung Leonardos in der Kathedrale von Metz zur Anwendung kam, geht aus einem Werk von Poncelet hervor. Auch hier wird Leonardo nicht als Erfinder genannt.

Kugel- und Rollenlagern dargestellt. Eine weitere Skizze zeigt ein Lager, das mit einem modernen Kugel-Druck-Lager vergleichbar ist. Der außerordentlich interessante Text Leonardos beweist, daß er um die Reibungsprobleme in Rollenlagern wußte.

Auf anderen Blättern des gleichen Codex wird die Idee weiter entwickelt. Auf einem Blatt findet sich eine bemerkenswerte Folge von Kugel- und Rollenlagern, die dem Druck einer vertikalen Achse entgegenwirken. In seiner Anmerkung zum Kugellager stellt Leonardo fest: »Drei Kugeln unter der Welle sind besser als vier, weil die drei mit Sicherheit und Notwendigkeit immer von der Welle berührt und gleichmäßig bewegt werden. Bei vier bestünde die Gefahr, daß eine von ihnen unberührt bliebe.«

Leonardo gab dem Entwurf *a* den Vorzug, in dem drei kegelförmige Rollen einen Zapfen stützen, der mit einer kegelförmigen Spitze von gleicher Größe und Form wie die der Rollen versehen ist [285/1-4]. Er schrieb dazu: »Auf diese Weise wird man bei jeder vollen Umdrehung der Welle immer in ähnlicher Weise ein volle Umdrehung jedes Kegels feststellen, welche die Welle tragen.«

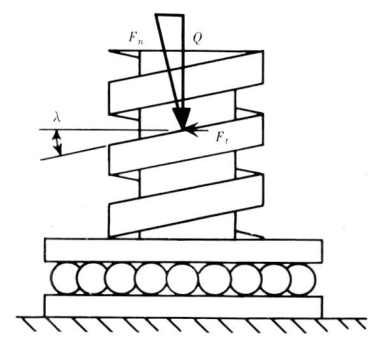

285/2

In der Skizze einer Schraubenwinde (links) aus Codex Madrid I, Fol. 26r, verwendet Leonardo Kugellager zur Reibungsminderung zwischen der drehenden Mutter und der Platte des Hebezeugs. Seine Lösung gleicht dem oben abgebildeten modernen Drucklager. In der oberen Ecke der Zeichnung verweist Leonardo auf die Ähnlichkeit zwischen Kugel- und Rollenlagern.

285/1

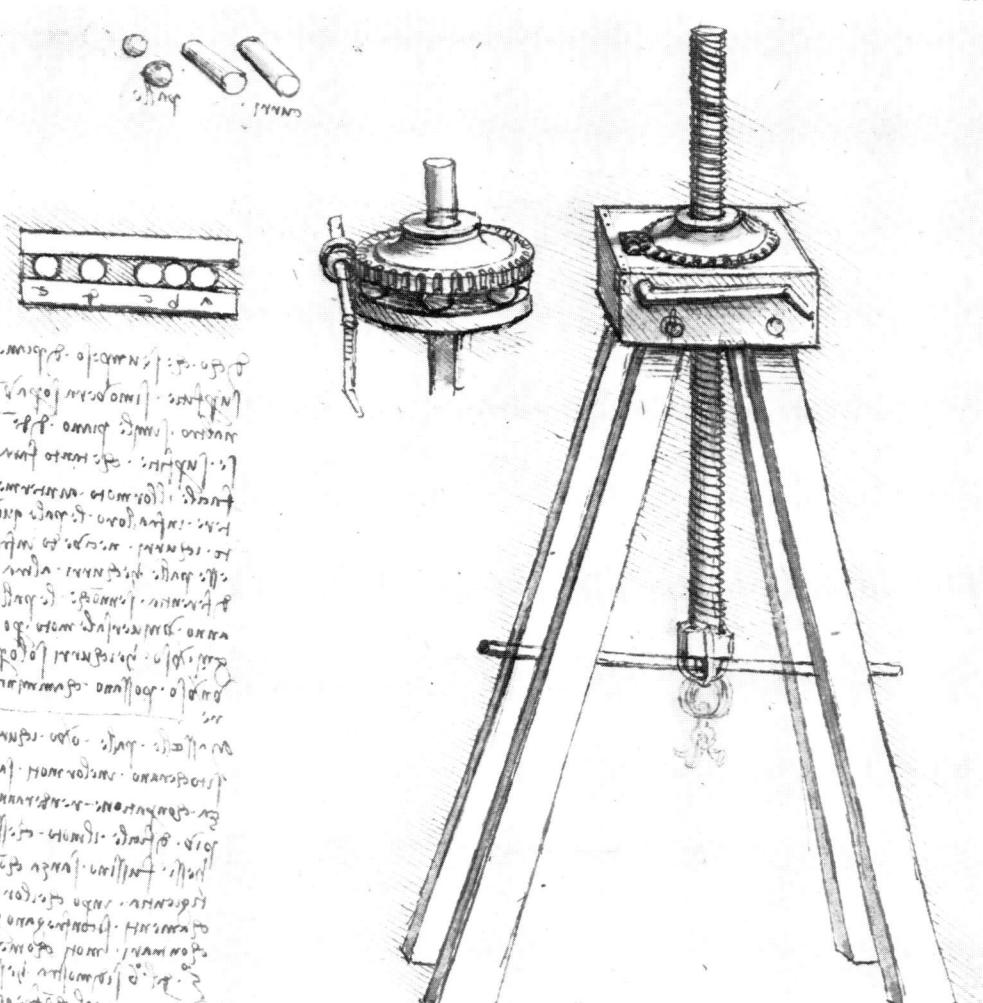

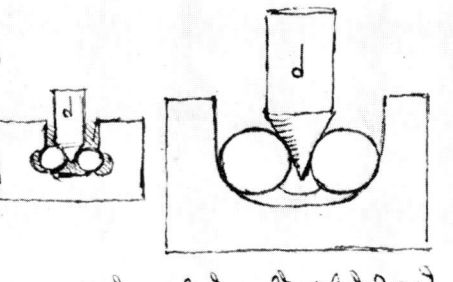
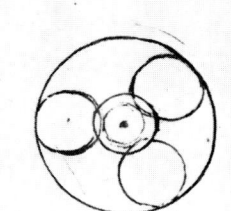

285/3

Auf Fol. 101v (oben und unten) werden verschiedene Formen von Lagern vorgestellt, die eine vertikale Achse stützen. Der konisch geformte Zapfen in einem Satz von drei Kugeln wurde in den zwanziger Jahren für die Blindflug-Instrumente von Flugzeugen neu entwickelt.

285/4

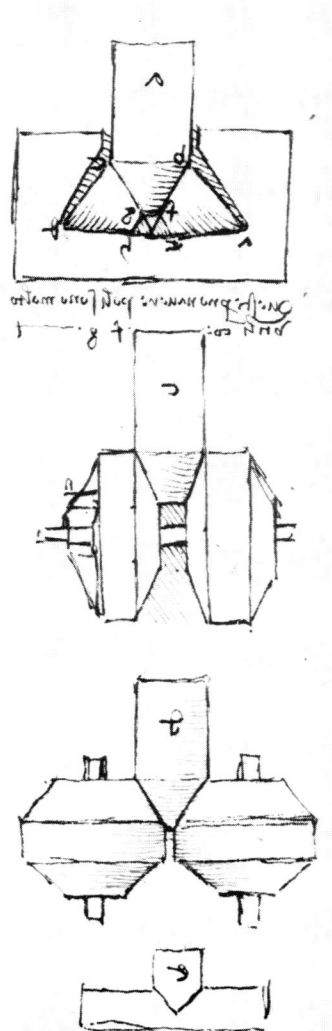

An dieser Stelle möchte ich aus einem Brief zitieren, den Dr. Basset am 8. März 1967 an Dr. Dibner schrieb, nachdem er diese in *Life* abgebildete Zeichnung Leonardos gesehen hatte (Für die Erlaubnis zur Veröffentlichung danke ich Preston Basset, dem früheren Präsidenten der Sperry Gyroscope Company, und Bern Dibner, dem Gründer der Burndy Library in Norwalk, Connecticut): »Ich muß gestehen, daß mich bei der Durchsicht der Leonardo-Skizzen die um einen kegelförmigen Zapfen angeordneten Kugeln am meisten überraschten. Als wir in den zwanziger Jahren die Blindflug-Kreisel-Instrumente entwickelten, standen wir vor dem Problem, ein Kugellager entwerfen zu müssen, das absolut kein Spiel hat. Wir glaubten, mit unserer konischen Welle im Kugellager eine Neuerung eingeführt zu haben, doch sie gleicht da Vincis Skizze um ein Haar!«

Leonardo war sich bald bewußt, daß ein Lager nur dann befriedigend funktioniert, wenn sich die Kugeln oder Rollen während des Laufs nicht berühren. Im Codex Madrid I ist der Entwurf einer kreisförmigen Bahn für ein Kugellager dargestellt. Auf diese Weise sollte die Reibung verhindert werden, die bei der gegenseitigen Berührung der einzelnen Kugeln im Lager entsteht.

Da die zeichnerische Darstellung das wichtigste Ausdrucksmittel für Leonardo war, können wir seine Versuche zur Reibung am besten anhand seiner Zeichnungen verstehen. Eine von ihnen stellt eine Bank zum Messen von gleitender Reibung dar (sie ist identisch mit der 300 Jahre später von Charles Augustin de Coulomb erfundenen Vorrichtung), eine andere illustriert ein Gerät zum Messen von rollender Reibung. Andere Zeichnungen zeigen Experimente zur Mes-

286/1 und 2

Die beiden Abbildungen auf dieser Seite vermitteln uns eine Vorstellung davon, wie weit Leonardo seiner Zeit voraus war. Das Foto unten zeigt ein modernes Kugellager. Daneben ist Leonardos klare Zeichnung seines Kugellager-Laufrings wiedergegeben. Die Zeichnung entstand vor fast 500 Jahren auf Fol. 20v im Codex Madrid I. Als Leonardo mit seinen Untersuchungen über Lager und Reibung begann, war die Technik auf einem recht primitiven Stand. Die Griechen kann-

286/1

ten bereits in der Antike einfache Rollen- und Kugellager, und an den Resten eines römischen Schiffes ist zu erkennen, daß in der Zeit kurz nach Christi Geburt bei drehbaren Plattformen eine Art statisches Kugellager zum Einsatz kam. Bei seinen Studien gelangte Leonardo zur Formulierung einiger allgemeiner Reibungsgesetze. Er erfand Rollen- und Kugellager, die bis ins Detail den in heutigen Mechanismen so unverzichtbaren Kugellagern entsprechen. Er erkannte außerdem, daß »Kugeln oder Rollen, wenn sie sich bei der Bewegung berühren, die Bewegung mehr erschweren, als wenn sie sich nicht berühren«. Er schlug daher eine ringförmige Laufbahn vor, damit die Kugeln frei rotieren können. Dieser Kugel-Laufring wurde erst 1772 erneut erfunden und an Fahrzeugen erprobt.

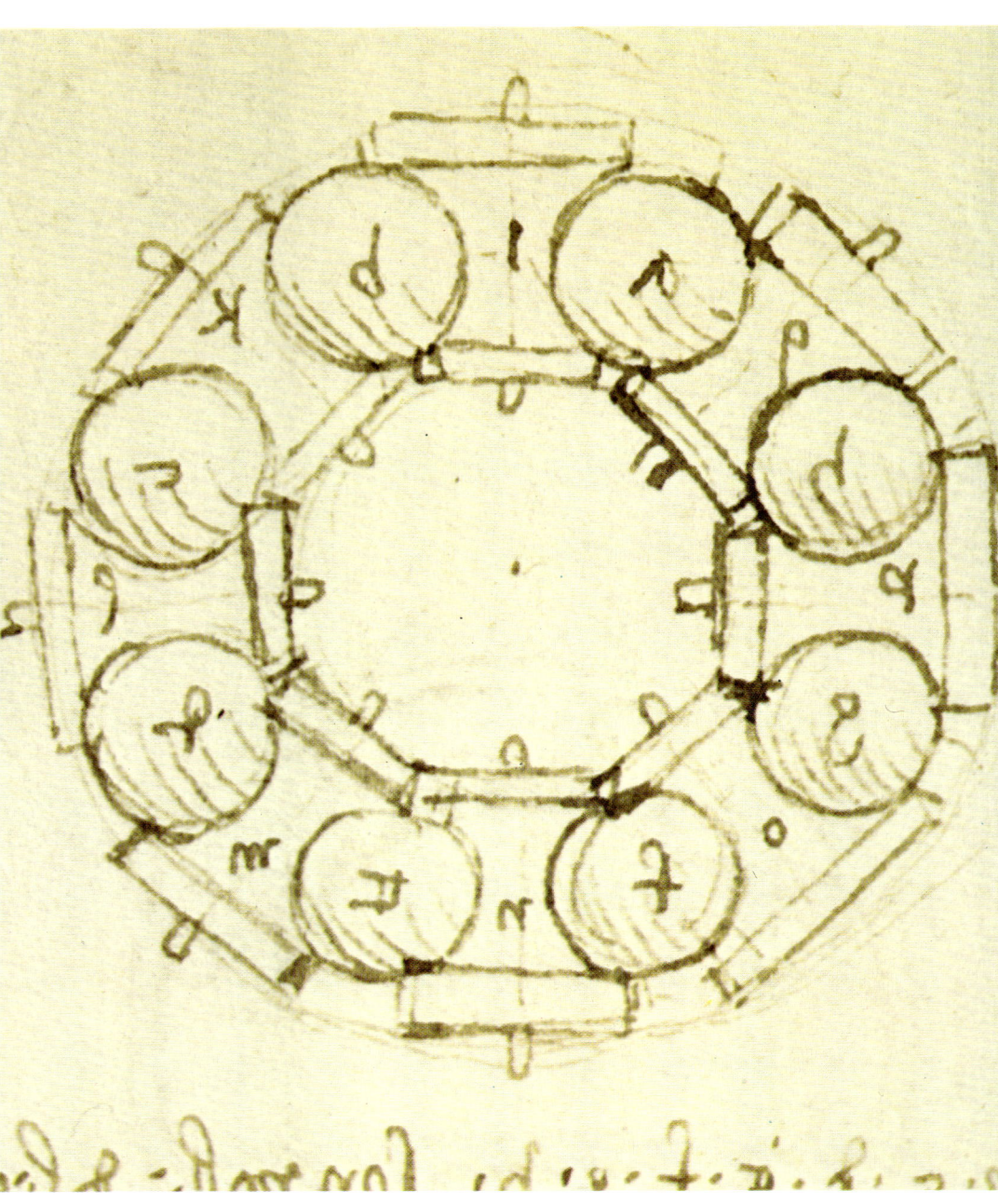

287/2

sung des Reibungswiderstandes auf einer schiefen Ebene. Leonardo ging der Frage nach, ob der Reibungswiderstand von der Reibungsfläche abhängig ist und prüfte den Einfluß des Durchmessers einer Welle auf die Leichtigkeit ihrer Rollbewegung.

Anhand seiner Messungen gelangte Leonardo zu einer Reihe allgemeiner Regeln. Sie besagen zum Beispiel, daß der Reibungswiderstand vom Charakter der sich berührenden Flächen abhängig ist; daß er sich entsprechend der Glätte dieser Flächen verändert; daß er unabhängig ist von der Größe der sich berührenden Flächen; daß er direkt proportional zum Druck zunimmt und durch Rollen oder Schmiermittel zwischen den gleitenden Flächen verringert werden kann. Heute erscheinen diese Regeln selbstverständlich, doch man muß bedenken, daß Leonardo sie quantitativ bewiesen hat, während erst zweihundert Jahre später Wissenschaftler die modernen Untersuchungen zur Reibung einleiteten und dreihundert Jahre später Coloumb mit der Ausarbeitung dieses Bereichs begann.

Unsere Zeit wird von der Technik beherrscht, im Guten wie im Schlechten. Dasselbe gilt auch für die Vergangenheit, selbst wenn uns dies weniger bewußt ist. Es gibt keinen Grund anzunehmen, dies werde sich in Zukunft ändern, es sei denn, man ist bereit, die Zahl der Menschen drastisch zu reduzieren und eine auf Knechtschaft beruhende Zivilisation hinzunehmen oder aber die Menschheit einem Zustand allgemeinen Elends anheimzugeben. Die Technik sollte allerdings im Dienste des Menschen stehen und ihn nicht beherrschen. Ihre Mängel können behoben und ihre Vorteile weiterentwickelt werden. Wir denken in diesem Zusammenhang an eine Welt, in der all die Geldmittel und Anstrengungen, die in die Rüstung gesteckt werden, zur Lösung der ökologischen Probleme dienen könnten, die durch politisches und wirtschaftliches Fehlmanagement entstanden sind.

Diese zwiespältigen Auswirkungen der Technik auf das menschliche Dasein hat Leonardo bereits scharfsinnig in einer Zeit erkannt, in der die ökologischen Probleme, die uns heute bedrücken, kaum erst Gestalt annahmen.

Leonardos Empfindungen angesichts dieser Probleme treten uns nirgendwo so deutlich entgegen wie in einigen seiner »Prophetien«, einem literarischen Genre, das anscheinend auf ihn zurückgeht. Es handelt sich eigentlich um Rätsel, die bei höfischen Zusammenkünften und in fröhlicher Gesellschaft vorgetragen wurden und von den Teilnehmern zu lösen waren. Unter dem subtilen Vorwand des Spielerischen bediente sich Leonardo dieser Rätsel nicht nur, um die Laster und Mißstände seiner Zeit hervorzuheben — ohne dabei in Ungnade zu fallen —, sondern auch um seiner Verzweiflung über die Schlechtigkeit der Menschheit Ausdruck zu verleihen.

Ein Beispiel dieser »Prophetien« findet sich im Codex Atlanticus: »Aus den dunklen, unheimlichen Höhlen wird etwas kommen, was die ganze Menschheit in große Not, Gefahr und Tod bringen wird. Zwar wird es manchen seiner Anhänger nach vielen Leiden eine gewisse Genugtuung gewähren; doch wer ihm nicht huldigt, der wird sterben in Kummer und Elend. Es wird noch unendlich viel Niedertracht heraufbeschwören, es wird die schlechten Menschen zu Mord, Diebstahl und Bedrückung reizen und treiben, es wird seine Anhänger mißtrauisch machen, es wird die freien Staaten um ihre Verfassung bringen, es wird vielen das Leben nehmen, es wird den Menschen hart zusetzen mit viel Arglist, Heimtücke und Verrat. O scheußliches Wesen, wieviel besser wäre es doch für die Menschen, wenn du in die Hölle zurückkehren würdest! Deinetwegen werden die großen Wälder ihrer Bäume beraubt werden und unzählige Geschöpfe ihr Leben verlieren.«

Die Lösung des Rätsels liegt in der Überschrift: »Vom Edelmetall«.[36]

Nicht weit davon befindet sich ein weiteres Rätsel mit dem noch unheilvolleren Titel »Von der Grausamkeit des Menschen«. In diesem bemerkenswerten Dokument macht Leonardo den Menschen für die Übel der Gesellschaft und die Zerstörung der Gaben und der Schönheit der Natur verantwortlich:

»Man wird Geschöpfe auf Erden sehen, die einander fortwährend bekämpfen werden, und zwar unter sehr großen Verlusten und oft auch Todesfällen auf beiden Seiten. Sie werden keine Grenzen kennen in ihrer Bosheit. Durch ihre rohen Glieder werden die Bäume in den riesigen Wäldern der Welt größtenteils dem Erdboden gleichgemacht werden, und wenn sie satt sein werden, dann werden sie zur Befriedigung ihrer Gelüste Tod und Leid, Drangsal, Angst und Schrecken unter allen lebendigen Wesen verbreiten. In ihrem maßlosen Übermut werden sie sogar zum Himmel fahren wollen, aber die allzu große Schwere ihrer Glieder wird sie unten halten. Da wird auf der Erde, unter der Erde oder im Wasser nichts übrigbleiben, was sie nicht verfolgen, aufstöbern oder vernichten werden, und auch nichts, was sie nicht aus einem Land in ein anderes schleppen werden. Ihr Leib aber wird allen lebendigen Körpern, die sie getötet haben, als Grab und Durchgang dienen. O Erde, warum tust du dich nicht auf? Warum stürzest du sie nicht in die tiefen Spalten deiner riesigen Abgründe und Höhlen und bietest dem Himmel nicht mehr den Anblick eines so grausigen und entsetzlichen Unwesens?«

Leonardo erwies sich nicht nur im Bereich der Technik als Prophet moderner Zeiten, sondern auch im Hinblick auf die Entwicklung der Menschheit. Niemand sonst in der Renaissance erkannte so klar wie er die Widersprüchlichkeit der conditio humana. In der Kunst diente er der Schönheit, im Krieg der von ihm beklagten bestialità. Einerseits

287/1

schuf er wunderbare Zeichnungen wie diese von Bäumen (Windsor 12431r), und andererseits war er Meister jener noch in den Anfängen steckenden Technik, durch deren Mißbrauch später die Schönheit der Natur bedroht werden sollte. Leonardo brachte seine Sorgen in einer Reihe von »Prophetien« zum Ausdruck. Es handelt sich um Rätsel, die unter dem Deckmantel des Spielerischen seine Verzweiflung über das Schicksal der Menschheit zum Ausdruck bringen. Er ahnte die ökologischen Veränderungen und sah Zeiten kommen, in denen »die großen Wälder ihrer Bäume beraubt werden« und die Menschen »Tod und Leid, Drangsal, Angst und Schrekken unter allen lebendigen Wesen verbreiten«.

DAS FAHRRAD

AUGUSTO MARINONI

288/1-4 und 289/2 und 3
So sahen im alten Codex Atlanticus die Folios 48r-a und 48r-b (heute 132 und 133) aus.

288/1

Nach den Restaurierungsarbeiten kamen ihre fast vier Jahrhunderte lang verborgenen Rückseiten (rechts) wieder zum Vorschein. Das dünne Papier läßt die Tintenzeichnungen und die Schrift Leonardos durchscheinen. Diese Rückseiten enthalten derbe Zeichnungen seiner Schüler. Es ist nur das Wort salaj *[288/4] zu lesen, der Spitzname von Giacomo Caprotti, Schüler und Modell Leonardos, den er im Manuskript C, Fol. 15, selbst als »Starrkopf, Dieb, Lügner und Vielfraß« bezeichnete. Die Jungen bemalten das ganze Blatt, das dann gefaltet wurde, so daß sich die Zeichnungen mit stärkerem Stift auf der gegenüberliegenden Blatthälfte durchdrückten. Als Leonardo die Anmerkungen und Zeichnungen zu den Festungsentwürfen auf der Vorderseite ausarbeitete, waren die Blätter bereits getrennt. Die ehemalige Faltlinie wurde jetzt zur Blattoberkante.*

288/4

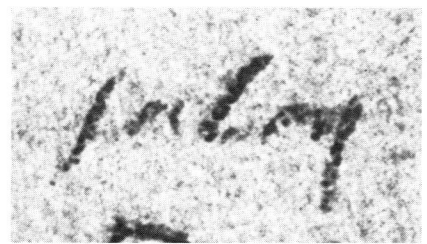

Wie dem Leser bekannt ist (siehe Kapitel zu »Leonardos Schriften«), hat Pompeo Leoni im 16. Jahrhundert zahlreiche Einzelblätter Leonardos in ein Album (den späteren Codex Atlanticus) geklebt, damit sie nicht verloren gingen. Hatte Leonardo die Blätter beidseitig beschrieben, schnitt Leoni ein Loch in die Albumseiten und klebte die Seiten an den Rändern auf. War die Rückseite jedoch nicht von Leonardo, sondern von anderer Hand beschrieben, klebte er das ganze Blatt auf, und die Rückseite blieb verborgen. Erst vor wenigen Jahren wurde bei der Restaurierung des Codex Atlanticus jedes Blatt wieder vollständig ans Licht gebracht. Vorher waren den Wissenschaftlern von den heutigen Folios 132 und 133 nur die Vorderseiten mit den Nummern 48r-a und 48r-b bekannt. Auf ihren Rückseiten wurde eine höchst erstaunliche Entdeckung gemacht.

Auf Blatt 133v erkennen wir oben rechts ein von kindlicher Hand gezeichnetes Fahrrad. Die achtspeichigen Räder sind braun angemalt, um Holz zu imitieren. Der waagerechte Rahmen ist mit zwei Gabeln zur Befestigung der Räder versehen. Auf der hinteren Nabe sind die Stützen für den großen Sattel angebracht, der mit einer dritten Stütze in der Mitte des Rahmens aufliegt. Aus dem eigenartigen, T-förmigen Lenkrad tritt unten eine Schraube heraus. Es ist mit der Nabe des Vorderrads durch zwei gebogene, wahrscheinlich bewegliche Arme verbunden. Um das Scheuern der Lenkerstützen am Rad zu verhindern, ist das Rad mit einem Schutz versehen. In der Mitte des Rahmens befindet sich ein Getrieberad mit großen Zähnen. Diese sind nicht spitz, sondern kantig, weil sie sonst der

288/2

288/3

Zugbelastung nicht standhalten würden. Es ist nicht erkennbar, wie sich das Vorderrad einschlagen läßt. Wir wissen auch nicht, ob das Kind, das das Fahrrad offensichtlich von einer anderen Zeichnung kopierte, etwas weggelassen hat oder ob das Problem auch in der Originalzeichnung ungelöst war. Die übermäßige Länge der Pedale und das Fehlen von Verstrebungen im Zahnrad ist jedoch mit Sicherheit auf die Ungeschicklichkeit des jugendlichen Zeichners zurückzuführen. Die wenigen Experten, die sich mit dieser Zeichnung auseinandergesetzt haben, sträuben sich entschieden dagegen, das Alter der Zeichnung anzuerkennen. Da die Fahrradkette erst Ende des 19. Jahrhunderts erfunden wurde, ordnen sie die Zeichnung in die ersten Jahre unseres Jahrhunderts ein. Diese

Argumentation stößt jedoch auf unüberwindliche Schwierigkeiten. 1. Dieses Blatt war fast 400 Jahre zugeklebt, und es ist völlig unvorstellbar, daß vor achtzig oder neunzig Jahren ein Junge von der Biblioteca Ambrosiana die Erlaubnis erhalten hat, sich den Codex anzuschauen, eines oder mehrere Blätter löste, darauf zeichnete und sie wieder einklebte. 2. In diesem Fall hätte er eines der damals gebräuchlichen Fahrräder und nicht eines aus Holz gezeichnet, nicht mit Schubkarrenrädern, ohne Lenkvorrichtung und mit so unproportionierten Übersetzungszähnen, daß sie in keine Kette passen. 3. Das eigenartige Zahnrad und die Kette stimmen genau mit denen überein, die Leonardo auf Folio 10r im Codex Madrid I gezeichnet hatte. 4. Wir können das Fahrrad nicht getrennt von den anderen Zeichnungen der Folios 132v und 133v betrachten. Es handelt sich nämlich um zwei Hälften eines einzigen Blattes. Als das Fahrrad gezeichnet wurde, waren sie noch nicht getrennt. Wenn wir die Hälften zusammenfügen, sehen wir, daß hier von anderer Hand, ebenfalls mit Bleistift, von unten rechts nach unten links, zweimal ein männliches Glied mit Vogelfüßen und dem Schwanz eines Widders gezeichnet wurde. Über dem zweiten befindet sich eine eigenartige eher symbolisch als realistisch zu sehende Zeichnung, die einem Schlüsselloch ähnelt. Möglicherweise handelt es sich um eine Anspielung auf das weibliche Geschlechtsorgan. Der Penis ist auf einen Kreis gerichtet, der offensichtlich einen After darstellt. Darüber ist mit klaren Buchstaben *salaj* geschrieben. Damit ist Salai gemeint, Leonardos Schüler, Diener und Modell. Weiter oben, links vom Fahrrad, befindet sich die karikaturhafte Büste eines Jungen mit dünnen langen Haaren. Sein Gewand ist mit eleganten Schnüren geschlossen. Das Gesicht ist schrecklich verunstaltet, mit fliehendem Kinn, hohlen Wangen, stechendem Blick unter drohenden Brauen und einer hakenförmigen, zu einem Vogelschnabel umgebildeten Nase. Sehr wahrscheinlich stellt die Karikatur Salai dar, der schon in der unteren Zeichnung verspottet wurde.

Diese Zeichnungen gewähren uns einen unmittelbaren Einblick in Leonardos Werkstatt, in der überall Papierblätter zum Schreiben und Zeichnen bereitliegen und in der die noch sehr jungen Schüler und Lehrjungen leben und arbeiten: Salai, Marco d'Oggiono, der etwas ältere Gian Antonio Boltraffio und andere. Einer von ihnen (Salai?) kopiert auf eines der Blätter eine Zeichnung des Meisters. Wir müssen eine Kopie annehmen, weil wir einem Kind keinesfalls

289/1

Diese geradezu unglaubliche Zeichnung wurde auf der Rückseite des ehemaligen Folios 48r-b des Codex Atlanticus entdeckt. Sie

stammt offensichtlich von einer ungeübten Hand. Die außergewöhnliche und ihrer Zeit vorauseilende Idee eines Fahrzeugs auf zwei Rädern und die Genialität der mechanischen Lösung lassen jedoch darauf schließen, daß es sich um die Kopie einer vermutlich von Leonardo stammenden Zeichnung handelt.

289/2

289/3

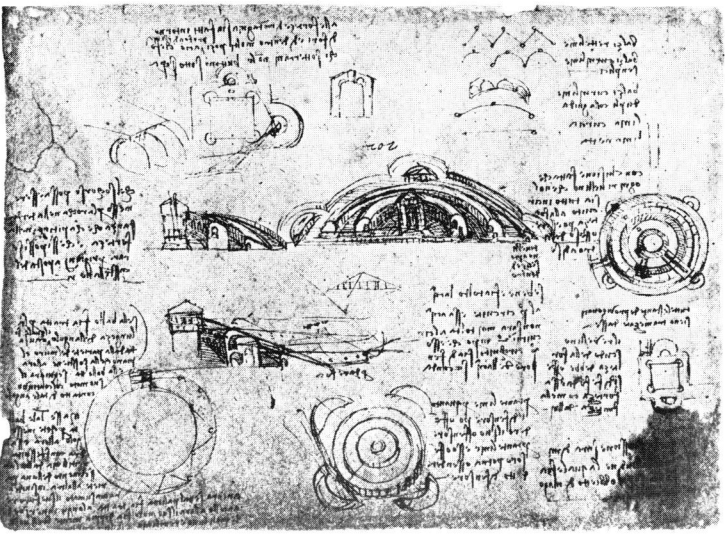

zutrauen können, vor drei, vier Jahrhunderten unser heutiges Fahrrad entworfen zu haben. Der Traum des Ikarus, den Leonardo so lange Zeit gehegt hat, ist sehr viel weniger originell als die faszinierende Vorstellung, sich auf zwei Rädern fortzubewegen, ohne das Gleichgewicht zu verlieren. Und sofort ist ein Lern- und Arbeitsgefährte zur Stelle, der seine spöttische Satire auf dem gleichen Blatt hinzufügt. Das schöne Gesicht des Salai, das den Meister zu Gesichtern von Männern und Frauen voller Lieblichkeit inspirierte, wird schrecklich verunstaltet und irgend einem Vogel ähnlich gemacht. Vielleicht ist dieser Spaß Ausdruck des Unwillens gegenüber der privilegierten Schönheit des Jungen, die dort, wo sie am meisten erstrahlt, nämlich im Gesicht, entstellt wird. Vielleicht handelt es sich

290/1-9
Das Fahrrad aus dem Codex Atlanticus hat zwei Räder von gleicher Größe und einen

Kettenantrieb. Es ist aus Holz gefertigt, wie aus der Farbe zu schließen ist. Die Abbildungsreihe unten zeigt die Entwicklung des Fahrrads von seinen Anfängen 1817 bis heute und beweist, daß die Zeichnung im Codex sich von keinem der Fahrräder ableitet, die es je gegeben hat. Das erste, ebenfalls aus Holz, weist eine Ähnlichkeit in Bezug auf die

auch um einen Racheakt von Marco oder Gian Antonio am kleinen »Starrkopf, Dieb, Lügner und Vielfraß«, der ohne Unterschied Fremde, die Gefährten und den Meister bestahl. Weiter unten setzt sich die Satire in der größeren und komplexeren obszönen Zeichnung fort. Das Blatt wurde dann nicht genau in der Hälfte gefaltet. Die mit dickerem Stift aufgetragenen obszönen Zeichnungen haben auf der gegenüberliegenden Seite einen Abdruck hinterlassen.

Wir wissen nicht, wie lange danach (Tage, Monate oder Jahre) Leonardo die beiden getrennten Blatthälften im Rahmen seiner Beschäftigung mit militärischen Problemen für Notizen und Skizzen zu einer mächtigen Befestigungsanlage verwendet hat. Wir wissen auch nicht, ob das Blatt von ihm oder von anderen zerschnitten wurde. Im Codex Atlanticus befinden sich viele weitere gefaltete große Blätter, die im Falz getrennt sind und möglicherweise auseinandergeschnitten wurden. Fest steht jedenfalls, daß Leonardo das bereits geteilte Blatt beschrieb, ohne darauf zu achten, was seine Schüler darauf gezeichnet hatten. Er hatte die Angewohnheit, um Papier zu sparen, die Rückseite oder leere Stellen der von anderen beschriebenen Blätter zu verwenden. Er drehte die beiden halben Blätter um 90 Grad, und die vorherige vertikale Bruchlinie war nun die horizontale obere Kante der beiden neuen Blätter, wie die Schriftlinien zeigen. Wenn die Blätter noch nicht getrennt gewesen wären, hätte Leonardo, wie dies in vielen anderen Beispielen der Fall ist, am jetzigen rechten Rand zu schreiben begonnen und in parallel dazu verlaufenden Linien weitergearbeitet.[2]

Auch Pompeo Leoni achtete weder auf die obszönen Zeichnungen noch auf das Fahrrad, das keinen real existierenden Gegenstand darstellte, sondern nur eine im Entstehen begriffene Idee. Um verwirklicht werden zu können, bedurfte diese Idee der Lösung weiterer großer Probleme: die Konstruktion der Lenkung, die Anpassung der großen rechteckigen und scharfkantigen Zähne an die Kettenglieder und nicht zuletzt die Lösung des Gewichts- und des Reibungsproblems. Doch die Idee selbst und die Konstruktion insgesamt war von einer so beeindruckenden Genialität, daß der Bildhauer Pompeo Leoni sie nicht erfassen konnte. Ihm kommt jedoch das Verdienst zu, das Blatt vor der Vernichtung bewahrt zu

290/2-5

1818   ca. 1870   1882   ca. 1900

1870   1870   ca. 1900   ca. 1900

290/6-9
achtspeichigen Räder auf, verfügt jedoch über einen völlig anderen Rahmen und besitzt keine Kettenübertragung. Als diese schließlich entwickelt wurde, bestand das Fahrrad bereits vollständig aus Metall, und auch der Rahmen war ganz anders konstruiert.

haben, indem er es in sein großes Album klebte. Er entzog es damit für fast vier Jahrhunderte dem Zugriff der Menschheit, was jedoch auch das Alter und die Echtheit dieser umwälzenden Erfindung garantiert.

Festzustellen bleibt noch die chronologische Einordnung der Zeichnung. Handelt es sich in der Karikatur wirklich um Salai? Dieser kam 1490, im Alter von zehn Jahren, zu Leonardo. Er war außergewöhnlich schön und hatte »gekräuseltes, lockiges« Haar, das in dieser gewollt verzerrenden Zeichnung nicht zu sehen ist. Das Weglassen der anmutigen Locken kann Absicht gewesen sein. Man kann auch nicht verlangen, aus einer verunstaltenden und flüchtig hingeworfenen Zeichnung eine echte Ähnlichkeit mit dem verhöhnten Jungen herausfinden zu

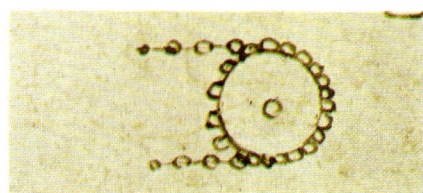

291/3

291/1

291/2

291/1-6
Unten links eine axonometrische Darstellung der Zeichnung auf Fol. 48v von Antonio Calegari. Die Rekonstruktion korrigiert einige Proportionsfehler und Widersprüchlichkeiten in den unterschiedlichen Speichenabständen, in der Halterung der Lenkstange und in den überlangen Pedalen. Ergänzt wurde eine zweite Gabel für das Hinterrad, und das Antriebsrad wurde berichtigt, das hier massiv ist, wie auch in der Zeichnung im Codex Madrid I, Fol 10r [291/3 und 5]. Wir können heute nicht mehr feststellen, welche und wieviele Fehler bei der Kopie von der

291/4

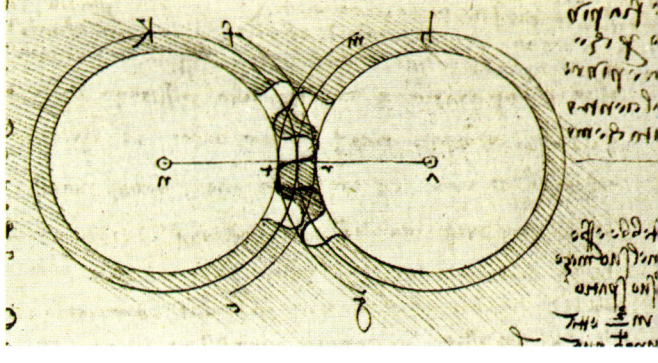

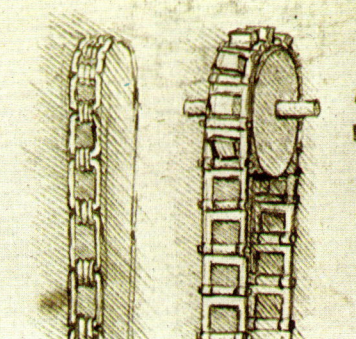

291/5

Originalzeichnung Leonardos eingezeichnet wurden, doch in Bezug auf die Kette und die beiden Zahnräder stimmen Codex Atlanticus und Codex Madrid völlig überein. Es muß

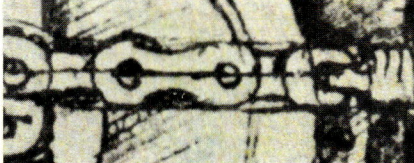

291/6

jedoch bemerkt werden, daß die eckigen Zähne einen glatten Lauf der Kette unmöglich machen. Im Codex Madrid I, Fol. 5r [291/4] beschäftigte sich Leonardo eingehend mit diesem Problem und zeichnete abgerundete Zähne, die besser laufen. Der Ausschnitt oben zeigt eine Kette aus dem Codex Atlanticus, Fol 56v-b, die der modernen Form sehr nahe kommt.

wollen, der damals 12-13 Jahre alt gewesen sein mochte. Demnach entstand die Zeichnung ungefähr im Jahre 1493. Gerade zu diesem Zeitpunkt begann Leonardo mit der Niederschrift des Codex Madrid I, und auf dem Blatt 10 der Madrider Handschrift befindet sich eine Zeichnung von demselben Zahnrad mit Kette, dem wir hier erneut begegnen — bei »seinem« Fahrrad.

Auf den letzten Seiten dieses Buches kommt Leonardo selbst — in seiner eigenen Sprache und seinem eigenen Stil — zu Wort.

Bei der Zusammenstellung der folgenden kurzen Anthologie war ich lange im Zweifel, nach welchen Gesichtspunkten ich meine Auswahl treffen sollte. Ich wollte mehr als nur eine Reihe ästhetisch ansprechender und erbaulicher Texte zusammenstellen, die allein durch ihre eindringliche Schönheit wirken. Daher suchte ich nach einem Leitfaden, der die Passagen zu einem kontinuierlichen Diskurs verbinden sollte. Nichts schien mir in diesem Zu-

LEONARDOS WORTE

ANNA MARIA BRIZIO

sammenhang mehr den Zielen Leonardos zu entsprechen und seine Persönlichkeit besser zu verdeutlichen als das Thema des Wissens.

Die Zitatenfolge beginnt mit einem lebendigen, sehr bildhaften frühen Text aus dem Codex Arundel. Der junge Leonardo steht hier symbolisch am Eingang einer großen Höhle. Er beugt sich vor, um zu sehen, »ob darinnen irgendein wunderlich Ding sei«. Die Anthologie endet mit einigen Zitaten aus seinen letzten Jahren, die eine Welt von außerordentlicher geistiger Tiefe vor uns entstehen lassen. Ihr feierlicher Ton entspringt Leonardos Wissen um die von ihm ausgesprochenen universalen Werte. Liest man das erste und die letzten Zitate hintereinander, ist man von dem außerordentlichen Gegensatz im Denkansatz und in der Einstellung betroffen, der uns eine Vorstellung von dem gewaltigen Weg vermittelt, den er zurückgelegt hat.

Die Texte zwischen diesen Zitaten, die fast alle in chronologischer Folge angeordnet sind, lassen eindeutig erkennen, daß die Malerei, die allein »Nachahmerin aller offenbaren Werke der Natur« ist, der Ausgangspunkt für Leonar-

dos Schaffen war. In der Sprache der Renaissance hat »nachahmen« (*imitare*) eindeutig eine andere Bedeutung als »abbilden«, »wiedergeben« oder »kopieren«. Nachahmen bedeutet Formen zu schaffen, die denen der Natur ähneln und dabei den gleichen Gesetzen zu folgen, denen die Schöpfung unterliegt und die Natur gehorcht. Daher auch seine Definition der Malerei als »genaue Erforschung« und »legitime Tochter der Natur«. Der Satz »Der Maler disputiert und wetteifert mit der Natur« muß daher nicht als rhetorische Wendung, sondern im wahren Sinn des Wortes verstanden werden. Leonardo geht von der Malerei und der Schärfe der visuellen Wahrnehmung aus. Aus der Malerei gewinnt er sein Mittel zur Erforschung der Natur: die

Perspektive. Während andere florentinische Maler die Perspektive nur als ein Instrument zur räumlichen Darstellung betrachteten, erkannte Leonardo, daß die Perspektive ein ausgezeichnetes Hilfsmittel zur Erfassung und Erkenntnis der physikalischen Welt darstellte.

Die Sehpyramide mit ihren Strahlenbündeln, die sich in einem Punkt vereinen oder von ihm ausgehen, und die Proportionalität ihrer Grundflächen, gleich in welcher Entfernung man das Strahlenbündel durchschneidet, gestattete eine strenge Beweisführung. Mit Hilfe der Pyramide konnte Leonardo außerdem alle Kräfte quantifizieren, die an einem Punkt einer Oberfläche auftreten. Einzelne Strahlen bestimmten für ihn den Verlauf von bewegten Kräften, etwa die Einfalls- und Reflexionswinkel beim Auftreffen einer bewegten Kraft und der Flucht des bewegten Gegenstandes.

Leonardo verfügte über ein dynamisches und mechanistisches Verständnis der physikalischen Welt, einschließlich des menschlichen Körpers und des Tierreichs. Seiner Theorie zufolge wird die Welt von vier Kräften bewegt, die auch sämtliche kontinuierliche Transfor-

mationen in ihr bestimmen, nämlich Gravitation, Kraft, akzidentelle Bewegung und Perkussion (Stoßkraft), »die mit großem Ausbruch eine jede der anderen übertrifft«. Das Phänomen der Perkussion ist nicht nur auf makroskopischer Ebene anzutreffen — beim Aufprall eines bewegten Körpers auf einem anderen Körper (»Beweger« und »bewegter Gegenstand«) —, sondern auch bei Sehstrahlen, die in das Auge fallen und dort Bilder der Gegenstände entstehen lassen, bei Lauten, die das Ohr streifen, und allgemein bei allen Stimuli, die die Endnerven der Sinnesorgane treffen und eine Sinnesempfindung hervorrufen. Perkussionsphänomene sind: Wasser, das auf anderes Wasser oder ein Hindernis trifft, die Strömung von Luft gegen Luft, der die Luft schlagende Flügel des fliegenden Vogels oder der Stoß der Luft gegen den Flügel und die pfeilschnellen Bewegungen der Fische im Wasser. »Beschreibe das Schwimmen unter Wasser, und du hast den Flug der Vögel beschrieben.« Leonardos Forschungen weiteten sich unaufhörlich in alle Richtungen aus. Sein Denken, das sich mit unzähligen »Fällen« und »Propositionen« beschäftigte und immer wieder zu ihnen zurückkehrte, erscheint mäanderartig gewunden und in sich selbst verschlungen. Bei fortschreitendem Verständnis seiner Schriften löst sich jedoch der so verwickelt erscheinende Knoten. Wir entdecken, daß die unendliche Vielfalt der Themen, mit denen sich sein Geist befaßt hat, unterschiedliche Aspekte einer einzigen Kraft sind, der er unermüdlich in allen ihren Formen nachspürt. Von einem allgemeinen Prinzip ausgehend, interpretiert er einzelne Phänomene und gelangt dann wieder über die minutiöse Analyse von Einzelfällen zu den ersten Prinzipien zurück. Dabei entdeckt er in der Natur die unbändige Vielfalt der Manifestationen dieser Prinzipien.

In Leonardos Denken besteht kein Gegensatz zwischen Kunst und Wissenschaft. Beständig gehen diese Bereiche ineinander über, und beide gewinnen aus den Erfahrungen des jeweils anderen. Nur wenn wir erkennen, daß alle Aspekte von Leonardos Werk an diesen sich kontinuierlich ausweitenden Denkprozessen Anteil haben, können wir es in seiner ganzen Bedeutung und in seiner tiefen und anhaltenden Wirkung verstehen. Diesem Leitfaden müssen wir beim Lesen seiner Prosa folgen. Hier entfalten sich aus den präzisen Beschreibungen der Naturphänomene, die in ihren verschiedenen Phasen durch eng miteinander verbundene, immer wiederkehrende Begriffe analysiert werden, schließlich großartige Naturbilder wie im Codex Arundel, Folio 94v: »Die unzähligen Abbilder der Sonnenstrahlen, die von den unzähligen Wellen des Meeres reflektiert werden, bringen den großartigen und anhaltenden Glanz auf der Meeresoberfläche hervor.«

E tirato dalla mia bramosa voglia,
vago di vedere la gran copia delle varie e strane
forme fatte dalla artifiziosa natura, raggiratomi
alquanto infra gli ombrosi scogli, pervenni all'entrata di una
gran caverna, dinanzi alla quale restato
alquanto stupefatto e ignorante di tal cosa, piegato le mie reni
in arco e ferma la stanca mano sopra il ginocchio,
e colla destra mi feci tenebra
alle abbassate … ciglia.
E spesso piegandomi in qua e in là per vedere
se dentro vi discernessi alcuna cosa e questo vietatomi
la grande oscurità che là entro era,
stato alquanto, subito salse in me 2 cose, paura
e desidèro: paura per la minacciante e scura spilonca;
desidèro per vedere se là entro fusse
alcuna miracolosa cosa.

Und, getrieben von meiner Neugierde,
zog ich aus, die von der sinnreichen Natur geschaffene
große Menge vielfältiger und eigentümlicher Formen
zu betrachten; nachdem ich eine Weile
zwischen den schattigen Felsen umhergewandert, geschah es,
daß ich mich am Eingang einer großen Höhle befand, vor der ich
recht erstaunt und in Unkenntnis eines solchen Dinges
stehenblieb, meinen Rücken beugte und die müde Hand reglos
aufs Knie stütze, mit der Rechten meine gesenkten Lider
beschattend. Und, mich des öfteren hierhin und dorthin reckend,
ob ich irgend etwas erkennen könne,
was mir die große Finsternis darinnen verwehrte,
blieb ich so eine Weile,
wobei ich zugleich Angst und Verlangen verspürte:
Angst wegen der bedrohlichen und dunklen Höhle; Verlangen,
doch nachzusehen, ob darinnen irgendein wunderlich Ding sei.

ARUNDEL 155r

Proemio: So bene che per non essere io litterato,
che alcuno prosuntuoso gli parrà ragionevolmente
potermi biasimare coll'allegare io essere omo sanza lettere —
gente stolta!
Non sanno questi tali ch'io potrei,
sì come Mario rispose contro a' patrizi romani,
io sì rispondere dicendo: quelli che dell'altrui fatiche
sè medesimi fanno ornati le mie a me medesimo
non vogliano concedere.
Diranno che per non avere io lettere,
non potere ben dire quello di che voglio trattare.
Or non sanno questi che le mie cose son più da essere
tratte dalla sperienzia che d'altrui parola;
la quale fu maestra di chi ben scrisse, e così per maestra
la piglio e quella in tutti i casi allegherò.

Mir ist wohl bewußt, daß ich kein Belesener bin,
und daß es einigen Überheblichen rechtens erscheinen könnte,
mich zu schelten mit der Bemerkung, ich sei ein Mann
ohne Belesenheit — törichte Menschen!
Wissen diese denn nicht, daß ich,
wie schon Marius den römischen Patriziern, auch ihnen
erwidern könnte: Wer sich mit den Arbeiten anderer schmückt,
der will mir meine eigenen nicht zubilligen.
Sie werden sagen, weil ich keine Belesenheit habe,
kann ich nicht gut zum Ausdruck bringen, was ich abhandeln will.
Wissen diese denn nicht, daß meine Dinge weniger aus dem Wort
als aus der Erfahrung abzuhandeln sind,
welche Lehrmeisterin derer war, die gut geschrieben haben;
gleichermaßen nehme auch ich sie zur Lehrmeisterin
und werde sie in einem jeden Falle anführen.   ATLANTICUS 119v-a

Fuggi i precetti di quelli speculatori
che le loro ragioni non sono convermate dalla isperienza.

Hüte dich vor den Lehren jener Spekulanten,
deren Überlegungen nicht von der Erfahrung bestätigt sind.

MS. B 4v

Se tu isplezzerai la pittura,
la quale è sola imitatrice di tutte l'opere evidenti di natura,
per certo tu sprezzerai una sottile invenzione,
la quale con filosofica e sottile speculazione
considera tutte le qualità delle forme:
aire e siti, piante, animali, erbe e fiori,
le quali son cinte d'ombra e lume;
e veramente questa è scienzia legittima figliola di natura …

Verachtest du die Malerei, die nur Nachahmerin
aller offenbaren Werke der Natur ist,
so wirst du gewiß auch eine genaue Erforschung verachten,
die mit philosophischer und subtiler Spekulation
alle Beschaffenheiten der Formen in Betracht zieht:
Luft und Landschaft, Pflanzen, Tiere, Gräser und Blumen,
welche in Schatten und Licht eingebettet sind; und dies
ist wahrlich Wissenschaft und legitime Tochter der Natur …

MS. A 100r

Il dipintore disputa e gareggia colla natura.

Der Maler disputiert und wetteifert mit der Natur.

FORSTER III 44v

Intra li studi delle naturali
considerazioni, la luce diletta più i contemplanti;
intra le cose grandi delle matematiche la certezza
della dimostrazione innalza più plecarmente.

Bei den betrachtenden Studien über die Natur
erfreut das Licht die Anschauenden am meisten;
in den großen Fragen der Mathematik erhebt
die Gewißheit des Beweises den Geist des Untersuchenden.

l'ingegni delli investiganti.
La prospettiva adunque è da esser preposta a tutte
le traduzioni e discipline umane, nel campo della quale la linia
radiosa complicata dà i modi delle dimostrazioni,
nella quale si truova la gloria
non tanto della matematica quanto della fisica

Allen menschlichen Übertragungen und Disziplinen
muß also die Perspektive vorangesetzt werden,
in deren Bereich die komplizierte Strahlenlinie
die Beweisarten liefert und in der nicht so sehr
der Ruhm der Mathematik
als vielmehr derjenige der Physik liegt.

ATLANTICUS 203r-a

Prospettiva è ragione dimostrativa,
per la quale la sperienzia conferma tutte le cose mandare
all'occhio per linee piramidali la lor similitudine;
e quelli corpi d'equali grandezze faranno maggiore
o minore angolo a la lor piramide secondo la varietà
della distanzia che fia da l'una a l'altra.
Linie piramidali intendo esser quelle,
le quali si partano da' superfiziali stremi de' corpi
e per distante concorso si conducano in un sol punto.
Punto dicono essere quello il quale in nessuna parte
si pò dividere,
e questo punto è quello il quale, stando ne l'occhio,
riceve in sè tutte le punte della piramide.

Perspektive ist das sichtbare Gesetz, nach dem,
wie die Erfahrung bestätigt, alle Dinge
ihr Ebenbild in pyramidalen Linien zum Auge schicken;
und die Körper gleicher Größe
werden je nach der Entfernung eine Pyramide
mit mehr oder weniger spitzem Winkel bilden.
Als pyramidale Linien verstehe ich solche,
die von den Begrenzungen der Körperoberflächen ausgehen
und in der Entfernung zusammenlaufen
und zu einem einzigen Punkte führen.
Als Punkt wird bezeichnet, was sich an keiner Stelle teilen läßt,
und dieser Punkt ist derjenige, der sich im Auge befindet
und in sich alle Spitzen der Pyramide empfängt.

MS. A 3r

Ogni corpo empie
la circustante aria della sua similitudine,
la quale similitudine è tutta per tutto e tutta nella parte.
L'aria è piena d'infinite linie rette e radiose
insieme intersegate e intessute sanza occupazione
l'una dell'altra, [che] rappresentano a qualunque obbietto
la vera forma della lor cagione.

Jeder Körper füllt die umgebende Luft
mit seinem Ebenbild,
welches das Ebenbild im Ganzen und in allen Teilen ist.
Die Luft ist voll unendlich vieler gerader und
strahlenförmiger Linien, die einander überschneiden
und miteinander verwoben sind [und die] jedwedem Ding
die wahre Form ihres Ausgangspunkts darstellen.

MS. A 2v

Perchè in tutti i casi
del moto l'acqua ha gran conformità con l'aria,
io l'allegherò per esemplo alla sopraddetta proposizione.
Io dico: se tu gitterai in un medesimo tempo
2 picciole pietre alquanto distanti l'una dall'altra
sopra un pelago d'acqua sanza moto,
tu vederai causare intorno alle due predette percussioni
2 separate quantità di circuli, le quali quantità, accrescendo,
vengano a scontrarsi insieme e poi a'ncorporarsi
intersegandosi l'un circulo coll'altro,
sempre mantenendosi per cientro i lochi
percossi dalle pietre.
E la ragion si è che benchè lì apparisca qualche
dimostrazione di movimento,
l'acqua non si parte del suo sito …
E che quel ch'io dico ti si facci più manifesto,
poni mente a quelle festuche che per lor leggerezza
stanno sopra l'acqua,
che per l'onda fatta sotto loro dall'avvenimento
de' circuli non si partan però del lor primo sito, essendo
adunque questo tal risentimento d'acqua più tosto
tremore che movimento …

Da in allen Fällen der Bewegung
das Wasser eine große Ähnlichkeit mit der Luft besitzt,
will ich es für den genannten Lehrsatz als Beispiel anführen.
Ich sage: wenn du gleichzeitig zwei Steinchen
mit einigem Abstand voneinander
in ein tiefes unbewegtes Wasser wirfst,
kannst du um die beiden Einschlagstellen
zwei getrennte Mengen von Kreisen sehen,
welche, indem sie zunehmen, aufeinanderstoßen
und sodann ineinander übergehen, wobei sich ein Kreis
mit dem anderen überschneidet und doch alle als Mittelpunkt
die vom Stein getroffenen Stellen behalten.
Und der Grund dafür ist, daß das Wasser,
obwohl einige Bewegung auf ihm zu sehen ist,
sich doch nicht von seiner Stelle bewegt …
Und damit, was ich dir sage, deutlicher werde,
denke an jene Hälmchen, die wegen ihrer Leichtigkeit
auf dem Wasser bleiben und sich durch die unter ihnen
mit dem Eintreffen der Kreise entstandenen Welle
keineswegs von ihrem ursprünglichen Platz bewegen,
da, was hier mit dem Wasser geschieht,
mehr Zittern als Bewegung ist …

MS. A 61r

L'acqua percossa dall'acqua fa circuli

Von Wasser getroffenes Wasser

294

dintorno al loco percosso;
per lunga distanzia la voce infra l'aria;
più lunga infra il foco;
più la mente infra l'universo;
ma perchè ell'è finita
non si astende infra lo infinito.

zieht Kreise um die Stelle des Aufpralls;
über weite Entfernung tut dasselbe die Stimme in der Luft;
über weitere das Feuer;
über noch weitere der Geist im Universum;
doch weil dieser endlich ist,
verbreitet er sich nicht in die Unendlichkeit. MS. H 67r

La gravità, la forza e 'l moto
accidentale insieme con la percussione son le quattro
accidentali potenzie colle quali tutte l'evidenti opere
de' mortali hanno loro essere e loro morte.

Schwerkraft, Kraft und zusätzliche Bewegung
zusammen mit dem Schlag sind die vier akzidentellen Kräfte,
durch die alle sichtbaren Werke der Sterblichen
ihr Dasein und ihren Tod haben. FORSTER II² 116v

Ogni cosa mossa con furia seguiterà per l'aria
la linia del movimento del suo motore.
Se quello move la cosa in circulo,
s'ella fia lasciata in quel moto, il moto suo fia curvo;
e se il moto fia principiato in circulo
e finito in dirittura, in dirittura fia il suo corso;
e così sendo cominciata diritta e finita torta,
torto fia il suo cammino,
Ogni cosa mossa dal colpo si parte infra angoli uguali
del suo motore.

Jedes mit Heftigkeit bewegte Ding
setzt in der Luft die Bahn seiner Antriebskraft fort.
Wenn diese das Ding im Kreis bewegt und es in dieser Bewegung
belassen wird, verläuft seine Bewegung in der Kurve;
und wenn die Bewegung im Kreis begonnen
und in der Geraden beendet wird,
erfolgt sein Lauf in der Geraden; und folglich, wenn der Beginn
gerade und das Ende krumm, wird sein Lauf krumm.
Jedes durch Schlag in Bewegung gesetzte Ding entfernt sich
in den gleichen Winkeln von seiner Antriebskraft. MS. A 81v

Ogni corpo sperico di densa e resistente superfizie,
mosso dai pari potenzia, farà tanto movimento
con sua balzi causato da duro e solio smalto quanto
agittarlo libero per l'aria.
O mirabile giustizia di te, primo motore.
Tu non hai voluto mancare a nessuna potenzia l'ordini
e qualità de' sua necessari effetti,
con ciò sia che una potenzia debe cacciare 100 braccia
una cosa vinta da lei e quella nel suo obbedire
trova intoppo, hai ordinato che la potenzia del colpo
ricausi novo movimento, il quale per diversi balzi
recuperi la intera somma del suo debito viaggio.
E se tu misurerai la via fatta da detti balzi,
tu troverai essere di tal lunghezza qual sarebbe a trarre
con la medesima forza
una simil cosa libera per l'aria.

Jeder sphärische Körper
von dichter und widerstandsfähiger Oberfläche wird,
wenn von gleicher Kraft bewegt,
so viel von hartem und kräftigem Stoß verursachte Bewegung
in Sprüngen machen, als würde er frei durch die Luft geworfen.
O, deine wunderbare Gerechtigkeit, Urbeweger!
Du wolltest es keiner Kraft an Ordnung und Wert ihrer
notwendigen Wirkung fehlen lassen und hast, wenn eine Kraft
ein von ihr beherrschtes Ding einhundert Ellen weit treibt,
und jenes, gehorchend, auf ein Hindernis trifft,
angeordnet, daß die Kraft des Aufpralls neue Bewegung
verursacht, welche durch verschiedene Sprünge die volle Summe
des auferlegten Weges wiedergewinnt. Und mißt du
die von besagten Sprüngen zurückgelegte Fahrt nach, wirst du
feststellen, daß sie von der gleichen Länge ist, als würde mit
gleicher Kraft ein ähnliches Ding frei durch die Luft gezogen.
MS. A 24r

Ogni grave che libero discende,
al centro del mondo si dirizza; e quel che più pesa,
più presto discende;
e quanto più discende, più si fa veloce.
Tanto pesa l'acqua che si parte del suo sito per causa
della nave, quanto il peso di essa nave appunto.

Jedes Gewicht, das fällt,
strebt dem Mittelpunkt der Erde zu;
und was schwerer ist, fällt schneller;
und je mehr es fällt, umso schneller wird es.
Das von einem Schiff aus seiner Lage verdrängte Wasser
wiegt so viel wie das Gewicht eben dieses Schiffes. FORSTER II² 65v

Ogni moto attende al suo mantenimento
ovvero ogni corpo mosso sempre si move,
in mentre che la impressione della potenzia del suo motore
in lui si riserva.

Jede Bewegung strebt nach ihrer Erhaltung,
das heißt jeder bewegte Körper bewegt sich stetig,
wobei die Kraft, die ihn in Bewegung gesetzt hat,
sich in ihm erhält. VOGELFLUG 13(12)r

Ogni piccol moto fatto dal mobile circundato
dall'aria, si va mantenendo con l'impeto.

Jede kleine Bewegung des von Luft umgebenen Beweglichen
erhält sich mit ihrer Heftigkeit weiter.

MS. K3 111(31)r

Perchè si sostiene l'uccello sopra dell'aria.
L'aria che con più velocità di mobile è percossa,
con maggior somma di sè medesima si condensa.
… essendo l'aria corpo atto a condensarsi in sè
medesima quando essa è percossa da moto di maggior
velocità che non è quel della sua fuga,
essa si prieme in sè medesima e si fa infra l'altra aria
a similitudine del nuvolo …
Ma quando l'uccello si trova infra 'l vento,
egli pò sostenersi sopra di quello
sanza battere l'alie,
perchè quello offizio
che fa l'alia mossa contro all'aria
stando l'aria sanza moto,
tal fa l'aria contro all'alia
essendo quella sanza moto.

Warum der Vogel sich in der Luft hält.
Je rascher die Luft von dem Beweglichen geschlagen wird,
umso stärker verdichtet sie sich.
Dies, weil die Luft ein Körper ist,
der sich in sich selbst verdichten kann,
wenn er von einer Bewegung getroffen wird,
die schneller ist als seine eigene Flucht,
und er sich in der umgebenden Luft
gleich einer Wolke zusammenzieht,
das heißt zu jener Dichte …
Doch wenn der Vogel im Wind ist,
kann er sich auf diesem halten,
ohne die Flügel zu schlagen,
weil die Funktion, die der bewegte Flügel
der unbewegten Luft gegenüber hatte, nun die Luft
gegenüber dem unbewegten Flügel übernimmt.

ATLANTICUS 77r-b

Scrivi del notare sotto l'acqua,
e arai il volare dell'uccello per l'aria.

Schreibe vom Schwimmen unter Wasser,
und du hast das Fliegen des Vogels in der Luft.

ATLANTICUS 214r-d

La scienzia strumentale over machinale è nobilissima
e sopra tutte l'altre utilissima,
con ciò sia che mediante quella tutti li corpi animati
che hanno moto fanno le loro operazioni.

Die mechanische Wissenschaft ist überaus edel
und vor allen anderen Wissenschaften äußerst nützlich,
weil durch sie alle lebenden Körper, die Bewegung besitzen,
ihre Tätigkeiten ausüben.

VOGELFLUG 3r

… mia intenzione è allegare prima la sperienza
e poi colla ragione dimostrare perchè tale esperienza
è costretta in tal modo ad operare.

… meine Absicht ist es, erst die Erfahrung anzuführen
und sodann mit Vernunft zu beweisen, warum diese Erfahrung
auf solche Weise wirken muß.

MS. E 55r

Convertansi li elementi l'uno nell'altro,
e quando l'aria si converte in acqua pel contatto ch'ell'ha
colla sua fredda regione,
allora essa attrae a sè con furia tutta
la circunstante aria, la quale con furia si move
a riempiere il loco evacuato della fuggita d'aria
… e questo è il vento.

Die Elemente wandeln sich das eine in das andere,
und wenn die Luft sich durch die Berührung
mit dessen kalter Region in Wasser wandelt,
so zieht sie mit Heftigkeit alle umliegende Luft heran,
die sich mit Heftigkeit bewegt, um den
durch die entflohene Luft leergewordenen Platz zu füllen …
und dies ist der Wind.

ATLANTICUS 169r-a

L'onda percossa nel lito per forza di vento
fa il tomolo, mettendo la sua superior parte sul fondo;
e per quel torna indirieto insino al loco dove
di novo ripercote nella succedente onda che le viene
di sotto e la rovescia indirieto con riviscio tomolo
e di novo la fa ripercotere nel predetto lito;
e così successivamente seguita;
ora col moto superiore torna al lito e ora
collo inferiore si fugge da quello.

Die von der Kraft des Windes auf den Strand geworfene
Welle macht einen Überschlag, indem sie ihren oberen Teil
nach unten wendet, und kehrt bis zu der Stelle zurück,
wo sie auf die nachfolgende Welle schlägt, die von unten her
auf sie zukommt und sie mit umgekehrtem Überschlag zurückwirft
und von neuem auf den Strand aufschlagen läßt;
und so geht das nacheinander weiter;
einmal kommt sie mit der oberen Bewegung gen Land,
einmal wendet sie sich mit der unteren Bewegung davon ab.

LEICESTER 26v

Ogni figura
creata dal moto, col moto si mentiene.
Quando tira vento spiana la rena, e vedi in che modo essa
crea le sue onde, e nota quanto essa si move più tarda
che 'l vento; e 'l simile fa dell'acqua
e nota le differenzie ch'è dall'acqua alla rena.

Jede von der Bewegung geschaffene Gestalt
erhält sich mit der Bewegung.
Wenn der Wind weht, ebnet er den Sand ein, und siehe, wie dieser
Sand seine Wellen bildet, und bemerke, um wievieles er sich
später bewegt als der Wind; und tue desgleichen beim Wasser
und beachte die Unterschiede zwischen Wasser und Sand.

Nota il moto del livello dell'acqua,
il quale fa a uso de'capelli, che hanno due moti,
de'quali l'uno attende al peso del vello
l'altro al liniamento delle volte.
Così l'acqua ha le sue volte revertiginose,
delle quali una parte attende a l'impeto
del corso principale, l'altra attende
al moto incidente e refresso.

Bemerke die Bewegung der Wasseroberfläche,
die sich ebenso verhält wie die Haare,
die zwei Bewegungen haben, wovon die eine
sich an das Gewicht des Gesamthaars hält
und die andere an den Verlauf der Wellen und Locken.
So hat das Wasser seine Wirbel, von denen sich ein Teil
an die Gewalt der Hauptströmung hält,
der andere an die zufällige und zurückprallende Bewegung.

WINDSOR 12570r

Scrivi come li nugoli si compongano
e come si risolvano, e che causa leva li vapori
dell'acqua dalla terra infra l'aria,
e la causa delle nebbie e dell'aria ingrossata,
e perchè si mostra più azzurra e meno azzurra una volta
che un'altra; e così scrivi le regioni dell'aria
e la causa delle nevi e delle grandini, e del ristrignersi
l'acqua e farsi dura in diaccio,
e del creare per l'aria nuove figure di neve e alli alberi
nuove figure di foglie ne' paesi freddi,
e per li sassi diacciuoli …

Schreibe, wie die Wolken sich zusammenballen
und auflösen, und welche Ursache die Wasserdämpfe
von der Erde in die Luft hebt, und die Ursache von Nebel
und trüber Luft, und warum sie sich
einmal mehr und einmal weniger azurblau zeigt;
und also schreibe von den Schichten der Luft
und von der Ursache des Schnees und des Hagels,
und vom Zusammenziehen des Wassers und Erhärten zu Eis,
und wie in der Luft neue Schneefiguren geschaffen werden
und für die Bäume neue Blätterfiguren in den kalten Ländern,
und für die Felsen Eiszapfen …

MS. F 35r

E già sopra a Milano, inverso Lago Maggiore,
vidi una nuvola in forma di grandissima montagna,
piena di scòli infocati, perchè li razzi del sole,
che già era all'orizzonte che rosseggiava,
la tignea del suo colore.
E questa tal nugola grande … non si movea di suo loco;
anzi riservò nella sua sommità il lume del sole insino
a una ora e mezza di notte, tant'era la sua immensa grandezza.
E infra due ore di notte generò sì gran vento, che fu
cosa stupente, inaudita; e questo fece nel riserrarsi,
che l'aria che infra quella si rinchiudeva,
essendo premuta dalla condensazione del nugolo,
rompea e fugia per le parte più debole, scorrendo
per l'aria con ispesso tomulto, faccendo a similitudine
della spugna premuta dalla mano sotto l'acqua,
della quale l'acqua di che era imbeverata fugge infra
le dita della man che la preme,
fuggendo con impeto infra l'altr'acqua.

Und schon sah ich über Mailand,
in Richtung auf den Lago Maggiore, eine Wolke
in Form eines riesigen Gebirges voll feuriger Felsen,
weil die Strahlen der Sonne, die schon am roten Horizont stand,
sie mit ihrer Farbe färbten. Und diese große Wolke
bewegte sich nicht von ihrer Stelle; sie behielt sogar
das Licht der Sonne auf ihrem Gipfel noch eine
und eine halbe Stunde der Nacht, so riesenhaft groß war sie.
Und um die zweite Stunde der Nacht erhob sich ein so starker
Wind, daß dies etwas Erstaunliches, Unerhörtes war;
und dieser Wind bewirkte durch seine Verdichtung, daß die
von der Kondensierung der Wolke in ihr zusammengepreßte Luft
ausbrach und an der schwächsten Stelle entfloh
und mit starkem Gedröhn durch die Luft eilte, wobei die Wolke
sich ähnlich verhielt wie ein unter Wasser von der Hand
zusammengepreßter Schwamm, aus dem das Wasser,
mit dem er getränkt, zwischen den Fingern der pressenden Hand
in das andere Wasser entflieht.

LEICESTER 28r

Come la chiarezza dell'aria nasce dall'acqua
che in quella s'è resoluta e fattasi in insensibili
graniculi, li quali, preso il lume del sole
dall'apposita parte, rendan la chiarezza che in essa aria
si dimostra; e l'azzurro che in quella apparisce nasce
dalle tenbre che dopo essa aria si nascondano.

Wie die Klarheit der Luft aus dem Wasser entsteht,
das sich in jener zu unwahrnehmbaren Teilchen aufgelöst,
welche, wenn sie das Licht der Sonne von der entsprechenden
Richtung erhalten, die in dieser Luft sich zeigende Klarheit
wiedergeben; und wie das Azurblau in dieser Luft aus der
Finsternis entsteht, die sich hinter der Luft verbirgt. LEICESTER 20r

Movesi l'aria come fiume e tira con seco di nuvoli,
sì come l'acqua corrente
tira tutte le cose che sopra di lei si sostengano.

Die Luft bewegt sich wie ein Fluß
und führt Wolken mit sich, wie das fließende Wasser
jedes Ding mit sich führt, das sich auf ihm hält. MS. G 10r

La fiamma fa moto infra l'aria
quale fa l'aria infra l'acqua cioè moto fressuoso;
e massime dov'è gran fiamma.

Die Flamme verursacht ebensolche Bewegung in der Luft
wie die Luft im Wasser, das heißt fließende Bewegung;
und ganz besonders, wo eine große Flamme ist. ARUNDEL 139v

Quando il sole s'innalza e caccia le nebbie
e si comincia a rischiarare e colli,
da quella parte donde esse si partano e' fansi azzurri
e fumano inverso le nebbie fuggenti …

Wenn die Sonne sich erhebt und die Nebel verjagt
und die Hügel sich zu erhellen beginnen,
werden diese an der Seite blau, wo jene abziehen,
und dampfen in Richtung auf die fliehenden Nebel … ARUNDEL 169r

Noterai nel tuo ritrarre come infra le ombre
sono ombre insensibili d'oscurità e di figura …
Le cose vedute infra 'l lume e l'ombre si dimosterranno
di maggiore rilievo che quelle che son
nel lume o nell'ombre.

Du wirst bei deinem Malen bemerken,
daß es in den Schatten noch Schatten gibt,
unwahrnehmbar an Dunkelheit und Gestalt …
Die zwischen Licht und Schatten gesehenen Dinge werden sich
besser abheben als die, die im Licht oder im Schatten stehen. MS. E 17r

Poni mentre per le strade, sul fare della sera,
i volti d'omini e donne, quando è cattivo tempo,
quanta grazia e dolcezza si vede in loro.

Beachte auf den Straßen, wenn es Abend wird und
das Wetter schlecht ist, die Gesichter von Männern und Frauen,
wieviel Anmut und Sanftheit man auf ihnen sieht. MS. A 100v

Questi libri
contengano in ne' primi della natura
dell'acqua in sé e ne'sua moti;
li altri contengano delle cose fatte da e sua corsi,
che mutano il mondo di centro e di figura.

Diese Bücher behandeln
die Natur des Wassers an sich und in seinen Bewegungen;
die anderen enthalten dann
die durch das Wasser und seine Strömungen bewirkten Dinge,
welche die Welt in Wesen und Aussehen ändern. LEICESTER 5r

Io truovo il sito della terra
essere ab antico nelle sue pianure tutto occupato
e coperto dall'acque salse; e i monti, ossa della terra,
con le loro larghe base, penetrare e elevarsi infra l'aria,
coperti e vestiti di molta e alta terra.
Di poi le molte piogge, accrescimento de' fiumi,
con ispessi lavamenti ha dispogliato in parte l'alte cime
d'essi monti, lasciando in loco della terra il sasso …
E la terra delle spiagge e dell'alte cime
delle montagne è già discesa alle sue base e ha alzato
i fondi de' mari ch'esse basi circavano
e fatta discoperta pianura, e di lì in alcun loco,
per lontano spazio, ha cacciato i mari.

Ich finde, daß die Oberfläche der Erde in frühen Zeiten
an den flachen Stellen ganz mit Salzwasser bedeckt war;
und daß die Berge, das Skelett der Erde, mit ihren breiten
Grundflächen hindurchdrangen und sich in die Luft erhoben,
mit vieler und hoher Erde bedeckt und bekleidet.
Danach haben viele Regen und angeschwollene Flüsse
durch häufiges Waschen einen Teil der Gipfel dieser hohen Berge
entblößt und anstelle der Erde den Fels zurückgelassen …
Und die Erde der Strände und hohen Berggipfel
ist heruntergekommen zu deren Grundflächen
und hat die Meeresböden gehoben, die von eben diesen
Grundflächen umgeben waren, und hat freie Ebene geschaffen
und von dort die Meere an irgendeinen Ort weit zurückgedrängt. ATLANTICUS 126v-b

Nessuna parte della terra
si scopre dalla consumazione del corso dell'acqua,
che già non fussi superfizie di terra
veduta dal sole.

Kein Teil der Erde wird
durch die Strömung des Wassers abgetragen und entblößt,
wenn es nicht schon von der Sonne
beschienene Erdoberfläche war. ATLANTICUS 45v-a

L'acqua disfa li monti e riempie le valle
e vorrebbe ridurre la terra in perfetta spericità,
s'ella potessi.

Das Wasser trägt Berge ab und füllt Täler auf
und würde die Erde vollkommen kugelförmig machen,
wenn es dies könnte.

ATLANTICUS 185v-c

Perpetui son li bassi lochi
del fondo del mare e il contrario son le cime dei monti;
seguita che la terra si farà sperica e tutta coperta
dall'acque e sarà inabitabile.

Die Tiefen des Meeresgrundes sind immerwährend,
die Gipfel der Berge jedoch nicht;
ich folgere, daß die Erde ganz sphärisch
und wasserbedeckt und unbewohnbar wird.

MS.F 52r

Farai regola e misura di ciascun muscolo
e renderai ragione di tutti li loro uffizi e in che modo
s'adoprano e chi li move.

Du wirst Regel und Maß eines jeden Muskels geben
und alle ihre Aufgaben erklären
und wie sie benutzt werden und wer sie bewegt.

ANAT. B 27r

E questo vecchio, di poche ore inanzi la sua morte,
mi disse lui passare cento anni
e che non si sentiva alcun mancamento nella persona,
altro che debolezza;
e così standosi a sedere sopra uno letto
nello spedale di Santa Maria Nova di Firenze,
senza altro movimento o segno d'alcuno accidente,
passò di questa vita.
E io ne feci notomia,
per vedere la cause di sì dolce morte:
la quale trovai venire meno per mancamento di
sangue e arteria, che notria il core
e li altri membri inferiori,
li quali trovai molti aridi, stenuati e secchi.
La qual notomia discrissi assai diligentemente
e con gran facilità, per essere privato
di grasso e di omore,
che assai impedisce la cognizione delle parte …

Und dieser Alte sagte mir
wenige Stunden vor seinem Tode,
daß er über hundert Jahre alt sei
und keinerlei Gebrechen spüre außer der Schwäche;
und so auf seinem Bett sitzend
im Hospital von Santa Maria Nova zu Florenz,
ging er ohne weitere Bewegung
oder Anzeichen irgendeines Geschehens
aus diesem Leben.
Ich habe ihn seziert,
um die Ursache für einen so sanften Tod zu sehen:
ich fand ihn bedingt durch den Mangel an Blut in der Arterie,
womit das Herz und die anderen unteren Organe ernährt werden,
die ich sehr verbraucht und ausgetrocknet vorfand.
Diese Autopsie führte ich sehr sorgfältig
und ohne jede Schwierigkeit durch,
da er kein Fett und keine Feuchtigkeit besaß,
welche die Untersuchung der Teile recht erschweren …

ANAT. B10v

Tu non farai mai se non confusione
nella dimostrazione dei muscoli e lor siti,
nascimenti e fini, se prima non fai una dimostrazione
di muscoli sottili a uso di fila di refe;
e così li potrai figurare l'un sopra dell'altro
come li ha situati la natura …

Du wirst nur Verwirrung stiften bei der Darstellung
der Muskeln und ihrer Lage, ihres Anfangs und ihres Endes,
wenn du nicht vorher eine Darstellung dünner Muskeln
in der Weise von Zwirnreihen machst;
und so wirst du sie einen über dem anderen zeichnen können,
wie die Natur sie gelagert hat …

ANAT. A 18r

E tu che di' esser meglio
il vedere fare la notomia che vedere tali disegni,
diresti bene se fussi possibile
veder tutte queste cose,
che in tali disegni si dimostrano, in una sola figura;
nella quale, con tutto il tuo ingegno,
non vedrai e non arai notizia se non d'alquante
poche vene; delle quali io,
per averne vera e piena notizia,
ho disfatti più di dieci corpi umani,
destruggendo ogni altri membri,
consumando con minutissime particule tutta la carne

Und du, der du sagst, daß es besser sei,
bei der Autopsie zuzusehen als solche Zeichnungen zu sehen,
du hättest recht, wenn es möglich wäre,
alle diese Dinge, die sich auf solchen Zeichnungen zeigen,
in einer einzigen Figur zu sehen,
an der du bei allem Verstand nicht mehr sehen und erkennen
kannst als einige wenige Venen;
und von denen ich, um darüber
rechte und ganze Kenntnis zu erhalten,
mehr als zehn menschliche Körper auseinandergenommen,
alle anderen Glieder entfernt
und in winzigen Teilchen alles Fleisch weggenommen habe,

che ditorno a esse vene si trovava,
sanza insanguinarle,
se non d'insensible insanguinamento delle vene capillare.
E un sol corpo non bastava a tanto tempo;
che bisognava procedere di mano in mano
in tanti corpi, che si finissi la intera cognizione;
la qual ripricai due volte per vedere le differenzie.
E se tu arai l'amore di tal cosa,
tu sarai forse impedito dallo stomaco;
e se questo non ti impedisce, tu sarai forse impedito
dalla paura coll'abitare nelli tempi notturni
in compagnia di tali morti,
squartati e scorticati e spaventevoli a vederli;
e se questo non t'impedisce,
forse ti mancherà il disegno bono,
il qual s'appartiene a tal figurazione.
E se tu arai il disegno,
e' non sarà accompagnato dalla prospettiva;
e se sarà accompagnato, e' ti mancherà l'ordine delle
dimostrazion geometriche e l'ordine delle calculazion
delle forze e valimento de'muscoli;
o forse ti mancherà la pazienzia, se tu non sarai diligente.
Delle quali, se in me tutte queste cose sono state o no,
centoventi libri da me composti
ne daran sentenzia del si o del no,
nelli quali non sono stato impedito nè d'avarizia
o negligenzia, ma sol dal tempo. Vale.

das sich rings um die Venen befand, ohne daß Blut auf sie kam,
es sei denn das ganz wenige der Kapillarvenen.
Und ein einziger Körper genügte nicht über so viele Zeit;
es mußte Stück um Stück vorangegangen werden in vielen
Körpern, um alle Kenntnis zu vervollständigen;
was ich zweimal wiederholte, um die Unterschiede zu sehen.
Und wenn du Lust zu solchen Sachen haben solltest,
wird dich vielleicht dein Magen daran hindern;
und wenn dieser dich nicht hindert,
wird dich vielleicht die Angst hindern,
zu nächtlicher Zeit mit solchen gevierteilten und enthäuteten,
schrecklich anzusehenden Toten zusammzusein;
und wenn dies kein Hindernis ist, wird dir vielleicht
die Fertigkeit im Zeichnen fehlen,
die zu solcher Darstellung gehört.
Und machst du die Zeichnung, wird sie nicht
von der Perspektive begleitet sein;
und ist sie auch von ihr begleitet, wird es dir an der Ordnung
geometrischer Darstellungen fehlen sowie an der Ordnung
bei der Berechnung von Kraft und Wert der Muskeln;
und vielleicht wird dir die Geduld fehlen,
so du nicht fleißig bist.
Ob in mir alle diese Dinge waren oder nicht,
werden hundertzwanzig von mir zusammengestellte Bücher
mit ja oder nein beantworten,
bei denen mir weder Geiz noch Nachlässigkeit,
sondern nur die Zeit ein Hindernis war. Vale. ANAT. C 13v

Se guarderai le stelle sanza razzi
(come si fa vederle per un piccolo foro
fatto colla strema punta de la sottile acucchia,
e quel posto quasi a toccare l'occhio), tu vedrai esse
stelle essere tanto minime,
che nulla cosa pare essere minore.
E veramente la lunga distanzia dà loro ragionevole
diminuizione, ancora che molte vi sono,
che son moltissime volte maggiore che la stella
ch'è la terra coll'acqua.
Ora pensa quel che parrebbe quessa nostra stella
in tanta distanzia, e considera poi quante stelle
si metterebbe' e per longitudine e latitudine infra
esse stelle, le quali sono
seminate per esso spazio tenebroso.

Wenn du die Sterne ohne Strahlen ansiehst
(wie man das durch ein kleines Loch tut,
das mit der äußersten Spitze einer dünnen Nadel gemacht ist
und das man ganz dicht ans Auge hält),
dann siehst du, daß diese Sterne so klein sind,
daß kein Ding kleiner zu sein scheint.
Und in Wahrheit gibt ihnen die weite Entfernung
die entsprechende Verkleinerung, obwohl ihrer viele
um ein unendliches größer sind als der Stern,
der die Erde mitsamt dem Wasser ist.
Nun bedenke, wie unser Stern
in so großer Entfernung aussehen würde, und überlege dann,
wie viele Sterne der Länge und Breite nach
zwischen den Sternen stehen könnten,
die in den dunklen Raum gesät sind. MS. F 5r

Alli ambiziosi,
che non si contentano del benefizio della vita
nè della bellezza del mondo,
è dato per penitenzia che lor medesimi strazino essa vita,
e che non possegghino la untilità e bellezza del mondo.

Den Ehrgeizigen, die sich weder mit der Wohltat
des Lebens noch mit der Schönheit der Welt begnügen,
ist die Buße aufgegeben,
daß sie selbst ihr Leben verderben
und nicht den Nutzen und die Schönheit der Welt besitzen.
ATLANTICUS 91v-a

O speculatore delle cose,
non ti laldare di conoscere le cose che ordinariamente
per sè medesima la natura conduce,
ma rallegrati di conorsere il fine di quelle cose
che son disegnate dalla mente tua.

O Erforscher der Dinge,
brüste dich nicht, die Dinge zu kennen,
die für gewöhnlich die Natur von sich aus vollbringt,
sondern sei froh, das Ziel der Dinge zu begreifen,
die in deinem Verstand vorgezeichnet sind. MS. G 47r

ANMERKUNGEN

VERZEICHNIS DER
ABBILDUNGEN

INDEX

ANMERKUNGEN

DER MALER

1 W. M. Ivins, Jr., *On the Rationalization of Sight*, The Metropolitan Museum of Art, Paper No. 8. New York 1938.

2 Joseph Gantner, *Leonardos Visionen von der Sintflut und vom Untergang der Welt* (Bern 1958).

3 Leicester, Folio 28r.

4 Ms. A, Folio 101r.

5 Folios 101v und 102r.

6 Zum Beispiel in den drei unteren Figuren auf Folio 63v.

7 Folios 30r, 49r, 54r.

8 *Trattato della pittura*, Teil II, 130 (entsprechend der Numerierung der Edition Carabba, Lanciano 1924, Band I, S. 87). Da in den verschiedenen Editionen des *Trattato* die Aufeinanderfolge der einzelnen Passagen meistens voneinander abweicht, wird auf das Original des Cod. Vat. Urbinate, 1270 verwiesen; hier befindet sich der Passus auf S. 50.

LEONARDOS SCHRIFTEN

1 Folios 2v-3r.

2 Auf Folio 3v.

3 Wahrscheinlich haben die »kleinen« Bücher in Sedez (in Melzis Aufstellung werden sie »Büchlein« genannt) und die »größeren« Bücher ein Oktav- oder Quartformat. Die zwei »mittelgroßen« Bücher könnten Manuskript C und Codex Leicester sein, die einzigen, die in späteren Listen als »Foliobände« erscheinen. Die Manuskripte D, E, F und G, Codex Forster I^1 (d. h. der erste Teil des Codex Forster I) sowie der Codex über den Vogelflug, die alle 1505 oder später entstanden sind, können nicht zu den 16 Quart- oder Oktavbänden gehört haben. Dagegen könnten die Manuskripte A und B, Codex Forster I^2, der Codex Trivulzianus, beide Teile des Codex Madrid I und zumindest die 17 Blätter des Codex Madrid II, die die Reiterstatue betreffen und später mit dem Notizbuch zusammengebunden wurden, sowie ein Merkbuch zur Anatomie darunter gewesen sein. Zu den 25 »kleinen« Büchern in Sedez könnten die Manuskripte L und M, die 2 Manuskripte I (I^1 und II^2), die drei Manuskripte H, vielleicht das erste der drei Manuskripte K, die beiden Codices Forster II und Codex Forster III gezählt haben.

4 In den heute noch erhaltenen Manuskripten finden sich folgende alphabetische Kennzeichnungen von Leonis Hand (insgesamt 19): A, B, C, D, G, L, O, T, W, Y, X und vielleicht Z; sodann BB, II, KK, LL, NN, OO, SS. Anhand dieser Auszeichnungen können wir erschließen, wieviele Manuskripte verlorengegangen sind. Offensichtlich reichten die Buchstaben des Alphabets für die Kennzeichnung sämtlicher Manuskripte nicht aus; Leoni wiederholte daher das Alphabet mit Doppelbuchstaben. Wir nehmen daher an, daß die Manuskripte mit den Markierungen E, F, H, I, M, N, P, Q, R, S, U, AA, CC, DD, EE, FF, GG, HH, MM, PP, QQ, RR verlorengegangen sind. Allerdings ist nicht mit Sicherheit zu sagen, ob Manuskripte existierten, die alphabetisch über SS hinausgingen, und wie viele es waren. Wenn man zu den 19 erhaltenen Manuskripten die 22 verlorenen hinzuzählt, so fehlen noch 5 bis zur Nummer 46, was jedoch nicht heißen muß, daß 46 die letzte Nummer auf der Liste war. Unserer Ansicht nach waren es wahrscheinlich 50 Manuskripte.

5 Eine Frage wurde bisher jedoch noch nicht gelöst: Die einzelnen Buchstaben des Alphabets sind fast immer von einem *e* gefolgt, nur in einem Fall steht ein *a*. Bei den Doppelbuchstaben ist dies jedoch nicht der Fall: Be 100, Da 114, Le 17, Ge 55, Xe 64, Ye 46, Te 91, Oe 38, We 93. Die einfachste Erklärung wäre, daß hier der Aussprache der Konsonanten gefolgt wurde: »Be, Ge, Te« usw. Das trifft jedoch nicht zu bei: Le, Da, Oe, C sowie Ye, auch nicht bei Xe und We. Im ganzen scheinen hier zu viele Abweichungen vorzuliegen.

6 Der Codex Madrid II bestand jedoch noch aus zwei getrennten Teilen, die Leoni mit den Buchstaben C und L kennzeichnete. Tatsächlich befindet sich der Vermerk C 140 auf Folio 140 und Le 17 auf Folio 157. Seine ungewöhnliche Zusammensetzung und das Vorhandensein mehrerer halber Blätter läßt darauf schließen, daß der zweite Teil mit nur 17 Folios der Rest eines größeren Werkes ist und schon zu Leonis Lebzeiten nur noch als Fragment vorhanden war. Später wurden die beiden Teile des Codex zusammengebunden und die Numerierung vereinheitlicht, indem die Nummern 1 bis 17 der mit L bezeichneten Manuskripte in die Zahlen 141 bis 157 verwandelt wurden. Es wurde eine 14 vor die Ziffern 1 bis 9 gesetzt (zunächst wurde wohl versehentlich eine 12 geschrieben, die dann zur 14 verbessert wurde). Die folgenden Zahlen wurden unter die alte Numerierung 10, 11 usw. geschrieben, die zum Teil durchgestrichen wurde.

7 Es kann folgende Reihenfolge der Manuskripte angenommen werden. Zwischen 1485 und 1490: Ms. B, Trivulzianus, Forster I^2, ein Teil von Forster III und einige Blätter des anatomischen Manuskripts B; 1490: Ms. C; 1492: Ms. A, sowie Madrid II^2 bis 1493. Madrid I trägt in einem später eingetragenen Vermerk das Datum vom 1. Januar 1493; das Manuskript wurde also 1492 begonnen und vielleicht bis 1497 weitergeführt. Um 1492 entstanden die drei Manuskripte Ms. H; zwischen 1493 und 1496 ein Teil von Forster III; zwischen 1495 und 1497 die beiden Codices Forster II. Zwischen 1497 und 1499 Ms. M und Ms. I (M jedoch vor I). In den gleichen Jahren wurde Manuskript L begonnen und bis um 1503 fortgeführt. Dann wurde Madrid II^1 angefangen, an dem bis ins Jahr 1505 gearbeitet wurde. Gleichzeitig entstanden K^1 (1504) und ein Teil von K^2 (letzterer wurde einige Jahre weitergeführt. An den Codex über den Vogelflug und Forster I^1 (1505) schließen sich Leicester, Ms. D und Ms. F (um 1508) an. In diesen Jahren intensivierte Leonardo das Studium der Anatomie. Tatsächlich wurde der größte Teil der Folios der »Quaderni di Anatomia« zwischen 1506 und 1513 verfaßt. Die letzten Manuskripte sind über mehrere Jahre verteilt: K^3 zwischen 1509 und 1512; Ms. G zwischen 1510 und 1516; Ms. E zwischen 1513 und 1514. Die zahlreichen Einzelblätter des Codex Atlanticus, des Codex Arundel und der Sammlung Windsor sind sehr schwer zu datieren. Sehr hilfreiche Beiträge auf dem Gebiet der Datierung verdanken wir Wissenschaftlern wie Calvi und Giacomelli und in neuester Zeit Pedretti und Clark. Es gibt jedoch noch viele Probleme zu lösen.

8 Beispiele hierfür sind Forster I^1, Forster II^2, C, Madrid I, Vogelflug-Codex, Leicester und die anatomischen Manuskripte. Keines dieser Manuskripte stellt jedoch eine wirklich organische, einheitliche Arbeit dar.

9 Codex Madrid II umfaßt zwei Manuskripte, die von P. Leoni mit den Buchstaben C und L gekennzeichnet wurden. Ursprünglich bestand der Codex Madrid II aus 9 Lagen mit je 8 Bögen, die, in der Mitte gefaltet, 16 Blätter bzw. 32 Seiten ergaben. Die vorderen Seiten der Blätter wurden dann von Leoni numeriert. 144 Folios müßten eigentlich insgesamt vorhanden sein, es sind jedoch nur 140, da in der neunten Lage (zwischen 133 und 134) ein Bogen und in der ersten Lage ein halber Bogen (ein Blatt zwischen Folio 1 und 2) verloren sind und versehentlich die Nummer 62 zweimal geschrieben wurde. Es ist nicht bekannt, ob die neun Lagen bereits zu seinem Band zusammengefaßt waren, als Leoni ihn beschriftet hat. Wir wissen, daß ein Band normalerweise aus 6 Lagen mit insgesamt 96 Bogen bestand. Möglicherweise wurde dieser Band während des Schreibens erweitert.

10 Die Folios 7v, 12r-14v, 20r, 30v, 40v, 51v, 52r, 54r, 57v-60r, 83r, 103r-104r und 128v-130r sind noch unbeschrieben. Leonardo nahm oft noch nach Jahren bereits beschriebene Seiten wieder zur Hand und füllte den freien Raum mit neuen Notizen. Manchmal schrieb er mit schwarzem oder rotem Stift, manchmal mit der Feder. Gelegentlich schrieb er mit der Feder Passagen nach, die er in Rötelstift verfaßt hatte.

11 Wahrscheinlich auf den ersten fünf, wenn wir die beiden verlorengegangenen mitzählen, und auf den Folios 3r, 15r und 16r.

12 Folios 16v, 17r und v, 18v, 19r und v, 20r und v, 21r.

13 Folios 22v-23r, 52v-53r.

14 Folios 64r und 126r.

15 Auf Folio 140v.

16 Hier geht er bis 138 verso entgegengesetzt zur Seitennumerierung vor, das heißt von der Definition »Punkt, Linie, Fläche« bis zur ersten Proposition.

17 Oben auf Folio 112r.

18 Siehe die Blöcke der Folios: 64v-75v, 80v-82v, 105r-120v, 130v bis zum Ende.

19 Folios 2v, 3v, 4v (letzeres enthält die Kleiderliste).

20 Als Beispiel sei der Schluß des Manuskripts B auf der Rückseite des Einbandes angeführt, auf den Leonardo einzelne Notizen geschrieben hat. Die ersten drei lauten: *Trova Lodovico M° — Della carabe inelle Pandette — Il Vicario* (die großen Anfangsbuchstaben außer M° stammen von mir). Die drei Notizen stehen in keinem Zusammenhang. Die zweite bezieht sich auf das *Corpus juris civilis* des Justinian *(Pandette)*, in dem von gelbem Bernstein *(carabe)* die Rede ist. In den bestehenden Transkriptionen des Manuskripts B heißt es allerdings: *»della carne nel panetto«*. Ravaisson-Mollien, der die erste und zweite Notiz als einen einzigen Satz ansah, übersetzte entsprechend: *»Trouve, M. Ludovic, de la chair dans le petit pain«*. Hier wurde von Calvi eingewandt, daß im Mailänder Dialekt *panetto* auch *fazzoletto* (»Taschentuch«) bedeutete. Es wurde also Fleisch in seinem Taschentuch versteckt. In Mailänder Archiven stieß Calvi auf Erlasse, die der *Vicario* von Mailand zu Lebzeiten Leonardos erlassen hatte, um in Zeiten der Hungersnöte den Schwarzhandel zu unterbinden. Wir könnten weitere Beispiel hinzufügen, ohne jedoch das große Verdienst von Wissenschaftlern wie Ravaisson-Mollien und Calvi, die so wertvolle Arbeit auf diesem Gebiet geleistet haben, herabmindern zu wollen.

21 Den meisten Lesern sind nur einige Anthologien bekannt, wie die von Richter, MacCurdy, Solmi, Fumagalli und Brizio.

22 Manuskript B, Trivulzianus und ein Teil des Anatomischen Ms. B.

23 *De re militari. De ponderibus.*

24 Ebenfalls aus *Rudimenta grammatices* von Perotto und *Vocabolista* von L. Pulci.

25 Die im Codex Madrid II enthaltene Liste der Bücher, die sich 1504 im Besitz Leonardos 1504 befanden, umfaßt Grammatiken von Priscian und Donatus (*Maior* und *Minor*, lateinisch und lateinisch-italienisch), Perottos *Rudimenta*, zwei *vocabolisti*, die *Synonima* von Flisco, das *Doctrinale* von Alexander de Villa Dei, und zwei Rhetorikbücher.

26 Es erschien ihm verwunderlich, daß zwei Drittel geteilt durch drei Viertel acht Neuntel ergeben sollte, eine Menge, die größer ist als der Dividend (Codex Atlanticus, Folio 279r-c). Er erfand eine sehr einfache Regel für die Berechnung der Quadrat- und Kubikwurzel einer beliebigen Zahl: er definierte die Wurzel als Bruch, dessen Zähler allein mit sich selbst multipliziert die gesuchte Quadrat- oder Kubikzahl ergeben sollte. Nach dieser Methode wäre die Kubikwurzel aus drei drei Neuntel, denn drei Neuntel mal drei Neuntel ergäbe siebenundzwanzig Neuntel oder drei. (Codex Atlanticus, Folio 245r-b, Codex Arundel, Folio 200r). Er erkannte bald, daß diese Methode nicht sehr zuverlässig ist, und vermerkte im Codex Atlanticus, Folio 120r-d: »Lerne die Multiplikation der Wurzeln von Meister Luca«; schließlich übertrug er sämtliche Regeln für die Bruchrechnung aus Paciolis *Summa de arithmetica* in den Codex Atlanticus.

27 Manuskript M, Folio 19r.

28 Codex Madrid II enthält eine Abschrift der ersten Seiten dieses klassischen Werks in einer Übertragung in die Umgangssprache. Aus der Bücherliste wissen wir, daß Leonardo in jenem Jahr eine lateinische Ausgabe von Euklid und eine italienische Fassung seiner ersten drei Bücher besaß.

29 Folios 72v, 75v.

30 In: *De expetendis et fugiendibus rebus.* Im Codex Arundel (Folios 178v-179v), nimmt Leonardo Bezug auf eine der grundlegenden Passagen Vallas über dieses Thema und übersetzt sie ins Italienische. Die Übersetzung ist richtig, aber die kleinen Buchstaben, mit denen die geometrischen Zeichnungen versehen sind, wurden häufig so ungenau übertragen, daß der Text unverständlich wird. Auch das Schriftbild ist ungewöhnlich: Es ist nicht so gleichmäßig und kompakt wie in Leonardos Reinschriften, aber auch nicht mit so vielen Änderungen und Streichungen versehen wie seine Rohentwürfe. Eine mögliche Erklärung wäre, daß Leonardo die Übersetzung dieses Auszugs nach Diktat niedergeschrieben hat.

31 Codex Atlanticus, Folio 218v-b.

32 Codex Atlanticus, Folio 139r-a.

33 Codex Madrid I, Folio 87v.

34 *Trattato della pittura*, Kap. 31.

35 Ibid., Kap. 10.

36 Ibid., Kap. 9.

37 Ibid., Kap. 19.

38 Ibid., Kap. 7.

39 Ibid.,Kap. 1.

40 Manuskript G, Folio 96v.

41 *Trattato della pittura*, Kap. 33.

42 Codex Atlanticus, Folio 11r-b.

43 Folios 138v-140v.

44 Codex Arundel, Folio 156v.

45 Codex Atlanticus, Folio 145ra-vb.

46 Ibid., Folio 311r-a.

47 Quaderni d'Anatomia, Band II, Folio 1r. Das gilt für die beschreibende Darstellung von anatomischen Einzelheiten oder Maschinen und ähnlichem. Die Blätter mit anatomischen Zeichnungen in Windsor und im Codex Madrid I können als eine Sammlung von Abbildungen mit den entsprechenden Bildlegenden gelten.

48 Codex Atlanticus, Folio 108v-b.

49 Zusatz oben auf Folio 6r des Codex Madrid I.

50 Codex Atlanticus, Folio 119v-a.

51 Quaderni di Anatomia, Band II, Folio 14r.

IL CAVALLO

1 Vannoccio Biringuccio, *Li dieci libri della Pirotechnia* (1550). Deutsche Übersetzung von Otto Johannsen. Biringuccios Pirotechnia. (Braunschweig: Friedr. Vieweg 1925); Giorgio Vasari, *Le Vite*. Deutsche Übersetzung herausgegeben von Ernst Jaffé. *Lebensbeschreibungen der ausgezeichnetsten Maler, Bildhauer und Architekten der Renaissance*. Berlin: Julius Bard 1911; Benvenuto Cellini, *I trattati della oreficeria e della scultura* (Florenz 1857), S. 164 ff.; Germain Boffrand, *Descriptio omnium Operarum Quibus ad Fundendam ex Aere Una Emissione Metalli Ludovici Decimiquarti Statuam Equestrem* ... (Paris 1743), S. 29 ff.

Ich bin dem verstorbenen Dr. Ladislao Reti, der mich auf Boffrands Werk aufmerksam machte, sehr zu Dank verpflichtet.

2 Der Brief wurde von Luca Beltrami veröffentlicht in: *Il Castello di Milano* (Mailand 1894), S. 314. Er war also den Leonardo-Forschern bekannt. G. Castelfranco (*Storia di Milano*, Bd. VIII, S. 511) machte jedoch auf den wichtigen Hinweis auf ein lebensgroßes Denkmal aufmerksam.

3 Codex Atlanticus, Folio 391r-a.

4 Zum Beispiel Windsor 12357 und 12358r.

5 Windsor 12349r.

6 Folio 148a-r des Codex Atlanticus wird von C. Pedretti auf 1487 datiert (*A Chronology of L. da Vinci's Architectural Studies after 1500*. Genf 1962, S. 61); Luca Beltrami datiert es auf 1490 (*L. da Vinci negli studi per il tiburio* ... Mailand 1903); ebenso L. Firpo (*Leonardo architetto e urbanista*. Turin 1963, S. 136). Hier sei erwähnt, daß das oben am Sockel skizzierte Piedestal (Folio 148r-a) Ähnlichkeiten mit einer der Studien für die Trivulzio-Reitergruppe aufweist; vgl. Windsor 12353.

7 Der Brief wurde veröffentlicht von G. Poggi in: *Leonardo da Vinci: Vita di G. Vasari commentata* ... (Florenz 1919), S. 23 ff.; zum gleichem Thema siehe Castelfranco, a. a. O.

8 Manuskript C, Folio 15v.

9 Windsor 12345. Bei dieser Zeichnung handelt es sich um ein Fragment von Folio 147r-b des Codex Atlanticus. Leonardos Aufenthalt in Piombino mit Francesco di Giorgio Martini wird auf 1490 datiert; siehe G. Calvi, *Archivio storico lombardo*, Bd. XLIII (1916), S. 468.

10 Zum Regisole von Pavia siehe besonders L. H. Heydenreichs Beitrag »Marc Aurel und Regisole«, in: *Festschrift für Erich Meyer* (Hamburg 1959), S. 146 ff.

11 Paolo Giovio, *Leonardo Vincii vita*; vgl. die neue Anthologie von R. Cianchi in: *Raccolta Vinciana*, Band XX (1964), S. 288-289.

12 Vgl. Windsor 12294 und 12319.

13 In seiner »Jagd des Meleager« im Prado stellt Poussin die verschiedenen von Leonardo skizzierten Pferdetypen dar. Wir sind Xavier de Salas sehr dankbar für den Hinweis auf diesen interessanten Beleg, der Poussins gründliche Kenntnis der Leonardo-Zeichnungen beweist. Vgl. dazu J. Bialostocki, »Poussin et Léonard«, in: *Colloque Nicolas Poussin*, Bd. I (Paris 1960), S. 133 ff.

14 Das Pferd des Marcus Aurelius kann hier zum Vergleich herangezogen werden. Ursprünglich ruhte der Vorderhuf auf der Gestalt eines besiegten Barbaren. Vgl. K. Kluge, K. Lehmann Hartleben, *Die antiken Großbronzen*, Bd. II (1927), S. 85; P. Ducati, *L'Arte classica* (1956), S. 671.

15 Ph. Argelati, Bibliotecha scriptorum mediolanensium ... premittitur Joseph Antonii Saxii Historia Literaria — Typographica Mediolanensis, ab anno MCDLXV ad annum MD ... ed. Mediolani 1745, Bd. I, Sp. 356.

16 Paris, Bibliothèque Nationale 3141, Manuscript Italien 372. Dieses Manuskript behandelt die Geschichte der Familie Sforza. Es wird zuerst von Rio erwähnt in: *L. da Vinci e la sua scuola*, Ausg. 1856, S. 30, und zwar in Verbindung mit dem Denkmal für Francesco Sforza, und in neuester Zeit von K. Clark, *The Drawings of Leonardo da Vinci at Windsor Castle*, zweite, unter Mitarbeit von Carlo Pedretti überarbeitete Aufl., Bd. I (London 1968), S. xxxvii, Anm. 1.

17 Folio 148r, zweiter Absatz.

18 *De divina proportione*, 1497 (Ausg. Wien, 1896), Widmungsseite für Lodovico Sforza.

19 Paolo Cortese, *De cardinalatu* (1510), 1.1, S. 50. Veröffentlicht in: G. Tiraboschi, *St. d. lett. italiana*, t. IV, Teil V, S. 1599; Paolo Giovio, a. a. O. Veröffentlicht in: G. Tiraboschi, t. VII, S. 1718 ff.; Matteo Badello, *Le Novelle* (1910), Bd. II, *Proemio alla novella*, Nr. 58.

20 Folio 320r-a.

21 Theophilus, *Diversarum artium schedula* hrsg. von W. Theobald (Berlin 1933); über Guß siehe besonders 1, III, Kap. XXX und LX. In diesem Werk befindet sich die erste schriftliche Beschreibung des noch gebräuchlichen Gußverfahrens mit verlorener Form.

22 Pomponio Gaurico, *De sculptura* (1542), S. 37 ff. Siehe auch Pomponius Gauricus, *De sculptura*, kommentiert von A. Chastel und R. Klein (Genf-Paris 1969), Kap. VI, S. 209.

23 Codex Madrid II, Folio 151v. auf dem Leonardo erklärt: »Ich bin zum Schluß gekommen, das Pferd ohne Schwanz zu gießen«. Damit bestätigt er seine Absicht, das Pferd in einem Stück zu gießen.

24 Auf den Folios 12350 und 12347r der Sammlung Windsor befinden sich kurze Notizen über die im Codex Madrid II beschriebene Gußmethode: vgl. M. V. Brugnoli, Documenti, notizie e ipotesi sulla scultura di Leonardo. In: *Leonardo saggi e ricerche* (Rom 1954), S. 368 ff. Nicht alle Wissenschaftler sind der Meinung, daß Windsor 12347r in die Zeit des Sforza-Denkmals datiert werden kann. Doch scheint diese Datierung durch den Codex Madrid II bestätigt zu werden (Typ des schreitenden Pferdes von Folio 149r; fast identische Notizen, die Gußform des Pferdes betreffend , befinden sich im Codex Madrid und in Windsor 12347r).

25 In Windsor 12347r.

26 Folio 396v-c.

27 Folio 142r, dritter Absatz. Es ist interessant, daß dieser Vorgang weder von Vasari noch von Cellini erwähnt wird, während Germain Boffrand ihn in Verbindung mit dem bei der riesigen Reiterstatue für Ludwig XIV. angewandten Gußverfahren beschreibt.

28 Folio 144v, dritter Absatz.

29 Folio 352r-c, datiert auf 1490.

30 Codex Atlanticus, Folio 179v-a: »... die Gußform aus Ton und dann aus Wachs machen«.

31 Codex Madrid II, Folio 148v, dritter Absatz.

32 Ibid., Folios 145r, erster Absatz, und 143r, zweiter Absatz. Vgl. auch Windsor 12350.

33 Vannoccio Biringucci a. a. O., S. 90r. Siehe auch Codex Trivulzianus (Ausg. Mailand 1939), Folio 16r.

34 Codex Madrid II, Folio 144v, zweiter Absatz.

35 Ibid., Folio 147v, zweiter Absatz.

36 Siehe Biringuccio a .a. O., S. 90v: »Zweimal gebrannter Ton bricht leicht und ist schwer zu reparieren, wenn er einmal zerbrochen ist.«

37 Siehe die Zeichnung Windsor 12348.

38 Codex Madrid II, Folio 147r, erster Absatz.

39 Ibid., Folio 147v, erster Absatz.

40 Eine genaue Wiedergabe des herzoglichen Briefes wurde von C. Pedretti veröffentlicht in: *Leonardo da Vinci a Bologna e in Emilia*, Bologna 1953, S. 151-152. Clark (a. a. O., 1968, S. 23, Anm. zu 12321) unterstreicht, daß in diesem Brief nicht das Modell, sondern die Gußform des Pferdes erbeten wird.

41 Im November 1494 übergab Il Moro das für den Guß des Sforza-Pferdes bestimmte Metall Ercole d'Este, der es nach Ferrara bringen ließ. Vgl. Marino Sanudo, »Spedizione de Carlo VIII. in Italia«, in: *Raccolta Vinciana*, XIII, S. 83.

42 Codex Atlanticus, Folio 335v-a, zu datieren um 1497.

43 Codex Madrid II, Folios 145r, dritter Absatz, und 151v.

44 Ibid., Folios 149r und 141v, zweiter Absatz.

45 Cellini, a. a. O., S. 225. Das Werk wurde 1568 zum ersten Mal veröffentlicht.

46 Boffrand, a. a. O., S. 29 ff.

LEONARDO UND DIE MUSIK

Ich danke der American Philosophical Society, die mich bei meinen Forschungen über Leonardo da Vinci sehr unterstützt hat. Mein besonderer Dank gilt meiner Assistentin am Metropolitan Museum, Miss Mary McClane, die mir bei der Vorbereitung meines Manuskripts unermüdlich geholfen hat.

1 Das trifft zu bei Ludwig H. Heydenreich, *Leonardo* (Berlin 1943), einem der klassischen Werke über Leonardos Leben und Schaffen. Auch Kenneth Clarks Buch *Leonardo da Vinci: An Account of His Development as an Artist* (Cambridge 1939, neue, durchgesehene Auflage 1958), eine hervorragende Darstellung von Leonardos künstlerischem Schaffen, macht hier kaum eine Ausnahme. Das silberne Instrument, das Leonardo nach Mailand mitbrachte, wird hier zwar erwähnt, aber Leonardos *lira* wird mit »lyre« (Lyra) übersetzt, der Bezeichnung für das völlig andersartige Instrument der Griechen und Römer, und der Pferdeschädel *(teschio)* wurde hier, wie in den meisten Büchern über Leonardo, zum Pferdekopf *(hors's head)*. Bei einer derartigen Form würden jedoch die Augenlöcher fehlen, die den Schallöchern der *lira da braccio* entsprechen.

Das ausgezeichnete Buch von Roberto Marcolongo: *Leonardo da Vinci, artista, scienzato* (Mailand 1950), das eine grundlegende Analyse von Leonardos wissenschaftlichen Leistungen gibt, geht auf seine Beschäftigung mit der Musik nur mit der Bemerkung ein, er sei ein ausgezeichneter Spieler der »cetra« gewesen — mit diesem Wort wird entweder die Kithara der griechischen Antike oder die Laute der Renaissance bezeichnet — und habe verschiedene Musikinstrumente, darunter das Monochord, konstruiert. Hier handelt es sich offensichtlich um ein Mißverständnis, denn das Monochord geht bis auf die Antike zurück.

Anna Maria Brizio stellt in ihrem Überblick über die Leonardo-Literatur (»Rassegne«, in: *L'Arte*, 1968) fest, daß die Untersuchungen Leonardos über die Musik genau genommen nicht zu seinen wissenschaftlichen Studien gehören. Das würde also bedeuten, daß die Musik und Leonardos Interesse für diese Kunst und ihre akustischen Grundlagen keinerlei Bedeutung im Rahmen seiner vielseitigen Interessen und Aktivitäten hätte?

J. P. Richter, *The Literary Works of Leonardo da Vinci*, 2. Aufl. (London 1939), S. 69-81. Dieses bei seinem Erscheinen einzigartige und auch jetzt noch wichtige Werk erwähnt Leonardos »lyra«, seine anderen Instrumente, seine Erkenntnisse über Schall und Stimme wie auch seinen Vergleich der Malerei mit der Musik. Die Praxis der Renaissance-Improvisation war zu Richters Zeit jedoch noch nicht umfassend erforscht, und die Bedeutung vieler Instrumente, wie die der »*viola organista*« und der Laute war noch nicht wirklich erkannt worden.

2 Vgl. E. Winternitz, »The Role of Music in Leonardo's Paragone«. In: *Phenomenology and Social Reality: Essays in Memory of Alfred Schutz*, hrsg. von Maurice Natanson (Den Haag 1970), S. 270-296.

3 Vgl. E. Winternitz, »Lira da braccio«. In: *Die Musik in Geschichte und Gegenwart* (Kassel 1960), Bd. 8, Sp. 952-953.

4 Florenz, Codice Magliabecchiano 17.

5 Vgl. E. Winternitz, »Lira da braccio«, Sp. 935, 948; »Archeologia musicale del Rinascimento nel Parnaso di Raffaello«. In: *Rendiconti della Pontificia Accademia Romana di Archeologia*, Bd. XXVII (1952-1954); *Gaudenzio Ferrari, His School and the Early History of the Violin* (Mailand 1967); *Musical Instruments and Their Symbolism in Western Art* (New York und London 1967).

6 Benvenuto Cellini beschreibt in seinem Traktat über die Kunst des Goldschmieds und des Bildhauers bei der Erwähnung Verrocchios als einen hervorragenden Goldschmied: »Er war der Lehrmeister des großen Leonardo da Vinci, des Malers, Bildhauers, Architekten, Philosophen und Musikers.« Das ist in diesem Zusammenhang nicht uninteressant. Übrigens war Cellini selbst nicht nur Bildhauer, sondern auch ein begabter Musiker.

7 Diese Notenschrift beruht auf dem üblichen fünf- oder sechszeiligen System, aber die einzelnen Töne der Tonleiter werden nicht mit Buchstaben wie A, B und D, sondern mit den Silben *do, re, mi, fa, sol, la* und *si* bezeichnet.

8 Eine ausführliche Interpretation dieses und aller anderen Rebusse von Leonardo findet sich in A. Marinonis Werk *I Rebus di Leonardo da Vinci, raccolti e interpretati* (Florenz 1951).

9 Pythagoras erscheint namentlich in einem von Leonardos »Späßen« (Manuskript M 586).

10 Boethius galt zu Leonardos Zeit noch als die maßgebliche Autorität auf dem Gebiet der Musik. Die erste gedruckte Ausgabe seiner Schrift *De institutione musica* erschien 1492 in Venedig.

11 Wie wenig Leonardos ausgeprägtes Interesse für Musik auch noch in neuester Zeit erkannt wurde, geht aus *Die Musik in Geschichte und Gegenwart*, Bd. I, S. 213, hervor; hier heißt es in dem Artikel »Akustik«: »Nicht einmal der sonst so gedankenreiche Leonardo da Vinci hat sich tiefer mit akustischen Problemen abgegeben«.

12 Eine ausführliche Beschreibung von Leonardos Skizzen und Notizen zu Musikinstrumenten findet sich in: E. Winternitz, »Leonardo's Invention of the Viola Organista«, »Melodic, Chordal, and Other Drums Invented by Leonardo da Vinci«, und »Leonardo's Invention of Key-Mechanisms for Wind Instruments«, alle in: *Raccolta Vinciana* XX (1964), S. 1-82.

13 Codex Atlanticus, Folio 319r-b.

14 Ibid., Folio 355r-c; Codex Arundel, Fol. 137v.

15 Vgl. die Transkription dieser Passagen in: Arturo Uccelli, *Leonardo da Vinci: I Libri di meccanica* (Mailand 1940), S. 20.

16 In Westafrika und Ostasien kennt man die »Sanduhrtrommel«, deren zwei Felle mit außen entlanglaufenden Schnüren verbunden sind. Der Spieler kann die Tonhöhe während des Spiels ändern, indem er die Schnüre mit dem Arm oder Ellbogen eindrückt und damit die Spannung der Felle verstärkt. Es ist allerdings unwahrscheinlich, daß Leonardo diese Instrumente kannte.

17 Dieser Versuch einer Interpretation der Zeichnungen beruht weitgehend auf Vermutungen. Zu Leonardos Zeit bereits existierende Instrumente sowie Volksmusikinstrumente, die Ähn-

lichkeiten mit Leonardos Tontrommel aufweisen, geben uns weiteren Aufschluß. Eines dieser Instrumente, eine Kombination von Topf und Membran, ist über einen so großen Raum verbreitet, daß es schon sehr früh existiert haben muß. Es ist die Reibtrommel, holländisch auch *rommelpot* genannt, die unter diesem Namen schon in Mersenne's *Harmonie Universelle* (Paris 1636) erwähnt ist. In der Provence war dieses Instrument als *frignato*, in Neapel als *caccarello* und in Apulien als *cupacupa* bekannt. Lombardische Formen sind mir nicht bekannt, auch aus bildlichen Darstellungen nicht. Aber die Ähnlichkeit mit Leonardos Instrumenten ist so auffallend, daß man nicht ausschließen darf, daß Leonardo diese Volksmusikinstrumente in der einen oder anderen Form gekannt hat.

18 Manuskript H, Folios 28r, 28v, 45v, 46r; Manuskript B, Folio 50v; Codex Atlanticus, Folio 218r-c.

19 Eine genaue Beschreibung und Interpretation der *viola organista* sowie einen Überblick über die einfacheren mechanischen Streichinstrumente, die zu Leonardos Zeit bekannt waren, gibt E. Winternitz in: »Leonardos Invention of the Viola Organista«.

20 Vgl. die ausführliche Analyse in E. Winternitz, »The Role of Music in Leonardo's Paragone«.

21 Theoretisch könnte auch ein Wechsel des Timbres gemeint sein; das ist allerdings unwahrscheinlich, denn der Unterschied zwischen den vier verschiedenen Klangfarben wäre nur gering. Außerdem betont Leonardo ausdrücklich, daß bei dieser Erfindung vier Glocken durch eine ersetzt werden können. Dabei dachte er wahrscheinlich an die Wirkung eines Glockenspiels.

22 In seinem hervorragenden Werk *Die Lehre von den Tonempfindungen als physiologische Grundlage für die Theorie der Musik* (Braunschweig 1863), S. 125, verwies Herrmann von Helmholtz zumindest auf die Möglichkeit, daß verschiedene Flächen einer Glocke verschiedene Tonhöhen hervorbringen können. Er schrieb: »Die Töne ändern sich aber, wenn die Wand der Glocke nach dem Rande zu dünner oder dicker wird, und es scheint ein wesentlicher Punkt in der Kunst des Glockengusses zu sein, daß man die tieferen Töne durch eine empirisch gefundene, passende Form der Glocke zueinander harmonisch machen kann. Dann sind auch wohl noch andere Schwingungsformen der Glocke möglich, wobei sich Knotenkreise bilden, die dem Rande parallel sind, diese scheinen aber schwer zu entstehen, und sind noch nicht untersucht«. Bei meinen eigenen Versuchen mit kleineren und mittleren Glocken aus der Sammlung des Metropolitan Museum of Art in New York gelangte ich zu keinen schlüssigen Ergebnissen.

23 Eine andere, völlig neue Form eines Balges wird im Manuskript B, Folio 81r, vorgestellt. Dieser Balg besteht ganz aus Holz, ohne Lederteil, mit Leonardos Worten »wie ein geteilter Zukkerhut«.

24 Wie bewußt sich Leonardo der mechanischen Grenzen der Wirkung von Bälgen war, zeigen seine Beobachtungen auf einem völlig anderen Gebiet: »Wenn Fliegen das Geräusch, das man hört, wenn sie fliegen, mit ihrem Maul verursachen würden, müßten sie ein Paar großer Bälge als Lungen haben, um einen so starken und anhaltenden Luftstrom hervorzubringen; und dann entstünde eine lange Stille, wenn sie die gleiche Menge Luft wieder in sich hineinsaugen müßten. Es gäbe also eine lange Pause, wo vorher ein langer Ton war.« (Codex Arundel, Fol. 257r).

25 Die für Frauen schwer zu bedienende Blaspfeife, wurde durch einen zierlichen kleinen Balg ersetzt, der an den Handgelenken befestigt wurde. Das war auch der Fall bei der eleganten und reich verzierten *musette*, dem beliebten Instrument der Schäferinnen bei den *fêtes champêtres* in Versailles und Fontainebleau.

26 Zur Entwicklung und Mechanik der Sackpfeifen bis zurück in Leonardos Zeit vgl. E. Winternitz, »Bagpipes and Hurdy-Gurdies in their Social Setting«, in: *The Metropolitan Museum of Art Bulletin* 2 (1943), S. 56-83).

27 Der Text links unter dieser Zeichnung ist kaum verständlich, weil mit diesem mehrdeutigen Begriff sowohl der menschliche Ellbogen als auch bestimmte Maschinenteile gemeint sein können.

28 Meine Kollegin am Metropolitan Museum, Frau Dr. Olga Raggio, hat mich darauf hingewiesen, daß ähnliche Hüte in Stickereien nach Entwürfen von Pollaiuolo im Museo dell'Opera del Duomo in Florenz zu sehen sind. Vgl. Sacha Schwabacher, *Die Stickereien nach Entwürfen des Antonio Pollaiuolo in der Opera di S. Maria del Fiore zu Florenz* (Straßburg 1911), insbesondere Tafeln XIX und XXXI. Die dort enthaltenen Entwürfe für biblische Szenen dienten möglicherweise als Vorlage für Aufführungen religiöser Szenen oder wurden von diesen inspiriert.

29 Vgl. E. Winternitz, »Instruments de musique étranges chez Filippino Lippi, Piero di Cosimo et Lorenzo Costa«, in: *Les Fêtes de la Renaissance*, I (Paris 1956), S. 379-395.

DER FESTUNGSBAUMEISTER

1 Codex Atlanticus, Folio 234v-b.

2 Windsor 12686r.

3 Manuskript L, Folio 80v.

4 Ibid., Folios 81v, 81r.

5 Ibid., Folios 82v, 83r, 83v, 84r.

6 Codex Atlanticus, Folio 130r-c.

7 Manuskript L, Folio 6v.

8 Zum Beispiel auf Folio 46r.

9 Codex Madrid I, Folios 110v, 111r.

10 Codex Atlanticus, Folios 289, 398r.

11 Codex Madrid II, Folio 25r.

12 Ibid., Folio 24v.

13 Ibid., Folio 125r.

14 Ibid., Folios 1v, 6r, 10r, 37v.

15 Ibid., Folios 9r, 15r, 21v, 24r, 25r, 32r (?), 36v, 38r, 38v, 62v bis 64v.

16 Ibid., Folios 9r, 10r.

17 Ibid, Folio 32v.

18 Ibid., Folio 38r.

MASCHINEN UND WAFFEN

1 Codex über den Vogelflug, Folio 3r.

2 Theodor Beck führt in seinem Werk *Beiträge zur Geschichte des Maschinenbaues* (Berlin 1899) mehr als 400 Maschinen und Apparate auf. Die Codices Madrid enthalten weitere Hunderte.

3 Vgl. L. Reti, »The Double-acting Principle in East and West«, in: *Technology of Culture*, Band II (1970), S. 178-200.

4 Die Absicht Leonardos ist klar, der Mechanismus ist jedoch, folgt man seiner Skizze, nicht voll funktionsfähig.

5 F. M. Feldhaus, *Leonardo der Techniker und Erfinder* (Jena 1913).

6 Ingenieur des Herzogs von Urbino. Er arbeitete zusammen mit Leonardo an Projekten wie der Errichtung des *tiburio*, des Mittelturms des Mailänder Doms, und dem Bau einer Kathedrale in Pavia. Ein Traktat über Zivil- und Militärarchitektur, von ihm selbst geschrieben und illustriert (jetzt in der Laurenziana in Florenz), enthält Bemerkungen aus Leonardos Manuskripten.

7 Nach dem britischen Artillerieoffizier Henry Shrapnel (1761-1842).

8 Codex Madrid I, Folios 51r, 53r, 54v, 59r, 131r, 143r.

9 A. R. Hall, *Ballistics in the Seventeenth Century*, (London 1952), S. 42, 83.

10 Der Begriff »zusätzliche Bewegung« wird im Gegensatz zu »natürliche Bewegung« gebraucht.

11 Vgl. A. C. Crombie, *Augustine to Galileo* (London 1952), S. 254 und 280, sowie Hall, a. a. O. L. Reti behandelt Leonardos Ballistik in: »Il moto dei proietti e del pendolo secondo Leonardo e Galileo«. In: *Le Macchine* (Mailand, Dezember 1968).

12 Tartaglia, *La nova scientia* (Venedig 1537).

13 Tartaglia, *Quesiti et inventioni diverse* (Venedig 1546).

14 Manuskript E, Folio 70v.

15 Galileo Galilei, *Dialogo … sopra i due massimi sistemi del mondo …* (Florenz 1632), in: *Opere*, Bd. VII, S. 47, 177 ff. *Der Dialog über die beiden hauptsächlichsten Weltsysteme*. Übersetzt und erläutert von Emil Strauß (Leipzig 1892).

16 E. Torricelli, *De motu gravium et proiectorum*, in: *Opere* (Faenza 1919), S. 157.

17 Ibid., S. 188.

18 Vgl. H. L. Peterson, *Pageant of the Gun* (New York 1967), S. 18, und T. Lenk, *The Flintlock* (New York 1965), S. 13, wo es heißt: »Most recent research accepts the Leonardo drawings as the earliest record of the wheel-lock and certain Italian combined crossbows and wheel-lock guns in the Palazzo Ducale, Venice, as the earliest surviving examples of the construction.« Diese Bemerkung wurde zwei Jahre, bevor die Codices Madrid an die Öffentlichkeit gelangten, publiziert.

19 Codex Atlanticus, Folios 56v-b, 217r-a, 353r-c.

20 Vgl. L. Reti, »Il Mistero dell'architronito«, in: *Raccolta Vinciana* XIX (1962), S. 171-183.

21 Codex Madrid I, Folios 26r und 84v.

22 Codex Atlanticus, Folio 198v.

NATURWISSENSCHAFTLICHE STUDIEN

1 Codex Atlanticus, Folio 46r-b.

2 Codex Madrid I, Folio 169r.

3 Ibid., Folios 114v, 115r, 124v.

4 Ibid., Folio 125r.

5 Insbesondere Folios 114v und 115r.

6 Codex Madrid I, Folio 124v.

7 Ibid., Folio 115r.

8 Ibid, Folio 33r.

9 Ibid., Folio 150v.

10 Codex Atlanticus, Folios 20r, 206r-a, 351r-a. Codex Leicester, Folio 11r.

11 Abgebildet in Codex Madrid I, Folio 134v.

12 Manuskript F, Folio 53v. Siehe auch Manuskript F, Folio 0r und Manuskript I, Folio 73v.

13 Codex Atlanticus, Folio 7r-b.

14 Codex Arundel, Folio 241r.

15 Vgl. Codex Madrid I, Folio 142v.

16 Ibid., Folio 140v; Codex Forster II², Folio 92r.

17 Codex Madrid I, Folio 143r.

18 Ibid., Folio 113v.

19 Zum Beispiel Codex Madrid I, Folios 139r, 139v, 140v.

20 Ibid., Folio 139r.

21 Ibid., Folio 139r.

22 Ibid., Folio 84v.

IL TRATTATO DELLA PITTURA

Der Autor dieses Beitrags behandelt die Beziehung zwischen dem Codex Madrid II und dem *Trattato della pittura* auch in: »Les Notes de Leonardo de Vinci sur la peinture d'après le nouveau manuscrit de Madrid«, *Revue de l'art* Nr. 15, 1972.

1 Um das Projekt des *Trattato della pittura* im Rahmen seiner Zeit verstehen zu können, lassen sich folgende Werke heranziehen: Julius Schlosser, *Die Kunstliteratur. Ein Handbuch zur Quellenkunde der neueren Kunstgeschichte* (Wien: Schroll 1924); A. Blunt, *Artistic Theory in Italy 1450-1600* (Oxford 1940, Neuaufl. 1956).

2 Aus der chronologischen Aufstellung von A. M. Brizio, *Scritti scelti di Leonardo da Vinci* (Turin 1952) geht hervor, daß Leonardos erste Schriften technische Themen behandeln (Ballistik); es werden auch seine philologischen und literarischen Arbeiten (Wortschatzstudien, Fabeln) aufgeführt.

3 Er stellte sehr genau die unterschiedlichen Teile bis hin zu den feinsten Adern und der Struktur der Knochen tabellarisch zusammen. Dann sollte dieses Werk, dem er so viele Jahre gewidmet hatte, zum Nutzen der Kunst in Kupferstichen veröffentlicht werden. Text in J. P. Richter, *The literary Works of Leonardo da Vinci*, (2. Aufl., London 1939) Band I, S. 3.

4 Von Domenichi bei dem Verleger Giolito besorgte Ausgabe. Die Tatsache, daß das Werk Salviati gewidmet ist, ist nicht uninteressant. Er wurde von seinem Freund Doni in einem Brief vom 3. Juni darauf hingewiesen: »Ich habe auch Leon Battista Albertis Buch über Malerei gesehen, übersetzt von Domenichi und Dir gewidmet.« Der Brief ist zitiert in A. F. Donis Ausgabe von Mario Pepe, *Disegno* (Mailand 1970), S. 109.

5 J. Schlosser, a. a. O.

6 Vgl. A. Chastel, »Léonard et la culture«, in: *Léonard de Vinci et l'expérience scientifique* (Paris 1963).

7 Vgl. E. Panofsky, »Artist, Scientist, Genius«, in: *The Renaissance: A Symposium* (New York 1952).

8 L. Olschki, *Geschichte der neusprachlichen wissenschaftlichen Literatur*, Bd. I, *Die Literatur der Technik* (Leipzig 1919).

9 Am 2. April 1489: Buch mit dem Titel »Über die menschliche Figur«, Windsor 19059, und alle Stellen in A. M. Brizio, a. a. O., S. 153.

10 Ausgabe von C. Winterberg (Wien 1889), S. 33.

11 C. Pedretti, *Leonardo da Vinci on Painting: A Lost Book (Libro A)* (Berkeley 1964). Zu der langen und sorgfältigen Ausarbeitung des *Trattato* vgl. das Vorwort zu Pedrettis Werk, das Vorwort zu Richter, a. a. O., L. H. Heydenreichs Vorwort zur Princeton-Ausgabe des Codex Urbinias (1956).

12 In Richter, a. a. O., S. 112, Nr. 4.

13 »Die Jahre 1505-1508 sind ein entscheidender Abschnitt in Leonardos Entwicklung als Kunsttheoretiker.« Pedretti, a. a. O., S. 20, Anm. 32.

14 Folios 23v-28v, 70v-78v und 125r-128r.

15 Es ist hingegen schwierig, die Kennzeichnung des Madrider Manuskripts in der von Melzi sorgfältig erstellten Liste genauer zu fassen; vgl. Pedretti, a. a. O., Anh. I, S. 229 ff.

16 Diese Verbindungen zum Codex Urbinas wurden von Pedretti in *Le Note di pittura di Leonardo da Vinci nei manoschritti inediti a Madrid*, in: Lettura Vinciana VIII (Florenz 1968) genau untersucht.

17 Folio 15v.

18 J. White, *The Birth and Rebirth of Pictorial Space* (London 1957), S. 207 ff.; D. Gioseffi, *Perspectiva artificialis* (Triest 1957); C. Pedretti, »Leonardo on Curvilinear Perspective«, in *Bibl. Humanisme et Renaissance*, Bd. XXV (1963), S. 584 ff. Endgültiger Text aus Manuskript E, Folio 16v, in Richter, a. a. O. Nr. 107 und 108.

19 Folio 25v.

20 Folio 60v.

21 C. Pedretti, »La Battaglia d'Anghiari«, *L'Arte* (1968), S. 62-73.

22 Folio 78v.

23 Folio 128.

24 A. E. Popham, *The Drawings of Leonardo* (London 1946), Taf. 237. Nach K. Clark, *The Drawings of Leonardo da Vinci at Windsor Castle*, zweite, mit Mitarbeit von C. Pedretti überarbeitete Auflage, Bd. I (London 1968-1969), S. 135, könnte eine Datierung von Windsor 12640 nach *Anghiari* möglich sein, doch ist dies nicht sehr wahrscheinlich.

25 K. Clark, »Leonardo and the Antique«, in *Leonardo's Legacy: An International Symposium* (Berkeley und Los Angeles 1969).

26 Folio 70v.

27 Folio 128r.

28 Folios 116v-117v.

29 Bibliothèque Nationale 2038, Folio 33v.

30 Manuskript L, Folio 79r, erneut aufgegriffen im Codex Urbinas, Folio 118v. Vgl. C. Pedretti, *Leonardo da Vinci on Painting*, S. 135.

31 Folio 20.

32 Folio 71r.

33 Windsor 19032v.

34 Folio 26r. Das Thema wird im Codex Urbinas, Folio 117 erneut behandelt.

35 Vasari, *Proemio* zum dritten Teil. Vgl. A. Chastel, *Le grand atelier d'Italie* (Paris 1965), S. 321 ff.

36 M. Kemp, »Il Concetto dell'anima in Leonardo's Early Skull Studies«, in: *Journal of the Warburg and Courtauld Institutes*, Bd. XXIV (1971), S. 115-136. Zu Schädelsektionen 1489 vgl. Windsor 19057r.

37 Folio 26r.

38 Folios 24-25.

39 R. Marcolongo, *Leonardo da Vinci, artista, scienziato* (Mailand 1930), S. 169 ff.

40 Folio 71r.

41 Folio 70v.

42 Folio 26r.

43 Folio 25v.

44 Folio 71v.

45 M. Rzepinska, »Light and Shadow in the Late Writings of Leonardo da Vinci«, in *Raccolta Vinciana* XIV (1962), S. 250-266.

46 Codex Urbinas, Folio 40 ff.

47 Folio 26r.

48 Folio 127v.

49 E. H. Gombrich, »Light Form and Texture in XVth Century Painting«, in: *Journal of the Royal Society of Arts* (1964), S. 826-849.

50 Folio 125r.

51 J. Sherman, »Leonardo's Colour and Chiaroscuro«, in: *Zeitschrift für Kunstgeschichte*, Bd. XXV (1962), S. 13-47.

52 Folio 26v.

53 Folio 127v.

LEONARDO UND DIE UHR

1 Windsor 19106. Die Herausgeber von Bd. III der Quaderni d'Anatomia (Christiania: Dybwad 1913), lasen den ersten Teil des Satzes als: *Ho sparto le mie ore* und übersetzten entsprechend: »Ich habe meine Stunden vergeudet«. Es sollen hier nicht all die Schlüsse wiederholt werden, die aus einem so verblüffenden Bekenntnis gezogen wurden. Die offensichtlich gestrichene nächste Zeile — *son generate* — wurde erst von Carlo Pedretti auf die vorhergehende bezogen. Er erkannte in der Skizze neben der Schrift eine Sonnenuhr und las den Satz richtig. Damit entdeckte er ein schönes Wortspiel mit *sol*, »Sonne«, und *sol* oder *solo*, »nur«. Denn die Zeilen können auch auf den Liebenden bezogen werden, der nur für seine Geliebte lebt. Vgl. Carlo Pedretti, *Studi Vinciani* (Genf: Droz 1957), S. 6.

2 Ladislao Reti, »Il Moto dei proietti e del Pendolo secondo Leonardo e Galilei«, *Le Machine*, Bd. I (1968), Nr. 2-3, S. 28-29.

3 Vgl. Ladislao Reti, »Non si volta chi a stella è fisso«, *Bibl. d'Humanisme et Renaissance*, Bd. XXI, (1959), S.26-32.

4 Silvio A. Bedini und Francis R. Maddison, »Mechanical Universe« (the astrarium of Giovanni de'Dondi), *Transactions of the American Philosophical Society*, new ser., vol. 56 (1966), part 5, S. 29-37.

5 Manuskript L, Folio 92v. Derek J. De Solla Price, »Leonardo da Vinci and the Clock of Giovanni de'Dondi«, *Antiquarian Horology*, vol. 2 (1958), Nr. 7, S. 127-128; H. Alan Lloyd, »Letter to the Editor«, *Antiquarian Horology*, vol. 2 (1959) Nr. 10, (1959), S. 199; Price, »Letter to the Editor«, *Antiquarian Horology*, vol. 2 (1959), Nr. 11, S. 222. Siehe auch Bedini und Maddison, a. a. O., S. 31-33.

6 Manuskript L, Folio 93v.

7 Codex Atlanticus, Folios 27v-a, 366r-b. *Leonardo da Vinci: Fragments at Windsor Castle from the Codex Atlanticus*, hrsg. von Carlo Pedretti (London: Phaidon 1957), S. 39-40.

8 Francesco Malaguzzi Valeri, *La Corte di Lodovico il Moro* (Mailand: Hoepli 1915), Bd. I, *La Vita privata e l'arte*, S. 657, und Bd. II, *Bramante e Leonardo da Vinci*, S. 162. Bedini und Maddison, a. a. O., S. 33-36.

9 Der Abt von Chiaravalle, Reverando Padre Giovanni Maria Rosavini, leitete freundlicherweise die Nachforschungen in die Wege, die zum Fund der Chronik führten. Der Teil der Chronik, der von der Uhr in Chiaravalle handelt, wurde von Jean-Baptiste De Toni in »Léonard et l'horloge de Chiaravalle«, in: *Léonard de Vinci* (Rom: Nouvelle Revue d'Italie 1919), S. 230-235, behandelt. Ihm war jedoch die Existenz des Originals der Chronik nicht bekannt, sondern er arbeitete mit einer Abschrift aus der Biblioteca Brera in Mailand. Es scheint, daß Antonio Simoni bei seiner Rekonstruktion der Chiaravalle-Uhr dasselbe Dokument der Biblioteca Brera benutzte. Simoni, »Le sfere italiane e la transmissione ad angolo retto«, in: *La Clessidra* (Mai 1968).

10 Leonardo da Vinci, *Codices Madrid (Nationalbibliothek Madrid)*. Transkribiert und kommentiert von Ladislao Reti. Deutsche Übersetzung von Gustav Ineichen, Friedrich Klemm, Ludolf von Mackensen, Reinhilt Richter (Frankfurt: S. Fischer 1974).

11 Codex Madrid I, Folios 4v, 11r, 79r.

12 Ibid., Folio 9v.

13 Antonio di Tuccio di Marabottino Manetti, *Vita di Filippo di Ser Brunellescho*, (Florenz: E. Toesca 1927), S. 19. Das Original befindet sich in Florenz in der Biblioteca Nazionale Centrale, Manuskript II II.325. Vgl. auch C. v. Fabriczy, *Filippo Brunelleschi* (Stuttgart 1892).

14 Frank D. Prager, »Brunelleschi's Clock?« In: *Physis*, vol. X, fasc. III (1968), S. 203-216.

15 Ladislao Reti, »Leonardo on Bearings and Gears«, in: *Scientific American*, Bd. 224, Nr. 2 (Februar 1972), S. 100-110.

16 Codex Atlanticus, Folios 296r-a, 371v-b.

17 Ibid., Folio 30v-a.

18 Codex Forster I, Folio 13r.

19 Codex Madrid I, Folio 48v.

20 Ibid., Folio 1v.

21 Ibid., Folio 32r.

22 Ibid., Folio 145v.

23 Silvio A. Bedini, »The One-wheeled Clock, and Clocks Having Two and Three Wheels«. In: *La Suisse Horlogère*, Bd. 77, Nr. 4 (Dezember 1962), S. 23-24, und Bd. 78, Nr. 1 (April 1963), S. 27-40.

24 Einzelheiten über die Uhr des Palazzo Pitti siehe bei Silvio A. Bedini, *Johann Philipp Troffler, Clockmaker of Augsburg*, separate publication of the National Association of Watch and Clock Collectors (1965), S. 9-10; und Silvio A. Bedini, »Galileo Galilei and the Measure of Time«, in: *Saggi su Galileo Galilei* (Florenz 1967), S. 27-28. Die Originalzeichnung vom Uhrwerk des Palazzo Pitti befindet sich in der Bibliothek der Universität Leiden. Huy. 45", Bouilliau ad Christian Huygens (15. Januar 1660).

25 Holländisches Patent, 16. Juni 1657, beschrieben in: C. Huygens, *Horologium* (Hag. Com. 1658).

26 Manuskript It. IV. 41-5363. Besonders wichtig ist Carlo Pedrettis Untersuchung des Manuskripts. Er fand darin zahlreiche Hinweise auf Leonardo und auf ursprünglich von ihm konstruierte Maschinen und Entwürfe. Pedretti, *Studi Vinciani*, S. 23-33.

27 Zu denen, die die Frage bejahen, gehören M. A. Ronna, *Léonard de Vinci; Peintre, ingénieur, hydraulicien* (Paris 1902), S. 71; F. M. Feldhaus, »Das Pendel im Maschinenbau und Erfindung der Penduluhr«, *Deutsche Uhrmacher Zeitung*, Nr. 13 (Stuttgart 1908) und »Das Pendel bei Leonardo da Vinci«, *Deutsche Uhrmacher Zeitung* Nr. 15 (1909). Vgl. auch L. Reverchon, »Le Pendule de Leonard de Vinci«, *Revue chronométrique*, Bd. 59, Nr. 678 (1913, S. 41. Sogar ein zukünftiger Papst beteiligte sich an der Diskussion: Achille Ratti, »L'Apolication del pendolo al meccanismo degli orologi«, *Raccolta Vinciana IV* (1910), S. 131-133. Mit einiger Kritik behandelte A. Favaro das Problem in »Adversaria Galilaeana«, *Atti e memorie della R. Accademia di Scienze, Lettere ed Arti di Padova*, Bd. XXXII (1916), S. 123. Mit der Tatsache, daß Feldhaus schließlich seine Behauptung zurückzog (*Deutsche Uhrmacher Zeitung*, Stuttgart, Juli 1952), war die Kontroverse scheinbar beendet. Aber später brachte Enrico Morpurgo das Problem wieder in einem Buch und einigen 1958 veröffentlichten Artikeln zur Sprache. Siehe Morpurgo, *L'Orologio e il pendolo* (Rom: Ed. La Clessidra 1957) und »The Clock and the Pendulum«, *Antiquarian Horology*, Bd. 2, Nr. 8 (London 1958), S. 138.

28 Ladislao Reti, »The Leonardo da Vinci Codices in the Biblioteca Nacional of Madrid«, *Technology and Culture*, vol. 8 (Chicago 1967), S. 437; »Die wiedergefundenen Leonardo-Manuskripte der Biblioteca Nacional of Madrid«, *Technikgeschichte*, Bd. 34 (1967), S. 193; und »The Two Unpublished Manuscripts of Leonardo da Vinci in the Biblioteca Nacional of Madrid«, *Burlington Magazine* Bd. CX (London 1968), S. 10-22 und 81-89. Siehe auch Anm. 2.

29 Codex Atlanticus, Folios 216v-b, 388v-a.

30 Wir danken Herrn Dr. Klaus Maurice für das schöne Modell des Stackfreed-ähnlichen Nocken-Entwurfs, den Leonardo im Codex Madrid I gezeichnet hat. Freundlicherweise fertigte Dr. Maurice das Modell für Dr. Reti an. Die Entwicklung der geräuschlosen magnetischen Hemmung von Horstmann-Clifford für moderne Uhren ist ausführlich beschrieben bei H. Alan Lloyd, *Some Outstanding Clocks over Seven Hundred Years 1250-1950* (London: Leonardo Hill Books 1958), S. 145-150.

31 Codex Madrid I, Folios 9r, 60v, 61v, 132v, 133r.

32 Britten's *Old Clocks and Watches and Their Makers*, 7. Aufl. (New York: Bonanza Books 1956), S. 71.

33 Codex Atlanticus, Folio 385r-b.

34 Siehe Ladislao Reti, Il Moto dei Proietti e del pendolo, S. 19.

35 z. B. Folios 11v und 157v.

36 Augusto Marinoni, »Tempo armonico o musicale di Leonardo da Vinci«, *Lingua nostra*, Bd. XVI (Florenz 1955), S. 45.

37 G. Galilei, *Opere*, Bd. VII, S. 177.

38 Piero Ariotti, »Galileo on the Isochrony of the Pendulum«, in: *Isis*, Bd. 59, Teil 4, Nr. 199 (1968) S. 414-436.

39 Harrison erfand das Kompensationspendel, während die erste Ankerhemmung von einigen Gelehrten Clement, von anderen Hooke zugeschrieben wird. Vgl. Britten, a. a. O., S. 72.

ELEMENTE DER MASCHINEN

1 Gerolamo Calvi, *Notizie dei principali professori di belle arti che fiorirono in Milano durante il governo de'Visconti e degli Sforza*, Teil III: Leonardo da Vinci (Mailand 1969).

2   Luca Beltrami, *Documenti e memorie riguardanti la vita e le opere di Leonardo da Vinci* (Mailand 1919), Nr. 108. Siehe auch Nr. 107.

3   Manuskript L, Folio 66r.

4   J. P. Richter, *The Literary Works of Leonardo da Vinci*, 2. Aufl. (London 1939), Bd. II, S. 215, Nr. 1109.

5   *Le Vite de'piu eccellenti architetti, pittori e scultori*, (1. Aufl. Florenz, 1550; 2. Aufl. 1568). Deutsche Übersetzung hrsg. von Ernst Jaffé. *Lebensbeschreibungen der ausgezeichnetsten Maler, Bildhauer und Architekten der Renaissance* (Berlin: Julius Bard 1911).

6   Franz Babinger, »Vier Bauvorschläge Leonardo da Vinci's an Sultan Bajezid II. (1502/3) mit einem Beitrag von Ludwig H. Heydenreich«, in: *Nachrichten der Akad. der Wissensch. in Göttingen*, Philologisch-Hist. Klasse, Jahrg. 1952, Nr. 1, S. 1-20.

7   Manuskript L, Folios 34v, 35r, 35v, 36r.

8   Ibid., Folio 25v.

9   In *Le Vite de'piu eccellenti architetti, pittori e scultori*. Deutsche Übersetzung hrsg. von Ernst Jaffé.

10 Die Memoiren, Teil des Codex H 227 inf. der Biblioteca Ambrosiana in Mailand, wurden von Luigi Gramatica übertragen als *Le Memorie su Leonardo da Vinci di Don Ambrogio Mazenta* (Mailand: Alfieri & Lacroix 1919).

11 Leo Olschki, *The Genius of Italy* (New York 1949). Autorisierte, vom Verfasser durchgesehene deutsche Übersetzung von Adolf Drucker (Darmstadt 1958), S. 374.

12 Übersetzt aus: »Léonard de Vinci et la technique de son temps«, in: *Léonard de Vinci et l'expérience scientifique au seizième siècle* (Paris: Centre National de la Recherche Scientifique-Presses Universitaires 1952), S. 146.

13 Joseph Needham, *Science and Civilisation in China*, Bd. IV: 2 (London: Cambridge 1965), S. 383: »When Leonardo faces the problem of interconversion in the late 15th century, nearly two hundred years after Wang Chen, he shows, as Gille has acutely pointed out, a most curious disinclination to use the eccentric (or crank) connecting-rod and piston-rod combination. In fact he does so only for a mechanical saw. In order to avoid it he has recourse time after time to the most complicated and improbable devices«.

14 Codex Madrid I, Folio 86r.

15 H. W. Dickinson, *James Watt* (London: Cambridge 1936), S. 124.

16 Franz Reuleaux, *Lehrbuch der Kinematik*. Bd. 1: Theoretische Kinematik (Braunschweig 1875), S. 11.

17 Siehe Theodor Beck, *Beiträge zur Geschichte des Maschinenbaues* (Berlin 1899, 2. verm. Aufl. Berlin 1900). Abbott Payson Usher, *A History of Mechanical Inventions*, rev. Ausg. (Cambridge: Harvard 1954).

18 Franz Reuleaux a. a. O.

19 Codex Madrid I, Folio 82r.

20 Ibid., Folio 82r.

21 Codex Atlanticus, Folio 155v-b.

22 Leonardo da Vinci, *I Libri di meccanica*, nella ricostruzione ordinata di Arturo Uccelli (Mailand: Hoepli 1940).

23 Codex Madrid I, Folio 96v.

24 Codex Atlanticus, Folio 164r-a.

25 Codex Madrid I, Folio 97v.

26 Codex Atlanticus, Folio 207v-b.

27 Charles Plumier, *L'Art de tourner* (Paris 1701).

28 Guido Uccelli, *Le Navi di Nemi* (Rom: Libr. dello Stato 1955), S. 191-195.

29 Manuskript B, Folio 33v.

30 G. Agricola, *De re metallica*, erste lateinische Ausgabe 1556.

31 Codex Forster III, Folio 89v.

32 Jacob Leupold, *Theatrum Machinarum Generale* (Leipzig: C. Zuntel 1724).

33 Ich habe nach Leonardos Zeichnungen im Codex Atlanticus, Folio 351r-a, das wahrscheinlich um 1500 zu datieren ist, von Sinibaldo Parrini, dem bekannten Florentiner Nachbauer historischer wissenschaftlicher Geräte, eine Rekonstruktion anfertigen lassen. Er verwendete eine Glocke aus dem 14. Jahrhundert. Das Ergebnis hätte nicht besser ausfallen können.

34 Ich reiste nach Metz, um dort die Glockenanlage zu besichtigen. Mir wurde jedoch der Gefahr wegen untersagt, den Turm zu besteigen. Dr. Ludolf v. Mackensen vom Deutschen Museum in München hatte mehr Erfolg, und ich danke ihm für die Photographien, die er dort machte.

35 Marcel Aubert, *La Cathédrale de Metz* (Paris: Picard 1931), S. 251-263.

36 Codex Atlanticus, Folio 370r, um 1495.

VERZEICHNIS DER ABBILDUNGEN

Die Folios aus den verschiedenen Handschriften von Leonardo da Vinci wurden mit freundlicher Genehmigung folgender Archive und Bibliotheken reproduziert:

Codex Arundel: The Trustees of the British Museum, London.
Codex Atlanticus: Biblioteca Ambrosiana, Mailand. (Numerierung der Folios von Pompeo Leoni.)
Codex über den Vogelflug: Biblioteca Reale, Turin.
Codex Forster I, II, III: Crown Copyright, Victoria & Albert Museum, London.
Codex Madrid I und Codex Madrid II: Biblioteca Nacional, Madrid, und S. Fischer Verlag GmbH, Frankfurt a.M.
Manuskripte A, B, C, D, E, F, G, H, I, L, M, B.N. 2037, 2038: Institut de France, Paris.
Codex Urbinas: Biblioteca Vaticana, Rom.
Sammlung Windsor: Royal Library, Windsor.

INDEX